다다 혁명 운동과
고대 이집트 역사

다다 혁명 운동과
고대 이집트 역사

Movement Dada & 'Egyptian Myth and Legend'

정 상 균 지음

學古房

'세라피스의 사제 마네토(Head of Manetho a priest of Serapis.)' '헤로도토스(Herodotus, 484~425 b. c.)'
'시켈로스(D. Siculus, 90~30 b. c.)' '스트라보(Strabo, 63 b. c.~24 a. d.)'

'플리니(Pliny, 61~113 a. d.)' '플루타르크(Plutarch, 46?~120?)' '요세푸스(Josephus, 47~100)'
'포르피리우스(Porphyrius, 234~305)'

'J. G. 윌킨슨(Wilkinson, 1797~1875)' 'E. W. 레인(Lane, 1801~1876)' '프리스 아베네(Émile Prisse d'Avennes, 1807~1879)'
'마리엣(Auguste Mariette, 1821~1881)' '보우리안(U. Bouriant, 1849~1903)' '프레이저(J. G. Frazer, 1854~1941)'

'플린더스 페트리(Flinders Petrie, 1853~1942)' '월리스 버지(Wallis Budge, 1857~1934)' '윌리엄 왓슨(William Watson,
1858~1935)' '가스통 마스페로(Gaston Maspero, 1883~1945)' '브리스테(J. H. Breasted, 1865~1936)' '도널드 알렉산더
매켄지(Donald Alexander Mackenzie, 1873~1936)'

머리말

‘고대 이집트[33왕조, 3150~30 b. c.] 3천년의 역사’!

우리는 진작 이러한 책을 가졌어야 했다.

그 동안 우리 선조들은 ‘우리나라 역사’는 거들떠보지도 않고, 마냥 ‘중국(中國)의 18왕조 역사’[曾先之]만 암송하고 그 ‘사마온공(司馬溫公)의 사관(史觀) 논의’[朱熹]로 한 평생의 시간들을 다 보냈다.

이제 21세기가 되었는데도, 아직도 ‘성경’ 한권으로 온 천하만사를 다 알고 있듯이 큰 소리들을 치고 있는 그 ‘일방주의(一方主義)’를 고집쟁이들이 있으나, 그것은 마땅히 그네들의 ‘고유한 개성이나 취향(趣向)[신앙의 자유]’이라고 인정을 하고 있는 형편이다.

그러나 어찌 모두가 그럴 수야 있겠는가?

영국 스코틀랜드 출신 도널드 알렉산더 매켄지(Donald Alexander Mackenzie, 1873~1936)는 <u>1913년 ‘고대 이집트 역사(*Egyptian Myth and Legend*)’[1]를 제작하여 ‘이집트 33왕조[3150~30 b. c.]’ 3천년 동안 그 최고 파라오들의 통치와 정복과 사상적 취향을 한 눈에 다 볼 수 있게 마련을 하였다.</u>

주지하다시피 ‘서구(西歐)의 역사학’은, 힌두(Hindu) 비아사(Vyasa)의 ‘마하바라타(*The Maha-bharata*)’, 헤로도토스(Herodotus)의 ‘역사(*The Histories*, 446 b. c.)’, 볼테르(Voltaire)의 ‘역사철학(1765)’, 포콕(E. Pococke)의 ‘희랍 속의 인도(1852)’ 등을 바탕으로 거기에 다시 더욱 구체적인 탐구들이 보테지고 있는 상황이다.

그런데 매켄지(D. A. Mackenzie)는 1913년에 그중 가장 아쉬웠던 ‘고대 이집트 역사[이집트의 신화 전설]’을 출간하여, ‘기원전 3150부터 30년까지의 3천 년 간의 고대 이집트 역사’를 일조(一朝)에 다 통람(通覽)할 수 있도록 해 놓았다.

비아사(Vyasa), 헤로도토스(Herodotus), 볼테르(Voltaire), 포콕(E. Pococke)에 이어 이 매켄지

---

1) D. A. Mackenzie, *Egyptian Myth and Legend*, Bell Publishing Company, 1978(1913)

5

(D. A. Mackenzie)의 독서의 독서를 통해 '서양 고대사'에 대한 '어둠'이 어느 정도 해소하게 되어 '새벽'을 맞게 되는 것이다.

여기서부터 또 다시 구체적인 탐구와 더욱 정밀한 비판이 추가가 되어야 할 것이다.

2021년 3월 1일   추수자(秋收子)

차례

제2부 고대 이집트 역사

8

제1부

매켄지론(論)

제1장 총론

1913년 매켄지(D. A. Mackenzie)가 서술한 '**고대 이집트 역사[*Egyptian Myth and Legend*]**' 는, '제1차 세계대전' 직전의 대영제국의 '군사력' '경제력' '과학적 사고'를 바탕으로 역시 '**상고시대 인류 최고 부국(富國)이었던 이집트**'를 논했다는 측면에서, 이미 확보된 '그 국가적 혜택[富와 情報 제공] 속에 획득된 행운의 역저(力著)'라고 할 수 있다.

매켄지(D. A. Mackenzie)가 그 '고대 이집트 역사[*Egyptian Myth and Legend*]'를 서술함에 있어 가능한 '모든 사료(史料)'를 다 동원하였지만, 그 '고대 이집트인'에 대해 가장 큰 '역사적 인연(因緣)'을 지녔던 종족이 '유대인'이었는데, 매켄지(D. A. Mackenzie)는 두 종족간의 문제에서 도 '균형 잡힌 시각'을 견지 하였던 것은 역시 그의 '학문적 역량'이라 해야 할 것이다.

이미 다 밝혀져 있듯이 세계의 3대 '절대주의(Absolutism)' 종교(宗敎)는 '힌두교', '불교', '기독교' 이다. 이들은 공통적으로 ① '인간과 천지 만물을 창조하고 기르신 절대신(God)께 감사하고' ② '그 절대신(God)에의 헌신(獻身)과 제사(祭祀)로 보답한다.'를 그들의 종지(宗旨)로 삼아 왔다.

이에 대해 이집트인의 '오시리스(Osiris) 교'와 중국(中國)의 '유교(儒敎)'는, 그 '절대신' 문제를 그대로 놔두고 '현세에 존재하는 실존(實存, Existentialism)'을 존중하고, 그 '천연(天然, 自然)의 기본 지향을 그 사상적 주류(主流)로 삼고 있었다.['절대주의' 개발에 상대적으로 怠慢한 상태]

서구(西歐)의 소위 '계몽주의(Enlightenment)' 이후 특히 뉴턴 볼테르 칸트 포콕 니체 이후의 사고는 모두 '과학주의'에 바탕을 두어, 그 '**궁극적인 결정 주체'를 '각자 개인'에게 돌려주는 '개인 주의' '평등주의' '평화주의' '사해동포주의'로 그 방향을 선회하지 않을 수 없게 되었다.**

그런데 우리가 매켄지(D. A. Mackenzie)의 '**고대 이집트 역사[*Egyptian Myth and Legend*]**'를 통해 확인할 수 있는 것은 '고대 이집트 역사가 그대로 '**인류의 상고(上古) 사회의 대표적인 얼굴**' 이라는 점이다.

즉 '절대주의(Absolutism)'와 '현세주의(Secularism)'가 원시적으로 시험 반복되는 되는 놀라운 상황을 그대로 '연출(演出)'해 보인 '원시 미개 사회'의 본 모습을 남김없이 그대로 드러내고 있는 '**나일 강 주변의 원시 지방사(地方史)**'가 바로 '고대 이집트 역사'라는 점이다.

가령 '신(神, God)'을 입으로 말하면서도, ① '왜 신을 받들어야 하는지' ② '어떻게 받들어야 하는지'도 전혀 정리되지 못 한 상태에서 '권력 최고주의' '현세 최고주의'로서, 불가피한 '죽음 극복 과정상에서 마련된 궁색한 대책들'이 Ⓐ '피라미드 건설'과 Ⓑ '미라 제작'이었고 역시 그 마지막 대책이 Ⓒ '이집트 사회의 재현[二重主義]'인 '알루의 낙원(the fields-Paradise of Aalu)에로의 진입' 을 모든 사자(死者)들의 '최고(最高) 목표'로 삼게 하였다.

매켄지(D. A. Mackenzie)는 당시에까지 수집할 수 있는 '역대 이집트 역사에 관한 모든 정보' 를 통해 '이집트 문화 철학 종교사'를 면밀히 검토하여 그것을 '제1차 세계 대전' 직전의 '대영제국 (大英帝國)' 국가 사회관과 대조하며 '고대 이집트 고유의 문학 역사 철학 종교'를 효과적으로 설명하려 하였다.

매켄지(D. A. Mackenzie)는 과거 영국이 '기독교 표방의 로마제국'의 속국(屬國)이었듯이 그 **'기독교'와 '오시리스 이시스'와의 관계**를 밝히는 데에 무엇보다 큰 족적(足跡)을 보였다.

하지만 매켄지(D. A. Mackenzie)는 무엇보다 힌두(Hindu)의 '마하바라타(*The Mahabharata*)' 를 아직 확인하지 못 하여 거에서 다시 보충 받아야 할 점이 있으나 매켄지(D. A. Mackenzie)는 그 빈자리를 오히려 '과학주의' '군국주의(軍國主義, Militarism)'로 대체를 하였다.

그래서 '절대주의' '기독교'에 '창조 양육과 사랑'의 의미는 거의 설명이 되었다고 할 수 있으나, 그 맞은 편 또 다른 축(軸)인 -**헌신(獻身)과 제사(祭祀)의 의미**'는 상대적으로 축소 누락이 됨을 어찌 할 수 없었다.

즉 **'자발적 헌신(獻身, Devotion)과 제사(祭祀, Sacrifice)의 의미'는 '인간 사회의 영원한 성인 (成人) 정신'으로 온 '지구촌' 사회를 지탱하고 있는 구극의 [神=제사=절대자=사제=제물] 정신의 숭고한 실천 이행**임에도, '고대 이집트 사회'에서는 위로는 '파라오'부터 그 '사제(司祭)'와 아래로는 '농부' '용부(傭夫)'에 이르기까지 그 '신(God)의 정신'을 제대로 확신하지 못했거나 지속적 확보 실천 교육에 성공하지 못했던 '현세주의(Secularism) 우선 사회'였다.

매켄지(D. A. Mackenzie)는 그것들을 애써 챙기려 하지 않았고 '이집트 다신(多神)의 원시성' '미개(未開)함'의 중복된 나열로 끝냈으나, '고대 이집트 최고 사회적 가치 실현'은 '지역주의' '종족 주의' '군국주의'에 머물러 있었음을 매켄지(D. A. Mackenzie)는 그 서술로 행하여 그 '종교의 최고 의미 -[헌신(獻身) 제사(祭祀)의 의미]'는 오히려 독자 각자가 알아서 깨닫게 하였다.

매켄지(D. A. Mackenzie)는 당시 최고 '인문 사회 과학'의 중심지 영국인답게, 기존 '고대 이집트 사회 역사'에 관한 자료들을 망라하는 부지런함을 과시했다.

매켄지(D. A. Mackenzie)가 '**고대 이집트 역사[*Egyptian Myth and Legend*]**'를 저술함에 있어

그에 앞선 선배들의 구체적인 업적을 서술해 보면 대략 다음과 같다.

마네토(Manetho, b. c. 250년 이집트 사제) : '이집트 역사(*Aegyptiaca, History of Egypt*)'[2]

헤로도토스(Herodotus, 484~425 b. c.) : '역사(*The Histories*, 446 b. c.)'

플리니(Pliny, 23~79 a. d.) : '박물지(*Naturalis Historia* (*Natural History*), 77~79)'

디오도로스 시켈로스(D. Siculus, 90~30 b. c.) : '보편 사(*Bibliotheca historica*)'

요세푸스(Josephus, 47~100) : '유대인 고대사(*Antiquities of the Jews*, 94)'

플루타르크(Plutarch, 46?~120?) : '영웅전'

포르피리우스(Porphyrius, 234~305) : '기독교에 반대한 신탁 철학(*Philosophy from Oracles and Against the Christians*, ?)'

프레이저(J. G. Frazer, 1854~1941) : 황금가지(*The Golden Bough*, 1890)

플린더스 페트리(Flinders Petrie, 1853~1942) :

'대영 백과사전 "아비도스" -"Abydos (Egypt)". *Encyclopædia Britannica* (11th ed.). 1911.'

'대영 백과사전 "이집트" -"Egypt". *Encyclopædia Britannica* (11th ed.). 1911.'

'대영 백과사전 "피라미드" -"Pyramid". *Encyclopædia Britannica* (11th ed.). 1911'

J. G. 윌킨슨(Wilkinson, 1797~1875) : '고대 이집트인(*The Ancient Egyptians*)'

E. W. 레인(Lane, 1801~1876) : '현대 이집트인의 예절과 풍속(*Manners and Customs of the Modern Egyptians*)'

프리스 아베네(Émile Prisse d'Avennes, 1807~1879) : '프타호텝의 가르침(*Prisse Papyrus*, 1847)'

마리엣(Auguste Mariette, 1821~1881) : '고대 이집트 역사 대강(*Outlines of Ancient Egyptian History*, 1892)'

보우리안(U. Bouriant, 1849~1903) : 이집트 역사 지형 서술(*Description topographique et historique de l'Egypte* (Paris 1895-1900)

매컬리스터(D. Macalister, 1854~1934) :

월리스 버지(Wallis Budge, 1857~1934) : '오시리스와 이집트인의 부활(*Osiris and the Egyptian Resurrection*)' '이집트인의 신들 *Gods of the Egyptian*)'

---

2) 마네토는, 세베니토(Sebennytos) 출신의 이집트 사제로 알려져 있다. 그는 기원전 3세기 초반 '프톨레마이오스 왕조' 동안 인물인데, 고대 이집트 파라오 통치 동안의 주요 역사적 사실을 적은 '이집트 역사Aegyptiaca (*History of Egypt*)'를 희랍어로 남겼다. 그가 '이집트 사'를 프톨레마이오스 I 세[Soter, 305~285 b. c.] 동안에 지었는지 프톨레마이오스 II 세[Philadelphos, 288~246 b. c.] 동안에 지었는지는 알 수 없으나 프톨레마이오스 III세[Euergetes, 246~222 b. c.] 이전에 지은 것은 확실하다.

윌리엄 왓슨(William Watson, 1858~1935) :

브리스테(J. H. Breasted, 1865~1936) : '이집트 역사(*A History of Egypt*, 1905)'

가스통 마스페로(Gaston Maspero, 1883~1945) :

'이집트 예술(*Art in Egypt*, 1912)'

'문명의 새벽, 이집트와 칼데아(*The Dawn of Civilization: Egypt and Chaldæa*, 1894)'

'이집트 고고학(*Egyptian Archæology*, 1892)'

'카이로 박물관 안내(*Guide to the Cairo Museum*, 1905)'

'고대 이집트와 아시리아 생활(*Life in Ancient Egypt and Assyria*, 1892)'

'고대 이집트 민담(*Popular Stories of Ancient Egypt*, 1915)'

'이집트 시리아 아시리아의 전쟁(*The Struggle of the Nations: Egypt, Syria and Assyria*, 1897)'

_____✈

(a) 힌두(Hindu)의 '마하바라타(*The Mahabharata*)'는, 1) 절대신(絕對神) 만능주의, 2) 천국(天國) 중심주의, 3) 정신(精神) 만능주의, 4) 고행(苦行) 만능주의, 5) 제사(祭祀) 만능주의, 6) 언어 절대주의, 7) 만물의 인격화, 8) 인과응보(因果應報)와 '윤회(輪回)'와 '예정설', 9) 현세 부정(Denial of this world), 10) 시간 공간 무시의 '동시주의(同時主義)'를 앞서 제시하여 인류 모든 절대주의(절대주의)에 그 사상적 기초를 제공하고 있다.

(b) 이에 대해 헤로도토스(Herodotus)는 그의 '역사(*The Histories*, 446 b. c.)'에서 '마하바라타(*The Mahabharata*)' '지존(至尊)의 노래(Bhagavat Gita)'에서 말한 '절대신에의 귀의(歸依)'를 '이오니아 국가주의(Ionian Nationalism)'로 바꾸고, 힌두의 '크샤트리아의 의무(the duties of Kshatriya)'를 '헤라클레스(Heracles, Krishna) 영웅 중심주의'를 반복하고 있었다.
그러나 **헤로도토스(Herodotus)는 거기에 다시 '현세주의(Secularism)' '법 앞에 평등(Equality Under Law)' '민주주의(Democracy)' '평화주의' '합리주의' '개인주의'까지 첨가했던 것은 그의 창조영역이 되었다.**

(c) 소위 '계몽주의'를 이끈 **뉴턴(I. Newton) 볼테르(Voltaire) 칸트(I. Kant) 포콕(E. Pococke) 니체(F. Nietzsche)** 등은 그대로 헤로도토스(Herodotus)의 '역사(*The Histories*)' 서술을 그들의 출발점으로 삼고 있다.

(d) 매켄지(D. A. Mackenzie)의 **'고대 이집트 역사[*Egyptian Myth and Legend*]'** 도 '이집트 국가주의' '현세주의' '합리주의'를 바탕으로 역사적 자료들이 배치(配置)되었다.

(e) 그런데 매켄지(D. A. Mackenzie)도 헤로도토스(Herodotus)처럼 힌두(Hindu)의 '마하바라타(*The Mahabharata*)' '지존(至尊)의 노래(Bhagavat Gita)'를 확인지 못하고 그의 **'고대 이집트 역사[*Egyptian Myth and Legend*]'** 를 썼다.

(f) 헤로도토스(Herodotus)가 그의 '역사(*The Histories*, 446 b. c.)'를 서술할 적에 힌두(Hindu)의 '마하바라타(*The Mahabharata*)'의 영향 하에서 페르시아(Persia) 왕 **'키루스(Cyrus)' '캄비세스(Cambyses)' '다리우스(Darius)' '크세륵세스(Xerxes)'** 의 '전기(傳記)'를 마련한 페르시아 '계관

시인(桂冠詩人, poet-laureate, 御用作家)'이 이미 마련해 놓은 자료를 참조하지 않을 수 없었으나, 그들의 적용해 놓은 '신비주의'를 벗겨내고 삭제하는 것이 헤로도토스(Herodotus)가 그의 '역사(*The Histories*)'를 통해 보여준 주요 업적이었다.

(g) 그런데 매켄지(D. A. Mackenzie)도 그의 '**고대 이집트 역사[*Egyptian Myth and Legend*]**'에서 '성경의 신비주의(神祕主義)'를 억누르는 것도 그 저술에 기본 전제 중의 하나였다.

제2장 '파라오(Pharaoh)'의 정체(正體)

역대 이집트 파라오들(Pharaohs)은 소위 '사관(史官)'이나 '사제(司祭)'들의 지속적 존치(存置)를 통한 '이미 정리(定理)된 철학이나 역사관 속의 다듬어진 존재들'이 아니라, 모두가 그 자신들이 누렸던 생전의 권력과 부의 능력에 따라 자신이 건설 했던 피라미드(Pyramid) 속에 자신들의 전쟁 승리 그림이나 명문(銘文)이나 미라(Mummy)를 담은 상자 속에 넣은 '파피루스(Papyrus)' 기록들을 남겨 둔 최고 통치자들이다.

그러므로 **하나의 피라미드(Pyramid)는 바로 그 피라미드(Pyramid)를 건설한 왕의 생전에 모든 것을 간직한 그 파라오(Pharaoh)를 대신하고 있는 피라미드(Pyramid)**라는 측면에서 중국(中國)에서 후대(後代)에 정착한 '사후(死後)의 평가' '사관(士官)의 직필(直筆)'과는 무관한 오직 '절대 권력자의 자기 소유 기록물들'이라는 차이점을 두고 있다.

그러므로 그 피라미드(Pyramid)들 속에 간직된 '모든 기록물'을 발굴 해석하여 '일부 복원해 놓은 것'이 '이집트 고대 역사'일 뿐이니, **'고대 이집트 역사'는 '나일 강 유역의 최고 통치자들이 각자가 제작해 놓은 바의 시대적 나열'**이라는 측면에서 그야말로 '인간 원시 문화와의 대면'이다.

사실상 '인간의 역사'란 지상(地上)에 존재했던 모든 군주(君主)들이 고용한 '계관시인(桂冠詩人, poet-laureate, 御用作家)'의 말이고, '세련된 말쟁이들의 말'일 뿐이니, 궁극적으로 남는 것은 '인류 기존 사가(史家, 계관 시인)들'을 제대로 측량해야 할 **'인간 미래 사회에 위한 철학적[과학적] 안목(眼目)'**이 필수 사항이라는 점을 알게 된다.

그러므로 '[이집트 파라오들처럼]자기가 자기를 선전하든' '[중국의 제왕처럼]남이 자기를 말하게 하는 경우든' 과거의 한담(閑談)들이 모두 '미래 인간 최고의 자유 평등 복지 사회 건설을 위한 사료(史料)들'이라는 점을 고려하한다면 **'법 앞의 평등' '민주주의' '개인들의 자유 존중'**이라는 **'인류 공통지향점'이 그대로 다 명시되게 된다.** [헤로도토스(Herodotus)의 '역사(*The Histories*, 446 b. c.)'에 명시된 사항임

이집트 파라오들은 기존한 '인생관' '세계관' '가치관'에 따로 꼭 표준으로 삼을 것도 없이 그들의 스스로 결정한 '통치술'로 이집트를 다스리며 죽음에 대비해 피라미드들을 만들었다. 그러므로 이집트 파라오들은 그 피라미드(Pyramid) 건설로 생전의 모든 것을 간직했고, 그피라미드(Pyramid)와 유적들을 다시 모아 뒤에 학자들이 '시대적으로 나열하여 엮어놓은 것'이 '이집트 고대 역사'이다.

사학자 매켄지(D. A. Mackenzie)가 그의 '고대 이집트 역사[*Egyptian Myth and Legend*]'에 제시해 놓은 '이집트 파라오의 전반적인 역할'을 간추려 보면 대략 다음과 같다.

① '군사적 통수권자' -'집권자'

'고대 이집트 역사' -33왕조 생멸[3150~30 b. c.]의 과정을 밝히고 있는 그 피라미드(Pyramid) 기록들 중에서 가장 크게 그 파라오들의 자랑이 집중된 부분은, '**전쟁 승리 기록**'이었다.

역대 이집트 파라오들이 수행했던 주요 '전쟁들'을 짚어보면 우선 제1왕조 '메나(Mena, Narmer)' 의 이집트 통일이다. 그리고 제12왕조에 **아메네메트(Amenemhet) Ⅰ세**[1991-1962 b. c.]가 그의 강력한 통치력으로 내분(內紛)을 잠재우고 영명한 황태자 '**세누세르트(Senusert, Senusret, Sesostris I, 1971~1926 b. c.)**'에게 왕통(王統)을 넘기며 유명한 '아메네메트의 교훈'을 남겼던 점이다. 그리고 제17왕조에서 '이집트 독립 전쟁'에서 힉소스(Hyksos)와의 전쟁을 주도한 영웅 '**세케네느라(Sekenenra)**'는 이집트 역사상 가장 위대한 존재로 남았고, 제18왕조 **토트메스 Ⅲ세** (Thothmes Ⅲ, Thutmose Ⅲ, 1458-1425 b. c.)의 '메기도(Megiddo) 포획(捕獲)'은 사실상 이집트 식 천하통일(天下統一)이었다. 그리고 제19왕조 **람세스 Ⅱ세**(Rameses Ⅱ, 1279-1213 b. c.)의 '시리아 정복'과 제20왕조 **람세스 Ⅲ세**(Rameses Ⅲ, 1186-1155 b. c.)의 유럽 해적(海賊) 격퇴, 그리고 제22왕조 **셰송크**(Sheshonk, Shishak, Shoshenq I, 943-922 b. c.)의 '예루살렘 약탈' 등이 모두다 그 피라미드(Pyramid) 속에 그림으로 남았거나 파피루스(Papyrus) 기록으로 남아 있는 역대 파라오의 중요 행적들이었다.

② '국가 농업(農業) 관리자'

모든 원시 사회 인간 생태는 수렵(狩獵, 사냥), 어로(漁撈, 물고기 잡기), 식물 채취(採取) 등 자연산물(自然産物)에서 그들의 먹이를 취했는데, 고대 이집트에서는 어느 지역보다 '보리와 밀의 농사'를 일찍부터 정착시켜 상고(上古) 시대에 그 유례(類例)를 볼 수 없는 최고의 부국(富國)을 이루었다.

이집트 파라오가 일단 권좌(權座)에 오르면 최우선 사업이 '보리농사'를 위한 '**물대기(灌漑) 사업**' 이었다. 이 '물대기(灌漑) 사업'은 이집트에 제1왕조가 나타나기 이전 '자루(Zaru, b. c. 3200 경) 왕 시절부터 국가적인 사업이었음을 매켄지(D. A. Mackenzie)는 밝히고 있다.

"제6왕조 파라오 페피(Pepi, 2332-2283 b. c.)는 전 왕국에 안전하고 공정한 물 공급을 담당할 관리를 선발하였다. 그들은 자유롭게 상벌(賞罰)을 행했고 그네들의 자서전에 볼 수 있듯이 주(州) 지사들처럼 관리들의 무덤을 세울 수 있는 특권도 주어졌다." [제XⅢ장]

"제11왕조, 다섯 번째 왕 **멘투호텝(Mentuhotep) Ⅱ세**[2060-2010 b. c.]는 여러 봉건 영주들에 게 자기의 의지를 전달할 수 있었고, 군사력으로 그들의 충성심을 확보했으나, **중요한 것은 국가의**

18

용성이 농사의 물 공급을 원활하게 할 강력한 중앙 정부의 확립에 나라의 융성이 달려 있었기 때문에 그 군사력의 확보도 중요했다. 기근(饑饉)은 칼로도 어찌할 방법이 없었다. 거기에다가 신성한 아비도스(Abydos)로 향하는 길은 개방이 되어 있었다. 그러기에 오시리스 교의 정치적 영향력은 오랜 동안 존속되었다." [제XVII장]

"그 이집트 과거의 상황이 그 가정이 왕에 대한 충성심으로 발흥한 한 영주(領主)의 무덤 기록에서 나타나 있다. 그는 온전하게 개발된 관할 구역의 평화에 긍지를 가지고 있다. 그 영주는 주민의 생활을 보호하여, 모든 사람을 부양해 기아자(饑餓者)가 없었다. 과부도 남편이 살아 있는 것처럼 우대를 했고, 가난한 자도 권세 있는 자와 동등하게 대접을 했다. 키트체네르(Kitchener)왕은 당시의 이집트 노동자들의 재정적 어려움을 언급했다. 명백히 그 문제는 오랜 것이다. 가젤레(Gazelle) 주(州) 아메니(Ameni) 영주는 나일 강의 수위(水位)가 높아졌을 때에 풍년이 들었고, '밀린 세금 때문에 농부들을 탄압하지 않았다.'고 말하고 있다." [제XVII장]

"나라의 재무 장관의 임무는 여러 영주들이 잉여 농산물을 낸 것을 적절하게 조절할 줄을 아는 것이다. 흉년에 대비하여 '감채(減債) 기금'이 마련되었고, 흉년이 든 지방에는 구호품이 지급이 되었다. 관개(灌漑) 문제가 지속적 관심사였는데, **그것은 나일 강의 수위(水位)는 그 제2폭포(수력 조절장치)의 돌들로 조절을 행하는 것이 관례였다**. 수확량의 통계가 가능해서 초기부터 매년의 자진 납부액이 고정이 될 수 있었다. 왕의 감사관이 고정적으로 '비축 곡식'의 지방을 살폈고, '부드럽게' 세금을 걷어 이송을 담당했고, 그것을 무덤에 기록하게 했다. 특별한 지역의 개발과 재난을 당할 때에 필요한 곳을 구원해야 할 곳을 알아 파라오에게 말하는 것은 멤피스에 있는 재무 장관에 관련된 사항이었다." [제XVII장]

③ '최고 판결 자'

인간 사회는 어느 곳이나 '소유권(所有權, Ownership)' 분쟁이 생기게 마련이다. 역사의 초기를 '신(神)의 통치 시대'로 상정할 때는 역사가 그 '소유권(所有權, Ownership) 분쟁'이 없었다고 주장했지만, 매켄지(D. A. Mackenzie)가 그의 '고대 이집트 역사[*Egyptian Myth and Legend*]'에서는 '파피루스(Papyrus) 기록들'을 토대로 다음과 같은 사건을 제시했다.

"최근 강탈과 비양심적 거래에 대한 몇 가지 불평들이 있었다. 거대한 청사(廳舍)에서 우리는 엄격한 감사들이 공문서를 쌓아놓은 낮은 책상에 앉아 있을 것을 보았다. 서기가 소송절차를 적고 있다. 채포되어 온 자들은 무릎을 꿇고서 날카로운 질문 받고 그의 장부(帳簿)가 검사되었다. 모든 그의 사문서는 압수가 되고 그는 모든 기록을 설명하고 혐의 없음을 증명해야 한다. 임시방편이나 효과적인 일 처리 방식이다. 비 양심과 탄압에 대한 벌은 날카롭다.

파라오는 모든 대소 신민(臣民)을 보호하고 있다. 가난한 사람이 잘못 고통을 받을 경우 법정에 가서도 바르게 되지 않을 수 있다. 그러나 파라오에게 호소될 경우는 보호자가 없을 경우에는 잘못 한 사람을 더욱 가혹하게 처벌을 할 수 있다." [제IX장]

"얼마나 파라오가 가난한 사람이나 부자들의 삶을 다 옹호했는지에 일화가 파피루스 기록으로 남아 아직까지 전하고 있다." [제IX장]

"왕조 시대의 그 '쾌락주의자들'에 날카롭게 대립을 이룬 것이 엄격하고 바른 법의 집행자들이다. 판사들은 부자와 가난한 자의 차별이 없었고, 호의나 뇌물을 받은 무가치한 간사(幹事, 보조원)들은 본보기로 더욱 엄중한 벌을 내렸다. 날마다 제판이 열렸고, 증거를 서기들이 기록을 했고, 사건을 토론하고 항상 40법통(法筒, law rolls)에 의거하여 판결이 내려졌다. 왕[파라오]은 외국 정벌에 승리를 뽐낼 뿐만 아니라 '법의 확립 자'로서 존중되기를 원했고, 원하는 목표를 얻지 못한 자가 최고 판결 자[파라오]에게 호소를 경우 왕은 "말하지 않고 법만 환기를 시키었다." [제XXIV장]

④ '피라미드(Pyramid)'와 '신전(神殿)' 건설의 주관자

사학자 매켄지(D. A. Mackenzie)가 그의 '고대 이집트 역사[*Egyptian Myth and Legend*]'에서 가장 치열한 논의를 펼쳤던 부분이 역대 파라오들의 '종교 사상' 문제였다.

앞서 언급 했듯이 이집트 파라오들은 그들 '평생의 행적'을 다 그 피라미드(Pyramid)에 보관을 했는데, <u>그 파라오들을 당시 세계에서 '최고의 보물[곡식] 창고'를 지녔기에 '지중해 권 전역'과 '아시아'에 모든 '탁월한 선교사[死後 이론가]' '용감한 군인' '미인 딸을 둔 야심가' '피라미드 사원 건축가' '뛰어난 조각가' '화가' '아부권[詩人]'들이 그 이집트 파라오를 향해 달려와 '이집트 역사를 만들었던 결과'가 바로 '이집트 피라미드(Pyramid) 문화'였다.</u>

제3장 '고대 이집트 역사(歷史)' 요점 80조(條)

제1조(條) : '라(Ra)' 신의 출현

　"태초(太初)에 황량한 바다를 '누(Nu)'라고 불렀다. 거기가 '위대한 아버지(Great Father)'의 거처(居處)였다. '위대한 아버지(Great Father)'는 누(Nu)였으니, '위대한 아버지(Great Father)'가 태양신을 만드니 태양신이 말했다. **-보라, 나는 새벽에는 '케페라(Khepera)'이고, 정오에는 '라(Ra)'이고, 저녁에는 '툼(Tum)'이다.**- 그 광명의 신은, 처음 물위에 떠 있는 빛나는 알과 같았고, 아버지와 어머니인 그 심원(深遠)의 영혼들이 그 신과 함께 있었고, 그 신은 누(Nu)와 함께 있었는데, 신들은 누(Nu)의 친구였기 때문이다.

　그래서 '라(Ra)'는 태어나면서부터 '누(Nu)'보다 더욱 위대했다. 그는 신성한 아버지이었고, 신들의 강력한 왕이었고, 그의 맘대로 처음 창조했던 바람의 신 수(Shu)보다 힘이 세었고, 배우자는 테프누트(Tefnut)였는데, 그녀가 비를 오게 하기에 '침 뱉는 자'라 불렀다. 하늘의 별자리 중에 이 두 신들이 빛나게 된 다음 '쌍둥이'로 부르게 되었다.

　그런 다음 대지(大地)의 신 셉(Seb)이 생겨나고 하늘의 여신 누트(Nut)와 부부가 되어, 오시리스(Osiris)와 그의 처 이시스(Isis), 세트(Set)와 그의 처 넵티스(Nepthys)를 낳았다.

　'라(Ra)'는 창세(創世)의 시작에, 황량한 물속에서 대지와 하늘이 생겨나게 했다. '라(Ra)'의 밝은 권위로 대지와 하늘이 모습을 드러내었고, 들어 올리는 신 수(Shu)가 그 누트(Nut)를 높이 들어 올렸다. 누트(Nut)는 대지의 신 셉(Seb)을 덮는 창궁(蒼穹)을 이루어 동쪽 지평에서 서쪽 지평에 손가락 끝을 두고 엎드려 있다. 어둠 속에서는 거대한 그녀의 맨 몸과 사지(四肢)에서 별들이 빛나고 있음을 볼 수 있다.

　'라(Ra)'는 그의 욕망에 따라 허공을 주시하였더니 보고자 한 것들이 그 앞에 모두 나타났다. '라(Ra)'는 물속과 육지에 만물을 창조했다. 그래서 '인간'은 '라(Ra)'의 눈에서 태어났고, 신들의 왕인 '라(Ra)'가 최초에 지상(地上)의 왕이 되었다. **그는 인간 속에 돌아다녔고, '라(Ra)'는 다른 인간 같이 보였고 그에게는 몇 백 년이 몇 년과 같았다.**" -[제 I 장]

_____→

(a) 이것은 이집트의 '사제(司祭, 역사가, 계관시인)'가 수용한 신화(神話)이다.

(b) 신앙에 기초한 '제작 방식'이 '관념(생각)만능주의'로 힌두(Hindu-고대인도)의 그것과 공통된다.

(c) 이집트 역대 파라오들은 신을 가장 즐겨 받들어 '신전(神殿)' 건설을 즐겨 행했고, 자신이 지상에 거주하는 '라(Ra)'로 자칭을 했다.

(d) 신(神, God)의 '명칭'들은 무한으로 펼쳐져 다양성을 보이고 있지만, '우주의 주재자'로서 권능

부여는 '깊은 사유가 없는 일반인'으로서는 상상도 할 수 없는 문제였다.

(e) '꿈'을 '신들의 세계'로 전제하여 고려할 때 '저승과 죽음을 담당하는 오시리스(Osiris)'가 더욱 자연스러운 신이다. 그런데 더욱 고차적인 이집트의 절대신 '라(Ra)'의 출현은, 매켄지(D. A. Mackenzie)가 지적하고 있듯이 '아시아에서 수입된 사상'이다.

(f) 간단히 말해 '라(Ra)'신은 '태양신', '불의 신', '배화교(拜火敎)' 그대로 힌두의 상상에 직결이 된 것이다. 이것은 육신(肉身) 거부의 '절대신' '절대주의(Absolutism)'의 본원(本源)으로 힌두교 불교 기독교의 공통 거점이었다.

(g) 그런데 전통 이집트의 '오시리스(Osiris)' 신은 '생존을 위한 [곡식신]'으로 '육체(肉體) 집착의 최고의 사례(事例)'이고 그것이 '이집트 토속 신'임을 매켄지(D. A. Mackenzie)는 그의 '고대 이집트 새Egyptian Myth and Legend]'를 통해 일관되게 밝히고 있다. 그러므로 **이집트의 '일관된 사상'은 그 '절대주의(Absolutism)' 그 맞은편에 항상 있게 마련인 '현세주의(Secularism)'였다**.

제2조(條) : '뱀' 신의 출현

"'라(Ra)'는 인간과 신들에게 알려지지 않은 많은 명칭들을 지니고 있었고, **그의 신통력(神通力, his divine power)이 그 명칭과 함께 그에게 부여되어 있었다**. 세상에 '여성(女性)'으로 살고 있는 여신 이시스(Isis)는 인간 생활 방식이 싫어지기 시작하여 그녀는 신(神)들 속에 살기를 추구했다. 이시스(Isis)는 '요정(妖精, enchantress)'이었기에 하늘과 땅에서 '라(Ra)'와 동일한 힘을 갖기를 원했다. 그래서 그녀는 신들을 통치하는 비밀한 이름 알기를 원했다.

매일 '라(Ra)'가 걸어 나가면 신들이 줄을 지어 그 뒤따랐고, 그는 왕좌에 앉아 칙령을 내렸다. '라(Ra)'가 늙어감에 그 침이 흘러 땅으로 떨어졌다. **이시스(Isis)가 '라(Ra)'의 뒤를 따라 가다가 '라(Ra)'의 침을 보고 그것이 놓인 흙과 함께 물건을 만들어 창(槍) 모양이었는데, 그것이 '독뱀(a venomous serpent)'이 되었다. 이시스가 그 독뱀을 들어 올려 던졌더니 그 독뱀은 '라(Ra)'가 그 왕국으로 오르내리는 횡단 통로에 떨어졌다. 그래서 이스시(Isis)가 만든 그 독뱀은 신들과 인간들이 다 볼 수가 없었다.**

나이가 많아진 '라(Ra)'가 종자(從者)들을 데리고 걷고 있었는데, 그를 기다리고 있던 '뱀'이 '라(Ra)'를 물었다. 무서운 뱀의 독이 '라(Ra)'의 몸속으로 들어가 '라(Ra)'는 엄청난 고통을 느꼈다. 엄청난 고함이 '라(Ra)'의 입에서 터져 나와 최고 천(最高天)에까지 울렸다.

'라(Ra)'와 함께 있던 신들이 라(Ra)에게 물었다. -무엇이 당신을 쓰러뜨렸습니까? 거기에 있었던 것이 무엇입니까?-

'라(Ra)'는 말하지 않았다. '라(Ra)'는 몸이 흔들렸다. '라(Ra)'의 전신은 흔들렸고, 그의 이빨이 달가닥거렸다. 이집트에 홍수가 났을 적에 나일 강이 그러하듯이, '뱀의 독이 '라(Ra)'의 몸에 퍼졌다. 그러나 '라(Ra)'는 자신을 진정시키고 정신과 공포를 잠잠하게 하여 말했다.

-너희 아손(兒孫)들을 다 불러 오라. 내게 닥친 슬픈 일을 알려주겠다. 나는 나도 알 수 없는 큰 고통을 겪고 있다. 무엇이 나를 공격했는지도 알 수 없다. 이전에 이런 고통은 없었다.-

'라(Ra)'는 계속했다. -나는 신이고, 신의 아들이고, '억센 존재'이고 '억센 존재'의 아들이다. 아버지 누(Nu)께서 내게 '권능의 비밀한 이름'을 주셔서 어떠한 마법사도 그것을 알 수 없다. 마법사가 그것을 알면 그것으로 나를 공격할 힘을 주어버리는 것이다.-" [제 I 장]

—————✈

(a) 매켄지(D. A. Mackenzie)가 '고대 이집트 역사[Egyptian Myth and Legend]'를 서술함에 있어 우선 그 '절대신(Ra)' 등장의 맞은편에, **'여인'과 '뱀'**의 출현을 말했다. 이것 역시 전반적으로 **'이집트 신화'가 '마하바라타(The Mahabharata)'의 영향권 내에 있다는 점**을 명시한 점이다.

(b) 힌두(Hindu)는 무엇보다 먼저 '정신[마음, 생각] 제일' '절대신' '천국 제일주의'를 개발했고, '이승 경멸' '육체 경멸'을 '현세부정'의 철학에 이미 선착(先着)해 있었다.
하지만 이집트(Egypt)는 상대적으로 '물질적 풍요'와 '현세주의'가 강성(强盛)한[발흥해 있던] 나머지 '힌두 바라문(婆羅門) 선교사(宣教師)'들의 선교(宣教) 논리를 존중하면서도, 그 '철저한 집행 정신'을 발휘하는 데는 항상 한 발 늦어 있는 상황에 있었다. 이점에서 **'이집트 문명'은 그 바탕에서 중국(中國)의 '현세주의'와 크게 닮아 있었다.**

(c) 매켄지(D. A. Mackenzie)는 그의 '고대 이집트 역사[Egyptian Myth and Legend]'에서 '절대신(God)'의 의미 다음으로 '뱀(Snake, Dragon, Crocodile)'신 문제를 제시했던 것은 그것(뱀 신)이 사실상 인간 육신(肉身)의 상징으로 이집트 '종교 사상'뿐 아니라 '인류 종교의 근본[原罪] 문제'이기 때문이다.

(d) 그러므로 그 **'뱀'**의 문제가 인류가 죽을 때까지 **'보존하고 아끼고 지키고 있는 그 육신'**이며, 사실상 **'인간 모두의 죄악의 근본 -원죄(原罪)'**라는 의미는 역시 오늘날까지 그 '마하바라타(The Mahabharata)'를 떠나서는 쉽게 그 정답[확신]에 도달할 수 없게 되어 있다.

제3조(條) : 그 '명칭'이 그 '권능'이다.

"'요정(妖精, enchantress)' 이시스(Isis)가 '라(Ra)'에게 말했다. -아버지 당신께서는 당신의 **권능의 이름(thy name of power)**'을 말하지 않으셨습니다. 제게 말씀해 주시면 당신(의 고통)을 제가 고쳐드리겠습니다.-

-이시스(Isis)에게 내 '비밀한 이름'을 제공하는 것이 나의 의지라면, 그것은 나를 떠나 그녀 속으로 들어간다.-

'라(Ra)'가 그렇게 말을 하니, 라(Ra)는 신들의 눈앞에서 사라졌다. 태양의 배[舟]는 공허하게 되었고, 어두운 밤이 되었다. 이시스(Isis)는 '라(Ra)'의 말씀을 기다렸다. '라(Ra)'의 '비밀한 이름'이 그를 떠나 그녀에게 들어가려고 하니, 이시스(Isis)는 아들 호루스(Horus)에게 말했다.

-이제 권능(權能)의 주문(呪文)으로 해와 달이 그대의 눈에 양여(讓與)되었으니 신들을 통치하라.-

그러고 나서 이시스의 마음속에 '라(Ra)의 비밀한 이름(secret name)'이 그녀에게 들어가니 그 권능의 요정이 말했다.

-독(毒)이여, '라(Ra)'를 떠나라. 그 마음과 육신에서 나오라...내가 주문(spell)을 행사한다....보라, 내가 뱀을 이겼고, 독을 빼냈으니, 성스런 아버지의 '비밀한 이름(secret name)'이 내게 이르렀다. 독으로 쓰러진 '라(Ra)'는 살아나실 것이다.-

그래서 '라(Ra)'는 온전하게 되었다. 몸에서 독이 사라지고 마음에 고통과 슬픔도 없어졌다."
-제Ⅰ장

_____→

(a) '명칭(Name)'에 대한 '절대성'은 우리는 쉽게 플라톤의 '이념'이나 공자(孔子) '정명(正名) 사상'을 떠올리게 되지만, 그에 앞서 힌두(Hindu)의 '언어 절대주의'가 있었다는 것을 모르면 '인류 사상사의 전개'는 '사상누각(沙上樓閣)'일 뿐이다.

(b) 힌두의 바라문(婆羅門)들은 그 '언어절대'를 수단으로 '신'으로 군림하는 '주술(呪術)'을 개발했고, '절대신'에 이르는 '최고의 방법'을 생각했다.

(c) 그러므로 '이집트 라(Ra) 신화'의 전개에서 보이는 '명칭(Name)'과 '권능(Power)'을 동일시하는 것은 그 극히 일부 사실의 활용일 뿐이다.

제4조(條) : '라(Ra)'의 도시, 헬리오폴리스

"'라(Ra)'가 인간들을 다스리기에 늙었으므로, 그를 무시하는 말이 들렸다. -정말 '라(Ra)'가 늙었다. 비록 머리털은 검지만, 그의 뼈는 은(銀)색이고, 피부는 금색이다.-

그를 비난하는 말을 알게 된 '라(Ra)'는 가슴에 분노가 생기었는데, 사람들이 '라(Ra)'를 죽이려고 '반란의 말'을 입에 담았기 때문이다. '라(Ra)'는 그를 따르는 신들에게 말했다.

-수(Shu)와 여신 테프누트(Tefnut) 셉(Seb)과 누트(Nut)는 누(Nu)를 모셔오라. 비밀하게 행하여 사람들이 놀라지 않게 하라. 모든 신들이 나의 신전 **헬리오폴리스(Heliopolis, On)**에 모이도록 하라.-

신들은 '라(Ra)'에게 달려 와 인사하며 말했다. -하시고자 하는 말씀을 하시지요.-" -[제Ⅰ장]

_____→

(a) 이집트의 대표적 절대신 '라(Ra)'가 모든 신들을 '헬리오폴리스(Heliopolis, On)'로 불렀다고 했

24

는데, **그 '헬리오폴리스(Heliopolis, On)'는 힌두의 '마하바라타(The Mahabharata)' 영향을 명시하고 있는 대표적인 도시이다.**

(b) 포콕(E. Pococke)은 그의 명저(名著) '희랍 속의 인도(*India in Greece*, 1851)'에서 "옛날 범어이고 희랍어인 '헬리오폴리스(Heliopolois, 태양의 도시)'는 힌두인의 주요 도시 중의 하나였고, '창조주, 위대한 삼위일체(truine)의 상징'은 '온(On)' 즉 '옴(O'm)'으로 일컬었다. 그 신성의 글자 옴(O'm)-ॐ은 '아옴(aom)' '아움(aum)'으로 발음하여, '창조신' '보호 신' '파괴 신'의 3대 사도(使徒)를 거느린 브라흐만, 최고 존재를 의미한다."[3]라고 해설했다.

(c) 포콕(E. Pococke)은 '희랍 고대사=힌두 고대사' 등식 속에 두고 '팔레스타인' '이집트'도 동일한 공식을 적용했는데, 매켄지(D. A. Mackenzie)는 그의 '고대 이집트 새*Egyptian Myth and Legend*]'가 어떻게 전개될 지는 그 대강(大綱)이 '라(Ra) 신'과 '뱀' '이시스(Isis)' 등장으로 그 전모를 거의 드러낸 셈이다.

제5조(條) : '주요 신들의 위치'를 지정하다.

"'라(Ra)'가 말했다. -최고참이신 누(Nu)여, 그리고 여러 신들이여. 내가 창조한 인간들에게서 나는 비방(誹謗)의 말을 들었습니다. 이 문제에 대해 당신들이 말씀을 해 주는 대로 실행을 하고 싶소. 잘 생각하여 지혜로 나를 이끌어 주시오. 나는 내가 창조했던 것들을 다 부셔버리고 싶소. 태초에처럼 세계가 홍수(洪水)로 황량하게 되어 오시리스(Osiris)와 그의 아들 호루스(Horus)만 제외 시켜 내 곁에 두고 싶소. 나는 신들도 볼 수 없는 '작은 뱀(a small serpent)'이 될 것이요. **오시리스(Osiris)에게 사자(死者)들을 통치하게 하고, 호루스(Horus)가 불[火]의 섬 위에 왕좌에 오르게 할 것이요.**- -[제Ⅰ장]

───→

(a) '절대신'은 '만물의 창조자'이므로 '세상의 만물'은 '그의 아들'이 아닌 것이 없다.

(b) 그런데 이집트의 '라(Ra)' 신은 '태초에처럼 세계가 홍수(洪水)로 황량하게 되어 오시리스(Osiris)와 그의 아들 호루스(Horus)만 제외 시켜 내 곁에 두고 싶소.'라고 말했다.

(c) 여기에 명시된 바가 이집트에서 '라(Ra)' 신 다음으로 존중되게 된 존재가 '오시리스(Osiris)'와 '호루스(Horus)'라는 사실이다.

(d) 이러한 '절대신' 제시 방법은, 역시 역사적으로는 '다신(多神) 존재' 속에 '대신(大神)' '절대신'이 군림하다가 결국 '유일신(唯一神)'으로 지향된 '인간 사유의 결과'이니, 그 '유일신(唯一神)'의 의미는 힌두의 **마하바라타(*The Mahabharata*)** '지존(至尊)의 노래(Bhagavat Gita)' 속에 다 제시되어 있다.

(e) 즉 '석가모니'와 '예수'의 위대한 밝힘은 그 '절대재아버지'가 '사제(司祭) 안에 계심'을 정확하게 말해 주어 '절대 신과 하나 됨[梵我一如]' 경지를 밝혀놓은 바가 그것이다.

─────────────

3) E. Pococke, *India in Greece*, London, 1851, p. 185

제6조(條) : 최후의 심판자(審判者)

"그러자 최초 물의 신 누(Nu)가 말했다. -아들아 내 말을 들어라. 변함이 없어야 할 것이 그대의 왕좌이다. 그대의 위대함이 인간들에게는 공포감이다. 그대의 눈으로 왕국의 반도(叛徒)들을 똑바로 보아라.-

'라(Ra)'가 말했다. -사람들이 산(山) 속으로 도망치려 합니다. 사람들은 그네들이 행했던 말 때문에 무서워 떨고 있습니다.-

신들이 함께 말했다. -당신의 눈을 반도(叛徒)들을 향해 크게 떠서, 그들을 완전히 멸(滅)하소서. 하트르(Hathor, 살육의 여신)를 하늘에서 내리시면 어떤 인간도 대항하지 못 할 겁니다.-

그 말대로 '라(Ra)'가 그의 눈을, 하토르(Hathor)처럼 산 속에 인간들을 향하니, 그들은 금방 없어졌다. 그래서 그 살육의 여신[하토르(Hathor)]은 피 속에 즐거워했다." -[제Ⅰ장]

———✈

   (a) 여기에서 '파괴의 신' 하트르(Hathor)가 등장해 있으나, 사실상 '하토르(Hathor)'도 '천신'이므로 '절대신'의 역할 분담자일 뿐이다. 그래서 역시 힌두의 '절대신=(창조신 -브라흐마, 양육 신 -비슈누, 멸망 신 -시바' 종합 세트에 편의상의 반복일 뿐이다.

   (b) 위에서 볼 수 있듯이 절대신 '라(Ra)'는 '인격신'으로 제시되어 있었다는 점은 크게 주목을 해야 한다. ['희로애락'의 감정이 명시되어 있음]

   (c) '절대신'에 대한 '기도(祈禱, prayer)'가 근본적으로 '인간(人間)들의 언어'로 행해졌다는 점은, 애당초 '절대신'이 '인간 정신'과 불가분의 관계에 있었다는 중요한 점을 그대로 다 보여주고 있다.

   (d) 그래서 '언어=실제 사물' '언어=정신' '언어=신' '언어=권능' '언어=마법' 등 언어절대주의가 고대 사제(司祭)들 절대적인 수단이었다.

제7조(條) : '피'와 '맥주'와 '감로수'

"그 다음 '라(Ra)'는 뉘우쳤다. 강렬한 분노는 가고 나머지 인간들을 보호하였다. '라(Ra)'는 바람보다 빠른 사자(使者)를 엘레판티네(Elephantine)에 보내 많은 도덕의 식물곡식을 확보하게 했다. 그들은 인간의 피를 담은 항아리에 보리 가루를 넣었다. 그래서 맥주가 7천 항아리에 가득 했다.

새벽에 하토르(Hathor)는 인간 살육의 상류나일 강로 갔다. '라(Ra)'가 말했다. -이제 나는 인간들을 지켜 주어야겠다. 하토르(Hathor)가 사람들을 더 이상 죽이지 말도록 하는 것이 내 뜻이다.-

그래서 '라(Ra)'는 신들을 명하여 [피를 담은 항아리들을 복수의 여신들이 쉬고 있는 곳으로 옮겨 놓게 하였다. '라(Ra)'의 욕망처럼 그 항아리를 비우면 땅은 '홍수'로 뒤덮였다.

하토르(Hathor)는 즐거운 마음으로 잠에서 깨어났다. 여신은 홍수 속에 비춰진 자기 얼굴을 보았다. 그런 다음 열나게 마시고 취하여 여기저기 돌아다니며 사람들을 아랑곳 하지 않았습니다.

'라(Ra)'가 하토르(Hathor)에게 말했다. -아름다운 여신이여, 이제 평화롭게 돌아오시오.-

하토르(Hathor)가 돌아오니 '라(Ra)'가 말했다. -이제부터 그대의 시녀들은 아름다운 여인이 되어, 그 항아리 숫자대로 감로수(甘露水, draughts of sweetness)를 준비하여 매년 신년 첫 하례에 그대에게 제공을 하게 할 것이오.-

그래서 그날부터 나일 강에 붉은 홍수가 일어나 이집트 땅을 덮으면 빚어진 맥주가 그 하토르(Hathor)에게 제공이 되었다. 남녀가 그 '감로수 제전(祭典)'에 참가하여 그 여신처럼 취하였다."
-[제 I 장

_____✈

(a) '최고 무참한 죽음[전쟁터에서 죽음]'='[천국에서의]최고 황홀한 탄생'이라는 '양극(兩極)'의 동시주의(同時主義, Simultaeism)[등]는 힌두(Hindu)가 앞서 '**마하바라타(*The Mahabharata*)**' '지존(至尊)의 노래(Bhagavat Gita)'에 명시한 이론이다.

(b) 위에서는 '피=맥주=감로수'로 발휘되었다. 여기에서 '사상적 파급'이 '물질적(문명의) 파급(보급)'보다 더욱 신속했음을 확인할 수 있다.

(c) '한 해의 시작[설날]'이 심각한 '종교적 의례'와 겹쳐 있다는 점은 역시 세계 인류가 공통이고, 그것이 '살인' '살육' '신중' '조심'의 의례와 관련되어 있다는 점에서 한국의 '설[新年] 풍속'과 유사하다.['삼국유사' -'사금갑(射琴匣)']

제8조(條) : 오시리스와 이시스의 출현

"**오시리스(Osiris)가 탄생했을 때, 하늘에서 목소리가 들렸다. -만물의 주님이 오셨느니라.-** 현자 파밀레스(Pamyles)가 그 소식을 테베(Thebes) 성소(聖所)에서 듣고 백성들이 왕을 뵈러 온 곳에서 그것을 말해주었다.

'라(Ra)'가 늙어 하늘로 오를 때에 오시리스(Osiris)는 이집트를 통치하는 왕위에 올랐다. 오시리스(Osiris) 처음 사람들 속에 나타났을 때에는 사람들은 야만스러울 뿐이었다. 사람들은 야생 동물들을 사냥했고, 깨진 종족들이 여기저기를 방황했고, 종족들은 치열하게 전투를 했다. 악이 그들의 길이었고, 그들의 욕망이 죄를 짓게 만들었다.

이시스(Isis)는 오시리스(Osiris)가 귀환할 때까지 다스렸다. 이시스는 세트(Set)보다 강했다. 세트(Set)는 형의 선행(善行)을 질투하고 평화보다는 전쟁을 좋아하는 악이 넘쳤다. 세트는 왕국에서 반란을 일으킬 작정이었다. 여왕은 그의 사악한 계획을 좌절시켰다. 세트(Set)는 전쟁에서 이시스(Isis)를 이기려고 흉계로 오시리스(Osiris)를 속일 계획을 세웠다. 세트(Set)의 추종자들은 혼탁한 에티오피아 여왕 소속의 72명의 남성들이었다.

이시스(Isis)가 이집트에 도착했을 때 죽은 왕(오시리스)의 시체를 비밀한 곳에 숨기고, 아들 호루스(Horus)를 찾아서 부토(Buto) 시(市)로 갔다. 그런데 그 사이에 마침 **세트(Set)가 보름날 그 델타 정글로 멧돼지 사냥을 왔다가 시리아에서 이시스(Isis)가 찾아온 그 [오시리스의 신체가 담긴]궤(櫃)를 보게 되었다. 세트(Set)는 궤를 열고 오시리스를 꺼내 열네 토막을 만들었다.** 세트(Set)는 그것을 나일 강에 던져 악어 밥이 되게 했다. 그러나 악어들은 그 이시스(Isis)가 무서워 그것을 먹지 않아 시체 조각들은 강둑에 흩어져 있었고, 그 남근(男根)은 물고기 옥시린쿠스(Oxyrhynchus)가 삼켰다." -제Ⅱ장

_____✈

   (a) 사학자 매켄지(D. A. Mackenzie)가 이 '고대 이집트 역사[*Egyptian Myth and Legend*]'에서 최대 승부처는, 이집트의 고유신 '**오시리스와 이시스**'가 어떻게 민중 속에 뿌리를 내렸고, 그것 과 '외래 사상'[異邦神]이 어떻게 대립했고, 이집트가 어떻게 '정신'을 바탕으로 통일이 되었는지 를 제대로 밝히는 일이었다.

   (b) 뿐만 아니라 매켄지(D. A. Mackenzie)는 그 '**오시리스와 이시스**' 신앙이 결국 '기독교 신앙'의 중심에 자리 잡고 있다는 사실까지 다 입증했으니, 사실상 한 사람의 사학자(史學者)로서 쉽게 획득할 수 없는 큰 영광의 위치를 그것으로 확보했다는 것을 앎이, 그의 명저 '고대 이집트 역사 [*Egyptian Myth and Legend*]'에 거의 다 드러나 있다.

   (c) 특히 '하늘에서의 목소리'는 힌두(Hindu)가 앞서 명시한 '**데바(Deva)[조물주] 신의 목소리**'라는 점은 주의를 요하는 사항이다. [Osiris 탄생 = Yudhishtira 탄생]

제9조(條) : 세트와 호루스의 결전

"세트(Set)를 무찔러야 한다고 말하니, 호루스는 그의 사악한 아저씨와 추종자들을 이집트에서 몰아내겠다고 그 앞에서 맹세를 하였다. 그런 다음 호루스(Horus)는 군사를 모아 전투를 행하려고 진군을 했다. 그러나 호루스(Horus)는 오시리스와 이시스에 충성을 바치는 종족들을 지켰는데, 세트(Set)는 다시 동쪽 국경을 공격했다. 도망칠 수밖에 없게 된 그 찬탈자[세트(Set)]는 비통한 큰 소리로 울부짖었다. 세트(Set)는 자루(Zaru)에 머무르고 있었는데, 거기에서 최후의 결전(決戰) 이 있었다. 여러 날 동안 전투를 했고, 호루스(Horus)는 한 쪽 눈을 잃었다. 그러나 세트(Set)를 더욱 비참하게 죽였고[4], 세트(Set)는 결국 그 무기와 함께 이집트 왕국에서 사라졌다." -[제Ⅱ장]

_____✈

   (a) 빠른 이해를 위해서는 '결론'을 먼저 확인할 필요도 있다. '**세트(Set)와 호루스(Horus)의 대결**',

---

4) 세트(Set)는 호루스에 의해 오시리스가 그랬던 것처럼 사지의 절단을 당했음.

'뱀 신과 독수리[매] 신의 대결', '악마와 천신의 대결' '육체와 영혼의 대결'이다. 힌두가 이 공식을 앞서 그렇게 명시했다.

(b) '호루스(Horus)'는 힌두(Hindu)의 '가루다(Garuda, 태양, 절대 신의 봉사자)'이고, '세트(Set)'는 육신에 얽힌 존재 -욕망의 추구 재뱀 신]' 그들이다.

(c) 모두 절대 신의 피조물이나, '절대신(God)'을 따를 것인가 '욕망을 존중하는 악귀(devil)'가 될 것인가는 스스로 결단을 내릴 사항이라고 '힌두 사제'는 고만(高慢)하게 '선언'['지존(至尊)의 노래(Bhagavat Gita)']을 행하고 있다.

(d) 중국(中國) 역사에 '최초의 왕국' 하(夏)를 무너뜨리고 새로운 '은(殷, 商)왕조'를 열었던 성탕(成湯)의 다른 이름을 '천을(天乙, Sky Bird)'이라 했는데, 힌두(Hindu) 바라문 선교사의 권고에 따른 작명(作名)일 수도 있다.

제10조(條) : '나일 강'의 문화 -이집트

"나일 강에 의존하고 있는 좁고 긴 풍요의 땅은 매년 산 속에서 신선한 토양을 실어 나르는 홍수에 의존하고 있다. 강물 수위(水位)는 4월부터 6월까지가 가장 낮은 겨울이다. 6월 중순부터 아비시니아(Abyssinian) 산 위 눈 녹은 물과 적도(赤道) 호수를 마시며 나일 강은 불어나기 시작한다. 처음 나일 강은 그들이 나르는 진흙으로 붉은 흙탕물이다. 그렇지만 금방 푸르고 무섭게[유해하게] 변한다. 고대 이집트인들은 커다란 항아리에 그 물을 가정 용수(用水)로 저장을 하였다. 8월 초부터 나일 강의 수위는 높아진다. 그 때에 수로(水路)가 열렸고, 그 물들이 들을 비옥하게 만들었을 것이다.

침수(浸水)는 9월 말까지 1개월이 계속된다. 9월이 끝날 때까지 나일 강은 평상의 자리로 돌아가지 않는다. 11월에 씨를 뿌리고, 북쪽 이집트는 3월 남쪽 이집트는 4월에 수확을 한다.

고대의 농부들은 이시스(Isis)의 눈물이 나일 강을 불어나게 한다고 믿었다. 7월 중순 경에 시리우스(Sirius, 天狼星)이 뜨기 전 새벽을 이시스(Isis)와 동일하게 생각했다. 태양 의례(儀禮)로 이별은 "라(Ra)의 눈" 하토르(Hathor)로서 인간을 죽이러 나타난 것이다. 그 증거는 이 시기에 태양신에게 인신 공희(人身供犧)가 이루어졌다는 점이다." -[제Ⅱ장]

___✈

(a) 위의 진술은 이집트 '나일 강 유역' '인문 지리학(地理學)'의 전부이다.

(b) 거기에다 '라(Ra)'와 '하토르(Hathor)' 신화를 첨가하여 '이집트 학(學)'이 그 기초 위에 세워졌다.

(c) 힌두의 다신(多神)은 '창조 신(Brahma)' '양육 신(Vishnu)' '사멸 신(Shiva)' 3신으로 통합되고 다시 '옴(O'm)' 신'으로 합해졌다. 그런데 이집트 '라(Ra, 창조신)'와 '하토르(Hathor, 파괴 신)'으로 단순화했으나, 힌두도 3신의 수시로 통합되었고, '라(Ra)'와 '하토르(Hathor)'의 기능이 분할되어 있으나, 원래 '라(Ra) 신'의 기능임은 [신화 서술 상으로도 이미 명시되고 있다. [사실상

'절대신'의 역할 분담이다.]

제11조(條) : 곡식의 신, 오시리스와 이시스

"고대 이집트 사람들은 들을 경작했을 때에 동물 모습의 월신(月神)을 향해 큰 축제를 행했다. 그런 다음 오시리스 죽음을 슬퍼하며 파종(播種, 씨뿌리기)이 행해진다. 신성한 존재가 대지에 묻히었는데, 곡식은 오시리스 몸의 조각이라는 것이다. 옛 풍속은 '시편(Psalm) ｃｘｘｖｉ'이 참조될 수 있다. **눈물로 뿌린 자가 기쁨으로 걷는다. 소중한 씨앗을 간직한 자 울며 앞서 가서, 어김없이 기쁨의 곡식 다발들 가져 올 것이라.**-

왕마다 오시리스(Osiris)였으니, 힘의 상징이 목동의 막대기 도리깨였다. 사람들은 그들의 왕을 신으로 모셨고 30년 통치 후 그네들 사육제(謝肉祭, cannibalistic ceremonial) 세드(Sed) 축제에서 잡아먹었고, 그래서 그의 영혼은 후계자에게 들어가고 땅과 백성들은 풍성하게 한다고 생각했다. 뜯어 먹힌 왕들의 **뼈**가 무덤에서 발견이 되었다." -[제Ⅲ장]

_____✈

 (a) 탁월한 사학자 매켄지(Mackenzie)는 한 사람의 '과학도'로서 '땅'에서 태어나 '땅'으로 돌아갈 때까지 평생을 먹고 살아야 할 인간의 영원한 숙제 -'먹고 사는 문제' '식량의 해결 문제' '농업의 문제' '이집트 최고 농사 문제'에 곡신(穀神) '오시리스(Osiris)와 이시스(Isis)'를 여지없이 명백하게 거듭 거듭 강조를 했다.

 (b) 그리고 '성경'에 유명한 구절 '눈물로 뿌린 자가 기쁨으로 걷는다.'를 제대로 인용하여 그 전 '고대 이집트 역사[Egyptian Myth and Legend]'를 '한 편의 시(詩)'로 감상하게 만들었다.

 (c) 더욱 명백하게 말하여 매켄지(Mackenzie)는 '최후의 만찬'에 참석했던 예수와 그 제자들과 같은 그 심정으로 '오시리스=예수' 등식(等式)을 암묵적으로 제시를 했으니, 이 구절이 '시(詩)'가 아니라면 '세상에 시(詩)'란 없을 것이다.

 (d) 더구나 '사육제(謝肉祭, cannibalistic ceremonial)' 이야기는 차마 믿을 수 없는 이야기이지만, '성경'에 최고 권위자[예수]는 '그 말씀'으로 그것을 믿게 만들고 있다.

제12조(條) : '바빌로니아'에서 온 태양 숭배자들

"바빌로니아 신앙과 더불어 성장한 사회는 이집트 북부 정착 자들에게 영향을 나타냈다. 그 태양 숭배 종교가 전 이집트에 퍼졌다. 원시 피톰(Pithom, Tum의 집)에서부터 온(On, Heliopolis, '라-Ra' 신앙 중심지)까지 나아갔고, 그것이 라툼(Ra-Tum)으로 신성시되었고, 저지대 이집트 왕국의 수도(首都)였다." -[제Ⅲ장]

30

    ⓐ 힌두(Hindu)의 '마하바라타(*The Mahabharata*)'는, 인도의 '수리아(Surya)', 희랍의 '아폴로 (Apollo)', 이집트의 '라(Ra)'가 그 세부적인 기능은 다르게 표현되었지만 모두 '태양 절대신'의 속성임을 앞서 밝히고 있다.['理論의 치밀성'에서 단연 앞서 있음

    ⓑ 이집트의 '라(Ra)' 문제는 앞서 '온(On, Heliopolis, 라-Ra 신앙 중심지)'의 명칭에서 볼 수 있듯 이 '옴(Om)'은 힌두의 주신(主神)이고 역시 '태양은 그의 주요 상징이다.

    ⓒ 그에 대해 '피톰(Pithom, Tum의 집)'은 '뱀, 악어, 용'신의 도시임을 말하고 있으나, 그들도 결국 은 절대 신의 창조물이고 그 절대 신의 통제 하에 있다는 것이 '힌두 바라문(婆羅門)'의 기본 전제이다.

제13조(條) : 초기 '물대기[灌漑]' 계획

  "능수능란한 사람들이 상부[남부, 나일 강 상류] 이집트에 나타났다. 그들은 아라비아를 통해 왔는데, 그들은 태고의 문화를 흡수했던 자들로 초기 바빌로니아 사람들 속에서는 정착할 수가 없었다. 그들은 낮은 홍해(Red Sea)의 끝자락을 건넜고, 직접적으로 사막 길을 넘었거나 혹은 아비시니아(Abyssinia) 고지대를 통과해 푸른 풀과 나무로 덮인 나일(Nile) 강 계곡으로 들어갔 다. 그들은 청동기 무기를 소지했는데, 초기 정착지로 보이는 에드푸(Edfu)에서 [유물이]나타나 있다. 그들은 많은 종족을 통일하고 늘어가는 영역에 영향력을 휘둘렀다. 새롭고 개선된 경작 기술이 소개되었다. 관개(灌漑, 물 대기)를 위해 수로(水路)가 건설되었다. 인구가 급증하였고 법과 제도가 정착했다.

  그 침략자들은 '호루스 매 의례(Horus-hawk cult) 태양 숭배자들'이었다. 그러나 그들은 오시리 스 곡신 숭배자들도 포용하였다.

  그들은 에드푸(Edfu)와 히에라콘폴리스(Hierakonpolis)에서 북으로 왕들이 무덤이 있는 성 아 비도스(Abydos)와 티니스(Thinis)를 지배했다. 상부나일 강 상류] 이집트(Upper Egypt)를 백색 왕관['힌두의 상징']을 쓴 군주들이 통치하며 '그들의 운명의 시간을 살았다.' 그 다음 '전갈(全蠍, Scorpion)' 자루(Zaru)라는 대 정복자가 나타났다. 그는 승리의 군대를 나일 강 계곡을 타고 내려가 당시에 커다란 세력을 발휘하고 있는 파이움(Fayum)의 국경에까지 이르렀다. 거기에서 자루 (Zaru)의 행진은 저지되었다. 그러나 이집트에는 새 시대가 열렸으니, '상부 왕조'와 '하부 왕조'가 남게 되었기 때문이다.

  자루(Zaru)의 통치가 마감되었을 때는, 국경이 명시되었을 때였다. 오시리스 식으로 은덕을 내린 자루(Zaru)는 농업에 헌신했고, 관개(灌漑)를 행해서 땅을 개간했다. 예술가는 그가 괭이로 강둑을 파는 행동을 그렸는데 '최초 관개(灌漑)' 의례 같은 것이다. 사람들은 과일 나무를 울타리 삼아 원형으로 거주지를 마련했다. 그녀들의 4각형 들은 관개(灌漑) 물길이 둘러 있었다." -[제Ⅲ장]

(a) 매켄지(Mackenzie)는 이미 이집트 문화 본질 -'나일 강의 문화 -이집트 문화'임을 명시했고[제 10조(條)], '곡식'을 '신'으로 받드는 유구한 전통을 확인하게 했지만, 그것을 '현실에서 성공시키 는 긴밀한 요건'으로 **관개(灌漑, 물 대기)**'에 주목했던 것은 그 '이집트 통치의 요건'을 다시 밝힌 것이다.

(b) 그 이집트에서는 그 **관개(灌漑, 물 대기)**'에 성공한 파라오가 중국(中國) 문자로는 '성군(聖君)' 이다. 이렇게 '투명한 역사'를 쓴 사학자도 별로 없다. '종교'와 '철학'이 이에 다 집중이 된다. 매켄지(Mackenzie)의 총명은 3천년 '고대 이집트 역사[*Egyptian Myth and Legend*]'를 이것으 로 그 벼리를 삼았다.

제14조(條) : '메나(Mena, Narmer)'의 이집트 통일

"**메나(Mena, Narmer)의 성공적인 시작은, 그 나르메르(Narmer)의 특성상 '상부 이집트'와 '하부 이집트' 완충지대 늪의 파이움(Fayum)이 형성되었을 때였다. 즉 긴 공방전에서 결국 남쪽 군사들이 크게 이겨 '거대 델타 영역'을 남부(상부) 이집트 군사가 그 소유를 확실하게 했을 때였다.** 나르메르(Narmer) 왕이 한 손으로 꿇어 엎드린 파이움(Fayum) 왕의 머리를 잡고 다른 손으로 철퇴를 잡아 마지막 일격을 가할 때였다. 정복을 행한 왕의 몸종이 왕의 샌들과 물 항아리를 나르고 있다. 거기에 그려진 매의 상징은 동일하게 그려진 매 형상은 종족의 신 호루스(Horus)에게 그 '승리'를 돌렸다는 뜻이다. 두 적들은 도망을 치고 있고, 전투 대원들의 위에 암소의 머리와 하늘의 여신 하토르(Hathor)가 그려져 있다.

이 위대한 장면은 고대 이집트인들의 진정한 '보수적 정신'으로 이후 비슷한 정복에도 모방이 되었다. 정말 나르메르(Narmer)처럼 초라한 적을 쳐부순 3천년 동안 계승된 각 파라오의 전쟁 승리는 나르메르(Narmer)의 거대 동상으로 강조가 되었다. 이집트 군왕을 나타낸 고대 이집트 전통은 소인국(Lilliputians)에 들어 간 걸리버(Gulliver)처럼 적들 속에 군왕을 그려내었다.

이렇게 호루스(Horus, Narmer) 종족은 여신을 숭배하는 리비아 사람들과 통합이 되었다. 이후 오시리스(Osiris) 네이트(Neith) 호루스(Horus) 3개의 사이스(Sais)가 구성되었다. 네이트(Neith) 는 이시스(Isis)와 동일시되었다. -[제Ⅲ장]

'나르매르(Narmer)' '나르메르 팔레트(Narmer Palette)'

_____✈

(a) 매켄지(D. A. Mackenzie)의 '고대 이집트 역사[*Egyptian Myth and Legend*]'는 '피라미드' '미라' '명문(銘文)' '그림' '파피루스 기록'으로 복원(復元)을 해 낸 역사이다.

(b) '힌두'와 '중국(中國)'도 유구한 역사를 자랑하는 '상대(上代)'의 문명 국'이었지만, 그 문화적 특성상 이집트의 '피라미드' '미라' '명문(銘文)' '그림' '파피루스 기록'들이 보여 준 놀라운 '증거들'은 많이 '상실(喪失)'을 한 셈이다.

(c) 그런데 이집트의 '피라미드' '미라' '명문(銘文)' '그림' '파피루스 기록'들도 사실상은 '이집트의 농업 경제력'을 바탕으로 한 것으로 당시 '세계의 재주꾼들'이 이집트로 몰려와 '재주자랑'을 해 놓은 결과임을 확실히 알 필요가 있다.[사실상 '이집트 농민'은 다른 일을 애서 할 필요가 없었음.]

제15조(條) : 아홉 지신(地神)과 프타(Ptah) 대신(大神)

 "프타(Ptah)는 고 왕조 시절에 멤피스에 군사적 귀족을 이룬 침략자들이 가지고 왔을 것이다....프타(Ptah) 신의 경우도 종족의 신화적 양상에 특별한 관심을 보이고 있다. 이집트의 모든 신들 중에서 가장 크게 강조된 것으로 보인다. 시간의 진전에 따라 다른 신들은 흐려지고 모호해진 데 대해 프타(Ptah)는 다른 신들과 섞이면서도 그 '요정'의 성격은 잃지 않았다. 프타(Ptah)는 크누무(Khnumu)라 이르는 아홉 지신(地神)의 우두머리였다. 근육질의 난장이들(Statuettes)은 굽은 다리, 긴 팔, 크고 넓은 머리, 지적인 모습에 유순한 말씨였다.[비슈누 난쟁이 화신] 어떤 경우는 긴 콧수염을 길러 수염을 깎거나 무모(無毛)의 이집트인과는 크게 달랐다.

 멤피스인(Memphite) 신앙에 의하면 태초에 프타(Ptah)가 여덟 일꾼의 도움을 받아 세상과 하늘을 창조했다. 프타(Ptah)는 역시 인류의 창조자로서 이집트 무덤에서 그들 '요정(elves)'의 도형(陶形)들이 발견되고 있으니, 그들을 사자(死者)의 몸을 운반하여 재창조하는 힘을 지닌 존재로 신앙한 것이다.['아기 부처'도 동일한 의미] 그들의 거처가 지하이듯이 그들은 '야채 육성 자들'이다. '리그 베다(Rig-Veda)' 송(頌)의 '장인(匠人) 왕' 트바슈타르(Tvashtar)와 연합했고, 튜턴의 신화 '검은 난쟁이들'과 연합한 것 같다. 챙 달린 모자를 쓴 난쟁이 프타(Ptah) 상은 알피네(Alpine-알프스) '광두(廣頭)'의 '떠돌이 땜장이'를 연상하게 하니, 그들은 힌두 쿠슈(Hindu Kush)에서 영국 아일랜드 고대 소아시아의 히타이트족(Hittites)과 혼성된 족속이었다. 페니키아 항해사들이 그들의 배에 난쟁이 상을 실어 날랐고, 그들을 숭배했다. 페니키아 항해사들은 '파타이코이(pataikoi)'라고 불렀다. 극동에서는 프타(Ptah)와 비슷한 창조자가 반고(盤古, Pan Ku)로 최초 중국(中國)신인데 그는 알에서 탄생했다." -[제Ⅵ장]

_____→

   (a) 매켄지(D. A. Mackenzie)가 '고대 이집트 역사[*Egyptian Myth and Legend*]'를 서술함에 견지하고 있는 태도는 자기가 확실하다고 생각하는 것만을 진술했다.[사실상 모든 학자의 경우가 그렇다.]

     매켄지(D. A. Mackenzie)가 '프타(Ptah)' 신을 '라(Ra) 신'이나 '오시리스'와도 다른 위치에 두고 있지만, 앞서 인용한 포콕(E. Pococke)은 '불타(佛陀, Bud'ha) 족의 시조 신[5]'으로 추리를 했고, P. N. 오악(P. N. Oak, 1917~2007)은 "'프타(Ptah)'는 범어(梵語)로 우주의 아버지를 뜻하는 신 '피타(Pita)'이다."[6]라고 했다.

   (b) 그 명칭이 다양한 만큼 신도들의 집착도 엄청나게 다름이 '종교 사상의 현실'이다. 그러나 소위 **'과학도'는 그 다양함을 인정하면서도, 역시 시공(時空)을 초월한 '자연의 위대한 원리의 인격화'**임을 항상 기억할 필요가 있다.

   (c) 소위 '인격신'은 '인간의 신격화[존중]'에서 비롯한 것이고, '인격신의 의지'와 '자연적인 힘'의 동등시는 '시적(詩的) 진술' 그 이상의 의미는 없다.

제16조(條) : 이집트 사학(史學)의 대명사 -마네토(Manetho)

"우리는 마네토(Manetho)가 보유하고 있는 전승을 지니고 있다. 그러나 전해주고 있는 대부분이 민담(民譚)의 영역에 속해 있다. 예를 들어 나일 강이 14일 간 불어나 어떤 파라오는 다리가 9피트가 되어 '가장 키가 큰 사람'이 되었다는 등의 신화(Myth)와 역사(History)가 구분할 수 없게 섞이어 있다는 점이다." -[제Ⅵ장]

"그러나 마네토(Manetho)의 '역사'는 소중한 자료를 보유하고 있다. 비록 우연한 부정확성이 있을지라도 초기 왕들의 목록은 상상물이 아니다. **익명의 골동품 수집가 그 이름의 시실리 도시로**

---

5) E. Pococke, *India in Greece*, London, 1851, p. 397 APPENDIX 'No. XXI Variation of the Name Bud'ha' : **Buddha=Pta=Phtha**

6) P. N. Oak, *World Vedic Heritage*, New Delhi, 1984, p. 612 'Vedic Theogony'

<u>운반했던 '팔레르모 돌(Palermo Stone)'에는 초기 왕들의 명칭과 그들에 치적에 관련된 주요 사건이 상형문자로 새겨져 있다.</u> 그것은 신전에 간직된 작은 명부(名簿) 중에 하나이다. 틀림없이 많은 것들이 있었을 것이나 일부만 드러난 것이다.

　메나(Mena, Narmer, 3100 b. c. 경) 왕의 명령으로 프타(Ptah) 신에게 헌정된 멤피스의 이집트 최초 신전은, 전설에 의하면 마네토(Manetho)가 세웠다고 한다." -[제VI장]

　<u>**마네토의 '이집트 사(Manetho's Nechepsos)'**</u> 그의 존재는 의문으로 남아 있다.(His existence has been questioned. 678-672 BC-제26왕조) 마네토(Manetho, b. c. 250년 이집트 사제)는, '이집트 사'를 썼다" -[제XIV장]

'세라피스의 사제 마네토(Head of an anonymous priest of Serapis. Plutarch linked Manetho with the Ptolemaic cult of Serapis)', '팔레르모 돌(Palermo Stone)'

———✈

(a) 문제는 '메나(Mena, Narmer, 3100 b. c. 경) 왕의 명령으로 프타(Ptah) 신에게 헌정된 멤피스의 이집트 최초 신전은, 전설에 의하면 마네토(Manetho)가 세웠다.'는 것과 그의 기록이라는 '팔레르모 돌(Palermo Stone)'과 '프톨레마이오스 왕조(Ptolemaic Dynasty, 305~30 b. c.)'에 '이집트 사'를 적은 '마네토(Manetho)'를 어떻게 처리할까 그것이다.

(b) '세누스레트 III세(Senusret III, 1878-1860 b. c.)'나 '아메네마트 IV세(Amenemhat IV, 1815-1807 b. c.)'의 경우처럼 이집트인처럼 **동일(同一)한 명칭 이름 다시 쓰기**를 즐긴 종족도 없다.[中國에서는 '왕의 명칭'이나 '祖上의 이름'은 '忌諱'해 함부로 부르지도 않았음] 최초의 '역사' 가는 역시 '종교적 사제(司祭)'라는 '세계사의 공통점'이고 그가 일종의 '계관시인'이라는 점까지 도 다 공통이다.

(c) 그러므로 이집트의 '마네토(Manetho)'는 '같은 이름의 다른 사가(史家)'로서 그 구체적인 연대와 기록물에 의거 자리 매김 되면 그만이다.

제17조(條) : 최초의 피라미드

"멤피스에서 통치를 행한 조세르(Zoser, Djoser, 19-28년 통치 2670 b. c. 경) 왕과 더불어 제3왕조[2686~2613 b. c.]는 시작되었다. <u>조세르(Zoser) 왕은 제1피라미드를 세웠던 왕이다. 제1피라미드는 멤피스 인근의 사카라(Sakkara)에 세워졌다. 조세르(Zoser) 왕 이전의 왕들은 아비도스(Abydos)에 묻혔고, 새로운 출발이 멤피스 우선으로 완성이 되었다.</u> 당시 국가의 행정적 산업적 종교적 생활이 멤피스가 중심이 된 것이다."-[제Ⅵ장]

"<u>조세르(Zoser) 왕은 두 개의 무덤을 가지고 있다. 하나는 아비도스(Abydos)에 거대한 벽돌 석실분묘인데, 그것은 '영혼의 집(soul house)'이니, 그 영안실에서 그는 '이중(double)'으로 숭배된 것이다. 다른 것은 멤피스(Memphis) 뒤쪽 사막에 자리 잡은 석회석 건축이다.</u> 후자는 이집트 역사 학도에게는 각별한 관심사이다. 그것은 테라스[비슷한 건물을 연이어 붙인 거리] 식 구조로 200피트[30cmX200=60m] 높이에 차례로 위를 향하여 크기가 작아진 석회석들을 쌓아올린 것이다. 이 놀라운 건축은 '사카라(Sakkara) 계단 피라미드'로 부르고 있다. 이것은 이집트에 세워진 최초의 피라미드일 뿐만 아니라 세계 최초의 석조 건축이다."-[제Ⅷ장]

"기자(Giza)에 있는 세 개의 거대한 피라미드에 과도한 관심은 조세르(Zoser)의 석회석 무덤을 간과하기가 쉬었다. 그러나 <u>조세르의 무덤은 이집트 역사에 중요 지점을 이루고 있다.</u> 그것은 쿠푸(Khufu, Cheops)가 왕위에 오르기 1백 년 전에 세워졌고, 이후 시대를 가능하게 했던 방대한 경험이 바탕이 되었다. <u>그 건축가는 이모테프(Imhotep)으로 알려졌다.</u> 그의 명성은 사이스(Saite, Sais), 복원 시대[664~525 b. c.]에까지 이어졌으니, 희랍인들은 '이무테스(Imuthes)'라고 하여 신으로 숭배했다. 그는 발명과 구상에 천재로 조세르(Zoser) 궁정에 영향력을 행사한 정치가였다. 솔로몬(Solomon)처럼 당시에 가장 현명하다는 평판이 있었다. 그는 의학에 관한 저술가이고 고대 이집트어로 잠언(箴言)집을 남겼다. 학문의 후원자로서 그에 대한 추억을 기록자는 2천년 이상 동안 참조가 되었고, 일을 시작하기 전에는 그 영혼에게 신주를 바치는 것이 이집트인의 풍속이었다."-[제Ⅷ장]

"'계단 식 피라미드(the step pyramid)'는 이모테프(Imhotep)의 생각이었다. 그가 피라미들을 계획하고 건설을 감독했다. 그는 역시 그 위대한 건축을 행하는데, 노동자와 기술자 군단 구성의 책임자였다."-[제Ⅷ장]

"그 마네토(Manetho)가 멤피스를 그 새로운 산업과 연결한 이집트인의 전통을 간직했다는 것은 각별한 점이다. <u>마네토(Manetho)는 석조 건축을 시작하여 사카라(Sakkara)에 계단식 피라드를 제작하여 조세르(Zoser) 왕에게 올렸다. 마네토(Manetho)는 멤피스에 이집트의 최초 사원을 메나(Mena) 왕 때에 건설하여 프타(Ptah) 신에게 바쳤다고 적혀 있다.</u> '백악성곽(White Walls)'

이라는 멤피스의 명칭은 그 요새가 석회석으로 축조되었던 것을 알려주고 있다." -[제Ⅷ장]

'사카라 계단식 피라미드(The step pyramid of Sakkara)' -건축가 이모테프(Imhotep)가 만든 조세르(Zoser) 왕의 무덤'

_____→

(a) 이집트의 '피라미드' '스핑크스' '미라' '파피루스' '상형문자'가 어떻게 그 '고대 이집트 역사
[*Egyptian Myth and Legend*]'에 관련이 되어 있는지를 매켄지(D. A. Mackenzie)처럼 유기적
으로 잘 밝히고 있는 사람은 없다.

(b) 특히 그 '피라미드(Pyramid)' 건축은 힌두의 '얀트라(Yantra, 신의 거주지)' 도형에 연유한 것으
로 '수학(數學)'과 '기하학'의 힌두(Hindu) 원천을 반영한 위대한 건축물이다.[7]

(c) '올바른 방향과 탐구'가 바른 결과를 쉽게 획득할 것이니, '피타고라스(Pythagoras)' 수학이 힌두
(Hindu)에서 비롯한 것임을 아는 것이 바른 '바른 수학(數學)의 역사'이다.

제18조(條) : 인간 '3개조(組)'

"이집트인의 신앙에는 인간의 개체를 이루는 요소에 관한 다양한 견해들이 있었다. **3개 조(組)가
있으니, '정신(spirit, Ka)' '영혼(soul, Khu)' '육체(body, Khat)'가 그것이다. 다른 3개 조(組)는
'그림자(shadow, Khaybet)' '영혼(soul, Ba)' '미라(mummy, Sahu)'이다.** 그리고 **하티(Hati), 아
브(Ab), 세켐(Sekhem)**을 들고 있는데, 하티(Hati)는 '심장'이고, 아브(Ab)란 '의지' '욕망'이고, 세
켐(Sekhem)은 '자제력'인데 개인적인 이름 란(Ran)을 들기도 한다." -[제Ⅶ장]

_____→

(a) 소위 "인간의 개체를 이루는 3개 조(組) -'정신(spirit, Ka)' '영혼(soul, Khu)' '육체(body, Khat)'
-'그림자(shadow, Khaybet)' '영혼(soul, Ba)' '미라(mummy, Sahu)'-하티(Hati)', '아브(Ab)',
'세켐(Sekhem)'" 이론은 '농부의 논리'일 수 없다. 특히 '정신(spirit, Ka)'과 '영혼(soul, Khu)'을

---

7) F. W. Bunce, F. W. Bunce, *The Yantras of Deities*, D. K. Printworld, New Delhi, 2001

구분했던 사람은 '영혼불멸'을 이론화한 '힌두 바라문의 이론'으로 통합되게 되어 있다.[이후 사상사의 전개로 볼 때]

 (b) 매켄지(D. A. Mackenzie)는 '오늘이 지나면 내일이 오듯이' '죽은 다음에는 저승'을 누구나 생각하게 된다고 '자연 발생설'로 넘어갔다.

 (c) 그러나 사실상 어느 왕조에서나 비슷했지만, 이집트의 경우 '종교적 포교(布敎)의 발단'은 반드시 '파라오'의 심사(審査)를 통과해야 했으니, 이집트 역대 '파라오들'만큼 '엄청난 종교적 격변'을 보인 사례가 이후 세계사에 없다.

 (d) 그 '역대 파라오들의 신앙신의 발현 결과물들'이 지금 폐허로 남아 '신전들'인데, 이집트는 거의 도시마다 '수호신'이 따로 있고, 왕조마다 '주신(主神)'이 바뀌고 있음을 매켄지(D. A. Mackenzie)는 지치지 않고 다 밝히고 있다.

 (e) 그 중에 가장 끈질기게 버틴 '토착 신앙'이 오시리스 교이고, 외래 절대 신이 그 명칭을 달리한 '라(Ra)신' '프타(Phtha)신'이었다.

제19조(條) : 미라(Mummies)

 "**시체 훼손을 거부하는 혁명은 기원 전 3천년 제3왕조 시작에서 생겨났다**. 거석 석재 무덤이 건설되고 사자(死者)가 미라로 제작되었다. '정신(spirit, Ka)'은 결국 되돌아오고, 사자(死者)가 다시 살아나거나 지하(Nether World)에 간 영혼이라도 지상의 신체에 의지한다는 생각이다. 시체의 방부처리가 결국 이집트에서 일반화되었으나, 훼손에 대한 신앙도 남아 미라의 한 다리가 삐게 하는 것으로 실행이 되었다. 중(中)왕조 기간에는 사자(死者)를 왼쪽으로 누이고 오시리스나 호리스(Horis) 눈(負傷) 이야기처럼 만들었다." -[제Ⅶ장]

 "가장 비싼 방부 처리는 다음과 같다. 뇌는 코로 화학 물질을 주입 후에 기구(器具)를 사용해 제거한다. 그리고 신체의 한 쪽을 돌칼로 절개한다. 간 심장 허파 장기는 즉시 꺼내어 깨끗이 씻어 야자 술에 담그고 충분한 향을 가한다. 시체를 건조시켜 향료와 계피 가루로 배를 채워 부풀린 다음 꿰맨다. 그 후 70일 간 니트로(nitre) 약품 속에 넣어둔다. 그 다음 잘 닦아내어 강력한 껌에 적신 붕대로 조심스럽게 싼다. 그것이 자기 집으로 옮겨지면 사람 크기의 나무 관에 넣어지는데, 그 관에는 마법적 주문과 성스러운 상징과 남신 여신들 상이 그려져 있다. 사자(死者)의 얼굴은 뚜껑으로 덮였고, 로마 시대에는 얼굴에 색칠을 했다.[고대 醫學의 시작]"[제Ⅶ장]

 "장기(臟器)는 호루스의 아들인 동서남북 4개 수호신 모양인 그 뚜껑의 네 개 유골 항아리에 넣는다. 즉 위와 대장(大腸)을 지키는 인간 얼굴의 암세트(Amset), 소장(小腸)을 지키는 개 머리의 하피(Hapi), 폐와 심장을 지키는 재칼 머리의 두아무테프(Duamutef), 간 쓸개 방광을 지키는 매 머리의 케베세누프(Kebeh-senuf)가 그들이다. 그들은 상자에 넣어 무덤에 두었다. 그 장기들이 각종 죄악을 저질렀던 원인으로 생각했다." -[제Ⅶ장]

(a) 이집트인의 '**미라(Mummies)**' 제작을 매켄지(D. A. Mackenzie)처럼 효과적으로 '고대 이집트 새*Egyptian Myth and Legend*]'에 활용을 한 사람은 없을 것이다. 그것의 '과학적 탐구'는 이집트 파라오 '종족(種族)사'를 밝히는 근거가 되고 있기 때문이다.

(b) 그런데 매켄지(D. A. Mackenzie)는 이집트인이 '시체의 훼손을 거부하는 혁명'이라고 '미라 제작'을 긍정하였는데, 그것은 그가 '고대 이집트 역사[*Egyptian Myth and Legend*]'를 집필하는 요긴한 자료로 그것을 활용한 사가(史家)로서의 자세였다.

(c) 그러면 '이집트 사가(史家)' 아닌 그 '**미라(Mummies)**'에 대한 소견의 무엇이 있을 수 있는가?

(d) 앞서 '신(神)의 뜻'이란 '자연 원리의 인격화'이니, '자연의 원리'에 따르는 것이 '순리(順理)'일 것이다.

(e) '화장(化粧)'을 하고 '가발(假髮)'을 쓰고 '복장'을 선택하는 일들이 그 개인의 '자유'이듯이 '피라미드' '사원' 건설과 '미라' 제작이 그 파라오들의 '자유'였으나, 거기에는 오늘날의 '기술 보급'도 그러하듯 '각종 전문 인력'이 동원되었음을 매켄지(D. A. Mackenzie)는 상세히 밝혀 그것이 '이집트 문명 자체'였음을 세상에 공개를 하였다.

제20조(條) : 사자(死者)를 심판하는 법정(法庭)

"'심판의 집(Hall of Justice)'에서 영혼이 죄 없다고 결론이 나고 죄 짓지 않겠다는 희망이 표명된다.

'길을 여는' 재칼 머리의 신 아누비스(Anubis)가 침묵 속에 영혼의 고백을 들은 오시리스 앞으로 그 영혼을 인도한다. 사자가 들어가도 아무 말이 없다. '사자(死者)의 왕[오시리스]'은 높은 왕좌에 앉아 있다. 왕관을 쓰고 한 손에는 홀장(笏杖)을 쥐고 다른 손엔 도리깨를 잡았다. 오시리스는 사자의 최고 판관(判官)이다. 그의 앞에는 사자(死者)의 심장을 다는 진짜 저울이 있다.... 떨리는 침묵 속에 순례자[사자의 영혼]은 다시 고백을 행한다. 오시리스는 말이 없다. 떨리는 속에 영혼은 저울에 달리는 심장 무게를 살피는 중에 진리와 정의 여신 마트(Maat)가 타조의 깃털을 반대편 저울에 올린다." -[제VII장]

(a) 이집트 신앙의 초점은 '오시리스(Osiris) 이시스(Isis)' 신앙이고, 그 '오시리스(Osiris) 이시스(Isis)'는 '저승의 심판자'이고 역시 '이집트 낙원의 왕(관리자)'이라는 점은 가장 주목을 해야 할 사항이다.

(b) 인류가 가지고 있는 모든 종교가 '천국' '낙원'을 전제로 갖지 않은 종교가 없지만 그 중에도 **이집트인처럼 구체적인 '낙원'과 '심판 절차'를 마련해 놓은 종교도 없다**.

(c) 이집트인의 경우 소위 '사자(死者)의 서(書) -*Book of the Dead*'를 마련해 놓고 그 '심판의 과정'을 그림으로 상세히 제시를 했다.

(e) 이것이 이후 기독교에 크게 영향을 미쳤던 것은 물론이다.

제21조(條) : 사후(死後)의 '알루(Aalu) 낙원'

"그 심장이 타조 깃털보다 무겁거나 가볍지 않으면 사자는 방면(放免)이 된다. 토트(Thoth)는 측정 결과를 오시리스에게 보고하면, 오시리스는 심장을 사자에게 되돌려 주도록 명한다. -사자(死者)가 이겼노라.-라고 오시리스는 선언하고 -이제 '알루(Aalu) 낙원'에 영혼들, 신들과 함께 거하도록 하라.-고 명한다." -[제VII장]

"풀려난 사자(死者)는 저승(Nether World)의 놀라운 **알루(Aalu) 낙원** 보게 된다. 그 신의 왕국은 이집트보다 더욱 크고 영광스러운 곳인데, 영혼들은 이전[생전]처럼 일하고 사냥하고 적들을 물리친다. 각각 사람들에게는 임무가 주어진다. 땅을 갈고 풍성하게 자란 곡식을 수확한다. 풍년이 이어져 굶주림과 슬픔을 모른다." -[제VII장]

_____✈

(a) 이집트인의 '저승' 관에서 특히 주목을 해야 할 사항은 '영혼들은 이전[생전]처럼 일하고 사냥하고 적들을 물리친다.'는 전제를 했다는 점이다.

(b) 힌두의 '지존(至尊)의 노래(Bhagavat Gita)'에서는 힌두의 '부라만' '크샤트리아' '바이샤' '수드라'를 하늘이 부여한 직업으로 명시(明示)를 했고, 플라톤은 '자신의 직책들을 지킴'이 '정의(正義)의 실현'으로 명시했다.

(c) '이집트'와 '희랍'과 '힌두'가 동일한 '인생관' '세계관'이었음은 크게 주목을 해야 한다.

제22조(條) : 쿠푸(Khufu)의 대(大) 피라미드

"제4왕조는 희랍인은 '케오푸스(Cheopus)'라고 했던 쿠푸(Khufu) 대왕으로 시작했는데, 그는 이집트 최대 피라미드를 세운 군주이다." -[제 X 장]

"쿠푸(Khufu)의 동상은 남아 있지 않다. 쿠푸(Khufu)의 사후 수백 년 내에 무덤은 약탈당하여 미라가 훼손되었는데, 그 엄청난 독재자로 기억되었기 때문이다. 헤로도토스는 쿠푸(Khufu)가 '최고의 방탕 자'라는 사제의 말을 기록해 놓고 있다. 이집트 고고학자 페트리(Flinders Petrie, 1853~1942)는 쿠푸(Khufu)의 거대 피라미드가 각각 2,5톤 무게의 석회석 약 2백만3천 덩어리로 구성되어 있다고 했다. 그것은 13에이커(acres, 4046.8m²)를 점령하고 있다. 각 규격은 1변이 768피트(30cm) 사각형이었으나, 18피트 정도가 수축되었고, 지금 높이는 대략 450피트 인데, 완성되었을 때보다 30피트가 낮아진 셈이다."

"쿠푸(Khufu)왕의 아우인 카프라(Khafra)[헤로도토스의 '케프렌(Chephren)']는 그 형의 피라미드 보다 30피트가 낮은 제2 거대 피라미드를 건설했다. 그가 지은 사원은 아직 남아 있다." -[제Ⅹ장]

'쿠푸의 대 피라미드(The Great Pyramid of Khufu)'

------✈

(a) 앞서 밝힌 바와 같이 '이집트 문화=피라미드 문화'라고 할 수 있는데 쿠푸(Khufu)는 그 피라미드 중에서 가장 거대한 피라미드를 건설한 파라오이고 그는 '움직일 수 없는 명백한 독재자'였다.

(b) 그런데 '고대 이집트 역사[Egyptian Myth and Legend]'를 쓴 매켄지(D. A. Mackenzie)는 그에게 긍정적인 시각을 아끼지 않았다. 사실상 '독재자'란 '계몽주의' 이후 대두된 '시민사회'에 기준으로 만들어낸 말이고, '이집트인의 사전(事典)'에는 있을 수 없는 말이다. [무조건 맡은 바 직업에 충실하면 그것이 '최고의 가치 실현'임]

(c) 매켄지(D. A. Mackenzie)는 당시 '사제(司祭)' 중심의 파라오 '쿠푸(Khufu)'에 대한 반발을 구체적으로 제시하면서도 그의 '강력한 통치력'을 높이 평가했으니, '쿠푸(Khufu)'는 이집트의 '진시황(秦始皇)'이라 할 수 있다.

제23조(條) : '현실'에 있는 '태양의 정령(精靈)'

"앞서 확인했듯이 '쿠푸(Khufu, Khnumu)'는 -나는 쿠푸(Khufu, Khnumu) 신이 지켜 주신다.-는 뜻이다. <u>우주의 '창조자'는 프타(Ptah)와 아주 닮았다</u>. 그러나 두 벌의 교리는 각각 나뉘어 발달을 했으니, 서로 다른 종족적 영향 속에 소속이 되었다. **쿠푸(Khufu, Khnumu)는 궁극적으로 태양신과 섞이면서 "살아 있는 태양 정령"이 되었다**. '쿠푸(Khufu)'는 헬리오폴리스(Heliopolis)에서 오시리스 화신으로 간주되었고, 그는 농경의례와 관련되어 많은 사람들의 숭배가 계속되었다. 태양 교리로 오시리스가 '라(Ra)' 가족이 된 것이고, 이집트를 다스린 '최초의 왕'의 왕좌를 계승한 것이 된다. 그러나 프타(Ptah)는 무시할 수 없는 신이나, 태양신 동반자들 속에 포괄될 수 없었고, 강력한 두 개의 교파 간에 대립이 극열한 시대였다." -[제Ⅹ장]

"쿠푸(Khufu)왕의 아들과 계승자들은 '라(Ra)' 교도 영향 하에 있을 수밖에 없었으니, 왕들의 이름 '카프라(Khaf-ra)'의 뜻은 -나의 영광은 '라(Ra)'이다.- -나의 밝음은 '라(Ra)'이다.-이기 때문이다. '태양 교'가 왕가의 제일 신조였다. 그러나 이후 왕조까지 헬리오폴리스(Heliopolis) 고위 사제들은 파라오에게 그 자신을 '태양의 아들'이라 칭하기를 강요하지 않았고 이후에 그 명칭은 상용이되었다. 태양 숭배는 이집트 공식 종교가 되었는데, 거기에 다른 교가 첨가되었다. 리비아 군주통치 하에서 오시리스 종교가 부활했을 때 곡식 신의 화신이었던 옛 왕들은, 태양과 동일시했다."
-[제Ⅹ장]

————✈

(a) 사학자 매켄지(D. A. Mackenzie)는 확실히 아직 힌두의 '마하바라타(*The Mahabharata*)'를 읽지 않았음에도 불구하고, 강력한 파라오 '쿠푸(Khufu)'가 스스로를 '쿠푸(Khufu, Khnumu)'라고 일컬었던 구체적인 경위를 자세히 설명하고 있다.

(b) '마하바라타(*The Mahabharata*)'의 주신이며 최고 영웅인 '크리슈나(Krishna)'는 '절대신[Vishnu]'이 인간 속에 활략하여 '마하바라타 전쟁'을 승리로 이끌어 그 제자 아르주나(Arjuna)의 후손이 '힌두 왕국의 황제'가 되게 했던 구체적인 경과를 담고 있다.

(c) **이집트의 '강력 군주 쿠푸(Khufu)'가 바로 '절대 신의 화신(化神)'으로 자칭한 경우는 명백히 '힌두'의 '크리슈나(Krishna)'와 동일한 경우이니, '천신(天神)'과 '절대 군주'와 '사제'가 하나로 통합이 된 대표적 사례이다.**

(d) 여기에서 '이집트의 쿠푸(Khufu)', '힌두의 크리슈나(Krishna)' '중국의 진시황(秦始皇)'을 잠깐 비교해 보면 다 같이 '최고의 통치력[武力]'을 과시한 역사적 존재라는 점에서 공통되지만, 쿠푸(Khufu)와 크리슈나(Krishna)는 스스로 '절대신'으로 자임을 한 경우나 진시황은 그렇게 하지 않았고[할 줄을 몰랐고], 크리슈나(Krishna)는 사제들에게 '힌두의 교주'로 숭배되기에 성공을한 셈이나, 쿠푸(Khufu)는 '제4왕조[2613~2498 b. c.]'가 무너지자 명예를 의탁할 곳이 사실상없어졌다.

(e) 이러한 측면에서 보면 힌두의 '사제 계급[바라문]의 숭배'가 어떠한 결과를 낳았는지 한 눈에다 볼 수 있게 했다. 그러한 측면에서 살피면 중국의 '진시황(秦始皇)'은 '사제(司祭, 文臣)' 관리가 아예 없었던 경우라 할 것이다.

제24조(條) : 카프라(Khafra)의 스핑크스(Sphinx)

"쿠푸(Khufu)왕의 아우인 카프라(Khafra)[헤로도토스의 '케프렌(Chephren)']는 그 형의 피라미드 보다 30피트가 낮은 제2 거대 피라미들을 건설했다. 그가 지은 신전은 아직 남아 있다....거대한 스핑크스(Sphinx)는 오랜 동안 카프라(Khafra) 왕과 연동되어 왔고, 그의 이름이 제18왕조 동안에 그 스핑크스에 새겨넣었다. 그러나 스핑크스는 후대에 속한 것으로 생각된다. **스핑크스(Sphinx)는 바위로 만들어졌는데, 높이가 60피트(X30cm)이다. 사자 몸에 파라오 얼굴이다. 그러나 스핑크스(Sphinx)는 이슬람교도(Mohammedans)에 의해 많이 손상이 되어 확실히 알 수 없게 되었다.**

스핑크스(Sphinx)의 온전한 의미에 대해서는 알려지지 않고 있다. 건설 후 수백 년이 지나 이집 트인들은 스핑크스(Sphinx)를 태양의 신으로 간주했으나, 단순히 왕의 권력이나 위대함의 상징일 수도 있다.” -[제Ⅹ장

"**양(羊)의 신 아몬(Amon)은 이집트에서 가장 유명한 예언가[신탁자]였다**. 황소 아피스(Apis), 악어 세베크(Sebek), 부토(Buto)의 뱀 여신 우아지트(Uazit) 괴상한 신 베스(Bes)는 이후에 일어났 다. 계시는 꿈속에서 행해지는데. 투트모스(Thutmose) Ⅳ세[1400-1390 b. c.]는 스핑크스 그늘에 잠이 들었는데, 스핑크스는 파라오에게 그 주변의 모래를 깨끗이 했으면 좋겠다는 말을 들었다. 종교적 엑스타시 속에서 숭배자들 역시 예언 능력을 발휘했다.” -[제ⅩⅤ장

'제4왕조 카프라 왕(King Khafra in Ⅳ Dynasty)'

_____→

(a) '스핑크스(Sphinx)' 설립을 '제4왕조 카프라 왕(King Khafra in Ⅳ Dynasty)'과의 관련성을 뒤집 기는 어려울 것이다.

(b) 그런데 그 형상이 '사자(獅子)' 몸에 사람의 얼굴을 붙였다는 그 '인간+동물' 형상에 관심이 집중 이 되었고, 희랍에서는 '사람을 잡아먹는 괴물'로 더욱 추상적으로 변했다는 점이다.

(c) 어떻든 이 피라미드 앞에 세워진 이 이집트 '스핑크스(Sphinx)'가 원본인데, 힌두 학자는 두 말할 것도 없이 비슈누(Vishnu)의 제5화신 **나라시마(Narasimha, 사람사자) 화신**[8]으로 단정 을 하고 있다.

(d) 이집트는 사실상 그 상고 시대부터 '마하바라타(_The Mahabharata_)'와 '지존(至尊)의 노래 (Bhagavat Gita)' 익히 알고 있던 그 '힌두 선교사들'이 이미 이집트에 들어 와 있었다.

제25조(條) : 예언가 '데디(Dedi)'

"왕자 호르다데프(Hordadef)는 부왕(父王) 쿠푸(Khufu) 앞에 서서 말했다. -건강과 힘과 형벌은

---

8) P. Thomas, _Hindu Religion Customs and Manner_, Bombay, 1971, Plate 46~54 -'5 나라시마(Narasimha, 사람사자) 화신'

당신 것입니다. 제가 마법사 '데디(Dedi)'를 모셔왔습니다.-

왕[쿠푸(Khufu)]은 기뻐서 말했다. -그 분을 내 앞에 어서 대령하도록 하라.-

데디(Dedi)가 앞으로 나와 왕[쿠푸(Khufu)]께 인사를 드리니 왕은 말했다. -왜 그 동안 나를 찾아오지 않았는가?-

노인[데디(Dedi)]은 말했다. -이제 대왕이 부르셔서 제가 왔습니다.-

쿠푸(Khufu)가 말했다. -산 자의 목을 잘라도 그대는 다시 복원할 수 있다고들 말한다.-

데디(Dedi)가 말했다. -진실로 그 말씀과 같습니다.-

왕이 말했다. -그렇다면 죄수를 끌어내어 목을 베도록 해 보자.-

데디(Dedi)가 말했다. -사람에게 행하고 싶지는 않습니다. 저는 가축도 그렇게 대하지 않습니다.-

먼저 오리를 대령하여 그 목을 잘랐다. 데디(Dedi)는 '마법의 말(magic words)'을 행했다. 그러자 오리의 머리와 몸이 다시 붙었다. 그 오리는 일어나서 큰 소리로 꽥꽥거렸다.

쿠푸 왕이 다시 암소를 대령시켜 목을 베게 하니, 데디(Dedi)는 다시 살려내니, 그 암소가 그 데디(Dedi)를 따랐다.

왕이 마법사에게 말했다. -신 토트(Thoth)의 비밀 처소를 그대가 알고 있다고 나는 들었다.-

데디(Dedi)가 말했다. -신들은 제 소유가 아닙니다. 그러나 저는 어디에 계신지를 알고 있으니, **헬리오폴리스(Heliopolis) 사원에 계십니다.** 앞으로 다가올 계획들[일들]이 상자 안에 있으나, 그 것을 대왕 앞에 가져와도 소용이 없습니다.-

쿠푸 왕은 말했다. -나는 누가 그것[앞을 생길 일]을 내게 전해 줄지 알고 싶다.-

((데디(Dedi)가 예언하기를 '라(Ra) 사제의 아내 루드데디트(Rud-dedit)가 세 아들을 낳을 것'이라고 말했다. 그 사제 장자(長子)는 헬리오폴리스(Heliopolis)에 사제가 될 것이고, 그가 계획을 소유할 것이라고 했다. 그리고 그와 그 형제들이 어느 날 왕위에 올라 세상을 다스릴 것이라 했다.

그 마법사의 예언을 들은 쿠푸왕은 우울해졌다.))

그러자 데디(Dedi)가 말했다. -오 대왕이시여, 무엇을 걱정하십니까? 대왕 다음에는 왕자님이 이어 다스릴 것이고, 그 다음에도 그 아들의 아들이 다스릴 것입니다. 그런 다음에 그 '세 아들들'이 이을 것입니다.-

쿠푸 왕은 말이 없었다. 그런 다음 왕은 다시 물었다. -언제 그 아이들은 태어날 것인가?-

데디(Dedi)가 왕께 아뢰었다. **-제가 그 '라(Ra)' 신전을 방문할 그 때입니다.**-" -[제 X 장]

———→

(a) 역사가 매켄지(D. A. Mackenzie)가 인용한 '파피루스'에 적힌 **'예언자 데디(Dedi) 이야기'는**

그대로 그 '마하바라타(*The Mahabharata*)' 식 판박이 이야기가 되었다.

(b) 우선 **마법의 말(magic words)[만트라-mantra 효능]의 극대화**'가 그것이고, 그 '바라문' 사제의 권능이 그대로 '예언자 데디(Dedi)'로 옮겨져 있는 상황이 그것이다.

(c) 중국의 '시황제(始皇帝)'도 그의 후손이 '만대(萬代)'에 이르도록 황제가 될 것을 희망했듯이 이집트의 독재자 쿠푸(Khufu)도 그러했다.

(d) 사학자 매켄지(D. A. Mackenzie)는 이 파피루스 문건이 '쿠푸(Khufu) 생존 시의 이야기'로 꾸며졌으나, 그 이후[그 왕조가 끝난 다음]의 이야기로 단정을 했다. 옳은 판단이다. 그런데 **이러한 '이야기꾼들[사제, 계관시인]'에 의해 '기존 역사'가 기록 운영되어 왔다는 사실을 망각해서는 아니 된다는 점이다.** ['진실'의 '허위'의 판별 능력이 가장 중요한 '현대 사학의 출발 점'이다.]

제26조(條) : 함성을 지르는 뱀, 세트(Set)

"옛날부터 이집트에는 뱀들이 많았고, 사람들은 크게 무서워했다. '라(Ra)' 신까지도 그들을 무서워했다. **라(Ra)'는 이시스(Isis)가 만든 뱀에게 물렸다.** '라(Ra)'가 세상을 떠나 천국에 오른 다음에 인간을 통치할 적에 그가 인간들에게 그의 적으로 뱀들을 말하고 그들을 극복하는 마법적 주문을 제공했다. 뱀 구역은 이집트에서 아직 없어지지 않고 있다. 뱀은 옛날 유명했다. '성경'에도 그들의 힘에 대한 상징적 언급이 있다. 찬송가(Psalmist)는 -그들의 독은 뱀의 독이니, 그들은 살무사라. 귀를 닫고 말을 듣지 않도다.-(시편 lviii, 4-5) 예레미야(Jeremiah) viii 17에는 -내가 뱀과 악어를 보내어 듣지 않은 자를 물게 할 것이다.-라고 했고, 전도서(Ecclesiastes) x 11에는 -듣지 않으면 확실히 뱀이 물어뜯을 것이다.-라고 했다. 이집트에 진실한 뱀들의 구간의 사람들은 뱀들의 놀라운 힘을 증언하고 있다." -제XII장

"고대 이집트 특히 태양 숭배자들은 뱀들을 악령의 화신으로 믿었다. 빛의 적인 어둠은 아페프(Apep) 뱀, 거대한 벌레[뱀]으로 상징이 되었다. 그것은 밤마다 두아트(Duat) 영역에 일어나 태양의 범선을 파괴하려 들었다. 이처럼 아페프(Apep) 뱀은 중국(中國)의 용과 비슷하다." -제XII장

———✈

(a) 인류가 소유한 '절대신[天神]'에 관한 정보와 더불어 역시 비판적 시각을 발동해야 할 대상이 바로 '악마[뱀]'에 대한 이해이다.

(b) 정신 분석가 S. 프로이트(S. Freud, 1856~1939)의 공적(功績) 중에 가장 기억할 만한 공적인 소위 '**오이디푸스 환상(Oedipus Fantasy)**'이란 규정이 있는데 한 마디로 '**인류 최고의 탕자(蕩子) 왕, 오이디푸스 생각**'이 인간의 무의식 속에 잠재해 있다는 무서운 사실의 공개가 그것이다.

(c) 그러나 이 **S. 프로이트(S. Freud)의 '공개(公開)'가 새로운 것이 아니니**, 힌두(Hindu)의 '마하바라타(*The Mahabharata*)'에는 '창조신 비슈누'가 스스로 '뱀들의 침상(寢牀)'에 자리를 잡았고, 영웅 크리슈나(Krishna)는 '뱀들의 극복'으로 그 '절대신'의 확고한 위치를 잡았음을 거듭 경고하

여 '뱀'이란 결국 인간 '원죄(原罪) 상징'으로 선사시대부터 확실하게 자리를 잡게 해 놓았기 때문이다.['뱀의 극복'='무의식의 극복']

(d) '이집트 신화 종교'는 결국 '절대신'과 '악마(육신)' 사이의 간격 조정과 '대립' '화해'의 과정을 보인 것이니, '뱀[악에] 신'의 문제는 계속될 수밖에 없었다.

(e) '제19왕조(1292~1186 b. c.)' '람세스 II세(1279~1213 b. c.)' 때에 이르러 자신을 '뱀의 살해자'라 자칭했다는 사실은 거듭 음미(吟味)를 요하는 사항이다.

제27조(條) : '3'의 마법적 의미

"헬리오폴리스에서 태양 숭배자들의 교리가 발달했듯이 [수입 신이든 토착 신이든]다른 신들도 신들의 가족으로 포함이 되었다. **'3'과 그의 곱은 명백히 마법적 의미를 가지고 있었다.** '라(Ra)'와 케페라(Khepera)와 툼(Tum)이 태양 신 3개조이다. 태양신과 그 아들과 후손 3개조이다: 하늘인 누트(Nut), 바람인 수(Shu), 대지인 셉(Seb) '저주 자' 사자 머리 테프누트(Tefnut), 곡식 신 오시리스(Osiris), 델타 대모(大母) 이시스(Isis), 그 여동생 넵티스(Nepthys)와 셈족의 세트(Set)가 헬리오폴리스 9개조(Ennead of Heliopolis)를 이루었다. 9개 신 단(神團)은 시대마다 달랐다. 어떤 경우는 세트(Set)를 호루스(Horus)가 대신했고, 다른 경우는 오시리스(Osiris)가 빠지고 그 자리에 딱정벌레 케페라(Kheper)가 자리했다. 호루스(Horus)의 포함은 호루스(Horus)교와 라(Ra)의 통일이다." -[제XII 장]

———→

(a) 수학자 피타고라스(Pythagoras, 580?~500? b. c.)는 '만물(萬物)은 수(數)이다.'라는 위대한 말을 남겨 '과학의 시조'가 되었으나, 그가 힌두(Hindu) 영향을 크게 받은 '현자(賢者)'라는 점은 오히려 상식이다.

(b) 그리고 피타고라스(Pythagoras)는 '피타고라스 정리'로 유명한데, 그의 '수학'의 발단(發端)은 역시 힌두의 '얀트라(Yantra, 신의 거주지)' 도형에서 출발했음을 알아야 할 것이다9). [여타 지역에서 그 '근원'을 상고할 수 없음]

(c) 힌두는 일찍부터 '수(數) 상징' 상징을 개발했는데 '3'은 "3(Three)=신의 가족(아버지, 어머니, 아기), 다양함의 통일, 남성, 이성(理性), 낮, 빛, 태양, 힌두 신앙의 수(數), 3신[브라흐마, 비슈누, 시바], 3계(三界), 3시(과거, 현재, 미래), 세 가지 목표(도덕, 지향, 쾌락), 행성(行星)로는 목성(木星), 도형으로는 **삼각형**"10)이라 해설하고 있다.

---

9) F. W. Bunce, *The Yantras of Deities*, D. K. Printworld, New Delhi, 2001, p. 181 'Rama Yantra 1'
10) Ibid, p. 4

제28조(條) : 오시리스와 이시스의 아들 '호루스(Horus)'

 "왕의 징표로 계속 사용이 되었다. '라(Ra)'의 의례처럼 호루스(Horus)의 의례는 이집트인의 신앙으로 흡수되었고, '매[鷹] 신'의 개념은 지역에 따라 다르다.

 대표적인 두 가지 호루스들은 오시리스와 형제였던 호루스(Horus)와 오시리스와 이시스의 아들로서의 호루스(Horus)이다.

 멤피스에 가까운 레토폴리스(Letopolis)의 호루스(Horus)는 매의 머리 인간이고 천상의 여신 하토르(Hathor)의 아들이다. 상부나일 강 상류 이집트에서 호루스(Horus)는 '매'로 단조롭게 표현되어 있다. 특히 **에드푸(Edufu)에서 호루스(Horus)는 천신(天神)의 속성을 지녔고, 하부[나일 강 하류] 이집트의 도시 세데누(Shedenu)에서 호루스(Horus)는 해와 달 '두 개의 눈을 지닌 호루스'로 프타 타넨(Ptah Tanen)과 유사하다.** 그는 역시 '두 개[東西]의 지평선의 호루스(Horus)'이니, 그 성격상 '라(Ra)'의 중요한 형태의 하나가 되었다. '황금의 호루스(Horus)'로서 새벽의 신이고, 그 특징은 오시리스 법정에 선 사자(死者)와 같다. 토성은 '호루스(Horus)의 뿔'이고, 화성은 '붉은 호루스(Horus)'이고 목성은 '비밀을 밝히는 호루스(Horus)'이다." -[제Ⅻ장]

 "호루스(Horus)는 하르마치스(Harmachis)로서 '라(Ra)'와 통합되었고, 헬리오폴리스 태양 신은 '라(Ra)' 하르마치스(Harmachis)가 되었다. 매 신은 이처럼 날개를 단 원반 태양으로 나타났다. 변화가 고려된 전설은 이렇게 요약이 될 수 있다.

 "'라(Ra)'가 왕으로서 이집트를 통치하고 있을 적에 그는 나일 강에서 누비아(Nubia)로 올라갔는데, 적들이 반란을 꾀하고 있었기 때문이다. 에드푸(Edfu)에서 호루스(Horus)는 아버지께 인사를 올렸다. '라(Ra)'는 호루스에게 누비아 반도(叛徒)를 죽여라고 말했다. 그러자 호루스(Horus)는 거대한 날개 달린 원반 태양으로 날아올랐는데, 그 이후 호루스를 '하늘의 왕 대신(大神)'으로 불렀다. 호루스(Horus)는 '라(Ra)'의 적을 알아 날개 달린 원반으로 그들을 공격했다. 적들의 눈은 호루스(Horus)의 빛으로 장님이 되었고, 귀가 먹고 정신이 혼란하여 적들은 서로를 죽였다.[힌두식 멸망. 한 명도 남김없이 다 죽었다." -[제Ⅻ장]

 "케넨수(Khenen-su)에는 '위대한 베누(Great Bennu)' 피닉스(Phoenix)가 있었다. 피닉스는 독수리를 닮았고, 붉은 황금색 깃털을 지니고 있었다. 어떤 사람은 이 새를 금성(金星, Venus)과 동일시했는데, 그 새벽 별은 '태양신의 안내자'라고 했다." -[제ⅩⅣ장]

_____✈

(a) 힌두의 '마하바라타(*The Mahabharata*)'에는 **'뱀'의 여왕 언니 카드루(Kadru)와 '가루다(Garuda, 靈鷲)' 어머니 아우 비나타(Vinata)** 이야기가 장황하게 펼쳐졌다.[11]

(b) '절대신'에 봉사자 **가루다(Garuda, 靈鷲)**'가 '뱀들'과 전쟁에 승리하고 마지막에는 '신의 명령'에

복종하게 된다는 요지이니, 그대로 '무(無) 개념의 인간[뱀]이 어떻게 절대 신에 봉사하게 되는 가?'하는 그 '마하바라타(*The Mahabharata*)' 주지(主旨)를 '뱀과 독수리의 대결'로 비유해서 말한 것이다.

(c) 그래서 인류가 가지고 있는 '신들의 이야기'는 '절대 신'으로 흡수 되고 '욕망의 죄악'은 '뱀[육신]'에 귀착을 하게 되니, 역시 그것이 '신화' '종교'의 종착역이다.

(d) '불[火]'은 '태양 신화 기본 구성 소'이고 '배화(拜火)'가 그 출발 장소인데, **피닉스(Phoenix)는 불가피하게 '가루다'의 다른 명칭이다.**

(e) 이집트에서 '호루스'는 힌두의 '가루다(Garuda)' 성격의 옹호이고 지지이다. 희랍 제우스의 '독수리'도 '가루다(Garuda)'의 변형이다.

제29조(條) : 프타호텝(Ptah-hotep)의 가르침

"'이소시 왕(King Dedka Ra Isosi, Isesi 2414~2375 b. c.)' 시절에 유명한 잠언(箴言)집 '프타호텝(Ptah-hotep)의 교훈'이 편성되었다. 이것은 '프리스 파피루스(Prisse Papyrus)'로 전해지고 있었는데, 프랑스 고고학재[프리스 아베네(Émile Prisse d'Avennes, 1807~1879)]가 1847년에 그것을 구입하였다. 저재[프타호텝(Ptah-hotep)]는 파라오 이소시(Isosi)의 수상(首相)이었는데, 그는 멤피스 출생이고 프타(Ptha)신 숭배자였으니, 그의 '프타호텝(Ptah-hotep)'이라는 이름은, "프타 신이 좋아하신다."라는 뜻이기 때문이다...

[그는 말했다.]

"-아버지에 복종한 아들을 착하다.

존경을 행한 사람은 존경을 받는 자가 될 것이다.

오늘 [상전의]부주의(不注意)가 내일 [하인의]불복(不服)이고

놀기를 좋아하면 배가 고플 것이다.

함부로 말함이 분란의 원인이고

싸움을 하고 나면, 슬픔을 맛보리라.

선행(善行)은 사후(死後)에도 빛나느니라.-" -[제 XIII 장]

(a) '프타호텝(Ptah-hotep)의 교훈'은 중국(中國) 공자(孔子, 551~479 b. c.)의 가르침과 동일하고, 중국(中國)의 '명심보감(明心寶鑑)'의 어구와 동일하다.

---

11) K. M. Ganguli (Translated into English Prose from the Original Sanskrit Text), *The Mahabharata of Krishna-Dwaipayana Vyasa*, Munshiram Manoharlal Publisher Pvt. Ltd. New Delhi, 2000, -**Adi Parva**- pp. 69~81

(b) 그런데 이 '파피루스' 문건이 그 공자(孔子)보다 1800년 이상 앞서 행해진 가르침이라는 것이 바로 '이집트 문명의 정면'이라는 점이다.

(c) 그 '프타호텝(Ptah-hotep)의 교훈'이 중국(中國)에서처럼 지속적으로 '황제[파라오들]들의 교육 방향'으로 자리를 잡지는 못 했으나, 그 '프타호텝(Ptah-hotep)의 존재'는 상대(上代) 인류 최고 선진 문명을 이집트가 앞서 보유했다는 명백한 증거이다.[오늘날까지 바뀔 수 없는 '인륜(人倫)' 을 먼저 확보했다는 점에서 그렇다.]

제30조(條) : 충신(忠臣) '우니(Uni)'의 업적(業績)

"아비도스(Abydos) 무덤 벽에는 평민 가정에 태어나 파라오의 신임을 받아 충신(忠臣) 반열에 이른 우니(Uni)의 성공을 그린 그림이 있다. 우니(Uni)는 파라오 페피(Pepi, 2332-2283 b. c.)의 '정신 수호자'로 '모든 비밀한 일들을 알았다.'고 한다. 비록 우니(Uni)는 '관개(灌漑, 물 대기) 관리 자'일 뿐이지만, 어떤 다른 권위자보다 왕국에 큰 영향력을 행사하였다. 왕의 행차를 우니(Uni)가 계획했고, 궁중 의례에서 귀족들의 세세한 업무를 그가 관장했다. 지속적으로 일어난 왕권에 대한 위협을 우니(Uni)는 비빈(妃嬪)들의 음모(陰謀)로 밝혀내었다. -아메트시(Ametsi) 대비(大妃)에 관 한 비밀을 궁정에 제보하는 사람이 있었는데, 왕이 내우니(Uni)]를 선택해 이야기를 들어보라 하셨다. 서기도 없고 다른 사람도 없이 나 혼자였다. 나의 정직함과 신중함에 내가 선택된 것이 다.-"-[제 XIII 장]

"군사 장정(長征)이 행해질 때에, 우니(Uni)는 군 사령관이 되었다. 영(營)중에는 고관들을 빼 놓고도 장군, 하부 이집트 출신 군인들, 왕의 친구들, 왕자들이 있었다. 그러나 그들은 다 그 '관개 (灌漑, 물대기) 관리자'에게 복종했다. 군수(軍需)부 체계는 단순한 것이다. 모든 사람들이 자신의 식사를 챙긴다. 군사들이 지나는 도시 주민은 군사들에게 맥주와 '작은 짐승들'을 제공했다.

몇 번의 우니(Uni) 원정(遠征)이 성공을 거두어 원정이 있을 때마다 많은 적들을 죽이며 -무화과 나무가 잘리고 집이 불탔다.- 그래서 남부에 평화가 견고히 자리 잡아 그 다음 군주 메레느라 (Merenra)가 처음 '제1폭포(the first cataract)'를 방문했고, 거기에서 우니(Uni)는 귀족의 작위를 받았다." -[제 XIII 장]

———✈

(a) 앞서 이집트인의 저승 관[제21조(條) : 사후(死後)의 '알루(Aalu) 낙원']에서 볼 수 있듯이, '이집 트인의 현생(現生) 직업'은 저승에서도 동일한 직종에서 근무하는 것으로 고정이 되어 있었다.

(b) 그러나 절대적인 파라오의 신임을 얻은 '우니(Uni)'는 '고정된 직업'이 의미가 없는 유능한 인격 자였다. '관개(灌漑, 물대기) 관리자' '궁정 문제 해결사' '유능한 장군'으로 떨친 그 명성이 그것 이었으니, 그러한 존재는 '신분' '국적(國籍)'이 소용없는 실로 '이집트의 초인(超人)'이다.

(c) '평민'으로 '귀족의 반열'에 올려 표창이 된 것은 당시 이집트에는 '유능한 현인들'이 몰려드는 '살기 좋은 낙원'이었음을 아울러 밝혀주는 대목이다.

제31조(條) : 헤라클레오폴리스의 신학(神學)

"이집트인들은 '헤라클레오폴리스 마그나(Heracleopolis Magna)'['지도 8', 2-B4]를 '케넨수 (Khenen-su)'라고 불렀는데, 특별한 신화적 관심거리를 지니고 있었다. 태양숭배자들의 대(大) 창조 신화로 알려지게 되었다. 태초에 '라(Ra)'는 태양 난(卵) 형태, 또는 연꽃 형태로 원궁(原窮, primeval deep)에서 나왔다는 것이다.

케넨수(Khenen-su) 지역은 '신들의 전쟁' 터 같았다. '라(Ra)'의 명령으로 자연의 힘들 사이에 서로 다투어 창조의 새벽을 열어가는 곳임을 암시하는 신화와 같다. 어떤 주(州)에는 '나트론(천연 탄산수) 호수' '진리의 호수'가 있어 거기에서 '라(Ra)'가 목욕을 하고 선과 악의 투쟁을 뜻하는 위대한 상승 투쟁을 행하는데, 세트(Set)는 호루스(Horus)을 보고 도망을 치고 후루스(Horus)가 그 세트(Set)를 무찔렀다는 것이다. 궁극의 승리자는 '라(Ra)'인데, 그는 헬리오폴리스의 페르세아 (Persea) 나무에 나타나는 '위대한 고양이(the Great Cat)'로서 아페프(Apep) 뱀과 싸워 그것을 물리친다. '사자(死者)의 서(The Book of the Dead)'에 의하면 -어느 날 신성한 신[오시리스]이 적들을 무찔렀다.-는 것이다." -[제 XIV 장]

───────✈

(a) 중국에도 '제자백가(諸子百家)' 시대가 있었지만, **'오시리스 이시스 신'을 제외한 이집트에 나타 난 '만신(萬神)'의 진원지는 다 힌두(Hindu)였다.**

(b) '다신(多神)' '만신(萬神)'은 '개방된 신앙의 자유'이고, 역시 '원시 문화의 표징'이다. 특히 '만신' 은 '힌두'와 '이집트'에 무성했지만, **'힌두(Hindu)'는 제일 먼저 '절대신'을 개발했던 종교적 선 진국으로 '이집트는 사실상 힌두의 종교적 식민지'였다.**

(c) 그 이유는 무엇인가? 이집트의 '유족한 먹을거리들'은 '종교에의 몰입 강력하게 저지하는 엄청난 힘'이었다. 그러한 점에서 '이집트'는 '중국(中國)'과 크게 유사하나 '중국(中國)'은 '실존주의' '현 실주의'를 강조하여 사실상 '절대주의' 정책적으로 거부했지만, 이집트는 '실존주의' '현실주의'도 '오시리스 이시스 신화'로 변용하고 '힌두' '브라만의 자유로운 선교'를 파라오의 취향이나 '정치 적 이유'로 수시로 조정이 되고 '행정의 방향이 '수호신의 명칭'이나 '파라오의 이름'으로 명시되 는 상황이었다.

(d) 사학자 매켄지(D. A. Mackenzie)는 누구보다 그러한 이집트 문명의 본상(本相)에 직핍하여 이 '고대 이집트 역사[Egyptian Myth and Legend]'에 유감없이 펼치고 있다.

(e) 앞서 지적을 했듯이 매켄지(D. A. Mackenzie)의 '고대 이집트 역사[Egyptian Myth and Le-gend]'는 헤로도토스(Herodotus)의 '역사(The Histories, 446 b. c.)'에 크게 의존하고 있는데,

이집트의 도시 '헤라클레오폴리스 마그나(Heracleopolis Magna), 케넨수(Khenen-su)' 논의에 거듭 확실하게 되어야 할 사항이 Ⓐ-'희랍 신은 이집트에서 유래했다.' Ⓑ-'헤라클레스(Hera-cles) 후예가 바로 키루스(Cyrus)다.' Ⓒ-'헤라클레스(Heracles)는 인더스 강(Indus R.)의 크리슈나(Krishna)이다.'라는 세 가지 거대한 전제이다.

제32조(條) : 예언(預言)의 신, 아몬(Amon)

"양(羊)의 신 아몬(Amon)은 이집트에서 가장 유명한 예언개[신탁자-점쟁이]였다. 황소 아피스(Apis), 악어 세베크(Sebek), 부토(Buto)의 뱀 여신, 우아지트(Uazit) 괴상한 신 베스(Bes)는 이후에 일어났다. 계시는 꿈속에서 행해지는데. 투트모스(Thutmose) Ⅳ세[1400~1390 b. c.]는 스핑크스 그늘에 잠이 들었는데, 스핑크스는 파라오에게 그 주변의 모래를 깨끗이 했으면 좋겠다는 말을 들었다. 종교적 엑스타시 속에서 숭배자들[사제들]도 역시 예언 능력을 발휘했다."-[제 ⅩⅤ 장]

"아몬(Amon)의 신탁은 널리 알려졌다. 아몬(Amon)은 전투 자들과도 예언을 행했고, 승리와 패배를 말해주었다. 범법자들을 신이 알려주었고, 영주들의 업무도 상담을 했다. 궁극적으로 아몬(Amon)의 사제들이 신의 뜻을 알리는 미래 예언의 점쟁이로 명성을 얻어 큰 영향력을 행사했다. 엄청난 사기들이 끼어들게 되었으니, 그 신은 손을 내밀만한 적당한 지도자들을 골라 신탁을 행했다는 증거가 있기 때문이다.

아몬(Amon)은 그의 다양한 동물 형상들이 말해 주듯이 통합의 신이었다. 양의 머리는 민(Min)에게서 유래 했고, 개구리 머리는 헤크트(Hekt)에서 유래했다. 아몬(Amon) 교는 황소로 상징되는 전쟁 신 멘투(Mentu)도 원용을 했으나 멘투(Mentu)들은 호루스(Horus)와 연계가 되어 분할을 계속하고 있었다. 아몬(Amon)은 매의 머리에 황소 뿔을 단 복장을 착용했는데, 두 개의 기둥 사이에 태양을 얹었거나 매 머리 피닉스로 제시되었다. 황소 머리 남자 형상으로는 활과 화살과 칼을 대동하고 장갑을 끼고 있다."-[제 ⅩⅤ 장]

___→

(a) 그동안 한국인은 '아테네에는 소크라테스보다 현명한 자가 없다.' 신탁(神託)을 받았다는 말을 들었으나, 과연 그 '신탁(神託)'이 무엇인지는 오히려 무관심 했다. '성현(聖賢)'에 관련된 사항이기 때문이다.

(b) 그런데 그 '신탁(神託)[점치기]'에 대한 본격적인 비판을 행했던 존재[12]가 볼테르(Voltaire, 1694~1778)였고, 그에 의해 위대한 '계몽주의(啓蒙主義, Enlightenment)' 시대가 주도되어 '과학 시대'가 크게 열리게 되었다.

(c) '신탁(神託)[점치기]'은 신을 모시는 사제들이 '현실적인 삶'에 몰입해 있는 사람들에게 '장래 일

___

12) Voltaire, *The Best Known Works of Voltaire*, The Book League, 1940, pp. 487~489 'Of Oracles'

어날 일을 미리 알아 말함에 초점을 두는 일'이니 그 '국가적[종족적] 장래'를 말하는 사람을 '선지자(先知者, prophet)'라 했다. 그것이 '원시 사회'에 널리 퍼져 있었던 폐습이었으나, 세계적으로 그 볼테르(Voltaire)가 선도(先導)하여 '과학정신'을 앞세운 위대한 '계몽주의(啓蒙主義)' 시대를 열었다.

제33조(條) : 치병(治病)의 신, 콘수(Khonsu)

"달[月]의 신으로서 콘수(Khonsu)는 봄철 곡식의 숙성과 수확에 관계한다. 콘수(Khonsu)는 역시 이집트인의 큐피드(Cupid)이니, 사내와 아가씨들의 마음을 건드려 사랑을 하게 만든다. 콘수(Khonsu) 신탁은 자식을 원하는 사람들이 행한다. 농부들은 그들 가축의 번성을 콘수(Khonsu)에게 기원한다." -[제 XV 장]

"콘수(Khonsu)는 역시 새로 태어난 자에게 '생명의 호흡'을 주어, 바람의 신 헤르세프(Her-shef) 크누무(Khnumu)와 비슷하다. 콘수(Khonsu)는 역시 차단을 행하는 벽으로서 각종 질병을 일으키고, 사람들을 홀리고, 지랄병 미친병을 주는 악령들을 통제한다. 환자들은 '신탁의 제공자' 콘수(Khonsu)로 치료를 받아, 그의 명성은 이집트 국경을 초월했다.

라메시드(Ramessid, 제19왕조) 기간에 흥미로운 한 파피루스에는 놀라운 콘수(Khonsu) 권능 이야기가 있다. -호루스(Horus)이며, 툼(Tum)과 동일한 자, 태양의 아들, 억센 언월도(偃月刀), 아홉 오랑캐의 활을 부순 자 파라오가 시리아 복속 왕들에게서 매년 공물을 걷게 해주었다. 바크텐(Bakhten) 왕은 '자기 큰 딸을 선두로' 많은 공물을 바쳤다. 그 공주는 매우 아름다워 파라오는 그녀와 사랑에 빠져 그녀는 '왕비가 되었다.

그 이후에 그 바크텐(Bakhten) 왕은 우아스(Uas, Thebes)에 사절을 데리고 나타났다. 그는 자기 딸에게 선물을 주고 '태양의 아들' 앞에 엎드려 아뢰었다.

-저는 왕비의 동생 벤트라슈(Bent-rash)가 사지에 경련을 일으키는 몹쓸 병고에 있어서 대왕께 호소하러 왔습니다. 학식이 있는 의사를 대왕이 보내주시면 그녀의 병고에 도움이 될까 생각합니다.-

파라오가 말했다. -큰 의사를 대령시켜라.-

파라오의 명령대로 행해져 어의(御醫)가 대령되니, 왕은 말했다. -너는 바크텐(Bakhten)으로 가서 왕의 딸을 살펴보도록 하라.-

그 마법사[御醫]가 공주 벤트라슈(Bent-rash)를 보니 그녀는 엄청난 악귀(demon)에 붙들려 있었다. 마법사[御醫]는 악귀를 물리칠 수가 없었다.

콘수(Khonsu)의 화상(畫像)을 방주 장대에 걸고 두 명의 사제가 기도를 올리며 12명의 사제가 그것을 운반했다. 화상(畫像)이 사원을 출발하자 파라오는 향을 사르고 방주 앞에 다섯 척의 배를 준비시켜 사제들과 병사들과 전차 한 대 두 마리 말을 싣고 가게 했다.

바크텐(Bakhten) 왕은 많은 병사들을 이끌고 자기 도시에서 나와 그 콘수(Khonsu)를 맞이했다.

바크텐(Bakhten) 왕이 말했다. -정말 이렇게 오셨군요. 파라오의 선의(善意) 당신이 여기에 오셨습니다.-

콘수(Khonsu)[畫像]가 벤트라슈(Bent-rash) 공주에게 나아가니, 그녀의 병은 즉시 나았다. 악귀는 공주에게서 쫓겨나 콘수(Khonsu) 앞에 말했다. -오 억센 신이시여. 바크텐(Bakhten) 땅은 당신 소유이시고, 백성은 당신의 종입니다. 저도 마찬가지로 당신의 종입니다. 당신이 바라시는 데로 제가 왔던 곳으로 돌아가겠습니다. 그렇지만 바크텐(Bakhten) 왕에게 내가 참여할 큰 잔치를 열라고 하십시오.-

그래서 콘수(Khonsu)는 사제들에게 말했다. -바크텐(Bakhten) 왕은 내가 그 공주에게서 떼어낸 그 악령에게 대제(大祭)를 올리게 하라.-

악귀에게 대제를 올릴 적에 왕과 군사와 백성들에게 큰 두려움이 엄습했다. 크게 즐긴 다음 그 악령은 출발하여 그가 왔던 곳으로 되돌아갔는데, 그것은 '신탁의 제공자' 콘수(Khonsu)의 뜻에 따른 것이다.

그래서 바크텐(Bakhten) 왕은 즐거운 마음에 그 콘수(Khonsu)를 자기 나라에 묶어두려 했다. 그래서 왕은 그 화상(畫像)을 3년 이상 보관을 했다." -[제 XV 장]

---✈

(a) '절대신(God)'을 개발한 것은 명백히 힌두가 먼저이고, '불교' '기독교'가 그 '절대신'을 '종지(宗旨)'로 지니고 있으나, 특히 인간들의 '병사(病死) 문제' '질병 퇴치' 문제에 일찍부터 '악귀 추방'의 형태로 행해져 '절대신'의 종속 신(醫神)이 동원 되었다.

(b) 사실상 '과학정신의 발동'은 '인간 신체적 현상'을 통해 가장 구체적으로 실현되고 있지만, 그에 대한 '마법적 방식'의 채택은 이집트의 '콘수(Khonsu)'와 기독교의 '예수' 불교의 '약사여래(藥師如來)' 한국의 '처용(處容)신' 등이 유명했다.

(c) '질병'의 '마법적 치료'가 가장 오래되고 끈질긴 '종교'와 '실존주의' '현실주의'에 함몰된 '신비주의(神秘主義) 발동' 현장이었다. '이집트 종교' 문제는 항상 '현실적 정치적 군적 의미'와 결부 되었는데, '질병 치료'에 동원된 구체적인 사례를 이에 보인 것이다.

제34조(條) : '아메네메트의 교훈'과 세소스트리

"제12왕조 아메네메트(Amenemhet) I 세[1991-1962 b. c.]는 국가에 유능한 인재들을 자기 곁으로 모았다. 그것은 다시 한 번 주목을 받았고, 이집트는 풍년이 들어 먹을 것이 풍부하게 되었다. 왕이 늙어서 왕은 그의 아들 세누세르트(Senusert, **Sesostris I, 1971~1926 b. c.**)를 후계자로 뽑았다. 그런데 그 선택은 왕가의 영향력 있는 귀족들을 속상하게 만들었다. '아메네메트(Ame-nemhet) 교훈'에서 우리는 왕의 비빈(妃嬪) 중에 한 사람이 왕권에 대한 음모에 가담했음을 알 수 있다. 음모(陰謀) 집단이 비밀리에 설치한 통로를 통해 궁궐로 들어갔으니, 왕은 저녁 식사를 마치고 쉬고 있었다. 늙은 왕은 그가 무장을 하지 않았지만 '위엄(showed fight)'을 보였고, 그들과 협상 끝에 확실하게 성공을 거두어 그 **세누세르트(Senusert, Senusret, Sesostris I, 1971~1926 b. c.)의 계승**'이 확정되었다.

'음모(陰謀) 집단'이 어떻게 처벌을 받았는지는 알 길이 없다. 다수가 용서되었을 것이다. 최소한 아메네메트(Amenemhet) I세가 살아 있는 한 음모자들은 온전했으나, 세누세르트(Senusert, **Sesostris** I 1971~1926 b. c.)의 복수는 무서웠으니, 그는 아버지를 계승할 만큼 힘차고 호전적인 왕자였다.

파피루스에 적힌 '세누헤트(Senuhet-세누세르트의 아우)의 망명'은 단순한 민담이 아니고, 진정한 역사의 일부이다. 세누헤트(Senuhet)는 아메네메트(Amenemhet) I세의 아들일 가능성은 충분히 있다.

-아들애[세구세르트], 너는 광명 속에 신(神)처럼 거(居)하라.

통치를 행하려면 내 말을 들을 찌어다.

이집트에 세계의 통치자가 계시니,

위대함으로 빼어나 초월(超越) 중에 있어,

백성들이 의지를 하도록 엄격함을 지켜라.

사람들을 요동(搖動)시키는 자를 놔두지 말고,

그대의 대열에 진실한 친구도 없게 하고

호의(好意)도 없게 하라.

그들은 쓸모가 없다.

....

나는 만사(萬事)를 성취했으니, 너를 위해 그러했고,

내가 시작한 일은 너를 위해 다 끝내었다.

이제 종말이 가까웠으니...

은빛 왕관을

그대에게 주노라. 신의 영명한 아들이여.

라(Ra)의 범선(帆船) 안에서 나는 너를 칭찬할 것이다.

너의 왕국이 완성되었다.

이 왕국은 내 것이었듯이 이제 네 것이다. 얼마나 막강한 것이냐!

54

이제 너의 동상과 너의 무덤을 세워라...

나는 너의 적들을 칠 것이니....저들은 어리석어

너의 곁에 올 수도 없다. 건강하고 용감 하라!-" -[제 ⅩⅥ 장]

_____✈

(a) '강력한 왕'과 '강력한 그 아들의 결합'은 항상 최 강성의 시대를 이루었다. 이스라엘의 '다윗과 솔로몬' 고구려의 '광개토왕 장수왕' 이전 1천 년, 2천 년 전에 이집트 파라오 아메네메트(Amenemhet) Ⅰ세[1991~1962 b. c.]와 세누세르트 Ⅰ세(Senusert, **Sesostris I, 1971~1926 b. c.)**가 있었다.

(b) 소위 '아메네메트(Amenemhet) 교훈'은 '나약한 종교적 관념주의'에서 완전히 벗어나 이집트 '파라오의 현장 체험'을 바로 그 아들에게 전한 '고대 이집트 파라오 통치 철학 요점'이라고 할 수 있다.

제35조(條) : '파이움(Fayum) 습지(濕地)'의 활용 가치

"[제12왕조] 여섯 번째 파라오 아메네메트 Ⅲ세(Amenemhet Ⅲ, 1868~1816 b. c.) 때에 큰 저수지와 관개 계획이 성공적으로 달성이 되었다. 파이움(Fayum) 습지(濕地)['지도 8' -'Faiyum Oasis']의 활용 가치를 왕들이 알게 되었다. 제1왕조 덴(Den) 왕은 그곳을 개간하기 시작했고, 계승한 왕들이 그 문제에 매달렸다. 아메네메트(Amenemhet) Ⅲ세는 대대적 공사를 행했다. 유명한 모에리스 호수(Lake Moeris)는 거의 30마일에 이르는 거대한 제방으로 축조되었다. 이 호수는 넓게 나일 강에 연결이 되어 그 최대 둘레는 150마일에 넓이는 750 평방 마일이다. 오늘날의 아수완 댐(Assouan dam)처럼 동일한 목적으로 보호되었다. 물론 파이움(Fayum) 지역과 그 아래 지역[의 灌漑]을 위한 것이었다. 스트라보(Stravo)는 말했다. -그 크기와 깊이에서 모에리스 호수(Lake Moeris)는 나일 강의 수위가 올라 갈 적에 충분한 양의 물이 흘러들어오게 되어 있어 그 지방의 농사를 가능하게 했다. **나일 강물이 들어오면 수로(水路)를 통해 물을 공급하여 호수와 수로가 관개(灌漑)용이었다....수로의 입구 양쪽에 돌이 있고, 관개(灌漑)자는 그 돌을 이용하여 물을 저장하고 배분을 행했다.**-" -[제 ⅩⅦ 장]

"모에리스 호수(Lake Moeris)는 브라운 시장(R. H. Brown)에 의하면 27000 에이커(acre, 약 4m²X27000)에 공사가 완성된 것이라고 한다. 4월과 7월 사이의 나일 강의 수위가 낮을 때의 두 배의 수량을 충분히 담수할 수 있다고 했다. 재무 장관의 기획으로 농경지의 확장이 이루어졌다. 그 계획에 성공하여 파라오가 기분이 좋을 때는 그 호수의 어로권(漁撈權)에 생긴 수익을 여왕에게 주어 비싼 장식과 보석들을 갖게 했을 것이다." -[제 ⅩⅦ 장]

(a) 오늘날까지 그대로 확인할 수 있는 '모에리스 호수(Lake Moeris)'와 "파이움(Fayum) 습지(濕地)['지도 8' -'Faiyum Oasis']" 문제는 '세계 최초 최대 농업국 이집트'의 역사적 진상(眞相)을 입증하는 것으로 크게 주목을 요한다.

(b) 인간은 우선 '먹고 살아야 하고' 그 위에 '정치' '문화'가 꽃을 피우게 된다. 바로 이 **모에리스 호수(Lake Moeris)'와 '파이움(Fayum) 습지(濕地)'가 '화려한 이집트 문명의 핵심 동력'**이었으니, 이집트인은 '물대기 농사'로 '천하의 재주꾼 무사(武士) 현재헤로도토스 포함 예술가'까지 다 불러 모았던 것이다.

(c) 제1차 세계대전 직전의 세계 최강국 영국의 사학자 매켄지(D. A. Mackenzie)는 '경제 제일주의 역사관'을 여지없이 그의 '고대 이집트 역사[*Egyptian Myth and Legend*]'에 제대로 발휘해 보였다. 매켄지(D. A. Mackenzie)는 '이집트 농업'이 바로 전(全) '고대 이집트 문화'의 바탕임을 거듭거듭 밝힌 셈이다.

제36조(條) : 베니하산(Beni-hassan) 공향도(供香圖)

"새로운 유형의 얼굴들이 왕가에 나타기 시작했다. 그것은 당시에 더 작은 조상(彫像)으로 제시되어 있다. 이 문제는 다음 장(章)에서 다루질 것이다. **유목민(Nomadic)도 이집트에 정착했다. 크누무호텝(Khnumuhotep, '크누무 신이 만족하신다.')이라는 영주(領主)의 유명한 베니하산(Beni-hassan) 무덤에, 파라오에게 향을 바치는 유대인(Semites)의 무리를 그린 벽화가 남아 있어 흥미롭다. 유대인들은 그들의 부인과 가족들을 대동했는데, 유대인들은 복지(福地)에 영주(英主) 선량한 속민이 되기를 바라는 것처럼 그려져 있다."** -[제 XVII장]

"그 즈음에 시리아(Syria)는 불안이 계속되고 있는 상황이었다. 위대한 종족의 이동이 아시아와 유럽의 주요 지역에서 진행이 되고 있었다. 중앙아시아에서 공격적인 히타이트 족(Hittites)의 압박으로 아라비아(Arabia)에서 남쪽으로 서쪽으로 주기적 이동이 일어났다. 히타이트 족(Hittites)에 대한 최초의 언급은 아메네메트(Amenemhet) Ⅰ세 치하에 있다. 그들은 소아시아(Asia Minor) 보가즈코이(Boghaz-Koi)에 자리 잡고 있었다. 히타이트 (Hittites)가 메소포타미아를 침략하고 점차 하강을 하여 북부 시리아를 압박했다. 소수 종족들이 거대 종족으로 바뀌고 결국 이주(移住)의 추진이 잦았고, 일반화되었다. 흩어진 종족들은 많은 궁핍을 견뎌야 했고, 어떤 지역에서는 농사를 지을 수 없게 되었다." -[제 XVII장]

"이 무렵에 아브라함(Abraham)이 이집트에 체류했다. -땅에 기근(饑饉)이 탄식할 정도였기- 때문이다(Canaan). 아브라함(Abraham)은 되돌아 와서 히타이트의 에프론(Ephron)에게서 마크펠라(Machpelah) 동굴을 구입했고, 아브라함(Abraham)은 거기에 묻혔다. 그 지주(地主)는 명백히 소아시아(Asia Minor) 출신의 개척 정착 자였다. 지주는 아브라함(patriarch)과 가까워 그에게 말했다. -우리에게는 막강한 왕이 계십니다.- 그 히타이트 족(Hittites)이 남쪽으로 예루살렘(Jerusalem)에까지의 전 가나안(Canaan)을 휩쓸고 있었던 것으로 보인다." -[제XVII장I

'베니하산의 크누므호텝 I세의 무덤 입구(Entrance to tomb of Khnumhotep I at Beni Hasan, 1890)' '베니하산 북쪽 무덤 벽에 그려진 아시아 족 행렬(The procession of Asiatics from the northern wall of Tomb 3 at Beni Hasan.)'

———— ✈

(a) 매켄지(D. A. Mackenzie)의 '고대 이집트 사[*Egyptian Myth and Legend*]'가 무엇보다 평가를 받아 마땅한 점은 그가 '이집트 농업 경제의 중요성' 확실히 하면서도 다른 한편 일찍부터 '유일신' '절대주의'에 몰입한 '유대인[이스라엘]'을 그 '이집트 사'에 병치(竝置)시켜 이해를 하게 했던 점이다.

(b) 매켄지(D. A. Mackenzie)는 소위 '동시주의(同時主義)'를 들먹이지 않았다. 그것을 따질 시간도 없이 평생을 다 보냈다. 그러나 그 **매켄지(D. A. Mackenzie)가 이 '고대 이집트 역사[*Egyptian Myth and Legend*]'를 쓸 적에 '가장 치열한 정신의 발동'은 역시 그 '동시주의(同時主義) 정신의 실현'이었으니, 그것을 간추리면 '현세주의[이집트]와 이상주의[이스라엘]', '영원한 인류 사회의 대립된 명제(命題)'를 동시에 한 자리에 두고 고민했던 점이다.**

(c) 그래서 이 '동시주의(同時主義)'는 작게는 '개인 각자의 생활'에서 떠날 수 없는 두 가지 기능이고, 크게는 '세계 인류의 역사'에서 결여될 수 없는 '두 가지 궁극적 운영 기준'이다. 거기에서 어떤 것에 더욱 치중할 것인가가 '진정한 그 개인과 집단 자유선택의 영역'이다.

제37조(條) : 거대한 스핑크스(The Great Sphinx)

"거대한 스핑크스(Sphinx)도 위력의 상징 사자 상으로 히타이트들(Hittites)의 영향일 것이다. 어떤 이집트 학자들[13]은 스핑크스가 아메네메트(Amenemhet) III세[1880~1815 b. c.] 때에 조각이 되었고, 그 얼굴은 그와 닮았다고 확신을 하고 있다. 나일 강의 신상(神像)은 인간의 몸에 동물들

———————————
13) (Newberry)과 (Garstang)

머리를 하고 있다. 그러므로 스핑크스(sphinx)는 이집트 신일 수 없다." -[제XVIII장]

⎯⎯✈

(a) '고대 이집트 역사'는 '희랍의 역사'와는 불가분의 관계에 있었던 점은 그 주요 도시와 파라오들의 명칭이 양쪽 문화권 속에 공유되어 있었고, 역시 이후 로마제국으로 합병된 그 지리적 역사적 불가분성이 있었다.

(b) 그런데 '스핑크스(Sphinx)' 원래 이집트 피라미드 앞에 세워진 신상(神像)인데, 희랍에서는 유명한 '오이디푸스 왕(King Oedipus)'에 '수수께끼'를 던진 괴물로 알려져 있고, 이후에는 그 '수수께끼'에 더불어 더욱 다양한 분화해서 초현실주의 화가 달리(S. Dali)의 '비키니 섬에 세 개의 스핑크스(1947)'[14]에까지 확산이 되었다.

(c) 그러나 이집트 당시 모든 '가치의 표준'이 파라오에게 집중이 되어 있었다는 사실을 기억하면 대답은 오히려 단순하게 된다. 즉 '제4왕조 카프라 왕(King Fhafra in IV Dynasty)'과 '사자힘과과 용맹의 상징'와 '절대신(Vishnu)'의 통합이 그것이니, 그것은 바로 '거의 모든 이집트 파라오'가 자칭했던 바이고 지향했던 지고한 가치 표준이었다.

제38조(條) : '목동의 왕' 힉소스(Hyksos)

"유대인 역사가 요세푸스(Josephus, 47~100)는 힉소스(Hyksos)가 "이스라엘 후손"이라고 믿었고, 앞서 마네토(Manetho, 이집트 사제)가 했던 말을 인용했다. -힉소스(Hyksos)는 우리나라[이집트]를 침략한 야비한 족속으로 전쟁도 없이 쉽게 차지했다. 그들은 도시에 불을 지르고 신들의 사원을 파괴하고 갖은 만행으로 사람들을 괴롭혔다. 힉소스(Hyksos)의 지배 기간 동안 그들은 용병(傭兵)으로 전쟁을 행했고, 모든 종족을 말살하려 했다....그 외래 인을 힉소스(Hyksos)라고 했으니 '목동 왕들(Shepherd Kings)'이라는 뜻이다.-[제XX장]

"힉소스(Hyksos)는 제14왕조 말기에 이집트를 휩쓸었다. 그리고 그들은 -그 국민 중의 한 사람-을 파라오로 선출했다. 마네토(Manetho)에 의하면 그 이름은 살라티스(Salatis)였고, 그와 함께 제15왕조가 시작이 되었다. 살라티스(Salatis)는 멤피스(Memphis)를 수도로 하였고, 거기에서 -살라티스(Salatis)는 상부와 하부 이집트가 공물을 바치게 했다.- 하지만 살라티스(Salatis)는 -그네들에게 필요하다고 생각한- 곳의 병참기지는 그대로 두었다. 그렇다면 힉소스(Hyksos)가 아시아 힘의 중심을 두고 단지 군사적으로 점령을 하고서 이집트인에게 공물을 강요했을 것인가? 이 점에 관해서 우리는 마네토(Manetho)에게서 확실한 답을 얻을 수 없다. 마네토(Manetho)는 그 힉소스(Hyksos)가 강력한 요새 도시 아바리스(Avaris)를 건설하고 24만 명을 주둔시켜 -이집트를 침공할

---

14) R. Descharnes, *Salvador Dali; The Work The Man*, Harry N Abrams, 1989, p. 298 'The Three Sphinxes of Bikini(1947)'

지 모르는 아시리아 사람들(Assyrians)의 공격에 국경을 지키게 했는데, 그 아바리스(Avaris)는 이후 이집트인들에 의해 파괴가 되었다. 살라티스(Salatis)는 모든 외국인을 압도하는 군사적 식견을 가졌다." -[제 XX 장]

_____✈

(a) 여기에는 '고대 이집트 사에 가장 중대한 사건이고 고대 이집트를 약 200년 동안 점령해 살았던 '힉소스(Hyksos)' 문제가 거론되고 있다.

(b) 그 '힉소스(Hyksos)'는 델타 지역에 도시 아바리스(Avaris)를 건설하고 '이집트인'과 '용병(傭兵)'으로 전쟁을 치러 이집트를 다 점령을 했는데, 그 '힉소스(Hyksos)'란 이집트 동북부 '바빌로니아' '아시아' 족이었다는 것이다.

(c) 그런데 매켄지(D. A. Mackenzie)는 그들의 문명이 이집트인들보다 앞섰고, 그들은 본래 '유목민(遊牧民)'이라고 설명했고, 기존 이집트 사학자들은 그들이 바로 '이스라엘 후손'이라고 지적을 했다.

제39조(條) : 힉소스(Hyksos)가 소개한 이집트의 말 사육(飼育)

"기술은 시들지 않았고, 건축가들도 방법을 망각하지 않았다. 지방의 영주들은 완전히 흩어졌다. **힉소스(Hyksos)는 역시 이집트에 말의 사육(飼育)을 소개했지만, 언제 그것을 행했는지는 알 수 없다.** 마네토'이집트 사' 저자도 언급하지 않고 있다. 그러나 그 외국 군대에 마부가 있었다면 그 마부들은 아라비아와 베도우인(Bedouins)일 수 없고 그들이 전차를 만들거나 수리하지는 않았을 것이다. 원시 시대에는 부유한 나라들만이 말들을 가질 수 있었다. 부국(富國)인이 서 아시아에 나타난 것이니, 그 말들은 드물고 얻기가 힘들었던 것이다." -[제 XX 장]

"그렇다면 위대한 왕국 이집트를 무너뜨리고 세웠던 그 말[馬]은 어디에서 왔는가? 말[馬]은 최초로 아라비아 인들이 길을 들였고, 그 원산지는 아시리아 인의 '동방의 나귀(the ass of the East)'란 명칭이 말하고 있다. **어떻게 말[馬]이 서 아시아에 도착을 했고, 이어 나일 강 연안에 나타났는가는 힉소스(Hyksos) 문제를 풀려는 우리에게 각별한 문제이다.**" -[제 XX 장]

_____✈

(a) '이집트 문화'에서 **'말 사육(飼育)'**의 문제는 커다란 의미를 지니고 있다. 이집트인의 주요 교통수단은 '배(舟)' '육지 문화'보다 '해상 문화'가 먼저 발달했다.

(b) 같은 '태양신'을 다루면서도 이집트 태양신 라(Ra)는 범선(帆船)으로 운항을 했음에 대해 힌두의 수리아(Surya) 희랍의 아폴로는 마차를 사용한 것으로 전제되어 있다.

'배위에 라의 상(Ra on the solar barque.)' '자신의 마차를 탄 태양신 수리아'[15], '희랍의 아폴로'

(c) '말'은 '자동차'가 발견되기 이전까지 인간의 '최고 교통수단'이고 '중요 전쟁 도구'였다. 매켄지 (D. A. Mackenzie)는 이집트인에게 **'말 사육(飼育)'**을 가르친 종족이 바로 '힉소스(Hyksos)'였 다고 지적을 했다.

제40조(條) : 말[馬]과 전차(戰車)를 탄 아리안(Aryans)

"힉소스(Hyksos)의 이집트 침공에 약간 앞서 히타이트들(Hittites)은 바빌론을 침공하여 함무라 비(Hammurabi) 왕조를 멸망시켰다. 그러나 그 히타이트들(Hittites)은 정복의 결과를 누리지는 못 했다. 엘람(Elam) 산맥에 카시트들(Kassites)이 바빌로니아 북부를 점령하고 확실히 그 히타이 트들(Hittites)을 축출했기 때문이다. **카시트들(Kassites)의 기원은 명확하지 않다. 그러나 말을 타고 전차를 탄 아리안(Aryans -인도 이란인)의 무리와 연합을 했다. 이것이 최초의 역사상 인도 유럽인의 출현이다(This is the first appearance in the history of the Indo European people).**" -[제 XX 장]

(a) 역사적 진전으로 볼 때 어떤 종족이건 '일단 소유습득하여 자기화 한 것'에 대해 그 유래를 밝히는 필요를 느끼지 않은 법이다.

(b) 그런데 '역사가'는 그것까지 밝혀 '역사의 교훈'으로 삼고 있다. 가령 '태양 중심의 절대신'을 인 간 절대신 '원형(Archetype)'으로 생각하여 '인류 공통의 정신'에 근거한 것으로 해설하는 것이 융(C. G. Jung) 같은 생각이지만, 그것의 연대적 '선후(先後)' '전개의 다양성'을 다 밝히는 것이 '과학사의 일부'이다.

(c) 매켄지(D. A. Mackenzie)는 그의 '고대 이집트 역사(*Egyptian Myth and Legend*)'를 '역사가' 고유의 '과학정신'을 발동하여 3천년 고대 이집트 왕조 문화를 설명했던 것은 실로 감탄할 만한 공적이었다.

(d) 이에서 매켄지(D. A. Mackenzie)는 이집트 역사 전개에 막강한 영향력을 발휘한 그 '말과 전차 를 탄 아리안(Aryans -인도 이란인)'을 소개했다.

---

15) P. Thomas, *Epics, Myths and Legends of India*, Bombay, 1980, Plate 111 'Surya Riding in his chariot'

제41조(條) : 힉소스(Hyksos)에 대한 '성경' 관련 이야기

"성경의 요셉(Joseph, 야곱의 아들) 이야기에는, 나일 강 연안에서 대 고관(高官)에 오른 그 젊은 히브리 노예는 그의 주인 포티파르(Potiphar)의 종족성에 대해 각별한 의미를 지니고 있다. 비록 그 포티파르(Potiphar)의 직책은 '파라오의 방위 장교'였으나, 포티파르(Potiphar)는 이방인은 아니었다. 우리는 포티파르(Potiphar)가 '이집트인'임을 주목해야 한다. 우리는 역시 힉소스 (Hyksos)의 통치가 델타 영역을 넘었다는 사실을 확인했다. 건조기(乾燥期)의 대기근(飢饉)이 넘칠 때에 요셉은 사람들이 구입하려는 곡식을 얻기 위해 -이집트와 가나안에서 모든 돈을 모았다.- 그런 다음 요셉(Joseph)은 봉건 제도를 부정하게도 보일 수 있는 '돈'을 가지고 왕관을 얻으려고 나일 강 연안의 델타 지역으로 갔다. 그러나 예외가 있었으니, 사원들에 소속된 땅이 그러했다. 명백히 파라오는 사제들과 화해를 하려했는데, 그 사제들의 정치적 영향력이 막강하여 파라오는 사제들에게 자유로운 곡물 공급을 허락하고 있었다. 정말 파라오는 -온(On)['지도 1' -'**13. 헬리오폴리스(Heliopolis, On)**'] 사제 포티페라(Potiphera)의 딸-을 요셉의 아내로 앞서 선택을 하게 했었다. 그것은 요셉이 헬리오폴리스의 영향력 있는 태양교도를 특별히 좋아했다는 증거이다." -[제XXI장]

———✈

(a) 매켄지(D. A. Mackenzie)는, '성경'에 요셉(Joseph, 야곱의 아들)이 온(On) 사제 포티페라 (Potiphera)의 딸과 결혼을 했다는 사실에 주목을 했다.

(b) '이스라엘'은 물론 '사제(司祭)문화'로 이집트에 있었던 '사제'에 접근했던 사항에 주목을 해야 한다. 그리고 [오시리스 이시스와는 구분된] '헬리오폴리스'라고 했으니, 앞서 선착한 '이집트인' 으로 인정을 받고 있는 이방인이다.

(c) 이집트 종교는 '오시리스' 교의 변이(變異)와 '절대신' '이방신'으로 대별(大別)될 밖에 없는데, 요셉(Joseph, 야곱의 아들)이 '온(On) 사제'의 딸과 연합했음은 주목을 요한다.

(d) '온(On)'은 '옴(Om)'[16]으로 그 힌두(Hindu)의 '절대신'을 지칭하고 있다.

제42조(條) : 고관(高官) 요셉(Joseph)

"위대한 정치가 요셉(Joseph)은 건전한 정치적 경제 이론으로 이집트인에게 큰 감명을 안겨주었다. 그 젊은 현명한 고관은 분할로서는 번성할 수 없는 이집트의 현실적인 필요를 알고 있었다. 요셉(Joseph)은 왕실 노장들의 인도를 따랐음은 물론이다. 그러나 요셉(Joseph)에게 단일한 지성과 억센 힘이 없었다면 그처럼 다양한 부담스런 임무를 수행할 수가 없었을 것이다. 요셉(Joseph)은 풍년 기에 농업을 육성하여, -헤아릴 수도 없는 바닷가 모래처럼 많은 곡식을 수확하게 했다.-"

"그 후 7년의 기근(飢饉)이 왔다. -그래서 전 이집트 땅에 기근이 오니, 백성들은 파라오에게 먹을 것을 달라고 소리쳤다.....그래서 요셉(Joseph)은 모든 창고를 개방하여 곡식을 이집트인에게 매각했다.- 엄청난 부가 그 '재무 장관(Imperial Exchequer)'에게 쏟아져 들어왔다. -만국(萬國)이 곡식을 구하러 이집트 요셉(Joseph)에로 왔다.- 중요 지역에도 건조기(乾燥期)가 왔고, 그것은 유목민이 이동을 하게 했는데, 그것은 아시아의 정치적 상황의 급변에 영향을 주었다." -[제 XXI 장]

"**이 시기에 말[馬]이 이집트인에게 알려진 것은 흥미로운 점이다**. 요셉(Joseph)이 고관으로 승진할 때에 파라오는 -자기가 소유한 제2 전차(戰車)에 요셉(Joseph)이 타게 했다.- 그런 다음 이집트인들은 계속 곡식을 구하려 하지만 -돈이 없습니다.-라고 소리치자 요셉(Joseph)은 -말[馬]을 가지고 빵을 바꿔가시오.-라고 했다.

대규모 재산의 매각이 행해졌다. 이집트인들은 말했다. -우리와 우리 땅을 가지시고 먹여만 주십시오. 우리와 우리 땅은 파라오 것입니다.....요셉(Joseph)은 백성들을 이집트의 이쪽 끝에서 이집트 저쪽 끝으로 이주를 시켰다.-" -[제 XXI 장]

"재건(再建)이 빠르게 진행이 되었다. 요셉(Joseph)은 파종기에 곡식을 나누어주며 모든 생산의 5분의 1을 세금으로 내라고 했다. 강력한 중앙 정부가 건전한 경제적 토대 위에 이렇게 세워졌다. 그리고 이것은 우리가 알 수 없는 변화가 생길 때까지 지속이 되었다. 아마 힉소스(Hyksos) 권력의 쇠망 원인은 남쪽에서의 반란만은 아닐 것이다." -[제 XXI 장]

_____✈

(a) 이에서 역시 주목을 해야 할 대목이, '헤아릴 수도 없는 바닷가 모래처럼 많은 곡식을 수확'이라는 진술이다.

(b) 그 '무한정 곡식'으로 요셉(Joseph) 특유의 경영 능력을 발휘한 것이 '성경' 진술 그대로 매켄지(D. A. Mackenzie)도 긍정을 했다.

(c) 그러므로 그 '요셉(Joseph) 특유의 경영 능력'은 가장 효과적인 '파라오 능력 발휘'를 이집트 국가 경영에 실제 발휘해 보인 것이라는 점에 주목을 해야 한다.

제43조(條): 고센(Goshen)에서의 이스라엘들

"한편 이스라엘 후손은 -이집트 고센(Goshen) 지방에 거주했고, 그들 거기에서 크게 번성을 했다.- 요세푸스(Josephus)는 말하기를 이스라엘 후손은 힉소스(Hyksos)와 같지만 성경의 기록과는 일치하지 않는다고 했다. 그러나 힉소스(Hyksos) 지배시기에 요셉(Joseph) 말고도 고관이 된 유대인이 있었다. 사실상 파라오 중 한 사람은 '야곱-엘(Jacob-El)'을 암시하는 '자코베르(Jacobher)'이었다. 힉소스(Hyksos)의 파라오 선출에 일관성이 없는 것은 아니었으니, 힉소스(Hyksos)는 **협정을 지키고 최고 권력의 종주권(宗主權, suzerainty)을 인정하는 한도**에서 파라오가 백성들을 복속시키고 자신들의 업무를 통제하게 하게 했다."

"이집트에 이스라엘 사람들이 정착한 연대를 고정하기는 불가능하다. 그들은 정복자로 이집트에 온 것이 아니라 힉소스(Hyksos) 이후에 왕관을 썼다. 그리고 역시 이집트에 영구 거주 의도가 없었으니, 방부 처리된 야곱(Jacob)과 요셉(Joseph)의 신체가 '가나안 땅' 가족 무덤에 이송되어 있고, '가나안 땅'은 아브라함(Abraham)이 '히타이트 에프론(Ephron the Hittite)'에게서 구입했던 땅이다."

"요셉(Joseph)과 대 기근에 대한 기록은 남아 있지 않다. 그러나 그들이 굶주려 복종한 고관에 대한 기록은 보존하고 싶지 않았을 것이다. 제3왕조의 '7년 기근' 명문(銘文)은 로마 시대에 조작된 가짜라는 것이 밝혀졌다." -[제 XXI 장

———✈

(a) '사료(史料)'가 상호 배치(背馳) 모순(矛盾)이 있을 경우, 우선 그 '사료(史料)'는 보편적이고 포괄적인 측면에서 재점검을 받아 전체적인 '흐름'에 어긋나거나 불합리한 것은 폐기될 수밖에 없다.

(b) '절대신'을 받드는 교도의 공통 약점은 '신의 권능'을 소개함에 '천지만물의 주관자'를 설명하는 것이기에 '합리(合理)'를 무시 초월하는 것을 '힌두교' '불교' '기독교'가 공유하고 있는데, 그 중에 '힌두(Hindu)'의 '과장(誇張)'은 문자 그대로 '인류 과장의 원조(元祖)'였다.

(c) 힌두는 일찍이 그 방법으로 '상대 인류 문화'를 휩쓸었다. 그것이 최근 '마하바라타(*The Mahabharata*)'의 완역[完譯]으로 깨끗이 밝혀졌다.

제44조(條): 아바리스(Avaris)에서의 '출애굽'

"**언제 이스라엘의 '출애굽(Exodus)'이 행해졌는지는 이견이 분분하다. 일부 권위자들은 이집트에서 힉소스(Hyksos)의 추방과 일치한다고 생각하고 있다.** 그러나 그 같은 견해는 성경의 '속박의 시대'라는 언급에 어긋난다. 압제를 행한 파라오는 '새로운 왕'이었고, 그 파라오는 -요셉(Joseph)을 몰랐다.- 그 새로운 파라오는 이스라엘을 노예로 삼아 탄압했고, 이스라엘은 외국 왕들

이 좋아했다. 전설(傳說)에 의하면 그 새로운 왕은 람세스(Ramses) Ⅱ세로 그의 통치 동안에 모세(Moses)는 '전 이집트인의 지혜'를 획득했고, '말과 행동에 권위자'가 되었다. 그 다음 왕은 메네프타(Mene-ptah)였으나 '출애굽(Exodus)'의 파라오로 인정할 수는 없다. 메네프타(Mene-ptah)는 10년을 조금 넘게 통치를 했고, 메네프타(Mene-ptah)의 명문(銘文) 중에는 **가나안에 거주한 이스라엘에 대한 기록이 있는데, 가나안에서 이스라엘은 시리아 원정 중이었던 이집트 군사들의 공격을 받았다는 기록이 있다.**"

"그것은 가능한 이야기이니 카브리(Khabri)가 '텔 엘 아마르나 서(Tell el Amarna letters)'에서 언급을 한 유대인은 메네프타(Meneptah) 때보다 2백 년 전이었다. 유대인은 이집트 가나안 연합군에 대항한 용병(傭兵)이었고, 게제르(Gezer) 왕은 긴급했으나 별 효력이 없었던 아케나톤(Akenaton) 파라오에게 호소를 했던 것이다. **'출애굽(Exodus)'은 확실히 제18왕조 초기 토트메스(Thothmes) Ⅰ세[1592~1492 b. c.] 때 행해졌으니 아메스(Ahmes)가 아바리스(Avaris)에서 아시아 종족을 축출한 이후이다.**" -[제 XXI 장]

————✈

(a) '성경'에 '3대 신비주의'는 Ⓐ-'모세의 홍해 건너기' Ⓑ-'동정녀 마리아의 잉태' Ⓒ-'예수의 부활 승천'이다. 그런데 **힌두(Hindu)의 '마하바라타(*The Mahabharata*)'에도 유사한 사례가 제시가 되었으니, '라마(Rama)의 다리 건설' '쿤티(Kunti)의 세 왕자와 마드리(Madri)의 두 아들' '승천(昇天)'이 그것이다**[17].

(b) 그런데 매켄지(D. A. Mackenzie)의 '출애굽'의 설명에 의하면 이집트 델타 '**아바리스(Avaris)**'에서 '팔레스타인' 본거지로 향할 경우 그 '**힉소스(Hyksos, 이스라엘들)**'가 꼭 '홍해(紅海)'를 가로질러 가야 할 이유는 없다.['지도 1, 4' 참조]

(c) 그리고 처음 그 이스라엘들이 풍요의 이집트로 들어와 성공적으로 '정착(定着)'을 했다가 뒤에 다툼이 생겼다면 '경제적인 이유'나 '종교 사상의 분쟁'으로 그러했을 것이라고 추측할 수 있는데, 매켄지(D. A. Mackenzie)는 '**힉소스(Hyksos)의 이집트 토착 종교에 대한 무시**'가 그 '분쟁의 발단'이 되었다고 구체적인 파피루스 해독을 통해 입증을 하고 있다. 실로 '매켄지(D. A. Mackenzie)의 근거 제시'는 '영국 인문학의 승리 사례'라고 해야 할 것이다.

17) K. M. Ganguli (Translated into English Prose from the Original Sanskrit Text), *The Mahabharata of Krishna-Dwaipayana Vyasa*, Munshiram Manoharlal Publisher Pvt. Ltd. New Delhi, 2000, -**Vana Parva**- pp. 533~565 [라마의 다리 건설] -**Adi Parva**- pp. 256~266 [쿤티의 세 왕자와 마드리의 두 아들] -**Svargarohana Parva**- pp. 1~10 [승천(昇天)]

제45조(條) : 이집트인의 '독립 전쟁'

"힉소스(Hyksos) 통치 후반기에, 마네토(Manetho)가 알려주고 있는 제17왕조의 테베의 왕들 (Theban princes)은 앞서 상부 이집트 좋은 자리에서 [힉소스(Hyksos)에게] 공물(供物)을 바치고 있었던 영주(領主)들이었다. 누비아(Nubia)로부터 보강을 받고 영주(領主)들의 도움을 받아 그 테베의 왕들(Theban princes)은 갑자기 그들의 압제자들[힉소스(Hyksos)]에게 반란을 일으켜 '독립 전쟁(War of Independence)'을 시작하여 25년을 계속했다." -[제 XXI 장]

_____✈

(a) 이집트 나일 강 지역적 특성은 남쪽 '누비아 지역'에서 북쪽 '델타 지역'으로 흐르는 나일강 연안에 세워진 '도시 중심의 문화'인데, 북쪽 '델타 지역'은 '외국인 왕래'가 빈번한 곳이고, 남쪽 테베 지역은 전통 보수주의가 강한 곳으로 매켄지(D. A. Mackenzie)는 설명을 했다.

(b) 그런데 그 '힉소스(Hyksos)'는 **제14왕조 시작(1710 b. c.)부터 그 '아바리스(Avaris)'에서 그 세력을 펼치기 시작하여 '제18왕조 토트메스(Thothmes, 1520~1492 b. c.) I 세' 때 그 '아바리스(Avaris)'를 비우고 나갈 때까지 200년을 그 이집트에서 눌러 지낸 것이다.**

(c) 매켄지(D. A. Mackenzie)는 이 사실들을 이후 이집트 사(史)의 전개와 구체적인 '성경'의 대조로 그 타당성을 소상하게 다 밝히고 있다.

제46조(條) : 라(Ra)왕 '아페파'와 '세케네느라'의 전쟁

"[다음은 대영박물관 이집트 파피루스 기록이다.] -지금 **세케네느라(Sekenenra[타오(Seqenenre Tao, 1558-1554 b. c.)])**왕은 남쪽 나일강 상류의 왕이다.[파라오 일람 참조]...[병참(兵站)의] 도시 [나일강 하류]에는 불순한 아시아 족들이 있었고, 아페파(Apepa, Apepi)는 아바리스(Avaris)의 왕이었다. 그들은 그 땅에서 제 맘대로 행하여 이집트에 좋은 것을 모두 즐겼다. 수테크(Sutekh) 신은 아페파(Apepa)의 주님이니, 그는 수테크(Sutekh) 신만을 섬기고, 그를 위해 튼튼한 사원을 세웠다....그는 매일 수테크(Sutekh) 신에게 제사를 지내고 공물을 바친다..." -[제 XXI 장]

"그 민담은 계속되어 그 아페파(Apepa, Apepi)가, "남부의 도시" 테배(Thebes)의 왕 세케네느라 (Sekenenra)에게, 여러 유식한 서기관과 긴 회합 끝에 작성한 문서를 소지한 사자를 보낸 것으로 이어졌다.

세케네느라(Sekenenra)는 숨김없는 경고(警告)를 소지한 사자(使者)를 맞은 것 같다. 세케네느라(Sekenenra)는 물었다. -무슨 명령을 가져왔는가? 무엇 때문에 이렇게 찾아 왔는가?-

희미하고 훼손된 그 파피루스에서 도출할 수 있는 내용은 다음과 같다.

아페파 왕 라(King Ra Apepa, Apepi)는 그대에게 말한다. : 물소들(hippopotami)을 테베

시의 연못으로 봐 보내라. 짐(朕)은 그 물소들(hippopotami)의 소리 때문에 낮이나 밤이나 잠을 잘 수가 없노라.

세케네느라(Sekenenra)가 놀란 것은 이상한 일이 아니다. 테베의 성수(聖獸, sacred animals)가 델타 국경에 있는 파라오의 낮잠을 깨울 수는 없기 때문이다. 아페파(Apepa)는 명백히 테베 사람들과의 분쟁을 걱정하고 있으니, 그의 가식적 불만은 결국 민간인들의 숭배를 억압을 표명한 것이기 때문이다.

아페파(Apepa, Apepi)는 이집트에서 '반란 정신'을 일으킬 직접적 수단을 쓸 수 없다는 것을 잘 알고 있었다. 테바 왕의 힘을 점증하자 아페파(Apepa, Apepi)는 위협을 느끼고 그것이 강해지기 전에 분쇄해버리고 싶어진 것이다.

세케네느라(Sekenenra)는 잠시 어떻게 대답을 해야 할지 몰랐다. 결국 세케네느라(Sekenenra)는 아페파(Apepa) 사신에게 -저는 황제의 소망을 따르겠습니다.-라고 짧게 대답을 했다.

세케네느라(Sekenenra)는 시간이 필요했으니, 심각한 위기가 오고 있다는 것은 의심할 수 없기 때문이다. 그 사신이 태베를 떠나기 전에 세케네느라(Sekenenra)는 그 지역에 거대 영주(領土)들을 소집했다. 그는 '발생한 일'을 말했다. 영주들은 다 '놀랐다.' 영주들은 세케네느라(Sekenenra)에게서 -서글프나 침묵해야 하고 호소할 데가 없다.-는 말을 들었다.

파피루스 이야기는 -아페파 왕 라(King Ra Apepa)는 보냈다-로 끝이 나고 있다.

그러나 우리는 아페파(Apepa) 파라오 제2 전갈(傳喝)이 반란의 폭풍을 일으켰고, 어떤 요구를 했건 '묵시의 반대'를 만들게 했다는 것을 알 수 있다. 그래서 아페파 왕 라(King Ra Apepa)는 남녘[나일강 상류]으로 강한 군대를 파견해야 했다.

우리가 '세케네느라(Sekenenra)'를 테바 왕의 이름으로 생각할 경우, 그의 미라는 '델 엘 바하리(Del el Bahari)'에서 발견이 되었는데, 지금은 카이로 박물관에 있다. 그 고대 민담이 간직한 영광스러우나 비극적인 죽음을 당한 이집트 종족의 영웅은 스코틀랜드 윌리엄 월리스(William Wallace) 경처럼 자유와 독립을 원하는 이집트인들에게 열광의 대상이다.

세케네느라(Sekenenra)는 전쟁터에서 죽었다. 그는 이집트 군사들의 선봉에서 서서 무적의 용기로 억센 힘을 발휘했다. 가장 용맹스런 부하들과 함께 힉소스(Hyksos) 군사를 관통했다. 그러나 -부하들이 하나씩 쓰러져-...결국 세케네느라(Sekenenra)가 혼자 남게 된다. 세케네느라(Sekenenra)는 포위를 당했다...세케네느라(Sekenenra) 앞에 있는 무사들은 다 죽었으니, 아무도 그의 공격을 감당할 수 없었다. 그러나 한 아시아 무사가 그 왼쪽으로 기어들어가 그의 전부(戰斧)를 휘둘러 측면을 공격했다. 세케네느라(Sekenenra)는 비틀거렸다. 또 다른 아시아 사람이 오른쪽으로 뛰어들어 그 앞이마를 공격했다. 세케네느라(Sekenenra)가 쓰러지기 직전에 앞서 공격을 가한 자가 다시 공격을 행해서 영웅의 왼쪽 머리를 도끼로 쳤다. 힉소스(Hyksos)는 승리에 소리쳤다.

66

그러나 이집트인들은 실망하지 않았다. 이집트인은 세케네느라(Sekenenra) 죽음에 복수를 하기 위해 노도(怒濤)처럼 달려갔다...그 영웅의 죽음은 헛된 것이 아니었다.

세케네느라(Sekenenra) 미라는 그가 당했던 무서운 상처의 흔적을 증거로 지니고 있다. 고통 속에 세케네느라(Sekenenra)는 그의 혀를 이빨로 물고 있다. 그러나 세케네느라(Sekenenra)는 승세를 획득한 다음에 쓰러진 것이 명백하니 이집트인은, 그 시체를 찾아가지고 테바로 돌아 왔고, 이미 부패가 시작된 다음에야 방부 처리되었기 때문이다.

세케네느라(Sekenenra)는 멋진 군인이었다. 그는 키가 크고 가는 허리에 활동적이고 검은 지중 해 유형의 잘생긴 인물이었다. 그는 아마 힉소스(Hyksos) 침략군이 이집트를 무너뜨린 다음에 이집트 남부로 도망쳐 온 고대 왕족의 후예일 것이다." -[제ⅩⅩⅠ 장

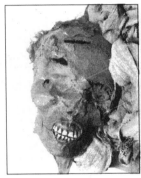

'세케네느라 미라(Mummified head of Seqenenre Tao)' '힉소스 아페피 왕 이름을 지닌 풍뎅이(Scarab bearing the name of the Hyksos King Apepi)' '아모스시스 Ⅰ세가 힉소스를 공격하는 도끼날 그림 –아호텝 여왕의 부장품(Close-up of a drawing of axe blade depicting Ahmose I striking down a Hyksos Warrior, part of the burial equipment of Queen Ahhotep I.)'

———→

(a) 매켄지(D. A. Mackenzie)는 피라미드 속에 간직된 '파피루스 기록'과 이집트 독립 전쟁의 영웅 '세케네느라(Sekenenra)' '독립 전쟁 경위'를 상세하게 소개를 했다.

(b) '한 지역의 국가'는 운명적으로 그 주변 국가 종족들과 다투며 경쟁하며 그 역사를 이루어 왔다. 그런데 그 '힉소스(Hyksos)'와 '이집트인'의 분쟁은 그러한 '역사적 분쟁'의 최초 사례라고 할 만하다. 이후에 이집트는 더욱 큰 거대 왕국인 '아시리아와의 전쟁' '페르시아와의 전쟁'을 치러야 했다.

(c) 매켄지(D. A. Mackenzie)는 '군사력'으로 '세계사'가 그려지고 있음을 이미 다 보고 있었다. 그 렇다면 '종교 사상'은 기껏해야 그 '후속 조처'일 뿐인데 당초에 '아페파 왕 라(King Ra Apepa)'가 테베의 군주를 향해 표명한 '불만'은 '사상의 차이' 더욱 구체적으로 '종교적 교화를 단행하기 위한 전쟁'이라고 할 수 있으니, '절대주의자가 주도했던 전쟁'이라는 점에 유의를 해야 한다.

(d) 원래 '마하바라타(*The Mahabharata*) 전쟁'은 '절대자의 뜻에 따른 전쟁 승리 기록'으로 되어 있다. 그러나 실제 **'역사적 전개'는 항상 그 사상 종교와는 무관한 '무력 경쟁'**이었는데, 매켄지 (D. A. Mackenzie)도 역사 전개에 그 '무력제일주의'를 수용하고 있는 경우였다.

제47조(條) : 여왕 '아호텝'과 아메스 Ⅰ세

"그[세케네느라(Sekenenra)]의 왕비 아호텝(Ah-hotep)은 정통(正統)의 공주로서 1백세에 이르도록 살았다. 그녀의 세 아들들이 연달아 왕이 되었고, 힉소스(Hyksos)에 대항하는 전쟁을 계속했다. 그 중에 가장 어린 아들이 아메스(Ahmes) Ⅰ세[AmosisⅠ, 1550~1525 b. c.]이고 그가 제18왕조의 최초 파라오이다. 아호텝(Ah-hotep) 왕비는 남편의 자랑스러운 경력을 따랐으니, 아메스(Ahmes) Ⅰ세는 아시아 족을 국경 너머로 몰아냈다. 아호텝(Ah-hotep) 왕비는 통치에 관여하며 오래 살았다. 그녀는 토트메스(Thotmes) Ⅰ세[1520~1492 b. c.]가 이집트를 다스릴 때까지도 죽지 않았으니, 토트메스(Thotmes) Ⅰ세의 이름은 서 아시아에 무서운 존재였다." -[제ⅩⅩⅠ 장

"우리는 에바나(Ebana)의 아들 아메스(Ahmes)의 진술을 따른 것이다. 요세푸스(Josephus)가 인용한 바, 그 '축출'에 관한 마네토(Manetho)의 생각에 의하면 아메스(Ahmes) Ⅰ세는 그 기질 상 아바리스(Avaris)에로의 아시아 족 입국 금지 이상의 조처는 행할 수 없었다. 그 다음 파라오 토트메스(Thothmes, Thummosis)는 공격으로 그 아바리스(Avaris)를 이주시키려 했으나, 실패 했다. 바로 그 때 토트메스(Thothmes)는 '축출'의 불가능성에 절망하여, 만약 힉소스(Hyksos)가 평화롭게 아바리스(Avaris)를 떠나면 그들이 항복한 조건[평화로운 移住]을 제공하겠다고 하였다. 그 조건은 수용이 되어 남녀와 아동 24만이 그 아바리스(Avaris)를 비워 주고 국경을 넘어 시리아로 떠났다. 마네토(Manetho)는 말하기를 힉소스(Hyksos)는 이후 유대(Judea)로 가 예루살렘(Jerusalem)을 건설했는데, '힉소스(Hyksos)는 아시리아를 무서워했기' 때문이라고 했다. 그러나 우리가 살폈듯이 아시리아 인들은 그 때에 동방에서 지배세력을 획득하지 못 했을 때이다. 마네토(Manetho, or Josephus)는 잘 못 알고 있었다. 이방신 인드라(Indra) 미트라(Mithra) 바루나(Varuna)를 숭배하는 공포의 아리안(Aryans)이 미타니(Mitanni)에 출현해 있었다." -[제ⅩⅩⅠ 장

———✈

(a) '[세케네느라(Sekenenra)]의 왕비 아호텝(Ah-hotep)'은 전 '고대 이집트 역사[*Egyptian Myth and Legend*]'에 잊을 수 없는 존재이다.

(b) 그녀는 남편의 후광(後光)을 계승하여 그녀의 아들이 '파라오'로 등극시켰을 뿐만 아니라 '힉소스(Hyksos)와 전쟁'이 종식될 때까지 살아 있었으니, '고대 이집트 역사 전개'에 그녀보다 더욱 영광스런 여성이 없을 정도였다.

(c) 그 '힉소스(Hyksos)와 전쟁'은 이집트인의 '정체성(正體性)'을 확립하는 계기가 되었으니, 오늘날 지구촌의 각 지역 국가는 그들의 '건국 영웅'을 거의 다 확보하고 있는 상황이니, 그 '개별성의 유지'과 '세계화 지향'이라는 두 방향은 역시 '동시주의' 속에 마련 되게 되어 있다.

제48조(條) : 새로운 '전쟁 방법'

"이집트인의 군사적 승리는 대체로 그 아리안들(Aryans)이 서방에 소개한 그 말[馬]의 사용에 큰 힘을 얻은 것이다.

새로운 전쟁 방법을 이집트인들이 채용한 것이다. 제18왕조 무사들이 기념비나 무덤에 그려질 적에 화가들은 엄격한 통제 속에 최고로 훈련되고 잘 단련된 남성들을 모델로 삼고 있다. 보병(步兵)들은 질서 정연하고, 전장에서도 힘차고 질서 있게 임무를 다했다. 전차무사들은 오늘날 기갑(機甲)부대처럼 돌격을 감행했다. 이 이집트의 새로운 군사 시스템은 힉소스(Hyksos)를 본보기로 개발한 것인가? 아니면 이집트에서 쫓겨났던 힉소스(Hyksos) 아리안 군사 교관이 나일 강 연안으로 가져온 말 무역에서 획득한 것인가?" -[제XXI 장]

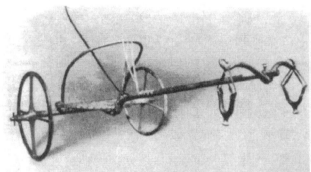 

'이집트 전차(戰車)' '전차(戰車)를 몰고 있는 이집트 왕(Seti Ⅰ)'

———→

(a) 소위 그동안 '성현(聖賢) 책'에는 '인간의 도덕적 삶'만 강조하고 다른 쪽 '살인 전쟁'도 그 '도덕 여부' '신의 뜻의 향방'에 일임하는 방향으로 정리(定理)가 된 기록들이다.

(b) 사실상 일반 개인이 '힘과 전쟁 승패의 원리'를 다 알고 있다고 해도 그 '전쟁에 승기(勝機)'를 제대로 잡아 '새 역사'를 이끌어 가기는 불가능하다. 그러나 역사가(歷史家)는 '역사 전개의 구체적인 상황'을 확인하고 보여 주어야 할 임무와 기회가 주어진 특별한 경우라고 할 수 있다.

(c) 사학자 매켄지(D. A. Mackenzie)는 그것을 다 알아 이집트에서 '말 사육(飼育) 시작'에 주목을 했고, 결국은 '전쟁'에 그것이 쓰였음을 실증했다. 이것이 역시 그 '고대 이집트 역사(*Egyptian Myth and Legend*)'를 쓰지 않을 수 없는 구체적인 동기도 밝히는 사례가 되었다. ['무력제일주의'에 '무기 제일주의']

제49조(條) : 토트메스 Ⅲ세의 '메기도(Megiddo) 포획(捕獲)'

"토트메스 Ⅲ세(Thothmes Ⅲ, Thutmose Ⅲ, 1458-1425 b. c.)에 의해 행해진 시리아 원정에서 가장 큰 승리는, 유대인의 이사카(Issachar) 영역 메기도(Megiddo, Armageddon)에서 포획을 행한 것이다.['지도 4' 참죄 제즈렐(Jezreel) 평원에 자리 잡은 그 견고한 요새지는 군사적 요충지로 북쪽 팔레스타인의 '열쇠'였다. 카르멜(Carmel) 고지를 넘기 위해서는 그곳으로 가야하고 '키나(Kina) 개울'로 둘러 싸여 있고, 그 개울은 키손(Kishon) 강으로 흘러들고 있다. 이집트 군대는 메기도(Megiddo)로 통하는 두 개의 길에 이르렀다." -[제XXⅡ장

"전투는 그 다음날 키손(Kishon) 강 강둑에서 벌어졌다. 토트메스(Thothmes) Ⅲ세는 승기(勝機)를 타서 적들을 물리쳐서 적들은 어지럽게 메기도(Megiddo)로 도망을 쳤다. 만약 이집트 군사들은 승리의 노획물 획득에 열을 내지 않았더라면 이집트 군사들은 메기도(Megiddo)를 함락시켰을 것이라고 토트메스(Thothmes) Ⅲ세는 뒤에 회고를 했다. 메기도(Megiddo) 포위가 오랜 동안 지속이 되어 적들은 결국 굶주림 끝에 항복을 했다. 그 왕들은 파라오 앞에 충성을 맹세했다. 적들은 여왕 하트세프수트(Hatshepsut) 통치가 종료될 때까지 공물(貢物)을 바쳤다. 토트메스(Thothmes) Ⅲ세는 다양한 반란 군주의 장남들을 인질로 잡아 테베로 데리고 왔다. 노획물은 전차 900대 갑옷 200벌과 많은 금과 은이었다. 귀국하기에 앞서 토트메스(Thothmes) Ⅲ세는 레바논에 3개 도시를 점령하고 북부 팔레스타인 통치권을 확보하였다." -[제XXⅡ장

'토트메스 Ⅲ세 상(Thutmosis Ⅲ)' '[이스탄블에 옮겨져 있는] 토트메스 Ⅲ세의 송덕비(Obelisk of Thutmosis Ⅲ)' '[로마로 옮겨져 있는] 토트메스 Ⅲ세의 송덕비(Thutmose's tekhen waty)'

'[테베에 있는]적들을 공격하는 토트메스 III세 상(Thutmose III smiting his enemies. Relief on the seventh pylon in Karnak.)'
'[테베에 있는] 토트메스 III세 상(Depiction of Tuthmose III at Karnak)'

(a) '절대신'을 받드는 대표적인 종족 '이스라엘들'에게 '**메기도(Megiddo, Armageddon) 포획**'의 역사적 의미는 심각한 것이다. 과연 '절대 신의 뜻이 어디에 계신가?'라는 근본적인 의미를 되묻게 하는 심각한 역사적 상황의 발생한 곳이기 때문이다.

(b) 제18왕조 파라오 토트메스(Thothmes, Thutmose, 458-1425 b. c.) III세가 그 '유대인'에게 심각한 '**메기도(Megiddo, Armageddon) 포획**'을 감행했다.

(c) 이후에도 유대인을 포함한 '아시아 제 종족'들은, '연합'과 '전쟁' 속에 '**람세스 II세(Ramesses II the Great, 1279-1213 b. c.)**'와 '**아시리아**' '**페르시아**'에게 차례로 '무대책의 곤고(困苦)'를 겪어야 했다.

제50조(條) : 도시 생활의 즐거움

"제18왕조의 도시 생활은 흥거움으로 넘쳤다. 부자들은 널찍한 저택에 친구들을 불러 놓고 즐겼으니, 그들은 마부와 하인과 각양각색의 옷을 입은 사람들이었다. 손님들이 모이면 하프 장이, 라이어, 기타, 피리 장이를 불러놓고 환담을 했다. 주인과 부인들은 의자에 앉아 하인들이 날라온 술과 과일을 먹고 있는데, 꽃다발도 제공이 되어 있다. 술잔들은 유리나 은금으로 되어 훌륭하게 만들어진 것이고, 보석으로 장식이 된 것이다. 요셉(Joseph)의 술잔은 은(銀) 술잔이었다.('창세기', x I iv, 2)"-[제 XXIV 장]

"식사는 다양한 코스로 되어 있다. 제18왕조 손님들은 황소 고기, 야생 염소, 영양(羚羊), 물고기를 먹었다. 그러나 뱀장어 먹지 않았고, 야생 오리 기러기 등 조류는 먹었고, 돼지고기 양고기는 엄격하게 제외되었다. 다양한 야채와 과일과 페이스트리가 포함이 되었다. 사실 모든 계층이 잔치를 좋아했다. 이스라엘이 아라비아 사막에서 굶주릴 때에 그들이 이집트에서 먹던 식사에 대해 한숨을 지었던 것은 놀랄 일이 아니다. -누가 우리에게 먹을 고기를 줄 것인가? 우리는 우리가 이집트에서 자유롭게 먹었던 생선을 알고 있다. 오이와 멜론과 부추와 양파도 기억하고 있다.-('민수기', xi, 4, 5.) 이스라엘들은 이집트 빵도 역시 그리워했다.('출애굽기', xvi, 3.) 이집트 사회에서 손님들은 작은 식탁에서나 서열대로 앉아 둥근 접시 수건을 든 하인들의 대접을 받았다. 모든 손님들은 손으로 집어 음식을 들었고, 고기 자르기에 칼과, 국물 먹기에 수저도 사용했다. 그들은 식사 전에 손을 씻었다." -[제 XXIV 장]

———✈

(a) '문명의 발달'과 '문화생활'은 '국부(國富)'와 '평화 유지'로 달성되는 것은 누구나 알기 쉬운 일이고 다 동경(憧憬)의 대상이 되고 있는 바다.

(b) 매켄지(D. A. Mackenzie)는 그의 '고대 이집트 역사[*Egyptian Myth and Legend*]'를 통해 이집트의 '물질적 풍요'를 제시하여 '상고 시대 최고 부국(富國)' 이집트의 영광을 거듭 확인하게 하고 있다.

(c) 그러나 상대적으로 빈한한 인접 국가[지방의] 사람들은 '입국(入國)'을 시도하고 '영주(永住)'를 희망했고 경우에 따라서는 '침략과 '약탈'을 끊임없이 시도했으니, 그러한 외국 침략을 막아내는 것이 역시 '파라라오 중대 역사적 책무'가 되어 있었다.

(d) 매켄지(D. A. Mackenzie)가 '성경'에 기록된 '사막에 괴로움을 견디는 이스라엘들의 고초(苦楚)'의 제시는 개관적인 서술을 위해 불가피했던 상황에서 행해졌던 것이고, '추상적 동경'과 '아동적 낭만적 지향'에 경고를 보내고 있는 점도 있다. ['출애굽'을 '영광의 탈출'이라 번역한 사람은, 사실상 이후 '이스라엘 역사 전개'에 뼈아픈 책임들을 느껴야 할 존재들이다.]

제51조(條) : '이집트의 절제 교육'

"고대 이집트에서는 절제가 강조되고 그것이 풍속을 이루어 친구들에게 다음과 같이 말했다. -과음(過飮)하지 말라....술 취해서 했던 말은 돌이킬 수가 없다. 여행할 때 술 마시면 사지가 부서지고, 술 마신 친구 두면 무시해서 말한다. '그 친구를 내버려라.' 취했을 적에 말을 걸면, 지각없는 흙먼지 속 어린애로 대접이라.-

어떤 선생이 학생들에게 말했다. -나는 네가 공부는 않고 놀고 있다고 했다. 너는 술 냄새 풍기는 밤거리를 방황한다는 말도 들린다. 술 냄새를 사람들이 피한다. 술은 영혼을 파괴하고 부러진 노요, 신이 없는 사원이고, 빵이 없는 집과 같다. 술이란 혐오 물(嫌惡 物)이다.-" -[제 XXIV 장]

———✈

(a) 그 동안 매켄지(D. A. Mackenzie) '고대 이집트 역사[*Egyptian Myth and Legend*]' 정도도 확보하지 못 한 '성경' 일방주의로는 이집트를 '독재 부패와 야만의 표본'으로 치부(置簿)하게 마련이었다.

(b) 그러나 '제29조(條) : 프타호텝(Ptah-hotep)의 가르침' '제30조(條) : 충신(忠臣) '우니(Uni)'의 업

적(業績)' 제34조(條) : '아메네메트의 교훈'과 세소스트리' 등을 확인하면 동방의 선진국 '중국(中國)'에서 나온 성현 '공자(孔子)', 충신 '**송용신(宋用臣)**', 교훈집 '명심보감(明心寶鑑)'보다 시대적으로 수 천 년을 앞선 '선진 문화'가 이집트에 있었음을 알 수 있다.

제52조(條) : '용병(傭兵)'의 성행

"이집트가 비록 고위 이상주의자들에 의해 통치되었지만, 그 영향력은 실제 국민의 생존에까지 미치고 있었다.[불법 무법천지는 아님] 부의 축적과 사치품 기호의 성향은 고되고 정밀한 직업을 피하게 하였다. 그것은 궁극적으로 이집트에서 '거대 군단(軍團)' 모집을 불가능하게 만들었다. 쾌락을 좋아하는 신사들은 전투의 위기 속에 흥분을 추구했고, 단조로운 주둔지 생활과 길고 힘든 외국 원정(遠征)은 도시들 속의 쾌락에서 찾았다. '행운의 무사들'은 명부(名簿)가 만들어졌고, 튼튼한 기동타격대가 유지되었다. 궁사(弓師)로는 누비아 출신 '아홉 오랑캐 궁수(弓手)'가 유명했고, 유럽 출신으로는 치열한 '사르다나(Shardana)'가 있었는데, 미케네(Mycenaean) 사람들이 자기네 이름을 사르디니아(Sardinia)라 했다. 결국은 리비아 사람과 아시아 족들도 고용(雇傭)이 되었는데, 람세스(Rameses, 1279-1213 b. c.) Ⅱ세의 시리아 원정군의 부대는 외국 신인 '수테크(Sutekh)' 이름을 붙였다. 이집트 군에서 외국인 부대는 최고급으로 알려졌다. 그러나 그 충성의 정도는 왕실의 국고에 달려 있었고, 궁극적으로 이집트 왕실 지지를 귀찮게 생각하는 존재들이었다." -[제XXⅣ장]

———✈

(a) 매켄지(D. A. Mackenzie)의 '고대 이집트 역사[*Egyptian Myth and Legend*]'는 그동안 우리[한국인]가 잘 알고 있다고 '의심도 않고 살았던 충격적인 정보'를 쏟아 내고 있으니, 그 중 하나가 소위 '용병(傭兵, 돈을 약속 받고 전쟁터로 나간 사람)' 문제가 그것이다.

(b) 중국(中國)의 '삼국지통속연의(三國志通俗演義)'에도 조조(曹操)가 '용사(勇士)'를 영입할 적에 '부귀영화를 함께 하자.'는 약속을 해서 '강군(強軍)'을 유지했음을 볼 수 있다.

(c) 그렇지만 이미 '안정 속에 있던 이집트' '농부가 기본 국민'인 이집트에서 '용병(傭兵)'이 성행'했다는 사실은 상상이 쉽지 않은 문제일 듯싶지만, 매켄지(D. A. Mackenzie)는 그것을 당연시했던 것은 '**군소 국가 왕들의 연합**'이 이미 상고 시대부터 행해졌으니, 그들은 결국 '**이익 추구를 위한 전쟁 집단**'이라는 보편적 규정에 다 들어 있는 경우이기 때문이다.

(d) 사실상 21세기 오늘날 현실까지 그 '연합 전선'을 다른 형태로 이어지고 있다는 그 '**용병(傭兵)의 연장선상**'에서 이해되어야 할 것이다.

(e) 그리고 이것은 역시 '마하바라타(*The Mahabharata*)'와 플라톤 헤겔을 거칠 때까지 '의무(義務, Duty)'로서의 '병역' '전쟁'의 문제를 단순히 '이권(利權) 분쟁'[18]으로 규정한 볼테르의 생각을 매켄지(D. A. Mackenzie)가 그대로 학습한 결과의 효과이다.

제53조(條) : 외국인 왕비

"외국 상인들도 이집트에 매력을 느꼈지만, 이집트 왕들과 귀족들은 그 사회에 새로운 잘 생긴 이국(異國) 부인을 선호했으니, 그것은 당시의 그림과 동상으로 확인할 수가 있다. 구(舊) 왕조와 중(中) 왕조에 치열하고 힘찬 얼굴 대신에, 귀족들의 얼굴이 섬세하고 나른한 눈과 육감적인 입술을 지닌 자들을 발견할 수 있다. 그러나 더러는 비(非) 이집트인 얼굴이 더욱 세련이 되고 두드러지게 되었다." -[제 XXIV 장

_____✈

(a) 역시 앞서 거론 했듯이 매켄지(D. A. Mackenzie)가 그 '고대 이집트 역사[*Egyptian Myth and Legend*]'를 저술함에 있어 가장 든든한 역사적 사실 근거의 하나는 '미라' '파라오 화상' '조각'들이었는데, 그들의 혈통관계를 살피는 주요 근거로 삼았던 점이다.

(b) '얼굴'이 '누구'를 닮았다는 것은 일상적 '관상학'이지만 '아버지 파라오'와 확실히 구분 되는 '아들 파라오' 문제는 [혈통 중시의] '이집트 왕조 사'에 빼놓을 수 없는 주요 쟁점이다.

(c) 이집트 파라오는 중국(中國)의 황제처럼 수 없이 많은 비빈(妃嬪)을 거느렸고, 당시 파라오가 누구를 좋아 했는가는 전적으로 그 '파라오'에 일임되어 있는 사항이었다.

(d) 그래서 '파라오'가 늙거나 병들면 자연스럽게 '왕자들의 전쟁'이 시작되었던 것을 매켄지(D. A. Mackenzie)는 상세하게 소개를 했다.

(e) 그리고 역시 매켄지(D. A. Mackenzie)는 처음부터 '인종들의 혼혈(混血)'을 오히려 불가피한 현상으로 수용했으니, '이집트 파라오'도 '흑인 파라오'가 등장했음이 대표적인 사례였다.

제54조(條) : 수테크(Sutekh) 신과 발(Baal) 신

"이집트 사회에서 이방(異邦)적 속성은 당시의 종교적 신앙에서도 나타나 있다. 이방(異邦) 신들이 수입이 되었고, 관능적인 사랑의 신과 전쟁 신 인기가 상승했다. 전쟁 신으로는 발(Baal) 수테크(Sutekh) 레세프(Reshep)가 있었고, 여신으로는 아스타르테(Astarte) 아나트(Anath) 카데슈(Kadesh)가 있었다." -[제 XXIV 장

"발(Baal)은 '신' '주님' '소유자'를 의미하고 원시 무명의 신들 중의 하나로 대장이나 왕에게 붙여진 명칭이다. 그의 부인이 '발라트(Baalath)' '마님'이다. 튀루스(Tyre, 페니키아 항구)의 발(Baal)은 멜카르트(Melkarth)이고 하란(Harran)의 발(Baal)은 신(神)이고 달의 신이다. 타르수스의 발(Baal)은 기후 신, 바람 신이고, 천국의 발(Baal)은 태양신이다. 이집트에는 호루스들(Horus)이 있듯이

---

18) Voltaire(Translated by T. Besterman), *The Philosophical Dictionary*, Penguin Books, 2004, pp. 231~232 'War' ['이익 추구에서 생긴 전쟁']

아시아에는 다수의 발(Baal)들이 있었다." -[제 XXIV 장]

"수테크(Sutekh)와 발(Baal)은 포괄적인 용어이다." -[제 XXIV 장]

"프타(Ptah)와 크누무(Khnumu)처럼 수테크(Sutekh)와 발(Baal)은 생명과 세계를 품은 종족의 '위대한 아버지'이다." -[제 XXIV 장]

"'창조 신'에게서 선악이 나왔듯이 위대한 아버지신은 성장과 양육의 신이고, 역시 파괴 복수의 신으로 숭배되었다. 그의 진노는 폭풍우 천둥 신으로 나타났다. 성경에 이스라엘 신은 '그 발(Baal) 신'과는 대조를 이루는데 엘리야(Elijah)가 나타나 발의 거짓 선지자를 죽이고 동굴로 피신을 한다.('열왕기 Ⅰ', xviii)

-보라 주님이 나타나셨다. 주님 앞에 거대한 바람이 산들을 찢고 바위들을 갈랐다. 그러나 주님은 바람 속에 계시지 않았다. 바람 다음에 지진이 일었으나, 주님은 지진 속에도 계시지 않았다. 지진 다음에 불길이 솟았으나, 주님은 불길 속에도 계시지 않았다. 불길 다음에 작은 목소리가 들렸다.(열왕기 Ⅰ, xix, 11-12)-" -[제 XXIV 장]

"솔로몬이 -아슈타로트(Ashtaroth, Ashtoreth)를 뒤 따라갔다.-(열왕기, xi, 5) 이스라엘들은 -그들이 주(Lord)를 외면하고 발(Baal)과 아슈타로트(Ashtaroth)를 받드는 것-을 싫어했다.(사사기, ii, 13) 사무엘(Samuel)이 명했다. -이방 신들과 아슈타로트(Ashtaroth)를 버려라.- 이 여신은 페니키아인과 팔레스타인들이 숭배를 했다. 뒤에 사울(Saul)이 살해되니 사람들은 그의 갑옷을 여신의 사원에 걸었다.(사무엘 Ⅰ, xxxi, 10) 사원이 키프로스(Cyprus)와 키르타고(Carthage)에 세워졌다. 아프로디테(Aphrodite)는 아도니(Adonis)의 짝이고 시리아 아파카(Apacha)에서는 새벽과 저녁 별 금성(金星)으로 생각을 했다. 그녀는 레바논 산에서 아도니스 강물로 떨어진 유성이기도 했다. 사랑과 모신(母神)으로서 그녀는 이시스(Isis) 하토르(Hathoer) 이스타르(Ishtar) '이다(Ida) 어머니' 밀리타(Mylitta) 발라트(Baalath)와 연결이 되어 있다. 고산(高山)족들에게 이 여신은 스코틀랜드의 할머니 신 '겨울 신(Cailleach Bheur)'과 같은 사슴 떼를 소유하고 있다." -[제 XXIV 장]

--------→

(a) 매켄지(D. A. Mackenzie)는 '성경' 진술과 '고대 이집트 새[Egyptian Myth and Legend]' 접촉 부분에 신중했다. '성경' 일방 진술에 그 주변의 역사적 사상적 부연 설명을 가해서 '성경'을 제대로 이해시키는 작업이 그것이다.

(b) '성경'에서는 '이방(異邦)신을' 처음부터 끝까지 사갈시(蛇蝎視)하고 있고, 이집트인은 중심은 '육체 긍정' '현실 긍정'의 '뱀[악어, 물소]신 존중 문화'를 내부에 지니고 있음을 매켄지(D. A. Mackenzie) 수시로 제시해 보였다.

(c) 당시 이집트와 팔레스타인 소아시아 종족이 항상 그들의 '신들'을 앞세워 전쟁을 했고, 이합집산(離合集散)을 계속했음은 주목할 필요가 있다.

(d) 당시 '숭배 신'은 '전쟁의 깃발'과 같은 기능을 수행했음을 살필 수 있다.

제55조(條) : 야곱(Jacob)과 '부적(符籍)'

"태양과 달의 교(敎)를 연결한 아몬 라(Amon-Ra) 사제들은 저승에 있는 이집트, 행복한 오시리스 영지로 들어가는 문제를 주문(呪文)과 공식으로 풀었다. 사제를 믿거나 도덕적 삶을 살거나 오시리스 앞에서 '신앙 고백'을 반복한 사람에게 주문과 공식은 필요가 없는데, 그 공식은 '사자(死者)의 서(*Book of the Dead*)'의 형식으로 파피루스 두루마리에 적어 미라의 곁에 넣었는데, 그것을 구입할 경우 사자(死者)의 이름은 공백으로 남겨 두었다. 그러나 또 다른 어려움을 극복해야 했다. 구 왕조 개념으로 오시리스 앞에 심장이 달릴 경우에 지은 죄를 고백해야 하는 문제이다. **사제는 부활의 상징인 '왕 말똥구리'에다가 -나의 정신은 증언에서 나를 배신하지 않는다.-라고 적은 주문을 사용해 마음을 잠잠하게 만든다**. 그 주문이 마법적 위력을 갖는다고 믿어 '왕 말똥구리'와 다른 부적(符籍)들이 그 왕조 기간에 크게 유행을 했다. '테트(tet)' 부적은 '이시스 피'의 상징으로 사자(死者)를 악마로부터 보호해 준다고 믿었다." -[제 XXIV 장]

"수많은 부적(符籍) 중에는 '호루스(Horus)의 눈'[19]도 있었다. 그것은 악마의 영향에서 밤낮으로 지켜주는 부적이다. 호루스의 오른쪽 눈은 태양이고 왼쪽 눈은 달이기에 낮과 밤으로 보호를 한다는 것이다.

부적(符籍)은 원시시대부터 있었다. 그러나 장례와 더불어 공을 들인 부적(符籍)들은 제18왕조에서 시작되었다. 부적은 돌 숭배 유적이다. 늙은이나 젊은이나 '악의 눈'에서 자신들을 보호할 '행운의 돌'을 지니고 있어 병을 막고 행운을 지켰다. 모든 개인적 장식은 부적들의 기원이다. 그것은 성경에 나타나 있다. 야곱(Jacob)이 에서(Esau)를 만난 다음 그의 딸과 따르는 여인들과 결혼하려는 히위족(Hivites)을 죽이고 그 가족들에게 -너희 중에 있는 이방(異邦) 신들을 버려라.-고 했다. 그런 다음 -그들의 손에 있는 모든 이방 신들과 모든 귀고리들을 야곱에 주니, 세켐(Shechem)을 시켜 상수리나무 아래 묻었다.-(창세기, xxxv, 3, 4) 귀고리는 명백히 비 기독교도들의 숭배와 관련된 것으로 이스라엘에 무가치한 우상들이다." -[제 XXIV 장]

———✈

(a) '부자(富者)'들은 게을러지기 쉽고, 생각이 단순해지고, 노력이 필요 없고, 가능하면 '간편한 방법'으로 모면하여 세속에 편안을 최고로 생각하게 마련인데, 당시 이집트 농부들의 주요 풍속도 그러했음을 볼 수 있다.

(b) 이집트인들이 '주문' '마법' '부적'으로 '저승'의 문제까지 다 해결을 보려했던 것은 '현세주의자들'의 일반적 현상일 것이다.

(c) 이에 대해 '마하바라타(*The Mahabharata*)'의 힌두들은 '육체 부정' '현세 부정' '절대 신 중심주

───────

19) 이것은 동부 이집트에서 지금까지 팔고 있다.

의 '천국 제일주의' '요가(Yoga) 헌신주의'로 '인생관' '세계관' '우주관'을 삼아 거기에서 절대 도망을 하지 못 하도록 규정을 해 놓았다.

(d) 그 자세한 구분은 이후에도 더욱 활발히 진행이 되겠지만, '성경' 속의 야곱(Jacob)이 그러한 '절대주의자'라는 것은 거듭 상기하고 있어야 할 사항이다.

제56조(條) : 아메노테프 II세의 종교

"아메노테프(Amenhotep, 1425-1400 b. c.) II세의 무덤에는 제5왕조에서 행해진 태양 숭배와 관련된 인신공희(人身供犧)를 부활시킨 증거가 남아 있다. 배(舟)에 묶인 해골과 방 속에 있는 여성과 아동의 미라는 아메노테프(Amenhotep) II세가 그의 가솔(家率)을 데리고 오시리스 낙원 으로 가고자 한 소망을 암시하고 있다."-[제XXV 장]

_____✈

(a) 아메노테프 II세는 '토트모세 III세(Thutmose III, 1458-1425 b. c.)의 아들로 이집트 최고 강성 기(強盛期)를 이끌었던 왕이다.

(b) 문제는 '여성' '아동'의 미라를 대동하고 장례가 함께 치러졌다는 점이다.

(c) 사실상 종교마다 그 장례 풍속에 다양한데, 이집트 파라오는 그 종교의 형태가 일관되어 있지 않고 그 '파라오 자신의 선택 여지'가 무한정 열려 있었다는 점이다.

(d) 초기 왕조 '오시리스 식 장례[食人 장례]' 흔적에서부터 '가족 합동 장례 식'은 파라오의 '가솔 사랑의 표현[함께 낙원 들어가기]'일 수 있다.

제57조(條) : 토트메스 IV세와 스핑크스(Sphinx)

"[제18왕조] 반(反) 토트메스(Thothmes)III세[1458-1425 b. c.] 파당들의 왕권 회복의 또 다른 반란은, 아메노테프(Amenhotep) II세가 선택한 후계자가 아닌 어린 토트메스(Thothmes) IV세 [Thutmose IV, 1400-1390 b. c.] 때 터졌다. 새로운 파라오 6명의 형제 왕자 이름은 무덤에서 지워져 있고, 그들은 역사에서 사라져 있다. 민담에 의하면 **토트메스(Thothmes) IV세는 태양신 을 선택했던 자였고[명백한 사제의 간섭에 의한 지향임] 기자(Gizeh, Giza)의 대 스핑크스 (Sphinx)와 동일한 라 하르마키(Ra Harmachis)와 최초로 동일시된 인물이다.** 토트메스 (Thothmes) IV세는 사냥을 나갔다가 정오가 되어 스핑크스 그늘에 쉬고 있었다. 꿈에 태양신이 그 앞에 나타나 그의 몸에서 모래 먼지를 씻어 내고 싶다고 말했다. 그래서 그 스핑크스 앞발 사이에 신전을 세워 모래 먼지를 막게 했다." -[제XXV 장]

_____✈

(a) 이집트 파라오의 종교적 지향이 얼마나 개방되어 있고 자의적인지를 알 수 있게 하는 대목이다.
(b) 토트메스(Thothmes) Ⅳ세[Thutmose IV, 1400-1390 b. c.]의 경우 10년 간 통치를 행한 파라오였는데 '태양신'과 꿈에 만난 것이 최고 뉴스거리였다.
(c) 이집트 강성기(強盛期), 평화시기에는 '신'에 대한 사제들의 논의가 더욱 치성(熾盛)했을 것이다. '이집트 파라오의 꿈'은 '현실 이집트 정치'에 그대로 반영되기도 했다는 점을 역시 말하고 있다.

제58조(條) : 사자(獅子) 사냥을 즐긴 아메노테프 Ⅲ세

"아메노테프(Amenhotep) Ⅲ세[1390-1352 b. c.]의 33년간 통치(1411~1375 b. c.)는 평화롭고 찬란했는데, 그는 정치가로서 빛나는 존재이기보다는 '위대한 왕(The Magnificent)'이라는 호칭을 얻었다. 아시아적 독립성은 우환이 없었다. 토트메스(Thothmes) Ⅲ세가 군사력으로 진압해 놓은 이집트에서 그 손자들은 철저하게 이집트화한 테베에서 교육이 되었다. 아메노테프(Amenhotep) Ⅲ세는 전투력에서도 탁월했으니, 그는 단독으로 누비아(Nubia) 원정을 행해서 선조들의 무사 기질을 보였다. 그는 노천(露天) 생활을 즐겼고, 예민한 스포츠맨이었다. 초기 10년 동안 아메노테프(Amenhotep) Ⅲ세는 102마리 사자 사냥을 했고, 엄청난 수의 야생 동물을 잡았다." -[제 XXV 장]

_____✈

(a) 중국(中國)에서 '사냥'은 일종의 '전쟁 연습'이었다.
(b) 아메노테프(Amenhotep) Ⅲ세[1390-1352 b. c.]가 '102 마리의 사자(獅子) 사냥'을 했다는 것은 그의 취향이면서 역시 '전쟁 대비 훈련'이었다.
(c) 우리는 뒤에 일어난 '아시리아 왕조의 사자 사냥 조각'을 알고 있어 그 '사자 사냥'이 아시리아에서 성행했다고 믿기 쉬웠는데, 그것이 이집트에서 먼저 성행했던 사실도 기억을 해야 할 사실이니, 당시 시리아 이집트 바빌로니아 소아시아는 '하나의 문명권'으로 돌아가고 있었음을 아울러 알 수 있다.

제59조(條) : '티(Tiy) 왕비'의 영향력

"다른 한 편 티(Tiy) 여왕은 지적 소양과 예술적 재능을 지녔다. 강력한 아버지 영향이다. 우리가 [여왕의 아버지] 유아(Yuaa)의 심원하고 교양 있는 얼굴을 감안할 때, 그가 '왕좌 뒤에 세력'이라는 결론을 내지 않을 수 없다. **왕의 사랑을 받고 있는 사람들은 귀족들뿐만 아니라 아몬(Amon) 숭배와 연관된 미신 사변가와 세속적 사제 건축가 예술가 악사들도 있었다.** 당시의 예술에 티(Tiy) 여왕의 영향력은 은사(恩賜)로 드러나 있다. 티(Tiy) 여왕은 '예술가들이 대상에서' 그 형태와 색채의 미를 이끌어 내는, 자연을 탐구하도록 기존한 예술가들의 타성을 뒤흔들었다. 의심할 것도 없이 그 운동은 크레타(Crete)에 고도의 놀라운 예술에 자극을 받은 것이다. 당시에 이집트는 문명 세계에서 가장 강력한 나라였고, 외국 문명이 물결쳐서, 고대 인습의 족쇄를 찬 거인[이집트]이 지적 자유를 달성하고자 했다.”-[제 XXV 장]

“이 새로운 운동은 그 젊은 왕의 사치스런 동방 문화의 애호를 동반하고 있었다. 매력적인 부인을 즐겁게 해주려고 아메노테프(Amenhotep) Ⅲ세[1390~1352 b. c.]는 테베의 나일 강 서쪽 둑에 왕궁을 세웠다. 그 왕궁은 벽돌과 기이한 목재로 지었다. 치장 벽토(壁土)로 벽을 바르고 널찍한 거실 천장은 그림들로 장식을 했는데, 그 그림에는 자연의 탐구, 이집트인의 생활 풍경, 낙원의 모습을 담았는데, 정교한 도안에 생생한 색채로 그렸다. 티(Tiy) 여왕의 왕좌가 있는 궁정은 길이가 130피트이고 너비가 40피트이다. 화려한 기둥으로 푸른 천장을 받들고 있고 천장에는 비둘기들과 황금까마귀가 나는 그림을 그렸다.”-[제 XXV 장]

“그늘진 발코니는 장식한 외벽에 돌출되어 있다. 사막을 넘어온 시원하고 건조한 북풍이 불어올 때 티(Tiy) 여왕과 그녀의 예술가 친구들은 그 발코니를 거닐며 이전에 없었었던 예술적 영감을 생각해 냈을 것이다.”-[제 XXV 장]

‘아메노테프 Ⅲ세(Colossal statue of Amenhotep Ⅲ)’‘티 여왕(Queen Tiye)’‘아메노테프 Ⅲ세의 거대 동상(The northern Colossus of Memnon)’‘아메노테프 Ⅲ세의 룩소르 사원(Luxor Temple of Amenhotep Ⅲ)’

------→

(a) ‘고대 이집트 사’에 여왕 ‘티(Tiy)’의 존재는 현인 ‘프타호텝(Ptah-hotep)’, 충신 ‘우니(Uni)’처럼 이집트 문화를 명시하는 화려한 이야기이다.

(b) 궁중 여성으로 ‘문화 예술 발전에 기여하기’는 정말 드문 사례이니, 프랑스가 중세 구풍을 벗을 무렵에 루이 15세의 왕비 ‘퐁파두르 부인(Mne de Pompadour, 1721~1764)’은 볼테르 등 문인 예술가를 적극 옹호하여 프랑스 ‘계몽주의’를 선도했고, 조선의 혜경궁 홍씨(1735~1815)는 명작 ‘한궁록(閑中錄)’을 남겼다.

(c) ‘티(Tiy)’ 여왕의 이집트 예술에 대한 기여는 물론 남편 아메노테프(Amenhotep) Ⅲ세의 호의 발동으로 가능한 것이었지만 더욱 근본적으로 그녀의 자질과 능력으로 달성한 ‘이집트 문화의 혁신’이었다.

제60조(條) : 몽상(夢想)의 파라오, 아케나톤(Akhenaton)

"아케나톤(Akhenaton)[아메노테프 IV세(Amenhotep IV, 1352~1336 b. c.)]은 사제들을 정치에서 완전히 몰아내려 했다. 사제들의 시도하는 바가 젊은 왕의 분노를 일으켜 아몬(Amon) 교도를 박해하는 전쟁을 명령했다. 모든 기념물에서 아몬(Amon)의 이름을 지우고 아버지 이름까지 남겨 두지 않았다. 그 때에 자신의 이름이 아케나톤(Akhen-aton)[-아톤의 정신(the spirit of Aton)-]이니, **이방(異邦) 신의 인간 화신(化身)이었다**. 그래서 아케나톤(Akhenaton)은 테베를 떠나기로 작정을 하고 남쪽으로 300마일 떨어진 곳에 '정원의 도시(garden city)'에 아버지 궁전을 능가하는 화려한 궁전을 세웠고, 거대한 사원을 '하나이며 유일한 신'에게 바쳤다. 아톤(Aton)의 사원은 누비아(Nubia)에도 세워졌는데, 제3 폭포 부근이고, 시리아에도 세웠다." -[제 XXVI 장]

"아케나톤(Akhenaton)이 새로운 서울에 들어가 그곳을 '아톤의 지평(Horizon of Aton)'이라고 했는데, 아케나톤(Akhenaton)는 그곳을 떠난 적이 없었다. 거기에서 그는 아톤(Aton) 봉사에 평생을 바치며 인간이 받아들이면 세상을 낙원으로 만들 것이라는 신앙을 지니고 살았다."

"그런데 더욱더 걱정스러운 소식이 시리아에서 들려왔다. 일개 부속 왕이 말하기를 -대왕께서는 부관 살해를 그냥 넘기지 마십시오.- -원군(援軍)이 오지 않으면 비쿠라(Bikhura)는 쿠미디(Kumidi)를 유지할 수 없습니다.-...-군사가 필요합니다.- -왕이 군사를 파견하지 않으시면 이집트까지 카브리(Khabri) 수중에 들어갈 겁니다.- 이 전갈에는 추가로 다음과 같이 적혀 있다. -우리 왕 앞에 큰 소리로 '천하에 왕이시여, 왕국이 망해가고 있습니다.'라고 전하시오.-

텔엘아마르나(Tell-el-Amarna)에 있는 조각과 그림으로 꾸민 국가 사원에서 그 몽상(夢想)의 국왕은 중세 승려(僧侶)의 신앙심으로 모든 것을 버리고 아톤(Aton)을 찬송하며 파국으로 치닫고 있었다.

몽상(夢想)의 국왕은 신에게 기도했다. **-당신은 당신의 생각과 당신의 권능으로 저를 만드셨습니다...세상은 당신 수중에 있습니다.-**" -[제 XXVI 장]

"아케나톤(Akhenaton)은 아톤(Aton) 신이 제공한 생명을 빼앗거나 피를 흘리게 하는 것은 죄라고 생각을 했다. 아톤(Aton) 신에게는 제사도 없었다. 과일만이 제단에 올려졌다. 아케나톤(Akhenaton)은 이미 **칼을 쟁기 보습으로 만들었다**. 시리아에 있는 동맹과 병참기지에서 사령관들이 원군(援軍)을 청해도 아케나톤(Akhenaton)는 아톤(Aton)에게 올리는 종교 시나 기도밖에는 줄 것이 없었다.

아케나톤(Akhenaton)에게 어려운 일들이 전해졌다. 어떤 작가는 왕을 '심미주의자'라 했고, 다른 작가는 '반(半) 미치광이 왕'라 했으나, 우리는 그가 황제 파라오로서 위대한 사명을 가진 예언가라는 것을 알아야 한다." -[제 XXVI 장]

'아케나톤(Akhenaton)[아메노테프 IV세(Amenhotep IV, 1352-1336 b. c.)]' '아케나텐의 동상(Statue of Akhenaten in the early Amarna style)' '아케나텐과 부인과 아이(Akhenaten, Nefertiti and their children)'

(a) 고대 이집트 최 강성 시기에 '몽상의 파라오' 아케나톤(Akhenaton)이란 존재는 이집트가 아니면 나올 수 없는 왕이었다.

(b) 그는 평생 최고의 복락(福樂)을 누린 아메노테프(Amenhotep) III세와 '티(Tiy) 여왕'에게서 태어난 존재였다.

(c) 아케나톤(Akhenaton)는 힌두(Hindu)의 '자이나들(Jainas)'[20]처럼 '불살 계(不殺 戒)'를 실천했던 파라오였다.

(d) 이미 '제15조(條) : 아홉 지신(地神)과 프타(Ptah) 대신(大神)'에서 일부 확인했듯이 당시 이집트는 '종교 전시장'으로 아케나톤(Akhenaton)의 경우는 부모의 '동방 문화(Oriental splendour)' 영향을 더욱 심화한 결과라 할 것이다.

제61조(條) : 이집트 역사는 종교의 역사다.

"**이집트의 역사는 종교의 역사이다.** 역사의 운명은 종교적 신도들에게 통제를 받았고, 교도 속의 종파들에게 조정이 되었다. 비록 라(Ra)가 아몬(Amon)과 연결은 되어 있으나, 상호 대립은 헬리오폴리스(Heliopolis)와 테베(Thebes) 사이뿐만 아니라 국가 신에 헌납된 사원들 간에도 있었다. 옛날 달의 신 아몬(Amon) 교리는 많은 점에서 태양신의 헬리오폴리스(Helliopolis) 사제들과는 달랐다. 제18왕조 동안에는 양대 계파로 나뉘어 있었다. 한쪽은 여왕 하트세프수트(Hatshep-sut)의 주장을 지지했음에 대해, 토트메스(Thothmes) III세를 옹호했다. 여왕은 아몬라(Amon-ra)교의 라(Ra) 교도의 환영을 받았음에 대해, 여왕의 적대자들은 아몬(Amon) 교파였다. 토트메스(Thothmes) III세 파당은 토트메스(Thothmes) IV세 때까지 정치치적 우위를 유지했다. 토트메스

---

20) E. Pococke, *India in Greece*, London, 1851 p. 373 'On the Jains'

(Thothmes) Ⅳ세는 라 하르마키스(Ra Harmachis)를 숭배했고 왕위에 있었으나 왕관을 쓴 왕은 아니었다. 그 상황은, 아케나톤(Akhenaton)의 종교적 혁명을 행함에 두 적대적 사제 파당들이 연합을 해서 아케나톤에게 대항을 해도 아케나톤은 그들을 궤멸시킬 수 있었기에 두 파당의 불화에서 생긴 현상으로 보인다.

람세스(Rameses) Ⅰ세의 즉위와 더불어 '라(Ra) 교파의 정치적 우위'를 맞이하게 된다. 사제들이 왕위 계승에 영향을 준 것이 확실하니, 카르나크(Karnak)에 람세스(Rameses) Ⅱ세가 완성한 열주(列柱)형 거대한 홀의 건립을 시작했던 것이 그것이다. 구 아몬 일당은 무너졌다. 아몬라(Amon-ra)의 태양 속성이 더욱 드러나게 되었고 달의 숭배는 주로 콘수(Khonsu) '이방(異邦)의 아프로디테(Aphrodite)'와 통합하게 되었다. 이 정치적 종교적 혁명은 토트메스 Ⅲ세에 저항하는 전통적 편견의 결과이다." -[제 XXⅦ장]

(a) 매켄지(D. A. Mackenzie)는 '고대 이집트의 역사는, 종교의 역사이다.'란 결론은 도출했다. 이러한 매켄지(D. A. Mackenzie)의 말은 '이집트 모든 사료(史料)'와 기존한 '이집트 사'들을 고려해서 나온 결론이므로 그것을 부정하기는 어려울 것이다. 그렇지만 '왜 그렇게 되었는지' 반드시 짚어져야 할 사항이다.

(b) 우선 이집트 '대표적 농업국'이므로 그 '경제'는 크게 변동이 있을 수 없었다. 둘째 이집트의 '국방'은 델타 동북쪽 '시리아' '소아시아' 종족의 방위 관리 문제에 집중이 됨으로 크게 단순화할 수 있다.

(c) 그런데 당시 '최고 경제적 특혜지역 이집트'로 온갖 기술자 재주꾼 '용사(勇士, 傭兵)'들이 몰려왔지만, 그 원시시대 이집트에 역시 '최고의 실력 과시의 선교사들'이 최고 파라오 주변으로 몰려들었을 것은 묻지 않아도 충분히 짐작할 수 있는 바다.

(d) 그런데 오늘날까지 한 국가의 최고 책임자는 '경제' '국방' '종교 사상 교육'은 가장 먼저들 챙기고 있으나, 그 중 가장 '멋을 부리는 영역'이 '종교 사상 교육' 영역이었다.

(e) '살아 있는 신의 지위'를 사제들이 갖다 바친 상황에서 역대 파라오는 '일단 등극(登極)을 했다 하면' '새로운 종교 사상 교육 방향을 제시했고, 역시 '최고 권력과 영합'으로 최고 영광을 누리는 '사제 문화의 공리(公理)'를 모르는 사제가 없으니, 유독 이집트에서는 '새 파라오 등극' '각종 사제들의 각축(角逐)'이 치열할 수밖에 없었다.

제62조(條) : '용(龍)의 살해자', 람세스 Ⅱ세

"세티(Seti) Ⅰ세의 아들, 람세스 Ⅱ세(Ramesses Ⅱ the Great, 1279-1213 b. c.)는 대표적인 히타이트 신처럼 원뿔 모자를 쓰고, 거기에 긴 끈을 느리었고, 역시 태양 원반을 이고 있는 호루스(Horus)처럼 날개를 달기도 했다. 유리를 박은 작은 명판(名板)에 '놀라운 신'이 -거대한 창으로 뱀을 찌르는 그림을 담았다. **그 뱀은 명백히 소아시아 코리키안(Corycian) 동굴의 폭풍 괴물이며 희랍의 태풍 신으로 제우스(Zeus)나 헤라클레스(Hercules)가 죽인 괴물이다.** 희랍 작가들은 이 집트인들이 말하는 '분노한 세트(Set)'를 티폰(Typhon)으로 말을 했다. 타니스(Tanis)의 수테크 (Sutekh) 신은 히타이트(Hittite)의 용 살해와 호루스(Horus)와 라(Ra)의 그것들을 연결하고 있다." -[제 XXVII장]

"호루스(Horus)와 소아시아 용 살해 이야기 연합은, 호루스(Horus)의 기원을 아동 신 하르포크 라테스(Harpocrates, Her-pe-khred)에서 추적할 수 있다." -[제 XXVII장]

────────✈

(a) 매켄지(D. A. Mackenzie, 1873~1936)가 '고대 이집트 역사*Egyptian Myth and Legend*]1913' 를 쓸 때는 그의 나이 40세 무렵으로 아직 '세계 종교 사상'을 모두 일별할 수는 없는 나이였다. [사실상 당시 '1913년 영국이 확보한 국가 정보력'은 '2020년의 한국이 보유한 국가 정보력'에도 미칠 수 없는 정도였음]

(b) 그래서 매켄지(D. A. Mackenzie)는 '이집트 종교 사상'에 면밀한 공을 들였으나, 그 '결론'에는 별 소득이 없었으니, 그 대표적인 사례가 **'용(龍, 뱀)의 살해자'**에 대한 분석 검토였다.

(c) 그 **'용(龍, 뱀)의 살해자'로서의 영웅의 대표적인 기록이 힌두의 '마하바라타(*The Mahabharata*)' '크리슈나의 칼리아(Kaliya) 독뱀의 살해**[21]이야기이다.

(d) 즉 '뱀'은 창조신 '비슈누(Vishnu)'가 의존한 '존재의 근거'이므로 아무나 그것을 떠나 '존재(실존)'를 유지할 수 없지만, '진정한 영웅[최고의 헌신 자-최고의 신앙인]'은 **'육신(肉身, 뱀)의 초극'**이 그 '절대 신과 합하는 유일한 방법'이라는 '종교적 승리의 비밀'을 간직하고 있는 가장 중요한 '절대 신의 종지(宗旨)'를 담고 있는 전제이다.

(e) 람세스 II세(Ramesses II)에게 '용(龍, 뱀)의 살해자'라는 칭호가 부여되었다고 하나 어떠한 점을 두고 그러한 '명칭'이 문제 되었는지는 알 수 없으나, '이집트 역사'는 거의 그 시작부터 '최고 신=당대의 파라오' 등식(等式)이 통했으니 문제될 것이 없으나, '용의 살해자'란 명칭을 '선호하게 됨'은 '이집트 신앙의 고도화'를 아울러 말하고 있는 사항이다.

제63조(條) : 람세스 Ⅰ세와 히타이트(Hittites)

"제18왕조 말기에 히타이트들(Hittites)이 남쪽으로 팔레스타인으로 밀고 내려와 이집트 국경을 위협하기까지 했다.['지도 3' 참죄 정말 거대 히타이트들(Hittites) 식민 인들은 수테크(Sutekh)와 아스타르테(Astarte)가 주신(主神)인 타니스(Tanis)에 정착했던 것으로 보인다. [제19왕조(1292~

───────────

21) Vettam Mani, *Puranic Encyclopaedia -A Comprehensive Work with Special Reference to the Epic and Puranic Literature*, Motilal Banarsidass Publishers Delhi, 1975, 'Krsna Ⅰ' [이하 '크리슈나, Krsna=Krishna 傳記'] p. 422 '12. Suppressed Kalliya'

1186 b. c.]] 람세스(Rameses) Ⅰ세[1292-1290 b. c.]는 히타이트들(Hittites)의 왕 사파룰(Sapalul, Shubiluliuma)과 평화협정을 맺었다. 비록 싸우지 않았지만, 두 왕은 우호적 관계에 있었다.['지도 1'-'9. 타니스(Tanis)' 참죄 세티(Seti)의 어머니가 히타이트나 미타니(Mitanni) 공주였을 것이고, 제18왕조 동안 이집트의 공주들이 외국 왕의 신부로 제공이 되었다. 제19왕조의 왕들이 이집트에 있는 이방인 속성에 지지를 받았던 것은 그 타니스(Tanis)와의 밀접한 관계가 암시하고 있으니, 타니스(Tanis)는 정치적으로도 중요하고 파라오의 주요 장(長)들의 거주지가 되었다. 테베는 종교 중심지가 되어가고 있었다."-[제 ⅩⅩⅦ장]

"새로운 히타이트 왕은 파라오를 몰랐거나 대적하기에는 너무 강한 존재로 생각했다. 어떻든 평화가 깨졌다. 히타이트 권력자는 북쪽 시리아와 팔레스타인에서 혼란을 조성했고, 적대적인 유대인들은 분쟁의 종식에 개입을 했다. 새로운 히타이트 왕은 메소포타미아에 거대 세력을 지니고 있으며 소아시아 북서쪽에 아리안 침략자들을 지니고 있는 아람 족(Aramaeans)과 연합했다.

그 히타이트 왕국은 멸망되었다. 그 최고 시절에 그 왕들은 아시리아 지배자였다. 투수라타(Tushratta)의 증조부는 아슈르(Ashur)를 약탈했었고, 투수라타(Tushratta)는 이집트에 충성을 맹세했으나, 이슈타르(Ishtar)의 니네베(Nineveh) 상을 아메노테프(Amenhotep) Ⅲ세에게 보내 그 유명한 도시에서 자신의 우위를 과시했다. 미타니(Mitannni) 세력이 흩어지자 아시리아와 히타이트 아람 족(Aramaeans)은 투수라타(Tushratta)와 아리안족에게로 땅이 나뉘었다."-[제 ⅩⅩⅦ장]

_____✈

(a) 제19왕조 동안에도 '파라오'의 혈통은, '이방인(異邦人) 왕비(王妃)'가 황태자를 낳아 계속 피가 섞이었음을 볼 수 있는데, 세티 I세(Seti I, 1290-1279 b. c.) 이후의 경우가 특히 그러했으니, 그 '외가(外家) 왕국[히타이트]'과는 자연 우호관계가 유지되었음을 확인할 수 있다.

(b) 이처럼 비교적 평정을 지속하고 있는 제19왕조 이집트와는 크게 달리, '시리아' '소아시아' 국가 종족들은 계속 요동을 치는 불안정한 형국이었다.

제64조(條): 람세스 Ⅱ세의 '시리아 정복'

"세티(Seti)의 아들이 람세스(Rameses) Ⅱ세[1279-1213 b. c.]이니, 그의 67년 통치에서 처음 15년은 주로 히타이트와 그들의 동맹들 쳐부수는 줄기찬 군사적 작전에 몰입했다. 시리아에 새로운 국면이 전개되었다. 소아시아의 잉여 민족이 식민지로 삼고 있었다. 히타이트 군사들은 히타이트 정착 자들에게 복종을 해서 북쪽 시리아 경계선에서 이집트인의 군사적 점령은 소용이 없게 되었다. 그러나 람세스(Rameses) Ⅱ세는 이집트 영향력이 없어진 지역을 회복하기에 힘이 넉넉하다고 생각했다. 람세스(Rameses) Ⅱ세의 야심은 금방 히타이트 왕 무탈루(Mutallu)와 그 동맹군들에게 실현이 되어 다 그 야심적인 왕을 섬기게 되었다."

"람세스(Rameses) Ⅱ세는 시리아 해안을 4년간 관리하다가 5년 초에 그는 팔레스타인을 관통해 오론테(Orontes) 계곡으로 진격했다. 히타이트와 그 동맹군은 카데슈(Kadesh)에 집결해 있었는데 ['지도 3' 참조], 사로잡은 두 토착인의 말만 믿고 람세스(Rameses) Ⅱ세는 적들이 투니프(Tunip) 너머로 퇴각했다고 생각을 했다. 그것은 그럴법해 보였으니, 이집트 정찰병들은 적들을 볼 수가 없었기 때문이다. 그러나 너무나 자신만만한 파라오는 덫에 빠지게 되었다."

"이집트 군사는 4개 군단이었으니, 아몬(Amon) 라(Ra) 프타(Ptah) 수케크(Sutekh)라 각각 이름을 붙였다. 람세스(Rameses) Ⅱ세는 서둘러 카데슈(Kadesh)에 군사를 투입하려고 아몬(Amon) 군단으로 압박을 하고 라(Ra) 군단이 그 뒤를 따르게 했다. 다른 두 개 군단은 배후에서 최소한 하루 안에 그 도시에 도착하도록 했다.

히타이트 왕 무탈루(Mutallu)는 카데슈(Kadesh) 북쪽 그 아몬(Amon) 군단의 서쪽에 자리 잡아 람세스(Rameses) Ⅱ세가 도시로 접근하는 것을 그대로 두었다. 그러는 동안 무탈루(Mutallu)는 도시 동쪽으로 2500의 전차 무사를 보내 라(Ra) 군단을 공격하여 그것을 격파하니, 그 병사의 대부분을 아몬(Amon) 군단 쪽으로 도망을 치게 만들었다. 얼마가지 않아 람세스(Rameses) Ⅱ세는 자신이 비로소 포위된 것을 알았으니, 아몬(Amon) 군단 대부분도 쪼개져서 북쪽 라(Ra) 군단을 향해 도망을 쳤기 때문이다."

"아주 위태로운 상황이었다. 람세스(Rameses) Ⅱ세는 위대한 장군은 아니었으나, 용감했고 행운도 있는 왕이었다. 히타이트들은 서쪽에서 압박 공격을 하는 대신에 이집트 군영(軍營)을 약탈하기 시작했다. 히타이트들의 동쪽 날개는 약했고, 그 보병들을 강물이 나누어 놓고 있었다. 람세스(Rameses) Ⅱ세는 강력한 전차병을 이끌어 그 히타이트들의 일부를 강물 속으로 몰아넣었다. 그러는 동안 증강병력이 도착해 이집트 군영에 아시아 군을 몰아내고 그들을 잡았다. 그러자 람세스(Rameses) Ⅱ세는 흩어진 군사를 모으고 히타이트 서쪽 날개와 결사적으로 싸워 프타(Ptah) 군단은 이집트의 적들을 카데슈(Kadesh) 시 속으로 몰아넣었다.

람세스(Rameses) Ⅱ세는 승리했으나, 손실이 컸다. 이집트로 돌아 왔으나 카데슈(Kadesh) 포로는 없었다. 람세스(Rameses) Ⅱ세는 자신의 용맹을 사원의 벽과 기념물에 기록하게 했다. 한 시인은 람세스(Rameses) Ⅱ세를 칭송했다. 파라오가 '홀로' 포위된 것을 알고 라(Ra)를 찾으니, 태양신이 그에게 나타나 말했다. -그대는 혼자가 아니다. 나는 그대 아비고 그대 곁에 있다. 나의 손은 수십만 개다. 그대의 용감함을 내가 승리의 제공자이다.-[완전히 '마하바라타' 서술 방식이다.] 다른 명문(銘文)에는 람세스(Rameses) Ⅱ세를 전쟁의 신 발(Baal)에 비유했다." -[제 XXVII장]

'히타이트 다푸르 요새를 공격하는 람세스 II세(Ramesses II storming the Hittite fortress of Dapur)' '누비아 인들을 물리치며 전차에 서 있는 람세스 II세(Ramesses II in his war chariot, charging the Nubians)'

────✈

(a) 제19왕조 람세스(Rameses) Ⅱ세[1279-1213 b. c.] 때까지 지중해 연안의 종족 국가들은 '이집트'를 '불변의 최강국'으로 확실히 알고 있었고 파라오 자신도 그렇게 인식을 했음을 볼 수 있으니, 람세스(Rameses) Ⅱ세는 그 '히타이트(Hittites)'와 전쟁을 하여 이집트 왕국을 전 시리아를 넘어 '카데슈(Kadesh)'까지 넓혔다.['지도 3' 참조]

(b) 그래서 '제19왕조 람세스(Rameses) Ⅱ세'는 이집트 역대 파라오 중에 '가장 위대한 파라오'라고 빼길 만하게 되었다.

(c) 이에 다시 점검할 필요가 있는 칭호 '용의 살해자(The Killer of Serpent)'란 호칭의 문제이다. 당시 '람세스(Rameses) Ⅱ세의 계관시인(桂冠詩人)'은 그 '람세스(Rameses) Ⅱ세'를 '호루스(Horus)'로 찬양하고 그 '히타이트(Hittites)'를 '뱀'으로 전제한 것이다.

(d) 이것은 사실상 '람세스(Rameses) Ⅱ세'의 경우에만 국한되는 문제가 아니고 전 '이집트 국왕' '전 상고시대 신앙의 개조(開祖)들이 사실상 동일한 경우로 '최고신 지위'를 획득했음을 알 수 있다. ['힌두교'의 크리슈나(Krishna)도 사실상 '마하바라타 전쟁 승리'로 그 절대적 존재로 추존이 된 것임 -'결과'와 '원인'을 바꾸어 서술한 것22)임.]

(e) 그러므로 '뱀(용)'을 '인간 원죄'로 정한 것은 힌두 바라문의 '철학적 규정임'을 확실히 알 필요가 있다.

제65조(條) : '유럽 해적(海賊)들'의 이집트 습격

"제20왕조의 두 번째 왕 람세스(Rameses) Ⅲ세[1186-1155 b. c.]는 이집트 최후 위대한 왕이다. 그의 통치 8년 만에 제2차 해적들이 일어났다. 기원전 1200년 1190년 사이였다. 이 경우에 침략 연합군은 소아시아와 북시리아에서 온 종족으로 강화되었는데, 그들 속에는 티카라이(Tikkarrai), 무스키(Muski, 희랍의 Moschoi?), 펠레슈템(Peleshtem)으로 솔로몬을 호위했다는 풀리슈타(Pulishta, Pilesti)가 포함되어 있었다. 풀리슈타(Pulishta)는 팔레스타인에 명칭을 제공한 크레타에

---

22) '마하바라타(*The Mahabharata*)' 서술자는 '절대신[비슈누 화신 크리슈나]'가 그 '마하바라타 전쟁'을 주도하여 '마땅한 승리'로 이끈 것으로 서술이 되었으나, 명백히 그 '마하바라타 승리의 주인공'을 '절대 신'으로 받들어 창작한 결과이다.

서 온 팔레스타인 사람들로 카르멜(Carmel)에서 아슈도드(Ashdod)에 이르는 해안지대를 점유했고, 제즈렐(Jezreel) 평원 아래 베트샨(Beth-shan) 아래 내지에까지 세력을 떨치었다." -[제 XXVII장]

"그 대 공습은 경험이 풍부한 최고의 사령관 아래 잘 조직된 것은 확실하다. 육지의 병력은 함대 병력과 연합하기 위해 팔레스타인 해안으로 내려왔고, 침략군의 아내와 어린이 소지품들은 바퀴가 달린 카트에 싣고 왔다. 람세스(Rameses) III세는 침략에 대비를 하고 있었다. 육군은 델타 국경을 지키고 그의 함대는 해적들이 오기를 기다리고 있었다. 역사상 최초의 해전이 이집트 해안에서 펼쳐졌으니, 파라오는 테베의 서쪽 평원 메디네트 하부(Medinet Habu) 아몬 사원 북쪽 벽에 낮은 음각(陰刻)으로 그 장관을 조각해 놓았다. 궁사(弓師)들을 가득 실은 이집트 배들은 적들의 배들을 향해 일제 사격을 가하는 장면이다. 압도적인 승리를 파라오가 달성한 것이다. 해적들은 완전히 소탕이 된 것이다." -[제 XXVII장]

"그리고 나서 람세스(Rameses) III세는 그의 군사를 북으로 진격시켜 팔레스타인으로 들어가 팔레스타인 육군을 만나 남부 페니키아에서 패배시켰다." -[제 XXVII장]

'육해(陸海) 침략자 팔레스타인의 죄수들 -람세스 III세 신전'

————→

(a) 람세스(Rameses) III세[1186-1155 b. c.]가 이집트 약탈을 목적으로 해상(海上)으로 몰려오는 '유럽인 해적들'을 물리쳤다는 매켄지(D. A. Mackenzie)의 '고대 이집트 역사[*Egyptian Myth and Legend*]' 서술은 그대로 '만고(萬古)의 역사적 진리'를 한 눈에 다 볼 수 있게 하고 있다.

(b) 즉 '**과거의 역사가[계관시인]'는 '자기가 모시는 왕의 군사'가 바로 '하느님의 군사[天兵]' '정의(正義)의 군사'라 불렀고, '그에 대적한 적군', '패배한 도적'은 한 마디로 '독한 뱀들'이라는 불변의 규정이 그것이다.**

(c) 이러한 사실은 너무나 잘 알려져 '진부(陳腐)하다.' 할 정도이지만 이후 '백인우월주의(White Supremacy)' 주장의 진원지인 '**로마 제국이 당초 지중해를 누비던 칠산(七山, the Seven Mountains)의 도끼 도둑들**'이라고 규정한 볼테르(Voltaire)의 말[23]은 이 매켄지(D. A.

Mackenzie)의 '고대 이집트 역사[*Egyptian Myth and Legend*]'로 더욱 완벽하게 입증이 되고 있다.

제66조(條) : 대(大) 트로이 전쟁(The Great Trojan War)

"'대 트로이 전쟁(The great Trojan war)'은 이 이집트 공습 직후에 시작되었다. 희랍인들에 의하면 '트로이 전쟁'은 기원전 1194년~1184년 사이에 터졌다. 호머(Homer)가 말한 '트로이(Troy)'는 프리지아 사람들(Phrygians)이 세웠다. 프리암(Priam)이 왕이었고, 두 아들이 있었으니 헥토르(Hector)와 왕이 된 파리스(Paris)가 그들이었다. 메넬라오스(Menelaus)는 무남독녀 공주 헬렌(Helen)과 결혼하여 스파르타에 왕이 되었다. 메넬라오스(Menelaus)가 집을 떠나 이집트 침략 해군(해적)을 지휘했다면 그것을 기회로 파리스(Paris)가 여왕[헬렌]을 모셔간 것은 명백히 스파르타 왕권 청구자가 된 셈이다. 메넬라오스(Menelaus)가 귀국하여 동맹군을 규합하여 60척의 배를 이끌고 트로이를 포위했다. 이 전쟁은 호머의 대 서사시 '일리아드(*Iliad*)'가 된 것인데, '일리아드(*Iliad*)'는 청동기 시대와 철기 시대의 중간인 "칼코시데르(Chalkosideric)" 기(期) 문명을 다룬 작품이다." -[제 XXVII장]

———✈

(a) 고대 희랍의 역사 종교 문학의 복합체인 거대 '일리아드(*Iliad*)'를 영국의 사학자 매켄지(D. A. Mackenzie)는 그 '일리아드(*Iliad*)'를 반복해서 읽고 살펴도 다 알 수 없는 그 '역사적 배경'을 정확한 이집트 연대(年代) 위에 어떻게 트로이 왕자가 '스파르타 왕비[헬렌]'을 모셔갔는지를 한 눈에 다 이해할 수 있게 했다.

(b) '더욱 간결하고 정확한 정보'는 '전 인류의 지성(知性)에 직통하게 된다.' 오직 '그 희랍 시인[호머-제우스의 계관시인]'은 이집트 계관시인보다 '입심'이 탁월하여, 3천년간 '유럽인들의 심혼(心魂)'을 흔들었다.

(c) '시인'은 '신(神)'의 찬양이 원래의 본업인 사제(司祭)의 필수 기능이었지만, 역사가(歷史家)는 '과학도'로서, '찬양'보다 '사실(事實)'의 제시와 정밀한 정보 제공'으로 '영원한 인류 이성(理性)의 온전한 작동'을 돕고 있다.

---

23) Voltaire, *The Best Known Works of Voltaire*, The Book League, 1940, pp. 363~364 'XXVII. Of the Romans, Their Empire, Religion and Toleration' [로마는 원래 강도(強盜) 집단이었다.]

제67조(條) : '철(鐵)'의 사용이 제한된 구역(A Corner in Iron)

"아몬라(Amon-ra)의 신탁은 이집트인들의 행동 강령이었다. 결국 테베의 신 아몬라(Amon-ra)가 사자(死者)를 판결하는 오시리스와 적대관계가 되었고, 최고의 사제 **헤리호르(Herihor, 1080-1074 b. c.)**가 람세스(Rameses) XII세를 몰아내고 왕관을 썼다. 사제 왕이 델타 타니스(Tanis, Zoan)에서 통치를 했다." -[제 XXVIII장]

"희미하고 부끄러운 세기가 지난 다음에 우리는 리비아 사람들과 그들의 서쪽 이웃과 정복 족 메슈웨슈(Meshwesh) 혼혈족이 델타 지역을 쏟아져 들어왔고, 멀리 남쪽 헤라클레오폴리스에까지 뚫고 들어갔음을 확인할 수 있다. 팔레스타인들은 남쪽으로 이동을 했고, 잠시 유대인을 지배했다. 팔레스타인 사람들이 철을 소개했으나, 그 사용을 그들의 이웃에 한정했던 것이 성경에 나타나 있다.

이스라엘에는 대장장이가 없었다. 팔레스타인 사람들이 말했다. 유대인들이 칼과 창을 만들게 해서는 아니 된다. 그러나 모든 이스라엘들은 그의 보습이나 괭이를 날카롭게 하려면 팔레스타인 사람들을 찾아야 했다. 그래서 전쟁을 할 때에 사울(Saul)과 조나탄(Jonathan)과 함께한 사람들의 손에는 칼과 창이 없었으나, 사울(Saul)과 조나탄(Jonathan) 그 아들은 칼과 창이 있었다.('사무엘 I', xiii, 19~22)" -[제 XXVIII장]

———✈

(a) 문명의 전개상 '앞선 기술[방법]을 기술을 소지한 종족'이 타 지역 종족에게 '기술과 방법'을 독점하여 전하지 못 하게 하는 것은 오히려 흔한 현상이나 **'무기와 관련된 철의 연단(鍊鍛) 금지'는 '종족간의 감정의 골'을 직감하게 되는 사항이다.**

(b) '이스라엘'의 경우는 '유일신 숭배 종족'으로 유명한 종족이다. 그 '성향'에 따른 여러 기록들이 '그 종족에 대한 긍지'를 아울러 들어내고 있음은 어쩔 수 없는 사항이다.

(c) 그러나 **오늘날은 '이집트인' '이스라엘인' '시리아인' '희랍인' '한국인'이 모두 다 '그 자주성'을 지키며 '지구촌의 새로운 문화 건설'에 함께 나아가야 할 때다.** 모든 인간이 '인생관' '세계관' '가치관'을 가지고 살듯이 '신앙의 자유' '지향의 자유'는 그 '파라오'가 앞서 행했으나, 그'파라오'들은 전혀 '다른 사람들의 취향 지향'을 고려할 필요가 없이 '자의(自意)적 결정자들'이었던 점에 특별했다.

제68조(條) : 사울과 다윗

"이처럼 유대인들은 그들 역사의 시작의 단계에서 상업적 '곤경'을 체험했다. 유대인 교사(教師)들은 세계의 가장 오래된 문명을 대표하는 유럽인들이었다. 억압은 다양한 종족들이 견뎌야 했고,

사울(Saul, 1078-1010 b. c.) 통치 아래서 유대인들은 팔레스타인 사람들에게 공동으로 대응을 했다. 아마 외국인 핏줄인 잘 생긴 미남 소년 다비드(David, 1010-970 b. c.)는 유다와 이스라엘을 규합했고, 크레타 정착민[팔레스타인] 지배를 끝장내었다. 팔레스타인 사람들은 해안가로 거주가 제한되었고, 철의 독점도 종식 되었다. 사제들의 선택 자 솔로몬(Solomon)은 용병을 포함한 강력한 군사력의 지지를 받았는데, 제18왕조 파라오들을 모방해 위대한 군주가 되었다. **남부 시리아에서 솔로몬(Solomon, 970-031 b. c.)의 우위는 이집트와의 연합으로 지속이 되었다.**" -[제 XXVIII장]

_____✈

(a) '이스라엘 종족 사'['구약']에서 '다윗과 솔로몬' 시대는 그 전성기였다고 할 수 있다. 매켄지(D. A. Mackenzie)가 '고대 이집트 역사[*Egyptian Myth and Legend*]'를 서술함에 그 '이스라엘 종족 사'와 서로 대비(對比)를 행했던 것은 단순히 '이스라엘인' '이집트인'뿐만 아니라 전 지구촌 사람들의 바람직한 '인생관' '세계관'의 수립을 위해서도 요긴한 사항이다.

(b) '세계사'의 서술은 각 지역 종족 역사를 일차 토대로 할 수밖에 없으나, 그 '지역적 종족적 편견'은 세계사 속에 반드시 '재점검(再點檢)'이 되어야 한다.

(c) '교류' '소통'이 없는 시대 무시된 시대도 있을 수 있지만 '이집트의 부강(富强)'은 일찍부터 '세계적 교류'를 자연스럽게 달성했다.

(d) 매켄지(D. A. Mackenzie)가 확인했듯이 기원전 2670년 전에 세워졌던 도시 '**멤피스(Memphis)**'에 대해, 우리 역사학도는 모두 일단 모자를 벗고 겸손할 필요가 있을 것이다.

제69조(條) : 파라오 셰송크와 솔로몬

"그래서 솔로몬(Solomon)은 이집트 왕 파라오와 친하게 되었고, 파라오의 딸을 다비드 도시로 데려 왔는데, 솔로몬(Solomon)은 궁실 건립을 끝내고 주님의 성전과 예루살렘 성곽을 다 쌓을 때까지 그러하였다.('열왕 I', iii, 1)

솔로몬(Solomon, 970-931 b. c.)이 '셰송크(Sheshonk, Shishak, Shoshenq I, 943-922 b. c.)'로 알았던 그 파라오는 힘차고 성공적인 왕으로서 이집트에 평화를 정착했던 왕이었다. 그는 유대인의 '완충 국과 이집트 사이에 국경을 두고 강력한 힘으로 국경을 지키고 있었다. 그 때에 그는 (독립된 도시 국가) '게제르(Geger)'를 차지했고, -거기를 불 지르고 그 도시에 거주하는 가나안 사람들 (Canaanites)을 죽였고, 솔로몬의 아내가 된 그 딸에게 주었다.-('열왕기 I' ix, 16)" -[제 XXVIII장]

_____✈

(a) '**솔로몬(Solomon, 970-931 b. c.)**'은 어린 아이들도 들어 알고 있지만, 같은 시대 이집트 파라오 '셰송크(Sheshonk, Shishak, Shoshenq I, 943-922 b. c.)'는 '한국의 세계 사학도'도 모를

<u>수가 있다.</u>

(b) 매켄지(D. A. Mackenzie)는 당시에 '셰송크(Sheshonk)'와 '솔로몬(Solomon)' 정치 외교적 상호 관련성을 자세히 서술하고 있다. 즉 '이스라엘의 영광의 시대'가 그 이집트와 '정치적 군사적 연대(連帶)' 속에서 달성이 되었고, 그것이 무너지자 당장 '이스라엘'은 위기에 봉착했다는 '약소 소수 민족[이스라엘]'이 소위 '피바람 부는 험지 팔레스타인' 지역에 '고난(苦難) 역사 전개'는 그 '솔로몬' 사망[922 b. c.] 후 오늘날까지 지속이 되고 있다.

(c) 그러한 측면에서 '고대 이집트 역사'과 '이스라엘 역사'의 대조는 어떤 종족 어떤 지역의 고대(古代) 역사보다 중대한 의미를 지니고 있다.

제70조(條) : 셰송크의 '예루살렘 약탈'

　　"셰송크(Sheshonk, 943-922 b. c.)가 가장 필요한 것은 돈이었는데, 그는 무엇보다 강한 기동 타격 용병들을 유지해야 했기 때문이다. 셰송크(Sheshonk)는 솔로몬 왕국에 축적된 부를 틀림없이 선망했는데, 기회가 생기자 즉각 내정에 간섭을 하려들었다. 셰송크(Sheshonk)는 솔로몬이 부과한 무거운 세금에서 벗어나고자 한 이스라엘 지도자 **예로보암(Jeroboam, 931-910 b. c.)**에게 호의를 보였다. -그래서 솔로몬은 예로보암(Jeroboam)을 죽이려 했다.-('열왕기 Ⅰ', xi, 40). 예로보암(Jeroboam)이 왕위에 오를 때, 예로보암(Jeroboam)은 압박 받은 열 종족을 생각하고 기뻐했으나, 새 왕[솔로몬의 아들]은 -내 작은 손가락이 우리 아버지 허리보다 두꺼울 것이다.-라고 말했다. 반란이 이어져 예로보암(Jeroboam)은 북쪽에 왕이 되었으니, 명백히 이집트 왕 셰송크(shish-ak, Sheshonk)의 지원을 받은 것이다. 그러자 예로보암(Jeroboam)의 수하(手下)들은 황금 송아지를 섬겼는데, 그것은 아마 하토르(Hathor) 같은 '천상의 부인' 상징이었을 것이다. 그 숭배가 예루살렘에까지 행해지니, 그 때 예레미야(Jeremiah)는 말했다. -아이들은 나무를 모으고, 아버지들은 불을 붙이고, 여인들은 밀가루를 반죽하여 하늘의 여왕께 바칠 떡을 만들고, 다른 신들에게 올릴 술을 붓는다.-('예레미야', vii, 18) 다비드(David)에 의해 증진된 이스라엘 신 숭배에 기초한 종교적 체계는 이처럼 무너졌다. -레호보암(Rehoboram)과 예로보암(Jeroboam)간의 전쟁은 그들의 시대에 항상 있었다.-('열왕기 Ⅰ' xiv, 30)"-[제 XXVIII장]

　　"셰송크(Sheshonk)는 침략의 기회를 재빠르게 잡았다. 셰송크(Sheshonk) 연대기에 의하면 그는 팔레스타인으로 쳐들어가 손상을 냈다. 셰송크(Sheshonk) 용병(傭兵)은 오론테스(Orontes) 강까지 진격했다. 그는 예루살렘을 약탈하고 -주님 성전의 보물을 가져가고 솔로몬이 제작했던 황금 방패까지 가져갔다.-('열왕기 Ⅰ' xiv, 25~6)"-[제 XXVIII장]

　　"셰송크(shishak, Sheshonk)가 죽은 1백년 뒤에 그 왕가는 기울게 되었다. 다양한 리비아 계의 왕들이 나타났으나, 명목만의 충성이었다. 남쪽에 적대적인 왕국이 나타났다. 테베에서 사제 왕들이 쫓겨나서 그들은 누비아 식민지에 신정(神政)을 세웠는데, 에티오피아(Ethiopia)로 알려졌고, 거기서는 아몬(Amon)의 신탁으로 국가가 통치되었다." -[제 XXVIII장]

'아몬(Amon)신이 이스라엘과 유다의 점령 도시 목록을 셰송크(Sheshonk)에게 주고 있다. —카르나크[테베] 대 신전(From the great Temple at Karnak)'

———✈

(a) 제22왕조[943 경~728 b. c.]를 열었던 전략가 '셰송크(Sheshonk, 943-922 b. c.)'는 솔로몬보다 27년 후에 파라오 자리에 올라 솔로몬 사망 후 9년간 더 파라오 자리에 있었던 리비아(Libya) 출신 파라오였다.

(b) '고대 이집트 새[Egyptian Myth and Legend]'에 의하면 '유대인'은 **처음 베니하산(Beni-hassan) 공향도(供香圖)로 첫 선을 보였고[36], 이후 아바리스(Avaris)에서의 '출애굽'[44], 토트메스 III세의 메기도(Megiddo) 포획[49], 람세스 II세의 '시리아 정복', 셰송크(Sheshonk)'의 '예루살렘 약탈'[70]로 이겼으니, 실로 악연의 역사(惡緣 歷史)이라고 할 만하다.**

(c) 사실상 그 종족 신들['아몬(Amon)' '여호와(Jehovah)']과 무관하게 '국력'과 '전략'으로 역사가 펼쳐졌음을 매켄지(D. A. Mackenzie)는 그저 기존 '사실'로 제시를 했다. 그 '이스라엘'에 대해 '이집트'가 더욱 강했듯이 그 '이집트'보다는 '아시리아' '페르시아' '로마'가 더욱 강했으니, 이후 '고대 이집트 역사[Egyptian Myth and Legend]'의 전개로 그것들이 다 입증이 된 셈이다.

제71조(條) : 거대 왕국 '아시리아' 출현

"제25왕조 파라오 샤바카(Shabaka, 705-690 b. c.)는 최초 에티오피아 출신으로 전 이집트를 통치했고, 군사력으로 북쪽 소왕(小王)들의 충성까지 확보를 했다. 샤바카(Shabaka)는 '성경'에 -그래서 이집트 왕이 되었다.-고 했다.('열왕기 2' xvii, 4) 시리아와 팔레스타인은 바빌로니아 메소포타미아 소아시아와 함께 거대 왕국 아시리아(Assyria)가 되었다. 샤바카(Shabaka)는 남부 시리아까지 경계 확장을 꿈꾸기도 하고 아시리아(Assyria) 침공에 이집트 완충국으로 만들려고 생각했다. 샤바카(Shabaka)는 그 소국의 왕들과 동맹을 맺었다. 그 소왕(小王)들 중에는 이스라엘 호세아(Hoshea)왕도 포함이 되었었는데, 그 호세아(Hoshea)왕은 이집트의 지원을 믿고 -해마다 아시리아 왕에게 바치는 공물(供物)을 가지고 가지 않았다."('열왕기 2' xvii, 4) 아시리아 사르곤(Sargon) Ⅱ세는 전란이 생길 것을 예상하여 황급히 진압에 나섰다. 사르곤(Sargon) Ⅱ세는 하마트(Hamath)의 일루비디(Ilu-bi-di)를 생포했고, 이집트 군사를 격퇴시키고, 가자(Gaza)왕 하노(Hanno)를 잡고 호세아(Hoshea)왕을 포로로 잡았다. 그래서 **사르곤(Sargon) Ⅱ세는 메소포타미아와 메디안(Median) 고지대 사이에 이스라엘과 '10개의 상실(喪失) 종족' 27290명을 분산 배치했다.** 거대한 골칫거리 사람들이 바빌로니아에서 사마리아(Samaria)로 뽑혀 들어갔고, 거기에 정착해 있는 종족들과 섞이었다. 이렇게 북부 히브리 왕국은 망했다.['지도 4, 5' 참죄 유대인 왕국은 이후 1세기 반 동안 존속을 했다." -[제 XXVIII장]

---✈

(a) '거대 왕국 아시리아'와 '이집트' 사이에 '이스라엘 호세아(Hoshea)왕'이 이집트를 믿었던 것은 그래도 그동안의 국제 관계를 고려한 측면에서의 조처였을 것이다.

(b) 그러나 '이스라엘 호세아(Hoshea)왕'은, 아시리아 '사르곤(Sargon) Ⅱ세' 횡포를 다 짐작할 수 없어서 결국 '멸망(滅亡)'의 쓴 잔을 들게 되었다.

제72조(條) : 위대한 정치가, 이사야(Isaiah)

"정치가이며 학자였던 이사야(Isaiah)는 바빌로니아 참주(僭主)가 신뢰하는 이집트와 유다(Judah)와 다른 권력자와 연계된 파당을 갖고 있지는 않았다. 사실상 이사야(Isaiah)는 처음부터 그것을 거부했다. 이사야(Isaiah)는 이집트인을 크게 무시했다. -보라, 그대는 이집트의 부러진 갈대를 믿고 있다. 거기에 사람이 기대면 잡힐 것이고, 찔릴 것이다.-('이사야' xxxvi, 6) -조안(Zoan, Tanis)의 왕들은 바보들이 되었다. 노프(Noph, Memphis[24])의 왕들이 속는구나.-('이사야' xix, 13) 이사야(Isaiah)는 티레(Tyre) 멸망과 이집트의 굴종을 예언했고, 유다의 친(親) 이집트 자들에게 말했다. -반란의 아이들이 슬프도다...이집트로 들어가다니...파라오에게 힘을 보탤 것이고 이집트의 그림자를 믿을 것이다.-('이사야', xxx , 1, 2) 이사야(Isaiah)는 헤제키아(Hezekiah)에게 경고했다. -도와도 소용이 없고 결과도 없다...그들의 힘은 멈추었다...그들 앞 식탁에 기록하라. 그리고 책에 그것을 기록해 놓아라.-('아사야' xxx , 7, 8) 이사야(Isaiah)는 당시의 상황을 혜안으로

---

24) 혹은 에티오피아의 나파타(Napata)

요약을 했다.” -[제 XXVIII장]

“타하르카(Taharka)는 더 이상 가해를 당하지 않았는데, 그가 사망하니 그의 계승자 에티오피아 왕 타누트아몬(Tanut-amon)는 상부 이집트와 하부 이집트를 아시리아 인들에게서 되찾으려 노력했다. 네코(Necho)는 아시리아 군사를 이끌고 남쪽으로 진군했으나, 멤피스에서 패배해 살해되었다. 그러나 타누트아몬(Tanut-amon)의 승리는 짧았다. **아슈르반니팔(Ashur-banipal)은 다시 이집트로 들어왔고, 이집트에서 마지막 에티오피아 세력의 불꽃을 꺼버렸다.** 테베는 약탈당하고 위대한 신들의 상은 니네베(Nineveh)로 옮겨지고 사원은 그들의 보물을 약탈당했다. 반(半) 백년 후 유대인 예언가 나훔(Nahum)은 니네베(Nineveh)의 몰락을 예언했다. -피의 도시…거짓과 도둑질…채찍소리 말과 마차 소리로 가득하다.-…나훔(Nahum)은 아시리아 인이 망하게 한 테베의 재난을 그래픽 방식으로 니네베에 적용해 언급했다.” -[제 XXVIII장]

———✈

(a) 이스라엘을 향한 ‘이사야(Isaiah)’의 ‘반(反)이집트 가르침’은 기존한 역사적 체험을 기초로 한 ‘최고 교훈’이라 할 만하다.

(b) 그러나 ‘아시리아의 횡포’와 그것을 이은 ‘페르시아의 횡포’까지는 다 미리 알 수는 없다. 그래서 ‘역사가’는 더욱 겸허하지 않을 수 없다.

(c) 이러한 ‘힘겨룸의 와중’에서 누가 ‘평화’를 생각지 않겠는가! **평화는 미리 규약을 지키고 서로 조심함**이니, ‘차라리 죽을 때까지 싸우자!’는 말을 막기보다는 ‘넉넉한 힘을 지니고 있으면서도 오히려 참고 견딤’으로 겨우 ‘그 평화의 단초(端初)’가 조금 마련이 될 수 있을 것이다. [‘힘’이 없으면 그 ‘노예’도 어렵다.]

제73조(條) : 아시리아의 이집트 정복

“**아시리아 정복은 이집트를 뿌리까지 흔들었다.** 테베가 약탈당하고 아몬라(Amon-ra)가 끌어 내려졌을 적에 오시리스(Osiris) 숭배자들은 구 왕조의 신앙과 풍속을 되살려 내었다. 왜냐 하면 농부들은 라(Ra)나 아몬(Amon)이나 수테크(Sutekh)나 아스타르테(Astarte)에게 온 마음으로 따라 갈 수는 없었기 때문이다.[‘민중’ 편에 선 매켄지] 아슈르바니팔(Ashur-banipal, 668-627 b. c.)이 이집트 아시아 귀족 세력을 흩고 에티오피아 사람을 몰아내었을 적에도 오시리스 숭배자들은 압제자들에게 억눌린 이집트인들을 구해냈고, 에티오피아 왕들이 시작했던 복원 운동을 강화했다.” -[제 XXIX장]

“아슈르바니팔(Ashur-banipal, 668-627 b. c.)은 파라오 땅에서 지탱할 수가 없었다. 바로 왕국의 심장부에서 지속적인 반란이 끊이질 않았다. 바빌론의 종속(從屬) 왕인 그의 아우는 엘라미트들(Elamites) 아라매안들(Aramaeans) 칼데안(Chadeans) 아라비안(Arabians)와 연합 전선을 펼쳐놓고 있었지만, 결국은 바빌론이 포위되어 붙잡히고 엘람(Elam)이 망할 때까지 격렬한 전투가 계속 되었다. 아시리아가 승리하여 평화가 왔을 무서운 투쟁의 결과로 약해진 결과였고, 그래서 왕국은 갈라지기 시작했다." -[제 XXIX 장]

───✦

(a) '왕조' 속에 '건국 영웅'이 있고, 역사는 그의 행적을 기록해 놓은 결과에 의한다.

(b) 역사는 '지상(地上)'에서 이루어지고 '민족'은 지역을 기반으로 삼고 있다.

(c) 그러므로 '이집트 지역의 역사적 변전'이 '고대 이집트의 역사'를 이루고 있다.

(d) 매켄지(D. A. Mackenzie)는 '고대 이집트 역사[Egyptian Myth and Legend]'를 '파라오 중심' '종교 중심'으로 서술을 행하다가 외국인[아시리아]에게 멸망을 당하니, 이집트 토착 종교 '오시리스 교'로 되돌려 놓았다. '이집트를 대표할 만한 파라오'가 없어졌으므로 어쩔 수 없는 조처였다.

제74조(條) : '상형 문자'와 '민중 문자'

"구 왕조의 신앙이 되살아났을 뿐만 아니라 문학에서도 사이테(Saite, Sais) 시절의 명문(銘文)을 모방했다. 관리들에게는 조세르(Zoser)와 쿠푸(Khufu)에 봉사한 조상들의 관작 명칭이 붙여졌다. 예술은 먼 과거 그림을 부활시켰고, 무덤 속도 구 왕조 시대 그렸던 방식으로 시골스럽게 만들었다. 이집트인은 과거를 그리워하며 그것을 찾았다. 옛 것은 모두 성스러운 것이 되었다. 고고학적 지식이 지혜의 정수로 인정이 되게 되었다. **상형 문자(Hieroglyphic writing)가 '민중 문자(De-motic writing)'으로 바뀌고 희랍인은 유식한 사제들만이 고대 명문(銘文)을 해석할 수 있었고, 그림 문자는 신성한 예술이라는 결론을 내렸다. 그래서 '상형 문(hieroglyphics)'이란 '신성하다 (hiero)'에 '새기다(glypho)'에서 온 말이다.**" -[제 XXIX 장]

───✦

(a) 인간의 '사고(思考)' '언어 행동' '기록' 중에서 그 '사고(思考)'는 아직 드러나지 않은 것이고, '언어 행동'은 '역사 진행 자체'이고, 그것을 '기록한 것은 그것에 대해 거듭 고찰을 하기 위한 일이다.

(b) 그러므로 인간은 '성공 중심'의 역사를 생각하고 '패배 멸망의 원인'을 거듭 되돌아본다. 그것이 '역사의 의미'이다.

(c) 이집트에는 **상형 문자(Hieroglyphic writing)**와 **민중 문자(Demotic writing)**가 있었다.

(d) '원시 문화'는 '왕'과 '사제(司祭)' 문화로 매켄지(D. A. Mackenzie)가 그의 '고대 이집트 역사 [Egyptian Myth and Legend]'에서 보여주듯이 '절대 군주 파라오'가 있을 뿐이고 그 파라오가 '자신의 불멸'을 기록으로 남기려는 자취들 그대로 '고대 이집트 역사[Egyptian Myth and Legend]'를 이루었는데 유독 매켄지(D. A. Mackenzie)는 오히려 그 **민중 문자(Demotic writ-ing)**[파피루스 기록 문자]를 크게 보충하여 '고대 이집트 역사[Egyptian Myth and Legend]'를

적었다.

(e) 그래서 매켄지(D. A. Mackenzie)는 '계몽주의' '시민사회 중심' '과학 정신 발현' 속에 있던 볼테르(Voltaire)의 '역사철학(*The Philosophy of History*, 1765)'을 그대로 다 계승을 했다.

제75조(條) : 네코 파라오와 '요시아 왕(King Josiah)'

"네코(Necho, Necho II, 610-595 b. c.) 파라오는 아시리아가 몰락한 다음 팔레스타인을 획득함으로 이익을 보았다. 유대 왕 요시아(Josiah, 640-609 b. c.)는 메기도(Megiddo, Armageddon)에서 네코(Necho)에게 저항하다가 패배하여 살해를 당했다. -그래서 그의 신하들은 요시아(Josiah)의 주검을 마차에 실어 메기도(Megiddo)를 떠나 예루살렘으로 데려왔다.-('열왕기 2', xxiii, 30) 요시아(Josiah)의 후계자로 예호아하즈(Jehoahaz)가 뽑혔다. 그러나 네코(Necho)는 그를 폐위시켜 가두고 유대의 공물을 '은 1백 타렌트, 금 1타렌트'로 고정을 하고 -요시아(Josiah)의 아들 엘리아킴(Eliakim)을 왕으로 삼고 그의 이름을 바꾸어 예호야킴(Jehoiakim)이라 했다.-('열왕기 2', xxiii, 34) 네코(Necho)는 카데슈(Kadesh)를 생포하기는 힘이 충분했으나, 그의 승리는 오래가지 못했다. 4년이 못 가서 바빌론 왕 네부카드레자르(Nebuchadrezzar)가 시리아를 요구하고 카르케미슈(Carchemish)에서 네코(Necho) 군을 격파하여, 이집트인들은 서둘러 귀국을 해야 했다. 예레미야는 외쳤다. -이것이 주인들 주님의 날이다. 복수의 날이다...말을 타고 전차에 올라 억센 자들이 왔노라. 방패를 잡은 에티오피아 사람과 리비아 사람, 활을 잡은 리디안들 ...도망가지 못 하게 하라...저자들이 저희 수치를 당했다.-('예레미야', xⅼvi) -그리하여 이집트 왕은 그 나라에서 나오지 못 했다. 왜냐 하면 그 바빌론의 왕이 이집트의 강에서부터 유프라테스 강까지 이집트 왕의 소유를 다 차지했기 때문이다.-('열왕기 2' xxiv, 7)"-[제XXIX장]

———✈

(a) '아시리아'에 멸망을 당한 이후의 '이집트 파라오'는 이전 '이집트 파라오의 역사적 권위'란 꿈도 꿀 수가 없었음은 반드시 기억을 해야 할 사항이다.

(b) '역사가' '기존 사실에 대한 정리 고찰'을 행함으로 그 '속'에만 '원칙' '원리'를 찾아 보려했지만 결과는 '거의 모두 실패'였다. 그들도 역시 한 사람의 '이야기꾼'이 되게 마련이기 때문이다.

(c) 그러나 매켄지(D. A. Mackenzie)가 '고대 이집트 역사(*Egyptian Myth and Legend*)'로 보여주고 있는 바는 다음 5개 항목으로 요약될 수 있다. ① 파라오나 왕들은 '부동산 경영자'일 뿐이다. ② 거대 힘을 지닌 자는 항상 경쟁 결과가 동일하다.[優勝劣敗] ③ '사상 감정'을 앞 세워 다툰다. ④ 모든 인간은 그 인생의 '경영자'이다. ⑤ '평생 경영의 목표'까지 결국 각 개인의 '자유[자기 결정 사항]'일 뿐이다.

제76조(條) : 바빌론의 유수(幽囚, Babylonian Captivity)

"네코(Necho, Necho II, 610~595 b. c.)는 바빌론 왕 네부카드레자르(Nebuchadrezzar, 605-562 b. c.)의 실력을 인정하게 되었고, 팔레스타인을 더 이상 간섭하지 않았다. 몇 년 뒤에 예호야킴(Jehoiakim, 609~598 b. c.)이 바빌론 왕에게 반란을 일으켜 예레미야의 경고에도 불구하고 네코(Necho)가 자기를 지원해 줄 것을 기대했다. 예루살렘은 포위되고 항복이 강요되었다. 그 사이에 예호야킴(Jehoiakim)은 죽었고, 그 아들 예호야킨(Jehoachin)과 많은 '유다에 유력 인사'가 바빌론으로 잡혀갔다.('열왕기 2', xxiv) 요시야(Josiah)의 아들 마타니아(Mattaniah)가 예루살렘의 통치자로 선발이 되어 그 이름을 제데키아(Zedekiah)로 바꾸었다." -[제XXIX장]

"네코(Necho) 이후 두 번째 왕 아프리스(Apries)는 '성경'에 '호프라(Hophra) 파라오'라 했던 자이다. 아프리스(Apries, Wahibre, 589~570 b. c.)는 시리아 정복을 꿈꾸고 불행한 유다(Judah)를 포함한 동맹을 맺어 -유다 왕 '제데키아(Zedekiah)'는 바빌론 왕을 배반했다.-('예레미야' lii, 3) 네부카드레자르(Nebuchadrezzar)는 무섭게 그에게 복수했다. 예루살렘은 2년간 포위 끝에 폐허가 되었다.(기원전 586년) 제데키아(Zedekiah)는 망명을 했으나, 붙잡혔고, -바빌론 왕은 제데키아(Zedekiah)가 보는 앞에서 그 아들들을 죽였다...그런 다음 바빌론 왕은 제데키아(Zedekiah)의 눈을 보았다. 그리고 그 제데키아(Zedekiah)를 쇠사슬로 묶어 바빌론으로 데려가 그가 죽을 때까지 감옥에 두었다.-('예레미야' lii, 10, 11) 유대인의 대부분이 잡혀갔고, 예레미야와 함께 몇 명이 이집트로 망명을 했다. 그래서 유다 왕국은 멸망했다." -[제XXIX장]

---✈

(a) 바빌론 왕 네부카드레자르(Nebuchadrezzar, 605-562 b. c.)가 유다 왕 '제데키아(Zedekiah)'에 가한 '바빌론의 유수(幽囚, Babylonian Captivity)'는 이미 '세계사'에 유명하다.

(b) 이집트 중동의 역사 전개에 유독 '이스라엘'의 유명한 것은 여러 가지 이유가 있을 것이나 그 중심에 '절대신 존중의 독실함'이 가장 중요한 특징이었다.

(c) 그러면 여타 지역의 종족은 어떠한가? 우선 이집트 경우를 고려해 보면 '절대신'에 앞서 '곡물신(穀物 神)' '오시리스 이시스'를 존중함을 한 편에 두고 그 밖의 여러 신들은 '파라오의 선택'에 맡겨 놓고 있었다.

(d) 그러면 '오시리스 이시스' 신앙의 특징은 무엇인가? 한 마디로 '현세주의(現世主義)' '실존주의(實存主義)'이다. '절대주의' '현실부정' '내세주의' '천국 중심' 사상이 있다.

(e) 그 '절대신' '프타(Pthah)' '태양신'은 명칭과 상징이 서로 달랐으나, 힌두교 불교 기독교가 공유하고 있는 최고신이다. 그들은 역시 '현실부정' '내세주의' '천국 중심' 사상을 공유하고 있다.

제77조(條) : 희랍인을 좋아했던 파라오(Amasis)

"아마시스(Amasis, Ahmes Ⅱ, Ahmose Ⅱ, 570~526 b. c.)Ⅱ세는 40년 이상 통치를 했다. 아마시스(Amasis)는 희랍에도 잘 알려져 있었다. 헤로도토스는 아마시스(Amasis)Ⅱ세가 다음 방식으로 자기 시간을 보낸다고 말하고 있다. 아마시스(Amasis)Ⅱ세는 새벽부터 그와 말하고 싶어 하는 사람을 만났다. 나머지 시간도 도덕이 그리 높지 않은 친구들과 즐기며 보냈다. 어떤 귀족은 아마시스(Amasis)Ⅱ세가 '너무 경박하다.'고 항의 했고, 아마시스(Amasis)가 그 이름에 위엄을 붙이고 그 주제를 숭배해야 한다고 말했다. 아마시스(Amasis)는 대답했다. -절을 하는 사람들은 그들이 요구하는 사항에 묶여 있는 사람들이고, 요청이 소용이 없어질 때는 편안해진다. 그리고 요청이 깨지거나 없어지면 시간을 들이지 않는다. 그것은 모든 사람들이 같다. 지속적으로 진지하게 추구하면 정신적 신체적 힘을 상실하게 될 것이다.-"

"아마시스(Amasis)Ⅱ세는 -많이 희랍인에게 기울고, 기회 있을 때마다 희랍인과 즐겼다.-고 헤로도토스는 말하고 있다. 아마시스(Amasis)Ⅱ세는 희랍인들을 나우크라티스(Naucratis)에 정착하기를 권했는데, 거기에다 헬레니움(Hellenium) 사원을 건설했고, 희랍 신들이 숭배되었다. 아마시스(Amasis)는 사이스(Sais)에 네이트(Neith)에 바치는 거대 주랑(柱廊) 현관을 세웠고, 멤피스 프타(Ptah) 사원 앞에 거대한 두 개의 조상(彫像)을 세웠는데, 가로 펼친 길이가 75피트이고, 높이가 20피트였다. 그리고 역시 멤피스에다가 거대한 이시스(Isis) 신전을 새로 세웠다. 키레네(Cyrene) 희랍 리비아인 거주 도시에 우호증진을 위해 아마시스(Amasis)는 '미네르바(Minerva-아테나) 황금 동상'을 선물했다. 아마시스(Amasis)Ⅱ세는 키레니안(Cyrenians) 공주와 결혼했다. 헤로도토스가 말하기를 결혼식에서 아마시스(Amasis)Ⅱ세는 -자신이 다른 상황에 천치 같아짐에 괴로웠다.-고 전했다. 아마 아마시스(Amasis)Ⅱ세는 과음했던 것 같고, 그것[과음]은 그의 버릇이었던 것 같다. 그의 치료는 비너스(Venus-아프로디테)가 행했고, 아마시스(Amasis)Ⅱ세는 동상을 세워 보답했다."-[제ⅩⅩⅨ장

"아마시스(Amasis)Ⅱ세의 인기는 이집트를 넘지 않았다. **아마시스(Amasis)는 희랍인을 좋아했을 뿐만 아니라 법령을 마련해 그의 1년 수익을 모든 시민이 알게 하였다**. 아마시스(Amasis)가 반역적인 말을 나누는 토착민들을 위압하기 위해 멤피스에 희랍 군인을 파견했다는 것은 놀랄 일이 아니었다."-[제ⅩⅩⅨ장

"아마시스(Amasis)의 외국인 정책은 '불안정성'이 특징이다. 아마시스(Amasis)는 [희랍과 상호 방위 목적을 위해 우호적 관계를 유지하다가도 페르시아의 서진(西進)에는 도움을 주지 않았다."-[제ⅩⅩⅨ장

98

(a) 아시리아의 '테베(Thebes) 약탈'에도 불구하고 그 아시리아가 멸망하자, '이집트 파라오'는 '세계에서 가장 부유한 왕국의 왕'이라는 점을 우선 주목을 해야 한다.

(b) 파라오 아마시스(Amasis)Ⅱ세가 '희랍인'을 좋아했던 것은 '역대 파라오의 종교적 취향' 연장선상에서 이해될 필요가 있다. 물론 매켄지(D. A. Mackenzie)도 그러한 측면에서 소개를 했으나 그것은 오늘날 '국제적인 친선 우호 관계'만큼이나 중대한 문제이다.

(c) 여기에서 역시 반드시 짚어져야 할 사항이, '**이집트는 천혜(天惠)의 부자 나라**'이고 '**희랍인 재주꾼들 나라**'로, 그 태고 적부터 '**이집트**'에 '**즐겁게 고용이 되었다는 사실**'[역사가 헤로도토스도 동일한 경우임]'이다.

제78조(條) : '키루스(Cyrus) 왕'의 등장

"아마시스(Amasis)Ⅱ세 통치 중반 경에 동방에 구시대 문명을 부수고 새로운 시대를 열 세력이 나타났다. '왕 중의 왕 아케메니아의(Achaemenian) **키루스(Cyrus, 550-530 b. c.)**'가 그였다. 그는 마데족(Mades)의 아스티아게스(Astyages) 왕을 무너뜨리고(기원전 550년) '**대 아리안 메도 페르시아(the great Aryan Medo-Persian empire) 왕국**'을 건설하고 서쪽으로 소아시아를 압박했다. 아마시스(Amasis)Ⅱ세는 페르시아가 리디아(Lydian) 세력을 무너뜨렸을 적에, 망명을 해 온 키프로스(Cyprus) 바빌론(Babylon) 스파르타(Sparta) 리디아(Lydia)의 왕들과 동맹을 맺었다. 이집트는 정말 '황혼'기였다. 키루스(Cyrus)는 관심을 바빌로니아로 돌려 포위를 한 다음 점령을 했다. 가왕(假王) 벨샤자르(Belshazzar)가 바빌론을 다스렸다. 기원전 539년에 완전히 병합되었다. 그의 인생 마지막 밤에 그는 안전하고 생각하여 "벨샤자르(Belshazzar) 왕은 1천명의 귀족과 큰 잔치를 열고 술을 마셨다."('다니엘', ⅴ, 1) -[제XXIX장]

"그렇게 바빌론은 망했다. 왕을 요구했던 키루스(Cyrus)는 유대인들이 고향에 돌아가기를 허락해서, 치욕의 제데키야(Zedekiah, 유다의 마지막 왕) 이후 거의 반세기만(기원전 538년)에 유다(Judah)의 산들을 보았다." -[제XXIX장]

———✈

(a) 매켄지(D. A. Mackenzie)의 '역사 철학' 제일 조(條)는 '무력 제일주의(Militarism)'이다. 그러므로 '페르시아 왕국 건설 자' '키루스(Cyrus, 550-530 b. c.)'의 등장은 그 자체로 무서운 '새 역사 전개'가 개시된 셈이다.

(b) 그 키루스(Cyrus)는 유대인에게 너그러워 그 '유대인들의 고향 돌아가기'를 허락했다. 그에게는 물리쳐야 할 더욱 큰 '이집트'가 남아 있었기 때문이다.

제79조(條) : '페르시아'의 이집트 정복

"기원전 530년 통제될 수 없는 기질과 간질병적인 **캄비세스(Cambyses, 530-522)**가 키루스 (Cyrus)를 계승했다. 능력 부족의 도모자 아마시스(Amasis) 사망(기원전 525) 9개월 뒤에 캄비세스(Cambyses)는 강력한 군사로 서진(西進)하여 이집트를 정복했다. 프삼테크(Psamtek) III세[526-525 b. c.]는 델타 동쪽 펠루시움(Pelusium)에서 패배한 다음 멤피스로 후퇴를 했다. 바로 뒤에 페르시아 사신이 나일 강으로 배를 타고 조건을 전했다. 그러나 이집트 사람들을 사신과 호송원을 죽이고 그 배를 파괴하였다. 캄비세스(Cambyses)는 즉시 보복에 들어갔다. 캄비세스(Cambyses)는 앞서 항복한 자를 멤피스로 들여보냈다. 헤로도토스에 의하면 캄비세스(Cambyses)는 역겨운 야만성을 감행하였다. 파라오의 딸과 귀족의 딸들을 노예들처럼 물을 나르게 하고, 사람들 앞에서 옷을 벗겨 욕을 보이고, 파라오 아들과 2천 이집트 젊은이 목에 줄을 메어 행진을 시키다가 캄비세스(Cambyses)는 이전의 사신(使臣)처럼 쳐 죽이고, 파라오까지 죽였다. 무용한 누비아(Nubia) 원정(遠征) 회군(回軍) 중에 캄비세스(Cambyses)는 아마시스(Amasis)가 -어떤 다른 왕보다는 황소 아피스(Apis)를 사랑했기-에 새로 찾아낸 아피스(Apis) 황소를 죽여야 한다고 말했다. 캄비세스(Cambyses)는 사이스(Sais)에서 이집트 전통으로 제작된 아마시스(Amsis) 미라를 가루로 만들어 불살랐다." -[제 XXIX 장]

———✈

(a) 페르시아 왕 캄비세스(Cambyses, 530-522)의 이집트 정복은, '이집트 왕조의 정신'까지 흔든 것이니, 그 '아시리아 정복' 이후에 흐려진 '왕조 권위'를 완전히 박살내었기 때문이다.

(b) **'복수 정신만으로는 진정한 통치자로 남아 있을 수 없다.' '위대한 통치자는 함께 성취하여 끝까지 가야 하는 것'**인데, 그것이 역시 가장 어려운 문제이고, '조급함'과 '나태(懶怠)'가 근본 병통이니, '개인 생활'과 '국가 경영'과 '세계사 전개'가 결코 서로 따로 운영이 되는 문제라고 할 수 없다.

(c) '경영의 규모'가 커질수록 '변화의 발단'도 무한정으로 늘어나 '개인의 능력'으로 그것을 감당하기는 어렵기에 그에 따른 '경영의 혁신'이 행해지지 않으면 그 '멸망'은 시간문제이다.

(d) **오늘날 '지구촌'은 '자본주의와 공산주의로 양극화'되어 있으나, 모두 '현세주의' '실존주의' '과학주의'를 그 기초로 공유하고 있다. 모두 볼테르(Voltaire)의 '역사철학(*The Philosophy of History*, 1765)'을 기초로 삼고 있는 것까지 공통이다.**

(e) 소위 '공산주의'는 기본적으로 '모든 재산'을 '국유화'를 전제로 '사람들의 기본 생활'을 '국가 모든 책임을 지진다.'는 대전제에서 출발한 제도이고, **'자본주의'란 오히려 '이집트 오시리스 이시스 주의' 연장이지만, 주로 '최고 책임자'를 '시민들의 선택으로 선출한다.' 점에서 크게 개선된 제도이다.**

제80조(條) : 인기 높은 도시, 알렉산드리아(Alexandria)

"기원후 2세기부터 4세기까지 이집트에서의 생명의 생생한 그림자는 주로 옥시린쿠스(Oxy-rhynchus)에서 발굴된 파피루스가 제공을 하고 있다. 부유하고 인기 높은 알렉산드리아(Alexan-dria)는 찬란하고 호화로운 사회 계층을 가지고 있었다. 저녁 식사에 초대되면 오늘날과 같은 형태가 조성이 되어 있었다. 다음은 기원후 2세기 이야기이다." -[제XXIX장]

────✈

(a) 지상(地上) 최고의 부유한 나라 이집트 왕조가 쇠망해 갈 무렵에 '지중해(地中海) 연안'에 '알렉산드리아(Alexandria)'가 부상되었다는 점은 크게 주목을 해야 한다.

(b) 이집트 33왕조가 생멸하는 동안 거의 모든 창업주들은 '새 도시'를 건설했고, 자신의 존재를 영구화하려는 큰 꿈들을 실현하려 했다. 그 중에도 '아비도스(Abydos)' '멤피스(Memphis)' '테베(Thebes)'는 가장 유명하여 이집트 '역대 왕조 정신'을 거듭거듭 재확인을 하는 장소였다.

(c) 그런데 '지중해(地中海) 연안'의 '알렉산드리아(Alexandria)'는 이집트에 근거를 둔 '최초의 세계화 도시'라는 의미를 지니고 있다.

(d) 앞서 '멤피스(Memphis)'가 자랑했던 '문명의 세계화'를 '알렉산드리아(Alexandria)'가 달성하게 된 것이다.

(e) 탁월한 사학자 매켄지(D. A. Mackenzie)는 그 이집트 문명의 마지막 지향 점을 '응석받이 어린이 감정'으로 부각을 시켰다. 그는 '미래 문명의 방향타'는 바로 '응석받이 어린이의 지향점'이라는 사실을 '**세계 최초의 국제 도시, 알렉산드리아(Alexandria)** 이야기'에 초점을 맞춰 자신의 '고대 이집트 역사[*Egyptian Myth and Legend*]'를 마감했다.

제4장 '이집트의 역사'와 '중국(中國)의 역사'

힌두(Hindu) 비아사(Vyasa)의 '마하바라타(*The Mahabharata*)', 희랍(Greece) 헤로도토스(Herodotus)의 '역사(*The Histories*, 446 b. c.)', 중국(中國) 사마천(司馬遷)의 '사기(史記, 86 b. c.)', 프랑스 볼테르(Voltaire)의 '역사철학(*The Philosophy of History*, 1765)', 영국 포콕(E. Pococke)의 '희랍 속의 인도(*India in Greece*, 1851)', 매켄지(D. A. Mackenzie)의 '고대 이집트 사(*Egyptian Myth and Legend*, 1913)'을 종합해보면 **세계의 종교 사상은 대략 '절대주의(Absolutism)'와 '현세주의(Secularism)'으로 나뉘어 있음을 알 수 있고, '절대주의(Absolutism)'는 인더스 강 북서부에서 발원(發源)하여 페르시아 희랍 로마를 휩쓸었다. 그런데 오직 '나일 강 유역의 이집트(Egypt)'와 '황하(黃河) 유역의 중국(中國)'이 그 '현세주의(Secularism)'가 크게 우세하였다.**

그러한 측면에서 '이집트(Egypt) 문명'과 '중국(中國)의 문명'은 어떤 면에서 서로 일치하고 있고 역시 차이를 보이는가를 살피는 것은, **'세계종교사상사'**의 이해에 필수적인 사항이다.

'세계 문명의 4대 발상지(發祥地)-황하, 인더스, 메소포타미아, 나일 강'

논의의 편의상 매켄지(D. A. Mackenzie)가 그의 '고대 이집트 역사(*Egyptian Myth and Legend*, 1913)'에 거론해 보인 **이집트 역사 전개에 주요 쟁점**을 '중국 문화'와 비교해 그 공통점과 상이(相異)점을 아울러 짚어 보기로 한다.

① '나일 강'의 문화 -이집트

소위 세계 문명의 4대 발상지(發祥地)가 다 강물과 농토를 겸비한 '생활의 터전'을 제공하고 있다는 공통점을 지니고 있다. 즉 '농업' '어로(漁撈)' '목축' '사냥[狩獵]' 등 다양한 생활 공급원(供給源)이 그 강가 주변에 몰려 있었기 때문이다.

그런데 '나일 강'은 기원전 3천 년 전부터 '**보리농사**'가 기본적으로 강조되었던 점은 주목을 요하는 사항이다.[제Ⅱ장]

중국(中國)도 한(漢)왕조 문제(文帝, 180-158 b. c.) 때부터 '농사짓는 세상일에 근본이다.(農者天下之大本)'라고 가르쳐 황제(皇帝)부터 '농사(農事)'일에 솔선수범(率先垂範)을 해 보였다.

② 곡식의 신, 오시리스와 이시스

이집트인은 '곡식(보리 밀)'을 '오시리스(Osiris) 이시스(Isis)'신과 동일시하여 '인격화' '신격화'한 결과로 그들이 그 신들을 직접 묻고[씨 뿌리고] 수확해[죽여] 조리해 먹는 '제1 신앙 신'으로 존중하여 치열한 '신앙적 정서 개입'이 행해졌었다.

그것은 사실상 이집트인[서구인]이 '먹는 사는 실존(肉體)'를 얼마나 막중한 문제로 생각했는지를 단적으로 반영한 사항이다. '진실로 하늘[神]이 내린 먹이에 대한 감사를 넘어 '신(神)'을 묻고[播種] 다시 죽여[收穫] 잡아먹는 '악당 같은 우리'라는 죄책감이 아울러 발동하고 그 속에 '생활'이 이루어졌다. '먹고 사는 실존의 운영' 속에 '신에 대한 존중'이 필수적으로 따라다니는 정신 현장이 그대로 반영된 것이 '오시리스 이시스 의례'였다.[제Ⅲ장]

중국(中國)에도 '토지 신' '곡신 신'이 존중되는 풍속이 있었는데, '**후직(后稷)**'은 원래 농업주관 관리(官吏)였는데, 주(周)나라 시조로도 알려져 있고 '현실주의' 성인 공자(孔子)도 '하은주(夏·殷·周)' 3대에서 '주(周) 문물'를 가장 높게 평가했다.

③ 초기 '물대기[灌漑]' 계획

중국(中國)의 홍수(洪水) 문제와 '치수(治水)' 문제는, 요(堯)임금 시절에 9년 동안 홍수가 계속되어 곤(鯀)에게 그 '치수(治水)'를 맡겼으나 효력이 없었다. 순(舜)이 천자(天子)의 자리에 올라 곤(鯀)을 사형에 처하고 곤(鯀)의 아들 우(禹)에게 홍수(洪水)를 다스리게 했다. 우(禹)는 13년 동안 집에 돌아오지 않고 '노신초사(勞身焦思, 몸 바쳐 애를 쓰고, 정성을 다함)'하여 마침내 성공을 거두어 순임금은 우(禹)에게 천자 임무를 수행하게 했다.

이에 대해 이집트에서 행해진 것은, 더욱 구체적인 '경작지(耕作地)'에 물대기[灌漑] 사업이었다. 즉 중국 '우(禹)임금 업적'은 '국토 정비 사업'이었음에 대해 이집트 파라오의 '물대기 사업'은 바로 '영농(營農)정책', '먹을거리 해결 대책'이었다는 점이다.[제Ⅲ장]

중국은 '국토 관리'에 노력했음에 대해 이집트는 당장 먹을거리 대책 마련이었다. 그러나 **땅위에 펼친 생존 대책'이라는 점에서 그 '하늘 중심의 절대주의'와 엄연히 차이가 나는 '육체 중심' '생존 중심' '현세주의'라는 점에서 이집트와 중국(中國)은 시작부터 공통이었다.**

중국은 우(禹)임금(2150-2106 b. c.) 이후 거의 2천년이 지난 다음 한(漢) 문제(文帝, 180-158 b. c.) 때에 이르러 '중농(重農)정책 펴서 '태창(太倉)의 곡식을 이루 다 먹을 수가 없었다.'는 기록을 남겼다.

④ '메나(Mena, Narmer)'의 이집트 통일

'이집트 역대 파라오 일람'에서 살필 수 있듯이 이집트는 기원전 3150년에 왕조가 열려 기원전 30년 로마(Rome)로 통합될 때까지 제33왕조를 거쳤다. 중국은 소위 아편전쟁(阿片戰爭)으로 청(淸)나라가 망할 때까지 24왕조가 세워졌다 망했다.

중국(中國)은 하(夏)나라 이후 각 왕조마다 '통치력의 쇠망'이 그 원인으로 작용한 '무력제일주의(武力第一主義)'를 그 이집트와 공유했다.

중국(中國)의 경우 새 왕조의 탄생은 '지방 호족(豪族)'이 천자의 위치에 오르는 예가 일반적이었으나 '원(元, 몽고족)' '청(淸, 여진족)'의 경우는 '오랑캐'로 무시했던 '야인(野人)의 정복'이었다. 역시 그러한 측면에서 이집트와도 유사했으니 매켄지(D. A. Mackenzie)가 지적하고 있듯이 구석기 초기부터 여러 종족이 '나일 하류'로 몰려와 이집트 문명을 이루었고 그 중 강력한 무력의 발휘자가 왕이 되었다.['무력제일주의']

이집트 '새 왕조 개설'의 특징은 혼란기에는 '하부(나일 강 하류) 이집트[북부 이집트]'와 '상부(나일 강 상류) 이집트[남부 이집트]'로 분할이 되었다가 번번이 **테베(Thebes) 중심의 '상부 이집트[남부 이집트]'가 통일의 중심이 되었음**은 주목 되는 점이다.[제Ⅲ장]

'하부 이집트[북부 이집트]'는 외국인의 왕래가 빈번한 곳이고 '절대주의'가 맹위를 떨치고 있음에 대해, '상부 이집트[남부 이집트]' 상대적으로 수구 보수주의가 강하고 '오시리스 토착 다신교(多神敎)'를 너그럽게 포용하고 있는 지역이다.

⑤ 미라(Mummies)

이집트인이 보였던 지독한 '현세주의(Secularism)'는 역대 파라오들이 모두 그 '피라미드 건설'과 '미라 제작'을 당연시하는 것으로 나타났다.['肉身'에의 집착]

오늘날은 그 '피라미드'와 '보관된 미라(Mummies)'가 살아진 이집트 역사 복원에 열쇠를 제공하고 있는 형편이지만, 미라 제작 당시에는 '육신의 영원한 보존 지속 희망'에서 시작된 조처였음은 물론이다.[제Ⅶ장]

'이집트인의 '미라' 만들기'가 '장례(葬禮)'의 당연한 절차로 전제된 것은, 이집트인의 '경제적 힘'을 바탕으로 '미라 제작 기술자의 고용(雇用)'으로 가능한 것이었으니, 피라미드를 건설한 이집트 파라오는 중국 진시황(秦始皇)의 '병마용(兵馬俑)'을 건설한 만큼이나 거대한 사업으로, 사실상 역대 파라오들이 그 '전권(專權)'을 휘둘렀다는 사실을 말하고 있다.

이러한 측면에서 **중국의 역대 제왕이나 이집트 파라오의 기본 정신은 '현세주의'에 철저했고, '사후(死後) 세계' '천국(天國) 중심' '절대주의' 수용은 부수적인 예비 조처였다.**

⑥ 사후(死後)의 '알루(Aalu) 낙원'

인간이 어떻게 '영혼(靈魂)' '사후(死後) 세계' 논의를 시작했는가의 심각한 질문에 가장 손쉬운 대답은 **'꿈속의 세계'가 '저세상[저승]'**이라는 상정(想定)이 있게 되었다는 점이다.

그러므로 '사후(死後) 세계'란 생전에 본인이 체험했던 '기분 좋았던 곳'이 바로 '천국(天國)'이 될 수밖에 없고, '역겹고 힘들었던 상황'이 그대로 '지옥(地獄)'로 상정하기가 일쑤이다.

중국(中國)의 시조(始祖) 황제(黃帝)는 "낮잠을 자가가 꿈에 **화서(華胥)**나라에 가서 즐거웠는데, 그 다음 온 세상을 잘 다스려 그 '화서(華胥)'나라처럼 만들었다.(嘗晝寢 夢遊華胥之國 怡然自得 其後天下大治 幾若華胥)"라는 기록을 남겼다. '화서(華胥)'는 중국인이 꿈꾸었던 '낙원(樂園)'의 대명사이다.

이집트인도 '시조 오시리스(Osiris)'가 주관했다. '**알루(Aalu) 낙원(樂園)**은 이집트보다 더욱 크고 영광스러운 곳인데, 영혼들은 이젠[생전]처럼 일하고 사냥하고 적들을 물리친다. 각각 사람들에게는 생전과 동일한 임무가 주어진다. 땅을 갈고 풍성하게 자란 곡식을 수확한다. 풍년이 이어져 굶주림과 슬픔을 모른다.'고 전제하였다.[제Ⅶ장]

모두 자연스런 '현세 지속(持續)의 소망'을 담은 '현세주의' 연장 방식의 사고들이다.

⑦ 프타호텝(Ptah-hotep)의 가르침

중국(中國) 현인들 즉 요순(堯舜)임금, 기자(箕子), 공자(孔子) 정자(程子) 주자(朱子)는 모두 현세에서 행할 도덕적 기준, **수신(修身) 제가(齊家) 치국(治國) 평천하(平天下)**에 대한 교훈[箴言]을 남긴 것으로 유명하다.

그런데 이집트 '이소시 왕(King Dedka Ra Isosi, Isesi 2414-2375 b. c.)' 시절에 유명한 잠언(箴

言)집 "프타호텝(Ptah-hotep)의 교훈"이 편성되었다. 그 주요 내용은

> "아버지에 복종한 아들을 착하다.
> 존경을 행한 사람은 존경을 받는 자가 될 것이다.
> 오늘 [上典의]부주의(不注意)가 내일 [하인의]불복(不服)이고
> 놀기를 좋아하면 배가 고플 것이다.
> 함부로 말함이 분란의 원인이고
> 싸움을 하고 나면, 슬픔을 맛보리라.
> 선행(善行)은 사후(死後)에도 빛나느니라." 하였다.

이집트는 기원전 2천 년 전에 중국(中國)의 '명심보감(明心寶鑑)' 내용과 일치하는 '교훈집'을 앞서 마련했었다. 모두 '현세주의'에 기초를 둔 것이다.

그 저자 프타호텝(Ptah-hotep)은 1백세가 넘도록 왕에게 최고의 존중을 받았고, 아들도 뛰어났으니, 이승의 온갖 청복(淸福)을 다 누렸으니, '진실로 이집트 문화의 꽃'이라 해야 할 것이다.[제 XIII 장]

⑧ 충신(忠臣) '우니(Uni)'의 업적(業績)

중국(中國)에서 '벼슬하기[干祿]'는 국왕(國王)을 도와 벼슬을 하며 충성을 바치며 '봉록(俸祿)'을 먹는 일이다.

힌두(Hindu)의 브라만(婆羅門)은 절대 신을 공경하여 국왕에게 가르침을 베풀어 '국사(國師)' '왕사(王師)'로 국정을 돕는 경우였다.

이집트는 힌두(Hindu) '브라만'들이 직접 파라오로 역할을 수행한 역사가 있어 '힌두 사제 문화의 영향'이 크게 드러나 있지만, 중국(中國)의 경우처럼 파라오 하인(下人)으로 오직 근면 성실함으로 봉사하는 '충신(忠臣)'도 있었다.

이집트 "아비도스(Abydos) 무덤 벽에는 '평민 가정'에 태어나 파라오의 신임을 받아 충신(忠臣) 반열에 오른 **우니(Uni)**의 성공을 그린 그림이 있는데, 우니(Uni)는 파라오 페피(Pepi)의 '정신 수호자'로서 '모든 비밀한 일들을 알았다.'고 하고, '관개(灌漑) 관리자'일 뿐이지만 어떤 다른 권위자보다 왕국에 큰 영향력을 행사하였고 군사(軍事)에도 관여하여 작위(爵位)까지 받았다.'고 했다. [제 XIII 장]

중국(中國) 한(漢)왕조 말기에 충신(忠臣) 제갈양(諸葛亮, 181~294)은 평민[布衣]으로서 나라를 위해 목숨을 바쳐 충성을 다했고, 송(宋)왕조 초기에 충신(忠臣) '송용신(宋用臣)'은 환관(宦官)으로 천자에게 최고 칭송을 얻고, 결국 명작 **'수호전(水滸傳)'** 주인공 '송강(宋江)'으로 변용된 사례가

있었다.

제도적으로 '신분 계급'이 엄격한 이집트에서 평민 출신 '우니(Uni)'가 기록에 남을 수 있었던 것은 이집트를 씩씩하게 관통하고 있는 그 '실용주의'와 '현세주의(現世主義, Secularism)'를 입증하고 있는 바이다.

⑨ 치병(治病)의 신, 콘수(Khonsu)

훨씬 후대(後代)의 일이지만 중국(中國)에 유명 의사(醫師)로서는 편작(扁鵲, 401~310 b. c.)과 화타(華佗, 145~208)가 있었다. 우선 모든 행동의 출발점 '건강(健康)'을 챙기기에 앞장선 '현세주의' 중국인의 사상을 대표하는 인물들이다.

그런데 상고(上古) 시대 이집트인들이 어떻게 그 '질병(疾病)'에서 자유로울 있었을 것인가. -달月의 신 콘수(Khonsu)는 역시 새로 태어난 자에게 '생명의 호흡'을 주어, 바람의 신 헤르세프(Her-shef) 크누무(Khnumu)와 비슷하다. 콘수(Khonsu)는 역시 차단을 행하는 벽으로서 각종 질병을 일으키고, 사람들을 홀리고, 지랄병 미친병을 주는 악령들을 통제한다. 환자들은 '신탁의 제공자' 콘수(Khonsu)로 치료를 받아, 그의 명성은 이집트 국경을 초월했다.-

'달月'은 '차오르고 사라짐[盈虧]'를 반복하므로 '부활(復活)' 재생(再生) 신으로 추앙된 것이다. '생명에의 집착'이 역시 '질병 퇴치' 문제로 태고 적부터 이집트 파라오들도 확실하게 법석을 떨었다.[제 XV 장 '육신(肉身)의 병고(病苦)를 그냥 견딜 사람'은 없다.

⑩ '아메네메트의 교훈'과 세소스트리

중국(中國)의 '상서(尚書, 書經)'는 고대 중국 최고 통치자들의 '말'을 기록한 것으로 역시 고전(古典) 중에 최고(最古)의 것으로 알려져 있다.

이집트에 중국 '상서(尚書, 書經)'에 해당하는 제12왕조 아메네메트(Amenemhet) Ⅰ세[1991-1962 b. c.]가 아들 세누세르트(Senusert, **Sesostris I, 1971~1926 b. c.**)에게 준 '고대 이집트 파라오 통치 철학 요점'을 가르친 것이 남아 있다.

'통치 철학'을 요약하여 자신의 평생 체험을 아들에게 제대로 전하려는 '아메네메트(Amenemhet) Ⅰ세의 교훈'은 '하늘나라 소식[절대주의]'과는 무관한 '왕권 유지의 어려움'을 제대로 전한 것이다.

그리고 중국(中國)의 '국가주의' '종족주의' 표준으로 항상 <u>**십년지절 한소무(十年持節 漢蘇武, 소무(蘇武, ~60 b. c.)**</u>를 일컬어 그 '중화민족주의'의 표본으로 자랑을 삼아왔다.

그런데 '아메네메트(Amenemhet) I 세와 아들 세누세르트(Senusert) 정권 이양(移讓) 시기'에 겁을 먹은 왕자 **세누헤트(Senuhet)**'가 즉시 이집트를 망명(亡命)을 단행하여, 이후의 대성궁[異邦에서 왕이 됨]에도 불구하고, 노년(老年)에 '이집트로 되돌아 와 죽기'를 소망하여 마침내 그 파라오[형 세누세르트(Senusert)]의 승인을 획득하여 결국 이집트로 돌아와 죽었다는 파피루스 속 이야기는, 한나라 소무(蘇武) '중화민족주의' 이야기를 1900년이나 앞선 '**이집트인의 긍지(矜持)와 자존심**'을 명시하고 있다.[제 XVI 장

⑪ '파이움(Fayum) 습지(濕地)'의 활용 가치

동방(東方)에서 근대(계몽주의) 이전까지 중국(中國)의 명성을 유지시켰던 근거는 소위 '**지대물박(地大物博, 땅이 넓고 산물이 풍부함)**'의 물질적 풍요 자산이었다.

그 점에서도 '고대 이집트'는 중국(中國)과 완전 일치하고 있으니, **이집트를 '최고 부자 왕국'으로 정착시킨 최고 공사가 '파이움(Fayum) 습지(濕地) 활용'이었다**.

-[제12왕조] 여섯 번째 파라오 아메네메트 III세 (Amenemhet III, 1868~1816 b. c.) 때에 큰 저수지(貯水池)와 관개(灌漑) 계획이 성공적으로 달성이 되었다. 파이움(Fayum) 습지(濕地)의 활용 가치를 왕들이 알게 되었다. -[제 XVII 장

그래서 크레타 희랍을 포함한 지중해 영역 사람들은 물론이고, 페르시아 아랍 중동(中東)의 전역 사람들은 모두 '풍요의 낙원(樂園) 이집트'를 소문나게 만들었다. 소위 일찍부터 '**이집트인이 되는 꿈(Egyptian Dream)**'을 부풀게 만들었으니, '세상에 재주꾼들'이 다 이집트로 몰려들게 만들었다. 그 결과가 '피라미드'라는 '종합 기념탑'으로 남게 되었다.

⑫ 이집트인의 '독립 전쟁'

'고대 이집트 역사' 전개에 소위 '**절대주의(유일신교)'와 '현세주의(다신교)'의 첨예(尖銳)한 대립**은 하부[북부] 이집트 아바리스(**Avaris**)에 거점을 두고 있는 힉소스(Hyksos)와 상부[남부] 이집트 테베의 왕들(Theban princes) 사이에 벌어진 **25년의 '독립전쟁'**이었다.

"힉소스(Hyksos) 통치 후반기에, 이집트의 역사가 마네토(Manetho)가 알려주고 있는 제17왕조의 테베의 왕들(Theban princes)은 앞서 상부 이집트 좋은 자리에서 [힉소스(Hyksos)에게] 공물(供物)을 바치고 있었던 영주(領主)들이었다. 누비아(Nubia)로부터 보강을 받고 영주(領主)들의 도움을 받아 그 테베의 왕들(Theban princes)은 갑자기 그들의 압제자들[힉소스(Hyksos)]에게 반란을 일으켜 '독립 전쟁(War of Independence)'을 시작하여 25년을 계속했다."[제 XXI 장

108

<u>이집트의 사상적 종교적 특징은, 이 '독립전쟁'보다 더욱 확실한 운동은 없었으니, 이집트의 '현세주의(Secularism)' '오시리스(Osiris) 교'는 이 '운동의 결과'로 부동(不動)의 위치에 자리잡게 되었다.</u>

⑬ 토트메스 Ⅲ세의 '메기도(Megiddo) 포획(捕獲)'

'이스라엘 팔레스타인 지역의 분쟁'은 오늘날까지 계속이 되고 있는 형편인데, 이집트 제18왕조 '토트메스 Ⅲ세'는 '힉소스(Hyksos)'가 몰려가 있는 메기도(Megiddo, Armageddon) 영역을 점령하였다. [히타이트(Hittite) 전쟁 신=힉소스(Hyksos)의 주신(主神)]

"토트메스(Thothmes, Thutmose, 1458-1425 b. c.) Ⅲ세에 의해 행해진 시리아 원정에서 가장 큰 승리는, 유대인의 이사카(Issachar) 영역 메기도(Megiddo, Armageddon)에서 포획(捕獲)을 행했다."[제XXⅡ장]

물론 지상(地上)에서 '유대인'만이 그 '절대주의'를 표방한 것은 아니었다. '힌두(Hindu)'와 '불교'와 '기독교'가 모두 공통으로 '절대신' '절대주의(Absolutism)'를 지향하고 있는데, 그 공통 거점으로 '지존(至尊)의 노래(Bhagavat Gita)'를 상정(想定)할 수 있고, '천신(天神)족'으로 '야두(Yadu, 크리슈나 족)' '프타(Ptha)'족을 지정(指定)할 있다.

간단히 말해서 오늘날 남아 있는 '피라미드' 등 모든 '역사적 자료'를 망라하면 이집트인의 기본 종교의 '**오시리스 이시스 중심 다신교**'이지만 각 파라오들은 그 다양성을 발휘하였는데, 그 다양화의 방법은 '태양 족[천신] 지향'을 어떻게 '오시리스 이시스 유형'과 조합을 할 것인가에 종착하게 마련이었으니, 그것은 현대인의 '현실주의'와 '절대주의[도덕주의]' 공존(共存) 원리와 다를 수 없다.

어떻든 제18왕조 토트메스(Thothmes, Thutmose, 1458-1425 b. c.) Ⅲ세의 '메기도(Megiddo, Armageddon) 공략'은 군주로서 '현세주의'를 명시하고 있는 역사적 사건이다.

<u>그러한 '현실적 군국주의(軍國主義)'를 중국(中國)은, 5천년 중국 역사상 한 번도 바꾼 적이 없었다.</u>

⑭ 도시 생활의 즐거움

이집트인은 인류 최초로 '**현세의 즐거움**'을 기록으로 남겨놓은 종족이라고 할 수 있다.

"제18왕조의 도시 생활은 흥겨움으로 넘쳤다. 부자들은 널찍한 저택에 친구들을 불러 놓고 즐겼으니, 그들은 마부와 하인과 각양각색의 옷을 입은 사람들이었다. 손님들이 모이면 하프 장이, 라이어, 기타, 피리 장이를 불러놓고 환담을 했다. 주인과 부인들은 의자에 앉아 하인들이 날라

온 술과 과일을 먹고 있는데, 꽃다발도 제공이 되어 있다. 술잔들은 유리나 은금으로 되어 훌륭하게 만들어진 것이고, 보석으로 장식이 된 것이다. 요셉(Joseph)의 술잔은 은(銀) 술잔이었다.('창세기', xⅠiv, 2)"

이집트인은 피라미드 벽에 새겨져 다양한 서정적 노래 속에 '<u>하프의 노래</u>(The Lay of Harper)'는 주목할 만하다.

"선(善)한 왕의 시절/ 행복은 넘치고....그는 잘 살고/ 다른 사람들은 이전처럼 그대로네./ 늙은 왕들은 그들의 피라미드에 잠자고/ 귀족과 학자도 그러하네./ 그러나 피라미드를 세웠던 사람들은 쉴 곳[무덤]이 없네./ 비록 그들의 업적은 위대했지만....보라, 나는 들었노라/ 이모테프(Imhotep)와 호르다다프(Hordadaf)의 말씀을/ 그 금언은 사람들이 반복하고 있으나....그들의 무덤들은 어디에 있는가?/ 무너진 지 오래 되어....그들의 궁실까지 잊혀지고/ 지금은 없었던 존재나 다름없다./ 우리에게 '잘 있다.'고 전할 혼도 없다./ 떠나기 전 우리를 안심시킬/ 어디로 간다는 말도 없다...그러나 우리의 마음은/ 그것을 망각하고 즐겁게 산다.../ 생명이 있을 때 즐겨라./ 그리고 머리에 향수를 뿌려라. 값비싼 백색 리넨(linen)을 입고, 신들처럼/ 향을 바르고 힘겹게 살 필요는 없다./ 네 마음이 지향하는 데로즉시 행하라....그 슬픈 날이 올 때까지/ 정신이 쉴 적에 터져 나온 탄식/ 무덤에서 통곡은 들리지 않으니/ 침묵의 죽음에는 아무 의미가 없다.../ 그러기에 축제를 즐기고 주저하지 말라/ 아무도 그의 부(富)를 무덤 속으로 가지고 못 하고/ 거기서 다시 돌아오지도 못 한다." [제XXII장]

중국(中國) 이백(李白, 701~762)의 '장진주(將進酒, 술잔을 주며 부른 노래)'와 동명(同名)의 조선조 정철(鄭澈)의 작품이 이 '<u>하프의 노래</u>'와 다르다고 할 수 없다.

그러나 이집트인은 이 '<u>하프의 노래</u>'가 '제12왕조[1991~1802 b. c.]' 시대라고 하니 이집트 '현세주의'는 중국의 그것보다 2천 5백년이 앞서 있는 상황이었다.

⑮ '용병(傭兵)'의 성행

'<u>이집트 문화</u>'는 '파라오 중심 문화' '피라미드 중심 문화' '지중해 인들이 건설한 문화'라는 특징을 지니고 있는데, 그것을 달리 표현하면 '<u>파라오 문화</u>'는 '<u>차용(借用, 빌려온) 문화</u>'이다. 그러면 '이집트 인들의 정체성(Identity)'은 무엇인가? '넉넉한 곡식을 창고 둔 세상 최고 부자 상(像)'이 그것이었다.

<u>이집트 파라오는 '상대(上代) 세상에서 최고 부자(富者)'로서 천하(天下)의 재주꾼들이 다 몰려와 다투어 '충성'을 바치겠다고 하는 [당시로서는] 초호화판 생활을 했다.</u> 그런데 그 파라오 제일 관심사 '국토방위'에도 '싸움 선수 고용' 문제도 예외일 수가 없었다.

"이집트가 비록 고위 이상주의자들에 의해 통치되었지만, 그 영향력은 실제 국민의 생존에까지

미치고 있었다.[불법 무법천지는 아님] 부의 축적과 사치품 기호의 성향은 고되고 정밀한 직업은 피하게 되었다.....쾌락을 좋아하는 신사들은 전투의 위기 속에 흥분을 추구했고, 단조로운 주둔지 생활과 길고 힘든 외국 원정(遠征)은 도시들 속의 쾌락에서 찾았다. '행운의 무사들'은 명부(名簿)가 만들어졌고, 튼튼한 기동타격대가 유지되었다. 궁사(弓師)로는 누비아 출신 '아홉 오랑캐 궁수(弓手)'가 유명했고, 유럽 출신으로는 치열한 '사르다나(Shardana)'가 있었는데, 미케네(Mycenaean) 사람들이 자기네 이름을 사르디니아(Sardinia)라 했다. 결국은 리비아 사람과 아시아 족들도 고용(雇傭)이 되었는데, 람세스(Rameses) Ⅱ세의 시리아 원정군의 부대는 외국 신 수테크(Sutekh) 이름을 붙였다. 이집트 군에서 외국인 부대는 최고급으로 알려졌다. 그러나 그 충성의 정도는 왕실의 국고에 달려 있었고, 궁극적으로 이집트 왕실 지지를 귀찮게 생각하는 존재들이었다."[제 XXⅣ 장]

중국(中國)에서는 기본적으로 '국왕에 대한 충절(忠節)'이 강조되고, 그것을 잣대로 '부귀(富貴)'도 약속을 받았다.

그러나 고대 이집트에서는 벌써 '충절(忠節)'은 문제가 안 되고 '효과 위주' '공적 위주'로 오늘날 '외국인 축구 선수 고용'같은 '**용병(傭兵)**'이 '고대 이집트'에 있었음은 각별히 주목해야 한다. 왜냐하면 오늘날은 중국(中國)을 비롯한 모든 나라들이 '필요한 인력 확보'에 혈안(血眼)이 되어 있는 상황이기 때문이다.

⑯ 외국인 왕비

[아편전쟁 이후]**중국(中國)의 천자(天子)가 공식적으로 수많은 비빈(妃嬪) 궁녀(宮女)를 지녔던 점을 특히 유럽인들이 크게 떠들었다.** 그런데 그 '희랍' '로마'에 지역적으로 가까운 '고대 이집트 파라오'가 많은 처첩(妻妾)을 거느렸던 것은 별로 생각해 보질 않은 것 같다.['이집트 문화 무시하기'] 그러나 족내혼(族內婚)을 당연하게 생각했던 이집트 파라오들의 역대 면면을 살펴보면['파라오 일람' 참조] 상상을 초월한 모습들이다.

"외국 상인들도 이집트에 매력을 느꼈지만, 이집트 왕들과 귀족들은 그 사회에 새로운 잘 생긴 이국(異國) 부인(婦人)을 선호했으니, 그것은 당시의 그림과 동상으로 확인할 수가 있다. 구(舊) 왕조와 중(中) 왕조에 치열하고 힘찬 얼굴 대신에, 귀족들의 얼굴이 섬세하고 나른한 눈과 육감적인 입술을 지닌 자들을 발견할 수 있다. 그러나 더러는 비(非) 이집트인 얼굴이 더욱 세련이 되고 두드러지게 되었다."[제 XXⅣ 장]

중국(中國)에서도 약소 변방 족들이 자신의 필요에 의해 '미녀(美女)'를 헌상했었으니, 대표적인 예가 주(周) 왕조의 포사(褒姒, 포 나라 아가씨)였고 그밖에 '미인들'은 이루다 거론할 수 없다. '부강자(富强者)들의 일반적 행태'라 해야 할 것이다.

⑱ 야곱(Jacob)과 '부적(符籍)'

중국(中國)의 대표적인 철학자 주희(朱熹)는 "사람의 욕망은 위태롭고 도덕을 지키려는 마음은 희미해지기 쉽다.(人心惟危 道心惟微)"라고 했다. '절대주의'를 궁행하기가 쉽지 않음을 아울러 말한 것이다. '야곱(Jacob)'은 탁월한 '유대인 지도자'였다.

"야곱(Jacob)이 에서(Esau)를 만난 다음 그의 딸과 따르는 여인들과 결혼하려는 히위족(Hivites)을 죽이고 그 가족들에게 '너희 중에 있는 이방(異邦) 신들을 버려라.'고 했다. 그런 다음 '그들의 손에 있는 모든 이방 신들과 모든 귀고리들을 야곱에 주니, 세켐(Shechem)을 시켜 상수리나무 아래 묻었다.'(창세기, xxxv , 3, 4) 귀고리는 명백히 비 기독교도들의 숭배와 관련된 것으로 이스라엘에 무가치한 우상들이다."[제 XXIV 장]

'절대신' '절대주의' '도덕'을 지향하는 정신은 '영원히 간직을 해야 할 숭고한 인간의 정신'이다. 그러나 그것을 '나에게 적용할 경우' 그 '지순(至純)으로의 지향 정도'에 그 한계점을 정할 수 없지만, '함께 여러 사람들이 살아가는 세계'에서 그 기준을 어디에 둘 것인가는 정하기가 쉽지 않은 문제이다. 그러나 그 문제도 결국은 '각자 행동 주체(主體)의 자기 결정'에 귀속될 수밖에 없다.[평소의 '指向'과 '修鍊'이 중요함]

⑲ '유럽 해적(海賊)들'의 이집트 습격

볼테르(Voltaire)는 그의 '역사철학'에서 "로마는 원래 강도 집단이었다."[25]고 공개를 했다.

"제20왕조의 두 번째 왕 람세스(Rameses) Ⅲ세[1186~1155 b. c.]는 '이집트 최후 위대한 왕'이다. 그의 통치 8년 만에 제2차 해적들이 일어났다. 기원전 1200년 1190년 사이였다. 이 경우에 침략 연합군은 소아시아와 북시리아에서 온 종족으로 강화되었는데, 그들 속에는 티카라이(Tikkarrai), 무스키(Muski, 희랍의 Moschoi?), 펠레슈템(Peleshtem)으로 솔로몬을 호위했다는 풀리슈타(Pulishta, Pilesti)가 포함되어 있었다. 풀리슈타(Pulishta)는 팔레스타인에 명칭을 제공한 크레타에서 온 팔레스타인 사람들로 카르멜(Carmel)에서 아슈도드(Ashdod)에 이르는 해안지대를 점유했고, 제즈렐(Jezreel) 평원 아래 베트샨(Beth-shan) 아래 내지에까지 세력을 떨치었다······ 람세스(Rameses) Ⅲ세는 침략에 대비를 하고 있었다. 육군은 델타 국경을 지키고 그의 함대는 해적들이 오기를 기다리고 있었다. 역사상 최초의 해전이 이집트 해안에서 펼쳐졌으니, 파라오는 테베의 서쪽 평원 메디네트 하부(Medinet Habu) 아몬 사원 북쪽 벽에 낮은 음각(陰刻)으로 그 장관을

---

25) Voltaire, *The Best Known Works of Voltaire*, The Book League, 1940, pp. 363~364 'XXVII. Of the Romans, Their Empire, Religion and Toleration'

조각해 놓았다."[제 XXVII장]

　중국(中國) 동부와 고려(高麗)의 서남쪽 해안을 왜구(倭寇)가 지속적으로 약탈을 행했던 사실
은 널리 알려져 있고, 고려(高麗)의 이성계(李成桂)는 그 '왜구의 토벌'에 공을 세워 왕위에까지
오른 존재였다.

⑳ 셰송크의 '예루살렘 약탈'

　'현세주의' 이집트와 '절대주의' 이스라엘인은 이집트 역사를 통해 그들이 경력이 자세히 드러나 있는데
특히 이집트 파라오 '셰송크(Sheshonk, Shishak, Shoshenq I, 943-922 b. c.)'와의 관계는 심각했다.

　"솔로몬(Solomon, 970-931 b. c.)이 '셰송크(Sheshonk, Shishak, Shoshenq I)'로 알았던 그
파라오는 힘차고 성공적인 왕으로서 이집트에 평화를 정착했던 왕이었다. 그는 유대인의 '완충
국'과 이집트 사이에 국경을 두고 강력한 힘으로 국경을 지키고 있었다. 그 때에 그는 (독립된
도시 국가) '게제르(Geger)'를 차지했고, '거기를 불 지르고 그 도시에 거주하는 가나안 사람들
(Canaanites)을 죽였고, 솔로몬의 아내가 된 그 딸에게 주었다.'('열왕기 Ⅰ' ix, 16)...셰송크
(Sheshonk)는 예루살렘 침략의 기회를 재빠르게 잡았다. 셰송크(Sheshonk) 연대기에 의하면 그는
팔레스타인으로 쳐들어가 손상을 냈다. 셰송크(Sheshonk) 용병(傭兵)은 오론테스(Orontes) 강까
지 진격했다. 그는 예루살렘을 약탈하고 "주님 성전의 보물을 가져가고 솔로몬이 제작했던 황금
방패까지 가져갔다."('열왕기 Ⅰ' xiv, 25~6)〉"[제 XXVIII장]

　제22왕조[943 경~728 b. c.] 기에 들어선 이집트는 주변 약소 족속들을 침략하는 '**대표적인
제국주의 국가**'로 바뀌어 '이방인(異邦人)'은 사람 취급도 않는 '전략의 힘자랑 시대'로 나간 상태였다.

　이집트와 중국(中國)의 가장 큰 공통점은 '풍요의 지역'을 바탕으로 **세계에서 근거가 명백한
인류 역사상 최장(最長)의 역사**'를 지니고 있다는 점이다.

　그런데 이집트는 '절대주의' 우선의 서구문화(西歐문화) 속에 존재한 '현세주의' 국가였음에 대
해, 중국(中國)은 처음 시작부터 '신비주의'를 버린 '현세주의(現世主義)'를 오늘날까지 지속했다는
점이 큰 차이점이다.

　'고대 이집트 역사'는 '절대주의'와 '현세주의'를 그 역사의 초반부터 상정해 놓고 '고민의 정치'
'갈등의 정치'을 행했으니, 그것은 '한 개인의 삶의 향방 탐색'과 동일한 경우였고, 사실상 '인류
종교 사상의 용광로' 역할을 최초로 달성해 보인 경우였다.

　**중국(中國)은 '현세주의'를 토대로 한 '통치 철학'을 지녔으나, 이후 힌두(Hindu) 바라문의 '절
대주의' '도덕 지향 탐구 방법'을 도입하여 송대(宋代)에 주돈이(周敦頤, 1017~1073)의 '도학(道
學) 운동'이 펼쳐졌음은 역시 크게 주목을 해야 할 사항이다.**

제5장 '이집트의 역사'와 '이스라엘의 역사'

소위 '절대신' '절대주의'란 힌두(Hindu)의 '마하바라타(*The Mahabharata*)'와 '지존(至尊)의 노래(Bhagavat Gita)'에서 확인할 수 있듯이 '우주(宇宙)를 가득 채운 존재' '만상을 탄생과 소멸을 관장하는 존재'를 생각하고 모시고 따르는 원리로 '개별적인 존재의 생명의 역사(歷史)'란 의미가 없다는 전제에서 출발한 '인류의 가장 위대한 전제'였다.

그리하여 '불교(佛敎)'는 처음부터 '지역' '종족' 초월한 '깨달음[스스로 절대 신 속에 있음]'을 강조하고 나왔고, '기독교(基督敎)'도 '아버지 속에 내가 있음'을 철저하게 가르쳤다.

이에 대해 중국(中國)의 공자(孔子)는 '나를 존재하게 한 부모(父母)'를 공경한 '효도(孝道)'를 강조하고 그 지역을 관장하는 군주(君主)에게 '충성(忠誠)'을 강조하는 '현세주의(Secularism)'를 강조하여 5천년 역사를 이루었다.

오늘날 '과학적 사고'로 추리해 볼 때, '절대주의'란 그동안 '우주지배 원리'의 인격화(人格化) 신격화(神格化)이고 '현세주의(Secularism)'란 모든 생명에서 관찰되는 '자기 생명 존중 자체'일 뿐이다. 그래서 <u>**전체를 생각하는 '절대주의'와 개별 생명을 존중하는 '현세주의'가 그 공존 속에서 인류 사회 운영되고 경영되지 않을 없다.**</u>['동시주의']

'고대 이집트 사회'는 아직 사상적 지향이 일관되지 못 한 '소박한 인류 원시 역사'가 잘 보존된 지역으로 그 '현세주의'와 '절대주의' 표준도 없이 각 파라오의 개성들이 모두 꾸밈없이 다 드러나 있는 사회였다.[史觀이 정리해 놓은 '일관된 역사'가 아님] 그 '현세주의(오시리스 주의)'는 원래 인간들이 공유한 그 본래 속성의 발현이고, '절대주의[태양신화]'는 '<u>**힌두 절대주의 선교사 영향**</u>'임이 그것이다.

이집트의 '절대주의'가 '<u>**힌두 절대주의 선교사 영향**</u>'이라 단정(斷定)함은 그 피라미드에 보존된 모든 기록들이 '영혼불멸' '불[태양]의 숭배' '생각 만능주의' '언어 절대주의' '마법[mantra] 만능주의' '절대 신에의 귀의[Yoga]' 이론 속에 이루어진 이야기들이기 때문이다.

주지하다시피 '<u>**기독교(基督敎)는 '예수의 일생'을 표준으로 삼고 있는 종교**</u>'인데, '이집트 고대사'는 공교롭게 그 예수 탄생 이전 '나일 강 유역의 주민(住民)'의 역사'이다.

그리고 '마하바라타(*The Mahabharata*)'와 '희랍신화' '성경'의 기술 방법은 '실재 사실[일어난 사실]'과 '신비한 비[불가능한 일]'이 혼재(混在)하는 커다란 특징을 공유하고 있다. 그것은 한마디로 '절대주의 신앙인들'의 특장(特長)이다.

114

매켄지(D. A. Mackenzie)가 '**고대 이집트 역사**[*Egyptian Myth and Legend*]'를 저술함에 있어, 영국이 과거 '로마 제국'의 영향권 내에 있었던 나라였기에 그 '국교(國敎)'인 '기독교'와 '성경'에 관심을 갖은 것은 극히 자연스런 결과이다.

그러나 매켄지(D. A. Mackenzie)는 '신비주의'를 떠난 구체적인 '① 시간 ② 인물 ③ 장소 ④ 역사적 가치'를 판별하는 '역사학도'로서 그 능력을 발휘함에 주저함이 없었다.

여기에 '**이집트 역사와 이스라엘 역사**'를 별도 항목으로 고찰함에는, 당초 영국의 탁월한 현대 사학자로서 매켄지(D. A. Mackenzie)의 '합리주의' '과학정신'을 거듭 확인하는 의미도 있다.

① 이시스(Isis)와 뱀

"세상에 '여성'으로 살고 있는 여신 이시스(Isis)는 인간 생활 방식이 싫어지기 시작하여 그녀는 신들 속에 살기를 추구했다. 이시스(Isis)는 '요정(妖精, enchantress)'이었기에 하늘과 땅에서 라(Ra)와 동일한 힘을 갖기를 원했다. 그래서 그녀는 신들을 통치하는 비밀한 이름 알기를 원했다. 매일 라(Ra)가 걸어 나가면 신들이 줄을 지어 그 뒤따랐고, 그는 왕좌에 앉아 칙령을 내렸다. 라(Ra)가 늙어감에 그 침이 흘러 땅으로 떨어졌다. **이시스(Isis)가 라(Ra)의 뒤를 따라 가다가 라의 침을 보고 그것이 놓인 흙과 함께 물건을 만들어 창(槍) 모양이었는데, 그것이 '독뱀(a venomous serpent)'이 되었다. 이시스가 그 독뱀을 들어 올려 던졌더니 그 독뱀은 라(Ra)가 그 왕국으로 오르내리는 횡단 통로에 떨어졌다. 그래서 이스시(Isis)가 만든 그 독뱀은 신들과 인간들이 다 볼 수가 없었다.** 나이가 많아진 라(Ra)가 종자(從者)들을 데리고 걷고 있었는데, 그를 기다리고 있던 '뱀'이 라(Ra)를 물었다. 무서운 뱀의 독이 라(Ra)의 몸속으로 들어가 라(Ra)는 엄청난 고통을 느꼈다. 엄청난 고함이 라(Ra)의 입에서 터져 나와 최고 천(最高天)에까지 울렸다." [제 I 장]

매켄지(D. A. Mackenzie)는 이 부분을 '창세기'와 대비한 것이다. '뱀' '여인(Isis, 이브)'은 인간의 '육신' '원죄(原罪)'를 전제한 것이고 '라(Ra)'는 절대자 '하나님' '아담'의 전제이다.

② '오시리스(Osiris) 탄생' - '예수 탄생'

"**오시리스(Osiris)가 탄생했을 때, 하늘에서 목소리가 들렸다. "만물의 주님이 오셨느니라."** 현자 파밀레(Pamyles)가 그 소식을 테베(Thebes) 성소(聖所)에서 듣고 백성들이 왕을 뵈러 온 곳에서 그것을 말해주었다." [제 II 장]

이 부분은 '신약에 예수 요한의 탄생과 동일한 전제이다.

③ '눈물로써 뿌린 자는 기쁨으로 거두리라.'

  "고대 이집트 사람들은 들을 경작했을 때에 동물 모습의 월신(月神)을 향해 큰 축제를 행했다. 그런 다음 오시리스 죽음을 슬퍼하며 파종(播種, 씨뿌리기)이 행해진다. '신성한 존재[神]'가 대지에 묻히었는데, 곡식은 오시리스 몸의 조각이라는 것이다. 옛 풍속은 '**시편(Psalm) cxxvi**'이 참조될 수 있다. **눈물로 뿌린 자가 기쁨으로 걷는다. 소중한 씨앗을 간직한 자 울며 앞서 가서 어김없이 기쁨의 곡식 다발들 가져 올 것이라.**" [제Ⅱ장]

  매켄지(D. A. Mackenzie)는 영국 민요 '**맥주(麥酒) 맥(麥)-John Barleycorn**'을 인용하며 '이집트 곡식[보리] 신-오시리스'가 그대로 '**스코틀랜드의 오시리스**'라고 규정하고 나왔다.

④ '오시리스의 죽음' -'최후의 만찬'

  "동방에 삼 왕(三王)/ 위대하고 높으시다./ 그 분들이 맹세하여/ 맥주 맥(John Barleycorn)이 죽었구나.// 그분들이 갈아엎어/ 흙으로 머리 덮고/ 그분들이 맹세해서/ 맥주 맥(John Barleycorn)이 죽었구나.// 그렇지만 즐거운 봄 찾아와/ 봄비 내리니/ 맥주 맥 다시 일어나/ 그들 상처 건드렸네.// 후텁지근한 여름 해 찾아와/ 맥주 맥(John Barleycorn) 두툼하고 강해졌네./ 그의 머리 창(槍)으로 무장해/ 그 누가 감히 거스르랴.// 썰렁한 가을이 되어/ 맥주 맥(John Barleycorn)이 창백할 때/ 그의 머리 숙여지니/ 맥주 맥(John Barleycorn)이 망할 때라.// 피부 색깔에/ 나이가 들어/ 맥주 맥의 적들은/ 죽일 듯이 성을 내네.// 날카로운 무기를 잡아/ 맥주 맥(John Barleycorn) 무릎 잘라/ 맥주 맥(John Barleycorn) 수레에 실으니/ 사기꾼 악당이라.// 맥주 맥(John Barley-corn) 눕혀놓고/ 곤봉으로 패는구나./ 그리고 맥주 맥(John Barleycorn)을 폭풍 앞에 달아놓고/ 돌리고 또 돌리네.// 음침한 구덩이를/ 물로 가득 채워 놓고/ 거기에 맥주 맥(John Barleycorn)/ 잠기게 하는구나.// 맥주 맥(John Barleycorn) 바닥에다 눕혀 놓고/ 더욱 비통하게 만드는구나./ 생명이 기미가 남았기에/ 앞뒤로 잡아 뒤흔드네.// 맥주 맥(John Barleycorn) 그 골수(骨髓)를/ 불에 살짝 구워내니/ 방아 주인이 악당이라./ 두 개의 돌 사이에 맥주 맥(John Barleycorn)을 가는구나[磨].// 그래서 사람들은 맥주 맥의 심장 피를/ 마시고 또 마시네./ 더 마시고 또 마시어/ 그들 기쁨 넘쳐나네.// 맥주 맥(John Barleycorn)은 영웅이고/ 고상한 사업가라./ 그의 피 맛을 보면/ 용맹이 불끈 솟네.// 맥주 맥(John Barleycorn) 비통 잊고/ 모든 기쁨 드높이네./ 과부도 노래하나/ 그녀 눈에 눈물 있네.// 맥주 맥(John Barleycorn) 칭송하며/ 사람마다 술잔이라./ 맥주 맥이 풍성하여/ 스코틀랜드여 영원 하라.//" [제Ⅱ장]

  "'자루(Zaru)왕'은 [왕을 먹는]고대 풍습대로 세드(Sed) 축제에서 살해되지는 않았다. 그는 오시리스처럼 행세했다. 울타리로 막은 곳에서 왕관을 쓰고 왕좌에 앉아 앞은 작은 커튼을 치고 한 손에는 홀장(笏杖)을 잡고 다른 손에는 도리깨를 들었다. 사람들은 그 앞에 모두 부복(俯伏)하였다. 구체적인 의례를 따를 수는 없었으나, 남긴 그림으로 보면 다수의 포로와 황소 암소가 제사로 바쳐졌다. 그래서 살육이 살육으로 이어졌다. **왕들이 의례적으로 살해가 되면 그 수명이 연장된 다고 믿었다.** 아비도스(Abydos) 명문(銘文)에 다음과 같은 왕 오시리스의 말이 있다. '그대는 그대 의 날을 새롭게 시작하라. 초월(初月)의 아기 같이 번성할 것이다...젊어져서 새롭게 태어날 것이 다.'" [제Ⅲ장]

매켄지(D. A. Mackenzie)는 프레이저(J. G. Frazer)의 '황금가지' 이론과 이집트 아비도스 (Abydos) 명문(銘文)을 서로 대조시켜 일반인이 쉽게 납득할 수 없는 예수의 '**최후의 만찬**' 의례를 깨끗이 설명해 냈다. 기독교의 교조 예수는 이집트 오시리스(Osiris)와 불간분의 관계에서 성립했 다는 주장이 그것이다.

⑤ '바니하산(Beni-hassan) 공향도(供香圖)'와 아브라함

"새로운 유형의 얼굴들이 왕가에 나타기 시작했다. 그것은 당시에 더 작은 조상(彫像)으로 제시 되어 있다. 이 문제는 다음 장(章)에서 다루질 것이다. **유목민(Nomadic)도 이집트에 정착했다. 크누무호텝(Khnumuhotep, '크누무 신이 만족하신다.')이라는 영주(領主)의 유명한 베니하산 (Beni-hassan) 무덤에, 파라오에게 향을 바치는 유대인(Semites)의 무리를 그린 벽화가 남아 있어 흥미롭다. 유대인들은 그들의 부인과 가족들을 대동했는데, 유대인들은 복지(福地)에 영주 (英主) 선량한 속민이 되기를 바라는 것처럼 그려져 있다.**" [제ⅩⅦ장]

이집트 초기부터 파라오를 중심으로 '피라미드 건설'은 그들 시대의 '문화적 업적 종합'이었다. 그런데 팔레스타인에 근거를 두었다는 이스라엘이 '**이집트에로의 유입(流入)**' 문제는 사실상 '**이스 라엘 역사 시작**'을 알리고 있다.

⑥ 이시스(Isis)와 '성모(聖母)'

"우리가 "튜턴" 설화라고 한 것은 아시아적 요소를 지니고 있는데, 거인이란 "위대한 아버지"이 다. 그리고 우리가 "켈트 식(Celtic)"이라 하는 지중해식 거녀 신(giantess, 巨女 神) 대모(Great Mother)가 있다. 델타 지중해 사람들은 이시스(Isis) 네이트(Neith) 부토(Buto) 바스트(Bast) 같은 여신을 가지고 있다." [제ⅩⅣ장]

"원시 나일 강의 신중에 인간 신 오시리스(Osiris)는 달의 신, 남성 신의 속성으로 흡수되었다.

다른 한편 이시스(Isis)는 하늘과 물의 여신 누트(Nut), 양육의 대지의 여신 네이트(Neith)와 통일되었다." [제 XXII 장]

이집트에서는 그 고유 '다신(多神) 숭배' 속성 상 역시 여러 여신들이 존재했으나, 항상 '이시스(Isis)'와 연동이 되었고, 그 여신은 희랍 로마 신화와 연동되면서 '미모의 여신' '성모(聖母)'로 정착했음을 볼테르 시대부터 지적이 되었다.

⑦ 요셉(Joseph)이 발휘한 경영 정책

"요셉(Joseph)은 봉건 제도에 부당하게도 보일 수도 있는 '돈'을 가지고 '왕관'을 얻으려고 나일강 연안의 델타 지역으로 들어갔다. 그러나 봉건제도에서 하나의 예외가 있었으니, 그것은 '사원(寺院)들에 소속된 땅'이 그러했다. 명백히 파라오는 '사제(司祭)들'과 화해를 하려했는데, 그 사제들의 정치적 영향력이 막강하여 파라오는 사제들에게 자유로운 곡물 공급을 허락하고 있었던 점이다. ['파라오'와 '사제들'의 특별한 관계] 정말 파라오는 '**온(On) 사제 포티페라(Potiphera)의 딸**'을 요셉의 아내로 앞서 선택을 하게 했었다...요셉(Joseph)이 왕실 노장(老長)들의 인도를 따랐음은 물론이다. 그러나 요셉(Joseph)에게 단일한 지성과 억센 힘이 없었다면 그처럼 다양한 부담스런 임무를 수행할 수가 없었을 것이다. 요셉(Joseph)은 풍년 기에 농업을 육성하여, '**헤아릴 수도 없는 바닷가 모래처럼 많은 곡식을 수확하게 했다**.'....그 후 7년의 기근(飢饉)이 왔다. '그래서 전 이집트 땅에 기근이 오니, 백성들은 파라오에게 먹을 것을 달라고 소리쳤다....그래서 요셉(Joseph)은 모든 창고를 개방하여 곡식을 이집트인에게 매각했다.' 엄청난 부(富)가 그 '재무 장관(Imperial Exchequer)'에게 쏟아져 들어왔다. '만국(萬國)이 곡식을 구하러 이집트 요셉(Joseph)에게로 왔다.' 중요 지역에도 건조기(乾燥期)가 왔고, 그것은 유목민이 이동을 하게 했는데, 그것은 아시아의 정치적 상황의 급변에 영향을 주었다." [제 XXI 장]

매켄지(D. A. Mackenzie)는 '구약의 서술을 '이집트 역사적 상황'으로 동시에 드러내어 '이스라엘 역사'를 명시하는 방법을 썼다. 이스라엘의 특징은 '유일신에 선진 경영 능력인'이고 이집트 파라오는 '창고가 넉넉한 세상에 큰 부자로 천하에 모든 사상가 재사(才士)들이 그 앞에 재주자랑을 늘어놓은 '신의 전권을 휘두르고 있는 존재'였다.

요셉(Joseph)은 파라오의 '재무 장관(Imperial Exchequer)'으로 그 능력을 발휘하여 파라오에게 신임을 획득했다.

⑧ '절대주의' '현세주의' 대립

"[이스라엘의] 힉소스(Hyksos) 통치 후반기에, 사학자 마네토(Manetho)가 알려주고 있는 제17왕조[1650~1550 b. c.]의 테베의 왕들(Theban princes)은 앞서 상부 이집트 좋은 자리에서 공물(供物)을 바치고 있었던 영주(領主)들이었다. 누비아(Nubia)로부터 보장을 받고 영주(領主)들의 도움을 얻어 그 **테베의 왕들(Theban princes)은 갑자기 그들의 압제자들[힉소스(Hyksos)]에게 반란을 일으켜 '[이집트] 독립 전쟁(War of Independence)'을 시작하여 25년을 계속했다.**" [제 XXI 장]

"지금 세케네느라(Sekenenra)왕은 남쪽의 왕이다....[병참(兵站)의] 도시에는 불순한 아시아 족들이 있었고, 아페파(Apepa)가 아바리스(Avaris)의 왕이었다. 그들은 그 땅에서 제 맘대로 행하여 이집트에 좋은 것을 모두 즐겼다. 수테크(Sutekh) 신은 아페파(Apepa)의 주님이니, 그는 수테크(Sutekh) 신만을 섬기고, 그를 위해 튼튼한 사원을 세웠다....그는 매일 수테크(Sutekh) 신에게 제사를 지내고 공물을 바친다...그 아페파(Apepa)가, '남부의 도시' 테베(Thebes)의 왕 세케네느라(Sekenenra)에게, 여러 유식한 서기관과 긴 회합 끝에 작성한 문서를 소지한 사자를 보낸 것으로 이어졌다...세케네느라(Sekenenra)는 물었다. '무슨 명령을 가져왔는가? 무엇 때문에 이렇게 찾아왔는가?' 내용은 이러했다. **'라아페파 왕(King Ra Apepa)은 그대에게 말한다. : 물소들(hippopotami)을 테베 시의 연못으로 놔 보내라. 짐(朕)은 그 물소들(hippopotami)의 소리 때문에 낮이나 밤이나 잠을 잘 수가 없노라.'** " [제 XXI 장]

유일신 '수테크(Sutekh)'를 받드는 힉소스 왕이 전통적으로 '[물소 숭배까지 포함한다]신교' 왕 세케네느라(Sekenenra)에게 '개종(改宗)'을 강요한 것이 이집트 '25년 독립전쟁'으로 이어졌다는 것이다. 그래서 [이스라엘의] 힉소스(Hyksos)는 '팔레스타인' 지역으로 되돌아가게 되었다.

⑨ '힉소스 탈출'과 '출애굽'

"'출애굽(Exodus)'은 확실히 제18왕조 초기 토트메스(Thothmes) Ⅰ세[1592~1492 b. c.] 때 행해졌으니 아메스(Ahmes)가 아바리스(Avaris)에서 아시아 종족을 축출한 이후이다." [제 XXI 장]

'이스라엘 역사'에서 '출애굽(Exodus)'의 시기와 장소 확인은, 그 '신화(神話)시대'에서 '역사 시대'로 정착시키는 작업의 시작이다.

⑩ 이집트의 시리아 정벌과 '아마겟돈'

"토트메스(Thothmes, Thutmose, 1458-1425 b. c.) Ⅲ세에 의해 행해진 시리아 원정에서 가장

큰 승리는, 유대인의 이사카(Issachar) 영역 메기도(Megiddo, Armageddon)에서 포획을 행한 것이다. 제즈렐(Jezreel) 평원에 자리 잡은 그 견고한 요새지는 군사적 요충지로 북쪽 팔레스타인의 '열쇠'였다. 카르멜(Carmel) 고지를 넘기 위해서는 그곳으로 가야하고 '키나(Kina) 개울'로 둘러싸여 있고, 그 개울은 키손(Kishon) 강으로 흘러들고 있다. 이집트 군대는 메기도(Megiddo)로 통하는 두 개의 길에 이르렀다. 전투는 그 다음날 키손(Kishon) 강 강둑에서 벌어졌다. 토트메스(Thothmes) Ⅲ는 승기(勝機)를 타서 적들을 물리쳐서 적들은 어지럽게 메기도(Megiddo, Armageddon)로 도망을 쳤다. 만약 이집트 군사들은 승리의 노획물 획득에 열을 내지 않았더라면 이집트 군사들은 메기도(Megiddo)를 함락시켰을 것이라고 토트메스(Thothmes) Ⅲ세는 뒤에 회고를 했다. 메기도(Megiddo, Armageddon) 포위가 오랜 동안 지속이 되어 적들은 결국 굶주림 끝에 항복을 했다. 그 왕들은 파라오 앞에 충성을 맹세했다. 적들은 여왕 하트세프수트(Hatshepsut) 통치가 종료될 때까지 공물(貢物)을 바쳤다. 토트메스(Thothmes) Ⅲ세는 다양한 반란 군주의 장남들을 인질로 잡아 테베로 데리고 왔다. 노획물은 전차 900대 갑옷 200벌과 많은 금과 은이었다. 귀국하기에 앞서 토트메스(Thothmes) Ⅲ세는 레바논에 3개 도시를 점령하고 북부 팔레스타인 통치권을 확보하였다." [제 XXⅡ 장]

매켄지(D. A. Mackenzie)는 아시아 [이스라엘의] 힉소스(Hyksos)에서 '말 사육(飼育)'과 전차(戰車) 제작 술을 획득한 이집트 파라오 토트메스(Thothmes, Thutmose, 1458-1425 b. c.) Ⅲ세가 소수 종족들의 히타이트들(Hittites)의 본거지 **메기도(Megiddo, Armageddon)를 점령하다는 이야기**는 '거대한 제국주의 세력 다툼'에 그대로 노출된 '이스라엘 역사 아픔'을 드러내는 '그 슬픈 역사의 시작'이었다.

⑪ '히타이트(Hittites)'와 이집트의 평화협정

"제18왕조 말기에 히타이트들(Hittites)이 남쪽으로 팔레스타인으로 밀고 내려와 이집트 국경을 위협하기까지 했다. 정말 거대 히타이트들(Hittites) 식민 인들은 수테크(Sutekh)와 아스타르테(Astarte)가 주신(主神)인 타니스(Tanis)에 정착했던 것으로 보인다. 람세스(Rameses) Ⅱ세는 히타이트(Hittites)의 왕 사파룰(Sapalul, Shubiluliuma)과 평화협정을 맺었다.[1271 b. c.]" [제 XXⅦ장]

이미 말과 전차 사용법을 익힌 이집트는 원래부터 지닌 '제국주의' 근성을 그대로 노출하여 제19왕조 람세스 Ⅱ세(Ramesses II the Great, 1279-1213 b. c.) 때에는 아시아에서도 이집트 세력을 감당할 제국(帝國)이 없는 형편이었기에 '평화 협정'은 '국가와 국가 간의 필요'에 의해 달성되는 것이므로 궁극적으로 '실용적 경제적 이득'을 우선하는 공통 목표에서 성립이 되었다.

⑫ 시리아인의 이스라엘 탄압

"팔레스타인들은 남쪽으로 이동을 했고, 잠시 유대인을 지배하기도 했다. 팔레스타인 사람들이 철(鐵)을 소개했으나, 그 사용을 그들의 이웃에 한정했던 사실이 '성경'에 나타나 있다.

이스라엘에는 대장장이가 없었다. 팔레스타인 사람들이 말했다. 유대인들이 칼과 창을 만들게 해서는 아니 된다. 그러나 모든 이스라엘들은 그의 보습이나 괭이를 날카롭게 하려면 팔레스타인 사람들을 찾아야 했다. 그래서 전쟁을 할 때에 사울(Saul)과 조나탄(Jonathan)과 함께한 백성들의 손에는 칼과 창이 없었으나, 사울(Saul)과 조나탄(Jonathan) 그 아들의 손에만 칼과 창이 있었다. ('사무엘 Ⅰ', xiii, 19~22)" [제 XXⅣⅧ장]

'인간들의 경쟁'은 사실상 무한대로 펼쳐지니, 그것에 어떻게 대응할 것인가가 항상 문제이다. 이스라엘 등은 이집트와의 경쟁을 중단하고 나니 약소 종족들[이스라엘과 팔레스타인] 간에 다시 경쟁이 펼쳐진 것이다.

⑬ 승리의 다윗 왕

"유대인들은 그들 역사의 시작의 단계에서 상업적 '곤경'을 체험을 했다. 유대인 교사(教師)들은 세계의 가장 오래된 문명을 대표하는 유럽인들이었다.[26] 그 억압을 다양한 종족들의 억압을 견뎌야 했고, 그 사울(Saul, 1078-1010 b. c.) 통치 아래서 유대인들은 팔레스타인 사람들에게 공동으로 대응을 했었다. 아마 외국인 핏줄인 잘 생긴 **미남 소년 다비드(David, 1010-970 b. c.)는 유다(Judah)와 이스라엘(Israel)을 규합했고**, 크레타 정착민[팔레스타인] 지배를 끝장나게 하였다. 팔레스타인 사람들은 그 거주가 해안가로 제한되었고, 철(鐵)의 독점도 종식이 되었다." [제 XXⅧ장]

'이스라엘 역사'는 사실상 다윗(David) 왕의 출현으로 '독립 국가'로 처음 명시된 셈이다. 물론 '현세주의' '무력'을 바탕으로 이룩한 결과이다.

⑭ 솔로몬과 파라오 '셰송크'

"사제들의 선택 자인 **솔로몬(Solomon, 970-931 b. c.)**은 용병(傭兵)을 포함한 강력한 군사력의 지지를 받는데, 이집트 제18왕조 파라오들을 모방하여 위대한 군주가 되었다. 남부 시리아에서 '솔로몬(Solomon)의 우위'는 이집트와의 연합으로 지속이 되었다.

-그래서 **솔로몬(Solomon)은 이집트 왕 파라오[셰송크(Sheshonk, Shisak, 943-922 b. c.)]와**

---

26) "국가 기록 유물"(크레타) -예레미야, xlⅶ, 4.

친하게 되었고, 파라오의 딸을 다비드 도시로 데려 왔는데, 솔로몬(Solomon)은 궁실 건립을 끝내고 주님의 성전과 예루살렘 성곽을 다 쌓을 때까지 이집트 파라오와 연대(連帶)를 하였다.-('열왕 I', iii, 1)

솔로몬(Solomon)이 알았던 그 파라오는 '셰송크(Sheshonk, Shishak, Shoshenq I, 943-922 b. c.)'로 힘차고 성공적인 왕으로서 이집트에 평화를 정착했던 왕이었다. 그는 유대인의 '완충(緩衝) 국'과 이집트 사이에 국경을 두고 강력한 힘으로 국경을 지키고 있었다. 그 때 셰송크는 (독립된 도시 국가) '게제르(Geger)'를 차지했고, '거기를 불 지르고 그 도시에 거주하는 가나안 사람들(Canaanites)을 죽였고, 솔로몬의 아내인 그 딸에게 주었다.'('열왕기 I' ix, 16)" [제XXVIII장]

사실상 '성경'만 반복해 읽은 사람은 '절대주의자'와 '다윗' '절대주의자'와 '솔로몬'에만 관심이 주어져, 어떻게 그 '다윗'과 그 **'솔로몬'이 어떠한 국제적 역학 관계에서 '독립 국가'로서의 '이스라엘 면모'를 회복했지 알 수 없게 된 것이, 그 '성경 서술'의 한 특징이다.**[모두 '절대자의 뜻'으로 귀속이 되어 있음]

매켄지(D. A. Mackenzie)는 '솔로몬과 연대한 리비아 출신 최초의 파라오 셰송크(Sheshonk, Shisak, 943-922 b. c.)의 전략적인 측면'을 공개함으로써 이스라엘의 제일 자랑인 **'솔로몬의 영광 시대'**가 어떻게 열렸고, 종식이 되었는지를 구체적으로 이해할 수 있게 된다. '절대주의' '일방주의'가 위태로움은 '솔로몬과 셰송크'의 관계 설명만으로도 다 볼 수 있다. 실로 **매켄지(D. A. Mackenzie) 행한 '솔로몬과 연대한 책략가(策略家) 셰송크(Sheshonk, Shisak) 설명'만으로도 지상(地上)의 '모든 신비주의' '관념주의'를 다 초극할 수 있다.**

⑮ 솔로몬과 '예로보암(Jeroboam)'

"그 셰송크(Sheshonk)가 가장 필요한 것은 '돈'이었는데, 그는 무엇보다 '강한 기동 타격 용병(傭兵)들'을 유지해야 했기 때문이다. 셰송크(Sheshonk)는 솔로몬 왕국에 축적된 부를 틀림없이 선망(羨望)했는데, 기회가 생기자 즉각 [솔로몬 왕국의]내정을 간섭하려들었다. 셰송크(Sheshonk)는, 솔로몬이 부과한 무거운 세금에서 벗어나고자 한 이스라엘 지도자 예로보암(Jeroboam)에게 호의(好意)를 보였다. -그래서 솔로몬은 예로보암(Jeroboam)을 죽이려 했다.-('열왕기 I', xi, 40). 예로보암(Jeroboam, 931-910 b. c.)이 왕위에 오를 때, 예로보암(Jeroboam)은 압박 받았던 열 종족을 기대어 기뻐했으나, 새 왕[솔로몬의 아들]은 -내 작은 손가락이 우리 아버지[솔로몬 왕] 허리보다 더욱 두꺼울 것이다.-라고 말했다. 반란이 이어져 예로보암(Jeroboam)은 북쪽에서 왕이 되었으니, 명백히 이집트 왕 셰송크(shishak, Sheshonk)의 지원을 받았을 것이다.....셰송크(Sheshonk)는 침략의 기회를 재빠르게 포착했다. 셰송크(Sheshonk) 연대기에 의하면 셰송크(Sheshonk)는 팔레스타인으로 쳐들어가 손상을 가했다. 셰송크(Sheshonk) 용병(傭兵)들은 오론테스(Orontes) 강까지 진격을 했다. 셰송크(Sheshonk)는 예루살렘을 약탈하고 -주님 성전의 보물을 가져가고 솔로몬이 제작했던 황금 방패들 다 가져갔다.-('열왕기 Ⅰ' xiv, 25~6)" [제 XXVⅢ장]

전략가[파라오 셰송크(Sheshonk)]에게는 항상 세상 만물이 '자신의 성공을 위한 수단일 뿐'이다. 이집트 역대 파라오의 진면목(眞面目)이 셰송크(Sheshonk)에게도 그대로 발휘되었을 뿐이다. 그는 당당히 제22왕조를 열어 2백년을 지속시켰다.

⑯ '호세아' 왕과 파라오 '샤바카'

"제25왕조[705~656 b. c.] 최초 에티오피아 출신 파라오 **샤바카(Shabaka, 705~690 b. c.)**가 전 이집트를 통치했고, 그 군사력으로 북쪽 소왕(小王)들의 충성까지 확보를 했다. 샤바카(Shabaka)는 '성경'에 -그래서 그가 이집트 왕이 되었다.-고 진술이 되어 있다.('열왕기 2' xvii, 4)

그런데 **시리아와 팔레스타인은 바빌로니아 메소포타미아 소아시아와 더불어 '거대 왕국 아시리아(Assyria)'의 속국(屬國)이 되었다.** 이에 에티오피아 출신 파라오 **샤바카(Shabaka)**는 남부 시리아까지 경계 확장을 꿈꾸기도 하고 아시리아(Assyria) 침공에 이집트 완충국으로 만들려고 생각했다. **샤바카(Shabaka)**는 그 소국의 왕들과 동맹을 맺었다. 그 소국의 왕들 중에는 **'이스라엘'의 호세아(Hoshea)왕**도 포함이 되었었는데, 그 호세아(Hoshea)왕은 이집트의 지원을 믿고, -해마다 아시리아 왕에게 바치는 공물(供物)을 가지고 가지 않았다.-('열왕기 2' xvii, 4)" [제 XXVⅢ장]

역사가 이미 진행된 다음에 사람마다 쉽게 그들의 '역사적 안목'에 자신감을 갖기 쉽고, 더욱이 '먼 이방의 소국(小國) 운영'에는 쉽게 '국운(國運)들'을 짐작하게 마련인데, '여러 종파가 세운 북부 이스라엘'이 '이집트'를 믿고 지배국 아시리아 왕에게 '공물(供物)'을 내지 않았다는 사실은 관심을 가질 만한 사항이다. **'무력을 지닌 제국주의자들'은 동서고금(東西古今)에 그 '공물(供物)'을 '마땅한 인사(人事)'로 생각한다는 점은 역시 불변의 철칙(鐵則)이다.**['돈'으로 '세계 운영'을 행한다.]

⑰ '호세아' 왕과 [아시리아] '사르곤 Ⅱ세'

"아시리아 사르곤(Sargon) Ⅱ세[722-705 b. c.]는 전란이 생길 것을 예상하여 주변 소국들을 황급히 진압했다. 사르곤(Sargon) Ⅱ세는 소국(小國)의 왕 하마트(Hamath)의 일루비디(Ilu-bi-di)를 생포했고, 이집트 군사를 격퇴시키고, 가자(Gaza)왕 하노(Hanno)를 잡고 그 '호세아(Hoshea)왕'도 포로로 잡았다. 그래서 사르곤(Sargon) Ⅱ세는 27290명의 이스라엘 사람과 "열개의 사라진 종족들"을 메소포타미아와 메디안(Median) 고지대에 분산 배치했다. '거대한 골칫거리 사람들'이 바빌로니아에서 선발되어 **사마리아(Samaria, 이스라엘 수도)**로 들여보내졌고, 거기에 정착해 있는 종족들과 서로 섞이었다. 이렇게 '북부 히브리 왕국'[이스라엘 왕국]은 망했다. 유대(Judah) 왕국은 이후 1세기 반 동안 존속을 했다." [제 XXVIII장]

사실상 '절대주의' 종족 '이스라엘 역사'는 의미심장하다. <u>그 '유능한 종족'이 '현세주의'를 채용할 때는 '최고의 영광의 시대[솔로몬 시대]'를 맞았지만, 부질없이 '외국[이집트]을 믿어 자체 외교에 소극적'이었음은 마땅히 반성을 해야 했다.</u>

⑱ '헤제키아'와 파라오 '타하르카'

"[제25왕조] 제3[최후]의 에티오피아 출신 파라오 **타하르카(Taharka**, Taharqa, 690~664 b. c.)는 어머니가 흑인이었고, '성경'에는 '티라카(Tirhakah)'로 언급이 되어 있다.('이사야', xxxvii, 9) 샤바카(Shabaka)처럼 **타하르카(Taharka)**도 아시아 정치에 적극적으로 나서 티레(Tyre) 왕 룰리(Luli), 유다(Judah) 왕 **헤제키아(Hezekiah, 716-686 b. c.)**와 동맹을 맺었다. **타하르카(Taharka**, Taharqa)는 자신을 '최근의 사르곤(Sargon)'이라 일컫고 살해당한 그의 아들 세나케리브(Sennacherib)와 함께 통치 초년에 발생한 몇 번의 반란을 진압했다. 이오니아 사람들(Ionians, 희랍인들)이 킬리키아(Cilicia)로 쳐들어 왔으나, 진압이 되었다. 뒤에 많은 죄수들이 니네베(Nineveh)[아시리아 수도]로 보내졌다. 문제가 바빌로니아에서 지속적으로 발생하여, 거기에서 '아시리아의 우위'는 칼데아 사람(Chaldeans)과 엘람 족(Elamites) 아람 족(Aramaeans)의 연합으로 위협을 받고 있었다. 바빌로니아 영유권을 주장하는 자들이 나타났고, 통치자 세나케리브(Sennacherib) 형제가 살해되었고, 도시가 포위당하여 포로가 되었다. 그 '영유권 주장자'는 메로다크발라단(Merodach-Baladan)인데, 이집트 시리아 연맹에 관련된 인물로서 세나케리브(Sennacherib)는 그가 칼데아(Chaldea)를 정복하자마자 거대한 반란을 획책하여 서쪽으로 밀어 넣을 필요가 있다는 것을 알았다. 메로다크발라단(Merodach-Baladan)은 티레(Tyre)를 빼고 전 페니키아를 정복했으나 룰리(Luli) 왕은 키프로스(Cyprus)로 망명을 했다. 메로다크발라단(Merodach-B aladan)은 서둘러 남쪽으로 향하여 동맹군을 깨뜨렸는데, 그 동맹군은 파라오 **타하르카(Taharka)** 군사가 포함되어 있었고, 유다(Judah)의 여러 도시를 점령하고 예루살렘을 포위했다. **유다(Judah) 왕 헤제키아(Hezekiah**, 716-687 b. c.)는 항전을 펼쳤으나, 아시리아를 고려하여 메로다크발라단(Merodach-Baladan)과 휴전하고 뒤에 니네베(Nineveh)로 큰 선물을 보냈다. 그 이후 '성경'에 의하면 특공대를 발동했던 것 같으나 그것도 소용이 없었으니, 세나케리브(Sennacherib) 군사가 전염병으로 망했기 때문이다." [제 XXVIII장]

중국(中國)의 '전쟁론'에 '**중과부적(衆寡不敵**, 많은 군사와 소수 군사는 싸워도 소용없다. -소수가 망하게 마련이다.)'이란 말이 있다. '유다(Judah) 왕 헤제키아(Hezekiah)'는 유능한 왕이었을 것이나, 당시 현실적 상황은 '소수종족'으로는 이길 수 없고, 더구나 혹시라도 그러한 상황에 '신비주의' '절대자의 힘'을 말하면 '야만 무식의 소치'밖에 되지 않는다.

　매켄지(D. A. Mackenzie)는 '성경' 기술을 존중하고 그 이스라엘 정서에 많이 동조했으나, '절대자[여호와]의 힘'은 하나도 인정하지 않았다.

⑳ 이집트를 병합한 아시리아 왕 '아슈르반니팔'

　"기원 전 674 년경에 그 젊은 아시리아 왕[아사르하돈]이 힘찬 시리아 원정을 행하였고, 이집트로 쳐들어가 그 왕의 근심 뿌리를 공격하여 20 개로 분할하였는데 그 이집트 통치자들의 우두머리는 사이스(Sais) 거주의 반(半) 리비아인 네케(Neche)였다. 에티오피아 출신 파라오 **타하르카(Taharka, Taharqa, 690-664)**는 그 왕국을 되찾으려고 애를 써서 아시리아 왕 아사르하돈(Assarhaddon, 681-669)은 강력한 군사를 이끌고 나와 그와 협상을 하려했으나 원정 중에 아사르하돈은 사망했다.

　몇 년 뒤에 새로운 아시리아 왕 **아슈르반니팔(Ashurbanipal, 668-627 b. c.)**은 멤피스에서 타하르카(Taharka)를 패배시켰다. 에티오피아 출신 파라오[타하르카]와 도모했던 사이스(Sais)의 네코(Necho)는 용서를 받고 이집트에 왕의 대행자로 지명이 되었고, 이집트는 아시리아 영토가 되었다." [제 XXVIII 장]

　'국가운영' '세계경영'에는 오직 '힘의 지배'가 있을 뿐이라는 사실을 '이집트 역사'와 '이스라엘 역사'는 명시하고 있다.

　그 '**강력한 힘은 과학과 경제가 연합된 유기적인 상호 신뢰로 축적해 올린 결과들**'이니, 그 최고 방향타(方向舵)에 국가 경영자들의 마음[정신]과 개별 국민정신들이 상시(常時) 집중이 되고 있어야 할 것이다.

제6장 매켄지의 시각과 탐구 성향

영국의 탁월한 지성(知性) 매켄지(D. A. Mackenzie)는, 1765년 프랑스의 볼테르(Voltaire)의 '**역사철학**(The Philosophy of History)'과 1851년 포콕(E. Pococke)의 '**희랍 속의 인도**(India in Greece)'에 이어 1913년 자신의 '**고대 이집트 역사**[Egyptian Myth and Legend]'를 저술하여 '영국의 합리적인 세계 경영술'과 '인류 세계 문화의 새로운 전개'를 위한 든든한 정보(情報)를 다량으로 제공한 행운의 저술가였다.

매켄지(D. A. Mackenzie)가 그의 '고대 이집트 역사[*Egyptian Myth and Legend*]'에서 보여준 그의 '저작 성향'을 요약하면 무엇보다 볼테르(Voltaire)가 그의 '역사철학(*The Philosophy of History*)'가 확립해 놓은 '**과학주의**'와 '**개별종족주의 존중**', '**경제일주의**' 정신을 계승하여 '고대 이집트 역사[*Egyptian Myth and Legend*]'를 저술했다는 것이 그 가장 큰 장점이었다.

그러나 매켄지(D. A. Mackenzie)는 포콕(E. Pococke)이 '희랍 속의 인도(*India in Greece*)'에서 보여준 '사해동포주의' '지구촌 주인정신'까지는 과감하게 진출하지 못 하고, '지중해 중심 론', '기독교 중심 론', '영국 중심 론'에 머물러 있었던 것은 역시 그의 저술상의 특징을 보여주고 있는 사항이다.

한편 매켄지(D. A. Mackenzie)의 '고대 이집트 역사[*Egyptian Myth and Legend*]' 저술 연대(1913년)를 감안하면, 지금[2020년]부터 1세기를 앞선 제1차 세계대전 이전의 저작이었다. 당시에 '한국'은 '암울의 식민지 통치시대'에 이제 막 진입을 해 있었던 때였다. 그러한 혼란된 사상의 와중(渦中)에서, 앞서 '**선진 세계 경영 정신**'에 선착한 영국 매켄지(D. A. Mackenzie)의 안목은 **실로 탁복할 만하고 모든 것을 맡겨 기꺼이 학습을 해야 할 명백한 '인문학에서의 세계적인 선구자**'였음은 의심할 나위가 없다.

그리고 그동안 인문사회 학자들과 '절대주의' 3교[힌두교, 불교, 기독교]에서 '육체 무시' '여성 무시'로 논술이 치우쳐 있었는데, 매켄지(D. A. Mackenzie)는 그의 '고대 이집트 역사[*Egyptian Myth and Legend*]'에서 '**육체 존중**' '**여성[聖母] 존중**'으로 그 가톨릭의 원리를 제대로 살려내었던 것은 매켄지(D. A. Mackenzie)의 예리한 안목이 아니면 아무도 다 읽어낼 없는 세밀한 그 두뇌의 작동의 공적이라 해야 할 것이다.

그러한 매켄지(D. A. Mackenzie)의 '세계사 연구 업적들'을 군이 항목별로 다시 짚어 보면 다음과 같다.

① 과학주의

모든 분야에서의 '**과학적 탐구**'는 '기존한 탐구와 업적들'을 성실하게 검토 학습할 필요가 있다. 그것이 제대로 행해지지 않을 경우, 남이 이미 훌륭하게 이룩해 놓은 바에 쓸데없이 '헛수고'를 할 염려가 있고, 그것을 제대로 행해야 더욱 '효과적인 결론'에도 도달하는 행운도 획득을 할 수 있다.

주지하다시피 '이집트 문화'는 로마가 '기독교'를 '국교(國敎)'로 채택한 이후 고의로 '외면' '무시'가 자행이 되며 오늘날에까지 이르렀다. 그렇지만 뉴턴(Newton)의 '프린키피아(the Principia, 1687)' 이후 전개된 '과학주의' '세계화' 물결은 어떠한 개인과 집단의 힘으로 인류의 '인권'과 '자유'를 향한 욕구들을 막을 수 없게 되었고, '인류를 위한 정보(情報)들'을 막고 방해할 수 없게 하였다.

그러므로 '**이집트인들이 소지한 문화 정보(情報)들**'도 역시 그 예외로 남아 있을 수 없었으니, 매켄지(D. A. Mackenzie)는 그러한 사정을 누구보다 정확하게 수용하여 그의 '고대 이집트 역사[*Egyptian Myth and Legend*]'를 집필함에 있어 마네토(Manetho, b. c. 250년 이집트 사제)의 '이집트 사(*Aegyptiaca, History of Egypt*)'와 헤로도토스(Herodotus, 484~425 b. c.)의 '역사(*The Histories*, 440 b. c.)'에서부터 매켄지(D. A. Mackenzie) 당대의 이집트 연구 업적들을 비판적으로 수용하여 '이집트 문화 정보(情報) 총람(悤攬)' 마련에 모범을 보였다.

② 개별 종족 국가주의 인정

'과학적 탐구자'는 우선 '불필요한 선입견'은 스스로에게도 해롭다는 점을 확신하고 있으나, 우선 '탐구 대상' '추구 대상에 대한 흥미와 애정'의 지속 속에 그 탐구가 성공하게 됨으로 '과학자'인 '역사가'도 그 탐구 대상에 대한 '흥미' '관심' '애정' 속에 더욱 [인류에] 바람직한 결론에 도달할 수 있다.

그런데 '**고대 이집트 문화**', 여타(餘他) 지역에서 확인할 수 없는 '**피라미드' '미라' 등 특유의 문화적 유산을 소유하고 있는 지역이고 종족의 문화였다**.

그동안 그들에 대한 '무시'와 '부정(否定)'들이 이집트 문화 자체에 대한 부정으로 이끌려졌다. 이러한 '종족적' '지역적' '문화적' 편견들이 고집이 될 때는 '무서운 암흑의 과거'로 회귀함도 막을 수 없는데, 그만큼 '**세계경영의 안목**'에서는 후진하게 마련이다.

즉 '세계 인류 문화 건설'이라는 위대한 안목으로 '개별 지역 종족의 문화'를 배려할 수 있는 자의 안목이 '역사 학도의 필수 안목'이어야 하니, 매켄지(D. A. Mackenzie)는 '고대 이집트 역사[*Egyptian Myth and Legend*]'에서 그 **파라오들이 행한 '피라미드' '미라' 만들기가 오히려 인간 보편의 '현세주의' '보편적인 욕망 표현'으로** 해석을 해 보였다.

③ 군권(軍權) 긍정

인류의 고전 '마하바라타(*The Mahabharata*)'에서 명시되었고, 이어 플라톤의 '국가' 헤겔의 '역사철학'과 영국의 '엘리자베스 왕조' 이후 '국가 경영의 실체'는 '무력(武力) 통치 문제'이다. 이를 탁월한 역사가 매켄지(D. A. Mackenzie)는 그의 '고대 이집트 역사[*Egyptian Myth and Legend*]'에서 그 문제를 '역사 서술의 중핵'에 두어 '고대 이집트 문화 주체 파라오의 권위'로 말하여 그 저술을 영원히 '살아 있는 이집트 역사'가 되게 하였다.

④ 경제 제일주의

'경제 제일주의', 이 문제는 태초의 인류가 아닌 '생명체'도 알았고, 21세기 '세계인들이 공감하고 있는 영역'을 기존 절대주의 3교[힌두교, 불교, 기독교]는 '육체 무시' '현세 부정'을 최고의 덕목으로 강조하여 그것을 무시하는 것을 능사로 알게 하였다.

위대한 볼테르(Voltaire)는 그의 '역사철학(*The Philosophy of History*)'에서 '종족의 보존'과 '번영'을 '역사 서술의 목표'로 확정해 놓음으로써 '시민 중심' '자유중심'의 문제의 중핵에 '자본(資本)'을 두었는데, 매켄지(D. A. Mackenzie)는 그의 '고대 이집트 역사[*Egyptian Myth and Legend*]'에서 힘도 드리지 않고 '농업중심' '곡물자본 중심'의 '이집트 파라오 정치 중심'을 자연스럽게 서술해 내었다.

즉 매켄지(D. A. Mackenzie)는 '풍성한 이집트 보리농사 결과'로 '원시 유럽 문화' '중동의 문화'를 간단히 휘어잡은 이집트 파라오의 위력을 담담하게 서술해 내려갔다.

한 마디로 **'풍성한 이집트 곡물' 앞에 '선교사' '사상가' '정치(경영)가' '무사(武士, 傭兵)' '미인' '예술가'가 달려와 파라오 앞에 줄을 섰음을 제대로 다 밝혔으니,** 그러한 현상은 오히려 [한국의 경우]21세기가 되어 비로소 짐작이나 하게 된 것이니, 어찌 놀랍지 않는가.

⑤ '도덕 지향[절대정신]'과 '쾌락주의[현세주의]'-동시주의

매켄지(D. A. Mackenzie)가 '고대 이집트 역사[*Egyptian Myth and Legend*]'를 통해 전한 '놀라운 정보(情報)'는 실로 한두 가지가 아니나 '현세주의' 속에서도 중국(中國) 강조한 '도덕주의' '성인(聖人)'[프타호텝(Ptah-hotep)]과 평민출신 '충신(忠臣)'[우니(Uni)]과 '이집트인 우월주의'[세누헤트(Senuhet)]가 그보다 천년을 앞서 이집트에서 펼쳐졌다. 그리하여 매켄지(D. A. Mackenzie)는 '고대 이집트'가 '유럽 문명' '세계문명'의 총화(總和)였음을 다 드러내었다.

128

⑥ '기독교 우선주의'

유럽인은 '기독교'를 국교로 했던 '로마의 속국들'이었기에 오늘날까지 그들의 문화 전반에 '기독교 제일주의' 두루 퍼져 있다. 그런데 '구약 성경'은 '이집트에의 떠남' '출애굽'부터 시작함으로 그 '이집트에 대한 관심'은 '이스라엘에 대한 관심'과 적대적일 수밖에 없다.

그런데 **탁월한 사학자 매켄지(D. A. Mackenzie)는 객관적이고 과학적인 태도로 '이집트인의 역사'와 '이스라엘의 역사'를 깨끗이 독립시켜 기술하는데 성공을 하고 있다.**

⑦ '영국[스코틀랜드] 중심주의'

엘리자베스 1세(Elizabeth I, 1558~1603) 이후 지속적으로 축적해 올린 국부(國富)와 국력(國力)에 힘입어 사학자 매켄지(D. A. Mackenzie)는 여러 저서를 출간한 유능한 저술능력을 자랑하고 있지만 그의 '고대 이집트 역사[*Egyptian Myth and Legend*]'는 단순히 이집트인뿐만 아니라 세계 인류의 지식들이 궁금해 하는 '지역 종족의 역사'를 시원하게 해명을 했던 것으로 그 탁월한 안목과 저술 능력에 감탄하지 않을 수 없다.

그런데 매켄지(D. A. Mackenzie)는 자신의 나라 영국과 스코틀랜드가 세계인에게 자랑스러워 '당시 영국 문화 역사'와 '이집트 고대 역사 문화'를 수시로 동일시(同一視)하여 설명을 펼쳐 읽는 사람이 '이집트 역사 문화 전개'가 눈앞에 펼치듯 쉽게 수용하게 하였다. 그 구체적인을 예를 짚어 보면 다음과 같다.

Ⓐ 세트(Set)에게 부당하게 살해를 당한 오시리스(Osiris) 아들 호루스(Horus)를 셰익스피어의 '햄릿'에 비유하였다.[제Ⅱ장]

Ⓑ 곡식의 신 오시리스(Osiris)가 **스코틀랜드 민요** '맥주(麥酒) 맥(麥)-John Barleycorn'으로 전해짐을 실증했다.[제Ⅱ장]

Ⓒ 이집트를 최초로 통일하여 제1왕조를 연 '나르메르(Narmer)'의 형상을 '소인국(Lilliputians)'에 들어 간 걸리버(Gulliver)처럼, 적들 속에 그 군왕[君王, 나르메르(Narmer)]을 크게 그려내 었다고 설명을 했다.[제Ⅲ장]

Ⓓ 이집트의 대표적인 상업 도시 '멤피스(Memphis)'를 거침없이 '고대 이집트의 런던(London)'이라 규정을 했다.[제Ⅵ장]

Ⓔ 기자(Giza)에 최대 피라미드를 건설한 파라오 쿠푸(Khufu)의 얼굴이 영국 웰링턴(Wellington, 1769~1852) 공작을 연상케 한다고 말했다.[제Ⅹ장]

Ⓕ 제12왕조 이집트의 '황금시대'는 이집트의 '엘리자베스 시대(Elizabethan Age)'라고 할 만하다고 했다.[제XVIII장]

Ⓖ 영국의 '대영박물관(British Museum)'에는 흥미로운 '**힉소스(Hyksos)가 이집트인들에게 수테크(Sutekh) 신 숭배를 강요**'한 파피루스가 보관 기록 문건이 있다고 말했다. [제XXI장] -이것은 매켄지(D. A. Mackenzie)의 '고대 이집트 사(Egyptian Myth and Legend)'가 영국인이 아니고, 그 파피루스(이집트어)에 해독력이 없이는 제대로 적을 수 없다는 매켄지(D. A. Mackenzie)의 긍지를 담고 있는 구절이다.

Ⓗ 스코틀랜드 독립 영웅 **윌리엄 월리스**(William Wallace, 1270-1305)와 이집트 독립 영웅 '**세케네느라**(Sekenenra)'를 동일시했다.[제XXI장]

Ⓘ 이집트인의 팔레스타인 '메기도(Megiddo, Armageddon) 정복 전'을, 토트메스(Thothmes) Ⅲ세는 남쪽과 북쪽의 요새를 지키며 영국의 **넬슨(Nelson)**처럼 '아시아 연합군들의 예상'을 뒤집었다고 말했다.[제XXII장]

Ⓙ 테베(Thebes)에 세워진 토트메스(Thothmes) Ⅲ세의 기념비 중 하나가 지금 콘스탄티노플(Constantinople)에 세워져 있다고 다른 기념비는 로마(Rome)에 있고, 헬리오폴리스에 세워졌던 한 쌍의 기념비는 [지금 -1913년] 하나는 뉴욕에 다른 하나는 **런던 템스 강 북쪽 강둑(Thames Embankment)에 있다고 증언했다.**[제XXII장]

Ⓚ 시인 왕 아케나톤(Akhenaton)은, 시인 셸리(Shelley, 1792~1822)가 되어 뒤에 다시 태어났다고 할만하다고 했다.[제XXV장]

⑧ '지중해 문화권'

매켄지(D. A. Mackenzie)가 '고대 이집트 역사(Egyptian Myth and Legend)'를 저술할 적에 제일 먼저 고려 범위로 상정한 것이 '**지중해 족(Mediterranean race)**'이라는 것이었다. 이집트가 '지중해'로 흘러들어가는 '나일 강' 문화이니, 당연한 전제였다.

그러나 그 '지중해 문화권'이란 매켄지(D. A. Mackenzie) '이집트 역사 서술의 성공'의 '열쇠'였지만 사실상 그 매켄지의 생각을 가두는 '올가미'가 되었다.

즉 **매켄지(D. A. Mackenzie)는 '나일 강 보리 밀 농사 성공'으로 이집트 문명의 근본을 밝히는 데는 성공했으나, 종교 사상적인 측면과 연동해서 논하지 않을 수 없던 '대양(Ra) 신'의 설명부터는 당장 장애를 받을 수밖에 없었다.** 매켄지(D. A. Mackenzie)는 '태양(Ra) 신'이 아시아(바빌로니아 등)에서 온 생각이라는 것을 말하지 않을 없었으나, 일단 '지중해 문화권'을 고집하지 않을 수 없었다.

매켄지의 저술 목록으로 볼 때 '바빌로니아 아시리아의 신화 전설(Myths and Legends of

Babylonia and Assyria, 1915)' '인도의 신화 전설(*Indian Myth and Legend,* 1919)'도 간행된 것으로 미루어 볼 때 아직 '세계사 속에 사상의 흐름' 전체적인 파악이 없는 상태에서 '이집트 종교 사상'이 논의되었다는 것이 그것이다.

간단히 그 중핵만 짚어보면, '고대 이집트'에는 '오시리스(Osiris) 이시스(Isis) 사상' 이외에는 소용도 필요도 없는 종족이었고, '다양한 사원 신전'이 건축된 것은 '이방(異邦) 선교사'에 의해 설득된 파라오의 '개인적 취향'이 절대적으로 반영된 결과였다. 그 점을 매켄지(D. A. Mackenzie)도 다 드러내고 있으니, 이집트인이 어려울 때는 항상 '오시리스(Osiris) 이시스(Isis) 정신에로 복귀(복원)'했음이 그것이다.

더욱 구체적으로 지적하여 매켄지(D. A. Mackenzie)는 '고대 이집트 역사'를 지을 때까지 이미 60년 전에 포콕(E. Pococke)이 '희랍 속의 인도(*India in Greece*)'에서 밝힌 **힌두의 막강한 영향력**'을 전혀 고려하지 못 했다.

그것은 매켄지(D. A. Mackenzie)의 불찰(不察)이기 전에, 유독 '지역주의' '종족주의' '우월주의'를 '최고 신조(信條)'로 가르쳤던 '로마 가톨릭'의 영향이었다.

⑨ '이후 추가된 정보(情報)들'

1913년 매켄지(D. A. Mackenzie)가 '이집트의 신화 전설'을 쓸 때까지 아직 확인하지 못 핸핼 수 없었던 두 가지 분야가 있었으니, 그 하나는 프로이트(S. Freud) 융(C. G. Jung) 정신분석적 영역이고, 다른 하나는 힌두(Hindu)의 '마하바라타(*The Mahabharata*)'와 '지존(至尊)의 노래(Bhagavat Gita)'이다.

특히 '마하바라타(*The Mahabharata*)'와 '지존(至尊)의 노래(Bhagavat Gita)'는 '소위 절대주의(Absolutism)', '유일 신앙'의 최강자로 '절대신 제일주의' '천국중심 사고' '현실부정' '육체 경멸' '언어제일주의' '신에의 헌신'을 그 골자로 명시한 것으로 힌두교뿐만 아니라 불교 기독교가 원래 같은 뿌리라는 것을 한 눈으로 볼 수 있게 하고 있다.

그런데 유독 '가톨릭'이 '육신(肉身) 부활'과 '성모(聖母 마리아)'를 강조하고 있는 경우는 명백히 이집트 '오시리스(Osiris) 이시스(Isis)' 경향을 반영한 것인데, 매켄지(D. A. Mackenzie)의 '고대 이집트 역사(*Egyptian Myth and Legend*)'에서는 그것이 '가톨릭'에 절대적 영향을 주었다고 구체적으로 밝혀 그의 '총명 혜안'을 입증했다.

하지만 매켄지(D. A. Mackenzie)는 1913년 이후에 추가된 인류학적 신화적 해명 정보, 즉 S. 프로이트(Freud)에 의해 제기된 소위 '오이디푸스 환상(幻想, Oedipus Fantasy)'에 대한 이해, 즉 '아들이면서 남편'이라는 신화적 신비 체계의 해명, '딸이면서 아내'라는 공상(空想)['Electra Complex']에는 충분한 관심을 줄 겨를이 없어 많은 지면을 허비해야 했다. 그 S. 프로이트(Freud) 이후 더욱 보강된 '신화 이론' C. G. 융(Jung)과 E. 노이만(Neumann) 등의 탐구는 오히려 매켄지(D. A. Mackenzie)의 탐구와 동시대에 병행된 결과물들이다.

여하튼 <u>1913년 매켄지(**D. A. Mackenzie**)의 '고대 이집트 역사[*Egyptian Myth and Legend*]'</u> <u>는 타의 추종을 불허한 그의 '과학적 사고'와 '바른 역사관'이 한데 뭉친 불후의 명저</u>이다.

⑩ 매켄지 약전(略傳)

도널드 알렉산더 매켄지(Donald Alexander Mackenzie, 1873~1936)는 20세기 초기에 스코틀랜드의 종교 신화 인류학에 대한 학자이다.

매켄지(D. A. Mackenzie)는 아버지 매켄지(A. H. Mackenzie)와 어머니 매캐이(Isobel Mackay)의 아들로 스코틀랜드 서북부 도시 크로마티(Cromarty)에서 태어났다. 매켄지는 1903에 글래스고에서 기자가 되었고, 딩월(Dingwall)에서 잡지 '북극성(The North Star)'의 편집자 겸 소유주가 되었다. 그 후 1910년 던디(Dundee)에서 '시민 잡지(People's Journal)'를 주도했고, 1916년에는 글래스고 신문을 주재하였다. 매켄지는 에든버러(Secretary)에서 책도 쓰고 강의도 하며 방송으로 '켈트족 신화'를 이야기했다.

매켄지(D. A. Mackenzie)는 관심이 영역에 권위자로서 많은 친구가 생겼고, 형(兄) 매켄지(William Mackay Mackenzie)는 1913년~1935년 사이에 스코틀랜드 고대 역사 기념물 왕립 위원의 총무가 되었다. 매켄지는 1936년 에든버러(Secretary)에서 죽어 크로마티(Cromarty)에 묻혔다.

매켄지(D. A. Mackenzie)의 저서 '크레타 섬 신화와 희랍 이전의 유럽(*Myths of Crete and Pre-Hellenic Europe*, 1917)'에서 키워드는 '신석기 시대 유럽 사회'에는 '모권(母權) 사회'로서 모신(母神)이 크게 행해졌으나, 청동기 시대 인도 유럽의 '부계 문화'가 그것을 대신했다고 주장했다. 매켄지의 '모계 이론'은 마리아 김부라타스(Marija Gimburatas, 1921~1994)에게 크게 영향을 주었다. 매켄지는 '켈트 리뷰' 지에서 스코틀랜드 신석기 시대의 '여신 숭배'를 '고랭지(高冷地)의 여신(A Highland Goddess)'이라 불렀다고 썼다.

매켄지(D. A. Mackenzie)는 포교사이다. 매켄지는 불교도가 고대 세계를 식민지화 했고, '만자(卍字, swastika)' 퍼짐에 책임이 있다고 믿고 있었다. '기독교 이전 시대의 영국 불교(*Buddhism in Pre-Christian Britain*, 1928)'라는 책에서 매켄지는 기독교가 브리튼과 스칸디나비아에 전파되기 이전에 불교도가 거주를 했다는 이론을 개발하였다. 그리고 그 주된 증거를 다음과 제시했다.

'군데스트룹(Gundestrup) 주발(周鉢, 그릇)'에 "켈틱의 신 케르눈노스(Cernunnos)는 대표적인 불타의 자세이다."

골 족의 동전에 불타의 형상을 새겨 넣었다.

유럽에 불교도를 파견한 아소카(Asoka, 아육왕(阿育王)(?-232? B. C.): 인도의 마우리아 왕조의 왕(269?-232? B. C.)의 증언이 고대 브리튼에서 불교 이론을 전한 오리겐(Origen)의 말 등이 그 증거라고 했다.

매켄지(D. A. Mackenzie)는 1922년에는 '영국의 고대 남성(*Ancient Man in Britain*)'을 출간했는데, 거기에서 인종학적 기초 위에 신석기 시대 이후의 영국사를 다루었다. '서문'은 스미스(Grafton Elliot Smith)가 붙였다. 그 저서에서 매켄지는 3만 5천 년 전 '오리낙 문화기(Aurignacian)'에 현대 인류가 브리튼 섬에 정착을 했다고 보았다. 그리고 매켄지는 그 책에서 영국에 정착한 코카서스 크로마뇽인(Caucasoid Cro-Magnons)은 인종적으로 프랑스 바스크인(Basques), 이베리아인(Iberians) 베르베르인(Berbers)과 유사한 검은 머리털에 검은 눈을 지닌 초기 '지중해족(the Mediterranean race)'이라고 말했다.

매켄지가 출간했던 저서는 다음과 같다.

요정과 영웅(*Elves and Heroes*, 1909)

핀과 그의 전투 군단(*Finn and his warrior band*, 1911)

서부 칼리프 왕(*The khalifate of the West*, 1911)

튜턴 사람들의 신화 전설(*Teutonic Myth and Legend*, 1912, 1934)

인도의 신화 전설(*Indian myth and legend*, 1913)

이집트의 신화 전설(*Egyptian Myth and Legend*, 1913)

바빌로니아 아시리아 신화 전설(*Myths and Legends of Babylonia and Assyria*, 1915)

인도 동화(*Indian Fairy Stories*, 1915)

전쟁 속에 용사들(*Brave deeds of the War*, 1915)

대전(大戰) 속의 영웅들과 영웅적 행적들(*Heroes and Heroic Deeds of the Great War*, 1915)

대전(大戰) 속에 위대한 행적들(*Great deeds of the Great war*, 1916)

러시아 민담(*Stories of Russian Folk-Life*, 1916)

키치너 왕의 인생과 업적 이야기(*Lord Kitchener, the story of his life and work*, 1916)

전선(戰線) 이야기(*From all the Fronts*, 1917)

스코틀랜드 사람들의 신화 전설(*Wonder tales from Scottish Myth and Legend*, 1917)

크레타 신화와 희랍 이전의 유럽(*Myths of Crete and Pre-Hellenic Europe*, 1917)

세계 영웅 서사 문학 I권(*The World's Heritage Of Epical, Heroic And Romantic Literature Volume I*, 1918)

세계 영웅 서사 문학 II권(*The World's Heritage Of Epical, Heroic And Romantic Literature Volume II*, 1919)

　인도의 신화 전설(*Indian Myth and Legend*, 1919)

　조국(祖國)의 아들과 딸(*Sons & daughters of the Motherland*, 1919)

　대전(大戰) 이야기(*The Story of the Great War*, 1920)

　캐나다의 아들과 딸들(*Sons & daughters of Canada*, 1920)

　영국의 고대 남성(*Ancient Man in Britain*, 1922)

　콜럼버스 이전의 미국 신화(*Myths of Pre-Columbian America*, 1924)

　북유럽 전설(*Tales from the Northern Sagas*, 1926)

　고전(古典) 속의 신들(*The Gods of the Classics*, 1926)

　고대 크레타 이야기(*The Story of Ancient Crete*, 1927)

　고대 이집트 이야기(*The Story of Ancient Egypt*, 1927)

　고대 바빌로니아 아시리아 이야기(*The Story of Ancient Babylonia and Assyria*, 1927)

　영국에서 기독교 이전의 불교(*Buddhism in Pre-Christian Britain*, 1928)

　중국 일본 신화(*Myths of China and Japan*, 1924, 1930)

　고대 영국(*Ancient England*, 1931)

　남양 군도(南洋 群島) 신화 전설(*Myths and Traditions of the South Sea Islands*, 1931)

　신앙과 풍속에 관련된 상징들의 이동(*The Migration of Symbols and their Relations to Beliefs and Customs*, 1926)

　원시인의 발자국들(*Footprints Of Early Man*, 1927)

　원시 시대부터 예수 탄생까지의 고대 문명(*Ancient civilizations from the earliest times to the birth of Christ*, 1927)

　미얀마 이야기(*Burmese Wonder Tales*, 1929)

　스코틀랜드 고대 왕국(*Scotland: the ancient kingdom*, 1930)

　역사 서술자들(*Some Makers of History*, 1930)

　멜라네스아와 인도네시아 신화(*Myths from Melanesia and Indonesia*, 1930, 1933)

　스코틀랜드 민담과 풍속(*Scottish folk-lore and folk life*, 1935)

　스코틀랜드 북부와 섬들의 노래(*Songs of the Highlands and the islands*, 1936)

제7장 '고대 이집트 33 왕조' 파라오 일람

하부(下部) 이집트(Lower Egypt)

'하부(下部) 이집트(Lower Egypt)'란 지도(地圖)상으로 '북쪽의 나일 강[下流]' '나일 델타' 지역이다. 이하 '파라오 목록'은 미완성 본이다.

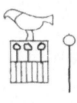

헤듀 호르(Hedju Hor, 3200 BC 경)

니호르(Ny-Hor, 3200-3175 BC 경)

세카(Seka, 연대 미상) : 단지 '팔레르모 돌(Palermo Stone)'로 알려진 바임.[제Ⅵ장 참조]

카유(Khayu, 연대 미상) : 단지 '팔레르모 돌(Palermo Stone)'로 알려진 바임.[제Ⅵ장 참조]

테예우(Teyew, 연대 미상) : 단지 '팔레르모 돌(Palermo Stone)'로 알려진 바임.[제Ⅵ장 참조]

트예슈(Tjesh, 연대 미상) : 단지 '팔레르모 돌(Palermo Stone)'로 알려진 바임.[제Ⅵ장 참조]

네헤브(Neheb, 연대 미상) : 단지 '팔레르모 돌(Palermo Stone)'로 알려진 바임.[제Ⅵ장 참조]

와즈네르(Wazner, 3100 BC 이전 통치) : 단지 '팔레르모 돌(Palermo Stone)'로 알려진 바임.[제Ⅵ장 참조]

136

하트호르(Hat-Hor, 3100 BC 경)

메크(Mekh, 연대 미상) : 단지 '팔레르모 돌(Palermo Stone)'로 알려진 바임.[제Ⅵ장 참조]

상실됨(destroyed, 연대미상) : 단지 '팔레르모 돌(Palermo Stone)'로 알려진 바임.[제Ⅵ장 참조]

두 마리 매(Double Falcon, 32세기 BC) : '상부 이집트' 통치자일 수 있음.

와슈(Wash, 31세기 BC) : '나르메르 팔레트(Narmer Palette)'에 의 해 밝혀진 바임. [제Ⅲ장 참조]

상부(上部) 이집트(Upper Egypt)

나카다(Naqada) Ⅲ세 시기까지 '상부(上部, 나일 강 上流) 이집트 전 왕조 통치자'를 나타내고 보통 '제00왕조'로 표기 된다.

가젤리(Gazelle) : **나카다 Ⅲ세(Naqada Ⅲ)**

손가락 달팽이(Finger snail) : 전설적인 상부 이집트 왕. 기원전 3200년에 사망한 '상부(上部, 나일 강 上流) 이집트' 최초 왕이다.

물고기(Fish) : 나카다 Ⅲ세(Naqada Ⅲ)

코끼리(Elephant) : 나카다 Ⅲ세(Naqada Ⅲ)

동물(Animal) : 나카다 Ⅲ세(Naqada Ⅲ)

황새(Stork) : 나카다 Ⅲ세(Naqada Ⅲ)

__개(? Canide)__ : 나카다 Ⅲ세(Naqada Ⅲ)

__황소(Bull)__ : 나카다 Ⅲ세(Naqada Ⅲ)

__전갈 Ⅰ세(Scorpion Ⅰ)__ : 나카다 Ⅲ세(Naqada Ⅲ)

왕조 이전의 왕들(Predynastic rulers)

다음의 왕조 이전의 왕들은 통치자들은 불완전하다. 이들 제1왕조 이전의 왕들은 '제0왕조'라고 임시 표기되고 있다.

__이리호르(Iry-Hor, 3150 b. c. 경)__ : 연대 도읍 미상.

__악어(Crocodile, 3150 b. c. 경)__ : 연대 도읍 미상.

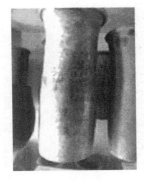

__카(Ka, 3150 b. c. 경)__ : 연대 도읍 미상.

__전갈 Ⅱ세(Scorpion Ⅱ, 3150 b. c. 경)__ : 나르메르(Narmer)와 동일인일 수 있다.

초기 왕조(Early Dynastic Period, 3150~2686 b. c. 경)

이집트 '초기 왕조(The Early Dynastic Period of Egypt)'는 기원전 3150년부터 2686년까지이다.

제1왕조(First Dynasty, 3150~2890 b. c. 경)

나르메르(Narmer, 3100 b. c. 경) - 메네스(Menes)와 같은 인물, 상부(上部, 나일 강 상류) 하부(下部, 나일 강 하류) 이집트 통일 성취 왕으로 알려져 있다. [제Ⅲ장 참조]

<u>**호르 아하(Hor-Aha, 3050 b. c. 경)**</u> : 희랍 식 이름은 '아토티스(Athotis)'이다.

<u>**드예르(Djer, 54년간 통치)**</u> : 희랍 식 이름은 우네페스(Uenephes)이다. 역시 '팔레르모 돌 (Palermo Stone)'에 나타나 있다. 그의 무덤은 전설적인 '오시리스 무덤'으로 뒤에 간주되었다.

140

<u>**드예트(Djet, 10년 통치)**</u> : 희랍 식 이름은 '우사파이스(Usaphais)'이다.

<u>**덴(Den, 42년 통치)**</u> : 희랍 식 이름은 '켄케네스(Kenkenes)'이다. '이중 왕관'을 착용한 최초의 파라오이다.

<u>**아네디브(Anedjib, 10년 통치)**</u> : 희랍 식 이름은 '미에비도스(Miebidos)'이다.

<u>**세메르케트(Semerkhet, 8년 반 통치)**</u> : 희랍 식 이름은 '세멤프세스(Semempses)'이다. 넵티

이름으로 발전한 최초 이집트 통치자이다. '카이로 돌' 위에 보존된 명칭이다.

콰(Qa'a, 34년 통치) : 희랍 식 이름은 '비에네케스(Bieneches)'이다. 오랜 동안 통치를 행해서 그의 무덤은 보조 무덤들과 함께 남아 있다.

스네페르카(Sneferka, b. c. 2900년 경) : 짧은 통치 기간. 연대 미상

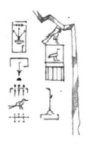

호루스(Horus Bird, 2900 BC 경) : 짧은 통치 기간. 연대 미상

제2왕조(Second Dynasty, 2890~2686 b. c.)

호테프세케미(Hotepsekhemwy, 15년 통치) : 마네토(Manetho)는 그의 이름이 보에토스 (Boëthos)라고 지적하고 그가 통치할 적에 지진(地震)이 일어 많은 사람이 죽었다고 말했다.

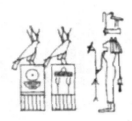

네브라(Nebra, 14년 통치) : 희랍 식 이름은 '카이에코스(Kaiechos)'이다. 최초 태양 상징 명칭을 사용하다.

니네티에르(Nynetjer, 43-45년 통치) : 희랍 식 이름은 비노트리스(Binóthris)이다. 그는 계승자들에게 이집트를 나누어 주었고, 여성들도 파라오처럼 통치하게 했다.

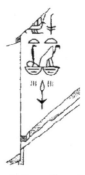

웨네그 네브티(Weneg-Nebty, 2740 b. c. 경) : 희랍 식 명칭은 오우고틀라스(Ougotlas)이다.

세네디(Senedj, 47년 통치) : 희랍 식 명칭은 세테네스(Sethenes)이다.

세트 페리브센(Seth-Peribsen, 2890-2686 b. c. 경) : 호루스(Horus) 매보다는 세트(Seth) 동물을 사용했다. '태양 교'를 권장했다.

__페렌마트(Perenmaat, 2720 b. c. 경)__ : 세트 페리브센(Seth-Peribsen)과 동일 인물일 수 있다.

__네페르카라 I세(Neferkara I, 25년 통치)__ : 희랍 식으로는 네페르케레스(Néphercherés)이다.

__네페르카소카르(Neferkasokar, 8년 통치)__ : 희랍 식 명칭은 세소크리스(Sesóchris)이다. 구왕조 전설에 의하면 이 통치자는 오랜 한발(旱魃)에서 이집트를 구해냈다고 한다.

__후디에파 I세(Hudjefa I, 11년 통치)__

카세켐(Khasekhem(wy), 18년 통치) : 희랍 식 명칭은 케네레스(Chenerés)이다. 고난 시기 다음에 이집트를 재통합했을 수 있다. 그 이름은 후루스(Horus)와 세트(Set)를 합한 명칭이다.

구(舊) 왕조(Old Kingdom, 2686~2181 b. c.)

중국(中國) -황제(黃帝, 2699~2588 b. c.)

중국(中國) -황제(黃帝, 2699~2588 b. c.)

중국(中國) -소호(少昊, 2587~2491 b. c.)

중국(中國) -전욱(顓頊, 2490~2413 b. c.)

중국(中國) -제곡(帝嚳, 2412~2343 b. c.)

중국(中國) -제지(帝摯, 2343~2333 b. c.)

중국(中國) -요(堯, 2333~2234 b. c.)

중국(中國) -순(舜, 2233~2184 b. c.)

'이집트 구 왕조(The Old Kingdom of Egypt)'는 '초기 이집트 왕조the Early Dynastic Egypt'를 계승한 것이고, 최초 혼란기를 선행한 시기이다. 이 왕조는 기원전 2686~2181년 왕조이다.

146

제3왕조(Third Dynasty, 2686~2613 b. c.)

중국(中國) -황제(黃帝, 2699-2588 b. c.)

조세르(Djoser, 19-28년 통치 2670 b. c. 경) : 건축가 **이모테프(Imhotep)**에게 최초 피라미드를 건설케 했다. -'조세르(Zoser) 파라오' [제Ⅷ장, 제Ⅹ장 참조]

세케므케트(Sekhemkhet, 2649-2643 b. c.) : 희랍 식 명칭은 티레이스(Tyréis)이다. 완성되지 않은 그의 피라미드에 두 살 된 아이가 발견되었다.

사나크트(Sanakht, 2650 b. c. 경) : 네브카(Nebka)와 동일시되고 희랍 식 명칭은 네케로키스(Necherôchis)이다.

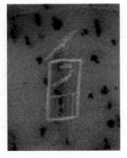

카바(Khaba, 2643-2637 b. c.) : 미완성의 건설 자 후니(Huni)와 동일 인물일 수 있다.

후니(Huni, 2637-2613 b. c.) : 희랍 식 명칭은 아케스(Áches)이다.

제4왕조(Fourth Dynasty, 2613~2498 b. c.)

중국(中國) -황제(黃帝, 2699-2588 b. c.)

중국(中國) -소호(少昊, 2587-2491 b. c.)

스네페루(Sneferu, 2613-2589 b. c.) : 희랍 식 명칭은 소리스(Sóris)이다. 47년을 통치하며

'메이둠 피라미드(Meidum Pyramid)' '굽은 피라미드(Bent Pyramid)' '적색 피라미드(Red Pyramid)'를 건설할 만큼 시간이 넉넉했다. 학자들은 그가 '적색 피라미드'에 묻혔을 것이라고 생각했다. 고대 이집트 문서는 스네페루(Sneferu)를 독실하고 너그럽고 친절한 통치자로 묘사를 하고 있다. [제Ⅹ장 참조]

쿠푸(Khufu, 2589-2566 b. c.) -기자(Giza)에 대(大) 피라미드를 세웠다. [제Ⅹ장 참조]

희랍 식으로는 케오프스(Cheops)이다. 기자(GizaGiza)에 대(大) 피라미드를 건설했다. 쿠푸(Khufu)는 고대 희랍 작가들이 잔인한 독재자로 그렸다. 그러나 고대 이집트 자료들은 너그럽고 자애로운 통치자로 묘사하고 있다. 그는 유명한 '베스트카르 파피루스(Westcar Papyrus)'에 주인공이다. 그것은 쿠푸 통치 기간에 근거를 둔 최초의 파피루스 기록물이다. 그것은 쿠푸(Khufu)가 신들을 찬양하기 위해 쓴 것이라고 고대 희랍 작가들은 믿었다.

디에데프레(Djedefre, 2566-2558 b. c.) -죽은 아버지를 위해 기념물로 기자(Giza)에 대 스핑크스(Great Sphinx)를 만들었다고 일부 학자들은 말하고 있다. 그는 역시 아부라와슈(Abu Rawash)에도 피라미드를 세웠다. 그러나 이 피라미드는 로마인들이 자료를 변조하여 더 이상 보호를 받지 못했다.

카프레(Khafre, 2558~2532 b. c.) -그의 피라미드는 기자(Giza)에서 두 번째로 큰 피라미드이다. 일부 학자들은 그를 디에데프라(Djedefra) 앞에 대 스핑크스 창조자로 생각하고 있다. 고대 희랍인들은 카프라(Khafra)를 쿠푸(Khufu)와 같은 잔인한 독재자로 묘사하고 있다. [제Ⅹ장 참조]

  * '스핑크스(Sphinx)' 형상이 이 '카프라(Khafra)의 형상'과 관련되어 논의되고 있음.[제Ⅹ장 참조]

바카(Baka/Bauefrê, 2570 b. c. 경) -자웨트 엘아리안(Zawyet el'Aryan)의 미완성 북부 피라미드 소유자일수 있다.

멘카우레(Menkaure, 2532~2503 b. c.) -그의 피라미드는 가자(Giza)에 세 번째 크기이다. [제Ⅹ장 참조]

그의 피라미드는 기자(Giza)에 있는 제3의 제일 작은 것이다. 멘카우라(Menkaura)는 그의 딸이 죽자 암소 형상의 황금 관 속에 묻었다는 전설이 있다.

150

셰스세스카프(Shepseskaf, 2503-2498 b. c.) -마스바트 엘파라운(Mastabat el-Fara'un)의 소유
자이다.

탑프티스(Thamphthis, 2500 BC 경) -마네토(Manetho)에 따르면 제4왕조 마지막 왕이다. 고
고학적 검증이 없으므로 허구일 수 있다.

제5왕조(Fifth Dynasty, 2498~2345 b. c.)

중국(中國) -소호(少昊, 2587-2491 b. c.)
중국(中國) -전욱(顓頊, 2490-2413 b. c.)
중국(中國) -제곡(帝嚳, 2412-2343 b. c.)

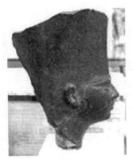

우세르카프(Userkaf, 2498-2491 b. c.) -사카라(Saqqara) 피라미드에 매장되었다. 아부시르
(Abusir, Busiris)에 **최초 태양 신전**을 건축했다.

사후레(Sahure, 2490-2477 b. c.) -아부시르(Abusir, Busiris)에 그의 피라미드를 세웠다.

카카이(Kakai, 2477-2467 b. c.) -사후레(Sahure, 2490-2477 b. c.)의 아들이다. 태어나서는 라네페르(Ranefer)라 하였다.

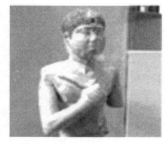

네페레프레(Neferefre, 2460-2458 b. c.) -네페리르카레(Neferirkare) 아들이다.

셰프세스카레(Shepseskare, 수개월) -사후레(Sahure, 2490-2477 b. c.)의 아들일 수 있다. 네페레프레(Neferefre, 2460-2458 b. c.) 다음 몇 개월을 다스렸다.

뉴세레 이니(Nyuserre Ini, 2445-2422 b. c.) -네페레프레(Neferefre, 2460-2458 b. c.) 아우다. 아부시르(Abusir, Busiris) 무덤을 확장했다.

카이우(Kaiu, 2422-2414 b. c.) -태양 사원을 건설한 최후 파라오다.

이세시(Isesi, 2414-2375 b. c.) -이집트 행정의 포괄적인 개혁을 행했다. 오랜 동안 통치를 행했는데, 35년 이상 왕위에 있었다. * '**프타호텝(Ptah-hotep)**의 잠언(箴言)집' 편찬됨.

<u>우나스(Unas, 2375-2345 b. c.)</u> -우나스(Unas) 피라미드는 최초 피라미드 문건(文件)이 새겨져 있다.

제6왕조(Sixth Dynasty, 2345~2181 b. c.)

중국(中國) -제곡(帝嚳, 2412-2343 b. c.)

중국(中國) -제지(帝摯, 2343-2333 b. c.)

중국(中國) -요(堯, 2333-2234 b. c.)

중국(中國) -순(舜, 2233-2184 b. c.)

<u>테티(Teti, 2345-2333 b. c.)</u> -마네토(Manetho)에 의하면 그는 피살당했다고 한다.

<u>우세르카레(Userkare, 2333-2332 b. c.)</u> -테티(Teti)의 상실로 왕위를 빼앗겼다. 1~5년 통치.

페피 I세(Pepi I, 2332-2283 b. c.) -무릎을 꿇고 있는 페피(Pepy)의 동상. * 충신 '우니(Uni)'가 있어 그를 보필했다.[제XⅢ장 참조]

넴티엠사프 I세(Nemtyemsaf I, 2283-2278 b. c.) -감추어진 재보(財寶)가 있다. * 충신 '우니 (Uni)'가 사령관이 되어 '제1폭포'를 처음 방문하다.[제XⅢ장 참조]

페피 II(Pepi II, 2278-2184 b. c.) -인류 왕조사에 94년이라는 최장의 통치를 행했던 왕이다. 또는 64년'만' 다스렸을 수도 있다. * '피그미(Deng)'가 이집트에 소개되어 ['저승 길 안내자'] 파라오 의 큰 관심을 끌었다.[제XⅢ장 참조]

네페르카(Neferka, 2200-2199 b. c.) -페피 II 세(Pepi II) 동안 통치했으니, 그의 아들이거나 그와 공동 통치자였을 것이다.

넴티엠사프 II세(Nemtyemsaf II, 1년 1개월 통치 2184 b. c.) -단명한 파라오로서 페피 II 세(Pepi II)의 나이 든 아들일 것이다.

시프타(Siptah, 2184-2181 b. c.) -네티에르카레(Netjerkare)와 동일 인물로 보고 있다. 이 왕은 헤로도토스와 마네토가 말하고 있는 여왕 니토크리스(Nitocris) 전설을 만들게 했다. 더러는 제7왕 조와 제8왕조를 연결한 최초의 군주로 분류되기도 한다.

제1차 중간기(First Intermediate Period, 2181-2060 b. c.)

제1차 중간기(First Intermediate Period, 2181-2060 b. c.)는 구 왕조와 중간 왕조(Middle Kingdom) 출현 사이 혼란 시기이다.

구 왕조는 페피 II 세(Pepi II)의 사망으로 급속히 무너졌다. 페피 II 세(Pepi II)는 94세에 이르도 록 살며 64년 이상 통치를 했다. 그의 통치 후반기는 나이 많아 무능해졌다. 두 왕조의 통합이 나뉘게 되었으니, 지역의 통치자들이 기근(饑饉)에 대처하기 위해 그렇게 하였다.

제6왕조 계승자들을 이은 제7왕조 제8왕조 왕들은 멤피스(Memphis)에서 세력을 펴려 했지만 힘 있는 군주가 아니고서는 그럴 수 없었다. 20~45년이 지난 다음 헤라클레오폴리스 마그나

(Herakleopolis Magna)에 기반을 둔 새로운 파라오 계에 의해 붕괴되었다. 그 사건이 지난 얼마 후에 테베(Thebes)에 기반을 둔 경쟁 파라오 계가 그들의 북쪽 부담자들에게 대항하여 상부 이집트(Upper Egypt)에 통합했다. 기원전 2055 년경에 인테프 III세(Intef III)의 아들 멘투호텝 II세(Mentuhotep II)가 헤라클레오폴리스 파라오들을 패배시키고 두 왕조를 통합하여 중 왕조(the Middle Kingdom)을 열었다.

제7왕조와 제8왕조(Seventh and Eighth Dynasties, 2181~2160 b. c.)

중국(中國) -순(舜, 2233~2184 b. c.)

((年代不明))

중국(中國) -우(禹, 2150~2106 b. c.) -하조(夏朝, 2070 – 1600 b. c.)

제7왕조와 제8왕조는 대략 20~45년(2181 to 2160 BC) 동안 통치를 했다. 그들은 분할된 이집트 봉건 체제의 행정이 체제로 생겨나게 된 수많은 단명(短命) 왕들을 포괄하고 있다.

아래 목록은 세티 I세(Seti I) 통치시대의 아비도스(Abydos) 왕의 목록과 쥐르겐 폰 베케라트(Jürgen von Beckerath)의 '이집트 국왕 수첩(*Handbuch der ägyptischen Königsnamen*)'과 킴 리홀트(Kim Ryholt)의 '람세스 시대(Ramesside Era)의 국왕 목록'을 참조한 것이다.

<u>**멘카레(Menkare, 2181 b. c. 경)**</u> -네이트(Neit) 여왕 무덤 문건에 의한 것이다.

<u>네페르카레 II세 (Neferkare II, 연대미상)</u>

<u>네페르카레 III세(Neferkare (III), 연대미상)</u> -사카라(Saqqara) 피라미드 건설을 시작했다. 그의 어머니 안케센페피(Ankhesenpepi) 무덤 기록에 의거한 것이다.

<u>디에드카레 셰마이(Djedkare Shemai, 연대미상)</u>

158

<u>네페르카레 (IV)세(Neferkare (IV), 연대미상)</u>

<u>메레노르(Merenhor, 연대미상)</u>

<u>네페르카민(Neferkamin, 연대미상)</u>

니카레(Nikare, 연대미상) -원통 인장(圓筒 印章, cylinder-seal)에 의거한 것이다.

네페르카레 (V)세(Neferkare (V), 연대미상)

네페르카호르(Neferkahor, 연대미상) -원통 인장(圓筒 印章, cylinder-seal)에 의거한 것이다.

네페르카레 (VI)세 페피세네브(Neferkare (VI) Pepiseneb, 연대미상)

네페르카민 아누(Neferkamin Anu, 2170 b. c. 경)

카카레 이비(Qakare Ibi, 2169-2167 b. c.) -사카라(Saqqara)에 피라미드를 건설했다.

네페르카우레(Neferkaure, 2167-2163 b. c.) -코프토스(Coptos)에 있는 민(Min) 사원의 세 개 법령 중 그 하나에 의거한 것이다.

쿠위하피(Khuwihapi, 2163-2161 b. c.) -세마이(Shemay) 사원의 명문과 민(Min) 사원의 8 개 법령에 의거한 것이다.

네페리르카레(Neferirkare, 2161-2160 b. c.) -민(Min) 사원의 법령에 의거한 것인데, 호루스 데메디브타위(Demedjibtawy)와 동일시되었다.

제9왕조(Ninth Dynasty, 2160~2130 b. c.)

중국(中國) -순(舜, 2233-2184 b. c.)

((年代不明))

중국(中國) -우(禹, 2150-2106 b. c.) -하조(夏朝, 2070 - 1600 b. c.)

제9왕조는 기원전 2160~2130년을 통치했다. '투린 왕보(王譜, Turin King List)'는 제9왕조와 제10왕조 18명의 왕을 보유하고 있다. 그들 중에 12명의 왕 명칭은 상실이 되었고, 4명은 일부만 남았다.

케티 I세(Khety I (Acthoes I), 2160 b. c.-연대미상) -마네토(Manetho)는 아크토스(Achthoes)가 제9왕조 소속이라고 말했다. * '헤라클레오폴리스 마그나(Hercleopolis Magna)' 주지사가 권력을 잡아 제9왕조를 세웠다.[제XIV장 참조]

이름 (연대미상)

네페르카레 VII세(Neferkare VII, 연대미상)

케티 II세(Khety II (Acthoes II), 연대미상)

세넨(Senenh— or Setut, 연대미상)

이름(연대미상)

메리(Mery, 연대미상)

셰드(Shed, 연대미상)

흐(H—, 연대미상)

제10왕조(Tenth Dynasty, 2130~2040 b. c.)

중국(中國) --우(禹, 2150~2106 b. c.) -하조(夏朝, 2070 - 1600 b. c.)

제10왕조는 지방 영주들이 하부 이집트(Lower Egypt)를 휩쓸었던 기원전 2130~2040년 기간을
통치했다.

메리하토르(Meryhathor, 2130 BC-연대미상)

네페르카레 VIII세(Neferkare VIII, 연대미상)

케티(Khety (Acthoes III), 연대미상)

메리카레(Merykare, 연대미상~2040 b. c.)

제11왕조(Eleventh Dynasty, 2134~1991 b. c.)

중국(中國) -우(禹, 2150~2106 b. c.) -하조(夏朝, 2070 - 1600 b. c.)

제11왕조는 상부 이집트(Upper Egypt)에 뿌리를 둔 영주(領主) 집단으로 기원전 2134~1991년 간에 통치를 행했다. 제11왕조는 제8왕조, 제9왕조, 제10왕조에 테바 왕조 보조 왕들(Theban no-marchs serving kings)이었다.

이리파트(Iry-pat, 연대미상) -테바 왕조에 근무한 무명의 왕으로 뒤에 제11왕조 창시자로 인정이 되었다.

멘투호텝 I세(Mentuhotep I)를 시작으로 형 인테프(Intef)를 계승하여 북부 자배 자들에게서 독립했고, 멘투호텝 II세(Mentuhotep II) 때 이집트를 정복했다.

멘투호텝 I세(Mentuhotep I Tepy-a, 연대미상~2134 b. c.) -명목상으로는 테바 왕이지만 독자적으로 지배를 했을 것이다.

세헤르타위(Sehertawy Intef I, 2134~2117 b. c.) - 호루스(Horus) 이름을 처음 주장했던 사람이다.

와한크(Wahankh Intef II, 2117~2069 b. c.) -아비도스(Abydos)를 정복했다.

166

인테프 III세(Nakhtnebtepnefer Intef III, 2069-2060 b. c.) -아시우트(Asyut)를 정복하고 북으로 17개 주(州)까지 올라가다.

중간 왕조(Middle Kingdom, 2060-1802 b. c.)

중간 왕조(The Middle Kingdom (2060-1802 BC))는 제1 중간기 끝에부터 제2중간기 시작까지이다. 제12왕조에 합치기도 하고 일부 학자는 제11왕조에 포함시키기도 한다. 중간 왕조에는 제13왕조와 제14왕조가 있다. 중간 왕조 동안에는 외부 왕조와의 무역 확장이 눈에 띈다. 이 무역의 개방은 결국 중간 왕조를 멸망으로 가져오게 되는데, 힉소스(Hyksos) 침략을 유발했다.

멘투호테프 II세(Nebhepetre Mentuhotep II, 2060-2010 b. c.) -기원전 2015년에 전 이집트를 획득했다. 그래서 중간 왕조 최초 파라오가 되었다.

멘투호테프 III세(Sankhkare Mentuhotep III, 2010-1998 b. c.)

<u>멘투호테프 IV세(Nebtawyre Mentuhotep IV, 1997-1991 b. c.)</u> -최근 왕의 목록에서 빠진 모호한 파라오이다. 그의 수상이나 후계자 아메네마트 I세(Amenemhat I)에 의해 퇴위 당한 것 같다.

<u>세게르세니(Segerseni, 20세기 초 b. c.)</u> -이후 왕의 목록에서 사라진 모호한 파라오다. 제11왕조 말이나 제12왕조 초기에 참주(僭主)였을 것이다.

<u>콰카레이니(Qakare Ini, 20세기 초 b. c.)</u> -이후 왕 목록에서 사라진 모호한 파라오다. 제11왕조 말이나 제12왕조 초에 참주로 보인다.

<u>이브켄트레(Iyibkhentre, 20세기 초 b. c.)</u> -무덤도 없고 뒤에 왕의 목록에서 사라진 불분명한 파라오이다. 하부 이집트에만 입증이 된다. 제11왕조 말기나 제12왕조 초기의 참주일 일 것이다.

제12왕조(Twelfth Dynasty, 1991~1802 b. c.)

중국(中國) -우(禹, 2150-2106 b. c.) -하조(夏朝, 2070 - 1600 b. c.)

아메네마트 I세(Sehetepibre Amenemhat I, 1991-1962 b. c.) -멘투호텝 IV세(Mentuhotep IV) 붕괴 이후에 집권하였다.

'**아메네메트(Amenemhet) 교훈**'으로 유명하다. [제XV장, 제XVI장 참조]

세누스레트 I세(Kheperkare Senusret I (Sesostris I), 1971-1926 b. c.) -백색 안치실을 마련했다. [제XII장 참조]

'아메네마트 I세'의 아들 [제XV장 참조] * 도망친 왕자 '세누헤트(Senuhet)'를 용납한 억센 군주로서 '이집트의 황금시대'를 열었다.[제XVI장, 제XVII장 참조]

아메네마트 II세(Nubkaure Amenemhat II, 1929-1895 b. c.)

* '아메네마트(Amenemhat)'는 '아몬 신이 인도하신다.'의미로 제12왕조에 '아몬 신 숭배'가 기본

지향 방침이었다.[제 XⅦ장 참조]

세누스레트 Ⅱ세(Khakheperre Senusret Ⅱ (Sesostris Ⅱ), 1897-1878 b. c.)

＊ 이 파로오 통치 연간에 크누무호텝(Khnumuhotep, '크누무 신이 만족하신다.')이라는 영주(領主)의 유명한 **베니하산(Beni-hassan) 무덤에, 파라오에게 향을 바치는 유대인(Semites)의 무리를 그린 벽화가 남아 있다.** 유대인들은 그들의 부인과 가족들을 대동하고 복지(福地, 이집트)에 영주(英主) 속민(屬民)이 되기를 원했다.[제 XⅦ장 참조]

세누스레트 Ⅲ세(Khakaure Senusret Ⅲ (Sesostris Ⅲ), 1878-1860 b. c.) -중간 왕조 파라오 중에 가장 강력한 파라오였다.

＊ **시리아(Syria) 원정(遠征)**이 필요함을 알았다. 그의 기념비가 게제르(Gezer)에서 발견되었다. 아시아인을 격퇴시켰다는 기록은 아비도스(Abydos)에 있고, 이집트의 고관 세베쿠(Sebek-khu)는 전쟁터에서 용감성을 발휘하여 파라오에게 상을 받았다. 제3폭포까지 국경이 확장됨. [제 XⅦ장 참조]

아메네마트 III세(Nimaatre Amenemhat III, 1860–1815 b. c.)

* '파이움(Fayum) 습지(濕地)[Faiyum Oasis]'를 활용하게 되었다. '모에리스 호수(Lake Moeris)' 인근에 거대한 미로(迷路, labyrinth) 건설을 허락했다.[제 XVII장]

아메네마트 IV세(Maakherure Amenemhat IV, 1815–1807 b. c.) -크노소스(Knossos) 기록 에 의하면 최소한 1년의 공동 통치가 있었다.

소베크네페루(Sobekkare Sobekneferu, 1807–1802 b. c.) -최초의 여성 통치자다. 세안키브라 (Seankhibtawy Seankhibra)는 불확실한 존재로 부가 왕일 수 있다. 그 남자 왕은 제12왕조나 제13왕조 단명한 왕이었거나 명칭이 변경된 존재일 수 있다.

제2 중간기(Second Intermediate Period, 1802~1550 b. c.)

제2 중간기(1802~1550 BC)는 중간 왕조와 새 왕조 출발 사이에 혼란기이다. 가장 유명한 것이 힉소스(Hyksos)인데, 그들은 제15왕조를 차지하며 이집트에 모습을 드러내었다.

제13왕조는 제12왕조보다 더욱 허약해져 이집트 두 개의 땅덩이를 지탱할 수 없었다. **기원전 1805년 제13왕조 초기나 기원전 1710년 13왕조 상반기에 동부 델타 습지 크소이스(Xois)에 자리 잡은 지방 지배 가족이 카나니테(Canaanite) 제14왕조를 이루고 있는 중앙 정부를 깨뜨리고 나왔다.**

힉소스(Hyksos)는 기원전 1720년 소베코테프 IV세(Sobekhotep IV)때 아바리스(Avaris)를 차지하며 최초로 모습을 드러냈는데, 제14왕조를 정복한 것이다. 그런 다음 기원전 1650년 경에 **힉소스 (Hyksos)는 제15왕조 창시자인 살리티스(Salitis)에 영도(領導)되어 멤피스(Memphis)를 정복하여 제13왕조를 마감한 것으로 보인다. 제13왕조 붕괴 결과 상부 이집트 권력의 공백기에 테베 (Memphis)에서 제16왕조 독립 선언이 가능했고, 힉소스(Hyksos) 왕들은 이로써 잠시 발호(跋扈)하게 된 것이다.**

이어 상부 이집트에서 힉소스(Hyksos)가 철수함에 따라 테베(Thebes)에 토종 이집트 통치 가족이 제17왕조를 세웠다. 결국 이 제17왕조의 최초의 파라오인 아모세(Ahmose)와 세케네르나 (Sekenenra, Seqenenre Tao, 1558~1554 b. c.)가 통치를 할 적에 힉소스(Hyksos)는 아시아로 축출이 되었다.[제ⅩⅪ장]

제13왕조(Thirteenth Dynasty, 1802~1649 b. c. 경)

중국(中國) -우(禹, 2150~2106 b. c.) -하조(夏朝, 2070 - 1600 b. c.)

마네토(Manetho)에 의하면 제13왕조(투린 왕계에 의함)는 153년[또는 154년](1802~1649 BC) 지속이 되었다. 이 도표는 알려진 제13왕조 왕들과 상치(相馳)된 것이다.

소베코테프 I세(Sekhemre Khutawy Sobekhotep I, 1802-1800 b. c.) -제13왕조를 창시했다. 그의 통치는 잘 입증이 되어 있다. 소베코테프 I세(Sobekhotep I)에 관해서는 소베코테프 II세 (Sobekhotep II)에 관한 이전 탐구로 밝혀진 것이다.

손베프(Sonbef, 1800-1796 b. c.) -세케므레 소베코테프(Sekhemre Khutawy Sobekhotep) 아우이거나 아메네마트 IV세(Amenemhat IV)의 아들일 것이다.

네리카레(Nerikare, 1796 b. c.) -셈나(Semna)에 있는 나일 기록에 의한 것이다.

아메네마트 V세(Sekhemkare Amenemhat V, 1796-1793 b. c.) -3년 또는 4년을 통치했다.

<u>아네미 케마우(Ameny Qemau, 1795-1792 b. c.)</u> -남쪽 다수르(Dashur)에 있는 그의 피라미드에 묻혔다.

<u>호테피브레(Hotepibre Qemau Siharnedjheritef, 1792-1790 b. c.)</u> -세호테피브레(Sehotepibre)라고도 한다.

<u>이우프니(Iufni, 1790 - 1788 b. c.)</u> -'투린(Turin) 연대기'에 의한 것이다. 통치 기간이 짧았다.

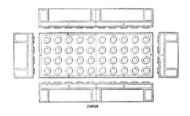

<u>아머네메트 VI세(Seankhibre Amenemhet VI, 1788-1785 b. c.)</u> -'투린(Turin) 연대기'에 의한 것이다.

174

세멘카레네브누니(Semenkare Nebnuni, 1785-1783 혹은 1739 b. c.) -'투린(Turin) 연대기'에 의한 것이다.

세헤테피브레(Sehetepibre Sewesekhtawy, 1783-1781 b. c.) -'투린(Turin) 연대기'에 의한 것이다.

세와디카레(Sewadjkare, '토리노 연대기'에서) -'투린(Turin) 연대기'에 의한 것이다.

네디에미브레(Nedjemibre, 1780 혹은 1736 b. c.) -'투린(Turin) 연대기'에 의한 것이다.

소베코테프(Khaankhre Sobekhotep, 1780-1777 b. c.) -옛 탐구에 소베코테프 I세(Sobekho-tep I)로 알려졌는데, 소베코테프 II세(Sobekhotep II)로 추정된 것이다. 3년간 통치였다.

렌세네브(Renseneb, 1777 b. c.) -4개월 통치.

아위브레호르 I세(Awybre Hor I, 1777-1775 b. c.) -손상되지 않은 무덤과 카(Ka) 동상으로 유명하다. 1년 6개월을 통치했다.

카바우(Sekhemrekhutawy Khabaw, 1775-1772 b. c.) -호르 아위브레(Hor Awibre) 아들일 수 있다. 대략 3년간 통치했다.

디에드케페레우(Djedkheperew, 1772-1770 b. c.) -호르 아위브레(Hor Awibre) 아들로서 카바우(Khabaw) 아우일 것이고 앞서 켄디에르(Khendjer)와 동일시되었다. 2년 통치를 했다.

세브카이(Sebkay) -세브(Seb)와 그의 아들 카이Kay) 두 명의 왕일 수 있다.

세디에파카레(Sedjefakare, 1769-1766 b. c.) -많은 석주(石柱)와 문서 속에 잘 알려져 있는 왕이다. 5년에서 7년, 또는 3년을 통치했다.

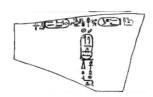

웨가프(Khutawyre Wegaf, 1767 b. c. 경) -왕조의 창설자, 기원전 1769년경이다.

켄디에르(Khendjer, 1765 b. c.) -최초 셈족 파라오 사카라(Saqqara)에 피라미드를 세웠다. 4년 3개월 통치를 했다.

이미레메샤우(Imyremeshaw, 1759 혹은 1711 b. c.) -두 개의 거대 동상으로 입증이 되고 있다. 10년 이하 기간 동안 통치를 했다.

인테프 IV세(Sehetepkare Intef IV, 10년 통치)

세트 메리브레(Seth Meribre, 연대미상)

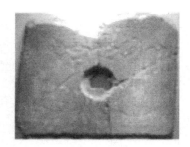

소베코테프 III세(Sekhemresewadjtawy Sobekhotep III, 1755-1751 b. c.) -4년 2개월 통치
를 했다.

네페로테프 I세(Khasekhemre Neferhotep I, 1751-1740 b. c.) -11년 간 통치를 했다.

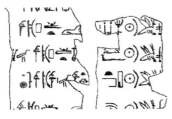

시하토르(Menwadjre Sihathor, 1739 b. c.) -그의 아우 네페르호텝 I세(Neferhotep I)와 공동 통치한 단명의 왕이다.

소베코테프 IV세(Khaneferre Sobekhotep IV, 1740-1730 b. c.) -10년 또는 11년을 통치했다.

<u>소베코테프 V세(Merhotepre Sobekhotep V, 1730 b. c.)</u>

<u>소베코테프 VI세(Khahotepre Sobekhotep VI, Around 1725 b. c. 경)</u> -4년 8개월 29일을
통치했다.

180

<u>이비아우(Wahibre Ibiau, 1725-1714 혹은 1712-1701 b. c.)</u> -10년 8 개월 통치.

<u>메르네페레 아이 I세(Merneferre Ay I, 1701-1677 혹은 1714-1691 b. c.)</u> -제13왕조 최장 통치 왕이다. 23년 8개월 18일 통치.

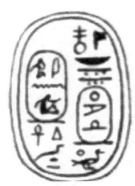

<u>메로테프레 이니(Merhotepre Ini, 1677-1675 혹은 1691-1689 b. c.)</u> -메르네페레 아이 I세 (Merneferre Ay I) 아들일 것이다. 2년 또는 3년 4개월 9일 통치.

<u>세와디투(Sankhenre Sewadjtu, 1675-1672 b. c.)</u> -'투린 연대기'에 밝혀져 있다. 3년 2~4개월 통치.

메르세케므레 이네드(Mersekhemre Ined, 1672-1669 b. c.) -네페르호테프 Ⅱ세(Neferhotep II)와 동일 인물일 수 있다. 3년 통치.

세와디카레 호리(Sewadjkare Hori, 5년 통치)

소베코테프 VII세(Merkawre Sobekhotep VII, 1664-1663 b. c.) -2년 6개월 통치.

7명의 왕들(Seven kings, 1663 BC -?) -'투린(Turin) 연대기'에 손상되어 실명된 왕들.

메르...레(Mer[...]re, 연대미상)

메르케페레(Merkheperre, 1663와 1649 b. c. 사이)

메르카레(Merkare, 1663 BC와 1649 b. c. 사이) -'투린(Turin) 연대기'.

실명 왕(Name lost, 미상)

멘투호테프 V세(Sewadjare Mentuhotep V, 1655 b. c. 경)

...모스레([...]mosre, 연대미상)

이비...마트레(Ibi [...]maatre, 연대미상)

호르...웨베느레(Hor[...] [...]webenre, 연대미상)

세...카레(Se...kare, 연대미상)

<u>산크프타히(Seheqenre Sankhptahi, 1663-1649 사이)</u> -이전 왕의 아들일 수 있다.

<u>...레(...re, 연대미상)</u>

<u>세...엔레(Se...enre, 연대미상-1649 b. c.)</u>

<u>데두모세 I세(Dedumose I, 1654 b. c.)</u> -제16왕조 왕일 수 있다.

<u>데두모세 II세(Dedumose II, 연대미상)</u> -제16왕조 왕일 수 있다.

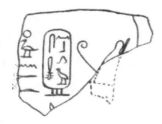

세네브미우(Sewahenre Senebmiu, 1660 b. c. 이후) -제13왕조 말기.

스나이브(Snaaib, 연대미상) -아비도스(Abydos) 왕조의 왕일 수 있다.

메르셰프세스레 이니 II세(Mershepsesre Ini II, 연대미상) -제13왕조 말기.

제14왕조(Fourteenth Dynasty, 1805 혹은 1710~1650 b. c. 경)

중국(中國) -우(禹, 2150-2106 b. c.) -하조(夏朝, 2070 - 1600 b. c.)

중국(中國) -탕(湯, 1658-1629 b. c.) -상조(商朝, 1600 - 1046 b. c.)

제14왕조는 아바리스(Avaris)에 기초를 두고 있는 동부 델타 지역 집단으로 기원전 1805(1710)부터 1650년경까지 이집트를 통치했다. 서부 셈족(West Semitic) 이름으로 많은 통치자들을 통합한 원래 가나안(Canaanite) 출신으로 수용되고 있다. 그러나 이 제14왕조 건설은 네헤스티(Nehesyt) 이전 5제(五帝) 지위 논란이 결렬하다.

세카에느레(Yakbim Sekhaenre, 1805-1780 b. c.) -연대기 위치가 명확하지 않다. 리홀트(Ryholt)에 의거 제공됨.

누브우세레(Ya'ammu Nubwoserre, 1780-1770 b. c.) -연대기 위치가 명확하지 않다. 리홀트(Ryholt)에 의거 제공됨.

카우세레(Qareh Khawoserre, 1770-1760 b. c.) -연대기 위치가 명확하지 않다. 리홀트(Ryholt)에 의거 제공됨.

아호테프레(Ammu Ahotepre, 1760-1745 b. c.) -연대기 위치가 명확하지 않다. 리홀트(Ryholt)에 의거 제공됨.

셰시(Sheshi, 1745-1705 b. c.) -연대기 위치가 명확하지 않다. 리홀트(Ryholt)에 의거 제공됨. 그는 더러 초기 힉소스(Hyksos) 왕일 수 있다고 한다. 제15왕조 제2부 힉소스 통치자였거나 힉소스 종속 자일 수 있다.

<u>네헤시(Nehesy, 1705 b. c. 경)</u> -세시(Sheshi)의 아들로 통치 기간이 짧았다.

<u>카케레우레(Khakherewre, 연대미상)</u>

<u>네베파우레(Nebefawre, 1704 b. c. 경)</u>

<u>세헤브레(Sehebre, 1704~1699 b. c. 경)</u> -와자드(Wazad)나 세네(Sheneh)와 동일시 될 수 있다.

<u>메르디에파레(Merdjefare, 1699 b. c.)</u> -와자드(Wazad)나 세네(Sheneh)와 동일시 될 수 있다.

<u>세와디카레 III세(Sewadjkare III, 연대미상)</u> -

<u>네브디에파레(Nebdjefare, 1694 b. c.)</u>

<u>웨베느레(Webenre, 연대미상)</u>

<u>실명 왕(-, 연대미상)</u>—

<u>실명 왕(-, 연대미상)</u>—

디에파레?(Djefare?, 연대미상)

웨베느레(Webenre, 1690 BC 경)

네브세느레(Nebsenre, 1690와 1649 b. c. 사이) -옹문(甕文)으로 첫 이름이 확인됨.

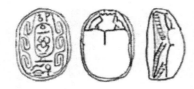

세케페레느레(Sekheperenre, 1690과 1649 b. c. 사이 2개월 통치)

아나티 디에드카레(Anati Djedkare, 연대미상)

베브눔(Bebnum, 1690과 1649 b. c. 사이) -투린(Turin) 연대기로 확인됨.

아페피(Apepi, 연대미상) -5개 풍뎅이 인장(印章)에 의거 어떤 왕의 아들로 입증이 되고 있다.

<u>누야(Nuya, 연대미상)</u> -한 개의 풍뎅이 인장에 의거 입증이 되고 있다.

<u>와자드(Wazad, 1700 b. c. 경)</u> -세헤브레(Sehebre)나 메르디에파레(Merdjefare)와 동일시 될 수 있다.

<u>셰네(Sheneh, 연대미상)</u> -세헤브레(Sehebre)나 메르디에파레(Merdjefare)와 동일시 될 수 있다.

<u>셰느셰크(Shenshek, 연대미상)</u> -풍뎅이 인장(印章)으로 확인이 되었다.

190

카무레(Khamure, 연대미상)

야카레브(Yakareb, 연대미상)

야쿠브 하르(Yaqub-Har, 17-16세기 b. c.) -제14왕조나 제15왕조 왕일 수도 있고, 힉소스
(Hyksos) 신하일 수도 있다.

제15왕조(Fifteenth Dynasty, 1674~1535 b. c.)

중국(中國) -우(禹, 2150-2106 b. c.) -하조(夏朝, 2070 - 1600 b. c.)
중국(中國) -탕(湯, 1658-1629 b. c.) -상조(商朝, 1600 - 1046 b. c.)

제15왕조는 비옥한 초승달(Fertile Crescent) 지역에서 출발한 힉소스(Hyksos)가 세운 것으로 기원전 1674~1535년에 나일 강 연안을 통치한 왕조이다.

세므켄(Semqen, 1649 b. c.-미상)

아페르아나트('Aper-'Anat, 연대미상)

사키르 하르(Sakir-Har, 연대미상)

키안(Khyan, 30~40년간 통치)

아페피(Apepi, 40년 또는 그 이상 통치)

카무디(Khamudi, 1555~1544 b. c.)

아비도스 왕조(Abydos Dynasty, 1650~1600 BC)

제2 중간기는 기원전 1650~1600년까지 통치한 독립 왕조를 포함하고 있다. 4명의 검증된 왕이 아비도스 왕조(Abydos Dynasty)를 이루었는데, 연대기 없이 제공한다.

웨프와웨테므사프(Sekhemraneferkhau Wepwawetemsaf, 불확실)

판티에니(Sekhemrekhutawy Pantjeny, 불확실)

스나이브(Menkhaure Snaaib, 불확실)

세네브카이(Woseribre Senebkay, 1650 b. c. 경)

제16왕조(Sixteenth Dynasty, 1650~1580 b. c.)

중국(中國) --우(禹, 2150-2106 b. c.) -하조(夏朝, 2070 - 1600 b. c.)

중국(中國) -탕(湯, 1658-1629 b. c.) -상조(商朝, 1600 - 1046 b. c.)

제16왕조는, 멤피스에 기반을 둔 제13왕조가 기원전 1650년 힉소스(Hyksos)에 의해 붕괴되어 테베에 생겨난 왕조인데, 힉소스(Hyksos)는 기원전 1580년에 상부 제15왕조도 멸망을 시켰다. 제16왕조는 상부 이집트만 다스렸다.

디에후티(Sekhemresementawy Djehuti, 3년 통치)

소베코테프 VIII세(Sekhemreseusertawy Sobekhotep VIII, 16년 통치)

네페로테프 III세(Sekhemresankhtawy Neferhotep III, 1년 통치)

멘투호테피(Seankhenre Mentuhotepi, 1년 통치)

네비리라우 I세(Sewadjenre Nebiryraw I, 26년 통치)

네비리라우 II세(Neferkare(?) Nebiryraw II, 1600 b. c. 경)

세메느레(Semenre, 1600 b. c. 경)

베비아느크(Seuserenre Bebiankh, 12년 통치)

데두모세 I세(Djedhotepre Dedumose I, 1588-1582 b. c. 경)

데두모세 II세(Djedneferre Dedumose II, 1588-1582 b. c. 경)

디에단크레 몬테므사프(Djedankhre Montemsaf, 1590 b. c. 경)

멘투호텝 VI세(Merankhre Mentuhotep VI, 1585 b. c. 경)

세누스레트 IV세(Seneferibre Senusret IV, 연대미상)
셰드와스트(Sekhemre Shedwast, 연대미상)

제16왕조에는 **페피 Ⅲ세(Pepi III)**와 **네브마트레(Nebmaatre)**도 포함하는데, 그들의 연대는
알 수 없다.

제17왕조(Seventeenth Dynasty, 1650~1550 b. c.

중국(中國) -우(禹, 2150-2106 b. c.) -하조(夏朝, 2070 - 1600 b. c.)

중국(中國) -탕(湯, 1658-1629 b. c.) -상조(商朝, 1600 - 1046 b. c.)

제17왕조는 상부 이집트에 기초하고 있는데, 기원전 1650년~1550년에 통치를 했다.

라호텝(Sekhemrewahkhaw Rahotep, 1620 b. c. 경)

소베켐사프 I세(Sekhemre Wadjkhaw Sobekemsaf I, 7년 이상 통치)

소베켐사프 II세(Sekhemre Shedtawy Sobekemsaf II, 1573 b. c.까지 통치) -그의 무덤은 람세스 IX세(Ramesses IX) 때 도굴되고 불태워졌다.

__웨프마트 인테프 V세__(Sekhemre-Wepmaat Intef V, 1573-1571 b. c. 경)

__인테프 VI세__(Nubkheperre Intef VI, 1571-1560s b. c.)

__인테프 VII세__(Sekhemre-Heruhirmaat Intef VII, 1560s b. c. 후반)

__아모세__(Senakhtenre Ahmose, 1558 b. c. 경)

세케네르나(Sekenenra, Seqenenre Tao, 1558-1554 b. c.) -힉소스(Hyksos)와의 전투로 사망함.

* 대영박물관에 구체적인 '독립운동의 계기' 적힌 파피루스가 있다. [제ⅩⅪ장]

카모세(Wadjkheperre Kamose, 1554-1549 b. c.) -제17왕조 초기 연대가 불명한 파라오 네브마트레(Nebmaatre) 통치와 겹칠 수 있다.

새 왕조(New Kingdom, 1550-1077 BC)

새 왕조는 제18왕조, 제19왕조, 제20왕조를 이루고 있다. 기원전 16세기부터 11세기까지이고, 제2 중간기와 제3 중간기 사이이다.

군사적 정복을 통해 새 왕조는 이집트 최대의 영토를 보여주었다. 남쪽으로는 누비아(Nubia), 근동(近東, Near East)에까지 펼쳤다. 이집트 군사는 히타이트(Hittite) 군사와 오늘날 시리아(Syria) 지배를 놓고 싸웠다.

새 왕조에 유명한 파라오는 아케나텐(Akhenaten)과 아메노테프 Ⅳ세(Amenhotep IV)인데, 아텐(Aten) 신만을 숭배하여 최초 유일신 사례로 해설이 된다. 투탄카문(Tutankhamun)은 온전한 무덤의 발견으로 유명하고, **람세스 Ⅱ세(Ramesses II)는 제18왕조 때 소유한 오늘날 이스라엘**

팔레스타인(Israel/Palestine, Lebanon and Syria) 지역을 복구하려 시도했다. 람세스 Ⅱ세 (Ramesses Ⅱ)의 정복은 카데슈(Qadesh) 전투를 이끌었는데, 거기서 이집트 군사들은 히타이트 (Hittite) 왕 무와탈리 Ⅱ세(Muwatalli Ⅱ) 군사와 싸웠다.

제18왕조(Eighteenth Dynasty, 1550~1292 b. c.)

중국(中國) -탕(湯, 1658~1629 b. c.) -상조(商朝, 1600 - 1046 b. c.)

제18왕조는 기원전 1550~1292년의 이집트를 통치했다.

아모시스 Ⅰ세(Nebpehtire Ahmose I, Ahmosis I, 1570~1544 b. c.) -카모세(Kamose)를 계승했고, 힉소스(Hyksos)로부터 이집트 북쪽을 회복했다.

아메노테프 Ⅰ세(Djeserkare Amenhotep I, 1541~1520 b. c.) -아모세 Ⅰ세(Ahmose I)의 아들이다.

202

투트모세 I세(Aakheperkare Thutmose I, 1520-1492 b. c.) -아메노테프 I세(Amenhotep I)의 아들일 것이다. 어머니는 세느세네브(Senseneb)로 알려져 있다. 통치 기간 이집트 영토를 확장했다.

＊ '출애굽'이 단행되었던 시기의 파라오.[제XXI장]

투트모세 II세(Aakheperenre Thutmose II, 1492-1479 b. c.) -투트모세 Ⅰ세(Thutmose I)의 아들이고, 아메노테프 Ⅰ세(Amenhotep I)의 손자로서 어머니는 무트노프레트(Mutnofret)이다.

하트셰프수트(Maatkare Hatshepsut, 1479-1458 b. c.) -이집트 사상 두 번째 여왕이다. 처음에는 그녀의 조카 투트모세 Ⅲ세(Thutmose III)와 공동으로 통치를 시작했다. 데이르엘 바하리(Deir el-Bahari)에 있는 유명한 모르투아리 사원(Mortuary Temple) 방문이 기록에 남아 유명하다. 이집트 국력이 최고인 시대에 통치하며 많은 사원과 기념물을 세웠다. 투트모세 Ⅰ세(Thutmose I)의 딸이고, 오빠 투트모세 Ⅱ세(Thutmose II)의 아내였다.

　투트모세 III세(Menkheperre Thutmose III, 1458-1425 b. c.) -투트모세 Ⅱ세(Thutmose
II)의 아들이다. 하트셰프수트(Hatshepsut) 여왕과 공동 통치를 했다. **투트모세 III세(Thutmose
III)는 레바논(Levant)과 누비아(Nubia) 영토 확장으로 유명하다.** 그의 통치 기간이 고대 이집트
최대 영토를 확보했다. 그의 통치 동안이 이집트 최고 세력 기간이다. 그의 통치 말년에 사원과
기념물에서 하트셰프수트(Hatshepsut) 여왕의 기록을 삭제했다.

　* '메기도(Megiddo, Armageddon)에서 포획(捕獲)'으로 유명하다. [제 XXII장]

　아메노테프 II세(Aakheperrure Amenhotep II, 1425-1400 b. c.) -투트모세 III세(Thutmose
III)의 아들이다. 이집트 최고 시대를 통치했다.

　투트모세 IV세(Menkheperure Thutmose IV, 1400-1390 b. c.) -아메노테프 Ⅱ세(Amenho-
tep II)의 아들이다. 스텔레(Stele) 꿈으로 유명하다. 이집트 최고 시대를 통치했다.

아메노테프 III세(Nebmaatre Amenhotep III, 1390-1352 b. c.) -아케나톤(Akhenaten)의 아버지이고 투탄카문(Tutankhamun)의 할아버지이다. 이집트 최고 시대를 통치했다. 투트모세 IV세(Thutmose IV)의 아들로서 거대한 모르투아리(Mortuary) 사원을 포함한 많은 사원과 기념물을 세웠다.

아메노테프 IV세(Amenhotep IV, 1352-1336 b. c.) -'아케나텐(Akhenaten)'과 동일 인물. GD-EG-Caire-Musée061.JPG

아마르나(Amarna) 시대의 창시자로서 그는 고대 이집트 다신교(多神敎)를 유일신 아텐주의(Atenism)로 바꾸었다. 태양 원반을 상징으로 아텐(Aten)신을 숭배했다. 그는 서울을 아케타텐(Akhetaten)로 옮겼다. 그는 아메노테프 III세(Amenhotep III)의 아들이다. 그는 아메노테프(Amenhotep, Amun 신이 반기신다.)를 아케나텐(Akhenaten, Aten 신에 봉사함)로 개명(改名)하여 그의 종교적 변화를 명시했다.

스멘카레(Ankhkheperure Smenkhkare, 1335-1334 b. c.) -아케나텐(Akhenaten) 후반에 그와 공동 통치를 했다. 스멘카레(Smenkhkare) 정체는 불확실하다. 투탕카문(Tutankhamun)과 동일 인물일 수 있다. 여성 군주 네페르네페루아텐(Neferneferuaten)과 동일 인물일 수 있다.

네페르케페루레(Ankhkheperure-mery-Neferkheperure, 1334-1332 b. c.) -여성 파라오로 스멘카레(Smenkhkare)와 동일 인물일 수 있다. 고고학적 증거는 아마르나(Amarna) 시대 말기를 다스린 여성이다. 네페르티(Nefertiti) 경우와 유사하다.

투탕카텐(Nebkheperure Tutankhaten, 1332-1324 b. c.) -아케나텐(Akhenaten) 아들로 간주되고 있다. 고대 이집트 다신교로 복귀했다. 그의 이름을 투탕카텐(Tutankhaten)에서 투탕카문(Tutankhamun)으로 바꾼 것은 유일신 '아텐주의(Atenism)'에서 다신의 주인 '아문(Amun)' 신으로 다시 방향을 튼 것이다. 투탕카텐(Tutankhaten)은 8년 도는 9년간 왕위에 있다가 죽었다. 나이는 18세 도는 19세였는데, "소년 왕"이라는 별명이 있었다. 그는 허약한 군주였으나, 장식으로 유명한 무덤을 지니게 되었다.

  아이 (II)세(Kheperkheperure Ay (II), 1324-1320 b. c.) -투탄카문(Tutankhamun)의 수상이고 아케나텐(Akhenaten)과 스멘카레(Smenkhkare) 통치 때 고관이었다. 아메노테프 Ⅲ세(Amenhotep III)아내 티에(Tiye)의 아우이고 아케나텐(Akhenaten) 부인 네페르티티(Nefertiti)의 아비였을 것이다. 귀족이나 왕족은 아니었을 것이다. 계승자가 없으므로 투탄카문(Tutankhamun)을 계승했다.

  호레메브(Horemheb, 1320-1292 b. c.) -평민 출신이다. 아마르나(Amarna) 시절에 장군이었다. 아마르나(Amarna) 파라오들의 상(像)이나 관련 건물 기념물들을 파괴했다. 의도된 계승자 낙트민(Nakhtmin)이 있었음에도 아이(Ay)를 계승했다.

제19왕조(Nineteenth Dynasty, 1292~1186 b. c.)

중국(中國) -탕(湯, 1658~1629 b. c.) -상조(商朝, 1600 - 1046 b. c.)

제19왕조는 기원전 1292~1186년을 통치했는데, 최고의 왕 람세스 Ⅱ세(Rameses Ⅱ)를 포함하고 있다.

<u>**람세스 Ⅰ세(Ramesses Ⅰ, 1292~1290 b. c.)**</u> -왕족이 아니었다. 후계자가 없었으므로 호레메브 (Horemheb)를 계승했다.

<u>**세티 Ⅰ세(Seti Ⅰ, 1290~1279 b. c.)**</u> -아케나텐(Akhenaten) 통치 때 상실했던 영토를 많이 복구했다.

<u>**람세스 Ⅱ세(Ramesses Ⅱ the Great, 1279~1213 b. c.)**</u> -이집트 영토를 계속 확장하여 기원전 1275년 히타이트(Hittite) 왕국과 카데슈(Kadesh)에서 전투하여 교착 상태에 이르렀다. 그 후

208

기원전 1258년 이집트와 히타이트 평화 협정이 채결되었다.

메레느프타(Merenptah, 1213-1203 b. c.) -람세스 II세(Ramesses II)의 13번째 왕자였다.

아메느메세(Amenmesse, 1203-1200 b. c.) -왕위 찬탈자였을 것이다. 메르네프타(Merneptah)의 아들 세티 Ⅱ세(Seti II)에 반대하여 통치를 했다.

세티 II세(Seti II, 1203-1197 b. c.) -메르네프타(Merneptah)의 아들이다. 왕권을 확보하기까지 경쟁이 있었을 것이다.

시프타(Siptah, 1197-1191 b. c.) -세티 Ⅱ세(Seti Ⅱ)나 아멘메세(Amenmesse)의 아들일 것이다. 젊어서 왕위에 올랐다.

타우스레트(Tausret, 1191-1190 b. c.) -세티 Ⅱ세(Seti Ⅱ)의 아내였을 것이다. 투스레트(Twosret)나 타우오스레트(Tawosret)라고도 했다.

제20왕조(Twentieth Dynasty, 1190~1077 b. c.)

중국(中國) -탕(湯, 1658-1629 b. c.) -상조(商朝, 1600 - 1046 b. c.)

<u>세트나크테(Setnakhte, 1190-1186 b. c.)</u> -세티 Ⅱ세(Seti II)나 시프타(Siptah), 타우스레트 (Tausret)와 연관이 없다. 타우스레트(Tausret)에게서 왕위를 찬탈했을 것이다. 시프타(Siptah)나 타우스레트(Tausret)를 합법적인 왕으로 인정하지 않았다. 아마 라메시데(Ramesside) 왕가 지류 (支流)였을 것이다. 세트나크트(Setnakt)라고도 불렀다.

<u>람세스 III세(Ramesses III, 1186-1155 b. c.)</u> -세트나크트(Setnakt) 아들이다. 기원전 1175년 해적(Sea Peoples)과 싸웠다. 시해(弑害)를 당한 것으로 보인다.

   * '유럽 해적 퇴치도'가, 테베의 서쪽 평원 메디네트 하부(Medinet Habu) 아몬 사원 북쪽 벽에 낮은 음각(陰刻)으로 그려져 있다.[제ⅩⅩⅦ장]

<u>람세스 IV세(Ramesses IV, 1155-1149 b. c.)</u> -람세스 III세(Ramesses III)의 아들이다. 그가 통치하는 동안 이집트 국력은 시들기 시작했다.

람세스 V세(Ramesses V, 1149-1145 b. c.) -람세스 IV세(Ramesses IV)의 아들이다.

람세스 VI세(Ramesses VI, 1145-1137 b. c.) -람세스 Ⅲ세(Ramesses III)의 아들이고. 람세스 Ⅳ(Ramesses IV)의 아우이고. 람세스 Ⅴ세(Ramesses V)의 아저씨였다.

람세스 VII세(Ramesses VII, 1137-1130 b. c.) -람세스 VI세(Ramesses VI)의 아들이다.

212

람세스 VIII세(Ramesses VIII, 1130-1129 b. c.) -1년 간 통치한 모호한 파라오이다. 람세스 III세(Ramesses III)의 아들 세티헤르 II(Sethiherkhepeshef II)와도 동일인일 수 있다. 제20왕조에 무덤이 없는 유일한 파라오이다.

람세스 IX세(Ramesses IX, 1129-1111 b. c.) -람세스 III세(Ramesses III)의 손자이다.

람세스 X세(Ramesses X, 1111-1107 b. c.) -3세~10세 사이에 통치를 했다.

람세스 XI세(Ramesses XI, 1107-1077 b. c.) -람세스 Ⅹ세(Ramesses X)의 아들일 것이다. 통치 후반에 **아문 헤리호르(Amun Herihor, 1080-1074 b. c.)** 고위 사제가 남쪽을 테베(Thebes) 에서 통치를 해서 통치가 하부(북부) 이집트에 국한되었다. 스멘데스(Smendes)가 계승했다.

  * 국가 기강이 해이해져 '도둑들'이 횡행했다.[제ⅩⅩⅧ장]

제3 중간기(Third Intermediate Period, 1077-664 b. c.)

제3 중간기(Third Intermediate Period)는 이집트 왕국이 붕괴된 다음에 새로운 왕조가 끝난다. 많은 리비아 출신 왕이 통치를 했고, 리비아 시대의 명칭이 붙여졌다.

제21왕조(Twenty-First Dynasty, 1069~943 b. c.)

  중국(中國) -탕(湯, 1658-1629 b. c.) -상조(商朝, 1600 - 1046 b. c.)
  중국(中國) -무왕(武王, 1046-1043 b. c.) -주조(周朝, 1046 - 256 b. c.)

제21왕조는 타니스(Tanis)에 기반을 두고 있었는데, 상대적으로 허약한 집단이었다. 그들은 이름으로는 전 이집트 통치자였으나, 실제적으로 영향력은 하부 이집트에 국한 되어 있었다. 그들은 기원전 1069~943년 사이를 통치했다.

214

네스바네브디에드 I세(Nesbanebdjed I (Smendes I), 1077-1051 b. c.) -텐타문(Tentamun)과 결혼했는데, 람세스 IX세(Ramesses XI)의 딸이었다.

아메네므니수(Amenemnisu, 1051-1047 b. c.) -4년 통치.

파세바케니우트 I세(Pasebakhenniut I (Psusennes I), 1047-1001 b. c.) -아문(Amun)의 고위 사제 피네디엠 I세(Pinedjem I)의 아들이다. 40년에서 51년을 통치했다. 타니스(Tanis)에 보존된 무덤이 유명하다. 거대한 은색 관에 매장이 되어 "백은(白銀)의 파라오"로 알려졌다. 제21왕조의 가장 강력한 왕 중의 한 사람이다.

<u>아메네모페(Amenemope, 1001-992 b. c.)</u> -프수세네 Ⅰ세(Psusennes I)의 아들이다.

<u>오소르콘(Aakheperre Setepenre Osorkon (Osorkon the Elder), 992-986 b. c.)</u> -리비아 메슈웨슈(Meshwesh) 추장의 아들이다. 오소코르(Osochor)라고도 했다.

<u>시아문 메리아문(Siamun-meryamun, 986-967 b. c.)</u> -출신은 알 수 없다. 제3중간 시대를 열었던 파라오이다. 제21왕조에 강력한 군주의 한 사람이다.

파세바케니우트 II세(Pasebakhenniut II (Psusennes II), 967-943 b. c.) -아문(Amun)의 고위 사제 피네디엠 Ⅱ세(Pinedjem II)의 아들이다.

테베의 아문 고위 사제(Theban High Priests of Amun)

공식적인 파라오는 아니었으나, 테베에 거주한 아문(Amun)의 고위 사제는 사실상의 제21왕조와 제22왕조 상부(남부) 이집트 통치자였다. (고대 이집트의 기념비 따위에 왕의 이름을 둘러싼) 원형의 장식 테두리들 속에 이름을 기재하고 왕의 무덤에 묻혔다.

헤리호르(Herihor, 1080-1074 b. c.) -아문(Amun)의 고위 사제로 최초로 파라오가 되었다. 그는 람세스 XI세(Ramesses XI)가 북쪽 피 람세스(Pi-Ramesses)에서 통치를 행할 때 남쪽 테베에서 통치를 했다. 일부 자료는 그가 피안크(Piankh)를 계승했다고 암시를 하고 있다.

피안크(Piankh, 1074-1070 b. c.) -일부 자료는 헤리호르(Herihor) 이전에 통치를 했다고 암시하고 있다.

피네디엠 I세(Pinedjem I, 1070-1032 b. c.) -피안크(Piankh)의 아들이고 프수세네 I세(Psusennes I)의 아버지이다.

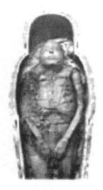

마사하르타(Masaharta, 1054-1045 b. c.) -피네디엠 I세(Pinedjem I)의 아들이다.

디에드코느수에파느크(Djedkhonsuefankh, 1046-1045 b. c.) -피네디엠 I세(Pinedjem I)의 아들이다.

메느케페레(Menkheperre, 1045-992 b. c.) -피네디엠 I세(Pinedjem I)의 아들이다.

네스바네브디에드 II세(Nesbanebdjed II (Smendes II), 992-990 b. c.) -멘케페레(Menkhe-perre) 아들이다.

피네디엠 II세(Pinedjem II, 990-976 b. c.) -멘케페레(Menkheperre) 아들이고 프수세네 II세

(Psusennes II)의 아비이다.

파세바카에누이트 III세(Pasebakhaennuit III (Psusennes III), 976~943 b. c.) -프수세네 Ⅱ 세(Psusennes II)와 동일인일 수 있다. 그나 피네디엠 Ⅱ세(Pinedjem II)가 아문(Amun) 고위 사제 출신 마지막 파라오로 간주되고 있다.

제22왕조(Twenty-Second Dynasty, 943 경~728 b. c.)

중국(中國) -무왕(武王, 1046-1043 b. c.) -주조(周朝, 1046 - 256 b. c.)

제22왕조 파라오는 리비아 출신으로 기원전 943~728년 기간을 통치했다.

쇼솅크 I세(Shoshenq I, 943-922 b. c.) -'솔로몬(Solomon)과 동맹 관계 유지한 셰송크 (Sheshonq)'이다. 니믈로트 아(Nimlot A)의 아들이고, 오솔로콘(Osorkon)의 형이고 리비아 메슈 웨슈(Meshwesh) 추장이다. 성경의 '시사크(Shishaq)'이다.

__오소르콘 I세(Sekhemkheperre Osorkon I, 922-887 b. c.)__ -쇼셍크 Ⅰ세(Shoshenq I)의 아들이다.

__쇼셍크 II세(Shoshenq II, 887-885 b. c.)__ -모호한 파라오이다. 아마 찬탈자일 것이다.

__쇼셍크 IIb세(Tutkheperre Shoshenq IIb, 880s b. c.)__ -모호한 파라오로 정체가 불분명하다.

__하르시에세(Harsiese, 880-860 b. c.)__ -테베에서 반란을 일으킨 자다.

타켈로트 I세(Takelot I, 885-872 b. c.) -오소르콘 Ⅰ세(Osorkon I)의 아들이다.

오소르콘 II세(Usermaatre-setepenamun Osorkon II, 872-837 b. c.) -타켈로트 Ⅰ세 (Takelot I)의 아들이다.

쇼셍크 III세(Shoshenq III, 837-798 b. c.)

쇼셍크 IV세(Shoshenq IV, 798-785 b. c.)

파미(Usermaatre-setepenre Pami, 785-778 b. c.)

쇼셍크 V세(Aakheperre Shoshenq V, 778-740 b. c.)

오소르콘 IV세(Usermaatre Osorkon IV, 740-720 b. c.)

제23왕조(Twenty-Third Dynasty, 837~735 b. c.)

중국(中國) -무왕(武王, 1046-1043 b. c.) -주(周朝, 1046 - 256 b. c.)

제23왕조는 리비아 출신으로 헤라클레오폴리스(Herakleopolis)와 테베(Thebes)를 기반으로 한 지방 그룹이다.

타켈로트 II세(Hedjkheperre-setpenre Takelot II, 837-813 b. c.) -앞서 제22왕조 파라오로 간주되었는데, 제23왕조 창시자로 밝혀졌다.

페두바스트(Pedubast, 826-801 b. c.) -타켈로트 Ⅱ세(Takelot II)부터 테베(Thebes)를 점령해 낸 반란자이다.

이우푸트 I세(Iuput I, 812-811 b. c.) -페두바스트(Pedubast)와 공동 통치를 행했다.

쇼셍크 VI세(Shoshenq VI, 801-795 b. c.) -페두바스트(Pedubast) 계승자이다.

224

오소르콘 III세(Usermaatre-setepenamun Osorkon III, 795-767 b. c.) -타켈로트 Ⅱ세 (Takelot II)이다. 테베(Thebes)를 복원하고 스스로 왕으로 선포를 했다.

타켈로트 III세(Takelot III, 773-765 b. c.) -처음 5년간은 아버지 오소르콘 Ⅲ세(Osorkon III)와 공동 통치를 했다.

루다문(Rudamun, 765-762 b. c.) -소소르콘 Ⅲ세(Osorkon III)의 아들이고 타켈로트 Ⅲ세 (Takelot III)의 아우이다. 루다문(Rudamun)은 테베의 지역 통치자가 계승을 했다.

<u>메느케페레 이니(**Menkheperre Ini, 762-연대불명 b. c.**)</u> -테베(Thebes)만 통치를 했다.

제24왕조(Twenty-Fourth Dynasty, 732~720 b. c.)

중국(中國) -무왕(武王, 1046-1043 b. c.) -주(周朝, 1046 - 256 b. c.)

제24왕조는 서부 델타 사이스(Sais)에 자리 잡아 기원전 732~720년 사이를 통치한 단명의 왕조였다.

<u>테프나크테(**Shepsesre Tefnakhte, 732-725 b. c.**)</u>

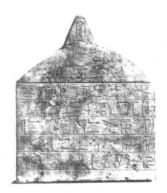

바케느레네프(Wahkare Bakenrenef (Bocchoris), 725-720 b. c.)

제25왕조(Twenty-Fifth Dynasty (Nubian Period), ~656 b. c.)

중국(中國) -무왕(武王, 1046-1043 b. c.) -주(周朝, 1046 - 256 b. c.)

누비아 사람들이 피예(Piye) 통치의 하부(북부) 이집트에 침입하여 왕권을 빼앗는데, 그들은 피예(Piye) 통치 초년부터 테베(Thebes)와 상부 이집트(Upper Egypt, 남부 이집트)를 차지하고 있었다. 피예(Piye)는 하부 이집트(북부 이집트)를 정복하고 제25왕조를 열어 기원전 656년까지 통치를 하였다.

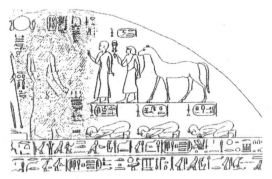

피예(Usermaatre Piye, 744-714 b. c.) -누비아(Nubia) 왕이다. 20세에 이집트를 통일하고 24년을 통치했다.

셰비트쿠(Djedkaure Shebitku, 714-705 b. c.)

샤바카(Neferkare Shabaka, 705-690 b. c.)

타하르카(Khuinefertemre Taharqa, 690-664 b. c.)

탄타마니(Bakare Tantamani, 664-653 b. c.) -프삼티크 I세(Psamtik I)가 기원전 656년에 테베(Thebes)까지 통치권을 확장할 때에 상부 이집트 통치권을 상실했다. 결국 누비아(Nubia)로 끌려가고 거기에서 나파타(Napata)에 왕국을 세웠고(656~590 b. c.) 뒤에 메로에(Meroë)에 왕국을 세웠다.(590 ‐500 b. c.)

말기는 기원전 664~332년 사이로 이집트인과 페르시아인 통치를 포괄한 시대이다.

제26왕조(Twenty-Sixth Dynasty, 664~525 b. c.)

중국(中國) -무왕(武王, 1046-1043 b. c.) -주(周朝, 1046 ‐ 256 b. c.)

제26왕조는 기원전 664년부터 525년까지 통치를 했다.

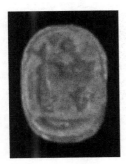

테프나크트 II세(Tefnakht II, 685-678 b. c.) -제24왕조 후손일 것이다. 네코 I세(Necho I)의 아비이다.

네카우바(Nekauba, 678-672 b. c.) -존재가 의심되는 왕이다.

네코 Ⅰ세(Menkheperre Nekau I (Necho I), 672-664 b. c.) -기원전 664년 탄타마니 (Tantamani)가 이끄는 쿠시테(Kushite) 침략군에게 피살되었다. 프삼티크 Ⅰ세(Psamtik I)의 아비 이다.

네코 Ⅰ세(Menkheperre Nekau I (Necho I)의 아들 프삼티크 Ⅰ세(Psamtik I)는 이집트를 재통일 하고 제26왕조를 창설했다.

프삼티크 Ⅰ세(Wahibre Psamtik I (Psammetichus I), 664-610 b. c.) -이집트를 재통일 했다. 네코 Ⅰ세(Necho I)의 아들이고 네코 Ⅱ세(Necho II)의 아비이다.

네코 Ⅱ세(Wehemibre Necho II, 610-595 b. c.) -성경에 언급된 파라오이고, 요시아(Josiah) 죽음에 관련된 파라오이다. 프삼티크 Ⅰ세(Psamtik I)의 아들이고 프삼티크 Ⅱ세(Psamtik II)의

아비이다.

프삼티크 II세(Psamtik II (Psammetichus II), 595-589 b. c.) -네코 Ⅱ세(Necho II)의 아들이고 아프리에스(Apries) 아비이다.

와히브레(Haaibre Wahibre (Apries), 589-570 b. c.) -프삼티크 Ⅱ세(Psamtik II)의 아들이다. 장군 아마시스 Ⅱ세(Amasis II)가 시민전쟁 이후에 파라오임을 선언하자 이집트를 떠났다.

아모세 II세(Khnemibre Ahmose II (Amasis II), 570-526 b. c.) -페르시아 정복 이전에 최후의 이집트 위대한 통치자였다. 희랍 역사가 헤로도토스(Herodotus)에 따르면 그는 평민 출생이고 프삼티크 Ⅲ세(Psamtik III)의 아비이다.

<u>프삼티크 III세(Ankhkaenre Psamtik III (Psammetichus III), 526-525 b. c.)</u> -아마시스 II세(Amasis II)의 아들이다. 펠루시움(Pelusium) 전투에서 페르시아 전투에 패배하기까지 6개월을 통치했다. 이어 혁명을 획책하다가 처형을 당했다.

제27왕조 -제1차 페르시아 지배기(Twenty-Seventh Dynasty (First Persian Period), 525~404 b. c.)

중국(中國) -무왕(武王, 1046-1043 b. c.) -주(周朝, 1046 - 256 b. c.)

이집트 왕조는 기원전 525년 페르시아 왕조에 의해 정복을 당했다. 그래서 기원전 404년까지 이 왕조의 일 개 자치구가 되었다. 아캐메니드(Achaemenid Shahanshahs)가 제27왕조 형성에 알려진 파라오였다.

<u>캄비세스(Cambyses II, 525-521 b. c.)</u> -기원전 525년 펠루시움(Pelusium) 전투에서 프삼티크 III세(Psamtik III)를 패배시켰다.

<u>스메르디스(Smerdis (Bardiya), 522-521 b. c.)</u> -키루스 대왕(Cyrus the Great)의 아들이다.
 * 헤로도토스는 '스메르디스(Smerdis)'가 동명(同名)의 '마기(Magi, 사제) 이름'이라고 했다.

페투바스티스 III세(Petubastis III, 522/21-520 b. c.) -이집트 출신으로 델타에서 반란을 일으켰다.

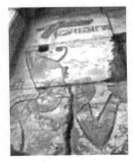

다리우스 I세(Darius I the Great, 521-486 b. c.) -가우마타(Gaumata)를 넘어뜨리고 왕위에 올랐다.

프사메티쿠스 IV세(Psammetichus IV, 480s b. c.) -이집트 반군(叛軍) 대장으로 추천이 되었다. 정확한 연대는 미상이다.

크세르크세스 I세(Xerxes I the Great, 486-465 b. c.) -시해를 당했다.

<u>아르타바누스</u>(Artabanus the Hyrcanian, 465-464 b. c.)

<u>아르타크세르크세스 I세</u>(Artaxerxes I Longhand, 464-424 b. c.)

<u>크세르크세스 II세</u>(Xerxes II, 424-423 b. c.)

<u>소그디아누스</u>(Sogdianus, 424-423 b. c.)

<u>다리우스 II세</u>(Darius II, 424-404 b. c.)

234

제28왕조(Twenty-Eighth Dynasty, 404~398 b. c.)

중국(中國) -무왕(武王, 1046-1043 b. c.) -주(周朝, 1046 - 256 b. c.)

제28왕조는 한 명의 파라오로 기원전 404~398년 6년 지속이 되었다.

아미르타에우스(Amyrtaeus, 404-398 b. c.) -제26왕조 사이테(Saite) 파라오 후손이다. 페르시아 사람들에게 성공적인 반란을 주도했다.

제29왕조(Twenty-Ninth Dynasty, 398~380 b. c.)

중국(中國) -무왕(武王, 1046-1043 b. c.) -주(周朝, 1046 - 256 b. c.)

제29왕조는 기원전 398~380년 사이를 통치했다.

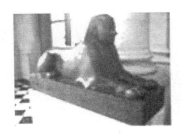

네파루드 I세(Baenre Nefaarud I, 399-393 b. c.) -네페리테스(Nepherites)라고도 했다. 아미르타에우스(Amyrtaeus)를 공개 전투에서 패배시키고 그를 처형했다.

<u>하코르(Khenemmaatre Hakor (Achoris), 392-391 b. c. 경)</u> -네파루드 Ⅰ세(Nefaarud I)의 아들이다.

<u>프사무테스(Psammuthes, 391 b. c. 경)</u> -1년 만에 하코르(Hakor)에게 퇴위 당한 것 같다.

<u>하코르(Hakor (restored), 390-379 b. c. 경)</u> -프사무테스(Psammuthes)에게서 왕위 탈환했다.

<u>네파루드 II세(Nefaarud II, 379 b. c.)</u> -하코르(Hakor)의 아들로 4개월 통치 후 넥타네보

Ⅰ세(Nectanebo I)에 의해 퇴위 살해된 것 같다.

제30왕조(Thirtieth Dynasty, 380~343 b. c.)

중국(中國) -무왕(武王, 1046-1043 b. c.) -주(周朝, 1046 - 256 b. c.)

제30왕조는 기원전 380~343년 사이에 이집트는 다시 페르시아 지배에 들어갔다.

네크트네베프(Kheperkare Nekhtnebef (Nectanebo I), 379-361 b. c.) -네파루드 Ⅱ세 (Nefaarud II)에 의해 퇴위 살해되었다. 이집트인 마지막 왕조가 시작되었다. 테오스(Teos)의 아비 이다.

디에데르(Irimaatenre Djedher (Teos), 361-359 b. c.) -파앙스 도자기 조각에 제30왕조 (Teos) 왕 명(名)이 새겨져 있다. 멤피스 아프리에스(Apries) 왕궁에서 출토된 것이다. 기원전 365년경부터 아버지 넥타네보 Ⅰ세(Nectanebo I)와 공동통치를 했다. 스파르타(Sparta) 아게실라 우스 Ⅱ세(Agesilaus II)의 도움을 받은 넥타네보 Ⅱ세(Nectanebo II)에 의해 타도되었다.

나크토레비트(Senedjemibre Nakhthorhebyt (Nectanebo II), 359~342 b. c.) -마네토(Mane-
tho)가 이집트 최후 통치자로 인정했다.

제31왕조 -제2차 페르시아 지배기(Thirty-First Dynasty (second Persian period), 343~332 b. c.)

중국(中國) -무왕(武王, 1046~1043 b. c.) -주(周朝, 1046 ~ 256 b. c.)

이집트는 다시 페르시아 사람 아캐메니드(Achaemenid) 통치로 들어갔다. 마네토(Manetho)
이후 기원전 343~332년의 페르시아인 통치자들은 우연히 제31왕조에 배정(配定)이 되었다.

아르타 크세르크세스 III세(Artaxerxes III, 343-338 b. c.) -이집트는 두 번째 페르시아 통치로
들어가게 되었다.

아르타 크세르크세스 IV세(Artaxerxes IV Arses, 338-336 b. c.) -하부 이집트만 다스렸다.

카바바슈(Khababash, 338-335 b. c.) -누비아 침략군을 이끌고 온 반역의 파라라오다.

다리우스 III세(Darius III, 336-332 b. c.) -기원전 335년에 상부(남부) 이집트도 페르시아 지배가 시작이 되었다.

아르가이 왕조(Argead Dynasty, 332~309 b. c.)

중국(中國) -무왕(武王, 1046-1043 b. c.) -주(周朝, 1046 - 256 b. c.)

알렉산더 대제(Alexander the Great)가 페르시아 이집트를 정복하여 헬레니즘 시대를 열었다. 기원전 332~309년 사이를 아르게아드족(Argeads)이 통치를 했다.

알렉산더 III세(Alexander III, Alexander the Great, 332-323 b. c.) -마케돈(Macedon)이 페르시아와 이집트를 정복했다.

필립 III세(Philip III Arrhidaeus, 323-317 b. c.) -알렉산더의 마음 약한 이복(異腹) 형제이다.

알렉산더 IV세(Haaibre Alexander IV, 317-309 b. c.) -알렉산더 Ⅲ세(Alexander III)의 아들이다.

프톨레마이오스 왕조(Ptolemaic Dynasty, 305~30 b. c.)

중국(中國) -무왕(武王, 1046-1043 b. c.) -주(周朝, 1046 - 256 b. c.)
중국(中國) -진시황(秦始皇, 221-210 b. c.) -진(秦朝, 221-207 b. c.)
중국(中國) -유방(劉邦, 202-195 b. c.) -한(漢朝, 202 b. c. - 220)

제2차 헬레니즘 왕조인 프톨레마이오스(Ptolemies)가 기원전 305년부터 이집트를 통치하여 기원전 30년 로마의 일개 지방이 될 때까지 다스렸다. 이 왕조의 가장 유명한 존재가 클레오파트라 Ⅶ세(Cleopatra VII)이다. 오늘날 클레오파트라로 알려진 그녀는 성공적으로 율리우스 카이사르(Julius Caesar)의 배우자가 되었고, 카이사르가 죽은 다음에는 마크 안토니(Mark Antony) 배우자가 되어 그들 사이에 아이들을 가졌다. 클레오파트라는 이집트와 로마 간의 왕조적 정치적 통합을 창조하기 위해 애를 썼으나, 카이사르가 죽고 마크 안토니(Mark Antony)가 패배하여 그녀의 계획은 수포로 돌아갔다.

카에사리온(Caesarion, Ptolemy XV Philopator Philometor Caesar)은 이집트 프톨레마이오스 왕조(Ptolemaic Dynasty) 마지막 왕이었다. 그는 어머니 클레오파트라 Ⅶ세(Cleopatra VII) 기원전 47년 9월 2일부터 공동으로 이집트를 통치했다. 카에사리온(Caesarion)은 클레오파트라 Ⅶ세의 장남인데, 율리우스 카이사르(Julius Caesar)의 외아들일 것으로 그의 이름을 모방한 것이다. 클레오파트라 Ⅶ세(Cleopatra VII)의 죽음은 기원전 30년 8월 12일이라고 하고 장남의 죽음은 동년 8월 30일이라고 하니, 그는 명목만 파라오였다. 카에사리온(Caesarion)은 옥타비안(Octavian)의 명령으로 추적 살해를 당했고, 옥타비안(Octavian)이 로마 황제 아우구스투스(Augustus)가 되었다는 것이 통설이나 역사적 증거는 없다.

<u>프톨레마이오스 I세</u>(Ptolemy I Soter, 305-285 b. c.) -기원전 285년에 퇴위를 당해 기원전 283년에 사망했다.

<u>베레니케 I세</u>(Berenice I, ?-285 b. c.) -프톨레마이오스 I세(Ptolemy I)의 아내이다.

<u>프톨레마이오스 II세</u>(Ptolemy II Philadelphos, 288-246 b. c.) -39년을 통치했다.

<u>아르시노에 I세</u>(Arsinoe I, 284/281-274 b. c. 경) -프톨레마이오스 II세(Ptolemy II)의 부인이다.

<u>아르시노에 II세(Arsinoe II, 277-270 b. c.)</u> -프톨레마이오스 II세(Ptolemy II)의 부인이다.

<u>프톨레마이오스 III세(Ptolemy III Euergetes I, 246-222 b. c.)</u> -24년간 통치를 했다.

<u>베레니케 II세(Berenice II, 244/243-222 b. c.)</u> -프톨레마이오스 III세(Ptolemy III)의 아내이
다. 피살당했다.

<u>프톨레마이오스 IV세(Ptolemy IV Philopator, 222-204 b. c.)</u>

<u>아르시노에 III세(Arsinoe III, 220-204 b. c.)</u> -프톨레마이오스 IV세(Ptolemy IV)의 아내이다. 피살당했다.

<u>후그로나포르(Hugronaphor, 205-199 b. c.)</u> -남부 이집트에서 혁명을 일으킨 파라오이다.

<u>안크마키스(Ankhmakis, 199-185 b. c.)</u> -남부 이집트에서 혁명을 일으킨 파라오이다.

<u>프톨레마이오스 V세(Ptolemy V Epiphanes, 204-180 b. c.)</u> -상부(남부) 이집트에서 기원전 207~186년 사이에 혁명을 일으켰다.

<u>클레오파트라 I세(Cleopatra I, 193-176 b. c.)</u> -프톨레마이오스 V세(Ptolemy V)의 부인이다. 프톨레마이오스 VI세(Ptolemy VI)와 공동 통치를 했다.

<u>프톨레마이오스 VI세(Ptolemy VI Philometor, 180-164 b. c.)</u> -기원전 145년에 사망했다.

<u>클레오파트라 II세(Cleopatra II, 175-164 b. c.)</u> -프톨레마이오스 VI세(Ptolemy VI)의 부인이다.

<u>프톨레마이오스 VIII세(Ptolemy VIII Euergetes II, 171-163 b. c.)</u> -기원전 170년 알렉산드리아 사람들에 의해 왕으로 선포되었다. 기원전 169~164년 동안 프톨레마이오스 VI세(Ptolemy VI)와 클레오파트라 Ⅱ세(Cleopatra Ⅱ)와 공동 통치를 했다. 기원전 116년에 사망했다.

프톨레마이오스 VI세(Ptolemy VI Philometor, 163-145 b. c.) -기원전 164년 이집트가 프톨 레마이오스 VIII세(Ptolemy VIII) 치하에 있을 적에 프톨레마이오스 VI세(Ptolemy VI)는 기원전 163년 통치권을 회복했다.

클레오파트라 II세(Cleopatra II, 163-127 b. c.) -프톨레마이오스 VIII세(Ptolemy VIII)와 결혼 했다. 기원전 131년 반란을 이끌어 이집트 유일의 통치자가 되었다.

프톨레마이오스 VII세(Ptolemy VII Neos Philopator, 145-144 b. c.) -어머니 클레오파트라

II세(Cleopatra II) 섭정(攝政) 말기에 통치를 했다.

프톨레마이오스 VIII세(Ptolemy VIII Euergetes II, 145-131 b. c.) -복권(復權)이 되었다.

클레오파트라 III세(Cleopatra III, 142-131 b. c.) -프톨레마이오스 VIII세(Ptolemy VIII)의 제2부인이다. 자신의 아들 프톨레마이오스 Ⅹ세(Ptolemy Ⅹ)에 의해 피살되었다.

프톨레마이오스 멤피티스(Ptolemy Memphitis, 131 b. c.) -클레오파트라 II세(Cleopatra II)에 의해 왕으로 선언되었으나 프톨레마이오스 VIII세(Ptolemy VIII)에 의해 살해되었다.

하르시에시(Harsiesi, 131-130 b. c.) -남부 이집에서 반란을 일으킨 파라오이다.

프톨레마이오스 VIII세(Ptolemy VIII Euergetes II, 127-116 b. c.) -복권(復權)이 되었다.

클레오파트라 III세(Cleopatra III, 127-107 b. c.) -프톨레마이오스 VIII세(Ptolemy VIII)와 더불어 복권(復權)이 되었다. 뒤에 프톨레마이오스 IX세, X세(Ptolemy IX, X)와 공동 통치를 했다.

클레오파트라 II세(Cleopatra II, 124-116 b. c.) -프톨레마이오스 VIII세(Ptolemy VIII)와 화해 하고 클레오파트라 III세(Cleopatra III) 등과 기원전 116년까지 공동 통치를 했다.

프톨레마이오스 IX세(Ptolemy IX Soter II, 116-110 b. c.) -기원전 80년에 사망했다.

클레오파트라 IV세(Cleopatra IV, 116-115 b. c.) -프톨레마이오스 IX세(Ptolemy IX)와 잠시 결혼했으나, 클레오파트라 III세(Cleopatra III)에 의해 밀려났고, 뒤에 피살되었다.

프톨레마이오스 X세(Ptolemy X Alexander I, 110-109 b. c.) -기원전 88년에 사망했다.

베레니케 III세(Berenice III, 81-80 b. c.) -프톨레마이오스 XI세(Ptolemy XI)와 억지 결혼을 했다. 19일 뒤에 그의 명령으로 살해되었다.

프톨레마이오스 XI세(Ptolemy XI Alexander II, 80 b. c.) -프톨레마이오스 X세(Ptolemy X Alexander)의 아들이다. 술라(Sulla)에 의해 옹립되었는데, 80일간 통치를 했다.

프톨레마이오스 XII세(Ptolemy XII Neos Dionysos (Auletes), 80-58 b. c.) -프톨레마이오스 IX세(Ptolemy IX)의 아들이다. 기원전 51년에 사망했다.

클레오파트라 V세(Cleopatra V Tryphaena, 79-68 b. c.) -프톨레마이오스 XII세(Ptolemy XII)의 부인이고 베레니케 III세(Berenice III)의 어머니이다.

클레오파트라 VI세(Cleopatra VI, 58-57 b. c.) -프톨레마이오스 XII세(Ptolemy XII)의 딸이다.

베레니케 IV세(Berenice IV, 58-55 b. c.) -프톨레마이오스 XII세(Ptolemy XII)의 딸로서 키비오사크테스(Seleucus Kybiosaktes)와 억지 결혼을 했으나, 그를 교사(絞死)시키고 기원전 57년까지 클레오파트라 VI세(Cleopatra VI)와 공동 통치를 했다.

프톨레마이오스 XII세(Ptolemy XII Neos Dionysos, 55-51 b. c.) -복권이 되어 그의 딸 **클레오파트라 VII세**(Cleopatra VII)와 사망할 때까지 공동 통치를 했다.

클레오파트라 VII세(Cleopatra VII, 51-30 b. c.) -그녀의 아버지 프톨레마이오스 XII세(Ptolemy XII) 오빠 프톨레마이오스 XIII세(Ptolemy XIII), 남편 프톨레마이오스 XIV세(Ptolemy XIV), 아들 프톨레마이오스 XV세(Ptolemy XV)와 공동 통치를 하였다. 그러나 숫자는 의미가 없고 보통 클레오파트라 VII세(Cleopatra VII)로 현재는 쓰이고 있다.

__프톨레마이오스 XIII세(Ptolemy XIII, 51~47 b. c.)__ -클레오파트라 VII세(Cleopatra VII)의 형제이다.

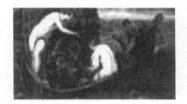

__아르시노에 IV(Arsinoe IV, 48~47 b. c.)__ -클레오파트라 VII세(Cleopatra VII)에 반대했다.

__프톨레마이오스 XIV세(Ptolemy XIV, 47~44 b. c.)__ -클레오파트라 VII세(Cleopatra VII)의 남동생이다.

__프톨레마이오스 XV세(Ptolemy XV, 44~30 b. c.)__ -클레오파트라 VII세(Cleopatra VII)의 아들이

다. 클레오파트라 Ⅶ세(Cleopatra Ⅶ)가 공동 통치를 선언한 것은 그의 3세 때이다. 로마 통치로 넘어가기 이전 고대 이집트의 마지막 통치자이다.

로마(Rome, 30 b. c.~)

중국(中國) -진시황(秦始皇, 221-210 BCE) -진(秦朝, 221-207 b. c.)
중국(中國) -유방(劉邦, 202-195 BC) -한(漢朝, 202 b. c. - 220 a, d.)

제8장 고대(古代) 이집트 역사 지도

'역사(歷史)'는 '땅' 위에서 전개 되고, 인간 '육신(肉身)'을 바탕으로 전개가 되었고, '땅' 위에 그 자취들[증거들]이 남아 있다.

그렇지만 **다른 동물과 인간의 구분 점은 '동물과 동일한 육체'를 운영하면서도 '언어' '정신' '공동체' '도덕' '하늘'을 생각했던 자취를 그 역사(歷史) 속의 반드시 확인해야 할 사항이니, 그것이 '역사(歷史) 전개 상'에 그 '동시주의(同時主義, Simultaneism) 운영 문제'이다.**

즉 '일반 평민들'은 '육신의 운영'에 모든 관심을 모으게 마련이지만 '군주(君主)의 통치(統治)'에 '**도덕과 사상(종교)에의 지향(志向)**'이 빠지면 '단순한 점령자' '**떼도둑의 일시적 발호(跋扈)**'로 규정되게 마련이란 점이 그것이다.

그러기에 그 '**도덕과 사상(종교)에의 지향(志向)**'을 모든 '역사 고찰'에 빠뜨릴 수 없는데 이집트 '고대 도시(都市)'는 '**도덕과 사상(종교)에의 지향(志向)**'을 '**그 도시의 명칭**'들로 제시한 특징들을 보이고 있다.[포콕(E. Pococke)의 '희랍 속의 인도(*India in Greece*, 1851)' 참조]

'고대 이집트 역사'는 '나일 강 이집트'라는 땅 위에서 여러 종족들이 몰려와 펼쳤던 '인간의 백가지 사실들이 인류 역사에 모두 제외될 수 없는 중대한 지역의 역사'이다.

즉 '나일 강 유역의 이집트 고대사'는 '**인류 상고(上古) 시대의 종교 사상의 전개**'에 명백히 '여타 지역과는 앞선 뉴스'를 보유하고 있기 때문이다.

'역사'는 가장 넓고 길게 '세계 인류사' '지구촌의 역사'를 먼저 생각할 수밖에 없고, 그 전제 위에 각 '지역 사(地域 史)' '지방사(地方 史)'가 놓일 수밖에 없다.

'인간의 역사'에서는 '문명의 융성'과 '전쟁'과 '쇠망'이 항상 문제가 되었으니, '나일 강 이집트 지역'에서도 그러한 문제가 그 '역사'를 이루었다.

앞서 서술했던 바와 같이 '**고대 이집트[33왕조, 3150~30 b. c.] 역사**'는 '나일 강 유역의 역사'이고 '파라오 중심 역사'이다.

이집트 파라오는 ① '군사적 통수권자' -'집권자' ② '국가 농업(農業) 관리자' ③ '최고 판결 자' ④ '피라미드(Pyramid)와 신전 건축의 주관자'였다.

이 중에서도 ④ '피라미드(Pyramid)와 신전(神殿) 건축의 주관자'로서의 파라오는 바로 '**이집트 역사(歷史)의 기록 관리자**'로서 그 평생 통치를 자신이 주도하여 업적으로 기록 보존하는 경우였다.

그 '피라미드(Pyramid)와 신전 건축'은 '**나일 강 유역의 도시(都市) 건설**'과 함께 진행이 되었는데, 나일 유역의 '역대 도시'를 대략 짚어 보면 다음과 같다.

① 고대 이집트 '지도 Ⅰ': 이집트 33왕조 주요 도시

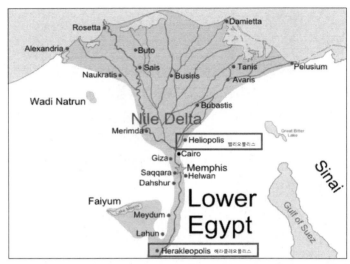

지중해(地中海) 연안에서 나일 상류로[좌측에서 하단으로] 거슬러 올라가며 짚어보면 1. '알렉산드리아(Alexandria)' 2. '로세타 (Rosetta)' 3. '다미에타(Damietta)' 4. '펠루시움(Pelusium)' 5. '나우크라티스(Naukratis)' 6. '부토(Buto)' 7. '사이스(Sais)' 8. '부리스(Busiris, Abusir)' 9. '타니스(Tanis)' 10. **'아바리스(Avaris)'**[힉소스 도시, **수테크(Sutekh)** 주신] 11. '부바스티스 (Bubastis)' 12. '메리다(Merida)' 13. **'헬리오폴리스(Heliopolis, On)'**[라툼(Ra-Tum) 주신] 14. '카이로(Cairo)' 15. '기자(Giza) [쿠푸(Khufu) 대 피라미드]' 16. '멤피스(Memphis)' 17. '사카라(Saqqara)' 18. '헬완(Helwan)' 19. '다슈르(Dahshur)'[12왕조] **20. '메이둠(Meydum, Medum)' '파이움(Faiyum-Lake Moeris)'** 21. '라훈(Lahun)' 22. **'헤라클레오폴리스(Herakleopolis,** 7·8왕조 주요 시)'

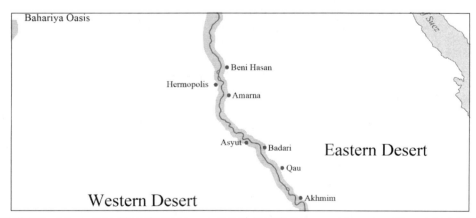

23. **'베니하산(Beni Hasan)'** 24. '헤르모폴리스(Hermopolis)' 25. '아마르나(Amarna, Akhetaton, 18왕조 파라오 이름을 적용 한 도시)' 26. '아시우트(Asyut)' 27. '바다리(Badari)' 28. '카우(Qau)' 29. '아크밈(Akhmim)'

254

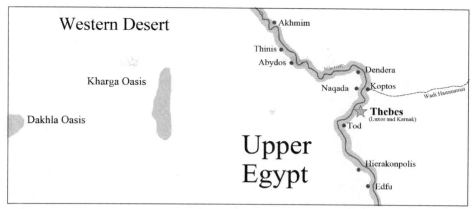

30. '티니스(Thinis)' 31. '아비도스(Abydos)' 32. '덴데라(Dendera)' 33. '나카타(Naqada)' 34. '코프토스(Koptos)' 35. **'테베, 룩소르, 카르나크(Thebes, Luxor, Karnak)'** 36. '토드(Tod)' 37. '히에라콘폴리스(Hierakonpolis)' 38. **'에드푸(Edfu,** '날개 달린 태양 원반' 호루스(Horus) 주신)'

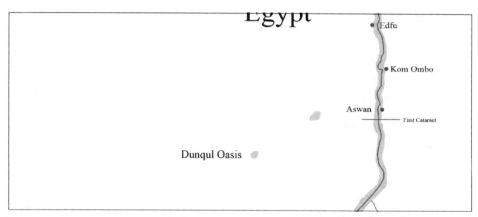

40. '콤옴보(Kom Ombo)' 41. '아스완(Aswan)' 42. '제1 폭포(First Cataract)'

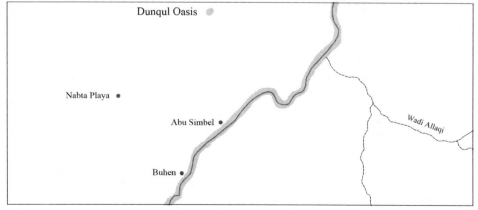

43. '아부심벨(Abu Simbel)' 44. '부헨(Buhen)'

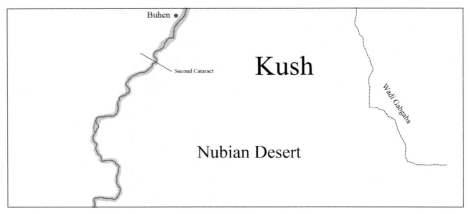

45. '제2 폭포(Second Cataract)'

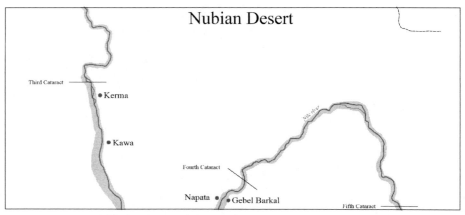

46. '제3 폭포(Third Cataract)' 47. '케르마(Kerma)' 48. '카와(Kawa)' 49. '나파타(Napata)' 50. '가벨바르칼(Gabel Barkal)'
51. '제4 폭포(Fourth Cataract)' 52. '제5 폭포(Fifth Cataract)'

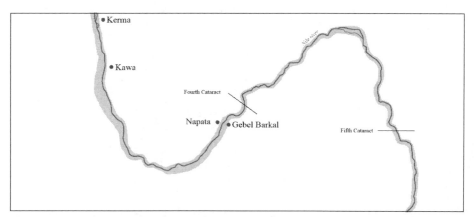

47. '케르마(Kerma)' 48. '카와(Kawa)' 49. '나파타(Napata)' 50. '가벨바르칼(Gabel Barkal)' 51. '제4 폭포(Fourth Cataract)'
52. '제5 폭포(Fifth Cataract)'

(a) '13. 헬리오폴리스(Heliopolis, On)' -'라(Ra)' 신의 중심 거점 도시이다.[제Ⅰ장, 제Ⅷ장] -요셉 (Joseph)이 처음 사제 포티페라(Potiphera)의 딸과 결혼 정착 했던 곳이다. 그리고 예언가 데디 (Dedi)가 그 '신전의 의미'를 거듭 강조했던 곳이다.[제ⅩⅠ장, 제ⅩⅡ장]

(b) '22. 헤라클레오폴리스(Herakleopolis)' 제7·8왕조의 주요 도시로 '마그나(Magna)' 주지사가 권력을 잡아 제9왕조를 세웠다.

헤로도토스(Herodotus, 484~425 b. c.)는 그의 '역사(*The Histories*, 446 b. c.)'에서 "**희랍의 신들**'이 모두 **이집트에서 수입되어**, '제우스(Zeus)=아몬(Ammon)' '데메테르(Demeter)=이시 스(Isis)' '아르테미스(Artemis)=바스트(Bast)' '아테네(Athene)=네이트(Neith)' '태양(Apollo)=라 (Ra)' '레토(Loto)=우아트(Uat)' '아레스(Ares)=세트(Set)' '디오니소스(Dionysus)=오시리스(Osi-ris)'의 등식(等式)"27)을 적용했고, 역시 "**헤라클레스(Heracles)와 그의 후손(後孫, Heraclids)= 키루스(Cyrus)가 역사의 주역(主役)**"28)이라고 명시했다.

이에 대해 영국의 포콕(E. Pococke)은 그의 '희랍 속의 인도(*India in Greece*, 1851)'에서 "**헤라 클레스(Heracles)는 '인더스 강의 크리슈나**'"29)라고 명시를 했다.

그런데 매켄지(D. A. Mackenzie)는 "초기 왕조부터 호루스(Horus) 신전은 헤라클레오폴리스 (Heracleopolis)에 존재했었다."[제ⅩⅣ장]라고 확인을 하고 있어 '**태양족=호루스족=크리슈나 가루다(Garuda)족=헤라클레스(Heracles, Krishna) 후손(後孫)**'의 등식을 아울러 명시했다.

(c) 제3왕조 조세르(Zoser, Djoser) 왕은 '**멤피스(Memphis)-16**'를 수도로 삼았는데 프타(Ptah)신 숭배 도시이고 상업 산업 중심 도시였다.[제Ⅵ장, 제Ⅷ장]

(d) 제4왕조 쿠푸(Khufu)는 '**15. 기자(Giza)**'에 '대 피라미드'를 세웠다. 그보다 1백 년 전에 세워진 조세르(Zoser, Djoser, 19-28년 통치 2670 b. c. 경)의 석회석 피라미도 기자에 있다.[제Ⅷ장] '카프라(Khafra) 왕' '멘카우라(Menkaura)' 3대(大) 피라미드들이 역시 '**15. 기자(Giza)**'에 있다. [제Ⅹ장]

(e) '**35, 테베(Thebes)**'는 '**카르나크(Karnak)**', '**우아스(Uas)**' '**룩소르(Luxor)**' '**데이르엘머디나(Deir-el-medina)**' '**왕들의 벨리**' '**여왕들의 벨리**' 등 다양한 명칭들이 말해 주듯이 '**고대 이집트 신들의 집합 도시**'였다.

테베(Thebes) 골짜기에 영주(領主) **안테프(Antef, Intef**, Mentuhotep I Tepy-a, 연대미상~ 2134 b. c.)가 그 다음 이집트의 파라오였다. 안테프(Antef, **Intef**)와 더불어 150여년 **제11왕조 [2134~1991 b. c.]**가 열리게 되었다.[제ⅩⅤ장]

주신(主神)은 '**아몬(Amon)**'이다.[제ⅩⅤ장]

(f) <u>**20. '메이둠(Meydum, Medum)'** '파이움(Faiyum-Lake Moeris)'</u>을 개발한 아메네메트(Ame-nemhet) Ⅲ세[1880~1815 b. c.]는 이집트에 '황금시대'를 열었다.[제ⅩⅦ장] 악어신이 유행하기 시작했다.[제ⅩⅧ장]

(g) 제1왕조 창시자 메나(Mena, Narmer)는 '**30. 티니스(Thinis)**'를 수도로 삼았고, '**31. 아비도스**

---

27) Herodotus (translated by Aubrey de Selincourt), *The Histories*, Penguin Books, 1954, pp. 148~154
28) Herodotus (translated by Aubrey de Selincourt), *The Histories*, Penguin Books, 1954, pp. 43~46, 624
29) E. Pococke, *India in Greece*, 1851, pp. 136, 402 -'Criss[희랍]=Chrisha=Crishna town[크리슈나 마을]'

<u>(Abydos)</u>'에 묻혔다.

(h) 제4왕조, 스네페루(Sneferu)는 '**20. 메이둠(Meydum, Medum)**'에 피라미드를 세웠다.

(i) 제5왕조 우세르카프(Userkaf, 2498-2491 b. c.)는 '**8. 부리스(Busiris, Abusir)**'에 최초 태양 신전을 세웠다.

(j) '**25. 아마르나(Amarna, Akhetaton)**'는 제18왕조 파라오 '아케나톤(Akhenaton)[아메노테프 IV 세(Amenhotep IV, 1352-1336 b. c.)]'이 자신의 이름을 적용한 도시이다.

(k) 제19왕조 때 '히타이트들(Hittites)'들은 '**9. 타니스(Tanis)**'로 와 거주를 했다. 제19왕조 이후 '히타이트 종족' 왕비 소생 '세티 I세(Seti I, 1290-1279 b. c.)' 등이 파라오로 등극하여 '이스라엘' 등과 크게 관계가 개선되었다.

(l) 제20왕조 마지막 파라오 헤리호르(Herihor, 1080-1074 b. c.)는 '**35. 테베, 룩소르, 카르나크(Thebes, Luxor, Karnak)**'에서 '**9. 타니스(Tanis, Zoan)**'까지 통치를 했다.[제 XXVIII장]

(m) 제22왕조 셰송크(Sheshonk, Shishak, Shoshenq I, 943-922 b. c.)는 '**11. 부바스티스(Bubastis)**'에 거주했다.

(n) 제26왕조 프삼테크(Psamtek)의 수도는 '**7. 사이스(Sais)**'였다.

② 고대 이집트 '지도 II': '힉소스(Hyksos) 세력 확장도'[제15왕조~제17왕조]

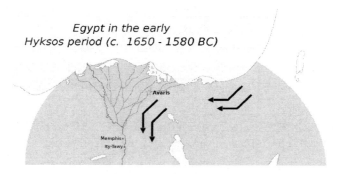

1. '<u>**아바리스(Avaris)**</u>' /[제14왕조 말기] 2. '멤피스(Memphis)' 3. '이티타위(Ity-Tawy)'

3. '이티타위(Ity-Tawy)'/[이상 제15왕조] 4. '아비도스(Abydos)' 5. '후(Huw)'

258

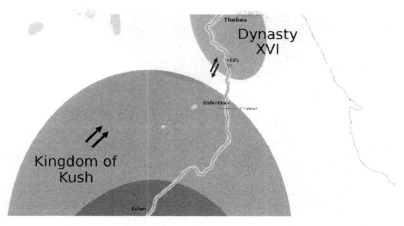

6. **'테베(Thebes)'** 7. '에드푸(Edfu)'/[이상 16왕조] 8. '엘레판티나(Elefantina)' 9. '제1 폭포(First Cataract)' 10. '부헨(Buhen)'

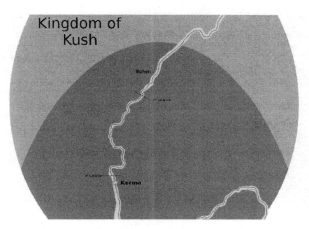

10. '부헨(Buhen)' 11. '제2 폭포(Second Cataract)' 12. '제3 폭포(Third Cataract)'

_____→

(a) [제12왕조] 아메네메트 Ⅲ세(Amenemhet Ⅲ, 1868~1816 b. c.)의 '모에리스 호수(Lake Moeris)'
와 '파이움(Fayum) 습지(濕地)'의 활용 결과 '곡식 창고' 이집트의 부(富)는 '아시아인들'에게도
소문이 나서 문제의 '**1. 아바리스(Avaris)**'로 몰려와 '아시아의 목동 족힉소스(Hyksos)'가 거대
세력을 형성하여 200년간 이집트를 통치하였다.[제 XⅦ장][제 XX 장]

(b) 제15왕조 때 '**세케네르나(Sekenenra, Seqenenre Tao, 1558-1554 b. c.)'를 비롯한 '6. 테베
(Thebes)'의 왕들이, 아바리스(Avaris)에 거주하는 힉소스 왕 아페피(Apepi, 40년 또는 그
이상 통치) 통치에 반기를 들어 전쟁이 25년 간 계속되었다.**[제 XXI 장]

(c) 제18왕조 토트메스(Thotmes) Ⅰ세[1520~1492 b. c.]가 '**1. 아바리스(Avaris)**'로부터의 '힉소스
(Hyksos)들'의 '자유로운 출국[출애굽]'을 허락하여, 24만 명의 힉소스가 '**1. 아바리스(Avaris)**'
를 비워주고 팔레스타인 이스라엘 지역으로 들어가 이후에 '유대(Judea)'로 가 '예루살렘
(Jerusalem)' 왕국을 형성했다.[제 XXI 장]

(d) '고대 이집트' 3100년 역사에 '**세케네르나(Sekenenra, Seqenenre Tao)의 독립전쟁**'이 가장 위대한 사건이었다.

(e) 그리고 '이스라엘들'의 '출애굽'은 역시 그들의 역사의 시작이 되었으니, 이것은 '**현세주의[이집트]**'와 '**절대주의[이스라엘]**'의 대립과 분할이라는 측면에서 '**세계인의 이목(耳目)**'이 집중될 만한 역사적 현장이다.[제 XXI 장]

③ 고대 이집트 '지도 Ⅲ': 미타니 왕국[1400 b. c.]과 람세스 Ⅱ세 때 이집트 왕국[1279 b. c.]

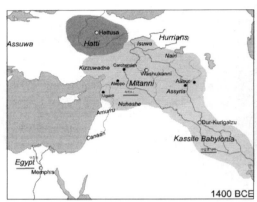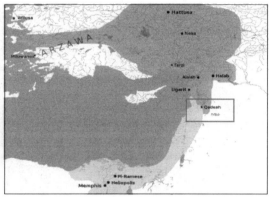

'근동(近東) 미타니 왕국(the Kingdom of Mitanni, 1400 BC)' '람세스 Ⅱ세 때 이집트 왕국(The Egyptian Empire under Ramesses Ⅱ, 1276 b. c.)'

(a) 제19왕조 파라오 **세티(Seti) Ⅰ세**[1290-1279 b. c.]는 오론테(Orontes) 계곡에서 **히타이트(Hittite)** 군사를 만나 대패를 시켰고, 카데슈(Kadesh) 앞에 시위하고 이집트로 개선을 했다. 세티(Seti)는 기원전 1292년에 사망했고, 20년 이상 통치를 했다.[제 XXVII장]

(b) 세티(Seti)의 아들이 **람세스(Rameses) Ⅱ세**[1279-1213 b. c.]이니, 그의 67년 통치에서 처음 15년은 주로 히타이트(Hittite)와 그들의 동맹들 쳐부수는 줄기찬 군사적 작전에 몰입했다.

(c) 히타이트(Hittite) 왕 무탈루(Mutallu)는 그의 동맹들에게 반란을 부추겼는데, 특히 '아람 족(Aramaeans)'에게 그러했다. 무탈루(Mutallu)의 아우 카투실(Khattusil) Ⅱ세가 그를 계승했는데 람세스(Rameses) Ⅱ세와 군사 동맹을 맺고 강력하게 대두한 아시리아에 대항한 것으로 보인다. 군사 협정은 기원전 1271[또는 1258]년에 체결되었는데, 불행하게도 협약은 무너졌지만, 천년 이집트 신들과 히타이트 신들이 보는 앞에서 두 군주가 맺은 협정이었다.[제 XXVII장]

④ 고대 이집트 '지도 IV': 이스라엘[사마리아]과 유다[예루살렘] 왕국-[제22왕조 기간의 팔레스타인]

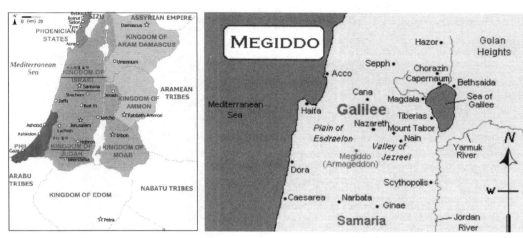

'이스라엘[사마리아] 왕국과 유다[예루살렘] 왕국(830년 b. c.)'30) '메기도(Megiddo, Armageddon)'

✈

(a) '출애굽' 이후 팔레스타인에 정착한 '이스라엘' "히타이트들(Hittites)은....람세스(Rameses) Ⅱ세는 히타이트들(Hittites)의 왕 사파룰(Sapalul, Shubiluliuma)과 평화협정을 맺었다.[1271 b. c.]"[제 XXVII장]

(b) '시리아인'의 탄압으로 '철(鐵)도 사용을 못 하다가' 다윗(1010-970 b. c.)이 유다(Judah)와 이스라엘(Israel)을 규합하여 '팔레스타인 사람들은 그 거주가 해안가로 제한되었고, 철(鐵)의 독점도 종식이 되었다.'[제 XXVIII장]

(c) **솔로몬(Solomon, 970-931 b. c.)**은 이집트 왕 세송크(Sheshonk, Shisak, 943-922 b. c.)]와 친하여 '영광의 시대'를 열었으나, '세송크'는 유다(Judah)와 이스라엘(Israel)를 이간시키고 결국 예루살렘을 약탈하고 주님 성전의 보물을 약탈했다.

(d) 아시리아 사르곤(Sargon) Ⅱ세[722-705 b. c.]는 '이스라엘' 왕 '호세아(Hoshea)'의 반란을 예상하고 그 '호세아(Hoshea)왕'을 포로로 잡았다. 그래서 사르곤(Sargon) Ⅱ세는 27290명의 이스라엘 사람과 "열개의 사라진 종족들"을 메소포타미아와 메디안(Median) 고지대에 분산 배치하여 '이스라엘'은 멸망했다.[제 XXVIII장]

(e) 파라오 **네코(Necho, Necho II**, 610-595 b. c.)는 아시리아가 몰락한 다음 팔레스타인을 획득하여 그 이익을 보았다. **유다(Judah) 왕 요시아**(Josiah, 640-609 b. c.)는 **메기도(Megiddo, Armageddon)**에서 네코(Necho)에게 저항하다가 패배하여 살해를 당했다.[제 XXIX장]

(f) 파라오 **아프리스(Apries**, Wahibre, 589-570 b. c.)는 '시리아 정복'을 꿈꾸고 불행한 유다(Judah)를 포함한 동맹을 다시 맺어 "유다 왕 제데키아(Zedekiah)는 또 바빌론 왕을 배반했다."

---

30) Wickipedia 'History of Palestine(The Levant 830 b. c.)'

바빌론 왕 **네부카드레자르(Nebuchadrezzar, 605-562 b. c.)**는 무섭게 그에게 복수했다. 예루살렘은 2년간 포위 끝에 폐허가 되었다.(기원전 586년) [제XXIX장]

⑤ 고대 이집트 '지도 Ⅴ': 아시리아 지배 시기[제25왕조]

'아시리아 왕국(824~671 b. c.)'[31][테베(Thebes) 아비도스(Abydos) 멤피스(Memphis) 예루살렘(Jerualem) 사마리아(Samaria) 바빌론(Babylon) 니네베(Ninrveh)]

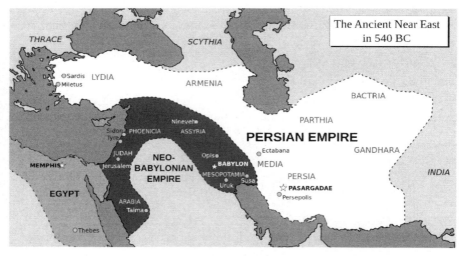

'페르시아 키루스(Cyrus)가 바빌론 침공 이전의 근동(近東) 지도 약 기원 전 540년'

---

31) Wikipedia, 'Assiria' -'Map of the Neo-Assyrian Empire'

(a) 기원 전 674 년경에 그 젊은 아시리아 왕 **아사르하돈(Assarhaddon, 681-669)**이 힘찬 시리아를 정복 했고, 이집트로 쳐들어가 정복하여 20 개로 분할하였는데 그 이집트 통치자들의 우두머리는 사이스(Sais) 거주하는 반(半) 리비아인 **네코 I세 (Necho I, 672-664 b. c.)**였다. 에티오피아 출신 파라오 **타하르카(Taharka, Taharqa, 690-664)**는 그 왕국을 되찾으려고 애를 써서 아시리아 왕 아사르하돈(Assarhaddon)은 강력한 군사를 이끌고 나와 그와 협상을 하려했으나 원정 중에 아사르하돈은 사망했다.[제 XXVIII장]

(b) 몇 년 뒤에 새로운 아시리아 왕 아슈르반니팔(Ashurbanipal, 668-627 b. c.)은 멤피스에서 타하르카(Taharka)를 패배시켰다. 에티오피아 출신 파라오[타하르카]와 도모했던 사이스(Sais)의 네코(Necho)는 용서를 받고 이집트에 왕의 대행자로 지명이 되었고, **이집트는 아시리아 영토가 되었다.**[제 XXVIII장]

⑥ 고대 이집트 '지도 Ⅵ': 페르시아 왕조[제27왕조]

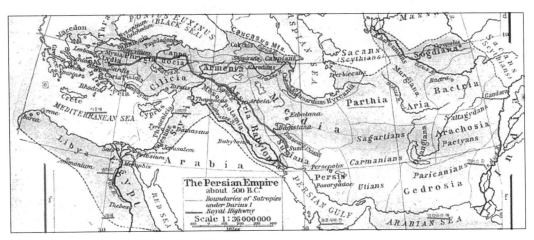

'페르시아 왕국(500 b. c.)'

(a) 아케메니아 사람(Achaemenian) **키루스(Cyrus, 550-530 b. c.)**"가 마데족(Mades)의 아스티아게스(Astyages) 왕의 나라를 무너뜨리고(기원전 550년) '**페르시아 왕국(Persian empire)**'을 건설하고 서쪽으로 소아시아를 압박했다.[제 XXIX장]

(b) 기원전 530년 **캄비세스(Cambyses, 530-522)**가 키루스(Cyrus)를 강력한 군사로 서진(西進)하여 이집트를 정복했다.[제 XXIX장]

⑦ 고대 이집트 '지도 Ⅶ': 로마 왕조 -[프톨레마이오스 왕조 멸망]

'아우구스투스(Augustus) 치하(31 b. c.)의 로마 제국'

———✈

(a) 페르시아 정복으로 고대 이집트 역사는 끝이 나게 되었다. 기원전 332년 알렉산더가 오기 전에
제28왕조부터 제30왕조까지 허약한 불꽃처럼 계승이 되었다.[제ⅩⅩⅨ장]

(b) 프톨레마이오스 시대(Ptolemaic age)가 그 뒤를 이어 기원전 30년까지 지속이 되었고, 유명한
클레오파트라(Cleopatra) 사망과 더불어 이집트는 '로마의 곡식 저장 창고'가 되었다.[제ⅩⅩⅨ장]

⑧ 고대 이집트 '지도 VIII': 찾아보기

City	Chart	Coordinate
Abu Simbel	3	D8
Abydos	2	D8
Akhmim	2	D7
Alexandria	1	B4
Amada (Temple)	3	E7
Amara	4	A3
Amarna	2	B4
Aswan	3	G3
Asyut	2	C5
Avaris / Pr-Ramesses	1	F5
Badari	2	C5
Beni Hasan	2	B3
Bubastis	1	E6
Buhen	3	C9
Busiris	1	D5
Buto / Per-Wadjet	1	D5
Cairo	1	E7
Canopus / Peguat	1	B4
Chemnis	2	D7
Crocodilopolis / Fayum	1	D10
Cynopolis	2	B1-B2
Dashur	1	D8
Deir el Medina	2	F9
Diospolis Magna	2	F9
Dunqul Oasis	3	D4
Edfu	3	F1
Elephantine	3	F3
Faiyum / Crocodilopolis	1	D10
Faiyum Oasis	1	D9
Gebel Barkal	4	D7
Giza	1	D8
Great Bitter Lake	1	G7
Great Sphinx	1	D8
Hardai	2	B1-B2
Heliopolis	1	E7
Helwan	1	E8
Heracleion / Thonis	1	B4
Herakleopolis Magna	1	D10
Herakleopolis Parva	1	F5
Hermonthis	2	E10
Hermopolis Magna	2	B4
Hermopolis Parva	1	E5
Heroöpolis	1	E6
Hierakonpolis	2	F11
Iken	3	C10
Karnak	2	F9
Kawa	4	B6
Kerma	4	A4

City	Chart	Coordinate
Kharga Oasis	2	A8-A10
Khasut	1	D5
Khem	1	D7
Khito	1	C4
Kom Ombo	3	G2
Kush	3	
Lahun	1	D10
Lake Moeris	1	C9-D9
Latopolis	2	F11
Leontopolis	1	E6
Letopolis	1	D7
Luxor	2	F9
Lycopolis	2	C5
Medinet Habu	2	F9
Memphis	1	E8
Mendes	1	E5
Merimda	1	D7
Meydum	1	D9
Napata	4	D7
Naqada	2	F9
Naucratis	1	C5
Nekheb / Nekhbet	2	F11
Niwt-Imn	2	F9
Niwt-rst	2	F9
Panopolis	2	D7
Pelusium	1	G5
Per-Wadjet / Buto	1	D5
Philae	3	F3
Pr-Ramesses / Avaris	1	F5
Pyramid of Khafre	1	D8
Pyramid of Khufu	1	D8
Pyramid of Menkaure	1	D8
Qau	2	D6
Qis	2	B4
Rosetta	1	C4
Sais	1	D5
Saqqara	1	D8
Tanis	1	F5
Thebes	2	F9
Thinis	2	D8
Thonis / Heracleion	1	B4
Tjaru	1	G5
Tod	2	F10
Valley of the kings	2	F9
Valley of the Queens	2	F9
Wadi Hammamat	2	F9-H9
Wadi Natrun	1	C6
Xois	1	D5

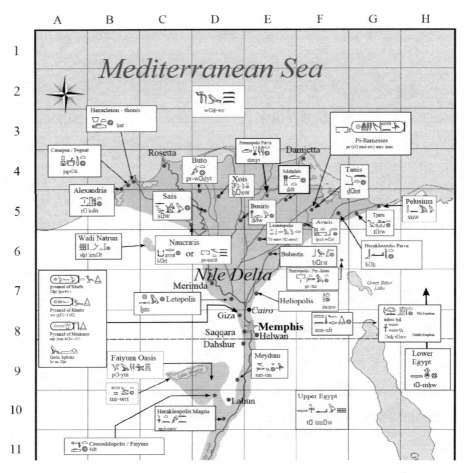

Chart 1

266

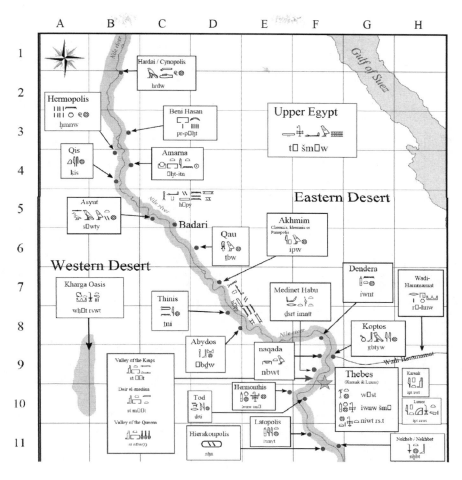

Chart 2

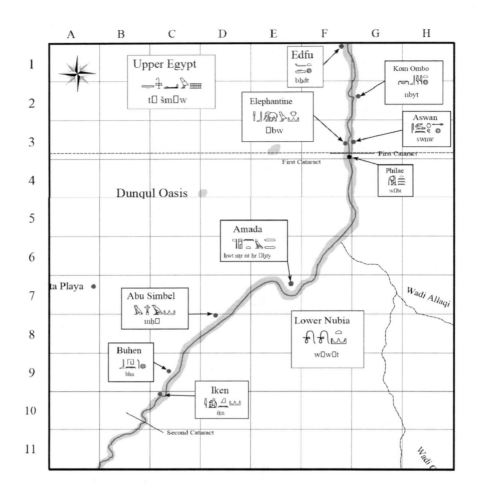

Chart 3

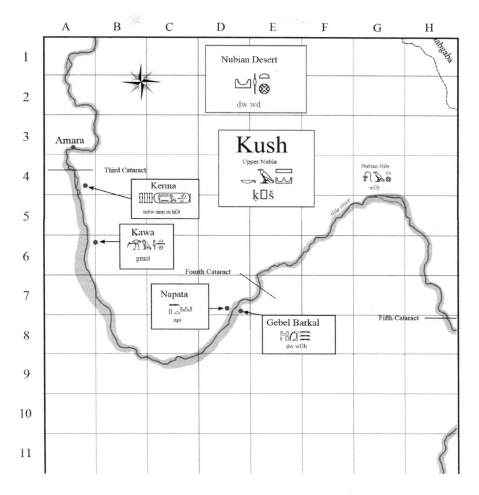

Chart 4

(a) '**고대 이집트[33왕조, 3150~30 b. c.] 역사**' 3천년 동안에, 제12왕조 여섯 번째 파라오 아메네 메트 Ⅲ세 (Amenemhet Ⅲ, 1868~1816 b. c.) 때에 큰 저수지와 관개[물대기] 계획이 성공적으로 달성이 되어 '**파이움(Fayum) 습지(濕地)**[Faiyum Oasis]'를 제대로 활용하게 된 사건이 역사상 가장 위대한 성취였다.[제ⅩⅦ장]

그것으로써 '고대 이집트 파라오'는 세계에서 가장 풍요로운 왕국의 통치자가 되어 '지중해 유럽'은 물론이고 '아시아의 여러 종족들'이 소위 '**이집트인으로 살아보는 꿈(Egyptian Dream)**'을 지니고 몰려오게 되었다.

(b) 그런데 도시 **테베(Thebes, Karnak, Luxor)**는 이집트 통치 정신이 뭉쳐있는 곳인데, 그것이 가장 극열하게 펼쳐진 것이 제15왕조 때 **아바리스(Avaris)**에 거주하는 힉소스 왕 아페피 (Apepi, 40년 또는 그 이상 통치)에 저항하여 시작한 '**세케네느라(Sekenenra[타오(Seqenenre Tao, 1558-1554 b. c.)]])의 독립전쟁**'으로 이보다 더욱 위대한 정신은 없었다.[제ⅩⅪ 장]

(c) 그리고 그 '세케네느라(Sekenenra[타오(Seqenenre Tao, 1558-1554 b. c.)]])의 독립전쟁'은 마침내 제18왕 **토트메스 Ⅲ세(Thothmes Ⅲ, Thutmose Ⅲ, 1458-1425 b. c.)**에 의해 행해진 시리아 원정에서 가장 큰 승리는, 유대인의 이사카(Issachar) 영역 '**메기도(Megiddo, Armageddon)에서 포획**'으로 이어졌다.[제ⅩⅫ 장]

(d) 역시 위대한 '**토트메스 Ⅲ세(Thothmes Ⅲ, Thutmose Ⅲ)**'의 거대 '**오벨리스크(Obelisk)**'가 '**테베(Thebes Karnak, Luxor)**'에 세워졌었다.[제ⅩⅫ 장]

(e) 특히 도판(Chart) 3에 명시된 '**엘레판티네(Elephantine, F 3)**'는 힌두(Hindu)에 인기 높은 '**코끼리[가네샤(Ganesha), 가나파디(Ganapati)] 신 숭배 도시**'로 주목을 해야 한다. 그 '**코끼리['가네샤(Ganesha), 가나파디(Ganapati)] 신**'은 고대 아리안(Aryan) 비 아리안(non Aryan) 모두에게 인기가 높았던 신으로, 그 '얀트라(Yantra)'로는 다음과 같이 여러 가지가 있었다. ['지혜' '학식' '무 근원(lost causes)' '저술'과 관련된 신임]

'가네샤 얀트라(Ganesha Yantra)-1' '가네샤 얀트라(Ganesha Yantra)-1' '가네샤 얀트라(Ganesha Yantra)-1'[32]

---

32) F. W. Bunce, *The Yantras of Deities*, D. K. Printworld, New Delhi, 2001 pp. 106~111

제2부

고대 이집트 역사
(이집트의 신화 전설)

서문

이 책은 위대한 나일 강 문명의 흥기(興起)에서 시작하여 희랍 로마(Graeco-Roman) 시대까지, 역사적 서술을 포괄한 고대 이집트의 신화(神話) 전설(傳說)이다. 다양한 시대에 유행한 주요 신들이 거론이 되었고, 이집트 고대인의 신앙과 풍속을 나타내는 전설도 제시했다. 오늘날도 유용한 대표적인 민요와 시도 제시했다.

이집트 신화는 복합적 특성을 지녔고, 이집트의 종족적 역사적 양상을 떠나 고찰할 수 없다. 유대인들이 말했듯이 이집트인들은 "혼합된 종족"이다.

이 견해는 최근 인종학적으로도 확실하게 된 사항이다. 스미스(Elliot Smith) 교수는 말한다. "역사의 새벽부터 델타 지역은 인종의 혼합이 진행되었다. 그래서 전 이집트로 퍼졌다." 지방적 색채는 초기 나일 연안 정착 자들의 종교적 신념에 있고, 그네들과 연결이 되어 있는 사항이다. 나일 강 연안의 정착 자들은 끈덕지게 옛 조상의 소박한 원시적 신념에 집착했고, 그것들을 자신들과 연관시키며 새롭고 개명된 생각들을 확보한 다음에도 고대 관념을 바꿀 줄을 몰랐다. 그들은 '신화'를 써진 대로 수용했고, 고대 의례에 큰 신성함을 느꼈다. 그들은 그들의 유물로 상징되는 신들과 여신들을 버리기보다는 다양성을 자랑하고 있다. 그래서 우리는 어리둥절하게 되는 많은 신들과 혼란된 신앙들과 모호하고 상반된 것들을 다루지 않을 수가 없다. 그러나 일반적 이집트인들은 불일치와 종교적 문제로 결코 실망을 하지 않는다. 오히려 즐기는 성향이다. 엄격히 말해 이집트에는 정교(正敎)가 없다. 각 지방 센터가 차별된 그들의 교리를 지니고 있고, 개인의 종교는 그의 생활 습관에 달린 것으로 보인다.

비데만(Wiedemann) 교수는 말했다. "이집트인은 서로 다른 신의 개념을 하나로 통합하려는 어떠한 시도도 없다. 이집트인들의 종교적 관념을 말하는 것은 우리들에게 개방되어 있어 있으나, 하나의 이집트 종교란 없다."

우리의 역사적 서술에서 독자는 크레타(Cretans) 히타이트(Hittites) 바빌로니아(Babylonians) 아시리아 사람들(Assyrians)의 위대한 문명이 이집트에 영향을 주고받은 것에 접하게 된다. 특별하게 유심히 볼 것은 팔레스타인과 성경 속의 위인 요셉(Joseph) 모세(Moses) 이사야(Isaiah) 나훔(Nahum) 그리고 이스라엘과 유다의 주요 왕들이다. 구약에서 많은 인용이 있었고, 당시에 정치적 종교적 문제를 다루고 있는 선지자들의 말을 인용했다. 성경을 공부하는 학도는 이 부분에서 특별한 느낌이 있을 것이다. 이집트 고대사에 대한 지식이 없이는 이사야(Isaiah) 말씀의 힘과 현명함을 충분히 평가하기는 불가능할 것이다.

도널드 매켄지(DONALD A. MACKENZIE)[1]

(a) 우리가 매켄지(D. A. Mackenzie)의 전기(傳記)와 그의 저술(著述) 목록 통해 확인할 수 있는 사항은, '매켄지(D. A. Mackenzie)의 탐구'는 위로는 헤로도토스(Herodotus)의 '역사(*The Histories*, 446 b. c.)', 볼테르(Voltaire)의 '역사철학(*The Philosophy of History*, 1765)', 포콕 (E. Pococke)의 '희랍 속의 인도(*India in Greece*, 1851)', 프레이저(J. G. Frazer)의 '황금가지 (*The Golden Bough*, 1890)' 연장선상에서 자신의 저술 활동을 펼치었다는 사실이다.

(b) 즉 '매켄지(D. A. Mackenzie)의 주요 탐구 성향은 '세계 문화 힌두(Hindu) 기원설'을 바탕으로 두되 프레이저(J. G. Frazer) 식 '사례(事例) 나열'에 큰 성향을 보였으나, '과학주의' '탈 신비주의'에 '군국주의(軍國主義)' 긍정을 강하게 드러내고 있다.

(c) 그리고 헤로도토스(Herodotus) 식 '종족주의(Nationalism)'에 강한 취향을 보이고 있는 점에 크게 주목을 해야 한다.

(d) 매켄지(D. A. Mackenzie)는 '제1차 세계 대전' 직전 직후를 살았던 인물로, 전승국(戰勝國) 영국(英國)의 '제국주의' '군국주의'에 크게 동조를 했던 사람이다.

(e) 사상적으로는 비록 종파(宗派)를 초월한 '과학주의'에 있었으나, 매켄지(D. A. Mackenzie)의 생존 당시 '영국 기독교들의 비판적 시각'에서 나온 '불교 편향'이라는 지적을 받았다. 그러나 힌두(Hindu)의 '마하바라타(*The Mahabharata*)' 영향 속에 말하고 있었으나 그는 역시 아직 '마하바라타(*The Mahabharata*)'를 확인한 상태는 아니었다.

(f) 그리고 매켄지(D. A. Mackenzie)는 대체로 프레이저(J. G. Frazer)의 '인류학'은 수용을 했으나, 역시 프로이트(S. Freud)와 융(C. G. Jung)의 '분석심리학'의 도움을 받을 형편이 못 되어 '프레이저(J. G. Frazer) 식 사례(事例) 제시'에 많이 시간을 보냈다.

(g) 어떻든 매켄지(D. A. Mackenzie)가 무엇보다 이 '고대 이집트 역사(*Egyptian Myth and Legend*)'를 통해 이집트 역사와 '**이집트 독립 운동사**'를 밝혔던 것은 그의 '혜안의 발동'이라고 할 수 있다.

---

1) D. A. Mackenzie, *Egyptian Myth and Legend*, Bell Publishing Company, 1978, 'Preface'

Ⅰ. 태양 숭배 자들의 전설(傳說) 창조

✻ 태초의 유서(幽緖) -라(Ra)의 '영혼 알'이 나타나다 -초기 신들 -이시스(Isis)와 뱀 -라(Ra)에 대한 적대적 음모(陰謀) -'마법 명칭'의 획득 -라(Ra)가 '인간의 절멸'을 생각하다. -복수의 여신(女神) -대홍수(大洪水) -숭배자들의 보존 -'제사(祭祀)'의 기원 -라(Ra)의 승천(昇天) -악어 지신(地神)의 피 -그 대리자 토트(Thoth) -태양신의 밤 여행 -위태로운 지하 세계 -부활하는 태양

태초(太初)에 '황량한 바다'를 '누(Nu)'라고 불렀다. 거기가 '위대한 아버지(Great Father)'의 거처(居處)였다. '위대한 아버지(Great Father)'가 바로 누(Nu)였다. '위대한 아버지(Great Father)'가 태양신을 만드시니 태양신이 말했다.

"보라, 나는 새벽에는 '케페라(Khepera)'이고, 정오에는 '라(Ra)'이고, 저녁에는 '툼(Tum)'이다."

그 광명(光明)의 신태양은, 처음 물위에 떠 있는 빛나는 알(卵)과 같았고, 아버지와 어머니인 그 심원(深遠)의 영혼들이 그 신과 함께 있었고, 그 신은 누(Nu)와 함께 있었는데, 신들이 누(Nu)와 친구였기 때문이다.

그래서 '라(Ra)'는 떠오른 다음부터 '누(Nu)'보다 더욱 위대했다. '라(Ra)'는 신성한 아버지였고, 신들의 강력한 왕이었고, 그의 맘대로 처음 창조했던 바람의 신 수(Shu)와 그의 배우자 테프누트(Tefnut)보다 억센 존재였다. 테프누트(Tefnut)는 암사자 머리를 가지고 그녀가 비를 오게 하기에 '침 뱉는 자'라 불렀다. 하늘의 별자리 중에 이 두 신들이 빛나게 된 이후에 그들을 '쌍둥이'라고 부르게 되었다.

그런 다음으로 대지(大地)의 신 셉(Seb)이 생겨났고 하늘의 여신 누트(Nut)와 부부가 되어 오시리스(Osiris)와 그의 처(妻) 이시스(Isis), 세트(Set)와 그의 처 넵티스(Nepthys)를 낳았다.

'라(Ra)'는 창세(創世)의 시작에, 황량한 물속에서 대지와 하늘이 창조했다. 라(Ra)의 밝은 권위로 대지와 하늘이 모습을 드러내었고, 들어 올리는 신 수(Shu)가 그 누트(Nut)를 높이 들어 올렸다. 누트(Nut)는 대지의 신 셉(Seb)을 덮는 창궁(蒼穹)을 이루어 동쪽 지평에서 서쪽 지평에 손가락 끝을 두고 엎드려 있다. 어둠 속에서는 거대한 그녀의 맨 몸과 사지(四肢)에서 별들이 빛나고 있음을 볼 수 있다.

'라(Ra)'는 자신의 욕망에 따라 허공(虛空)을 주시하였더니 보고자 한 것들이 그 앞에 모두 나타났다. '라(Ra)'가 물속과 육지에 만물을 창조했다. 그래서 '인간'은 '라(Ra)'의 눈에서 태어났고, 신들의 왕인 '라(Ra)'가 최초에 지상(地上)의 왕이 되었다. **그는 인간 속에 돌아다녔고, 라(Ra)는 다른 인간 같이 보였고 그에게는 몇 백 년이 몇 년과 같았다.**

'라(Ra)'는 인간과 신들에게 알려지지 않은 많은 명칭을 지니고 있었고, **그의 신통력(神通力,**

his divine power)이 그 명칭과 함께 그에게 부여되어 있었다. 세상에 '여성'으로 살고 있던 여신 이시스(Isis)는 인간 생활 방식이 싫어지기 시작하여 그녀는 신들 속에 살기를 추구했다. 이시스(Isis)는 '요정(妖精, enchantress)'이었기에 하늘과 땅에서 라(Ra)와 동일한 힘을 갖기를 원했다. 그래서 그녀는 신들을 통치하는 비밀한 이름 알기를 원했다.

매일 '라(Ra)'가 걸어 나가면, 신들이 줄을 지어 그를 뒤따랐고, '라(Ra)'는 왕좌에 앉아 칙령을 내렸다. '라(Ra)'가 늙어감에 그 침이 흘러 땅으로 떨어졌다. 이시스(Isis)가 '라(Ra)'의 뒤를 따라가다가 '라'의 침을 보고 그 침이 놓인 흙과 함께 물건을 만들어 창(槍) 모양이었는데, 그것이 '독뱀(a venomous serpent)'이 되었다. 이시스가 그 독뱀을 들어 올려 던졌더니 그 독뱀은 '라(Ra)'가 그 왕국으로 오르내리는 통로(通路)에 떨어졌다. 그런데 이스시(Isis)가 만든 그 독뱀은 신들과 인간들이 다 볼 수가 없었다.

나이가 많아진 '라(Ra)'가 종자(從者)들을 데리고 걷고 있었는데, '라(Ra)'를 기다리고 있던 '뱀'이 '라(Ra)'를 물었다. 무서운 뱀의 독이 '라(Ra)'의 몸속으로 들어가 라(Ra)는 엄청난 고통을 느꼈다. 엄청난 고함이 라(Ra)의 입에서 터져 나와 최고 천(最高天)에까지 울렸다.

'라(Ra)'와 함께 있던 신들이 '라(Ra)'에게 물었다.

"무엇이 당신을 쓰러뜨렸습니까?"

"거기에 있었던 것이 무엇입니까?"

'라(Ra)'는 말하지 않았다. '라(Ra)'는 몸이 흔들렸다. '라(Ra)'의 전신은 흔들렸고, 그의 이빨이 달가닥거렸다. 이집트에 홍수가 났을 적에 나일 강이 그러하듯이, 뱀의 독이 '라(Ra)'의 몸에 퍼졌다. 그러나 '라(Ra)'는 자신을 진정시키고 정신과 공포를 잠잠하여 말했다.

"너희 아손(兒孫)들을 불러 오라. 내게 닥친 슬픈 일을 알려주겠다. 나는 나도 알 수 없는 큰 고통을 겪고 있다. 무엇이 나를 공격했는지도 알 수 없다. 이전에 이런 고통은 없었다."

'라(Ra)'는 계속했다.

"나는 신이고, 신의 아들이고, '억센 존재'이고 '억센 존재'의 아들이다. 아버지 누(Nu)께서 내게 **권능의 비밀한 이름**'을 주셔서 어떠한 마법사도 그것을 알 수 없다. 마법사가 그것을 알면 그것으로 나를 공격할 힘을 주어버리는 것이다."['명칭'의 절대성]

"내가 창조한 세상을 보러 나아갔는데, '독한 것[뱀]'이 나를 물었다. 그것은 불이 아니지만 나의 육신을 불태우고, 그것은 물이 아니지만 추위가 내 몸을 떨게 하고 있다. 내 말을 들을 지라! 모든 나의 아손(兒孫)들은 밤을 만나 내게 오게 될 것이고, 땅과 하늘에서 알아야 할 '권능의 말씀 (words of power)'을 그들이 듣게 될 것이다."

그래서 '라(Ra)'의 아손(兒孫)들이 그의 소망대로 '라(Ra)'에게 왔다. 그 중에 '요정(妖精, enchantress)' 이시스(Isis)도 있었다. 그녀만 빼고 다 큰 슬픔에 있었다. 이시스(Isis)가 '권능의 말(mighty words)'을 행할 수 있어서, '고통'을 가라앉히고 생명이 떠난 존재에게 생명을 줄 수도 있었기 때문이다. 이시스(Isis)가 라(Ra)에게 말했다.

"아버지 무엇이 당신을 괴롭게 했습니까? 당신은 '뱀'에게 물리신 겁니다. 그 '뱀'도 당신께서 창조하신 겁니다. 저는 주문(呪文, spells)을 만들고 마법(magic)으로 당신의 적들을 물리칠 것입니다. 저는 당신의 밝은 영광으로 그 '뱀'을 제압하겠습니다."

'라(Ra)'가 이시스(Isis)에게 말했다.

"독한 것이 나를 물었다. 그것은 불이 아니면서도 나를 불태우고, 물이 아니면서도 사지(四肢)를 떨게 한다. 내 눈은 침침해지고 내 얼굴에서 땀이 떨어지고 있다."

이시스(Isis)가 라(Ra)에게 말했다.

"당신은 그 비밀한 '이름'을 제게 공개하셔야 합니다. 정말 '당신 이름의 권능(the power of thy name)'으로 당신의 고통을 벗게 될 것입니다."

이시스(Isis)의 말을 듣고 라(Ra)가 말했다.

"나는 천지를 창조했고, 땅과 산들을 내 손으로 만들었고, 바다와 이집트에 홍수를 내는 나일 강도 만들었다. 나는 신들의 아버지이다. 나는 생명도 그들에게 주었다. 내가 눈을 열면 빛이요 감으면 어둠이라. 내 비밀한 이름은 신들도 모른다. 새벽에는 케페라(Khepera)이고 한낮에는 라(Ra)이고 저녁에는 툼(Tum)이다."

'라(Ra)'가 그렇게 말했으나 그 말들이 그를 안정시키는 어떤 마법도 발휘를 하지 못했다. 뱀의 독이 몸을 불태우고 떨게 하여 '라(Ra)'는 장차 죽을 것 같았다.

'요정(妖精, enchantress)' 이시스(Isis)가 '라(Ra)'에게 말했다.

"아버지 당신께서는 당신의 '권능의 이름(thy name of power)'을 말하지 않으셨습니다. 제게 말씀해 주시면 당신을 제가 고쳐드리겠습니다."

불보다 독한 독이 라(Ra)의 가슴을 불태웠다. 그래서 라(Ra)는 치열한 고통 속에 있었다. 결국 위대한 아버지[라(Ra)]가 말했다.

"이시스(Isis)에게 내 '비밀한 이름(secret name)'을 제공하는 것이 나의 의지라면, 그것은 나를 떠나 그녀 속으로 들어간다."

'라(Ra)'가 그렇게 말을 하니, '라(Ra)'는 신들의 눈앞에서 사라졌다. 태양의 배[舟]는 공허하게 되었고, 어두운 밤이 되었다. 이시스(Isis)는 '라'의 말씀을 기다렸다. '라'의 '비밀한 이름'이 그를 떠나 그녀에게 들어가려고 하니, 이시스(Isis)는 아들 호루스(Horus)에게 말했다.

"이제 권능의 주문으로 해와 달이 너의 눈에 양여(讓與)되었으니 신들을 통치하라."[2]

그러고 나서 이시스의 마음속에 '라(Ra)의 비밀한 이름(secret name)'이 들어가니 그 권능의

---

2) 그래서 "호루스 라(Horus the Ra)"가 된 것이다.

요정이 말했다.

"독(毒)이여, '라(Ra)'를 떠나라. 그 마음과 육신에서 나오라...내가 주문(spell)을 행사한다....보라, 내가 뱀을 이겼고, 독을 빼냈으니, 성스런 아버지의 비밀한 이름이 내게 이르렀다. 독으로 쓰러진 '라(Ra)'는 살아날 것이다."

그래서 '라(Ra)'는 온전하게 되었다. 몸에서 독이 사라지고 마음에 고통과 슬픔도 없어졌다. 라(Ra)가 인간들을 다스리기에는 너무 늙었으므로, 그를 무시하는 말이 들렸다.

"정말 라(Ra)가 늙었다. 비록 머리털은 검지만, 그의 뼈는 은(銀)색이고, 피부는 금색이다."

그를 비난하는 말을 알게 된 '라(Ra)'는 가슴에 분노가 생기었는데, 사람들이 '라(Ra)'를 죽이려고 '반란의 말'을 입에 담았기 때문이다. '라(Ra)'는 그를 따르는 신들에게 말했다.

"수(Shu)와 여신 테프누트(Tefnut) 셉(Seb)과 누트(Nut)는 누(Nu)를 모셔오라. 비밀하게 행하여 사람들이 놀라지 않게 하라. 모든 신들이 나의 신전 '**헬리오폴리스(Heliopolis)**'에 모이도록 하라."'고대 이집트 지도 Ⅰ' 참조]

신들은 '라(Ra)'에게 달려 와 인사하며 말했다.

"하시고자 하셨던 말씀을 하시지요."

'라(Ra)'가 말했다.

"최고참이신 누(Nu)여, 그리고 여러 신들이여. 내가 창조한 인간들에게서 나는 비방(誹謗)의 말을 들었습니다. 이 문제에 대해 당신들이 말씀을 해 주는 대로 실행을 하고 싶소. 잘 생각하여 지혜로 나를 이끌어 주시오.

나는 내가 창조했던 것들을 다 부셔버리고 싶소. 태초에처럼 세계가 홍수(洪水)로 황량하게 되어 오시리스(Osiris)와 그의 아들 호루스(Horus)만 제외 시켜 내 곁에 두고 싶소. 나는 신들도 볼 수 없는 '작은 뱀(a small serpent)'이 될 것이오. <u>오시리스(Osiris)에게 사자(死者)들을 통치하게 하고, 호루스(Horus)를 불의 섬 위에 왕좌에 오르게 할 것이오.</u>"

그러자 최초 물의 신 누(Nu)가 말했다.

"아들아 내 말을 들어라. 변함이 없어야 할 것이 그대의 왕좌이다. 그대의 위대함이 인간들에게는 공포감이다. 그대의 눈으로 왕국의 반도(叛徒)들을 똑 바로 보아라."

'라(Ra)'가 말했다.

"사람들이 산(山) 속으로 도망치려 합니다. 사람들은 그네들이 행했던 말 때문에 무서워 떨고 있습니다."

신들이 함께 말했다.

"당신이 반도(叛徒)들을 향해 당신의 눈을 크게 떠서, 그들을 완전히 멸(滅)하소서. 하토르(Hathor[3]), 살륙(殺戮)의 여신)를 하늘에서 내리시면 어떤 인간도 대항하지 못 할 겁니다."

그 말대로 '라(Ra)'가 그의 눈을, 하토르(Hathor)처럼 산 속에 인간들을 향하니, 그 반도들은 금방 없어져 버렸다. 그래서 그 살육의 여신[하토르(Hathor)]은 피 속에 즐거워했다.['최초의 심판']

그 다음 '라(Ra)'는 뉘우쳤다. 강렬한 분노가 지나가고 나머지 인간들을 보호하였다. '라(Ra)'는 바람보다 빠른 사자(使者)를 엘레판티네(Elephantine)로 보내 많은 도덕의 식물[곡식]을 확보하게 했다. 그들은 인간의 피를 담은 항아리에 '보리 가루'를 넣었다. 그래서 맥주(麥酒)가 7천 항아리에 가득 했다.

새벽에 하토르(Hathor)는 인간 살육의 상류[시작]로 갔다.

'라(Ra)'가 말했다.

"이제 나는 인간들을 지켜 주어야겠다. 하토르(Hathor)가 사람들을 더 이상 죽이지 말도록 하는 것이 내 뜻이다."

그래서 '라(Ra)'는 신들을 명하여 [피를 담은] 항아리들을 복수의 여신들이 쉬고 있는 곳으로 옮겨 놓게 하였다. '라(Ra)'의 욕망처럼 그 항아리를 비우면 땅은 '홍수'로 뒤덮였다.

하토르(Hathor)는 즐거운 마음으로 잠에서 깨어났다. 여신은 홍수 속에 비춰진 자기 얼굴을 보았다. 그런 다음 열나게 마시고 취하여 여기저기 돌아다니며 사람들을 아랑곳 하지 않았다. '라(Ra)'가 하토르(Hathor)에게 말했다.

"아름다운여신이여, 이제 평화롭게 돌아오시오."

하토르(Hathor)가 돌아오니 '라(Ra)'가 말했다.

"이제부터 그대의 시녀들은 아름다운 여인이 되어, 그 항아리 숫자대로 감로수(甘露水, draughts of sweetness)를 준비하여 매년 신년 첫 하례[4]에 그대에게 제공을 하게 할 것이오."

그래서 그날부터 나일 강에 붉은 홍수가 일어나 이집트 땅을 덮으면 빚어진 맥주가 그 하토르(Hathor)에게 제공이 되었다. 남녀가 그 '감로수 제전(祭典)'에 참가하여 그 여신처럼 취하였다.

하토르(Hathor)가 '라(Ra)'에게 돌아왔을 때, '라(Ra)'는 권태로움에서 그 여신에게 말했다.

"불타는 고통이 나를 괴롭히는데, 어디서 생긴 것인지도 말할 수 없다. 나는 아직 살아 있으나 내 정신이 지쳐 더 이상 인간 속에 살 수가 없다. 나는 힘을 지니고 있으나 그들을 멸하지는 않았다."

'라(Ra)'를 따르는 신들이 말했다.

"너무 힘들어 하지 마십시오. **힘이란 당신의 욕망이십니다.**"

'라(Ra)'가 신들에게 말했다.

"지친 것은 내 사지(四肢)이니 그것들이 나를 그렇게 느끼게 한다. 나는 홀로 나갈 수도 없고

---

3) 고양이과(科) 여신 세케트(Sekhet)와 동일한 '살육의 여신'.
4) 7월 20일 새벽 별 시리우스(Sirius, Solthis) 별이 나타날 때이고, 나일 강이 홍수로 넘칠 때이다.

고통이 다시 닥칠 때까지 기다릴 수도 없다. 나를 돕도록 하라."

그래서 라(Ra)는 누(Nu)에게 요청하니 누(Nu)는 수(Shu, 바람 신)와 누트(Nut, 천궁 여신)에게 라(Ra)를 돕도록 했다.

누트(Nut)는 '하늘의 암소' 모습을 하였고, 수(Shu)는 '라(Ra)'를 그 여신의 등으로 들어 올렸는데 어둠이 찾아 왔다. 사람들은 무서워 숨던 곳에서 나왔다. 사람들은 배반의 말을 했으므로 '라(Ra)'가 떠남에 슬펐다. 정말 사람들은 '라(Ra)'를 향해 울었고, 남아 있는 적들을 멸해 달라고 간청했다. 그러나 '라(Ra)'가 어둠에서 나오자 사람들은 '라(Ra)'를 따랐고, '라(Ra)'는 지상에 빛을 뿌렸다. 그래서 사람들은 무기를 들고 '태양신의 적들'에게 대항을 하여 전투를 하여 그들을 죽였다.

'라(Ra)'는 추종자들이 행한 것을 보고 즐거웠다. '라(Ra)'가 그들에게 말했다.

"이제 너희 죄는 없어졌다. 살인자는 죽여라. 그것이 제사의 요지이다.(Now is your sin forgiven. Slaughter atones for slaughter. Such is sacrifice and the purport thereof.)"

'라(Ra)'가 그를 죽이려 한 그 적들의 죄 값을 받았을 적에, 천궁의 여신 누트(Nut)에게 말했다.

"이제부터 '나의 처소는 하늘나라'이고 나는 지상(地上)을 다스리지 않을 것이다."

그것이 '라(Ra)' 신의 뜻이었다. '라(Ra)' 신은 천국을 구분 정리하시었다. '라(Ra)'는 언어를 창조하고 '알루(Aalu)[이집트인의 저승 영역'을 만들었습니다. 라(Ra)는 거기에 천국이 간직한 수많은 존재들을 모아두었는데, 누트(Nut)에서 태어난 별들도 있었다. 수백만의 신들이 '라(Ra)'를 찾아와 축하하고 칭송을 했다. 누트(Nut)의 남편 허공의 신 수(Shu)에게 짙은 어둠 속에 빛나는 것을 간직하게 했다. 수(Shu)는 팔을 들어 머리 위에 '천상의 암소(Celestial Cow[5])'를 들었고, 일조(一兆)의 별들을 역시 들어 올렸다.

그 다음 라(Ra)는 대지(大地)의 신 셉(Seb)에게 말했다.

"많은 가공할 파충류가 그대 안에 거주하고 있다. 그 파충류들은 내가 두려워하는 만큼이나 위협적인 것들이다. 그대는 그들이 왜 나에게 적대적인지를 알게 될 것이다. 그것을 알면 내 아버지 누(Nu)에게 지상과 바다에 있는 모든 파충류에 관해 말하게 될 것이다. 각 사람이 그것을 알면 내 빛이 그들에게 이를 것이다. 오직 마법의 언어로 파충류들은 제압이 된다. 나는 인간들이 파충류를 좌절시키는 부적을 줄 터인데, 그대의 아들 오시리(Osiris)가 파충류에서 인간을 지키는 마법을 부릴 것이다."

'라(Ra)'는 다시 토트(Thoth)를 불렀다.

"오 토트(Thoth)여. 지하 세계 두아트(Duat)에 너의 빛나는 처소를 마련했다. 너는 인간들의 죄악을 기록할 것이고, 나의 적들의 이름도 기록할 것이다. 그들을 그 두아트(Duat)에 간직해 두어라. 그대는 잠시 거기에 머무르는 것이고, 그대가 나의 대신(代身)이다."

---

5) 하늘의 여신 하토르(Hathor)는 암소 형상으로 누트(Nut)를 대신하고 있다.

그래서 따오기, 학(鶴), 개-원숭이(dog ape)[6]가 토트(Thoth)의 사자(使者)가 되었다.

'라(Ra)'가 토트(Thoth)에게 말을 계속했다.

"그대의 아름다움이 어둠 속에 빛날 것이다. 그대는 밤과 낮을 연결할 것이다."

'라(Ra)'는 토트(Thoth)의 달(Ah)에게 말했다.

"만물이 그대를 현명한 신으로 찬송할 것이다."

모든 땅이 흑색[밤]일 때에는, '라(Ra)'의 태양 범선(帆船)이 12 시간 동안 다우트(Daut)를 통과하는 시간이다. '라(Ra)' 신이 '툼(Tum)'일 때이니, 그 신이 노쇠한 것이다. 어둠의 악마를 극복할 '75 가지 주문(invocations)'이 제공되어 인간 사자(死者)들의 영혼들이 오리시스(Osiris) 앞에 판결을 받는 서쪽 대문으로 들어간다. 그 앞에는 문지기 재칼 신 아누비스(Anubis)가 있다. '라(Ra)'는 한 손에 홀(笏)을 잡고 다른 손에 생명의 상징 '안크(Ankh)'를 잡고 있다.

태양의 범선(帆船)은 '라(Ra)'와 친구인 지하의 우르네(Urnes) 강으로 들어간다. 그 범선(帆船) 안에도 감시자와 타격자 조타수가 있고, 역시 그 신들에게는 마법적 주문으로 악마를 물리칠 힘이 있었다.

처음 구간의 우울한 어둠은, '라(Ra)'의 광명으로 흩어졌다. 새로운 죽음이 창백한 범선(帆船)으로 몰려 왔으나, 아무도 알지 못 하는 마법적 공식을 몰라 개입을 할 수 없었다.

초반부 끝에는 높고 강한 장벽이었는데, 그 대문은 주문으로 열려서 라(Ra)의 범선(帆船)은 통과 되었다. 그래서 구간마다 위기의 밤을 거쳐서 태양신은 앞으로 나아갔고, 수많은 악귀들이 마법으로 좌절을 당하면서도 격렬한 싸움이 터졌다. **거대한 밤의 뱀 '아페프(Apep)'는 '라(Ra)'를 삼키려 들었다.**

다섯 번째 구간은 세 개의 인두(人頭)를 가진 뱀의 몸에 매의 날개를 지닌 무서운 지하 신 '소카(Sokar)'의 영역이다. 소카(Sokar) 거주지는 스핑크스(Sphinxes)가 지키는 비밀한 영역이다. 그 주변에는 연못이 있고 인간의 몸에 동물 머리를 지닌 5개의 신들이 지키고 있다. 괴상하고 신비로운 형상들이 맴도는 그 연못 속에는 고통을 받은 정령들(genii)이 '꺼지지 않은 불'을 그들의 머리에 이고 있었다.

일곱 번째 구간에는 신성한 '사자(死者)의 판관(判官)' 오시리스(Osiris)가 앉아 있다. 다두(多頭)의 독한 뱀이 오시리스에 복종하고 있다. 뱀들은 걸어 다니는 발들을 지니고 있었고, 손에는 사악한 영혼을 자르는 날카로운 칼들이 들려 있었다. 오시리스(Osiris)가 가치 있다고 생각한 존재들은 저승(冥府, Nether World)에 살게 했다. 악이 넘친 존재들이 '저승의 삶'을 거부하면 그들은 뱀들에게 던져버린다. 그러면 그들은 삼켜지는 슬픔과 고통으로 소리치고 그 간사한 자들은 완전히 다

---

6) 여기에서는 월궁 신 토트(Thoth)가 새벽과 연결이 되어 있다. 해 돋을 무렵에 원숭이들의 떠드는 소리가 돌아 오는 태양 숭배에 기원을 제공했다.

망하게 된다. 그러나 신과 동행하는 자들은 그 뱀과 싸우고 이길 때까지 칼로 찌른다. 이시스(Isis)는 '태양의 범선'이 아무 탈 없이 항해하도록 강력한 주문(呪文, incantation)을 행사한다.

여덟 번째 구간에서 뱀들은 어둠을 밝히는 불을 토해내고, 열 번째 구간은 탐식(貪食)의 악어 물고기 구간이다. 열한 번째 구간은 호루스(Horus)의 불이 타오르고 있는 구간으로, 아름다운 황금색 불길이 솟고 있다. '라(Ra)'의 적들은 호루스(Horus)의 불로 소멸이 된다.

열두 번째 구간에서 태양신은 다시 태어난다. 태양신은 '신의 생명(Divine Life)'이라는 거대 뱀의 꼬리로 들어가 '딱정벌레(beetle)'인 '케페라(Khepera)' 모습으로 그 거대 뱀의 입에서 솟아오른다. 최후의 문은 오시리스(Osiris)의 부인 이시스(Isis)와 세트(Set)의 부인 넵티(Nepthys)가 지키고 있다. 그녀들은 '라'와 더불어 태양의 범선에 오른다.

두아트(Duat) 강 우르네(Urnes)는 누(Nu)의 처소인 원초의 대양(大洋)으로 흘러들어 간다. 그래서 '라(Ra)'는 시작을 심연에서 솟아올라 새벽에 누트에 의해 위로 올려진다. 그 다음 하늘의 여신 누트에게 수용이 되고 누트에게서 태어나 크게 자라 정오(正午)로 상승한다.

죽은 영혼들은 태양신이 두아트(Duat) 어둠을 벗어날 적에 큰 소리로 탄식을 한다.[7]

'라의 상(Figure of Ra-Horakhty, 3rd century BC)' '배에 오른 라의 상(Ra on the solar barque.)' '라와 아문(Ra and Amun, from the tomb of Ramses IV.)'

7) D. A. Mackenzie, *Egyptian Myth and Legend*, Bell Publishing Company, 1978, pp. 1~14 'Ⅰ. Creation Legend of Sun Worshippers' 이 신화는 제19왕조(1292~1189 b. c.), 제20왕조 대에 이루어진 것이다. '라(Ra)'는 최초 인간신[파라오]이다. 그 다음 거대한 '프타(Ptah)' 신처럼 우주속의 신이 되었다. 명백히 사제들이 태양 의례의 이론화에 개입을 하였다. '라(Ra)'는 아버지 누(Nu)보다 위대하게 되고, '라(Ra)'에의 신뢰는 이시스(Isis)[숭배자에게 신화 상으로 양여(讓與)가 되어 있다. 호루스(Horus)도 인정이 되었으니, 그는 라의 눈해와 달을 맡았다. 아(Ah)처럼 토트(Thoth)도 달의 통치를 맡았다. 타협 진행의 결과로 이야기가 모호하고 혼란스럽게 되었으나, '라(Ra)'의 위대성은 명백하게 되었다.

'이멘테트와 라(Imentet and Ra from the tomb of Nefertari, 13th century BC)', '매의 모습인 라(Pyramidion of Khonsu, with the image of Ra-Horakhty in the middle.)', '네이트(Neith, Brooklyn Museum)'

'위대한 여신 누트(Nut)가 그녀의 날개를 펼쳐 관(棺)을 감싸고 있다. (Great goddess Nut with her wings stretched across a coffin)', '누트가 태양을 삼키면 태양은 그녀의 몸을 통과하여 새벽에 다시 태어난다.(Nut swallows the sun, which travels through her body at night to be reborn at dawn)'

'하늘의 여신 누트가 암소로 그려져 있다. (The sky goddess Nut depicted as a cow)', '하늘의 여신 누트(Nut)를 바람의 신 수(Shu)와 양 머리의 헤(Heh) 신이 떠받들고 있는데, 대지의 신 겝(Geb)이 그 아래 비스듬히 누워 있다.(Nut, goddess of sky supported by Shu the god of air, and the ram-headed Heh deities, while the earth god Geb reclines beneath.)'

282

(a) 매켄지(D. A. Mackenzie)가 서술하고 있는 '고대 이집트 역사3150~30 b. c.]'는 '예수 탄생' 이전에 멸망한 '이집트 파라오들의 역사'로 소위 '제정(祭政)일치' '신정(神政, Theocracy) 시대'를 다룬 것이다. 그러기에 '역사(History)'라는 말보다 '신화와 전설(*Myth and Legend*)'이라는 명칭을 취했으나, **그 자체가 '피라미드'에 기록이 되어 있는 파라오에 관한 '명문(銘文)'이고, 그 파라오(Pharaoh)와 그들 가솔의 '미라 상자' 속에 동봉(同封)된 '파피루스(papyrus) 기록들'이니, 그들이 모두 살아 있는 '사료(史料)들'이다.**

(b) 매켄지(D. A. Mackenzie)의 '고대 이집트 역사(*Egyptian Myth and Legend*)' 저술에 가장 큰 영향을 주고 있는 저서는 헤로도토스(Herodotus)의 '역사(*The Histories*, 446 b. c.)'이다.

(c) 헤로도토스(Herodotus)는 그의 '역사(*The Histories*, 446 b. c.)'에서 '군사적 정복 전쟁 이야기'를 앞세우고 '종교 풍속 사상 논의'는 오히려 부수적인 것으로 생각했는데 매켄지(D. A. Mackenzie)의 '고대 이집트 역사(*Egyptian Myth and Legend*)'는 '신화 종교 논의'를 전면에 배치하고 '전쟁 정복 이야기'를 '신화 종교 사상 논의' 배후에 깔고 있다.

(d) 그러나 매켄지(D. A. Mackenzie)는 결코 '단일한 주제'에 매달리는 용렬한 사가(史家)와는 그 차원이 달랐다.

즉 매켄지(D. A. Mackenzie) 그의 '고대 이집트 역사(*Egyptian Myth and Legend*)'에 '이집트 종교 사상 문화 전반'을 서술하면서도 '고대 이집트 역사적 동력(動力)'을 ① **'군사력'** ② **'경제적 안정'** ③ **'신앙 종교적 세력'** 세 가지 관점에 살폈던 것은 1913년 당시 '영국인의 역사적 관점'이라고 해야 할 것이다.

(e) **헤로도토스(Herodotus)는 그의 '역사(*The Histories*, 446 b. c.)'에서 '희랍의 신들'이 모두 이집트에서 수입되어, '제우스(Zeus)=아몬(Ammon)' '데메테르(Demeter)=이시스(Isis)' '아르테미스(Artemis)=바스트(Bast)' '아테네(Athene)=네이트(Neith)' '태양(Apollo)=라(Ra)' '레토(Loto)=우아트(Uat)' '아레스(Ares)=세트(Set)' '디오니소스(Dionysus)=오시리스(Osiris)'의 등식(等式)으로 제시하고 있다.** [8]

(f) 그리고 헤로도토스(Herodotus)는 명백히 힌두(Hindu)의 '마하바라타(*The Mahabharata*)'를 읽지 않은 상태에서 '마하바라타(*The Mahabharata*)' '지존(至尊)의 노래(Bhagavat Gita)'에 명시된 '크리슈나의 말'솔론의 행복론]을 표준으로 '역사관'을 삼고 '역사의 주체 주인공'이 역시 '크샤트리아의 의무(the duties of Kshatriya)'에 목숨을 걸고 있는 '왕족'임을 반복해 명시했다.

(g) '고대 이집트 역사(*Egyptian Myth and Legend*)'를 서술한 매켄지(D. A. Mackenzie)도 '마하바라타(*The Mahabharata*)'는 읽지 않았으나, 그 '크샤트리아(Kshatriya)'가 통치를 해왔던 '영국의 제국주의 사고방식[9]'으로 이 '고대 이집트 역사(*Egyptian Myth and Legend*)'를 서술하고 있다.

(h) 그리고 매켄지(D. A. Mackenzie)가 이 첫 장에서 소개한 이집트에서 가장 강력한 영향력을 발휘한 태양신 '라(Ra)' 문제가 결국 힌두(Hindu)의 '절대신' 이야기와 많이 겹쳐 있다는 점이다.

---

8) Herodotus (translated by Aubrey de Selincourt), *The Histories*, Penguin Books, 1954, pp. 148~154

9) P. N. Oak. *World Vedic Heritage*, New Delhi, 1984, p. 891 "**'제이비어(Xavier)'** -영어 'X'는 범어(梵語)로 '크샤(ksha)'를 나타낸다. '제이비어(Xavier)'는 범어(梵語) '크샤트리아(Xatriya)' 무사계급이다. '제이비어(Xavier)'는 범어(梵語) '크샤트리아 비어(Xatriya vir)' 크샤트리아 무사의 축약이니, 힌두(Hindu)의 크샤트리아가 영국을 다스렸다는 이야기이다."

우선 그 '라(Ra)'의 주요 거처가 '헬리오폴리스(Heliopolis, On)'이고 그 부속 도시가 '엘레판티네(Elephantine)'이고, '생각=존재=언어=권능'이고, '창조신=심판신=절대신=태양신'이고 '인간 희생의 제물(祭物)'이 '붉은 나일 강'이고, 그것이 이집트의 '새해[新年, 7월 20] 시작'이고, '라(Ra)'를 사망하게 한 것이 '독뱀=육신=여인'이라는 중요 전제가 다 힌두(Hindu)의 '마하바라타(*The Mahabharata*)'의 기본 전제들이다.

(i) 즉 '군사력'의 발동 이전에 '풍요의 낙원' 이집트 델타 지역에 먼저 도착하여 실력을 과시했던 존재들이 바로 힌두의 '배화교도(拜火敎徒) 선교사(宣敎師)들'이었으니, 그들은 원래부터 나일 강 유역에 거주자일 수 없고 '한랭한 고산지대'에 거주하며 '불의 효용' '붉태양의 신비'를 앞서 개발해낸 자일 수밖에 없으니, 학자들은 그 거점을 인더스 강의 상류로 지목을 하고 있는 상황이다.

(j) 무엇보다 '**헬리오폴리스(Heliopolis, On)**'라는 도시 명칭이 '태양신' '절대신' '온(On)=옴(옴, O'm, -ॐ', 아옴(aom), 아움(aum) 신' 존재를 다 밝혀 놓고 있으니, 이것이 그 '피라미드'보다 더욱 오래 된 것이라는 위대한 포콕의 확신[10]이 탁월한 사학자 매켄지(D. A. Mackenzie)에 의해 거듭 확인 강종가 되고 있다.[이것이 실제 '이집트 종교사의 실체'이다.]

---

10) E. Pococke, *India in Greece*, 1851, p. 185 "옛날 범어(梵語)적 희랍어인 '헬리오폴리스(Heliopolois, 헬리는 태양 폴리스는 도시)'는 힌두인의 주요 도시 중의 하나였고, '**창조주의 위대한 삼위일체(truine)의 상징**'은 '**온(On)' 즉 '옴(O'm)'으로 일컬었다.**"

II. 오시리스의 비극

✽ 현명한 왕 오시리스(Osiris) -농경(農耕)의 시작 -강력한 여왕 이시스(Isis) -세트(Set)의 음모 -비극적 잔치 -오시리스가 살해되다 -호루스(Horus)의 탄생 -의사(醫師) 토트(Thoth) -나무가 오시리스 시체를 감싸다 -양모(養母)로서의 이시스(Isis) -제비로의 변장 -불사(不死) 불꽃 -살해된 왕으로 오시리스가 이집트로 귀환되다 -세트(Set)가 오시리스(Osiris)를 다시 토막 내다 -이시스(Isis)가 조각들을 복원하다 -살해된 왕의 유령(幽靈) -햄릿으로서의 호루스(Horus) -아저씨와 아들의 계승 -농경(農耕) 의례(儀禮) -범람(氾濫) -씨 뿌리는 시기와 수확기의 탄식 -곡식 신으로서의 오시리스와 이시스 -나일 강의 신 하피(Hapi) -남성으로서의 이시스(Isis)

오시리스(Osiris)가 탄생했을 때, 하늘에서 목소리가 들렸다.

"만물의 주님이 오셨느니라."

현자 파밀레(Pamyles)가 그 소식을 테베(Thebes) 성소(聖所)에서 듣고 백성들이 왕을 뵈러 온 곳에서 그것을 말해주었다.['판두(Pandu) 왕자 탄생'과 동일하다.]

'라(Ra)'가 늙어 하늘로 오를 때에, 오시리스(Osiris)는 이집트를 통치하는 왕위에 올랐다. 오시리스(Osiris) 처음 사람들 속에 나타났을 때에는 사람들은 야만스러울 뿐이었다. 사람들은 야생 동물들을 사냥했고, 흩어진 종족들이 여기저기를 방황했고, 종족들은 치열하게 전투를 했다. 악에 길들여 있었고, 그들의 욕망이 죄를 짓게 만들었다.

오시리스(Osiris)는 그들에게 '새로운 시대'를 안내를 했다. 오시리스(Osiris)는 '선'과 '법' '명령'을 제공했고 사람 속에서 지혜로 판결을 행했다. 오시리스(Osiris)는 전 이집트에 평화가 지속되게 했다.

이시스(Isis)는 오시리스(Osiris) 부인이다. 그녀는 지혜가 넘치는 여인이었다. 인간의 필요를 알아 보리와 밀의 이삭을 모아 왕에게 바쳤다. 그래서 오시리스(Osiris)는 사람들이 홍수로 덮였던 땅을 경작하여 씨를 뿌리고 수확을 하도록 가르쳤다. 오시리스(Osiris)는 사람들이 옥수수를 갈아 반죽하여 식사하고 어떻게 풍성하게 먹을 수 있는가의 방법도 알려 주었다. 오시리스(Osiris)는 장대木斡에 포도나무를 길러 수확하게 하였다. 오시리스(Osiris)는 신의 숭배를 가르쳤고, 신전을 세워 신성한 생활을 하도록 했다. 형제와는 싸우지 못하게 하여 '착한 오시리스(Osiris) 시대'에는 이집트가 융성하였다.

이집트가 잘 통치된 것을 알고 있는 오시리스(Osiris)는 전 세계 인류에게 그들의 악(惡)을 벗어나도록 가르치려고 세계 여행을 떠났다. 오시리스(Osiris)는 전투 없이 '말과 음악'으로 설득 하여 정복을 행하였다. 평화가 그의 발걸음을 따랐고, 사람들은 오시리스(Osiris) 입에서 지혜를 배웠다. [中國의 '大舜'과 동일함]

이시스(Isis)는 오시리스(Osiris)가 귀환할 때까지 다스렸다. 이시스는 세트(Set)보다 강했다. 아우 세트(Set)는 형의 선행(善行)을 질투하고 평화보다는 전쟁을 좋아하는 악(惡)이 넘쳤다. 세트는 왕국에서 반란을 일으킬 작정이었다. 여왕은 그의 사악한 계획을 좌절시켰다. 세트(Set)는 전쟁에서 이시스(Isis)를 이기려고 흉계로 오시리스(Osiris)를 속일 계획을 세웠다. 세트(Set)의 추종자들은 혼탁한 에티오피아 여왕 소속의 72명의 남성들이었다.[11]

오시리스가 임무를 마치고 귀국했을 때 커다란 축하가 행해졌다. 왕가의 잔치가 시작이 되었고, 세트(Set)는 축하를 하러 왔고, 음모자들도 그를 따라왔다. 세트(Set)는 모양내어 장식한 궤(櫃)를 가져 왔는데, 그 궤는 오시리스(Osiris) 몸에 맞게 세트(Set)가 제작한 것이었다. 잔치에서 모든 사람들이 그 궤를 칭송하였는데, 그 아름다움에 감탄하고 그것을 소유하기를 원했다. 맥주를 마시어 정신이 즐거워졌을 때 세트(Set)는 그 궤를 꼭 맞은 사람에게 선물을 하겠다고 선언을 하였다. 오시리스(Osiris) 신하 중에 '흉계(evil design)'를 예상한 사람은 없었다. 손님들은 서로 농담을 하며 세트(Set)가 원하는 대로 몸에 맞는지를 열심히 시험을 했다. 그래서 그 운명의 밤에 차례로 궤 안으로 들어가 보았는데, 다 그 궤(櫃)에는 맞지 않음이 확인 되었다. 그러자 오시리스(Osiris)가 나왔다. 오시리스가 그 궤 속에 눕자 모든 것이 꼭 맞았다. 그러나 오시리스의 승리는 바로 운명의 시간이었다. 오시리스가 몸을 일으키기 전에 세트(Set)의 부하들이 달려와 뚜껑을 닫고 못질을 하고 납으로 땜질을 하였다. 그래서 화려한 궤(櫃)는 오시리스가 거기에서 숨을 거둔 관(棺)이 되었다.

그 잔치는 혼란에 빠졌다. 즐거운 놀기가 슬픔으로 끝났고, 맥주 대신에 피로 넘쳤다. 세트(Set)는 부하들에게 그 궤(櫃)를 옮겨 비밀하게 간직하게 했다. 그 부하들은 밤을 타 그 궤를 나일 강에 던졌다. 물결이 어둠 속에 그 궤를 실어 아침에는 대양(大洋)에 도착했고, 물결이 치는 대로 정처 없이 떠다녔다. 그렇게 이집트의 최고 통치자 오시리스 시대는 끝이 났다.

비보(悲報)를 들은 이시스(Isis)는 커다란 슬픔에 안정을 잃었다. 그녀는 눈물을 흘리며 큰 소리로 울었다. 그런 다음 굳은 맹세를 하고, 빛나는 머리털 묶개를 잘라버리고, 상복(喪服)을 걸치었다. 그런 다음 그 과부 여왕은 여기저기 그 오시리스 시체를 찾아 나섰다.

이시스(Isis)는 그녀가 오시리스(Osiris)를 찾을 때까지는 머물러 있을 수도 없었고 쉴 수도 없었다. 이시스(Isis)는 마주치는 사람마다에게 물었으나 다 '모른다'는 대답이었다. 이시스(Isis)는 오래도록 찾고 다녔으나 허사였다. 그러다가 결국 이시스(Isis)는 나일 강이 바다로 들어가는 델태[삼각쥐 하구(河口)에 타니스(Tanis)[12]라는 도시의 어린 아이들에게서 궤(櫃)가 떠내려 와 바다로 들어갔다는 말을 들었다.

그러는 동안에 반란자 세트(Set)는, 오시리스(Osiris) 대신 왕위에 올랐고, 이집트를 통치하였다.

---

11) 에티오피아 귀족시대(25왕조) 이후 세트(Set)는 에티오피아 사람으로 확인이 되었다.
12) 타니스(Tanis)는 이후 왕조에서 수테크(Sutekh)라는 이름으로 세트(Set) 숭배와 연합되었다.

사람들은 그릇되어 도둑질을 하였다. 독재와 혼란 속에 오시리스 신하들은 박해를 당하였다. 착한 왕비 이시스(Isis)는 그 왕국에서 도망자가 되었고, 델타의 늪과 정글 속에 몸을 숨겨야 했다. **일곱 마리 전갈(全蝎, 毒蟲)이 그 여왕을 따랐고, 그들이 여왕을 지켰다.** 하늘의 '라(Ra)'가 내려다보고 여왕의 아픈 고통을 안타깝게 생각하여 "길을 안내하는" 아누비스(Anubis)를 보냈다. 그는 오시리스와 넵티(Nephys) 사이의 아들로 이시스(Isis)의 안내자 되었다.

어느 날 이시스(Isis)는 가난한 여인에게 숙소를 청했는데 여인은 전갈(全蝎, 毒蟲)이 무서워 문을 닫았다. 그러나 전갈 한 마리가 들어가 그 여인의 아기를 물어 죽였다. 그러자 그 아이 엄마가 큰 소리로 울부짖으니 **이시스(Isis)가 불쌍해서 주문(magical words)으로 아이를 살려주었다.** 여인은 여왕이 그 집에 머무르는 동안 여왕에게 봉사를 했다.

그 다음 **이시스(Isis)는 아들 호루스(Horus)를 낳았다.** 그러나 세트(Set)는 그 어미와 아기가 어디에 숨어 있는지를 알아 그들을 집안에 가두었다.[13]

세트(Set)는 호루스(Horus)를 먼저 죽여서, 오시리스 왕위를 되찾으려 하는 적(敵)이 될 수 없게 하려했다. 그러나 현명한 토트(Thoth)가 하늘에서 내려와 이시스(Isis)에게 경고를 하여 그녀는 아들과 함께 밤에 도망을 갔다. 이시스(Isis)는 부토(Buto)로 도망을 갔는데, 거기에서 이시스(Isis)는 호루스를 도시의 여신[뱀][14] 우아지트(Uazit)에 맡겨서 탐욕의 세트(Set)로부터 지키게 해 놓고, 자신은 다시 죽은 오시리스의 사체를 찾으러 떠났다. 그러던 어느 날 이시스(Isis)가 호루스(Horus)를 보니 호루스는 죽어 누워 있었다. 전갈(全蝎)이 물어 이시스(Isis) 힘으로는 살려낼 수도 없었다. 이시스(Isis)가 탄식을 하니 그 탄식을 '라(Ra)'가 들었다. **이시스(Isis)의 목소리는 하늘까지 올라가, 태양의 배가 가던 길을 멈추었다.** 현명한 토트(Thoth)가 도우러 내려왔다. 토트가 주문(magical words)을 행하니, 아이 호루스는 즉시 다시 살아났다.[15] **호루스(Horus)가 강한 남성으로 자라 아비를 죽인 자를 잡도록 하는 것이 바로 신들의 뜻이었다.**

오시리스의 궤(櫃)는 파도에 의해 시리아(Syria) 비블로스(Byblos)로 밀려가 해안가에 닿았다. 신성한 나무들이 궤(櫃)를 감싸 왕의 시체를 그 거대한 줄기 속에 감쌌다. 그 이국(異國) 땅의 왕은 갑자기 자란 그 나무에 크게 놀라, 그 나무를 베도록 명령을 내렸다. 그 왕의 명령대로 행했더니 그 나무는 신성한 기둥처럼 그의 궁궐에 서니 어떤 사람도 그 비밀을 아는 사람은 없었다.

이시스(Isis)에게 '계시(revelation)'가 내려 그녀는 배를 타고 비블로스(Byblos)로 출발했다. 이시스(Isis)는 시리아 해안에 평상인의 복장을 하고 도착했다. 이시스(Isis)는 어떤 우물가에서 격렬하게 울고 있었다. 여인들이 물을 길으러 우물로 왔다가 다들 동정심을 발동해서 말을 걸었으나

---

13) 다른 판본에는 '호루스의 출산'이 오시리스를 찾은 이후로 되어 있음.
14) 호루스를 지키기 위해 '두더지(shrew)' 모습을 취했다.
15) '토트(Thoth)'는 달의 속성으로 신의(神醫)였다.

이시스(Isis)는 울기만 하고 대답이 없으니 여왕의 하녀들이 나타나 그 이시스(Isis)를 이끌었다. 이시스(Isis)는 그녀들에게 친절히 인사를 했다. 그녀들이 이시스(Isis)에게 공손하게 말을 했을 때 이시스(Isis)는 **그녀들 머리털에서 '향기'가 나도록 해주었다**.[힌두 식 서술 방식임] 그래서 그녀들이 궁중(宮中)으로 돌아가 여왕이 향기를 확인하고 그녀를 데려오라고 하였다. 그래서 이시스(Isis)는 여왕의 호의를 보고 그 여왕이 왕자의 보모(保母)를 구한다는 것을 알았다.

그러나 이시스(Isis)는 '젖먹이는 것'을 거절하고, 젖을 달라 우는 아기의 입에 그녀의 손가락을 물렸다. 밤이 되자 그녀의 몸이 불타 한 마리 제비가 되었다. 슬피 울며 오시리스 몸을 담고 있는 '신성한 기둥(sacred pillar)'을 맴돌았다. **여왕이 달려와 불길 속에 그녀의 아기를 보았다. 여왕은 즉시 아기를 구해냈으나, 아기의 불사성(不死 性, Immortality)을 부정하는 일이 되었다**[16].['신성한 기둥(sacred pillar, 高山, 구름 기둥)'은 절대 신과 통하는 '통로'임]

이시스(Isis)는 거듭 변신(變身)을 행하여 여왕에게 자기가 누구인지를 알게 하였다. 여왕은 왕에게 그 '신성한 기둥'을 이시스(Isis)에게 주어라고 말했다. 그 소망에 허락이 떨어져 이시스(Isis)는 나무기둥을 갈라 그 속에 감추어진 궤(櫃)를 끄집어내었다. 이시스(Isis)가 그 궤를 부드럽게 안으며 격렬하게 울부짖으니, 그 아기 왕자가 그 소리에 놀라 죽었다. 이시스(Isis)는 그 궤(櫃)를 끄집어낸 '신성한 기둥'을 리넨으로 감고 향유를 뿌려 축성을 해주었는데, 그 다음 그 나무기둥은 왕이 이시스(Isis)를 위해 세운 사원 안에 두고, 이후 수백 년 동안 비블로스(Byblos) 사람들이 숭배를 하였다.

이시스(Isis)는 오시리스 관(棺)을 그녀가 시리아로 타고 왔던 배 위에 실었다. 그리고 이시스(Isis)는 마네로스(Maneros, 비블로스 왕의 아들)와 함께 배를 탔다. 배가 속도를 내어 땅들이 시야에서 살아졌다. 이시스(Isis)는 죽은 남편을 다시 한 번 더 보려고 차다찬 입술에 키스를 하니 눈에서는 눈물이 솟았다. 마네로스(Maneros)는 이시스(Isis) 등 뒤에서 서성거리다가 이시스가 밝은 눈으로 그를 쏘아보니 그는 쓰러져 바다에 빠져 죽었다.

이시스(Isis)가 이집트에 도착했을 때 죽은 왕의 시체를 비밀한 곳에 숨기고, 호루스(Horus)를 찾아서 다시 부토(Buto) 시(市)로 갔다. 그런데 그 사이에 마침 **세트(Set)가 보름날 그 델타 정글로 멧돼지**[17] **사냥을 왔다가 시리아에서 이시스(Isis)가 찾아왔던 그 궤(櫃)를 보게 되었다. 세트(Set)는 궤를 열고 오시리스를 꺼내 열네 토막을 만들었다**. 세트(Set)는 그것을 나일 강에 던져 악어밥이 되게 했다. 그러나 악어들은 그 이시스(Isis)가 무서워 그것을 먹지 않아 시체 조각들은 강둑에 흩어져 있었고[18], 그 남근(男根)은 물고기 옥시린쿠스(Oxyrhynchus)가 삼켰다.

---

16) 우리는 남부 팔레스타인 동굴 족의 '화장(火葬)'에 대한 믿음을 연상하게 되니, 파트로클로스(Patroklos) 혼령은 말이다. -'그대의 불의 보상이 없으면 나는 저승으로 들어갈 수 없다.(Never again will I return from Hades when I receive from you my meed of fire)' -*Illiad*, x x iii, 75

17) '오시리스 멧돼지' -제Ⅴ장 참조

18) 악어 숭배자들은 그들의 '신성한 악어'가 이시스를 위해 오시리스 몸을 덮고 있었다고 주장을 한다.

뒤늦게 세트(Set)의 행각을 안 이시스(Isis)는 슬픔에 빠졌다. 이시스는 파피루스로 배를 만들어 델타 강물을 오르내리며 다시 오시리스 시체를 찾아내어 모두 복원을 했으나, 물고기가 삼킨 부분은 완전히 없어졌다. 이시스는 오시리스 시체가 발견된 곳에다가 무덤을 만들었는데, 뒤에 무덤 위에 신전이 세워졌고 오시리스 숭배는 긴 세월 동안 계속 이어졌다.

세트(Set)는 계속 이집트를 통치했고, 델타 습지와 북쪽 해안가에 있는 오시리스 추종자와 이시스(Isis)를 계속 추적하며 박해를 가했다. 그러나 정의로운 왕자 호루스(Horus)는 강한 남성으로 자랐다. 그는 전쟁에 대비를 했고, 용감한 투사가 되었다. **호루스(Horus)는 그 추종자 속에 '메스니우(Mesniu, 대장장이)'로 가장을 하여 동참했고 그 전투 무기를 날카롭게 만들어주었다. '태양의 매(sun hawk) 깃발'을 자랑했다.**

어느 날 밤 호루스(Horus)의 꿈에 아버지 오시리스가 나타났다[19]. 오시리스 망령(亡靈)은 그렇게 독한 죽음에 이르게 한 세트(Set)를 무찔러야 한다고 말하니, 호루스는 그의 사악한 아저씨와 추종자들을 이집트에서 몰아내겠다고 그 앞에서 맹세를 하였다.

그런 다음 호루스(Horus)는 군사를 모아 전투를 행하려고 진군을 했다. 그리하여 호루스(Horus)는 오시리스와 이시스에 충성을 바치는 종족들을 지켰는데, 세트(Set)는 다시 동쪽 국경을 공격했다. 결국 도망칠 수밖에 없게 된 그 찬탈재세트(Set)]는 비통한 큰 소리로 울부짖었다. 세트(Set)가 자루(Zaru)에 머무르고 있었는데, 거기에서 최후의 결전(決戰)이 벌려졌다. 여러 날 동안 전투를 했고, 호루스(Horus)는 한 쪽 눈을 잃었다. 그러나 세트(Set)를 더욱 비참하게 죽였고[20], 세트(Set)는 마지막 그 무기와 함께 이집트 왕국에서 사라졌다.

천신(天神) 토트(Thoth)가 내려와 호루스(Horus) 세트(Set)의 상처를 치료했다고 전한다. 그래서 세트(Set)가 신의 회당에 나타나 그 권좌를 주장했다고 한다. 그러나 신들은 호루스(Horus)가 정의로운 왕이고, 이집트에 힘을 세웠으니 아버지 오시리스처럼 현명하고 강한 통치를 하라고 판결을 내렸다.

다른 판본(板本) 전설에는 이시스(Isis)와 넵티(Nepthys)가 나일 강에서 오시리스 시체를 찾아 놓고 통곡을 했다고 했는데, 그 사원의 송가(頌歌, chants)에는 이시스의 다음과 같은 말이 있다.

"신들은 저를 볼 때에 항상 동일하게 슬퍼하십니다!
저는 하늘나라에 이르도록 울며 호소합니다.
그러나 제 호소를 당신은 모르십니다. 저는 당신의 누이이고 저는 당신을 온 세상보다 더욱 사랑합니다.
그리고 당신도 누이만큼 사랑하는 자가 없습니다!"

---

19) 이것은 '최초 햄릿(Hamlet) 신화'이다.
20) 세트(Set)는 호루스에 의해 오시리스가 그랬던 것처럼 사지의 절단을 당했음.

넵티(Nepthys)도 울었다.

"당신 누이 마음속에 있는 모든 슬픔을 잠잠하게 해 주소서...당신 뵙기가 우리 소원입니다."

'라(Ra)'가 여신의 탄식을 듣고 아누비스(Anubis) 신을 내려 보내 토트(Thoth)와 호루스(Horus)를 도와 '나뉜 오시리스 신체'를 수습하여 리넨 붕대로 감았다. **이것이 이집트 미라(mummy)의 기원이다. 날개를 단 이시스(Isis)는 그 오시리스 신체 위를 맴돌다가 오시리스 콧구멍으로 들어가 생명을 다시 한 번 불어 넣었다. 그래서 오시리스는 저승의 심판자 왕이 되었다.**[숨=생명=영혼] 이집트 장례(葬禮)는 이 전설에 기초를 두고 있다. 장례식에서 망자(亡者)의 이시스(Isis)와 넵티(Nepthys)를 대신한 두 여인이 '주문(magical formulae)'을 외며 망자에게 생기를 불어 넣어 저승의 심판을 통과하여 천국에 이르게 한다.

고대 이집트 종족 왕과 그 왕비인 오시리스(Osiris)와 이시스(Isis)는 자연력의 상징이고, 농경의례와 연관이 되어 있다.

나일 강에 의존하고 있는 좁고 긴 풍요의 땅[이집트]은 매년 산 속에서 신선한 토양을 실어나르는 홍수에 의존하고 있다. 강물 수위(水位)는 4월부터 6월까지가 가장 낮은 겨울이다. 6월 중순부터 아비시니아(Abyssinian) 산 위 눈 녹은 물과 적도(赤道) 호수를 마시며 나일 강은 불어나기 시작한다. 처음 나일 강은 그들이 나르는 진흙으로 붉은 흙탕물이다. 그렇지만 금방 푸르고 무섭게[유해하게] 변한다. 고대 이집트인들은 커다란 항아리에 그 물을 가정 용수(用水)로 저장을 하였다. 8월 초부터 나일 강의 수위는 높아진다. 그 때에 수로(水路)가 열렸고, 그 물들이 들[野]을 비옥하게 만들었을 것이다.

J. G. 윌킨슨(Wilkinson, 1797~1875)[21]은 말하고 있다. "나일 강이 불어나면 농부들은 그 저지대에 양과 소를 옮기는데 신중했다. 갑자기 물이 불어나면 제방이 무너지거나 강물이 불어나 들과 풀밭으로 넘치니 농부들은 침수를 피해 높은 곳으로 그 동물들을 옮겨야 하기 때문이다....그리고 예전과 같이 동일한 높이로 침수가 생기지 않았을지라도 델타 마을에 자주 보이는 그 고장에 살고 있는 사람들은, 헤로도토스(Herodotus)가 '에게 해(Aegean Sea)' 섬사람들과 동일하게 물속에 가축들을 구해내었다." 플리니(Pliny, 61~113 a. d.)에 따르면 "16큐빗(16X45cm) 침수(浸水)에 12큐빗 고장은 기근으로 고통을 겪고, 13큐빗 주리고, 14큐빗 고장은 걱정을 하고, 15큐빗 고장은 식량 부족이고 16큐빗 고장은 즐겁다. 최고로 강물이 불어날 때는 18큐빗이었다."

윌킨슨(Wilkinson)은 말하기를 파라오 시대에 나일 강이 크게 높아지면 "주민의 생명과 재산은 위협을 받았다." 일부 마을은 집들이 없어졌다. 그래서 '라(Ra)'가 인간 중에 그의 적들을 파괴하려

---

21) J. Gardner Wilkinson, '고대 이집트인(*The Ancient Egyptians*)'

했다는 전설이 생겼다.

침수(浸水)는 9월 말까지 1개월이 계속된다. 9월이 끝날 때까지 나일 강은 평상의 자리로 돌아가지 않는다. 11월에 씨를 뿌리고, 북쪽 이집트는 3월 남쪽 이집트는 4월에 수확을 한다.

고대의 농부들은 이시스(Isis)의 눈물이 나일 강을 불어나게 한다고 믿었다. 7월 중순 경에 시리우스(Sirius, 天狼星)가 뜨기 전 새벽을, 이시스(Isis)와 동일하게 생각했다. 태양 의례(儀禮)로 이별은 "라(Ra)의 눈" 하토르(Hathor)로서 인간을 죽이러 나타난 것이라고 믿었다. **그 증거는 이 시기에 태양신에게 인신 공희(人身供犧)가 이루어졌다는 점이다.**

E. W. 레인(Lane, 1801~1876)은 '현대 이집트인의 풍속(*Manners and Customs of the Modern Egyptians*)'에서 6월 17일 밤을 "레일레텐 누크타(Leyleten-Nuktah, 드로프의 밤 -the Night of the Drop)"이라 하는데, "그것은 나일 강이 불어나 신의 하강(下降, drop)이 생긴다."고 믿고 있기 때문이다. 흥미로운 의례가 옛 카이로(Cairo)에서 "댐을 트기"로 행해진다. 둥근 흙기둥을 세우고 "신부(bride)"라고 부른다. 그 꼭대기에는 씨를 심었다. 레인(E. W. Lane, 1801~1876)은 말하기를 옛날 아라비아 역사가는 "이집트인들은 나일 강이 불어나면 풍성한 침수가 행해지도록 제물(祭物)로 멋있는 옷을 입힌 아가씨를 갑판에서 나일 강으로 던졌다."고 했다.

고대 이집트 사람들은 들을 경작했을 때에 동물 모습인 월신(月神)을 향해 큰 축제를 행했다. 그런 다음 '오시리스 죽음'을 슬퍼하며 파종(播種, 씨뿌리기)이 행해진다.[한국 '설날' '대보름' 의례와 유사함] '신성한 존재[神]'가 대지에 묻히었는데, 곡식은 오시리스 몸의 조각이라는 것이다. 이 옛 풍속은 '시편(Psalm) cxxvi'이 참조될 수 있다. **눈물로 뿌린 자가 기쁨으로 걷는다. 소중한 씨앗을 간직한 자 울며 앞서 가서 어김없이 기쁨의 곡식 다발들 가져 올 것이라.**"

수확이 시작될 때에 이집트인은 슬퍼하는데. 그들은 '곡식의 신(the corn spirit)'을 죽인다고 생각하기 때문이다. 디오도로스 시켈로스(Diodorus Siculus, 90~30 b. c.)가 말하기를 처음 한줌의 곡식을 벨 때 이집트 수확 자는 가슴을 치고 탄식하며 이시스(Isis)를 부른다고 했다. 그러나 들의 곡식 다발을 들녘에서 옮겨서 그들의 "수확 완료(harvest home)"에는 크게 기뻐한다고 했다.

오시리스(Osiris)와 이시스(Isis)는 모두 '곡식 신(the spirits of the corn)'이다. 대지(大地)의 남신과 여신이다. 고대 신상을 인간적으로 숭배하는 종족들이 통합되면서 대립적 개념들이 뒤섞였다. **그 결과 침수(浸水) 상징은 현재 남성적인 원리와 여성적인 원리로 나뉘었음을 알 수 있다.** 나일 강의 신 하피(Hapi)는 여성의 가슴을 가진 남성으로 제시되었다. 아비도스(Abydos) 사원 찬가에서 이시스(Isis)는 "아버지 오시리스에 의해 남성으로 만들어진 여인이다."[22]

'스코틀랜드의 오시리스' (영국 민요, '**맥주(麥酒) 맥(麥)-John Barleycorn**')

---

22) '이시스의 짐(*The Burden of Isis*)', Dennis, p. 49

동방에 삼 왕(三王)
위대하고 높으시다.
그 분들이 맹세하여
맥주 맥(John Barleycorn)이 죽었구나.

그분들이 갈아엎어
흙으로 머리 덮고
그분들이 맹세해서
맥주 맥(John Barleycorn)이 죽었구나.

그렇지만 즐거운 봄 찾아와
봄비 내리니
맥주 맥 다시 일어나
그들 상처 건드렸네.

후텁지근한 여름 해 찾아와
맥주 맥(John Barleycorn) 두툼하고 강해졌네.
그의 머리 창(槍)으로 무장해
그 누가 감히 거스르랴.

썰렁한 가을이 되어
맥주 맥(John Barleycorn)이 창백할 때
그의 머리 숙여지니
맥주 맥(John Barleycorn)이 망할 때라.

피부 색깔에
나이가 들어
맥주 맥의 적들은
죽일 듯이 성을 내네.

날카로운 무기를 잡아
맥주 맥(John Barleycorn) 무릎 잘라
맥주 맥(John Barleycorn) 수레에 실으니
사기꾼 악당이라.

맥주 맥(John Barleycorn) 눕혀놓고
곤봉으로 패는구나.
그리고 맥주 맥(John Barleycorn)을 폭풍 앞에 달아놓고 돌리고 또 돌리네.

음침한 구덩이를
물로 가득 채워 놓고
거기에 맥주 맥(John Barleycorn)
잠기게 하는구나.

맥주 맥(John Barleycorn) 바닥에다 눕혀 놓고
더욱 비통하게 만드는구나.
생명이 기미가 남았기에
앞뒤로 잡아 뒤흔드네.

맥주 맥(John Barleycorn) 그 골수(骨髓)를
불에 살짝 구워내니
방아 주인이 악당이라.
두 개의 돌 사이에 맥주 맥(John Barleycorn)을 가는구나[磨].

그래서 사람들은 맥주 맥의 심장 피를
마시고 또 마시네.
더 마시고 또 마시어
그들 기쁨 넘쳐나네.

맥주 맥(John Barleycorn)은 영웅이고
고상한 사업가라.
그의 피 맛을 보면
용맹이 불끈 솟네.

맥주 맥(John Barleycorn) 비통 잊고
모든 기쁨 드높이네.
과부도 노래하나
그녀 눈에 눈물 있네.

맥주 맥(John Barleycorn) 칭송하며
사람마다 술잔이라.
맥주 맥이 풍성하여
스코틀랜드여 영원 하라.[23]

---

23) D. A. Mackenzie, *Egyptian Myth and Legend*, Bell Publishing Company, 1978, pp. 15~29 'Ⅱ. The Tragedy of Osiris'

'달, 태양, 대지의 신들 —토트(Thoth) 오시리스 애(Osiris–Ah) 프타(Ptah) 라(Ra) 세트(Set)', '오시리스(Osiris) 이시스(Isis) 호루스(Horus)'

'오시리스 두상(Head of the God Osiris)', '아테프 왕관을 쓴 오시리스(Osiris with an Atef–crown made of bronze)', '오시리스 아누비스 호루스(The gods Osiris, Anubis, and Horus.)', '호루스와 오시리스 이시스(The family of Osiris)' '몸에서 밀을 키우는 오시리스(Osiris–Nepra, with wheat growing from his body.)'

'오시리스가 앞에서 행해진 사자(死者)의 심판(The judgement of the dead in the presence of Osiris.)'

294

'호루스에게 젖을 주는 이시스(Isis nursing Horus.)', '그녀의 무릎에 세티(Seti) I세를 올려놓은 이시스(Isis holds the king, Seti I, in her lap.)', '암소 뿔과 독수리로 장식한 이시스', '람세스 III세의 묘석에 새긴 날개를 단 이시스'

'이시스와 냅티스(Isis, left, and Nephthys stand by as Anubis embalms the deceased.)' '이시스 상(Figurine of Isis-Thermuthis.)' '이시스-아프로디테 상(Figurine possibly of Isis-Aphrodite.)'

'디오도로스 시켈로스(Diodorus Siculus, 90~30 b. c.)' '플리니(Pliny, 61~113 a. d.)' 'J. G. 윌킨슨(Wilkinson, 1797~1875)' 'E. W. 레인(Lane, 1801~1876)'

(a) 매켄지(D. A. Mackenzie)가 이 '오시리스의 비극' 장(章)에서 펼쳐 보인 '곡식의 신', '저승 세계의 심판자' 항은 물론 전임 연구자들의 업적을 토대로 한 것이겠지만, 이 전체 '고대 이집트 역사[*Egyptian Myth and Legend*]' 절반의 공적을 이미 확보하고 있는 부분이다.

(b) 매켄지(D. A. Mackenzie)는 이집트가 '농업을 바탕으로 삼고 있는 제국(帝國)'이라는 끝까지 지속했던 강조점이다. 그리고 그 '농민 대중의 신앙'이 바로 '오시리스 이시스 신앙'이라는 전제 위에 '고대 이집트 역사[*Egyptian Myth and Legend*]'를 엮고 있다.

(c) 특히 매켄지(D. A. Mackenzie)가 호머의 '일라이드(*Illiad*, xxiii, 75)' -파트로클로스(Patroklos) 혼령의 말 -'나를 화장하여 저승에서 나오지 못하게 해 주시오.(Never again will I return from Hades when I receive from you my need of fire)'은 바로 **힌두의 '영혼불멸'과 '화장(火葬) 문화'를 긍정한 어구이다.**

그 호머 시대 이전에 이미 전 희랍에, '불의 숭배' '태양 숭배' '수리야아폴로 숭배'가 이미 널리 행해졌다는 사실을 알려주고 있다.

(d) 앞서['매켄지론'에서] 제시했듯이 매켄지(D. A. Mackenzie)는 **'로마 제국'의 일부인 '영국 스코틀랜드' 사람으로 '이집트의 신화 전설'을 '기독교' '영국 문화'와 관련을 지어 설명했는데, 그가 스코틀랜드 민요 '맥주(麥酒) 맥(麥)-John Barleycorn)'과 '오시리스 신화'를 연결해 보인 것은 '오시리스'와 '최후의 만찬'에 예수와 '스코틀랜드 농민'을 하나로 통합한 매켄지(D. A. Mackenzie) '동시주의(同時主義)'의 굉걸한 승부처였다.**

(e) 그러나 무엇보다 여기에서 주목을 해야 할 사항은 "오시리스(Osiris)가 탄생했을 때, **하늘에서 목소리가 들렸다.**"

이것은 힌두(Hindu)의 '마하바라타(*The Mahabharata*)'에서 쿤티(Kunti)가 세 아들을 낳을 때에 들었다는 "하늘의 목소리"[24]인데, 그 목소리 주인공은 "데바(Deva) 여신[조물주]"[25]이라고 앞서 명시가 되어 있다.

---

24) K. M. Ganguli (Translated into English Prose from the Original Sanskrit Text), *The Mahabharata of Krishna-Dwaipayana Vyasa*, Munshiram Manoharlal Publisher Pvt. Ltd. New Delhi, 2000, -**Adi Parva**- pp. 256~258

25) Vettam Mani, *Puranic Encyclopaedia -A Comprehensive Work with Special Reference to the Epic and Puranic Literature*, Motilal Banarsidass Publishers Delhi, 1975, pp. 215~216

III. 문명의 새벽

✽ 초기의 사람들 -지중해 종족 -갈색 머리의 모로코 사람과 남부 팔레스타인 사람들 -이집트의 미인형 -지중해 사람들의 이주(移住) -브리튼 섬에까지 도달 -초기 나일 강의 문명 -장례(葬禮) 풍속 -오시리스(Osiris) 침략 -세트(Set)의 정복 -바빌로니아에서 온 태양 숭배자들 -북부에의 정착 -이집트 왕족의 도래 -두 개의 왕국 -메나(Mena)의 통일 -델타의 수학자들 -달력의 시작 -전진(前進)의 파라오들(Pharaohs) -초기 물대기[灌漑] 계획

먼 옛날 북 유럽에 빙하(氷河)가 녹기 이전에, 나일 강 연안은 델타의 정글처럼 숲으로 뒤덮여 있었다. 계절에 따라 비가 내려 산에서 시내들이 흘러내렸고, 황무한 경사지는 풀밭이 되어 있었다. 구석기(舊石器) 시대 종족들이 사냥하고 짐승들을 길렀다. 야만스런 부싯돌이 산 속 동굴이나 사막 표면이나 산이 씻겨 내려간 진흙 속에서 발견 되고 있다.[史學徒로서 메켄지]

더러는 다른 지역의 더욱 발달한 문명인이 나타났다.[26] 이후 수백 년이 지나면서 인구가 불어나고 종족이 갈리었다. 여러 개의 작은 독립 왕국은 그렇게 만들어졌다. 정복이 행해진 다음 왕국들은 지방이 되었고, '노메스(nomes, 縣)'이라는 명칭으로 각자의 신(神)과 이론을 지닌 수도(首都)가 되었다. **종교적 신앙의 융합으로 사람들이 융합되었고, 그 정체성을 잃지 않은 상태에서 하나의 신이 요구되었다.**[神政 時代]

북아프리카[이집트] 초기 정착 자들은, '**지중해 족(Mediterranean race)**'을 포함하고 있었다. **지중해 족은 백색 피부에 긴 머리통의 단신(短身)에 호리호리한 몸에 매부리코 검은 머리털에 검은 눈이었다.** 동부 델타['지도 Ⅰ' 참조]에서는 그 '지중해 족'이 고대(Archaic)이집트인이었다. 서부 델타와 긴 해안가에서는 지반(地盤) 침하(沈下)로 고통을 겪었고, 주민은 리비아 인으로 알려졌다. 뒤에 나타난 종족이 갈색 머리 장신(長身)들이었다.[27] 아틀라스 산맥 북쪽 경사지에는 이[갈색 장신]유형의 종족이 아직 남아 있다. 유사 종족이 셈족[유대인] 시대 이전에 남부 팔레스타인을 차지하고 있었다. 푸른 눈에 금발의 인종들이 나일 강 계곡에 나타났다. 그들이 무덤에 벽화를 그리고 숫자는 많지 않으나 더러 영향력을 행사했다. 오늘날 이발사 중에 잘 생긴 유형이다. 켈트족(Celts)이나 고트족(Goths) 후예들에게는 없었던 [예술적]정신이다.

[갈색 장신]유형의 종족이 많아지면서, '지중해 족'은 북 아프리카 지역의 특성과는 다르다. 남으로 이동하던 지중해 족은 누비아(Nubia)에서 저지되었고, 개척의 지중해 족은 누비아에서 어두운

---

26) 초기 구석기 사람들은 아마 부시맨(Bushman)과 후기 지중해족이었을 것이다. 구석기(Paleolithic)시대에서 신석기(Neolithic) 시대로 된 것은 명백하다.

27) 서부 델타에는 리비아 사람이었다. 경계는 '테헤누(Tehenu)'이고 그것을 지나면 '레부(Lebu)'이다. 더욱 먼 서쪽에는 '메스웨스(Meshwesh)'가 있고, 막시에스(Maxyes)는 희랍인 소유였다. 모두 리비아 인이라 알려졌다.

부시맨(Bushmen)과 만나 섞이었다.[상호 混血의 불가피성] 장신의 흑인과의 융합은 그 이후였다. 파라오 왕조에 위협적인 남성적 누비아(Nubian) 사람들은 그렇게 생성이 되었다.

그러나 넘쳐나는 '지중해 족(族)'은 남쪽보다는 북쪽으로 표류를 했다. 그들은 팔레스타인과 소아시아로 들어갔다. **그들이 셈족[유대인]과 합친 원시 페니키아 사람들이고 "광두(廣頭, broad heads)"의 몽골족 알피네(Alpine, Armenoid)와 섞인 '히타이트들(Hittites)'이었다.** 이탈리아와 희랍에 거대 계열을 이루어 기원전 1만년 경에 위대한 '크레타(Crete) 문명'을 이루기 시작했다.

'지중해 족'의 모로코(Morocco)에로의 이동은 '갈색머리의 산악 족'과 연합을 초래했고, 그래서 스페인(Spain)으로 들어가 지브롤터(Gibraltar) 해협을 건넌 그 족속은 고대 이집트인보다 리비아인에 그 신체적 유형이 가까웠다. 초기 정착 자들이 서부 유럽에 퍼졌는데, 역사에는 '이베리아 사람들(Iberians, 스페인 사람)'로 알려져 있다. 그들은 역시 희랍인들과도 연합했다. 프랑스 강 계곡을 통해 북으로 이동한 그 '이베리아 사람들(Iberians)'은 잉글랜드 섬을 휩쓸고 여러 곳으로 흩어져 들어가 초기 주민을 형성했다. 그들은 '신석기 시대 사람들'이다.

이집트 '델타' 지역에 남은 초기 '지중해 족' 문명을 일별해 보기로 하자. 고대 이집트인의 주거(住居)는 찰흙과 고리버들 세공(細工)이었고, 마을을 이루었고 사막의 사자 표범의 공격으로부터 영양과 산양 타조를 지키기 위해 강한 방책(防柵)을 세웠다. 고양이와 개는 이미 기르고 있었다. 남성들은 몸에 문신을 행했고 얼굴에 색칠을 했다. 양가죽을 걸치고 머리를 타조 깃털로 장식을 했다. 여성들도 비슷했으나, 더욱 풍성하게 차리고 머리털에 빗을 꽂고 조가비와 채색 자갈돌과 동물 이빨로 팔찌 목걸이 하여 '[마귀의] 마법'을 막으려 했다.

초기 정착 자들은 유목민과 사냥꾼 어부였다. 그 중에는 큰 기술을 지닌 장인(匠人)도 이었으니, 날카로운 창이나 칼 화살촉으로 항아리를 장식하고 돌그릇을 만들어내었다. 그들은 작은 배를 타고 나일 강을 운항(運航)하였고, 물고기를 잡고 델타 습지에 새들을 잡았다. 그들의 무역은 강둑에 살고 있는 종족들과 물물교환을 했다. 그들은 동시에 전투에 두려움을 모르는 용감한 무사들이었고, 들소나 악어 물소 멧돼지 사자를 사냥했다.

밤이 지나면 낮이 오듯이, '죽음 다음에도 생(生)이 있다'고들 믿었다. 그들이 세상을 떠날 때 쉬는 자세로 양가죽에 싸서 가볍게 매장을 했고, 사용하던 지팡이 부시[불을 일으키는 도귀] 음식을 담은 그릇도 그 곁에 매장(埋葬)을 하기도 하였다.

수백 년이 지나 하부(下部, 나일 강 하류) 이집트에 '신문명'이 나타났다. **동방에서 온 족속들이 저지대에 정착하여 압도적인 새로운 기술과 새로운 생활 방식 새로운 신앙을 소개했다. 그 사람들이 '홍수'가 진정된 다음에 토지를 경작했고, '보리'와 '밀'을 수확했다.** 그 때가 바로 오시리스(Osiris) 이시스(Isis) 시대이다.

왕은 모두 다 오시리스(Osiris)였으니, '힘의 상징'은 목동의 막대기 도리깨였다. 사람들은 그들의 왕을 신으로 모셨고 30년 통치 후 그네들 사육제(謝肉祭, cannibalistic ceremonial) 세드(Sed) 축제28)에서 잡아먹었다. 그렇게 하여 그의 영혼은 후계자에게 들어가고 땅과 백성들은 풍성하게 된다고 믿었다. 뜯어 먹힌 왕들의 뼈가 무덤에서 발견이 되었다.['최후만찬' 식 해설임]

자연처럼 엄격하고 거침이 없는 '법'은 사람들을 단련시키고 그들을 번성하게 했다. 사회생활은 행정부의 엄격한 체제하에서 이룩된다. 산업은 행정부가 길러내어야 상업이 융성하게 된다. 무역의 영역은 당대에 필요한 정도로 확대되어, 누비아(Nubia)에서 상아(象牙)를, 아시아(Asia)에서 은(銀)을, 아라비아(Araby)에서 향과 보석을, 상인들은 구리와 리넨 기름으로 교역을 행했다. 도자기와 무기 장신구는 고정 품목이었다. 수 세기가 지나 그러한 문명도 기울었으니, 중앙집권의 약화가 그 원인이었다.

그 다음은 '무정부(無政府) 시대'가 왔으니, 도둑들이 몰려와 침략의 충격을 견뎌야 했다. **북쪽 고산족과 혼합된 유목민 셈족(Semites)이 시리아(Syria)와 아라비아 스텝 지역(Arabian steppes) 으로부터 몰려와 오시리스 식 왕들을 괴멸시켰다. 그들은 세트(Set, Sutekh) 숭배자들이고 그들 은 백성들을 약탈하고 탄압했다.** 그러나 그들의 영향력은 델타의 서부 영역에서는 미약했으니 거기에서는 반란이 자주 발생했다. 전쟁은 상업을 무너뜨리고 지역을 황폐하게 만들었다. 기술은 기울고 암담한 시대가 뒤따른다.

그러나 결국 이집트 북부는 그 고장의 필요가 팽배하게 되어, 상업은 늘어나고 산업이 되살아나게 되었다. 그들의 도자기에다가 재능 있는 예술가들은 일상생활을 그려 넣었다. 남녀가 백색 리넨 옷을 걸치고 부자는 허리띠와 수놓은 가죽 가방에 금 은 보석으로 장식을 하였다. 청동 제품과 무기가 사용되었고, 부시 사용 기술은 다른 국민에게 비할 수 없을 정도로 최고도에 이르렀다.

[델태땅은 다양한 산업의 중심이다. 옥수수를 수확하니 먹을 것은 풍성했고 사냥꾼들이 맹수들을 그들의 은신처에 쫓아내고 수를 줄여 더욱 많은 동물을 사냥할 수 있었다. 지중해 무역을 위해 큰 갤리선[노예들이 젓는 배]이 건조되었고, 60명의 노 젓는 사람이 있었다. 다른 나라 사람들도 역시 이집트 항구를 방문했는데, 크레타나 시리아 연안 사람들이었고, 대상(隊商)들은 국경을 넘어 동쪽과 북쪽으로 갔고, 외국 무역 인들이 이집트에 들어와 거주하기도 했다. 다양한 종족들과의 전쟁까지도 도자기에 그려 넣었는데 많은 전쟁이 일어났기 때문이다.

'바빌로니아 신앙'과 더불어 성장한 사회는 이집트 북부 정착 자들에게 영향을 나타냈다. 그 태양 숭배 종교가 전 이집트에 퍼졌다. 원시 피톰(Pithom, Tum의 집)에서부터 온(On, Heliopo-lis, '라' 신앙 중심지)까지 나아갔고, 그것이 '라툼(Ra-Tum)'으로 신성시되었고, 하부(下部)[나일 강 하류] 이집트 왕국의 수도(首都)가 되었다.['지도 Ⅰ' 참조]

능수능란한 사람들이 상부[나일 강 상류, 남부] 이집트에 나타났다. 그들은 아라비아를 통해

---

28) 플린더스 페트리(Flinders Petrie, 1853~1942)의 견해 '시나이 탐구(*Researches in Sinai*)', p. 185.

왔는데, 그들은 태고의 문화를 흡수했던 자들로 초기 바빌로니아 사람들 속에서는 정착할 수가 없었다. 그들은 낮은 홍해(Red Sea)의 끝자락을 건넜고, 직접적으로 사막 길을 넘었거나 혹은 아비시니아(Abyssinia) 고지대를 통과해 푸른 풀과 나무로 덮인 나일(Nile) 강 계곡으로 들어왔다. 그들은 '청동기 무기'를 소지했는데, 초기 정착지로 보이는 에드푸(Edfu)에 [遺物이]나타나 있다. 그들은 많은 종족을 통일하고 늘어가는 영역에 영향력을 휘둘렀다. 새롭고 개선된 경작 기술이 소개되었다. 관개(灌漑, 물대기)를 위해 수로(水路)가 건설되었다. 인구가 급증하였고 법과 제도도 정착을 했다.

그 **침략자들은 '호루스 매 의례(Horus-hawk cult)'의 태양 숭배자들이었다**. 그러나 그들은 오시리스 곡신 숭배자들도 포용하였다. 그들은 에드푸(Edfu)와 히에라콘폴리스(Hierakonpolis)에서 북으로 왕들이 무덤이 있는 성지(聖地) **아비도스(Abydos)**와 티니스(Thinis)를 지배했다. 상부 이집트(Upper Egypt)를 백색 왕관['힌두의 상징']을 쓴 군주들이 통치하며 "그들의 운명의 시간을 살았다." 그 다음 "전갈(全蝎, Scorpion)" 자루(Zaru, Way of Horus, 호루스의 길에 설치된 요새지로도 해설됨)라는 대 정복자가 나타났다.['전갈 명칭의 정복자'로 보임] 그는 승리의 군대를 나일 강 계곡을 타고 내려가 당시에 커다란 세력을 발휘하고 있는 '파윰(Fayum)'의 국경에까지 이르렀다. 거기에서 자루(Zaru)의 행진은 저지되었다. 그러나 이집트에는 새 시대가 열렸으니, **'상부 왕조'와 '하부 왕조'가 형성 되었기 때문이다.**

'자루(Zaru)왕'은 [왕을 먹는]고대 풍습대로 세드(Sed) 축제에서 살해되지는 않았다. 그는 오시리스처럼 행세했다. 울타리로 막은 곳에서 왕관을 쓰고 왕좌에 앉아 앞은 작은 커튼을 치고 한 손에는 홀장(笏杖)을 잡고 다른 손에는 도리깨를 들었다. 사람들은 그 앞에 부복(俯伏)하였다. 구체적인 의례를 따를 수는 없으나, 남긴 그림으로 보면 다수의 포로와 황소 암소가 제사로 바쳐졌다. 그래서 살육이 살육으로 이어졌다. **왕들이 의례적으로 살해되면 그 수명이 연장된다고 믿었다.** 아비도스(Abydos) 명문(銘文)에 다음과 같은 왕 '오시리스의 말'이 있다. "그대는 그대의 날을 새롭게 시작하라. 초월(初月, 초승달)의 아기 같이 번성할 것이다...젊어져서 새롭게 태어날 것이다."29)

파라오가 그 선택적 계승자가 되기 그 이전 축제 중에, 종교적 무도(舞蹈)를 행했던 중요 행사가 있었는데 그에게 뒤에 왕가의 공주가 처로 제공이 되었고, 그래서 그녀의 권위로 왕권이 지속되게 했다.

자루(Zaru)의 통치가 마감되었을 때는, 국경이 명시되었을 때였다. 오시리스 식으로 은덕을

---

29) 호루스(Horus) 숭배자들은 명백히 나일 강 월궁(月宮) 의례를 수용했다. 어떤 학자는 이집트 왕조는 오시리스 숭배로 시작되었고 한다. 소아시아와 유럽에 흡사한 신상(神像)이 최초로 하부 이집트에 생기었다. 참조 '황금 가지(*Golden Bough*)'-아도니스, 아티스, 오시리스. 오시리스 적(的)인 천국이 '델타 문화' 특성이다.

내린 자루(Zaru)는 농업에 헌신을 했고, 관개(灌漑)를 행해서 땅을 개간했다. 예술가는 그가 괭이로 강둑을 파는 행동을 그렸는데 "최초 관개(灌漑)" 의례 같은 것이다. 사람들은 과일 나무를 울타리 삼아 원형으로 거주지를 마련했다. 그네들의 4각형 들은 관개(灌漑) 물길이 둘러 있었다.

자루(Zaru) 왕이 죽으니, **아비도스(Abydos)**에 다른 왕들처럼 벽돌무덤에 장례를 행했다. 이처럼 플린더스 페트리(Flinders Petrie, 1853~1942)의 고찰로 '제1왕조 이전의 이집트 사'의 대강의 재구(再構)가 가능하게 되었다. 제1왕조의 사망한 파라오가, 하부 이집트(Lower Egypt)에서 사자(死者)를 위축된 자세로 매장했던 것과는 대조적으로, 신체를 충분히 펴서 매장이 되었던 것은 주목할 만한 사항이다.

그 자루(Zaru) 왕의 다음 왕은, 확실하게 메나(Mena, Menes, 3200-3000 b. c.)의 권위를 지녔던 **나르메르(Narmer, 3100 b. c. 경)**였다.['제1왕조' '파라오 일람' 참조] 그러나 플린더스 페트리(Flinders Petrie)는 그들은 서로 구분된 성품을 지닌 것으로 생각했다. 다른 견해는 희랍인 세소스트리(Sesostris, 세누스레트 I세(Senusret I, 1971-1926 b. c.)[제12왕조 파라오]의 경우에서처럼 왕들의 행동은 '메나(Mena)'로 통일이 되었다는 견해이다. '메나(Mena, Narmer)'는 예를 들어 왕이 병상에 있을 적에 맛난 것을 엄청 먹고 노예들을 시켜 왕의 위를 문지르고 그가 도취되었을 적에 나일 강에 던져 물소가 그를 삼키게 했던 파라오다.['祭物'로서의 왕] 그러나 이러한 민담은 지칠 줄 모르는 힘으로 새로운 영토를 확장하고 들끓는 반란의 불길을 진압했던 정복자의 이야기와는 사실상 일치하기 어렵다.[원시 파라오의 '기능' '권능'에 대한 해석상의 차이]

메나(Mena, Narmer)의 성공적인 시작은, 그 나르메르(Narmer)의 특성상 '상부 이집트'와 '하부 이집트' 완충지대 늪의 파이움(Fayum)이 형성되었을 때였다. 즉 긴 공방전에서 결국 남쪽 군사들이 크게 이겨 '거대 델타 영역'을 남부(상부) 이집트 군사가 그 소유를 확실하게 했을 때였다. 나르메르(Narmer) 왕이 한 손으로 꿇어 엎드린 '파이움(Fayum) 왕'의 머리를 잡고 다른 손으로 철퇴를 잡아 마지막 일격을 가할 때였다. 정복을 행한 왕의 몸종이 왕의 샌들과 물 항아리를 나르고 있다. 거기에 그려진 매의 상징은 동일하게 그려진 매 형상은 종족의 신 호루스(Horus)에게 그 '승리'를 돌렸다는 뜻이다. 두 적들은 도망을 치고 있고, 전투 대원들의 위에 암소의 머리와 하늘의 여신 하토르(Hathor)가 그려져 있다.

이 위대한 장면은 고대 이집트인들의 진정한 '보수적 정신'으로 이후 비슷한 정복에도 모방이 되었다. 정말 나르메르(Narmer)처럼 초라한 적을 쳐부순 3천년 동안 계승된 각 파라오의 전쟁 승리는, 나르메르(Narmer)의 거대 동상으로 강조가 되었다. 이집트 군왕을 나타낸 고대 이집트 전통은 '소인국(Lilliputians)'에 들어 간 걸리버(Gulliver)처럼 적들 속에 군왕을 거대하게 그려내었다.

파이움(Fayum) 정복 이후 리비아 사람들은 하부 이집트 사람들을 지배했던 것으로 보인다. **그들의 수도는 여신 내이트(Neith)의 장소 '사이스(Sais)'였다.** 이 신에 대한 특성이 그 숭배자들의 속성을 나타내고 있다. 그 여신의 상징은 방패와 두 개의 화살이다. 그 여신은 녹색의 손과 얼굴로 그려졌는데, 그녀가 대지의 신으로 유목민에게 신록을 제공하기 때문이다. 직녀의 북(杼)이 여신의 몸에 문신(文身)이 생기게 했다는 것은 그 여신을 여성의 배틀 기술에도 관련시킨 것으로 보인다.

메나(Mena, Narmer)는 전투로 리비아 사람들을 정복했고, 수천 명이 살해되었고 메나(Mena, Narmer)는 그의 왕국을 지중해 연안까지 확장하였다. 그리고 나서 그는 군사들이 모인 앞에서 하부 이집트의 적색 왕관까지 받은 것으로 생각된다. 메나(Mena, Narmer)는 역시 사이스(Sais) 왕가의 공주 네이트호테프(Neithhotep)를 아내로 맞았던 것으로 보인다.

이렇게 호루스(Horus, Narmer) 종족은 여신을 숭배하는 리비아 사람들과 통합이 되었다. 이후 오시리스(Osiris) 네이트(Neith) 호루스(Horus) 3개의 사이스(Sais)가 구성되었다. 네이트(Neith)는 이시스(Isis)와 동일시되었다.

하부(下部, 나일 강 하류) 이집트 종족의 정복 기억은, 세트(Set)를 이긴 호루스(Horus)의 신화적 이야기에 반영된 것으로 생각된다. 원정(遠征)의 반환점은, '세트(Set)의 동물 신들'이 무찔러진 '파이움(Fayum) 분쟁'이 있었다. 플린더스 페트리(Flinders Petrie)는 오시리스 신앙에 노출된 호루스 국민에게 "셈족(Semites)"[30] 무사 귀족들의 패배를 의미하는 '이집트에서의 세트(Set) 추방'에 대해 충격적인 주장을 상세히 밝혔다. 델타 지역에서 많은 정복이 그 통일 이전에 성공했다는 남부 에드푸(Edfu) 신전의 기록으로 그것은 명백한 사항이다. 어떤 거대 민담에서는 호루스(Horus)가 세트(Set)를 제압하고 그를 쇠사슬에 묶어 이시스(Isis)에 넘겼다는 내용을 담고 있다. 그러나 이시스(Isis)는 남편 죽음에 복수하는데 실패했지만 그녀의 압제자를 다시 풀어주었다. 그러자 화가 난 호루스(Horus)가 이시스(Isis)의 머리에 왕관을 찢어버렸다. 이것이 특히 리비아인의 정복으로 가는 정황을 말하고 있다. 플린더스 페트리(Flinders Petrie)는 말하고 있다.

"신들의 적대감의 역사를, 우리는 그 신도들의 투쟁의 역사로 읽지 않을 수 없다."

리비아인은 파라오에게 골칫거리 종족이었다. 파라오에게 델타 서부지역은 항상 불확실했다. 메나(Mena, Narmer)는 명백히 12만 명 이상을 잡아 그들 세력의 분쇄에 공을 들였다. 황소 40만 마리 염소 142만 마리도 못쓰게 만들었다.

북쪽 거주자의 이처럼 거대 이동은 나일 강 계곡 사람들의 신체적 개성의 발휘가 없이 이룩된 것은 아니었다. 북부와 남부의 차이점 혼합이 정복에 잘 명시되었다. 두 왕국이 통일된 다음에 상부 이집트 통치 계급은 점점 델타 유형으로 밀접하게 접근했다. **4천년 동안 나일 강 계곡에 꽃 피었던 위대한 고유 문명은 지중해 족의 힘과 재능이었다.** 유럽의 종족 중에 탁월한 업적을 낸 적지 않은 파라오들이 지중해 족과는 얼굴이 달랐다는 점은 주목을 해야 한다.

호리테(Horite, Narmer) 정복자들의 문화는 나일 연안에 명백히 적용되어 있다. 그것은 순전한

---

30) 세트(Set, Sutekh)가, 셈족을 포괄하는 신앙의 대상 원시 셈족의 신이었다는 것은 가능한 이야기이다.

이집트 특성인 델타 문화를 지우며 3백 년 동안 급속히 발달했다. 처음부터 상형문자가 쓰였고, "대장간"에서 동전이 주조되었고, 귀족들의 도자기 수레바퀴가 만들어 졌다. 그러나 호리테족 (Horites, Narmer)의 이집트인에 대한 가장 큰 기여는 개인의 이익을 증진하고 국가 발전을 정착시 켰던 점이다.

이집트 왕조에 대한 북쪽 사람들의 기여는 고려해볼 만하다. 사실상 과장될 수가 없다. 델타 문명은 정복 이전에도 잘 발달해 있었다. 델타에도 크레타와 에게 해 사람들과 비슷한 직선의 활자체 문자가 쓰였다. 그 문자는 뒤에 카리아(Karia)와 스페인(Spain)에서도 나타났다. 그 초기 시작은 신석기 시대 서부유럽 프랑스 고인돌에도 자취가 있다. 고대 페니키아 문자는 후에 대양 무역 인이 간결하게 하여 원근에 퍼지게 되었다.[31] 우리의 알파벳은 북 아프리카에 기원을 두고 있다.

위대한 신석기 시대 수학자들에 의해 달력이 만들어졌는데, 그들은 정확한 기록과 계산을 목적 으로 시간의 인공적 구분을 고안해냈다. 그들은 나일 강 범람의 높이에 '시리우스(Sirius, Sothos) 별'이 돋을 때에 그들 신년을 시작했고, 1년을 12월로 나누어 각 월을 30일로 하고 5일의 남는 날은 농경의례와 관련된 종교적 축제일로 첨가했다. 이 달력은 마지막 로마인들에게 수용 조정이 되었고, 계속 개선이 되어 오늘날 온 세계가 사용하게 되었다. 메나(Mena, Narmer)의 통치하에서 는 생각들이 자유롭게 교환되고 사람들의 경쟁심을 자극하여 진전을 이룩했던 증거를 지니고 있다. 발명의 정신이 바쁘게 작동했다. 도자기 기술이 발달하여 질과 구성에서 달라졌고 채색에 유약을 사용했다. 보석 세공과 무기와 일상 도구도 예술적 디자인이 가해졌다. 바둑판과 "나인핀(九柱戱, ninepins)"도 모든 계급의 휴식과 레크리에이션(recreation)을 위해 확실히 요청이 되었다.

그 동안에 통일 제국의 행정이 완비되었다. 관리들은 숫자가 많았고, 그들의 임무는 엄격하게 규정이 되어 있었다. 다양한 전략적 요충지에 무기고를 두어 반란을 막고 각종 산업을 보호하고 법률적 보호가 필요한 시민을 도왔다. **멤피스(Memphis)가 가장 중요한 도시가 되었다**. 전설에 의하면 멤피스는 메나(Mena, Narmer)가 세웠다고 한다. 그러나 지역적 교리적 체계는 메나 (Mena)의 시대 이전부터 있었다. 메나(Mena, Narmer)가 그의 북쪽 행정 중심을 요새화하는 건축 을 그가 행했을 가능성은 충분히 있다.

메나(Mena, Narmer)가 죽었을 때에 그는 아비도스(Abydos)에 묻혔다. 메나(Mena, Narmer)의 아들 "투사(鬪士)" 아하(Aha)가 계승을 했다. 새로운 군주 '아하(Aha)' 아래서 남쪽에서는 힘찬 군사적 장정(長征)이 행해졌는데, 또 하나의 영토가 중앙 정부에 소속되게 되었다. 평화로운 북쪽 의 환경은 '아하(Aha)'가 사이스(Sais)로의 방문을 그 어머니 백성의 여신 네이트(Neith)에게 성지 (聖地)를 제공하기 위한 것이라 기록하고 있다.

그러는 동안에 나일 강 연안의 자연 자원은 체계적으로 개발이 되었다. 관개(灌漑) 작업은 모든

---

31) 매컬리스터(Macalister) 교수는 알파벳 문자의 체계화에 페니키아 사람보다는 팔레스타인에 무게를 두고 있다.

곳에서 행해져 정글이 사라지고 산업 노동자들에 의해 광대한 땅이 펼쳐지게 되었다. 이러란 작업은 정부 관리들이 통제하고 추진하였다. 현명하고 진취적인 군주 덴(Den) 왕은 **파이움(Fayum)을 청결하고 관개(灌漑)가 잘 되는 위대한 계획을 수립했으니, 이후 그곳은 풍요롭고 인구 많은 지역이 되었다. 측량사들이 작업을 개시하여 수로 건설을 계획하고 그 계획은 군주들이 개발하고 지속을 했다. 그것이 '제1왕조(First Dynasty)' 시대에 정확하게 인식이 되었으니, 오늘날처럼 나일 강 연안 사람들의 발전과 복지는 그 지방의 농경 자산의 발달에 목을 맬 수밖에 없었다. 이집트의 부(富)는 토양에서 생겼다.** 왕조들의 모든 영광과 성취는 사람들을 위해 "물대기에 경제를 쏟아" "뒷날" 풍년을 확실하게 하는 행정 체계로 가능하게 되었다. 그러므로 고대 민담[32] 속에 제공된 바 그 땅의 일상생활을 일별할 때 우리는 더욱 가까이 수천 년 전에 이집트 땅에 공을 들였던 백성들을 접할 수 있게 되고 되는데 그런 다음에야 그들 예술의 정교함이나 위대한 농업의 승리를 이해할 수 있다. 나일 강 연안의 고대 농부를 지배한 정신은 충성스럽고 얌전하고 승리의 자질을 갖춘 거지 바타(Bata)와 그 아우에게 반영이 되어 있다. 바타(Bata)의 상처 받은 명예와 비극적 운명이 우리의 박물관에 포대기에 감싼 미라로 누워 있는 신분 높은 여성들을 눈물 나게 했다는 이야기는 그녀들이 어떻게 휴일을 시작했고, 그녀들의 주변 사람들의 일상생활은 어떠했는지 우리를 다시 생각에 잠기게 한다.[33]

'나르메르[메나] 상(Verso of Narmer Palette)', '최초 왕조 최초 왕 '파라오 메나(Pharaoh Mena - First King of the First Dynasty of Ancient Egypt)'

---

32) 먼 옛날 '왕조' 기에 형성된 것이 명백하다.
33) D. A. Mackenzie, *Egyptian Myth and Legend*', Bell Publishing Company, 1978, pp. 30~44 'Ⅲ. Dawn of Civilization'

'이시스가 보는 앞에서 세트[물소]를 찌르는 호루스(Horus spears Set, who appears in the form of a hippopotamus, as Isis looks on)' '세트가 아페프를 찌르다(Set spears Apep.)'

'새로운 왕조에서 세트의 악마화로 지워진 세트 상(Set on a late New Kingdom relief from Karnak: his figure was erased during his demonization.)' '아툼과 아포피스 뱀(Atum and the snake Apophis)' '고양이 모습을 한 태양신이 뱀 아페프를 죽이다(The sun god Ra, in the form of Great Cat, slays the snake Apep)'

'플린더스 페트리(Flinders Petrie, 1853~1942)'

(a) 사실상 매켄지(D. A. Mackenzie)의 '고대 이집트 역사[*Egyptian Myth and Legend*]'는, 제1왕조 창시자 메나(Mena, Narmer)가 '상부[나일 상류, 남부] 이집트'에서 군사를 이끌고 '하부[나일강 하류, 북부] 이집트 -델타 지역'에 통치권을 발휘했던 것으로 시작이 되고 있다.

(b) 그 '이집트 통일'이 달성되자마자 첫째로 관심이 쏠린 사항이 '**물대기[灌漑] 사업**'이었다는 것에 역시 주목을 해야 한다. '인간 사회의 기본 전제는 생존(生存)'이니, 국왕의 기본 정책도 '백성들의 생존'일 수밖에 없다.

(c) 그리고 다음은 '사상(종교) 문제'이니, 매켄지(D. A. Mackenzie)가 반복해서 강조하고 있는 사항이 '이집트 토착 신앙 -오시리스 이시스 신앙'과 '정복 족의 신앙[태양신, 호루스, 세트 신앙]'의 대립과 통합의 문제이다.

(d) 이집트 파라오에게 '종교 사상' 문제는 사실상 무제한으로 펼쳐져 있는 형편이었으니, 우선 '먹고 사는 곡신 신[오시리스, 이시스]'에부터 '천지 만물을 주관하는 절대 신'까지 두루 소개가 되어 있었다. 그러므로 '고대 이집트 사회'는 최초 '일개 지방사'이면서 역시 온 지구촌 인류 사회의 축약판으로 보아야 할 것이다.

(e) 일찍이 힌두 들이 말했듯이 '**두 사람만 모여도 의견 일치가 어렵다.**'는 것이 진실이다. 그러면 '종교' '사상'이란 '서로 다른 생각들을 하나로 묶어내기'이니, 이집트에서는 파라오가 그것을 주도하였다.

(f) 매켄지(D. A. Mackenzie)가 '고대 이집트 역사[*Egyptian Myth and Legend*]'를 통해 보여준 일관된 철학은, '**토착 종교와 연합에 실패한 외래 종교 종족은 추방될 수밖에 없다.**'는 논리다.

IV. 왕이 된 농부

✻ 두 형제 -농부 생활 -요부(妖婦, Temptress) -아느푸(Anpu)가 홧김에 아우를 죽이려 하다 -바타(Bata) 의 도망 -형은 속지 않았다 -아내를 살해하다 -바타(Bata)는 정신을 숨기다 -그의 아내 -파라오 왕의 탐색(探索) -바타(Bata) 혼령의 꽃이 망가지다 -아내가 여왕이 되다 -상실된 혼의 회복 -황소로서의 바타(Bata) -여왕 때문에 죽다 -한 그루 나무인 바타(Bata) -바타(Bata)가 그 부인의 아들로 태어나다 -아내이며 어머니를 죽인 왕 -영혼 윤회(輪回, Transmigration)에 대한 신앙

두 형제가 있었으니, 그들은 동일한 아버지와 어머니의 형제였다. 아느푸(Anpu)가 형이고 바타 (Bata)가 아우였다. 아느푸(Anpu)는 자신의 집을 갖고 아내를 맞았다. 아우는 아들처럼 함께 살았 고, 의복도 제공이 되었다. 바타(Bata)는 소들을 몰고 들로 나가 땅을 경작하고 곡식도 거둬들였다. 바타(Bata)는 계속 형의 농장에서 일했으나, 그와 같은 존재는 이집트 땅에서는 찾아 볼 수가 없었다. **그에게는 신의 정신(the spirit of god)이 주입되어 있었다.**

그렇게 형제가 함께 살며 여러 날이 지났다. 아침이면 바타(Bata)는 소들과 함께 출발했고, 저녁에는 소들을 먹일 무거운 사료(飼料)와 형 아느푸(Anpu)와 그 형수(兄嫂)를 위한 우유와 향을 싣고 돌아왔다. 형과 형수가 집에서 함께 먹고 마시고 있을 때 바타(Bata)는 마구간에서 쉬고 소들 곁에 잠들었다.

새벽에 날이 밝아 오면 바타(Bata)는 먼저 자리에서 일어나 아느푸(Anpu)를 위해 빵을 굽고 자신이 들에서 먹을 부뷘점심을 가져다 들에서 그것을 먹었다. **바타(Bata)는 소를 이끌고 다녔으 므로 소들의 말도 이해했다. 소들은 말하곤 했다. "저쪽 풀이 맛좋아."** 그러면 바타(Bata)는 소들 이 선택한 곳으로 소를 몰고 가니, 소들도 좋아했다. 그들은 정말 고상한 동물로 그 숫자도 크게 늘었다.

경작할 때가 돌아오니 형 아느푸(Anpu)가 바타에게 말했다.

"나일 강 홍수가 지나갔으니, 소가 준비되어 있으니, 땅을 갈아야 한다. 내일부터 쟁기질을 시작 할 것이니, 우리가 뿌릴 씨를 들로 옮겨라."

아느푸(Anpu)가 원하는 대로 바타(Bata)는 그렇게 했다. 그 다음 날이 밝았을 때 형제는 들에서 작업을 했고 행한 일이 끝났음에 즐거웠다. 그런 일을 행하면서 며칠이 지났는데, 그들이 그날 오후 작업을 마치기 전에 뿌릴 씨가 동이 났다. 아느푸(Anpu)가 바타(Bata)에게 말했다.

"어서 창고로 가서 씨를 가지고 오너라."

바타(Bata)는 집으로 달려가니, 형수님이 매트에 앉아 힘없이 그녀의 머리털을 만지고 있었다. 바타(Bata)가 말했다.

"일어나 씨앗을 주십시오. 저는 들로 되돌아가야 합니다." 여인은 앉아서 말했다.

"도련님이 창고로 가서 원하는 것을 가져가세요. 내가 일어서면 내 머리카락이 흩어져 어지럽게 됩니다."

바타(Bata)가 창고로 가서 커다란 통에 씨앗을 넉넉히 담고서 그 통을 집 밖으로 날랐다. 여인[형수]이 바타(Bata)를 향해 말했다.

"그 큰 짐은 무게가 얼마나 됩니까?" 바타(Bata)가 대답했다.

"보리가 두 말, 밀이 세 말, 내 어깨에 다섯 말의 씨앗을 가져갑니다."

여인이 한 숨을 쉬며 말했다.

"대단한 힘입니다. 아 나는 매일 [시숙님께] 감탄합니다!"

여인은 바타(Bata)에게 정신이 쏠려 일어나서 말했다.

"잠깐 기다리세요. 좋은 옷을 드리겠습니다."

바타(Bata)는 표범처럼 화를 내며 말했다.

"나는 형수님을 어머니처럼 생각하고 형님을 아버지처럼 생각하고 있습니다. 당신[형수님]은 악한 말을 했지만, 나는 다시는 듣지 않을 것이고, 당신이 했던 말은 누구에게도 입에 담지 아니할 것입니다."

바타(Bata)는 짐을 지고 떠나 들로 가서 작업을 마쳤다.

저녁 무렵에 아느푸(Anpu)는 집으로 돌아왔고, 바타(Bata)도 짐을 챙겨 뒤따라 왔다. 아느푸가 집에 돌아와 보니, 그의 아내는 폭행을 당한 듯이 누워 있었다. 그녀는 아느푸(Anpu)에게 이전처럼 손 씻을 물도 제공을 하지 않았고 등에 불도 밝히지 않았다. 집안은 어둠에 휩싸였다. 그녀는 병든 것처럼 끙끙 앓고 있었다.

아느푸(Anpu)가 물었다. "누가 여기에 왔었는가?"

여인이 대답했다. "바타(Bata) 말고는 아무도 오지 않았습니다. 그가 악한 말을 하기에 내가 말했습니다. '나는 그대의 어머니 같고 형은 아버지 같지 않습니까?' 그러자 바타(Bata)가 화를 내며 나에게 폭행을 했습니다....아! 당신이 그를 그냥 살려 두시면 나는 죽고 말 겁니다."

형은 표범처럼 화가 났다. 아느푸(Anpu)는 단검(短劍)을 들고 집을 나가 바타(Bata)를 죽이려고 마구간 문 뒤에 숨어 있었다.

해가 졌으므로 바타(Bata)는 마구간으로 소들을 몰아넣고 사료와 허브를 메고 한 손에는 우유 통을 들었다.

처음 마구간으로 들어간 황소가 바타(Bata)에게 말했다. "조심하세요! 형이 문 뒤에 서 있는데, 손에 단검을 들고 죽이려합니다. 가까이 와서는 아니 됩니다."

바타(Bata)는 소가 하는 말을 알아들었다. 그런데 두 번째 황소가 말했다. "어서 도망가세요."

바타(Bata)가 마구간 문 아래를 보니 단도를 손에 든 형의 발이 보였다. 바타(Bata)는 서둘러서 짐을 내려놓고 급히 도망을 쳤다. 아느푸(Anpu)는 단검을 들고 바타(Bata) 뒤를 따랐다.

바타(Bata)가 태양 신 '라' 하르마치(Ra-Harmachis)를 향해 말했다. "오, 신이시여. 당신은 거짓과 진실을 구분하십니다."

'라(Ra)'신이 바타(Bata)의 외침을 듣고 돌아 왔다.[34] **'라(Ra)'는 두 형제 사이에 악어(鰐魚)들이 우글거리는 넓은 강물을 만들었다.** 그래서 아누푸(Anpu)와 바타(Bata)는 강물의 양쪽에 마주섰다. 형은 아우를 죽일 수 없어서 화가 나 자기 손을 두 번 강타를 했다.

바타(Bata)가 아누푸(Anpu)에게 말했다. "날이 다시 밝을 때까지 기다리세요. 태양 신 '라(Ra)'가 떠오르면 제가 알고 있는 것을 모두를 말할 것이고, 그러면 태양신은 무엇이 진실이고 거짓인 것을 구분해 주실 겁니다...나는 더 이상 형님과 함께 거주하지 않을 것이고, **아카시아 꽃 피는 좋은 곳으로 떠날 겁니다.**"

날이 밝아 태양신 '라(Ra)'가 나타나니 두 형제는 악어의 강물을 사이에 두고 마주보고 섰다. 바타(Bata)가 형을 향해 말했다.

"내가 말하기도 전에 왜 나를 죽이려 했습니까? 나는 아우로서 형님과 형수님을 아버지 어머니로 모셨지 않습니까? 씨앗을 가지러 간 나에게 형수님은 '머무르세요.'라고 말하고, 엉뚱한 행동을 보였습니다."

바타(Bata)가 그렇게 말하니, 태양신은 형에게 그 여인에 관한 진실을 다 전했다. 그런 다음 태양신에게 호소했다.

"나를 죽이려는 것은 크게 잘못된 것입니다."

바타(Bata)의 말대로 **아느푸(Anpu)의 육신은 조각 나 강물에 던져져 물고기들이 삼켰다.**[35] **아느푸(Anpu)는 강둑에서 사라졌다.**

[그러나 영혼은 죽지 않괴아느푸(Anpu)는 극심한 공격을 받고 눈물을 흘렸다. 아느푸(Anpu)는 악어 강 건너편 아우 바타(Bata)곁에 있고 싶었다.

바타(Bata)가 다시 아느푸(Anpu)에게 말했다. "형님은 악행도 하려 했지만 지금은 다시 착하고자 합니다. 형님의 할 일을 알려 드리겠습니다. **집으로 돌아가 형님 소들을 달래고 내가 왜 그들과 더 이상 살 수 없는지도 알려 주십시오. 내가 왜 아카시아 꽃 피는 좋은 곳으로 떠나야 했는지 말해 주세요. 나의 도움이 필요할 경우는 나를 찾아 구원을 추구하세요. 내 영혼은 내 몸을 떠나야 하지만 최고의 아카시아 꽃 속에 살고 있습니다.** 그 나무가 잘리면 내 영혼은 땅으로 떨어집니다. 형님이 그것[내 영흔]을 찾아내면 7년 간 형님이 원했던 바를 이룰 겁니다. 형님은 물그릇을 마련해 두면 나는 다시 생명을 얻게 됩니다. 형님의 소원이 다 성취될 때가 올 것이니

---

34) 여기에 '라(Ra)'는 이집트를 돌아다니는 '인간'의 형상이다.
35) 오시리스(Osiris) 아티스(Attis) 아도니스(Adonis) 신들처럼 사지가 잘린 셈이다.

맥주가 거품을 보일 때이고, 술에서 악취가 생길 때입니다. 그것들이 내가 올 조짐입니다."

그런 다음 바타(Bata)는 떠나 대양(大洋) 건너 아카시아 꽃 핀 골짜기로 갔다[36]. 형은 집으로 돌아왔다. 탄식하며 머리에 먼지를 떨었다. 아느푸(Anpu)는 처를 죽여 개에게 주고, 아우 생각에 빠졌다.

많은 날이 흘러 바타(Bata)는 그 아카시아 핀 골짜기에 도착했다. 바타(Bata)는 홀로 살며 야생동물을 사냥했다. 저녁이 되면 그는 아카시아 나무 아래 쉬고 그 최고의 꽃 속에 그의 영혼은 숨어 있었다. 이윽고 그가 거주하는 곳은 그가 원하는 것으로 가득 채웠다.

어느 날 바타(Bata)는 우연히 '모든 땅을 점검하는 9명의 신들'과 만났다. 그들은 서로 말하고 나서 바타(Bata)에게 묻기를 "이미 그 형수가 살해 되었는데, 무슨 이유로 집을 떠났느냐?'고 물었다. 신들은 말했다. "당신은 당신의 형에게 진실을 말했으므로 다시 고향으로 돌아가시오."

신들은 젊은 바타(Bata)에게 연민(憐憫)의 정을 느꼈다. 그래서 '라(Ra)' 신은 말했다.

"바타(Bata)에게 신부(新婦)를 주어 외로움에서 벗어나도록 하라."

그래서 크누무(Khnumu) 신[37]은 신성(神性)을 부여하여 세상에서 가장 아름다운 여성을 만들었다.

그 다음 7명의 하토르들(Hathors)이 그녀를 보았다. 그리고 한 목소리로 말했다. "그녀는 단명(短命)하겠다."

바타(Bata)는 그녀를 아주 사랑했다. 그녀를 집에 남겨 두고 바타(Bata)는 야생동물들을 사냥하여 그녀의 발아래 가져다 놓았다. 바타(Bata)는 날마다 그녀에게 말했다.

"밖에 돌아다니지 마시오. 바다가 당신을 멀리 실어 갈 수도 있소. 나의 영혼은 아카시아 꽃 속에 숨어 있기에 그대 같이 약한 존재는 바다의 신[38]으로부터 구해낼 수가 없소. 만약 다른 자가 내 영혼을 찾아 낼 경우, 나는 도망을 갈 수밖에 없소."

그렇게 바타(Bata)는 그녀[부인]에게 마음속에 비밀을 다 공개했다.

여러 날이 지났다. 아침에 바타(Bata)는 사냥하러 떠나니, 부인은 집 가까이에 있는 아카시아 아래로 갔다.

그런데 그녀를 해신(海神)이 보고 파도를 일으켜 그녀를 추적했다. 그녀는 서둘러 집으로 돌아오니, 이에 해신(海神)은 아카시아를 향해 노래했다.

"그녀는 내 것이다!"

아카시아는 그 말을 듣고 해신(海神)에게 아내의 머리묶음을 던져 주었다. 바다[海神]는 그것을 가지고 이집트로 궁중 세탁사가 빨래하는 곳으로 갔다.

---

36) 아마 '시리아(Syria)'로 갔을 것이다.
37) 프타(Ptah)를 닮은 창조신
38) '비 이집트 개념'이 확실하다.

그 '머리카락 잠그게[머리핀]'는 향기를 뿜고 있었고, 그것은 왕의 린넨 향기였다. 세탁인들 간에 분쟁이 일었으니, 왕의 복장에는 연고(軟膏) 향이었는데, 아무도 그 비밀을 안 사람은 없었다. 왕은 세탁 인들을 질책했다.

세탁 팀장의 정신은 고민에 싸였다. 그 말이 매일 계속 화제기 되었기 때문이다. 세탁 팀장은 바다가로 갔다. 세탁팀장은 물에 떠 있는 '머리묶개'를 보고 그것을 가지고 돌아왔다. 세탁팀장은 '향기로운 그것'을 지니고 왕[파라오]을 알현했다.

그래서 왕은 그 문제로 그 앞에 서기들을 불렀는데, 서기들은 말했다.

"이 머리묶개는 '라(Ra)' 신의 딸의 것입니다. 먼 땅에서 와 대왕께 제공된 것입니다. 사자(使者)를 해외로 보내 그녀를 찾도록 하십시오. 사자를 아카시아 골짜기로 보내 그녀를 데려오게 하십시오."39)

왕이 그 말을 듣고 말했다.

"좋은 말이로다. 반가운 일이다."

그래서 사자(使者)를 해외 사방으로 파견했는데, 아카시아 골짜기로 파견된 자들은 돌아오지를 못 했는데, 바타(Bata)가 그들을 다 죽여 버렸기 때문이다. 왕은 무엇이 그 사자(使者)들을 쓰러지게 했는지를 모르고 있었다.

이에 왕은 많은 사자(使者)와 병사를 보내 그 여자[바타(Bata)의 부인]를 자기 앞에 데려오게 했다. 왕은 '희귀 연고를 바른 여인'도 동행하게 해 ....바타(Bata) 부인은 그녀와 함께 이집트로 왔다.

그러자 이집트에는 큰 기쁨이 일었다. 왕은 그 신녀(神女)를 사랑했고, 그녀의 아름다움에 왕비(王妃)로 승진을 시켰다. 왕은 남편의 비밀을 모르게 한 다음 말했다.

"그 아카시아를 잘라 가루로 만들어라."

인부와 군사들을 해외로 보내 그 아카시아 나무에 도착했다. 그들이 최고의 꽃부터 잘라내니 그 속에 바타(Bata)의 혼령은 자취를 감추었다. 꽃잎은 흩어지고 바타(Bata)도 떨어져 죽었다.40)

다음 날 새벽에 아카시아 나무는 베어졌다.

한편 바타(Bata)의 형 아느푸(Anpu)는 자기 집으로 가서 앉아서 손을 씻었다.41) 아느푸(Anpu)에게 제공된 맥주에 거품이 생겼고, 술에서 악취가 났다.

아느푸(Anpu)는 지팡이를 잡고 신발과 옷을 걸치고 여행 행장을 챙겨 아카시아 꽃 핀 골짜기로 떠났다.

---

39) 초기 판본은 신데렐라(Cinderella) 이야기임
40) 대표적인 유럽 민담의 거인답게, 영웅의 감춘 비밀이 아내의 배반을 당한다.
41) 이집트인은 식사 전후에 손을 씻는다.

아느푸(Anpu)가 바타(Bata) 집에 도착했을 때, 매트에 누워 있는 젊은이를 보았다. 아느푸(Anpu)는 통곡했다. 그러나 아느푸(Anpu)는 바타(Bata)의 영혼을 찾으러 꽃 핀 아카시아 아래로 갔다. 바타(Bata)는 누워 쉬고 싶었다. 그 동안 아느푸(Anpu)는 3년을 찾고 다녔다. 4년이 되니 이집트로 돌아가고 싶었었다. 아느푸(Anpu)는 말했다. "내일 새벽에 출발을 해야겠다."

다음 날이 되어 세상이 밝았다. 아느푸(Anpu)는 아우의 영혼을 그 아카시아 장소에서 다시 볼 수 있었다. 시간이 그토록 흘렀다. 밤이 되어 아느푸(Anpu)는 그 아우의 요구대로 '아카시아 씨'를 찾아 집으로 가져오니, 아우의 영혼은 그 속에 있었다. 아느푸(Anpu)는 그릇에 냉수를 채우고 거기에 씨를 넣어 밤을 보냈다.

밤이 되니 영혼은 물을 마셨다. 바타의 사지는 흔들렸고, 눈을 뜨고 형님을 응시했으나 정신에 감정은 없었다. 그러자 아느푸(Anpu)는 그릇을 들어 올려 바타(Bata)의 입술에 대니 바타는 물을 마셨다. 이처럼 그의 영혼이 돌아와 바타는 예전 모습을 되찾았다.

형제는 서로 껴안으며 바타(Bata)가 말했다.

"이제부터 나는 신비한 능력을 보이는 황소가 될 겁니다. 누구도 나의 비밀은 알 수 없습니다. 내 등에 오르세요. 날이 밝으면 내 아내가 있는 곳에 있게 될 겁니다. 나는 그녀에게 할 말이 있고, 나를 왕 앞으로 인도하면 왕의 눈에 호의(好意)를 볼 겁니다. 사람들이 나를 보면 놀라 소리치며 환영할 것입니다. 그러나 형님은 집으로 돌아와야 합니다."

새벽이 되어 세상이 밝아졌다. 바타(Bata)는 황소가 되니 아느푸(Anpu)가 그 등에 올라 궁중으로 갔다. 왕은 반가워하며 말했다. "정말 기적이다." 온 나라가 즐거워했다. 은과 금이 아느푸(Anpu)에게 제공이 되어 형은 집으로 돌아와 대기를 하고 있었다.

그 때 '신성한 황소'는 서 있었고, 아름다운 아내도 거기 있었다. 바타(Bata)가 그녀에게 말했다. "내가 서 있는 곳에 나를 보시오. 나는 아직 살아 있소."

여인이 물었다.

"당신은 누구입니까?"

황소가 대답했다.

"내가 진정 그 바타(Bata)요. 그 아카시아가 잘린 것은 당신 때문이요. 당신이 내 영혼이 최고의 아카시아 꽃 속에 있음을 밝히어 그래서 아카시아 나무가 파괴되었고, 나도 망했소. 그러나 나는 지금 살아 '신성한 황소'가 되었소."

여인은 몸을 벌벌 떨었다. 바타(Bata)가 그렇게 말하자 여인은 공포감에 그 성소(聖所)밖으로 나갔다.

왕은 그녀를 사랑했기에 잔치에 그녀를 자기 곁에 앉혔다. 그녀가 말했다.

"제가 왕께 부탁드리는 것을 들어주겠다고 신(神) 앞에 맹세를 해 주세요."

왕은 그녀의 소원을 들어주겠다고 맹세를 했다. 그녀가 말했다.

"저 신성한 황소의 생간을 먹은 것이 소원입니다. 저 황소는 대왕께 소용이 없습니다."[42]

그녀의 말을 듣고 왕은 고민에 빠졌다.

다음 날이 밝아 왕은 '저 황소를 도살자에게 주어라.'고 명하였다.

신하 중 한 사람이 나와 보니 그 황소는 사람들의 어깨 위에까지 높이 매달려 그 목에 강타를 당하여, 두 방울의 피[43]가 궁궐 대문에 떨어졌는데, 한 방울은 오른쪽에 다른 것은 왼쪽에 떨어졌다. 밤이 되어 그 피가 떨어진 곳에서 당당한 아보카도(Persea) 나무가 돋아났다.[44]

그 큰 기적이 왕에게 알려지고 사람들은 물과 거름을 신성한 나무에게 제공했다.

어느 날 왕이 황금 마차를 타고 왔다. 왕은 청금석 칼라의 옷을 입고 목에는 화환을 걸치었다. 그 아내도 함께 했는데, 그녀가 그 아보카도 나무 아래 서자 그 나무가 그녀에게 속삭였다. "거짓의 여인이여, 나는 아직 살아 있소. 내가 그 바타(Bata)이니, 그대는 내게 또다시 잘못을 저질렀소. 아카시아 나무를 자르게 한 것도 당신이고, 신성한 황소를 잡게 한 것도 당신이어서 나는 죽게 되었소."

여러 날이 지났다. 여인이 잔치에 왕과 함께 앉았을 때에 여인은 말했다.

"신 앞에 저의 소원을 들어주겠다고 다시 약속을 해 주십시오."

왕이 또 약속을 하니 여인은 말했다.

"나는 저 아보카도(Persea) 나무를 잘라 두 개의 의자를 만들고 싶습니다."

그녀의 소원대로 실행이 되었다. 왕은 장인(匠人)에게 그 나무를 자르게 하니 여인은 나가 그것을 구경했다. 그녀가 거기에 서 있을 적에 작은 나무 조각이 그녀의 입 속으로 들어가니 그녀는 그것을 삼켰다.

여러 날이 지난 다음 그녀는 아들을 낳았다. 아들이 왕 앞에 나타났을 때 어떤 이가 말했다.

"대왕께 아들이 주어졌습니다."

유모와 시종들이 아기를 돌보도록 지명이 되었다.

왕비의 아들에게 이름이 주어졌을 때에 온 나라가 크게 기뻐했다. 왕은 그 아들을 에티오피아(Ethiopia) 왕으로 지명을 하였다.

많은 날이 흘러 왕은 아들을 자기 왕국[이집트]의 후계자로 삼았다.

왕은 지상의 임무를 마치고 천국으로 갔다.[왕의 사망]

'새로운 왕[바타(Bata)의 化身]'은 말했다.

---

42) '영혼'이 '간(肝)'에 있다는 신앙임.
43) '영혼'이 '피' 속에 있다는 신앙임.
44) '하나'는 '정신'이고 '다른 것'은 '영혼'임.

"궁중에 대신들을 불러오라. 그러면 내가 당했던 것과 왕비에 대한 진실을 밝히겠다."

그의 아내[45]가 그 바타(Bata) 앞에 불려 왔다. 바타(Bata)가 그녀 앞에 모습을 드러내니 대신들은 사형(死刑)을 확신했다.[46]

그 다음 아누푸(Anupu)가 소환되었다. 그가 왕의 후계자로 지명이 되었다.

바타(Bata)가 30년을 통치하다가 죽으니[47], 그 형이 왕위를 계승했다.

이집트인의 사랑 노래

(3천 년 전 기록을 모은 것임. 천국으로 떠난 영혼들이 불렀다는 것으로 무덤에 남아 있는 문건(文件)임.)

'사랑의 술[酒]'

나의 여인이 올 때에
나는 그녀를 보자마자 '내 사랑'이었네,
설레는 마음으로 그녀를 맞아
내 팔로 그녀를 감싸 안았네;
내 마음 신비한 기쁨에 넘쳐
나는 그녀 것이 되고 그녀는 내 것이 되었네.

오! 그녀의 부드러운 포옹이
나에게 완전한 사랑을 제공했네,
그 아라비아의 향기
그 달콤함으로 나를 적셨네.
그녀의 입술이 나를 눌렀을 때
나는 취했으나 술은 아니었네.

'사랑의 올가미'
(덫을 씌우는 여성의 노래)

손에 올가미를 들고 나를 숨긴다,
나는 기다리며 흔들지 않는다.
아름다운 아라비아(Araby)의 새들

---

45) 이 여자는 바타(Bata)의 '아내'이고 '어머니'이다. '영혼의 윤회(the transmigration of souls)' 신앙에 기초한 이야기이다.
46) 형(刑)은 제공되지 않았으나, 일곱 하토르들(Hathors)이 "요사(夭死, a speedy death, a death by violence)"를 예언 했다.
47) '세드(Sed) 축제'에 희생되었음을 암시한다.

다 몰약(沒藥) 향기를 뿜어내네.
오, 모든 아라비아 새들이여,
이집트로 내려오라,
향기로운 날개 짓으로
감미롭기는 껌과 같구나!

내가 그 새들을 잡을 적엔
함께도 행할 수 있네.
내가 그것을 알아 낼 때는
그대들과 함께 있어도 나 혼자이지.
내 사랑 그대 올 때에는
새들일랑 올가미로 잡지만
나는 그대를
사랑의 올가미로 묶어두네.

단풍나무가 아름다운 여인을 향해 노래했네,
그 말은 단 꿀 이슬처럼 떨어지네.
"나는 붉은 보석 열매를 지녔고
모든 나의 숭배자 그대 것이라."

"푸른 파피루스가 나를 대기하고 있는 잎들이고
가지 줄기는 단백석(蛋白石)이라.
시원한 내 그늘에
그대 가슴에 꿈을 이루세요."

"나의 사랑 여인 편지
받는 사람은 행복하리라,
전하기를 '오 호젓한 내 정원으로 와
나와 함께 앉아 보세요!'"

"'과일도 준비 되었고
빵도 술도 드릴 겁니다,
향기로운 밝은 꽃을
축제에는 올릴 겁니다.'"

"나의 여인 그녀 사랑 홀로 있으면
목소리 감미롭고 말들이 사랑스러워
오, 나는 알아도 침묵하고
나는 듣지만, 말할 수는 없네!"

'비둘기 노래'

나는 듣노라, 오 거북-비둘기
새벽이 되었네.-
사랑에 싫증나
나는 어디로 가야 하나?

오 아름다운 비둘기
나를 싫어하지 마오...
나는 내 사랑을 찾아서
그래서 그의 편이라오.

우리는 손잡고 돌아다니며
꽃길도 걸어요-
나는 세상에서 가장 예쁘고
그도 그렇게 나를 불러요.

'질투'

나의 얼굴은 문을 향해 고정할 것이다.
내 사랑이 나를 볼 때까지,
보는 눈, 들리는 귀로
나는 기다린다...그리고 냉철하게 되어,
한숨 쉬고 또 한숨 쉬나,
그는 가까이 오지 않네.

나의 유일한 소유인 그의 사랑
나에 대한 감미로움 다정함이 전부이네;
그래서 내 입술은 항상 고백했지
내 마음 침묵이란 없었지.
한숨 쉬고 한숨 쉬나,
그는 가까이 오지 않네.

그러나 이제 서둘러 온 심부름꾼
내 눈으로 보았지...
그는 서둘러 왔듯이 서둘러 가며
"늦겠다." 말을 전하네.
한숨 쉬고 또 한숨 쉬나,
그는 가까이 오지 않네.

316

아! 그대가 알고 듯이 내 고백은
나보다 훨씬 고상하지.
오 거짓 당신이여, 왜 내 가슴을
그 무신(無信)으로 깨뜨리나요?
한숨 쉬고 또 한숨 쉬나,
그는 가까이 오지 않네.

'사랑의 뜰'

오! 내 사랑 아름다운 꽃들이여,
가장 고운 나도 기다립니다.
뜰은 그대이고 모든 향기 사랑입니다.
오 내 자신 그대의 마음은 대문입니다.

내가 꾸민 사랑의 통로
그대를 통해 나의 뜰 사랑 흐르고-
신선하고 감미로운 물에 적셔지네,
냉랭한 북풍이 불어올 때도.

아름다운 우리 혼이 서로 엉기어
그대의 강한 손 내 속에 쉬고 있네.-
그 다음엔 내 생각 깊어지고 기쁨도 더하네,
오 내 사랑 당신은 내 것이니까.

오! 당신의 목소리 황홀해
상처 받은 내 마음 온전하게 만드네.
오! 당신이 올 때는 나도 그대를 보고
당신은 내 영혼에 빵과 술이라.

'사랑의 가식(假飾)'

병든 희미함과 지침으로
나는 하루 종일 침상에 누워있을 것이네.
친구들이 내게 몰려오고
그녀도 내게 가까이 올 것이네.
그녀는 의사들에게 부끄러움을 보일 것이고
그녀는 나를 생각해 볼 것이네.
내 사랑 그녀는
내 병을 잘 알고 있네.[48]

(a) 매켄지(D. A. Mackenzie)는 이 '왕이 된 농부' 이야기를, **'영혼의 윤회(the transmigration of souls)'**를 말하는 것이라고 전제했다.

(b) 그리고 이 이야기는 '라(Ra)' 신과 '나일 강' '이집트 왕'이 그 근간뿌리와 줄기을 이루어 '파피루스 속의 확실히 전한 이집트 이야기'이나 여성의 '욕맹[부와 성에 대한 집착'을 남성이 응징하는 모습을 보여 저 '힌두(Hindu)'나 '희랍'과는 구분되는 '배반의 성향'을 드러내었다.

(c) 특히 힌두(Hindu)의 '마하바라타(*The Mahabharata*)'에서 '절대신' '강물 창조' '미인 창조' '남자들의 갈등' '해신(海神)' '꽃(향기)' '소' '나무' '나무 파편' 인간 변조 이야기는 그 '마하바라타(*The Mahabharata*)'에 발휘된 것과 동일한 방법이다.

(d) 그 힌두(Hindu)와 구분되고 있는 점은 '나일 강 중심' '이집트 농경 풍속' '이집트 국왕 제일주의'로 끝난 점뿐이다.

(e) '힌두(Hindu) 선교사(宣敎師)의 화법'을 배워 '이집트 신화 만들기'에 나선 '현장 공개'로 의미를 지니고 있다.

(f) 헤로도토스(Herodotus)는 그의 '역사(*The Histories*, 446 b. c.)'에서 **'이집트인의 황소 아피스(Apis)신의 숭배'**를 대대적으로 소개를 했다.[49] 그런데 매켄지(D. A. Mackenzie)가 소개하고 있는 신(神) '바타(Bata)'와 그의 형 '아느푸(Anpu)'가 어떻게 이집트 왕이 되었는지 그 경과 속에 '황소 변신'을 제시하여 사실상 **'이집트인의 황소 아피스(Apis)신의 숭배'** 유래까지 설명한 셈이다.

(g) 한 마디로 매켄지(D. A. Mackenzie)가 소개한 '바타(Bata)와 그의 형 아느푸(Anpu)' 이야기는 이집트 사제(司祭)이고, 그는 힌두의 '영혼불멸'을 체득하여 '영혼 존중' '육체[여성] 경멸'의 이론으로 만들어 놓은 것이 위의 이야기이다.

(h) 이로써 **'상대(上代) 힌두(Hindu) 문화=상대(上代) 이집트(Egypt) 문화'**라는 포콕(E. Pococke)의 주장[50]이 그대로 입증이 되고 있다.

---

48) D. A. Mackenzie, *Egyptian Myth and Legend*, Bell Publishing Company, 1978, pp. 45~61 'Ⅳ. The Peasant who became King'

49) Herodotus (translated by Aubrey de Selincourt), *The Histories*, Penguin Books, 1954, pp. 214~215

50) E. Pococke, *India in Greece*, 1851, p. 122 "독자들은 내가 이미 행한 '이집트인' '희랍인' '인도인'[사제들의 '종족적 통일성'을 마음속에 기억을 해 주기 바란다."

V. 이집트와 유럽에서의 종족 신화

＊ 동물들의 숭배 -선신(善神)과 악령(惡靈)에 붙들림 -파괴자와 보호자로서의 파충류 -세트(Set)와 오시리스(Osiris)인 돼지들 -월식자(月蝕者) -태양신 호루스(Horus)와 폭풍 신화 -이집트와 스코틀랜드에서의 악마 돼지 -프랑스 아일랜드 노르웨이 사람들의 신앙적 대립 -가축 통치권을 두고 행한 동물 분쟁 -사랑의 신 돼지 -뱀장어를 왜 먹지 않는가 -신성한 황소 -아일랜드인과 이집트인의 신화 -곡식 신(神) -유럽에서의 거위 축제 -카오스의 알 -거대 신 이야기 -나일 강 판본과 다른 판본 -선악(善惡)의 상징으로서 야생 당나귀

나일 강 유역의 가장 흥미로운 양상의 하나는 동물들의 숭배이다.[힌두 생명 존중의 연장임] 유베날리스(Juvenal, 1세기~2세기)는 그의 풍자극 속에서 이집트인의 풍속을 조롱했는데, 초기 교부(教父)들은 이교도의 어리석은 생각의 표정으로 생각했다. 다른 한 편 현대에 약간의 옹호자들은 고대의 철학자들이 모든 형태의 생명에 종교적 존중을 불어 넣었고 '범신론적 신념'을 지녔던 것으로 생각하고 있다. 그러나 **여기에서 우리의 일은 고대 이집트인의 신앙을 정당화하거나 비난하는 것보다는 그것을 그냥 고찰 해 보는 것이다**. 가능하다면 이집트인의 견해[인생관, 세계관]에 도달하는 일이다. 그래서 이집트 기원의 것과 비 이집트 기원의 것이 오랜 동안 서로 섞여 풍속과 확신으로 영구화된 종교적 혼란을 다루어 우리가 그 출발점을 확인해 보는 것이다. 비록 원래 종족의 대표적인 사람들은 성스러움을 고집했으나, 전체로서의 종족에 존경을 나타내지는 않았고, 후대 왕조의 일상인은 악어나 뱀에 대한 미신이 거의 없다.

우리는 '대영 박물관'에 보관된 제19왕조[1292~1186 b. c.]의 흥미로운 파피루스에서 '이집트 동물 숭상의 기원'을 설명하는데 도움을 주는 실마리를 획득할 수 있었다. 이 문서는 고대 선지(先知)자의 생각에 따른 자세한 행·불행이 명시되어 있는 달력을 포함하고 있다. 행운은 '자애로운 신'에게서 오고, 악운은 '악령'의 소행으로 생긴다. 특별한 날에는 악귀들이 풀어져 있어, 농부는 낮에 소를 몰고 나가지 말아야 하고, 소들 속에 들어갔다가는 소에게 받힐 염려가 있다. 동물은 그 자체로는 무섭거나 존중되지 않으나, 동물은 쉽게 선신(善神)이나 악령(惡靈)에 씌울 수가 있다는 것이다.

선악 정령(精靈)의 차이는 선령(善靈)은 이익을 주고 풍성을 행하는데, 악령(惡靈)은 불안정하고 화해할 줄 모른다는 것이다. 이 원시적 개념은 희랍 웅변가 이소크라테스(Isocrates, 436~338 b. c.)의 출발점이기도 하다. 그는 말했다.

"우리 선행의 원천은 올림포스 명칭을 지닌 신들이다. 그 신들의 영역은 역시 더욱 혹독한 재난과 징벌의 분야이다. 개인과 국가에서 제1계급은 제단과 신전을 세우고. 제2계급은 기도나 제사가 없으나, '벗어나기 의례'를 행한다."

벗어나기 "의례(Ceremonies)"는 물론 마법적이다. 그 벗어나기 의례가 마법적이니 이집트인들은 '악령의 공격을 막는 것'으로 알았다. 태양의 범선(帆船)으로 '라(Ra)'의 '위험한 밤 여행의 성공'은 파충류 유형의 악과 어둠의 괴물들을 **주문(呪文, spells)**으로 좌절시키며 이루어진다는 것이다.

이집트에서는 신과 괴물이 동물이나 악어 같은 형상을 가지고 나타난다. 황소는 이시스(Isis)의 형상이거나, '농부를 들이받는 악귀'의 형상이다. 뱀과 악어는 인간의 보호자이기도 하고 적이기도 하다. **공포의 아페프(Apep) 뱀은 '악'과 '인간 불행'의 모든 것을 뜻한다. 그러나 호루스(Horus)의 방패인 부토(Buto)의 어머니 신 우아지트(Uazit) 역시 가정을 수호하는 '뱀'으로 숭배된다.[** '뱀'의 양면성] 뱀의 이미지는 말편자처럼 "행운" 보호의 상으로 오늘날까지 우리나래스코틀랜드]에서 행해지고 있다. 뱀 부적(符籍)은 가울족(Gauls)의 '뱀 돌(serpent stone)'이나 아직까지도 몸에 걸치고 다니는 친숙한 "행운의 돼지"처럼 수호자의 대행 체였다.

이집트의 어떤 지방에서는 공격을 막아주는 것으로 악어가 숭배 되지만, 다른 지역에서는 가차 없이 사냥해 없앤다.[51] 로마 시대까지 어떤 주(州)의 용병(傭兵)은 '그들의 신성한 동물'을 상대 종교적 진영에 의해 살해를 했기 때문에 전쟁을 행하기도 했다.

여기에서 우리는 동물숭배의 종족적 양상을 살펴보자. 어떤 동물과 파충류는 어떤 지역에서 보호자로 인정이 된다. **어떤 동물은 한 종족의 신의 형상으로 보일 수 있지만 다른 종족에게는 사탄일 수 일 수 있다.** 예를 들어 흑돼지는 이집트인의 세트(Set) 신과 연합했는데, 그 신은 전(前) 왕조 시절에 이집트인을 압도했다. 호루스(Hotus)가 그 돼지 뒤에서 창으로 머리를 찌르고 서 있는데, 다리와 턱은 사슬로 묶여 있다. 그러나 그 돼지는 역시 오시리스 형상으로 "선신(善神)"이다.

세트(Set)는 어둠과 폭풍우 아페프(Apep) 뱀과 동일시되고, 어떤 신화에는 뱀을 돼지가 대신하고 있다. 예를 들어 호루스(Horus)의 왼쪽 눈 하현달을 먹은 것은 세트(Set) 돼지이다. 어떻게 호루스의 오른쪽 눈 태양이 창조 신화(Heliopolitan) 속에 없어지게 되는가. 호루스는 '라(Ra)'처럼 창조된 만물을 다 알고 싶었다. '라(Ra)'는 호루스에게 유익한 교훈을 주었다. "흑돼지를 보라." 호루스가 바라보니 즉시 한쪽 눈이 불의 선풍(旋風)으로 파괴가 되었다. '라(Ra)'가 다른 신들에게 말했다. "돼지가 호루스에겐 가공할 존재이다." 이러한 이유로 호루스 제사에는 돼지를 쓰지 않는다.[52] '라(Ra)'는 호루스의 손상된 눈을 치료해 주고 폭풍과 비에 호루스를 지키도록 두 지평선 교우를 만들어 주었다.

이집트인들은 돼지를 불결한 동물로 생각했다. 헤로도토스(Herodotus, 484~425 b. c.)는 돼지들을 잠깐 건드리기만 해도 만진 사람은 물속에 뛰어들어 자신들을 씻는다고 했다.[53] 돼지를 치는

---

51) 인도에서 뱀 숭배자는 뱀에게 상처를 주거나 화나게 않으면 "충성을 행해" 결코 물지 않는다고 믿고 있다.

52) 태양 의례는 달의 의례와 되었기에 돼지를 그 희생에 포함시켰다.

53) 데메테르(Demeter)와 디오니소스(Dionysos) 신비와 관련하여 희랍인이 어린 돼지를 제사 지내기 전에 바닷물에 씻기었다. 플루타르크(Plutarch) : *Vit. Phoc.* xxviii

사람들은 신분을 잃어, '사원(寺院)에 진입'이 거부 되었다. 돼지고기는 사자(死者) 제사 음식에 포함될 수 없었다. 시리아(Syria)에서도 돼지는 역시 "금기"였다. 고산지대(Highlands)에서는 오늘날까지 돼지고기에 대해서는 편견이 심하고 흑돼지를 '악귀'와 동일시한다.

한편 가울족(Gauls)은 돼지를 신성시하나 돼지고기를 먹지 않는다. 그들과 가까운 희랍인(Achaeans)은 역시 돼지 치는 사람을 중시하고 그들은 왕도 되었다. 스칸디나비아 영웅들은 돼지고기로 발할(Valhal) 축제(祝祭)를 행했고, 멧돼지를 '곡식의 신' 프레이(Frey)와 동일시했다. '곡식의 신' 다그다(Dagda)가 주재하는 아일랜드 엘리시움(Elysium)은 이집트의 낙원이 오시리스에 의해 주재되듯이 행하는데, 항상 "돼지 한 마리는 산 채로, 다른 것은 구워서"⁵⁴⁾ 사용을 한다. 다그다(Dagda)의 아들 아느구스(Angus)는 사랑의 신이고 켈트의(Celtic) 콘수(Celtic Khonsu)인데 돼지 떼를 몰고 다니고, 그 왕은 흑돼지이다.

프레이저(Frazer) 교수는 '황금가지(*The Golden Bough*)'에서 '돼지'가 타부(금기가 된 것은 옛날 그것이 오시리스(Osiris)와 동일시되었기 때문이라 하였다. 헤로도토스(Herodotus)는 이집트에서 돼지를 '달'과 '오시리스'로 숭배하였다고 말하고 있다. 달 돼지는 사라져 없어지지만, 오시리스에게 제사로 올린 돼지들은 돼지 떼로 돌아온다.

뱀과 악어처럼 돼지도 곡신 신의 친구나 적일 수 있다. 파종(播種) 시에 토양에 거름도 제공이 되는데, 그것은 곡식으로 보상이 된다. 그러나 농부는

멧돼지 목숨이 곡식의 움에 전해진다.

고 생각하여 '곡식 신=오시리스=돼지'을 살해했다. 파종 후에 멧돼지 사냥을 행했다. 그래서 플루타르크(Plutarch)가 말했듯이 "신에게 사랑을 받으려고 한 것이 아니라 제사를 지내려고" 이집트인이 오시리스에게 돼지 제사를 행했던 까닭을 알 수 있다. 파종(播種) 기에는 오시리스(Osiris) 정신이 멧돼지에게 들어갔다가 수확기에는 멧돼지가 세트(Set) 정신에 홀리게 된다.

이 결론은 우리를 원시 '대모(大母) 신(the Great Mother Deity)' 개념으로 이끈다. 서문에서 요약한바 고대 스코틀랜드 민담에 그 '대모(大母) 신(the Great Mother Deity)'은 인간들의 적(敵)이다. 그러나 **그녀의 아들, 여름 사랑의 신, 사랑의 신의 원시형(形)은 자애로운 거인이다. 그는 어머니와 싸우는데, 그녀(大母)는 아들의 신부를 빼앗고 모든 생명의 파괴를 추구한다.** '라(Ra)'도 비슷하게 전 생명의 절멸을 추구했다. '라(Ra)'는 악을 행하기도 하고 선을 행하기도 한다. 이집트의 지신(地神) 셉(Seb)은 "선신(善神)" 오시리스(Osiris)의 아버지이고, 악신 세트(Set)의 아비여서

---

54) '켈트의 신화 전설(*Celtic Myth and Legend*)', p. 136. 이 돼지 숭배 양상은 이집트 것과는 다르다. 그것은 검은 악마 돼지를 싫어하는 것보다 선한 돼지 존중이 우세하다.

오시리스와 세트는 형제이다. 그러기에 **원초적 "신들의 전쟁"은 무리의 대장 두 멧돼지 간의 분쟁 -선과 악, 여름과 겨울의 분쟁이다.**[프레이저 식 결론 태초에 자연의 적대적 힘은 없었는가? '위대한 아버지(the Great Father)'와 '위대한 어머니(the Great Mother)' 후손은 악귀와 선신을 다 포괄하고 있다.

희랍의 아도니스(Adonis)는 멧돼지에게 죽었다. 오시리스는 흑 멧돼지 세트에게 죽었는데, 흑 멧돼지는 스코틀랜드 복수와 폭풍의 여신 동일한 하그(Hag)의 보호를 받고 있다. 멧돼지는 아도니스와 오시리스 숭배자와 관련된 '금기(taboo)'였다. 켈트 민속에 "디아르미드(Diarmid) 사제는 멧돼지 사냥을 못하게 되어 있다. 명백히 아도니스, 오시리스, 디아르미드는 "착한" 멧돼지들이다.[비슈누의 '3 바라하(Varaha, 수돼지) 화신'이 유럽에 떠들썩함]

이들 3개 신[아도니스, 오시리스, 디아르미드]은 사랑 신들이고, 사랑 신은 달과 동일시되는데 원시 달의 정령은 대모(大母) 신의 아들이었다. 테바인의 콘수(Thevan Khonsu)는 무트(Mut)의 아들이고, 누비아 인의 토트(Nubian Thoth)는 테프누트(Tenfnut)의 아들이다. 악의 흑 멧돼지 세트(Set)가 하현달을 삼키고 그렇게 형 오시리스(Osiris)도 삼켰다. 이집트인은 돼지를 먹지 않고 오시리스에게 돼지로 제사도 지내지 않으면서 세트를 죽였듯이 돼지를 죽였다.

원래 두 개의 달 돼지가 있었으니 상현달의 '행운 돼지'와 하현달의 흑돼지가 그것이다. 월궁 신의 동물 형상과 달을 삼키는 악귀 동물, 성장과 쇠망의 오시리스와 세트가 그것이다.

원시 월궁 신화는 세트가 델타 습지에서 멧돼지 사냥을 했던 것을 말한다. 세트(Set)는 음모를 보름날 시행했고 세트(Set)는 오시리스 시체를 찾아내어 14토막을 내었음은 14일 간 작아진 달을 의미한다. 그러나 오시리스 남근(男根)은 강물에 던져져 물고기가 삼켰음은 세트가 호루스의 "눈"을 나일 강에 던진 것과 유사하다.

이집트에서는 물고기도 성스러운 존재다. 물고기는 남성 상징이다. 멘데인(Mendes)의 대모는 이시스(Isis)의 다른 형상인데, 머리 위에 물고기가 그려져 있다.[비슈누 '1 마트시아(Matsya, 생선) 화신'] 사제는 생선을 먹을 수 없고, 원래는 모든 이집트인의 '금기'였다. 어떤 물고기는 19 왕조까지 먹을 수 없었고, 물고기가 방부(防腐) 처리되었다. 신의 목록에 포함된 그 물고기는 꼬리들이 잘린 채로 핀으로 고정되어 식탁에 날라졌다. 1년에 1회 희생[제사 음식]으로 먹는 돼지는 비슷하게 꼬리가 잘린 돼지이다. 이집트인은 1년에 한 번 토트(Thoth)의 달 9일에 대문에서 생선을 구워 먹는다. 사제들이 구워 제공한다. 어떤 물고기는 고대 영국인은 먹지 않았다. 아직도 스코틀랜드에서는 뱀장어를 싫어한다. 이집트에서는 뱀장어가 신성시되고 먹는 것이 금지되고 있다.[55]

오시리스는 멤피스에서 황소 아피스(Apis) 이집트 하피(*Hapi*)로 숭배 되는데, 희랍인에게는

---

55) 물고기를 신성화하는 이집트인은, 옥시린쿠족(Oxyrhinchus) 레피도투족(Lepidotus) 라투족(Latus) 파그루족(Phagrus)이다.

"세라피스(Serapis)"로 알려져 '오시리스 아피스(Osiris-Apis, *Asar-Hapi*)'를 대신하고 있다.56) 이 성스런 동물은 대모(大母) 신의 아들처럼 신비하게 탄생한 것으로 말해진다. 플루타르크(Plutarch, 46~120)는 말했다. **"그것은 넘쳐흐르는 달의 탄생 광선으로 잉태된다."** 헤로도토스(Herodotus, 484~425 b. c.)는 "아피스(Apis)는 다른 새끼를 가질 수 없는 어미 소가 낳은 검은 색 수송아지이다." 그 수송아지는 "앞이마에 백색 삼각형, 등에는 독수리, 혀 아래는 딱정벌레 혹, 꼬리털은 이중(二重)"의 특색을 지니고 있고 했다. 플루타르크(Plutarch)는 말했다. "이집트인들은 오시리스 상과 달의 형상이 크게 닮았다고 생각했는데, 달에는 더욱 환히 빛나는 부분과 어둡게 그늘져 있는 부분이 있는데, 살아 있는 오시리스 형상에 아피스(Apis)라고 했다." 헤로도토스(Herodotus)는 황소가 "공정하고 아름다운 오시리스 영혼의 모습"이라고 했다. 디오도로스(Diodorus, 90~30 b. c.)도 오시리스는 다음 세대에 아피스(Apis)로 명시됨을 말하고 "오시리스 영혼이 그 동물에게로 옮겨갔다."고 설명했다.

이 황소는 고대 스포츠 '황소 싸움[鬪牛]'에서 무리의 대장이 된 동물을 나타내고 있다. 몇 개의 이집트 고대 무덤에는 농부들이 서로의 소싸움을 재촉하는 말뚝들을 옮기는 농부 그림이 있다. 사원에서 그 황소 싸움을 정례화 했음을 숭배자들이 보여주고 있다. 헤로도토스(Herodotus)는 신의 숭배자들이 사원의 입구에 말뚝으로 무장을 하고 나타났다고 했다. 헤로도토스는 말하기를 "분명히 만류하고 있는 그 소 싸움에 사람들의 머리가 깨지고 많은 사람이 목숨을 잃었다."고 했는데 '들이받고 있는 황소'는 세트(Set)이니, 즉 이집트인의 세트(Set)로 확인된 악마인 것이다.

이집트의 '신성한 황소 아피스(Apis)는 자연사를 하는 경우나 또는 그가 29세가 되는 해에 ―29일 밤에 달이 없어지듯 오시리스가 폭압적 죽음을 당했던 것처럼-강물에 던져진다. 전 국민이 신성한 동물을 슬퍼한다. 그 시체는 미라로 만들어 정중히 무덤에 안치된다. 프랑스 고고학자 마리엣(Auguste Mariette, 1821~1881)은 1851년 멤피테(Memphite) 황소 미라들을 제18왕조[1550~1292 b. c.] 무덤에서 발견했다. 시체를 담은 석관의 무게가 각각 58톤 정도였다. 마리엣이 공개한 한 무덤 매장 당시부터 바뀐 것이 없어 3천전의 애도자의 발자국을 확인할 수 있었다.57)

장례를 마친 사제들은 그 늙은 황소의 계승자 찾기를 시작하고, 계승자가 발견되면 큰 기쁨에 휩싸인다. 그 황소의 소유자에게는 넉넉한 황금 선물이 제공된다. 오시리스 신화의 변형인 아느푸바타(Anpu-Bata) 이야기에서 '바타(Bata) 황소'를 파라오로 변전시킨 형[아느푸]은 명예로운 부자가 되었다. 오시리스 혼이 당초에 먹을 수 있는 동물의 간(肝)에 있다는 믿음에서 **우리는 '신을 먹는 의례(the ceremony of eating the god)'에 주목을 해야 한다**. 그 황소가 사원으로 전달되기 전 40일간 고립되어 있었던 것은 여성들과 관련된 기간으로 생각된다.

---

56) 성우(聖牛, Apis)는 아주 옛날부터 있었다. 제4왕조에 성우(聖牛, Apis) 사제를 확인할 수 있다.
57) 아피스(Apis)의 존중은 아주 옛날로 아피스(Apis) 사제는 제4왕에 있었다.

헬리오폴리스(Heliopolis)에서 오시리스 혼은 므네비스(Mnevis) 소에게 들어갔다. 마르켈리누스(Ammianus Marcellinus)는 아피스(Apis)는 달에게, 므네비스(Mnevis)는 태양에게 헌납되었다고 했다.

상부나일 강 상류 이집트에 신성한 황소는 멘투(Mentu) 형식의 바크(Bakh, Bacs)였다. 그것은 결국 '라(Ra)'와 동일시되었다.

'아피스(Apis) 황소 숭배'는 결국 승리하여 로마 시대에는 전 이집트에 일반화되었다.

오시리스 멧돼지처럼 오시리스 황소는 곡식의 정령과 동일시되었다. 그러나 이러한 측면에서 그 의미는 이집트 문헌에서 강조된 것이 아니다. 상이한 종족은 상이한 동물들을 수확의 신으로 생각했기 때문이다. 그래서 아피스(Apis)와 프타(Ptah)의 연합은 흥미롭다. 프타(Ptah)가 원래 고산족에 숭배되었다는 점은 이미 확인을 했다. 팔레스타인 대 계곡에 소를 기르는 종족이 살고 있었다. 유럽에서 곡식의 정령은 황소 암소와 동일시되는데, 헝가리 사람(Hungarians), 스위스 사람, 프러시아인, 프랑스 사람 일부인데, 보르도(Bordeaux)에 살해된다. 다른 한편 울스터(Ulster) '갈색 황소'와 콘노트(Connaught) '백색 뿔 황소'인의 싸움 이야기인 아일랜드(Irish) 전설은 이집트 오시리스 유형이다. 아일랜드 황소들은 신비한 탄생이었고, 그들의 어머니는 잘 생긴 암소들이었다.

이집트 아느푸 바타(Anpu-Bata) 이야기처럼 아일랜드 전설도 **'영혼의 윤회(the transmigration of souls)' 신앙을 들어내고 있다**. 그것은 거듭난 황소가 원래 돼지 치는 사람들이었다는 것에 연관이 되어 있다. 보드브(Bodb), 문스터(Munster)의 훌륭한 왕, 다그다(Dagda)의 아들, 다난(Danann) 곡식의 신을 모시는 목자(牧者)와 오찰 오크네(Ochal Ochne), 코노트(Connaught)의 훌륭한 왕, 은혜로운 다난(Dannan) 신들의 적들에 점령된 영역을 다른 목자(牧者)가 있었다. 두 목자가 서로 싸웠다. "그래서 그 싸움을 더욱 훌륭하게 이끌어 그들은 두 마리 까마귀가 일 년 간 싸웠다. 이듬해 그들은 물귀신이 되었고, 1년을 수이르(Suir)에서 다시 1년을 샤논(Shannon)에서 싸우고 그런 다음에 그들은 다시 인간이 되어 싸움에 챔피언들이 되었다. 그리고 끝에는 뱀장어들이 되었다. 그 중 한 마리 뱀장어는 울스터(Ulster) 쿠알그네(Cualgne) 크루인드(Cruind) 강으로 들어갔는데, 거기에서 그 뱀장어는 쿠알그네(Cualgne) 다이레(Daire) 소속 암소가 삼켰고, 다른 한 마리 뱀장어는 코노트(Connaught)의 우란 가라드(Uran Garad) 샘으로 들어갔는데, 거기에서 그 뱀장어는 여왕 메드브(Medb's)의 암소 배 속으로 들어갔다. 그래서 울스터(Ulster)의 갈색 황소와 코노트(Connaught)의 백색 뿔 황소가 태어났다."[58] 갈색 황소가 마지막 싸움에서 이겼다. 그 다음 그 황소는 미쳐 고함을 지르다가 심장이 터져 죽었다. 이 신화에서 우리는 오시리스 세트 멧돼지 전설과 이집트 황소 사원에 전투에서 제시된 두 남성간의 전투를 다시 보게 된다.

신성한 암소는 이시스(Isis) 넵티(Nepthys) 하토르(Hathor) 누트(Nut)와 동일하다. 이시스는 암

---

58) '켈트 족의 신화 전설(*Celtic Myth and Legend*), pp. 164~5

324

물소 타우르트(Taurt)와 연결되고 오시리스 어머니라고 한다. 악어까지 곡식의 싱 숭배와 연결이 된다. 어떤 신화에서는 악어가 나일 강에서 오시리스 신체를 복원한 것으로 되어 있다.

이시스(Isis) 형태로 간주되는 또 하나의 대모(大母) 바스트(Bast)는 이집트에 널리 퍼져 있는 집 고양이와 동일시된다. 헤로도토스(Herodotus)는 말하기를 이집트인은 집에 불이나면 고양이 지키기에 다른 생각을 못 한 것 같고 했다. 고양이들은 불속으로 뛰어들기 쉬운데, 어떤 가정에서 고양이를 잃으면 큰 슬픔이었다. 어떤 로마 병사는 그가 집 고양이를 죽였다는 이유로 습격을 당했다.59) 프랑스에서는 고양이를 '곡식의 정령'과 동일시했으니, 수확된 곡식의 마지막 부분을 "고양이 꼬리"60)라고 한다.

우리는 서문(序文)에서 태양의 알을 낳는 거위를 언급했다. 명백히 거위는 옛날에 성스러운 새였다. 거위 요리가 고대 이집트 인기 있는 식단이었고, 특히 사제들이 겨울철에 주로 먹었던 것으로 보인다. 거위와 오리는 아비시니아(Abyssinia, 에티오피아)에서 신성화 되었고, 에티오피아 에서는 지중해 유형이 셈족 흑인 그밖에 유형과 혼성되었다. 스코틀랜드 고지대에서 크리스마스에 만 최근까지 먹었다. 영국은 예로부터 '미챌마스(Michaelmas)'에 대한 풍속이 전해져 "9월 29일에 거위를 먹으면 1년 내내 돈 걱정할 필요가 없다."는 것이다. 거위는 '곡식 신'과 동일시되었다. 영국의 중서부(Shropshire)에서는 곡식의 마지막 부분은 거두어들이며 "숫[雄] 거위 목을 친다."고 말했다. 요크셔에서는 야적장에 곡식들을 모아놓고 버린 잔치를 "거위 한 판(The Inning Goose)" 이라 이른다. 영국 왕 소속의 프랑스 헨리 4세 통치 시대에 수확 축제를 "거위 추수(Harvest Gosling)"라 했다. 덴마크 사람들(Danes)은 역시 거위 요리를 먹었다.

이집트 태양 신 '라(Ra)'는 태초에 거위 알에서 태어난 것으로 생각했다.[마하바라타] 이 신앙이 아느프(Anpu, Bata)가 아카시아 꽃 속에 영혼을 감추었듯이 [거위]알 속에 영혼을 감추었다는 유럽 민담을 남기게 되었다.

스코틀랜드 식 고대 신화의 일부에서 거인의 혼은 나무그루터기, 산토끼, 연어, 오리, 그리고 알 속에 있었는데, 다른 판본에는 영혼을 황소 양 거위와 알 속에 두었다. 프타(Ptah)는 자신의 영혼을 태양의 알이나 라(Ra)의 영혼에 감추어두었다고 했다. 크누무(Khnumu)도 마찬가지였다. 이 인공(人工) 신들은 공통의 기원을 가진 것으로 보인다.(제XIV장 참조) 그들은 황소 같은 것과 동일시되지만 역시 수 거위를 상징하는 원시 지신(地神)과 연결되면서 거대화 하였다. 크누무(Khnumu)는 물고기에게서 후손을 얻었고, 그래서 신성한 물고기를 첨가하게 되었다. 바타(Bata) 의 영혼은 꽃에서 황소로 다음은 나무로 나아갔다. 이러한 민담에서 우리는 이집트인에게 알 신앙

---

59) 최근 영국 병사가 신성한 비둘기를 잡았다는 이유로 고초를 겪었다.
60) 아일랜드(Ireland)에서는 고양이 신을 "고양이 머리"라고 하는데, 그것이 가울의 다난(Gaulish Danann) 사람들 의 적(敵)인 피르볼그(Fir Bolg)의 신이었다.

을 제공한 원시 유목민의 신화가 라(Ra) 프타(Ptah) 크누무(Khnumu)와 연합한 것으로 생각해 볼 수 있다. '사자(死者)의 서(書)[*Book of the Dead*]'에서 "알 속에서 저주를 행했던" '라(Ra)'의 적이 만들어져 있다. 경건 자는 말한다. "나는 큰 거위 알을 주목하고 있다." 다른 구절에서는 "나는 큰 거위 속에 있는 알이라." 지상의 신 세트(Set)는 태초에 거위의 형태로 공중으로 날아온 것으로 알려졌다. 켈트 시들은 새 같이 인간에 나타났다.

토끼는 지하의 신들과 동일시되었다. 비둘기도 신성화되었다. 따오기는 토트(Thoth)와 매는 호루스(Horus)와 제비는 이시스(Isis)와 동일시되었다. **신화적 불사조(不死鳥, phoenix)는 황금색과 진홍색 날개를 지니고서 아라비아(Arabia)에서 헬리오폴리스(Heliopolis)까지 5백년에 한 번 날아간다고 생각되었다. 불사조는 어미 새의 재[恢] 속에서 자라 솟아나온다고 했다.**

개구리도 신성화 되었으니, 개구리 여신 헤크트(Hekt)가 모신(母神)이다. 아누비스(Anubis)는 재칼(jackal)이다. 티베트 대모 무트(Mut)와 네케바트(Nekhebat)는 독수리로 표현된다. 개 원숭이는 토트(Thoth) 형상이고, 사자(獅子)는 대지의 신 아케르(Aker) 모습이다.

이집트 신화에 두 마리 야생 당나귀 이야기가 있는데, 그들은 선악의 원리를 나타내고 있다. 하나는 세트(Set)이고 다른 하나는 태양 당나귀로 밤의 뱀 추적을 당하고 있다. 비록 '사자(死者)의 서(書)[*Book of the Dead*]'에 따라 분리된 영혼들이면서도 [태양을 삼킨 뱀의]"항문, 동쪽"으로 돌아갈 것을 장담했다. 그들은 "[악매뱀의 항문"을 부술 것을 획책했다. 세트가 이집트에서 추방되었을 때에 밤의 항문에서 탈출한 것이다. 세트(Set)는 아페프(Apep) 뱀이고 폭풍으로 상징되는 "고함치는 뱀"이다.

헤로도토스(Herodotus)는 고대 이집트에서 비교적 작고 거칠고 길러진 다수의 짐승들이 신성한 것이었다고 적고 있다. 그들은 세습적으로 사제들에 의해 보살펴졌다. "동물들 앞에서 도시 주민은 예배를 했고 탄원을 행했다...그 동물 중 하나를 죽이는 것이 주요 범죄였다."라고 헤로도토스(Herodotus)는 적고 있다[61].

---

61) D. A. Mackenzie, *Egyptian Myth and Legend*, Bell Publishing Company, 1978, pp. 62~76 'Ⅴ. Racial Myths in Egypt and Europe'

[上段]'고양이(Bast)' '뿔을 단 우래우스(Uraeus)' '매(Sokar)' '원숭이(Thoth)' '고니(Thoth)'
[下段]'황소(Apis)' '물고기(Lepidotus)' '재칼(Anubis)' '뱀(Uazit)' '이크네우몬(Uazit)' '고양이(Bast)'

'왕이 공물을 올리는 아피스(Apis) 황소 상(像)'

'유베날리스(Juvenal, 1세기~2세기)' '이소크라테스(Isocrates, 436~338 b. c.)' '디오도로스(Diodorus, 90~30 b. c.)'

'헤로도토스(Herodotus, 484~425 b. c.)' '플루타르크(Plutarch, 46~120)' '마리엣(Auguste Mariette, 1821~1881)'

(a) 매켄지(D. A. Mackenzie)가 그의 '고대 이집트 역사[*Egyptian Myth and Legend*]'에서 보여 주고 있는 '이집트인의 동물숭배 이야기'는 혜로도토스(Herodotus)가 그의 '역사(*The Histories*, 446 b. c.)'에서 제시한 '이집트의 동물숭배 풍속'[62]에 많이 기대고 있다.

그러면서 매켄지(D. A. Mackenzie)의 '신화 분석 방법'은 프레이저(Frazer) 교수의 '황금가지(*The Golden Bough*)' 방법에다가 '오시리스 희생=예수 희생'에 초점이 주어졌고, 역시 '대모(大母, 성모)'에 관심이 모아졌다.

(b) 매켄지(D. A. Mackenzie)의 방법은 인류학자의 지속적인 관심을 살 만한 흥미로운 것이지만, 이후 S. 프로이트 C.G. 융 E. 노이만 탐구까지 진행이 되었고, 역시 대작(大作) '마하바라타(*The Mahabharata*)'까지 공개가 되어 있으니, 이집트 '동물 신'에 대해서는 더 이상 시간을 허비할 이유가 없다.

(c) 이집트 신의 큰 문제는 '오시리스' 문제인데, 오시리스는 '절대 신의 아들'이고, '사제'이고 '제물(돼지, 황소)'이다. 그리고 '이시스'는 역시 절대 신의 딸이고, 오시리스이 아내이고 호루스의 어머니고 역시 '대모(大母)'다.

(d) '호루스'는 '마하바라타(*The Mahabharata*)'의 '가루다(Garuda)'이고 '불사조'이다. '뱀'은 역시 '절대 신'의 창조물이지만, 그 반대편에 '악의 화신'이다.

(e) '태양신' '달의 신'이 모두 인격화 되어 서로 연결이 되어 있다. '천지 만물'이 '절대신[사제]의 뜻'에 따라 지역적으로 편리하게 변용을 해 안착하고 있는 형편이다.

---

62) Herodotus (translated by Aubrey de Selincourt), *The Histories*, Penguin Books, 1954, pp. 154~160

328

VI. 엘프(Elf) 신의 도시

＊ 고(古) 이집트의 런던 -아홉 지신(地神)의 프타(Ptah) 왕 -무사 계급의 신 -팔레스타인 혈거인(穴居人)들 '광두(廣頭)족' -이집트인 유럽인 인도인 중국인의 숙련공 창조 -태양 알과 달의 알 -후기의 프타(Ptah) -밴시(Banshee, 여귀)로서의 네이트(Neith) -죽음의 신 소카(Sokar) -초기 멤피스 신 -프타(Ptah)와 오시리스 -마네토(Manetho, 神官)의 민담(民譚) -유명한 여왕 -최초의 피라미드.

이집트에 곡식이 "바다의 모래처럼" 있을 적에, 외국의 상인들은 들볶는 사막이나 위태로운 물을 건너, 야곱(Jacob)의 후손들처럼 "이집트로 와 필요한 것을 구매"하였다. 그래서 나일 강 계곡에 부(富)와 상업(商業)이 일어났다. 고도 문명이 길러졌고, 시대에 증가된 필요는 많은 산업을 꽃피게 했다.

이집트의 업무는 현명한 파라오들의 정책에 의해 조성된 도시들이 그들 파라오에 의해 통제되었다. 그 도시들 중에 멤피스(Memphis)가 '초기(初期) 왕조사'에 등장했다. 그 지배 신은 '프타(Ptah)신'이었으니, 멤피스(Memphis)는 상업 도시일 뿐만 아니라 산업의 중요한 중심지였기 때문이다. 정말 멤피스(Memphis)는 인류가 이룩한 가장 숭고한 돌쌓기 공사인 피라미드 건축으로 그 정점을 이룬 위대한 건축가와 석조 공들의 고향이었다.

오늘날 구 멤피스(Memphis)의 폐허는 모래 속에 묻혀 있다. 농부들은 옛날 번성한 거리에 국영 사원과 왁자지껄한 작업장 바쁜 가게들을 덮고 있는 토양을 경작하여 수확을 하고 있다. "나는 사람들이 전하는 이야기는 들었습니다. 그러나 그들의 거처는 어디쯤인지, 그들의 담벼락이 무너져 그들의 집은 아닐 수도 있고, 없었을 수도 있습니다."[매켄지가 假想의 '화자'를 동원한 것임] 그러나 이 옛 도시는 바우(Bow)에서 첼시(Chelsea), 템스 강(Thames)에서 햄스테드(Hampstead)까지처럼 사람들이 와글거리는 현대 런던과 같은 도시였다.

> 오 억센 멤피스(Memphis), "백색 성곽"의 도시,
> 영원한 프타(Ptah)의 거주지,
> 왕들의 요람...당신의 엄청난 손 위에 있어,
> 복수의 손길 내렸네...두 번 다시
> 시인은 당신의 영광 말할 수 없고; 두 번 다시
> 하프와 피리와 탬버린과 가희(歌姬)와
> 환희의 함성 당신 안에 들을 수 없네.
> 떠들썩한 마차 소리 상인들의
> 외침 소리 당신의 시장에서 들리지 않네.
> 그래서 당신은 사랑 받던 여왕처럼 사라졌고,
> 사랑 없는 죽음이 밤중에 도래했네.

복장은 세(貰)를 놓고 아름다움 사라져
더 이상 왕들이 당신의 위대함을 찬송하지 않고
당신에의 경이와 존경을
당신에게 바치지 않네...
당신의 신전
모두 비고 당신의 거리 헐벗어
소리 없는 황무지인가?
오 멤피스(Memphis), 억센 멤피스(Memphis), 날이 밝아도
당신은 보질 않는 탄식인가?

멤피스(Memphis -16)['지도 1' 참조]는 페피(Pepi) 왕의 이름을 딴 것[63]으로 '구약(舊約)'에는 노프(Noph)라 부르고 있다. 그 초기 왕조의 명칭은 "백색 성곽(White Walls)"이었는데 정복 이후 요새(要塞)로 세워진 것에 관련된 명칭일 것이다. 그 건설 자에 대해 알려진 바가 없지만 왕의 어머니 여왕 세슈(Shesh)는 인기 있는 두발(頭髮) 세액(洗液)의 발명자로 여러 세기 동안 명성이 높았다.

상부(上部), 나일 강 상류) 왕조와 하부(나일 강 하류) 왕조를 통일한 이집트 파라오는 "두 개의 땅 군주"가 되었고, 남부 티니스(Thinis -30, Abydos -31 부근)['지도 1' 참조]에 오랜 동안 머물러 있었다. 오늘날 북아메리카의 다양한 국가들의 이름처럼 지방 행정부 중심이 있었다. 파라오 대리들은 충성심을 가진 귀족들이었는데, 그들이 세금을 걷고 필요한 인부와 군사들을 공급하고 수로를 건설하고 관리하는 왕명을 집행했다. 일반 신의 사원은 지방 정부 수도에 있었다.

멤피스(Memphis)의 신 프타(Ptah)는, 아시아 기원인 태양 신 라(Ra)와 농경의례와 관련된 오시리스(Osiris) 왕과는 날카로운 대립을 보였다. 프타(Ptah)는 대지의 신으로 유럽의 요정(elf)과 비슷하다. 그 개념에 원산지는 없으니, 신이란 거대 형식으로 산악족의 산꼭대기 신 같은 것이기 때문이다. '프타(Ptah)'는 고 왕조 시절에 멤피스에 군사적 귀족을 이룬 침략자들이 가지고 왔을 것이다. 그들은 남부 팔레스타인 혈거인(穴居人)이었거나 팔레스타인 고지대를 통과하여 소아시아에서 남쪽으로 온 정복자에 앞선 알피네(Alpine) 아르메노이드(Armenoid) 유형의 장신 근육형의 "광두(廣頭)"들이었을 것이다. 정착한 다음에 동부 델타를 신체적으로 "장두(長頭)" 형으로 바뀌었다. 새로운 왕조 유형과 커다란 리비아 사람들의 혼성된 종족의 영향으로 그러한 종족적 연결이 허락된 것이다. 팔레스타인 혈거인(穴居人)은 일부가 알피네(Alpine) 기원이다.

사람들은 더러 그들의 원시역사를 생각해 보나, 그들 종족적 신앙은 잊지 않는다. 프타(Ptah) 신의 경우도 종족의 신화적 양상에 특별한 관심을 보이고 있다. 이집트의 모든 신들 중에서 가장

---

63) 희랍인은 "메노페르(Men-nofer, Pepi 피라미드 명칭)"라 번역했다. 또 다른 이집트 이름은 '히쿠프타(Hiku-ptah)였는데, 부게(Budge)에 의하면 "헤트카프타(Het-Ka-Ptah)' '2중 프타(Ptah)의 집'이었는데, 거기에서 이집트의 희랍 식 명칭은 도출되었다."고 한다.

330

크게 강조된 것으로 보인다. 시간의 진전에 따라 다른 신들은 흐려지고 모호해진데 대해 프타(Ptah)는 다른 신들과 섞이면서도 그 '요정'의 성격은 잃지 않았다. **프타(Ptah)는 크누무(Khnu-mu)라 이르는 아홉 지신(地神)의 우두머리였다. 근육질의 난장이들(Statuettes)은 굽은 다리, 긴 팔, 크고 넓은 머리, 지적인 모습에 유순한 말씨였다.**[비슈누 '난쟁이' 화신] 어떤 경우는 긴 콧수염[64]을 길러 수염을 깎거나 무모(無毛)의 이집트인과는 크게 달랐다.

멤피스인(Memphite) 신앙에 의하면 태초에 프타(Ptah)가 여덟 일꾼의 도움을 받아 세상과 하늘을 창조했다. 프타(Ptah)는 역시 인류의 창조자로서 이집트 무덤에서 그들 "요정(elves)"의 도형(陶形)들이 발견되고 있으니, 그들을 사자(死者)의 몸을 운반하여 재창조하는 힘을 지닌 존재로 신앙한 것이다. 그들의 거처가 지하이듯이 그들은 "야채 육성 자들"이다. '리그 베다(Rig-Veda)' 송(頌)의 "장인(匠人) 왕" 트바슈타르(Tvashtar)와 연합했고, 튜턴의 신화 "검은 난쟁이들"과 연합한 것 같다. 챙 달린 모자를 쓴 난쟁이 프타(Ptah) 상은 알피네(Alpine) "광두(廣頭)"의 "떠돌이 땜장이"[65]를 연상하게 하니, 그들은 힌두 쿠슈(Hindu Kush)에서 영국 아일랜드 고대 소아시아의 히타이트 족(Hittites)과 혼성된 족속이었다. '페니키아 항해사들'이 그들의 배에 난쟁이 상을 실어 날랐고, 그들을 숭배했다. 페니키아 항해사들은 "파타이코이(pataikoi)"라고 불렀다. 극동에서는 프타(Ptah)와 비슷한 창조자가 반고(盤古, Pan Ku)로 최초 중국(中國)신인데 그는 알에서 탄생했다.

라(Ra)처럼 프타(Ptah)도 처음 알에서 태어났다. 이집트 민담(民譚)에 의하면 그 알은 지신 셉(Seb)으로 알려진 혼돈의 거위가 낳은 것인데, 뒤에 아몬라(Amon-Ra) 신들과 조합되었다. 최초 창조신으로서의 프타(Ptah)는 "태양 알" "달의 알"로 신앙되었고, 필래(Philae)의 접시 그림은 프타(Ptah)가 도공(陶工)의 바퀴를 사용한 것을 보여주고 있다. ['윤회'를 가르친 불타(佛陀) 족(?)]

프타(Ptah)의 고지대 후기 개념[66]은 **그가 만물을 창조하고 사물에 명칭을 부여한 숭고한 신으로 표현했다. 프타(Ptah)는 만물이 스며있는 정신이고 그의 생각은 표현할 적에 물질적인 모습이 되었다.** 멤피스 사제는 그 철학 시에서, 그 위대한 신프타(Ptah)은 "정신[67]"이고 신들의 혀"라고 칭송을 했고, 신들과 "인간과 가축과 파충류" 태양, 살 수 있는 세상을 그가 창조했다고 노래했다.

메나(Mena, Narmer) 왕의 명령으로 프타(Ptah) 신에게 헌정된 멤피스의 이집트 최초 사원은, 전설에 의하면 마네토(Manetho)가 세웠다고 한다. 그것은 호리테(Horite) 태양신 숭배자들이 그녀들의 정복으로 지배족의 신과 도시가 북쪽으로 이동했음을 보여준 것이다. 앞서 밝혔듯이 메나

---

64) 이 대표적인 뱀의 의미는 우리가 아는 프타(Ptah) 숭배 근거는 못 된다. 델타 지역에 날개 달린 뱀 여신은 우아지트(Uazit)이다. 희랍인은 부토(Buto)라 했고, 그들의 레토(Leto)와 동일시했다.

65) 프타(Ptah)는 희랍의 헤파이스토스(Hephaestos, Vucan)와 비교된다. 프타(Ptah)는 불의 신이 아니다. 그의 아내 세케트(Sekhet)는 불과 태양 열기를 상징하나 그녀와의 연결은 자의적인 것이다.

66) 제 18 왕조

67) 시인은 "심장"이라 말하고 있으니, 이집트인은 심장에 지성(知性)이 있어, 사후 심판에 심장이 저울에 달린다고 믿었다.

(Mena Narmer) 왕은 역시 리비아의 녹색 여신 네이트(Neith)를 외교상 인정을 했으니, 그 여신은 이베리아 켈트 정복자들의 '여신(banshee)'과 비슷했다.

프타(Ptah) 숭배자들이 멤피스 도시 창설자는 아닐 것이다. 그 도시와 연합한 초기 신은 공포의 소카르(Sokar, Seker)이다. 소카르(Sokar)는 '사자(死者)의 신'이었고, 후의 신화 속에 그의 거주지는 제5의 밤 구간이었다.[68] 나일 강 계곡에 태양 숭배가 일반화되었을 적에 소카르(Sokar)는 '작은 겨울 태양과 동일시되었고, 호루스(Horus)는 '거대 여름 태양과 함께 했다. 그러나 그 날개가 달린 사신(蛇身)의 3두의 괴물[소카르(Sokar)] 신은, 멤피스에서 프타(Ptah) 신의 기능에 흡수되어 버렸다. 프타소카(Ptah-Sokar)는 난쟁이 크누무(Khnumu, Khnum['羊 머리 신'])였다. 또 다른 소카르(Sokar)는 '매(hawk)'였고, '호루스 매'와는 달랐는데 태양 원반을 머리에 이고 밤에 라(Ra)의 배 위에 걸터앉아 나타났다.[69]

프타 소카르(Ptah-Sokar)는 더러 농경의 오시리스와 연합하여 그의 정신이 파라오에게서 파라오에게로 전해졌다. 프타 소카르(Ptah-Sokar)는 인간 크기의 미라로 오시리스 기둥(Osirian dadu, pillar)을 손으로 잡고 있다. **3인조신 프타 소카르 오시리스(Ptah-Sokar-Osiris)는 '창조자' '사자 심판' '전통적인 이집트 왕'을 통합해 우리에게 제공하고 있다.** 태양 의례의 영향은 소카르(Sokar)와 오시리스(Osiris)가 라(Ra) 숭배와 통합될 때에도 우위를 점했다.

프타(Ptah)의 도시 '멤피스'는 궁극적으로 통일 이집트의 수도였다. 그 때가 최고 영광의 시대이고, 위대한 문명이 일어나게 되었다. 그러나 불행하게도 그 진전을 추적할 수 없으니, 기록이 빈약하기 때문이다. 탁월한 석공 기술과 정교한 도자기 등은 당시의 문명의 선진을 보여주고 있으나, 그것만으로는 역사적 진술이 될 수 없다. 우리는 **마네토(Manetho)**가 보유하고 있는 전승을 지니고 있다. 그러나 전해지고 있는 대부분이 민담(民譚)의 영역에 속해 있다. 예를 들어 나일 강이 14일 간 불어나 어떤 파라오는 다리가 9피트가 되어 "가장 위태로운 사람"이 되었다는 등의 신화(Myth)가 역사(History)와 구분될 수 없게 섞이어 있다는 점이다.

그러나 마네토(Manetho)의 '역사'는 소중한 자료를 보유하고 있다. 비록 우연한 부정확성이 있을지라도 초기 왕들의 목록은 상상의 산물이 아니다. 익명의 골동품 수집가 그 이름의 시실리 도시로 운반했던 **'팔레르모 돌(Palermo Stone)'**에는 초기 왕들의 명칭과 그들의 치적에 관련된 주요 사건이 상형문자로 새겨져 있다. 그것은 사원에 간직된 작은 명부(名簿) 중에 하나이다. 틀림 없이 많은 것들이 있었을 것이나 일부만 드러난 것이다.

멤피스(Memphis)가 왕성(王城)이 되기 이전, 정복 이후 4세기가 지워졌다. 초기 300년은 알

---

68) 제1장 참조
69) 오시리스 소카는 "찬란했고" "하계를 비추고 있다." -'이시스의 짐(*The Burden of Isis*)', Dennis, p. 52-54(오시리스 송가)

수 있는 것이 거의 없다. 티니테(Thinite) 왕들의 두 왕조가 멤피스를 통치했다. 멤피스에 왕의 거처가 있었고, 멤피스(Memphis)는 상업 중심 수도였다. 북쪽과 남쪽 사람들의 시장(市場)이었다. 무역이 번성하여 멤피스는 외국 상인 중심지와 연계되게 되었다. 그래서 만국(萬國) 시민들이 기술과 산업의 높은 수준을 확보하게 되었다.

멤피스에서 통치를 행한 조세르(Zoser, Djoser, 19-28년 통치 2670 b. c. 경) 왕과 더불어 제3왕조[2686~2613 b. c.]는 시작되었다. 조세르(Zoser) 왕은 제1피라미드를 세웠던 왕이다. 제1피라미드(the first pyramid)는 멤피스 인근의 사카라(Sakkara)에 세워졌다. 조세르(Zoser, Djoser) 왕 이전의 파로오들은 아비도스(Abydos)에 묻혔고, 새로운 출발이 멤피스 우선으로 완성이 되었다. 당시 국가의 행정적 산업적 종교적 생활이 멤피스가 중심이 된 것이다.

조세르(Zoser, Djoser) 왕의 멤피스 편향은 아마 정치적 이유였을 것이다. 조세르(Zoser) 왕의 어머니, 티니테(Thinite) 최후의 왕 카세케무이(Khasekhemui)[70]의 비(妃)는 "백악 성(白堊 城, White Walls)"주(主)의 딸이었을 것이다. 군주는 지방 성주의 딸과 결혼하는 것이 관례였다. 그들의 아들과 딸의 결혼도 그러했다. 그래서 귀족들은 왕가와 긴밀한 관계를 유지했다. 정말 귀족들과 파라오와의 관계는 긴밀하고 화기애애했다.

그러나 정략적 결혼은 많은 경쟁적 파벌의 원인이었다. 파라오는 1명 이상의 아내를 갖고 왕자들이 많았고, 왕위 계승의 문제는 심각한 문제들이었다. 왕이 후계자를 지명했는데, 왕의 처첩들 간에는 어떤 왕자의 우선권을 확보하기 위해 음모(陰謀)와 반 음모가 이따금씩 벌어졌다. 어떤 파피루스 두루마리에는 파라오의 사랑스런 아들에 적대자가 계승을 확보하기 위한 무산된 음모(陰謀)가 기록되어 있다. 후에 야심적인 왕자는 처벌을 받았다. 선택된 후계자에게 군주는 말했다.

"그는 그가 알고 있었던 하나와 싸웠다. 그대의 위엄에 그가 제외 되었던 것은 현명하지 못했기 때문이다."

이들 반란은 초기 왕들이 왕조로 분화되었음을 말하고 있다. 조세르(Zoser, Djoser)의 성격은 너무 강하여 그가 왕좌에 오름에 방해가 없었던 왕자였다. 조세르(Zoser)가 그의 권좌를 프타(Ptah)의 도시[멤피스]로 옮겼던 것은 그가 거기에서 주요 지지를 구축했다는 뜻이다.

멤피스의 정치적 상승은 위대한 피라미드 시대를 열었다. 그러나 멤피스에서의 산업적 상업적 생활과 위대한 조각가 건축가들을 확인하기에 앞서, 우리는 사람들의 종교적 관념을 살피면 왜 그 시대의 활동이 죽은 군주들의 시체 보호에 그처럼 공들여 대비를 하는데 모아졌는지 이해할 수 있을 것이다.[71]

---

70) 아비도스(Abydos)에 있는 이 왕의 벽돌무덤은 석회석 방을 보유하고 있는데, 그것은 멤피스 기술자를 고용했던 것을 알려주고 있다.

71) D. A. Mackenzie, *Egyptian Myth and Legend*, Bell Publishing Company, 1978, pp. 77~86 'Ⅵ. The City of the Elp God'

'프타(Ptah) 신', '프타(Ptah) 신', '여신 헤케트를 동반한 크누므(Khnum, accompanied by the goddess Heqet)[왼쪽 羊머리 신]'

'세라피스의 사제 마네토(Head of an anonymous priest of Serapis. Plutarch linked Manetho with the Ptolemaic cult of Serapis)', '팔레르모 돌(Palermo Stone)'

___✈

(a) '역사 학'은 '과학'이므로, '근거'가 확실한 '자료(史料)'에 의해야 하는데, 매켄지(D. A. Macken-zie)는 '멤피스(Memphis)'가 '프타(Ptah)신 숭배 도시' '상업 산업 중심지' '피라미드 건축지' '통일 이집트의 수도'라고 명시하여 '멤피스(Memphis)'의 역사적 중요 의미를 강조하고 있다.

(b) 특히 '메나(Mena, Narmer) 왕의 명령으로 프타(Ptah) 신에게 헌정된 멤피스의 이집트 최초 신전은, 전설에 의하면 마네토(Manetho)가 세웠다고 한다.'라고 공개했고, 이어 '마네토(Manetho)의 역사는 소중한 자료를 보유하고 있다. 비록 우연한 부정확성이 있을지라도 초기 왕들의 목록은 상상물이 아니다. 익명의 골동품 수집가 그 이름의 시실리 도시로 운반했던 '**팔레르모 돌(Palermo Stone)**'에는 초기 왕들의 명칭과 그들에 치적에 관련된 주요 사건이 상형문자로 새겨져 있다. 그것은 사원에 간직된 작은 명부(名簿) 중에 하나이다. 틀림없이 많은 것들이 있었을 것이나 일부만 드러난 것이다.'라고 말했다.

(c) '제1왕조(First Dynasty, 3150~2890 b. c. 경)'에 등장하는 '마네토(Manetho)'와 '프톨레마이오스 왕조(Ptolemaic Dynasty, 305~30 b. c.)'에 등장하는 '마네토(Manetho)'에 현대인은 당황할 수밖에 없으나, '위대한 자의 이름'을 그대로 자기 이름으로 '칭(稱)'한 것은 이미 '이집트 시대'에

성행했음은 역대 '파라오'가 자기 이름을 놔두고 선대 위대한 '파라오' 이름을 자기 이름으로 그냥 썼던 사례로 그냥 납득이 될 수 있다.

즉 '이집트 사학(史學)'에 관심과 역량을 발휘하려는 자들은 그 태고(太古)에 '마네토(Manetho)'란 명칭에 자기 이름보다 더욱 즐거웠을 것이다.

(d) 매켄지(D. A. Mackenzie)의 '고대 이집트 사[*Egyptian Myth and Legend*]' 서술의 최 장점은 '기존한 탐구 결과의 주입(注入)'보다는 더욱 '개방된 논의'에 자신이 확보했던 '모든 자료[정보]들'을 공개하고 있다는 점이다.

즉 매켄지(D. A. Mackenzie)는 그의 '고대 이집트 역사[*Egyptian Myth and Legend*]'가 앞으로 '이집트 사 연구의 길잡이'가 되게 하였다는 점이다.

(e) 그리고 매켄지(D. A. Mackenzie)의 '멤피스(Memphis)의 프타(Ptah)신' 논의가 '지중해 권 문화'에 축소되어 있음을 볼 수 있는데 그 '프타(Ptah)신'은 '비슈누(Vishnu)의 10대 화신(化神)' 중에 '4 바마나(Vamana, 난쟁이) 화신[72]으로 보아야 할 것이다.

(f) 그리고 '프타(Ptah)'를 포콕(E. Pococke)의 추리 연장선상에서 고려하면 '불타(佛陀, Bud'ha) 족의 시조 신[73]으로 읽을 수 있다. 그리고 다음 그림도 이집트 '프타(Ptah, 佛陀)' 신의 이해에 도움이 될 수 있다. 기존한 모든 논의를 참조한 P. N. 오악(P. N. Oak, 1917~2007)은 **"'프타(Ptah)'는 범어(梵語)로 우주의 아버지를 뜻하는 신 '피타(Pita)'이다.**"[74]라고 했다. 그렇다면 중대 걸림돌이 다 살아지게 되는데, 포콕(E. Pococke)이 말한 **'프타(Ptah, 佛陀)'는 사실상 '천신(天神) 족'이고 '석가모니 불타'는 그 '천신(天神)'이 바로 인간 각자의 '정신'임을 최초로 명시한 '종교 혁명가'였다고 할 수 있기 때문이다.** 그렇다면 이집트의 '오시리스 교' '태양(Ra) 교'는 사실상 고급신앙 '프타(Ptah)' 영향권 내부문제이다.

---

72) P. Thomas, *Hindu Religion Customs and Manner*, Bombay, 1971, Plate 46~54

73) E. Pococke, *India in Greece*, London, 1851, p. 397 APPENDIX 'No. XXI Variation of the Name Bud'ha'
   : **Buddha=Pta=Phtha**

74) P. N. Oak. *World Vedic Heritage*, New Delhi, 1984, p. 612 'Vedic Theogony'

VII. 죽음과 심판

※ 인간 3개조(組) -유령들 -살아 있는 정신들 -왜 사자(死者)에게 음식이 제공되는 건가 -새[鳥]인 영혼 -그림자와 이름 -달라진 근원 -매장(埋葬) 풍속 -웅크린 매장 -제2차 매장 -지연된 매장 -미라 -사후 생활 -두 가지 개념 -태양 배[舟] 속에 영혼 -오시리스 천국 -저승으로의 여행 -험한 저승길 -악귀들과의 분쟁 -죽음의 강 -심판의 법정(法庭) -심장을 저울에 달다 -행복한 낙원

이집트인의 신앙에는 '인간의 개성을 이루는 요소'에 관한 다양한 견해들이 있었다. **3개 조(組)가 있으니, '정신(spirit, Ka)' '영혼(soul, Khu)' '육체(body, Khat)'가 그것이다. 다른 3개 조(組)는 '그림자(shadow, Khaybet)' '영혼(soul, Ba)' '미라(mummy, Sahu)'이다.** 그리고 **하티(Hati), 아브(Ab), 세켐(Sekhem)**을 들고 있는데, 하티(Hati)는 '심장'이고, 아브(Ab)란 '의지' '욕망'이고, 세켐(Sekhem)은 '자제력'인데 개인적인 이름 란(Ran)을 들기도 한다.

'정신(spirit, Ka)'은 만물의 가장 구체적인 개념이다. 가장 오래된 개념일 것이다. 원시인은 인간은 육체와 정신의 결합이라고 믿었던 것 같다. 저들 무덤 속의 그림에는, 왕자들의 탄생을 두 가지 모습 -보이는 육체와 볼 수 없는 것 "이중(二重)"으로 신앙이 되었다. **'정신(spirit, Ka)'은 탄생으로 작동이 되는 것이고, 사후에도 계속 있다.**['영혼불멸']

그러나 '정신(spirit, Ka)'을 지니고 있는 존재는 인간만은 아니었다. 만물이 "이중(二重, 정신+육체)"라고 믿었다. 물고기와 다른 동물들도 '정신(spirit, Ka)'을 지니고 있다고 믿었다. 나무, 물, 금속, 돌, 인간이 제작한 무기나 물품에도 '정신(spirit, Ka)'이 있다고 믿었다.[만물의 인격화] 그 '정신(spirit, Ka)'은 예언자 이외에는 볼 수가 없고, 스코틀랜드 고지대인은 예언자가 갖는 "볼 수 있는 권능"을 "제2의 안목(second sight)"라고 한다.

인간이 잠들 때나 무아지경(無我之境)에서는 '정신(spirit, Ka)'이 그 육체를 떠날 수 있다고 믿었다. 그런 다음 **'정신(spirit, Ka)'**은 사람과 장소를 방문하고 그 체험을 기억에 남긴다. 꿈에 죽은 친구를 만날 경우, '정신(spirit, Ka)'이 그 사자(死者)의 '정신(spirit, Ka)'을 만난 것이고, '정신(spirit, Ka)'이 저승의 의무를 수행한다고 생각했다. 그러기에 유령(Ghosts)은 "살아 있는 정신"을 포괄하고 그것들이 신비 속에 살아질 때까지는 알아차릴 수 없다. 유령은 소리를 들을 수 있으나 볼 수는 없다.

앞서 '아느푸(Anupu)와 바타(Bata)' 이야기에서 볼 수 있듯이 **'정신(spirit, Ka)'**은 몸에서 떠나 있을 수 있다는 신념을 포함했다. '정신(spirit, Ka)'의 거주지가 꽃이었는데, 꽃잎이 흩어졌을 때에 아우는 죽었다. [아카시아씨가 물 그릇 속에 있을 적에 아우는 다시 살아났고 했는데, 이것은 **'영혼의 윤회(the transmigration of souls)'**에 관한 신앙이다. 바타(Bata)는 형을 떠난 다음 새로운 존재 형식으로 진입했다.

정상적인 '정신(spirit, Ka)'은 인간의 몸속에 거주한다. 사후(死後)에도 '정신(spirit, Ka)'은 무덤에서 먹을 것과 마실 것과 공물(供物)을 요구한다. 이집트에서 지속된 사자(死者)에 대한 음식 제공은 오늘 우리[영국인]에게까지 계속되고 있다.

고대의 사제는 '정신(spirit, Ka)'이 마법으로 식사를 할 수 있다고 믿었다. 무덤을 방문한 조상 숭배자들은 단지 음식의 품목만 언급해도 즉시 '정신(spirit, Ka)'에 제공 된다고 생각했고, "착한 소망"이 중요하고 실현이 된다고 생각했다.[Hindu가 개발한 '祭祀 만능주의'임]

사자(死者)는 생존자의 봉사를 받아야 하는데, 그 의례를 집행하고 공물(供物)을 제공하는 사람을 "종들(servants)"이라 한다. 이처럼 "사제"에 대한 이집트 어는 "종(奴僕)"을 의미하고 있다. 사자를 향한 애도자의 동기는 꼭 슬픔만이 아니라 오히려 공포감이다. 만약 '정신(spirit, Ka)'이나 영혼이 봉사가 거부되고 주리게 되면, 그것은 무덤을 떠나 거스르는 자에게 나타날 수 있다. 원시인은 혼령을 두려워해서 어떤 큰 개인적 희생을 치르더라도 그것들을 달래는 것이 주요 관심사였다.

때로는 작은 "영우(靈宇, 혼령이 머무는 곳)"가 방랑하는 '정신(spirit, Ka)'을 위해 길 가에 제공되기도 했다. 그러나 목상(木像)이나 석상(石像)이 무덤 속에 놓이기도 했다. 무덤에서 발견된 왕들의 조상(彫像)은, 육체를 떠난 영혼들에게 제공된 물질적 육체이고, 단순히 왕들의 명예를 영원하게 할 뿐 아니라 동일한 '정신(spirit, Ka)'의 의탁 처로 왕국의 여러 곳에 세웠다.

'영혼(soul, Khu)'은 공소(空疎)한 개념이었다. 그것은 사실상 '정신(spirit, Ka)'의 다른 형식이었으니, '영혼(soul, Khu)'은 새[鳥][75]로 그려졌고, "밝은 것" "영광스러운 것"으로 불렸다.

'영혼(soul, Ba)'은 '정신(spirit, Ka)'과 '영혼(soul, Khu)'을 통일한 개념이다. '영혼(soul, Ba)'은 새의 형상에 인간의 머리를 달고 미라 위를 맴돌며 붕대를 감은 형상 속으로 다시 들어가기를 추구한다. 그것['영혼(soul, Ba)']은 '정신(spirit, Ka)'처럼 봉축되기를 원하고 장지(葬地)의 여신에 의해 그렇게 된다.

'그림자(Khybet, shadow, 유령)'는 명백히 원시 신앙의 잔재이다. 그것도 '정신(spirit, Ka)'의 또 다른 출현이다. 다른 원시인들처럼 고대 이집트인들은 '그림자(Khybet, shadow)' 유령을 믿었다. 높은 생각들이 소개되어 문화생활을 하는 후손들도 마법을 행하는 민속으로 지속이 되는 옛 생각에 매달린다. 인간이 '그림자(Khybet, shadow)'를 거스를 경우는 '그림자(Khybet, shadow)'가 인간에게 무문(呪文, spells)을 행사한다는 것이다.['주문'=힌두의 '만트라(mantra)']

'명칭(Ran, name)'은 역시 '정신(spirit, Ka)'의 명시(明示)이다. 권능은 명칭의 진술로 행사되고 영적 "이중성(二重性)"을 갖는다고 믿는 말들 속에 마법적 영향력이 있다. **개인의 '이름'은 그 '영혼'과 동일시된다.** 이름이 언급 되면 봉사(奉事)가 확보 된다. **'정신'은 '이름'이고, '이름'은 '정신'이다.**

---

75) 켈트 민속 신앙에 의하면 사자(死者)는 새들로 나타난다는 것이다. 그 개념은 윤회 개념의 잔재이다. 영혼은 인간의 육체에 들어가기 전에 많은 동물을 통과한다.

마법사가 개인에게 악을 해하려 하면 마법의 공식 위에 그 이름을 적용한다. 사자(死者)들도 그들의 이름을 불러 마술을 걸고 그들의 이름을 아는 자들이 악령을 물리친다.[76][힌두 식의 '언어절대주의'] "위력의 언어"를 말하는 마법사로부터 자신을 지키기 위해 이집트인은 '큰 이름'과 '작은 이름', '진실한 이름'과 '선한 이름' 두 개를 가져야 한다고 생각했다. "선한 작은 이름(good little name, 별명)"에는 생명과 무관한 이름이기 때문이다.[힌두와 中國의 다수 명칭 -'名' '字' '號' 참조 요]

작명(作名) 식은 비밀이었다. 아기의 운명은 '이름'에 달려 있고, 성격도 그것에 영향을 받는다고 생각했다. 이름을 지은 다음 '별명'이 쓰이고, '진실한 이름'은 '무덤 이름'이니 저승에 "길을 여는" 마법적 주문으로 정신의 복락(福樂)이 보장되었을 적에 불려진다. **신들도 이름을 갖는다. 이시스 (Isis)가 비밀한 라(Ra) 이름을 획득했을 때 그 여신은 라(Ra)와 동등하게 되었다.**['이름'과 '실재' 를 혼동하는 힌두이즘의 연장이다.]

이집트 종교에서 영혼에 대한 여러 갈래 개념들은 민간 신앙의 혼효(混淆, 뒤섞임)에 생긴 것으로 이집트인의 시간의 경과 속에 여러 신앙에 매달린 결과이다. "이중성(doubles)"의 존재를 믿는 사람들은 '영혼의 윤회'를 믿는 사람이다. 일관성이 없는 것이 이집트인들의 신앙이다. 우리는 오랜 동안 이집트인의 생각을 만들어 온 최고의 영향력을 발휘해 온 다양한 종교적 의례를 생각해야 할 것이다. 하나의 제례(祭禮)가 한 시대에 우세했다가 다른 제례(祭禮)가 다른 교리로 나타났다. 이 과정은 시대에 따라 달랐던 장례 풍속과 복합된 종교 의례로 명시가 되고 있다.

초기 사람들은 얕은 무덤에 식량과 장비를 넣어 매장을 했다.[77] '정신(spirit, Ka)'은 시체가 부패할 때까지 육체 곁에 남아 있다고 생각한 것 같다. '정신(spirit, Ka)'은 포기를 하거나 묘역을 떠나지 않는다. 오늘날에도 원시인 중에는 새로 죽은 자의 유령에 대해 관심을 보이고 있다. 예를 들어 한 흑인은 조상에 대한 질문을 받고 조상의 영들이 산 자에게 계속 영향을 주는지에 대해 말을 못 하고 죽은 부친에 대해 질문을 받았을 때 무서워 떨었다.

이집트의 '수목(樹木) 숭배자들'은 나무를 떡과 마실 것을 주는 '여신'이라고 생각을 한다. 이 고대 숭배는 오시리스와 바타(Bata) 민담에서 그 연원을 볼 수 있다. 후기 왕조에서 수목(樹木) 숭배는 평민의 신분 상승으로 되살아난 전 델타 영역에서 사라지지 않은 것이다. 신성한 나무와 성천(聖泉)은 아직까지 존중의 대상으로 여겨진다.

북쪽으로 점진적 정복을 단행한 이집트 호리테(Horites) 왕족은 새로운 매장 문화를 소개하였다. 벽돌로 쌓은 얕은 무덤 대신에 장소를 확장하고 옷을 차려 입히고 보석으로 장식을 행했다. '정신 (spirit, Ka)'과 '영혼(soul, Khu)'에 명문(銘文)도 행했다. 그러나 제1왕조나 제2왕조에서는 무덤 속에 호화로운 공물이 제공되었으나, 시체를 보존하는 데는 아무런 조처도 할 수가 없었다.

---

76) 이소크라테스(Isocrates)가 언급한 "불제(祓除, ceremony of riddance)"
77) 이 매장 풍속은 최소한 제5왕조까지 행해졌는데, 미라화가 제대로 행해졌다.

또 다른 매장(埋葬) 풍속은, 유럽 지역의 초기 무덤에서처럼 뼈가 추려진 제2차 매장을 포함한 것이다. 이집트에서는 백골을 제대로 배열하기도 했지만, 자주 무질서하게 쌓아 올렸다. 임시 매장은 '벗어나기 의례(a ceremony riddance)[육신 탈출 의례]'이고 아마 '정신(spirit, Ka)'의 떠남을 재촉하는 것이 그 목적이었을 것이다. 시체 훼손도 역시 실행되었으니, 많은 무덤은 사후에 시체 나누기가 행해진 결과를 보여준 것이다.[新羅 五陵]

고대 이집트 성서에는 '사체(死體)의 훼손'을 무서운 것으로 언급하고 있다. "나는 파괴될 수 없다. 머리가 잘리고 혀가 뽑히고 머리털 눈썹이 깎일 수 없고 내 몸은 영원할 것이다."라고 했다.

시체 훼손을 거부하는 혁명은 기원 전 3천년 제3왕조[2686~2613 b. c.] 시작에서 생겨났다. 거석 석재 무덤이 건설되고 사자(死者)가 미라로 제작되었다. '정신(spirit, Ka)'은 결국 되돌아오고, 사자(死者)가 다시 살아나거나 지하(Nether World)에 간 영혼이라도 지상의 신체에 의지한다는 생각이다. 시체의 방부처리가 결국 이집트에서 일반화되었으나, 훼손에 대한 신앙도 남아 미라의 한쪽 다리가 삐게[骨折] 되게 하는 것으로 실행이 되었다. 중(中)왕조 기간에는 사자(死者)를 왼쪽으로 누이고 오시리스나 호리스(Horis) 눈부심 이야기처럼 만들었다.

기원전 5세기에 이집트를 방문한 헤로도토스는 "[이집트인들이] 조상들의 풍속을 확신하고 외국 풍속을 싫어했다."고 말했다. 이집트인들은 영향력 있는 남성이 사망할 경우 관련 여성들은 더러운 손과 먼지를 쓴 얼굴 흩어진 복장으로 거리고 나아가서 큰 소리로 운다고 했다. 남자들도 집에서 시체가 나갈 때는 비슷한 행동을 했다고 했다.

방부사(防腐師)가 일을 하도록 허락이 되는데, 그들은 많은 재능과 기술을 지니고 있었다. 시체가 그들에게 오면 미라의 모델을 제시하고 비용을 조절한다. 돈에 따른 방부사의 작업의 품질이 사자(死者)의 친구들을 많게 해준다.

가장 비싼 방부 처리는 다음과 같다. 뇌는 코로 화학 물질을 주입 후에 기구(器具)를 사용해 제거한다. 그리고 신체의 한 쪽을 돌칼로 절개한다. 간 심장 허파 장기는 즉시 꺼내어 깨끗이 씻어 야자 술에 담고 충분한 향을 가한다. 시체를 건조시켜 향료와 계피 가루로 배를 채워 부풀린 다음 꿰맨다. 그 후 70일 간 니트로(nitre) 약품 속에 넣어둔다. 그 다음 잘 닦아내어 강력한 껌에 적신 붕대로 조심스럽게 싼다. 그것이 자기 집으로 옮겨지면 사람 크기의 나무 관에 넣어지는데, 그 관에는 마법적 주문과 성스러운 상징과 남신 여신들 상이 그려져 있다. 사자(死者)의 얼굴은 뚜껑으로 덮였고, 로마 시대에는 얼굴에 색칠을 했다.[고대 醫學의 시작]

저렴한 방부 방법은 몸속에 약품을 주입하여 니트로(nitre) 약품 속에 넣었다가 70일이 끝날 무렵 꺼내면 겉가죽과 뼈만 남는다. 근육은 니트로(nitre) 약품이 사라지게 한다. 가난한 사람들은 값싼 방부제를 주입하여 니트로(nitre) 속에서 70일 있게 된다.

장기(臟器)는 호루스의 아들인 동서남북 4개 수호신 모양인 그 뚜껑의 네 개 유골 항아리에 넣는다. 즉 위와 대장(大腸)을 지키는 인간 얼굴의 암세트(Amset), 소장(小腸)을 지키는 개[狗] 머리의 하피(Hapi), 폐와 심장을 지키는 재칼 머리의 두아무테프(Duamutef), 간 쓸개 방광을 지키는 매[鷹] 머리의 케베세누프(Kebeh-senuf)가 그들이다. 그들은 상자에 넣어 무덤에 두었다. 그 장기(臟器)들은 각종 죄악을 저질렀던 원인으로 생각했다.

장례 행렬은 근엄하고 감동적이었다. 온 가족이 참례했고, 나일 강 서쪽 강둑에까지 여인들은 길에서 크게 울었다. 미라는 썰매에 실어 끌고 가서 묘에 이르러 관을 남쪽으로 향해 세우고 정성스런 의례를 행한다. 그것은 상주(喪主)가 파피루스 두루마리를 낭독하며 지휘하고, 가족들은 거기에 따른다. 이시스(Isis)와 넵티(Nepthys)를 대신하는 두 여성이 오시리스 장례식을 재연하는데 동원된다. 사자(死者)에게는 이집트 식 천국에 도달하는 방식이 교도된다. 그 여행은 마법적 공식의 도움을 받지 않으면 성공할 수 없다. 그 방법은 시체의 귀에 대고 진술이 되는데, 그것은 '굴신(屈身) 매장(crouched burials)' 때부터 행했던 풍속으로 보인다. 사자(死者)가 망각할 수도 있으니, 그 공식은 관 위에 무덤 벽에 적었고, 시간이 흘러 파피루스 두루마리에 적고 결국은 '사자(死者)의 서(The Book of the Dead)'로 묶어졌다. 그 파피루스는 미라의 붕대 아래 싸거나 관 속에 넣어주었다. 황소를 '정신(spirit, Ka)'의 연명을 위해 살해하여 신들에게 제사를 올린다.[代數代命]

이어 관(棺)은 사자(死者)의 초상과 무기 옷 장식품 등이 비치된 무덤의 비밀 방에 놓이게 된다. 그런 다음은 입구는 석조 작업으로 폐쇄가 된다. 장례 잔치는 곁방에서 시간이 갈수록 더욱 정성스럽게 진행된다. 상주가 먹을 것을 수시로 제공했다.

사후(死後) 생활에는 두 가지 구분된 개념이 있었는데, 그것은 뒤 시대에 섞이었다. 태양 숭배자들은 사자(死者)의 영혼이 밤의 최초 구간을 통과할 적에 신들을 굴복시키는 마법적 '주문'을 외어 라(Ra)의 범선(帆船)에 들어갈 것이 허락된다는 신앙을 지녔다. 그네들 무덤에는 태양 범선의 모델을 안치해 두었다.

오시리스 신도(信徒)의 저승 관념은 이집트인의 정신에 더욱 구원하게 호소력을 발휘했다. 델타 지역의 천국 그림은 "이중적(double)"이다. 그러나 영혼이 천국에 도달하기 이전에 많은 곤경을 겪어야 하는 길고 피곤한 여행을 해야 한다. **알루 낙원(Paradise of Aalu)**'은 서쪽에 있다.[태양이 지는 쪽] 황량한 불모의 사막이 가로막고 있고, 사나운 파충류가 널려 있고, 열수(熱水)가 순례를 가로막아 되돌아 올 수밖에 없는 곳이다.

영혼이 출발을 할 때는 지팡이와 무기와 양식을 지녀야 한다. 영혼은 서산을 넘어 '사자(死者)의 왕국'으로 들어가게 된다. 그는 무성한 잎 속에 풍성한 과일이 달린 거대한 단풍나무 앞에 서게 된다. 영혼이 단풍나무에게 다가가면 여신은 그녀의 윗도리를 드러내며 창문 같은 가지로 내려다본다. 그녀의 손에는 떡과 과일 쟁반을 들고 신선하고 깨끗한 물주전자도 들었다. 영혼은 그 마법의 음식을 먹고 마셔 신들의 '종(servant)'이 되게 된다. 영혼이 그 나무 여신의 호의를 거부하게 되면 영혼은 다시 그가 왔던 어둡고 좁은 무덤으로 되돌아와 영원히 고독하고 비참한 삶을 살아야 한다.

욕심대로 먹고 마신 영혼들은 여행을 계속해서 많은 위험과 큰 시련을 참아야 한다. 악한 영들과 독한 마귀들이 영혼을 탐색하고 다시 죽일 것인가 방면할 것인가를 살핀다. 거대 거북이 그에게 달려든다. 영혼은 창을 가지고 그 거북과 싸워야 한다. 뱀들이 공격해 와도 이겨내야 한다. 독충들이 몰려와 물리쳐야 한다. 그러나 가장 무서운 적(敵)은 독한 세트(Set) 신이다. 그 오시리스 살인자는 선한 신과 인간들의 공포의 대상으로 거대한 붉은 괴물로 나타난다. 대가리는 낙타 같고 개 같은 신체에 독이 있는 갈라진 꼬리를 세우고 있다. 그 노한 마귀는 순례자들[영혼들]을 즐겨 삼킨다.

그 악신을 물리치면 영혼이 여행을 계속하면 그는 넓은 강둑에 도달한다. 마법의 배가 그를 기다리고 있다. 그 배 선원은 말이 없고 나그네[영혼]에게 아무 말도 하지 않는다. 그러나 배가 정박하기 전에 물음에 대답을 해야 한다. 영혼은 미라 곁에 파피루스 두루마리에 간직한 마법적 공식을 반복해야 강을 건너 '오시리스 왕국'에 도달할 수 있다. 냉찬 "뱃사공"을 "외면(外面, turn face -무 대접)"이라 하는데, 그의 얼굴은 항상 그에게 호소하는 사자의 영혼 반대편을 향하기 때문이다.

배 안에 들어간 다음에도 영혼의 여행은 끝날 때가 된 것이 아니다. 영혼은 **'알루(Aalu)낙원'**에 거주하는 행복한 존재들과 만나기를 원하지만, '만물의 심판자 죽음의 왕' 오시리스 앞에 먼저 심사를 거쳐야 한다. 낙원으로 들어가는 유일한 방법은 그 앞에 나타난 거대하고 어둡고 신비스런 '심판의 집(Hall of Justice)'을 통과해야 한다. 대문이 굳게 닫혀 왕의 허락이 없이는 아무도 들어갈 수 없다.

나그네 영혼은 두 손을 들고 경배하며 홀로 공포에 떨며 대문 앞에 서 있어야 한다. 그는 내부에 빛나는 신(神)을 보게 된다. 그 다음 그 영혼은 깊은 침묵 속에 분명한 목소리로 말을 하게 된다.

찬송합니다. 오, 위대한 신이여. 당신은 진리의 주인이십니다!
오, 주여. 제 당신 곁에 와서 내 눈으로 아름다운 당신을 보고 있습니다.
당신은 42신들과 '심판의 집(Hall of Justice)'에 계셨습니다.
신들은 만악(萬惡)을 다 아십니다.
신들은 악한 무리를 삼켰습니다.
오, 선과 정의 왕이시여. [신들은]당신 앞에 저주받은 존재들의 피를 마십니다.
찬송합니다. 정의 주님.
저는 당신 앞에 진실을 말하고 있습니다.
오, 만물의 주여. 저는 거짓을 말하지 않습니다.

그런 다음 그 영혼은 벌을 받아야 할 죄가 없다는 종교적 고백을 하게 된다.

저는 사람들에게 죄짓지 않았습니다.
친척들에게도 잘못 하지 않았습니다.
'심판의 집(Hall of Justice)'에서 거짓 증언하지 않습니다.
신들이 싫어할 짓은 행하지 않았습니다.
저는 악의 인부가 아닙니다.
하인을 독하게 부리지 않았습니다.
사람들이 굶어 울도록 버려두지 않았습니다.
선행을 마다하지 않았고, 인색하게 행하지도 않았습니다.
저는 살인자가 아닙니다.
다른 사람을 음해하지도 않았습니다.
남이 아프게 음모도 하지 않았습니다.
사원 공양을 훔치지 않았고,
신에 바친 음식을 더럽힌 적이 없고
시체를 훼손한 적도 없습니다.
간음도 행한 적이 없고
사제로서의 순수함을 깨뜨린 적이 없습니다.
곡식 그릇을 속이지 않았고
저울 균형에 손대지 않았고
아이들의 우유를 빼앗지 않았고
가축을 훔치지 않았으며
축성(祝聖)된 새들을 잡지 않았고
성수(聖水)에 물고기를 잡지 않았고
나는 나일 강의 물 흐름을 방해하지 않았고
물길을 돌리지도 않았습니다.
나는 수로(水路)에서 물 도둑질을 한 적이 없고
타올라야 할 불을 끈 적도 없고[拜火敎]
나일 강의 행함을 막지 않았고,
내 목장에 사원의 소들을 막지 않았고
축제 왕림한 신들[畫像]을 막지 않았습니다.

'심판의 집(Hall of Justice)'에서 영혼이 죄 없다고 결론이 나고 죄 짓지 않겠다는 희망이 표명된다. "길을 여는" 재칼 머리의 신[힌두의 **다르마(Dharma)** 神像의 채용임] 아누비스(Anubis)가 침묵 속에 영혼의 고백을 들은 오시리스 앞으로 그 영혼을 인도한다. 사자가 들어가도 아무 말이 없다. '사자(死者)의 왕[오시리스]'은 높은 왕좌에 앉아 있다. 왕관을 쓰고 한 손에는 홀장(笏杖)을 쥐고 다른 손엔 도리깨를 잡았다. 오시리스는 사자(死者)의 최고 판관(判官)이다. 그의 앞에는 사자(死者)의 심장을 다는 진짜 저울이 있다. 기록의 신 토트(Thoth)가 그 곁에 서 있고, 진리와 정의의 여신 호루스(Horus)와 마트(Maat)도 역시 거기에 있다. 저울 지킴이는 대신(大神) 앞에 죄인을

342

끌어내릴 차비를 하고 있는 악마이다. 그 공포의 홀 안에는 사악한 혼을 가루로 만드는 42 동물 신들이 웅크리고 있다.

떨리는 침묵 속에 순례재사자의 영혼는 다시 고백을 행한다. 오시리스는 말이 없다. 떨리는 속에 영혼은 저울에 달리는 심장 무게를 살피는 중에 진리와 정의 여신 마트(Maat)가 타조의 깃털을 반대편 저울에 올린다.

떨고 있는 영혼은 심장을 보지 못 한 채 "'그것은 내 심장이니, 그가 [생전에]행했던 것을 살펴보시오.' 대신(大神) 앞에 잘못 고백은 하지 않았습니다."라고 한다.

그 심장이 타조 깃털보다 무겁거나 가볍지 않으면 사자(死者)는 방면(放免)이 된다. 토트(Thoth)는 측정(測定) 결과를 오시리스에게 보고하면, 오시리스는 심장을 사자에게 되돌려 주도록 명한다. "사자(死者)가 이겼노라."라고 오시리스는 선언하고 "이제 '알루(Aalu) 낙원'에 영혼들, 신들과 함께 거하도록 하라."고 명한다.

풀려난 사자(死者)는 저승(Nether World)의 놀라운 '알루(Aalu) 낙원'을 보게 된다. 그 신의 왕국은 이집트보다 더욱 크고 영광스러운 곳인데, 영혼들은 이전[생전]처럼 일하고 사냥하고 적들을 물리친다. 각각 사람들에게는 임무가 주어진다. 땅을 갈고 풍성하게 자란 곡식을 수확한다. 풍년이 이어져 굶주림과 슬픔을 모른다.

영혼들이 친밀했던 지상으로 되돌아가고 싶을 때에는 새나 짐승 꽃 속으로 들어간다. 영혼은 바(Ba)처럼 무덤을 방문하고 미라를 되살려내어 지난 날 친숙하고 사랑스런 광경을 구경할 수도 있다.

생전에 죄를 지어 오시리스에게 저주를 받은 사자의 영혼들은 무서운 '심판의 집(Hall of Judgment)'에 말없이 기다리고 있는 동물 신들에게 먹히기 전에 끔찍한 고통을 겪게 된다.[78]

'사카라 계단식 피라미드(The step pyramid of Sakkara)' −건축가 이모테프(Imhotep)가 만든 조세르(Zoser) 왕의 무덤

---

78) D. A. Mackenzie, *Egyptian Myth and Legend*, Bell Publishing Company, 1978, pp. 87~101 'Ⅶ. Death and the Judgement'

'심판(審判)의 광경 : 사자(死者)의 심장이 달리고[秤] 있다.'[79]

(a) 매켄지(D. A. Mackenzie)는 '현세주의'와 '이집트 제일주의'에 있었던 그 '고대 이집트인들'이 어떻게 '죽음'에 대응을 했는지 자세히 설명을 했다.

(b) '힌두교' '불교'는 '화장(火葬)'을 행해서 '육신 경멸' '영혼 존중'의 차별을 끝까지 명시했었는데 '현세주의' 고대 이집트인은 '제3왕조[2686~2613 b. c.]'부터 '피라미드를 만들기' 시작했으니, '미라 제작'도 그와 비슷한 시기에 시작을 했을 것이다.

(c) '현세주의(Secularism)'인 이집트인들의 죽음에 대한 대비는 그 '장례 절차의 세심함'으로 표현 되었으니, 그것[죽음에 따른 심판으로 '당시 이집트 사회 질서'를 유지했음을 충분히 미루어 볼 수 있다.

(d) '양심적인 이승의 삶'을 오시리스 앞에 나아가 심판을 받는다는 것은 '현세주의' 사회에서도 하 나의 피할 수 없는 전제였다. 사실상 그것은 모든 인류의 '책임감'의 표현인 것이니, 매켄지(D. A. Mackenzie) 소개한 '피라미드' '미라' '마법적 주술'로 모면하려는 것은 그대로 이집트인들의 '소박성' '미개함'의 노출임을 매켄지(D. A. Mackenzie) 스스로도 다 알고 있는 사항이다.

(e) 매켄지(D. A. Mackenzie)의 '고대 이집트 역사(*Egyptian Myth and Legend*, 1913)'는 사실상 **볼테르(Voltaire)의 '역사철학(*The Philosophy of History*, 1765)', 포콕(E. Pococke)의 '희랍 속의 인도(*India in Greece*, 1851)', 프레이저(J. G. Frazer)의 '황금가지(*The Golden Bough*, 1890)'와 더불어 헤로도토스(Herodotus)의 '역사(*The Histories*, 446 b. c.)'를 계승한 탁월한 '사학자(史學者)'의 저술이었다.**

(f) 이들 정신 계승 속에 '인류 세계사'가 서 있다는 사실은 마땅한 상식(常識)이 되어야 한다.

---

79) 심판자는 오시리스[Osiris -백색 관과 복장을 한 자]이고, 그 뒤에 이시스(Isis) 넵티스(Nepthys)가 서 있다. 호루스(Horus)와 아누비스(Anubis)가 두 사람의 사자(死者)를 이끌고 있다. 토트(Thoth)가 저울눈을 보고 아누비스(Anubis)가 균형을 맞추고, 판결이 부정적으로 날 경우 괴물이 그 사자(死者)를 부수려고 기다리고 있다. 그림 상단에 심판법정을 둘러싸고 있는 42명의 신들 중의 일부가 경배를 올리고 있다. -파피루스 '사자(死 者)의 서(서) -*Book of the Dead*에서

VIII. 석조공(石造工)들의 종교

＊ 멤피스인의 종교 -프타(Ptah) 의례 -의례적 신앙 -신으로 숭배된 파라오(Pharaoh) -'그 어머니의 남편'
-마법적 주문 -'신들을 홀림' -초기의 석실들 -무덤 예배에서의 기부 -사자(死者)의 노예들 -일상생활의
광경 -조세르(Zoser)의 두 개 무덤 -최초의 피라미드 -신(God)이 된 건축가 -이집트인의 종교적 감응
-문명 진흥의 방법 -석조 건축 인들에 관한 신화 -프타(Ptah)와 크누무(Khnumu) -개구리 여신 -이시
스의 원시 모습 -흑인 신 -쿠푸(Khufu)와 연합한 크누무(Khnumu)

멤피스(Memphis)가 '통일 이집트의 선도(先導) 도시'가 되었던 결과, 혼성된 종족들의 종교가
섞이고 발달하였다. 상업이 흥성하고, 생각들도 상품처럼 자유롭게 서로 교환을 했다. 더욱 **커지는
도시에서 많은 색다른 신앙과 서로 다른 국적(國籍)의 사람들이 친교를 맺고 의견의 충돌로
자극이 되었다. 변화와 진전의 시대가 온 것이다. 지식이 급속도로 축적이 되고 더욱 넓게 확산
이 됐다. 사회가 고도로 체계화했고 구식 종족적 신앙은 통일된 전국적인 새로운 조건 속에서는
더 이상 소용이 없게 되었다.** 새로운 종교가 필요했다. 특히 멤피스처럼 크고 사해동포의 인구를
지닌 도시에서는 평화와 질서를 체계화한 통일된 신앙이 필요했다.

사자(死者)를 미라로 만들었던 신앙도 유식한 계급에 호소력을 지닌 신앙이 되어 있었다. 사후에
대한 신앙은 고정이 되었다. 이집트인들의 **"저승"은 이집트 땅처럼 고안이 되었다.** 바른 삶과
선한 통치가 넘치고 도덕적 사고가 성장(成長)되었음은 '사자의 심판(Judge of the Dead)' 개념에
반영이 되어 있으니, 사자(死者)들은 생시에 그들 행동을 고려하여 긍정이 되거나 저주가 행해졌다
는 것이 그것이다. 주요 신들의 개념도 정착이 되었다. 그들의 권능과 위지도 정해졌다. 원리적
신들의 정해졌고, 그들의 힘과 위치가 정해졌고, 신들은 3개조'정신(spirit, Ka)' '영혼(soul, Khu)'
'육체(body, Khat)'로 나뉘어 가족을 이루었다. 수많은 다양한 신앙에서 사회를 교화하고 적대적
신앙을 통합하는 복합적 신화가 개발되었다.['종교 형성 사'를 통해서만 '신의 정체'가 밝혀질 수
있음]

그렇지만 이집트 종교는 당시에나 이후에도 전반적으로 완전히 체계화하지는 못 했다. 각 지방
에서는 그 자체의 신앙적 체계를 지니고 있었다. 구 종족의 신들은 그들의 생각 속에는 최고로
남아 있었고, 다른 집단과 연합할 때도 그러했으니, 그것은 성격상 지적인 경우보다 정치적인
것이었다. 문화적 성장이 사회의 모든 계층에 영향을 미치지는 못 했고, 일반인 특히 시골 사람들은
민속 신앙과 조상들의 행사에 고착이 되어 있었다. 사제들의 지지를 얻고 있는 지방 귀족들은
추종자들의 충성심을 확보하고 있었기에 통합이 유리한 다른 종족과의 연합을 이룰 적에도 그들
옛 신들의 영광을 간직하고 있었다. 적대적인 신앙이 특정 지역이나 신의 속성에 영향을 줄 경우는
그들 자신의 신에 그것들을 고착했다. 예를 들어 '프타(Ptah)'가 '라(Ra)'나 다른 신들을 능가한

지적인 제작자로 인정되지 못할 경우는, '마법적 주문(呪文, magical words)'을 구사한 존재가 되었다.

우리가 살폈듯이 '프타(Ptah)'는 오시리스와 연결되었다. 조합을 이룬 신상(神像)은 산업과 농경 계층의 신이었고 '사자(死者)의 판관'이 되었다. 그는 일상생활을 통제하는 새로운 종교의 주신(主神)이 된 것이다. 그 신은 종교적 필요에 따라 시민들이 어떻게 명예롭게 법과 질서를 지키며 그들의 생활을 잘 살 수 있는 지를 제시하여 가르치는 자였다. 그 신은 모든 인간의 운명을 지정하였다. 그는 착한 자에게 상을 주고 악자들에게 벌을 내렸다. 주인들에게는 그의 종들에게 인정을 발휘하라 했고, 하인들은 근면과 복종으로 그 의무를 행하라고 했다. 어린이들은 부모 말을 잘 들어 신에 대해 불평을 하지 못 하게 했다.

프타(Ptah) 우선주의자들은, 헬리오폴리스(Heliopolis)에서 세력을 떨치고 있는 '라(Ra)' 신도를 심각하게 위협하지는 않았다. 1백 년 동안 '멤피스 의례의 지배력'은 완벽했고 억제될 수가 없었다. 북쪽의 영향력이 그처럼 지배적이었다. 태양 숭배의 호리테(Horite) 종교는 대체가 되었다. 그것은 프타 오시리스(Ptah Osiris) 교리에 빛을 잃었다. 명백히 저지대 이집트 사람들이 그들 정복자[고지대 이집트 사람들에게 지적[종교적] 승리를 획득했다. **오시리스 낙원'은 델타 중복(重復)주의였는데**, 그 새로운 교리는 이전 메나(Mena, Narmer) 시절에 우세했던 오시리스 신앙에 강력하게 영향을 받은 것이다.

전국적으로 다양한 의례 사이에 큰 적대가 있긴 했으나, 백성들이 파라오를 존경하는 데에는 통일이 되었다. **파라오(Pharaoh)는 '신으로 승격'이 되었다. 그는 통치를 행하는 신이었다. 제4왕조까지 군주는 살아 있는 오시리스였다. 그 다음 그는 태양신 '라(Ra)'의 지상에 출현 자가 되었다. 그래서 라(Ra)의 '정신(spirit, Ka)'은 동상에서처럼 왕의 몸속으로 들어갔다.** 사원 광경에서 사람들은 파라오 숭배에 참여했다. 사실상 파라오는 자신을 섬겼으니, 파라오는 '정신(spirit, Ka)'에 공물을 드리고 그것은 신의 '정신(spirit, Ka)'이었다.[개성이 무시된 의례 중심주의 관념주의]

왕들의 신에 대한 관념은 틀림없이 조상 숭배였다. 가족이 죽은 조상을 숭배하고 종족이 그러하였다. 그러나 파라오는 달랐으니, 그는 태어날 때부터 신이었다. 그의 아버지는 통치를 행하던 신이었고, 그의 어머니는 신의 아내였다.['시인-아부군의 작용' 결과임] 신전 벽화에는 백성들에게 통치자의 신비한 기원을 밝히는 그림들이 그려져 있다. 결혼식에서 인격화된 신(神)인 왕은 그의 신령스런 신하들을 대동하고 있다. **프타 타낸(Ptah Tanen)처럼 왕은 기세등등하게 두 개의 양(羊) 뿔을 달고, 오시리스 홀장(笏杖)과 도리깨를 잡고 '라(Ra)'처럼 태양 원반의 왕관을 썼다.** 여왕은 이처럼 사원에서 신과 혼례를 치렀다. 우리는 벽화 속에서 산파로 등장한 여신과 간호사 보모를 볼 수 있다. 신들의 밀접한 연대는 파라오(Pharaoh)의 전 생애(全 生涯)에 걸쳐 펼쳐졌으니 파라오는 신들과 여신들과 자주 만난 것으로 제시 되었다.

왕이 죽으면 신(神)의 '정신'은 그의 계승자에게로 간다. 그러므로 이집트인의 추리로는 그 아들이 신학적으로는 "어머니의 남편" 자신의 아버지가 된다.[아들이 아버지 정신의 계승자임] 오시리스가 살해를 당한 다음 태어난 호루스(Horus)는 "순화된 그 아버지"였다.[시인의 표현임] 종교적 찬송가에도 동일한 생각이 표현되어 있으니, "신(god)인 셉(Seb)이 그 어머니 앞에 있었다."라고 말하고 있다. 왕위에 오른 새로운 파라오는 '이중 신(doubly divine)'이 되었으니, 동시에 신격화한 왕들을 영구화하려는 의도에서이다.[어디까지나 이집트 '계관시인들-poet laureate'의 서술이다.]

한 파라오에 대한 숭배는 그가 사망해도 포기가 되지 않았다. 다른 영혼들처럼 생전처럼 봉사가 행해지기를 요구했다. 파라오의 사제들은 오시리스가 관장하는 '**알루의 오시리스 낙원**(**the Osirian Paradise of Aalu**)'이나, 라(Ra)의 '**태양 범선**'에 파라오가 도달하도록 도왔다. '라(Ra)'까지도 위태로운 밤 영역을 통과할 적에 [마법의]도움을 받아야 했다. **정말 모든 선한 자연력이 인간에게 도움을 내리도록 인간들이 조처를 해야 한다. 동일한 원리로 악마의 힘은 마법적 의례와 마법적 공식으로 제압되어야 한다. 이집트 종교는 마법(magic)에 대한 신앙에 기초하고 있다.**[그 이전에 힌두(Hindu)의 '마술'과 '주문-mantra'이 있었다.]

그러기에 파라오의 시체는 미라로 만들어졌고, 그래서 그의 영혼은 존속하여 붕대로 감긴 상태로 다시 살아날 수 있다는 것이다. '정신(spirit, Ka)'이 머무르는 동안에는 음식물이 제공되었다. 마법적 의례는 그들이 생전에 행했던 것처럼 신들이 행동하고 말하도록 수행이 된다. **사제들은 강요와 제거 의례로 신들을 사로잡는다고 생각되었다.**

파라오의 미라를 지키는 것은 필요한 일이라고 생각했다. 파라오의 적들이 '파라오 영혼의 마감'을 도모할 수 있기 때문이다. 그래서 크고 튼튼한 묘가 세워졌고, 아비도스(Abydos)에 세워진 벽돌과 목조 왕릉은 구식이 되었다.

무덤에 방은 돌을 잘라 만들었고, **마스터바(mastaba)라는 석회석으로 '직사각형' 연단[Hindu Yantra에 기초한 신들의 '거주지' 형상임]을 만들었다.** 그 축대에 미라를 누이고 모래와 자갈돌 쌓기로 폐쇄를 행했다. 이 낮고 평평한 지붕의 건물은 일백 구(軀)를 수용하기에 충분한 넓이였으나 비밀 통로를 빼 놓고는 온통 막혀 있었다. 도둑이 시체가 숨겨진 곳을 찾으려면 그것을 완전히 파괴해야만 한다. 동쪽에 그 '정신(spirit, Ka)'이 돌아올 때나 서쪽 음지(陰地)로 향할 적에 나드는 가짜 문이 설치되어 있다. 간단한 예배를 할 경우 그 가짜 문 끝에다 행한다. 이 구간은 사자 숭배와 관련된 구원한 의례를 위해 마련한 것이다. 애도(哀悼) 자는 공물을 바치며 볼 수 없는 '정신(spirit, Ka)'과 만난다.

동상들은 내부 방속에 숨겨져 있다. 더러 작은 구명을 내어 그 '정신(spirit, Ka)'에게 음식이 제공되었다. 왕과 부자들에게만 음식 제공 연장이 허락이 되었으니, 배고픈 영혼에게 마법적 방법으로 그 생명 유지를 돕는 식이었다.

영안실 예배는 제1왕조부터 행해졌다. 사제들은 죽은 왕과 왕자를 존중하여 그네들에게 필요 경비를 제공하는 숭배에 개입을 했다. 제4왕조[2613~2498 b. c.]의 한 군주 아들은 자신의 묘를 맡기는 그 사제에게 12개 도시를 허락했다. 이 풍속은 거대한 재정적 문제를 만들었다.[사제는 왕가나 부호 영주의 헌금으로 생활하는 자임]

약간의 세대에 전국토가 영안실 예배 비용으로 저당 잡힐 지경이어서 그 결과 왕조의 변화를 수반하는 반란이 경제적 궁핍을 낳았다.

> 왕이시여, 공포가 온 나라에 퍼지고 있습니다.
> 당신의 불쌍한 백성들은 먹이로 전락하여
> 당신의 압제에 죽을 지경입니다.
> 짐 지고, 상처 받고, 공포에 떨며
> 폐하께서 헌납한 사원에 세금을 바쳐야 합니다.
> 아첨하는 사제들이 폐하의 음영(陰影)에
> 끝없는 존중을 가로채고 있습니다.['절대권력'의 부패 상]

예배[영안] 실의 벽에는 당시의 일상생활 상을 그려놓았는데, 그것 속에서 고대인의 풍속에 관한 것을 알 수 있다. 그러나 그러한 예술 작품은 단순히 장식적이거나, 사자의 명예를 기록하기 위한 것만은 아니었다. 그 광경은 '낙원(Paradise)'을 그리려고도 했다. 하인들이 씨 뿌리고 수확하고 건축가가 집을 짓고 요리사가 식사 준비를 하는 그림은 죽은 영혼에게도 동일한 봉사가 행해질 것을 기대한 것이다. '마법의 책(Magical texts)'은 그 행복한 조건을 확실히 하기 위해 서술이 되었다. 그밖에 다른 사람들은 무덤 도둑의 왕초로 저주되었다.

왕들이나 귀족들은 저승에서 막노동을 견뎌야 함으로 즐거울 것이 없다. 그들은 이승에서처럼 칭송을 받는 지위를 원했다. 그러했기에 수많은 고용자들을 동원하여 그들의 저택을 세우게 했고, 들을 경작하고 예전처럼 사치품을 공급하게 한 것이다.[中國 秦始皇의 '兵馬俑 坑'도 동일한 것임]

처음 그 풍속은 낙원 길에 그 고관(高官)을 동반하도록 많은 종들을 살해했다. 그 불쌍한 희생들은 그들도 불사(不死)로 보상된다고 믿어 그것을 달게 받았을 것으로 보인다. 그러나 조각과 그림으로 획득된바 교리는, 대체물 제공이 소용없다는 것을 알게 했다.

또 하나 영안실 풍속은, 마법적 공식을 몸에 적어 사자(死者)를 낙원으로 안내하는 의무를 그 "응답자들(the answerers, Ushebtiu)"['피고인'이 '변호사'를 대동하는 격임]을 제공했다는 점이다. 그들은 미라 같이 제작되었는데 목상(木像)들은 후기 왕조에서 흰개미 침략을 피하기 위해 광택제를 발라 만들게 되었다.

많은 장난감 같은 노복들의 형상이 초기 무덤에서 발견이 되었다. 여기에서 우리는 귀족의 삶의 형태를 살필 수 있을 것이다. 뒤뜰에서 황소를 잡고 있다. 부엌에서는 식사 준비를 하고 요리를 하고 있다. 몸집이 작은 사람이 불 앞에서 거위를 잡고 있다. 우리는 고관들의 다른 생활도 볼 수 있다. 귀족은 잔치를 하며 널따란 자리에 하프 연주자와 가수 음악을 듣고 있다. 무희들이 그 앞을 선회하고 그녀의 동료들은 음악에 맞추어 박수를 치고 있다. 한편 장인들은 자기 일들에 바쁘다. 도공은 그릇을 만들고 목수는 가구를 만들고 있다. 배들이 부두에 매어 있으니, 영혼은 저승의 나일 강을 배를 타고 내려 갈 수도 있다. 사실상 제 길을 갈 수 있으니, 12명의 억센 사람이 노를 잡고 있고, 조타수(操舵手)가 손에 인도하는 줄을 잡고 조타 곁에 서 있다. 무장한 병사들이 지키고 서 있고, 귀족은 배 중앙 갑판에 친구들과 앉아 조용히 마시기를 즐기고 있다.

조세르(Zoser) 왕은 두 개의 무덤을 가지고 있다. 하나는 아비도스(Abydos)에 거대한 벽돌 석실분묘인데, 그것은 "영혼의 집(soul house)"이니, 그 영안실에서 그는 "이중(double)"으로 숭배된 것이다. 다른 것은 멤피스(Memphis) 뒤쪽 사막에 자리 잡은 석회석 건축이다. 후자는 이집트 역사 학도에게는 각별한 관심사이다. 그것은 테라식비슷한 건물을 연이어 붙인 식 구조로 200피트[30cmX300=90m] 높이에 차례로 위를 향하여 크기가 작아진 석회석들을 쌓아올린 것이다. 이 놀라운 건축은 "사카라(Sakkara) 계단 피라미드"로 부르고 있다. 이것은 이집트에 세워진 최초의 피라미드일 뿐만 아니라 세계 최초의 석조 건축이다.['지도 1' 참조]

기자(Gizeh)에 있는 세 개의 거대한 피라미드에 과도한 관심은 조세르(Zoser, Djoser, 19-28년 통치 2670 b. c. 경)의 석회석 무덤은 간과하기가 쉬었다. 그러나 **조세르의 무덤은 이집트 역사에 중요 지점을 이루고 있다.** 그것은 쿠푸(Khufu, Cheops, 2589~2566 b. c.)가 왕위에 오르기 1백 년 전에 세워졌고, 이후 시대를 가능하게 했던 방대한 경험이 바탕이 되었다. **그 건축가는 이모테프(Imhotep)으로 알려졌다.** 그의 명성은 사이스(Saite, Sais), 복원 시대[26왕조, 664~525 b. c.]에 까지 이어졌으니, 희랍인들은 그를 "이무테스(Imuthes)"라고 하여 신으로 숭배했다. 그는 발명과 구상에 천재로 조세르(Zoser) 궁정에 영향력을 행사한 정치가였다. 솔로몬(Solomon)처럼 당시에 가장 현명하다는 평판이 있었다. 그는 의학에 관한 저술가이고 고대 이집트어로 잠언(箴言)집을 남겼다. 학문의 후원자로서 그에 대한 추억을 기록자는 2천년 이상 동안 참조가 되었고, 일을 시작하기 전에는 그 영혼에게 신주를 바치는 것이 이집트인의 풍속이었다.

'계단 식 피라미드(the step pyramid)'는 이모테프(Imhotep)의 생각이었다. 그가 피라미드를 계획하고 건설을 감독했다. 그는 역시 그 위대한 건축을 행하는데, 노동자와 기술자 군단 구성의 책임자였다.

그와 같은 방대한 작업은 당시 문명 진보의 명백한 표준 척이다. 엄청난 부가 왕가 창고에 있어야 했다. 이집트는 탁월한 정부 체계와 공무원들의 활략으로 안정을 이루고 번성하였다. 수천 명의 노동자들을 먹이고 재우고 통제하는 것은 작은 문제가 아니다. 능란한 장인들이 고용이 되었는데, 그들은 돌의 성질과 다듬는 방법에 훈련된 사람들이었다. 멤피스에서 돌쌓기 공사가 오랜 동안 성행하였다. 도동을 행하는데 경험이 많은 수백 명의 감독관과 정확한 계산에 능한 많은 교육을 받은 서기들이었다.

교육은 더 이상 지배 계급에만 국한되지 않았다. 우리는 멤피스에 학교가 있었음을 확인할 수 있다. 아동들은 '3R(the three R's, 읽기 쓰기 셈하기)'로 교육을 했고, "등 뒤에서 불러 주는" 것으로 능력 시험을 행했고, 체벌(體罰)을 가해 교육을 행했다. 표기 체계는 "성직 식(hieratic)"이라는 필기체였는데, 초기 왕조의 상형문자(hieroglyphics) 대강을 모방한 것이었다. **산수에 대한 지식이 일상 거래에 필요했다. 수정된 연습지가 남아 있다. 앞서간 학생들에게는 기하학이 교육되었고, 측량과 간단한 대수학이 이집트에서 기원했다.**[힌두 宣教師 전한 것임]

이집트 사람들은 지극히 현실적인 사람들로 학교 교육이 특별했다. 소년들은 그들이 고용될 수 있는 직업 교육을 받았다. 사업을 하려 할 경우 상업학급에 들어갔다. 젊은 조각가 기질을 보인 사람은 예술가 금세공이 되었다. 사원 대학에서는 미래의 관리나 법률가 의사가 될 자들이 축적된 지식과 지혜를 지닌 노장들 속에서 배웠다. **교육은 명백히 사제(司祭)들이 통제를 하였다.**

멤피스는 체계화된 '산업의 벌집(a hive)'이었다. 사업의 방식이 모든 계층에 제공되었고, 법과 명령이 모든 것에 통했다. 파라오는 게으름뱅이가 아니었다. 그의 시대에는 완전히 공공업무로 모든 거래가 행해졌고, 모든 왕자에게 책임을 분담하여 그의 임무를 효과적으로 수행되게 했다. 국민이 젊은 남자 위주였다. 기금(基金)이 거대 문명의 토대가 되어, 그것이 3백 년간 지속이 되었다.

구 왕가는 반석 위에 세워졌다고 할 만하다. 파라오의 건축가들이 벽돌을 버리고 채석장을 찾아 돌을 잘라내면서부터 이집트 문명은 급속히 진전되었다. 그것은 나일 강 계곡의 자연과 싸우며 시작되었다. 수로의 건설로 물 공급 문제가 해결되면서 평화로운 상태에서 인구 증가가 지속되었다. 그것은 파라오에게 그 책임이 부여된 사항이었다. 그래서 착한 행정이 필요했던 것이다. '물대기 정책'의 실패는 기근과 반란의 원인이 되었다. 노력을 한 사람과 노력하는 하는 사람을 보호한 자에게 자연은 풍성한 보상을 했다. 가정에서 소비하는 것보다 더욱 많은 먹을거리가 생산되었다. 남는 곡식은 무역의 수단이 되었으니, 그것이 이집트를 '부자 나라'로 만들었다. 수도에 인구가 늘어나고 지식이 진전되자 사람들이 도덕과 지적 진전을 돌입했다.

이집트는 농업과 상업에서는 평탄한 길을 갔으나, 그 문명은 예술과 산업이 발달하여 뒷받침되지 못 하면 높은 단계로 나갈 수 없었다. 우리는 우리의 불완전한 지식으로 이집트인의 종교를 높게 생각하지 않을 수 있다. 그러나 수천 년의 경과 이후에도 우리는 그들의 거대한 성취가 감탄을 자아내고 있다는 것은 다시 생각을 해 보아야 한다. 그것은 틀림없는 문명의 전령이다. 그것은 그 자체로 문화의 진전이고 개선이고 인류의 아름다움의 사랑을 높이었다. 이집트인의 예술은 그것이 평가되고 요청되었기에 꽃 피게 된 것이다.

이집트의 넘쳐나는 부(富)는 종교적 목적을 크게 확장되게 했다. 사원의 건물은 놀라운 예전의 건축을 유지하면서 고정적으로 조각을 새겨 넣었고, 늘어나는 숙련공들은 역시 훈련 교육 체계화가 되었다. 유능한 남자들이 전면에 나서고 그들의 장기(長技)로 평가를 받았다. 기술 세계에는 그릇된 주장을 한 사람이 설 자리가 없다. 그러기에 파라오는 별 다른 방법 없이 전반적인 '복지 사회'라는 결과로, 사람들이 규칙적으로 노동하고 지적 노력을 실행하게 하여 사원과 무덤 건축을 수행했던 것이다.

돌의 정복이, 바로 이집트인의 최고 정복이라는 것을 우리는 잘 알고 있다. 서문에서 우리는 새로운 산업이 남쪽 팔레스타인 '혈거 족인 초기 셈족(the cave-hewing pre-Semitic inhabitants)' [원래 인더스 강 북서쪽 '야두(Yadu)'라는 유일신 족임]에 의해 소개되었음을 확인하였다. 이집트 석조 노동자들에 의해 최초로 놀라운 기술이 극적으로 펼쳐졌으나, 그것은 오랜 체험의 결과였다. 돌들이 처음부터 놀라운 정확도와 기술로 다듬어진 것이다. 초기 왕조의 매장 풍속 속에 전해진 그 변화들은 고대 왕국에서는 없었던 것임을 역시 암시하고 있다.

석공들의 기원이 어디였든 간에 그녀들은 초기 멤피스와 밀접하게 연합하고 있는 점은 명백하다. 우리가 살폈듯이 석조 기술과 웅대한 석조 건축은 최초로 기술자의 신 **프타(Ptah)** 숭배자들에 의해 펼쳐졌다. 그 마네토(Manetho)가 멤피스를 그 새로운 산업과 연결한 이집트인의 전통을 간직했다는 것은 각별한 점이다. **마네토(Manetho)는 석조 건축을 시작하여 사카라(Sakkara)에 계단식 피라드를 제작하여 조세르(Zoser, Djoser, 19-28년 통치 2670 b. c. 경) 왕에게 올렸다.** 마네토(Manetho)는 멤피스에 이집트의 최초 사원을 메나(Mena) 왕 때에 건설하여 프타(Ptah) 신에게 바쳤다고 적혀 있다. "백악성(White Walls)"이라는 멤피스의 명칭은 그 요새가 석회석으로 축조되었던 것을 알려주고 있다.

돌은 조세르(Zoser) 시대에 앞서 북쪽 정복이전 아비도스(Abydos)에서부터 사용이 되었다. 그러나 멤피스가 새로운 산업과 연합했던 것은 역시 중요한 점이다. 식민지 멤피스 기술자들이 아스완(Assouan) 채석장 인근에 정착하여 상부 이집트인들에 돌 작업을 소개하고 프타(Ptah)와 혹사한 제1폭포(the First Cataract)[나일 강, 아스완 근체의 신 크누무(Khnumu) 숭배를 강조하였다. 그는 세상 창조자와 유사하게 간주되었다. 프타처럼 크누무(Khnumu)도 혼돈의 알[卵]과 관계가 있고 그는 도공의 바퀴[만다라] 위에서 최초 인간을 만들었다고 기록되어 있다.

크누무(Khnumu)는 양(羊)머리 신 민(Min)과 통합했는데, 그가 거의 양의 머리나 양의 뿔을 달고 나타나 있기 때문이다. 그는 위대한 아버지로 남성 원리를 대표하고 있다. 그의 아내는 개구리 머리 헤크트(Hekt)인데, 태고의 신상이다. 이집트인들은 개구리가 우연히 나일 강의 비옥한 진흙에서 생긴다고 믿었고, 그것들을 생명의 어머니 신 헤크트(Hekt)와 연결시켰다. 신기한 이 여신은 탄생을 주도하는 여신 중의 하나로 마지막에는 하토르(Hathor)와 연결이 되어 있다. 콥트(Copt) 시대에 헤크트(Hekt)는 부활의 상징이었다.

또 다른 여신이 크누무(Khnumu)와 연결이 되어 있으니, 사티(Sati)이다. 그 여신은 "천국의 부인"이니, 누트(Nut) 하토르(Hathor)와 연결이 된다. 그 여신은 보통 상부 이집트 왕관인 암소의 뿔을 쓰고 있으니, "신들의 여왕"이다.

섬나라 여신 아누크트(Anukt)도 동일한 집단의 흑인 신으로 깃털 왕관을 쓰고 있다.

'제1폭포'에 자의적인 신들이 모였던 것은 그 기원이 다른 종족들이 서로 섞여 생겨난 현상이다. 헤크트(Hekt)는 순전히 이집트 교의 대표이고, 사티(Sati)는 나일 강 계곡의 최초 개화된 사람들의 대모(大母)이다. 그녀는 영웅적인 이시스(Isis)와 비슷하다. 한편 아누크트(Anukt)는 누비아(Nubian) 기원일 것이니, 그들은 암울한 남쪽에서 온 공격적 정착 자들로 왕실의 두통거리였다. 크누무(Khnumu)는 채석장 신으로 프타(Ptah) 신처럼 받들어졌을 뿐만 아니라 기자(Giza)에 최대의 피라미드를 세운 파라오를 크누무(Khnumu) 쿠푸(Khufu, 2589~2566 b. c.)라고 했다. 그가 희랍인이 케오프(Cheops)라 불렀던 왕이다.[80]

'공물(供物)을 나르는 하인들', '다양한 시기에 사자(死者)를 낙원으로 안내하기 위해 제작된 응답(the answerers, Ushebtiu)을 할 조상(彫像)들'

✈

(a) 매켄지(D. A. Mackenzie)는 이장에서 '제3왕조'를 시작한 파라오 조세르(Zoser, Djoser, 19-28년 통치 2670 b. c. 경)의 수도 멤피스(Memphis) 문화에 주목하고 피라미드를 설계한 건축가 이모테프(Imhotep)과 '이집트 사(Nechepsos)'를 썼다는 사제(司祭) 마네토(Manetho)를 거듭 거론하여 '고대 이집트 문화'가 제3왕조 멤피스(Memphis)를 중심으로 펼쳐졌음을 명시하고 있다.

(b) 그리고 역시 매켄지(D. A. Mackenzie)는 '돌의 정복이, 바로 이집트인의 최고 정복이고, [돌

---

80) D. A. Mackenzie, *Egyptian Myth and Legend*, Bell Publishing Company, 1978, pp. 102~115 'Ⅷ. The Religion of the Stone Workers'

문화는…남쪽 팔레스타인 '혈거 족인 초기 셈족(the cave-hewing pre-Semitic inhabitants)'에 의해 소개되었음'을 적시하였는데, 더욱 폭넓게는 '소아시아 아리안' 더욱 구체적으로는 힌두 (Hindu)의 '천신 족[불타-Ptah 족]'이다.

(c) 힌두(Hindu)는 역시 '비슈누' 화신(化身)으로 '4, 바마나(Vamana, 난쟁이)'[81]를 상정했는데, 그 구체적인 현신은 이집트 '프타(Ptah)' 신 이외는 그 비슷한 유형이 없다.

(d) 특히 제3왕조에 크게 문제가 된 **사제(司祭) 마네토(Manetho)와 건축가 이모테프(Imhotep)가 힌두(Hindu)의 '브라만'이라는 사실**을 수용하면 '이집트 사'뿐만 아니라 '세계사'의 중요 문제가 다 해결이 난다.

(e) 이 사실을 움직일 수 없게 증명하고 있는 바가 그 멤피스(Memphis)의 바로 인근인 **'헬리오폴리스(Heliopolis, On)'**인데, 일찍이 최초의 '세계(서양사) 역사'를 작성한 포콕은 "**옛날 범어이고 희랍어인 '헬리오폴리스(Heliopoiois, 태양의 도시)'는 힌두인의 주요 도시 중의 하나였고, '창조주, 위대한 삼위일체(truine)의 상징'은 '온(On)' 즉 '옴(O'm)'**으로 일컬었다. 그 신성의 글자 옴(O'm)-ॐ은 '아옴(aom)' '아움(aum)'으로 발음하여, '창조신' '보호 신' '파괴 신'의 3대 사도 (使徒)를 거느린 브라흐만, 최고 존재를 의미한다."[82]라고 통쾌하게 설명을 했다.

(f) 이처럼 **고대 이집트의 '농업의 대 성공'이 당시 그 이집트를 '지구촌 문화 중심지'에 자연히 자리 잡게 했고, 그네들의 취향에 따라 '온갖 신들'을 다 택할 수 있었으니, 그 중에 가장 강력한 이론을 구비(具備)한 것이 힌두 바라문들의 '비슈누(크리슈나=라(Ra)=프타(Ptah))교'였다.** 그 힌두들은 재빠르게 토착 이집트의 '오시리스(Osiris)' '이시스(Isis)' 신앙과 연합해서 모든 신앙을 수시로 '명의(名義)'만 달리 파라오의 구미에 맞게 적용을 했던 것이다.[마지막 선택 의 결정자는 당시 '살아 있는 신, 파라오'였음]

(g) 매켄지(D. A. Mackenzie)는 먼저 '이집트인의 고유성' '지중해 문화의 고유성'을 그대로 유지하 면서도 힌두(Hindu)의 '마하바라타(*The Mahabharata*)'를 입에 담지 않는 것은, **명백한 그동안 '백인우월주의(White Supremacy)' '로마 문화권[영국문화]의 고유성 수호'라는 '기독교 식 배 타주의 교육'의 결과이다.**

(h) 즉 매켄지(D. A. Mackenzie)는 플라톤 이후 서양철학, 특히 헤겔의 '관념주의'와 니체 이후 프 레이저(J. G. Frazer)의 저서까지 확인한 박식이었으나, **힌두(Hindu)의 '마하바라타(*The Mahabharata*)'를 구체적으로 확인이 없는 상태**에서 이집트의 '살아 있는 신' '파라오(Pharaoh)'의 해명에는 '격화소양(隔靴搔癢)'의 아쉬움을 남겼다.

즉 '파라오(Pharaoh)'는 움직일 수 없는 '통일 정복자의 후손' 즉 '승리한 크샤트리아'일 수밖에 없고, 그에게 '천신(天神)' 동일한 신격(神格)을 부여한 사람은 '사제(Priest, 바라문, 시인, 화가, 역사가)'이다.

힌두(Hindu)의 '마하바라타(*The Mahabharata*)'를 제외한 인간이 소유하고 있는 모든 고전 (古典)이라는 것들이, 그 중요하고 치열한 '크샤트리아의 의무(the duties of Kshatriya)'를 거 의 다 생략을 해 버리고 오직 '사제(Priest, 바라문, 시인, 화가, 역사가)'들의 서술만 남겨 그야 말로 '힘의 중핵'을 빼버린 소위 '계관시인(桂冠詩人, poet-laureate)'들의 입으로 남겨진 '과장 된 서술'만으로 감히 '[과학적] 역사 서술'을 행하겠다는 용맹을 보인 결과가 '매켄지(D. A.

---

81) P. Thomas, *Hindu Religion Customs and Manner*, Bombay, 1971, Plate 46~54
82) E. Pococke, *India in Greece*, London, 1851, p. 185

<u>Mackenzie) 저작의 뼈아픈 일면</u>'이다.

(i) 한 마디로 이집트의 '살아 있는 신' '파라오(Pharaoh)' 문자 그대로 '절대 권력의 화신'으로서 천하에 '얻지 못 할 칭호'가 없던 역대 '사제(Priest, 바라문, 시인, 화가, 역사가)'의 추악한 '아유구용(阿諛苟容)의 종합 판'임을 확실하게 될 필요가 있다.

(j) 볼테르는 '역사철학'에서 포콕은 '희랍 속의 인도'에서 '경제적 논리'로 자신의 주장을 펼쳤는데, 매켄지(D. A. Mackenzie)는 그것을 '이집트 문명 해명' 수단으로 활용을 하였다.

IX. 구(舊) 멤피스(Memphis)에서의 하루

* 거리에서 -프타(Ptah) 사원 -생명의 감지 -분쟁 -고대가 영광스럽게 되다 -권위를 지닌 귀족 -귀족 여인들 -종족적 유형들 -사원 공물(供物) 납부자들 -빈민가 -일하는 장인(匠人)들 -시장 -생선 판매 -부두(埠頭)에서 -크레타(Crete)의 선원(船員) -파라오(Pharaoh)의 병사들 -세리(稅吏)의 체포 -의미 있는 민담(民譚) -학대당한 농부 -청원 -웅변 -왕의 칭찬

무덤 속에 그린 그림과, 파피루스 종이에 간직된 옛날의 전설은, 고(古) 왕국의 생생한 생활들과 위대한 도시 멤피스(Memphis)를 우리 앞에 재현시켜주고 있다. 대문은 열려 있고, 병사가 지키고는 있으나, 입장이 허락된다. 인구가 벅적이는 거리를 걸으면 사람들은 오가는 와중에 우리는 작업장에서 그들의 업무에 바쁜 기술자들을 보게 된다.

주요 도로로 들어가면 대부분의 집들이 벽돌로 제작이 되었다. 가난한 사람들의 처소는 진흙집이다...우리는 중앙에 거대한 파라오 동상이 선 널찍한 광장으로 들어가게 된다. 오전이나 태양은 무더워 광대한 건물들이 늘어선 곳에서 그늘을 찾게 된다. 프타(Ptah) 신의 돌 신전 앞에는 두 개의 거대 기둥이 서 있다. 우리가 지나가며 대문 속을 들여다보니, 거대한 사각 기둥들이 널따란 그림자가 놓인 내부 정원을 사제들 행렬이 가로질러 가고 있는데 그 기둥들은 거대한 석회석 벽돌들을 바치고 있다. 사원 내부는 신비롭고 근엄한 분위기가 인상적이다.

우리는 거기 돌 벤치에 앉아 거리에 쏟아져 나온 인파를 본다. 멤피스(Memphis)는 놀랍도록 조용한 도시이다. 활기찬 목소리가 들리는 큰 벌통처럼 웅성거린다. 그러나 마차의 찌꺽 소리는 없으니 길거리에 마차를 금지하고 말타기은 아직 이집트[제3왕조]에 알려지지 않았다. 시골에서 온 농부들이 소금이나 바구니 제작용 골 풀(corded bales), 파피루스 뭉치, 돌 등을 나귀 등에 싣고 멤피스를 찾아온다. 큰 짐은 노동자들의 어깨로 운반되고 소년들까지도 무거운 짐을 나른다.

모든 사람들이 약간만 걸치었다. 하층 남성들은 샅바만 걸치었고, 고위층 사람들은 허리에 가죽 띠를 매고 짧은 린넨 킬트 치마를 걸치었다. 모든 여성들은 발목까지 가운으로 가리는데, 여성들의 스커트가 너무 좁아 종종걸음으로 걸어야 하나 흉하지 않다.

반나체의 남성일지라도 그들의 신분들을 구분하기란 어렵지 않다. 노동자 짐꾼 장사꾼은 다 그네들 도구를 지녔기에 구분하기가 쉽다. 그의 눈살을 찌푸리고 있는 바쁜 상인, 뾰족한 입술 온화한 얼굴의 냉찬 서기(書記)도 있다. 소수의 학생들이 파피루스 두루마리를 팔 아래 끼고 여유롭게 신전으로 가고 있다.

거리 모퉁이에서 커다란 싸우는 목소리가 터져 나왔다. 두 대의 캐리어가 충돌했는데 쓰러진 사람이 이집트인이고 다른 사람은 키 큰 흑인이다. 작은 사람이 그의 다리를 치켜들고 폭행이 가해져 짐을 지고 있는 흑인에게 덤벼든 것이다. 사람들이 몰려왔으나, 명백히 이집트인 편을 들고 있다. 그런데 갑자기 경비가 도착하여 막대기로 싸우는 사람들을 말리고, 서둘러 갈 길을 떠나게 한다. 모였던 사람들도 흩어져 다시 질서가 회복된다.

수많은 보행자의 공손함에 주목을 해야 한다. 시대가 고도로 명예로워 젊은이는 노인에게 길을 양보했고, 우리 곁에 있던 세 청년은 사원으로 들어가기 전에 노인을 보고는 그늘 자리에서 일어나 양보하였다.[이집트의 '堯舜'시대를 상상함]

움직이던 사람들이 양쪽으로 비켜서니, 중요 인물이 거리에 나타났다. 그는 귀족 고관이다. 그는 궁중에서 "왕의 예복 관장 자"이고 "파라오에게 샌들을 신기는 사람"이다. 그도 법원(the Hall of Justice)에서 대법관 중의 하나이다. 젊은 시절부터 그는 왕의 학창 동기로서 왕의 발가락에 키스를 하는 의례로 궁중 의례에 특권을 누리고 있다. 그는 거대한 재산을 갖고 영향력을 발휘하고 있다. 그가 바쁘게 걷고 있으므로 행인들은 팔을 들고 인사를 올리고 있다. 그는 행인들의 존재에 반응도 관심도 없다. 고압적인 모습에 으스대는 걸음걸이다.....그의 킬트(kilt) 치마는 곱게 장식을 했고, 윗도리는 벗고 태양의 열기에서 목을 보호하는 어깨에까지 내려오는 뻣뻣한 가발을 머리에 쓰고 있다. 넓은 가슴은 근육질이고 주걱턱이다.

그는 부자 상인들의 왕실에 대한 심원한 복종을 알고 있다. 그러나 지금 그는 건축가 이모테프(Imhotep)을 만나고 있다.

귀족 여인들은 그늘에 모여 있고, 둘은 연꽃 묶음을 나르고 있고, 다른 사람들은 향기를 감상하고 있다. 그녀들의 얼굴들을 다듬어져 있고, 명랑하고 한 사람은 "검으나 예쁘다." 그녀는 누비아인(Nubian)이다. 그녀들은 넓은 부채들을 부치며 재잘거렸다....우리 주변에는 여러 종족들이 있었다. 남부 이집트인들은 거의 흑인이었고, 왕국의 중심에서 온 사람들은 갈색이고, 델타 사람들은 황색인이다. 턱수염이 난 사람은 아라비아에서 온 셈족이다. 부드러운 모습의 시리아인, 바빌로니아에서 온 수메르 사람이 보인다, 키 큰 흑인들은 누비아 출신 용병인데, 전쟁 포로였다. 석조 건축가들이 많이 동원되었는데. 그들은 탁월한 노동력을 발휘했다.

시장에 소금을 가지고 왔던 눈 큰 시골 농부는 멤피스의 놀라운 건물을 구경하고 끝없는 거리를 보았다.

서둘러 지나가는 붉은 머리 사나이는 아모리테(Amorite) 사람이다. 그는 옥수수와 교환하려고 자리방석들을 가지고 남쪽으로 온 것이다. 그는 흉악한 사람으로 읽히는데, 이집트 시골사람들은 오시리스 살해자 세트(Set)의 붉은 털을 연상하여 그 사람도 싫어했다.

그런데 호기심을 자극하는 잘 생긴 외국인이 오고 있다. 남녀가 모두 그를 쳐다보고 있다. 아이들도 그를 놀랍게 보고 있다. 그는 멤피스 주민 평균 신장보다 크고 반백에 푸른 눈이다. 약간의 사람들은 그의 볼이 원래 붉거나 무엇을 발랐다고 생각한다. 그가 어디 사람인지는 관심도 없다. 그는 리비아 신사이고 중요 인물로서, 왕실의 관리들도 그의 정중한 인사를 알아본다.

젊은 농부 행렬을 살펴보자. 그들은 공물(供物)을 가지고 사원으로 가고 있다. 한 사람은 어깨에 살아 있는 송아지를 메고 다른 사람들은 파피루스 뭉치를 들었고, 또 한 사람은 머리에 밀가루 그릇을 이었다. 소녀들은 꽃다발 비둘기 펠리컨(pelican)을 들고 있다. 소년들은 송아지들을 이끌고 있다. 그 농부들을 보는 사람은 거의 없다. 비슷한 행렬이 멤피스에서는 매일 볼 수 있다.

우리는 여기를 빨리 벗어나야 했으니, 달갑지 않은 거대한 양떼를 모는 농부가 양과 행인인을 구분하지 못하고 그들의 막대기를 휘두를 수 있기 때문이다. 시 경비대가 관심을 가지고 농부들을 지키고 있으니, 경비대는 농부들을 알고 있기 때문이다.

휘어진 거리로 들어오면 집들은 낮아지고 일부는 벽돌집이나, 대부분이 고리버들로 엮어 진흙을 바른 집이다. 문은 열려 있고, 아무도 없다. 남편과 아내는 옹기장에서 노동을 한다. 가구란 한두 개 거칠게 만든 의자와 모기장이 처진 낮은 침대와 약간의 물병과 항아리가 있다. 격자창에는 햇볕에 마른 연꽃 다발이 있고, 벽에는 말린 생선 토막이 걸려 있고, 마루에는 칼이 놓여 있다. 집은 잠을 자는 곳으로 만약 아기가 있을 경우는 질그릇을 놔둔 어머니 곁에 있다.[벽화를 서술한 내용임]

몇 명의 어린이들이 집 밖에서 놀이를 하는데, 사원의 의례를 모방해 노는 것 같다. 기술자들의 아내들은 벽돌 건물 그늘에 앉아 이야기꽃을 피우고, 어떤 여자는 바느질, 어떤 여자는 시장에 내다 팔 야채를 자르고 있다. 물 항아리를 머리에 인 두 계집아이가 바쁘게 지나간다.

우리는 작고 낮은 집들이 늘어선 좁은 길을 걸었다. 확실히 멤피스(Memphis)의 빈민가이다. 열린 문으로 일하는 가족을 볼 수 있다. 과부와 세 딸은 린넨 실을 잣고 있다.

벽돌 제작 장이다. 노동자들이 진흙을 섞는다. 다른 사람들은 벽돌을 만들어 짚으로 감싸서 말린다. 운반자들이 준비된 벽돌을 날라다가 그들의 어깨에 멜 장대 끝 두 개의 멜빵에 무거운 짐을 싣는다. 감독자가 그들을 재촉하고 건축가가 대기하지 않도록 한다.

석공들의 작업장이다. 차일(遮日)을 친 정착지에서 몇 명의 숙련공들이 석고와 반암(班岩)으로 그릇을 만들고 있다. 과정은 느리고 고된 노동이다. 한 석공이 목이 긴 물병을 만들어 그것에 금강사(金剛砂)를 먹인 구리 회전 막대기로 구멍을 판다. 잠깐 멈춰 이마에 땀을 닦더니 동료에게 말한다. "이 그릇 정말 잘생겼지." 다른 사람이 그것을 보고 웃으며 "작품이다."라고 말한 다음 큰 우유 주발(周鉢) 파기를 시작한다.

두 사람이 도제(徒弟)에게 금강사(金剛砂)를 공급하게 하고 구리 톱으로 반암(班岩) 덩이를 차례로 자르고 있다. 노동자들은 능숙하게 화강암 덩어리를 지렛대로 옮겨 둥근 목제 받침대에 올려놓고 그처럼 톱질을 하고 있다. 한 사람이 쐐기를 모아다가 그것으로 돌을 들어 올리도록 하고 있다. 한두 명의 벌거벗은 소년들이 그늘진 구석에 쭈그리고 앉아 그것을 흥미롭게 구경하고 있다. 그들도 자라면 역시 돌을 톱질하게 될 것이다.

우리가 다른 거리로 갔더니, 금속 공예가들의 소음으로 귀가 아플 지경이다. 소음의 구역이다. 땅, 땅, 커다란 구리판에 망치질을 계속한다. 여기에 오래 머무르면 귀머거리가 될 것 같다. 오가는 사람들은 얼굴을 찡그리고 서둘러서 지나간다. 타오르는 용광로 주변에 벌거벗은 사람들이 무릎을 꿇고 둘러앉아 긴 파이프로 바람을 불어넣고 있다. 어떤 이집트인도 아직 기술적 방법을 다 알고 있는 사람은 없다. 달궈진 금속을 용광로에서 꺼내면 12명의 탈진한 노동자들은 기침을 하고 눈을 부비며 그들의 불개를 손에 들고 일어나서 해머 잡이가 다시 요구를 할 때까지 기다린다.

여기는 금세공들이 작업을 하고 있다. 한 사람은 금을 저울에 달고 서기가 그 앞에서 그것을 파피루스에 적고 있다. 그 곁에는 민감한 손과 영리한 눈을 지닌 금과 은 조각으로 귀고리 목걸이를 만들고 금에다 망치질을 하여 상형 문자를 새겨 넣고 있다. 감독자는 벤치로 왔다 갔다 하고, 세공인들은 모든 것을 면밀하게 살피며 행하고 있다.

우리는 거리에서 거리를 지나 도공(陶工)과 목제 상아 조각가와 샌들 제작자, 가죽 장이들을 보았다. 그들은 신사들에게 그들의 킬트 치마 뒤에 착석용 가죽 그물도 만들어주었다.

우리는 시장으로 들어섰다. 활기가 넘쳤다. 상인들은 자기네 가게 곁에 쭈그리고 앉아 있고, 손님을 기다리며 졸기도 하며 다른 사람들은 물건을 팔며 흥분해 몸짓을 하기도 했다. 많은 언쟁들이 있어 목소리를 높이기도 하고 친구들과 만나 떠들고 웃는다. 어떤 사람은 고리 돈(ring mony)으로 구매도 하나 대다수가 물물교환이다. 여기는 한 상인이 훌륭한 그릇들을 팔고 있다. 한 부인이 물건들을 자세 살피다가 주인이 부르는 가격에 머리를 돌렸다. 상인은 그 여자가 항상 정교한 그릇에 관심을 가지고 있어 되돌아와 사는 것을 알고 있어 끈질기게 팔리기를 기다리고 있다.

노동자 계급의 한 여성은, 생선 바구니를 넘겨다보며 생선이 싱싱한지 의심을 한다. 행상인은 생선 하나를 들어 올리며 그것을 손가락으로 누르며 웃으며 말한다. "아침에 잡았습니다." 그녀는 그 생선을 남편 저녁거리로 결정하고 붉은 도자기를 주고 교환한다. 다른 여성은 작은 상자를 주고 연고를 샀고, 어떤 남성은 부채를 주고 양파 꾸러미를 받는다.

귀족 집의 간사(幹事)는 두 하인을 대동하고 가게마다 다니며 구매를 계속하는데, 손님이 저녁 식사에 오기로 되어 있기 때문이다. 그는 끈덕지게 값을 깎는 사람이나 환영을 받는데, 그는 대금을 현금으로 지불하기 때문이다.

넓고 푸른 강물을 보기로 하자. 길거리는 먼지가 많고 무더우나 부두가의 공기는 시원하다. 배에서 하역을 한 짐을 쌓아놓은 곳에 도달했다. 거기에는 관광을 하러온 여섯 명의 선원이 있다. 그들 역시 고향 친구들을 위해 구매를 하고 싶어 한다. 그들의 바지와 "개미 같은 허리"로 크레타 사람임을 알 수 있다. 그들은 날씬한 허리에 단구(短軀)로 델타 거주자들과 동일한 활동적인 사람들이다. 그들의 검은 머리를 세 갈래로 따서 어깨까지 느리고 그들은 색깔 있는 터번을 좋아한다. 그들은 겨드랑이 가까이에 팔찌를 끼고 있다.

파라오 왕국 병사들은 거대한 석회석 요새지로 향해 나아간다. 그 반이 샅바만 걸친 나체 궁사(弓師)들이고 나머지는 장창과 아래는 각지고 위쪽은 둥근 나무 방패를 잡고 있다. 그들은 멤피스 남쪽 2마일 공간에서 오후 내내 훈련을 행했지만 동작이 신속했다.

저 건너편에는 선박 건조 자들이 작업을 하고 있다. 크레타 상인들이 그 선박 건조(建造)자들에게 레바논에서 계절에 맞추어 뗏목으로 목재를 제공한다. 목제는 이집트에서는 희귀해서 경비원들이 밤낮으로 지키고 있다.

세 척의 널찍한 배들이 축조되고 있다. 일이 잘 진척이 되었는데, 목수가 벤치를 만드는데 적격인데, 사람들이 걸터앉은 가판대 제작도 맡았기 때문이다. 목수는 능동적이고 기술도 갖추어 감독자들도 쉽게 인정하여 고정적으로 진행하기 때문이다.

그렇지만 왕실 건축에는 무슨 일이 생겼는가? 거대 군중이 몰려 있고, 진행에 즐거운 일이 생긴 듯이 사람들이 비웃거나 소리를 지르고 있다. 우리는 앞으로 나가 시 경비들이 몇 사람을 체포하여 그 문안으로 연행한 것을 보았다. 구경꾼들은 "상황이 역전된 것"을 즐기고 있으니, 그들은 세리(稅吏)로서 파라오 회계사 앞에 잡혀가 감사를 받아야 했기 때문이다. 최근 강탈과 비양심적 거래에 대한 몇 가지 불평들이 있었다. 거대한 청사(廳舍)에서 우리는 엄격한 감사들이 공문서를 쌓아놓은 낮은 책상에 앉아 있을 것을 보았다. 서기가 소송절차를 적고 있다. 체포되어 온 자들은 무릎을 꿇고서 날카로운 질문 받고 그의 장부(帳簿)가 검사되었다. 모든 그의 사문서는 압수가 되고 그는 모든 기록을 설명하고 혐의 없음을 증명해야 한다. 임시방편이지만 효과적인 일 처리 방식이다. 비 양심과 탄압에 대한 벌은 날카롭다.

파라오는 모든 대소 신민(臣民)을 보호하고 있다. 가난한 사람이 잘못 고통을 받을 경우 법정에 가서도 바르게 되지 않을 수 있다. 그러나 파라오에게 호소될 경우는 보호자가 없을 경우에는 잘못 한 사람을 더욱 가혹하게 처벌을 할 수 있다.

얼마나 파라오가 가난한 사람이나 부자들의 삶을 다 옹호했는지에 일화가 파피루스 기록으로 남아 전하고 있다.

옛날 파이움(Fayum)['지도 1' 참죄에 거주한 농부가 이전처럼 초석(硝石)과 갈대 소금 돌 씨앗 나뭇단을 나귀 등에 싣고 장이 서는 남쪽 도시로 가서 가족이 필요한 물건과 바꿔 오곤 해서 점점 부자가 되었다.

어느 날 수확이 가까울 때에 농부는 여행을 나가 메리텐사(Meritensa)라는 고관의 영지에 도착했다. 농부가 지나가다가 소작인(所作人) 함티(Hamti) 농장에 이르렀는데 소작인이 그 농부를 보고 속으로 말했다.

"저 농부의 나귀와 짐을 내 것으로 해야겠다. 나는 소금이 필요해."

강둑으로 난 길이 아주 좁았는데, 소작인(所作人) 함티(Hamti) 넓은 땅에 씨를 뿌렸다. 곡식과 강물 사이가 좁아 사람 몸도 끼어 지나갈 수 없었다.

소작인(所作人) 함티(Hamti)가 하인에게 말했다.

"방석을 가져오너라."

방석을 가져오자 곡식에서 강물까지 길 바닥에 방석을 깔았다.

농부는 그의 나귀를 몰고 좁은 길을 가다가 곡식 곁을 지날 때 소작인(所作人) 함티(Hamti)가 그를 향해 말했다.

"지나면서 내 방석을 더럽히면 안 됩니다."

농부가 말했다. "말씀대로 하겠습니다. 걱정 마십시오."

그런 다음 농부는 나귀를 세게 쳐서 그 들을 우회했다. 그러나 소작인(所作人) 함티(Hamti)는 만족하지 않았다. 그는 화를 내어 말했다.

"내 곡식을 망칠 작정이냐? 거기는 길이 아니다."

농부가 말했다. "그럼 어떻게 가란 말인가? 당신은 가는 길에 방석을 깔아두고 내가 가는 것을 방해했다."

농부가 말을 하고 있을 때에 그의 나귀는 곡식을 먹으므로, 소작인(所作人) 함티(Hamti)는 나귀를 잡으며 말했다.

"이것이 내게 손해를 끼쳤으므로 이 나귀를 내가 가져가야겠다."

농부가 소리쳤다. "뭐라고? 먼저 가는 길을 막고 나서 보리 이삭을 먹었다고 내 나귀를 빼앗겠다니. 그러지 말라. 이 땅은 대법관 메리텐사(Meritensa) 땅이고 그 분은 우리나라에 모든 죄인들을 떨게 하고 있다. 당신도 내 말이 진실이라는 것을 알 것이다. 그러한 귀족의 땅에서 나를 억압할 생각일랑 하지 말라."

그러나 소작인(所作人) 함티(Hamti)는 웃으며 말했다.

"말을 안 듣는 군. '혼자 똑똑 이'란 말도 몰라? 네가 말했던 그 메리텐사(Meritensa)가 바로 나이기도 하다. 내말 들어."

그렇게 말한 소작인(所作人) 함티(Hamti)는 채찍을 잡아 세게 치며 그 농부를 추방하려 했다. 그러나 농부는 떠나기를 거부했다. 몸에 많은 상처가 났다. 농부는 하루 종일 버티며 소작인(所作人) 함티(Hamti)에게 나귀와 짐을 돌려달라고 하며 두려움이나 눈물 없이 호소했다.

그 다음 농부는 메리텐사(Meritensa) 거처로 향했다. 농부는 참을 성 있게 대문 곁에 그 고관을 기다렸다. 시간이 꽤 지나 그 농부는 메리텐사(Meritensa)가 걸어 나와 강가 작은 배로 향하는 것을 보았다.

농부는 말했다.

"나리님. 당신의 하인이 제게 잘못을 저질렀습니다."

고관은 서기에게 소작인(所作人) 함티(Hamti)가 그에게 어떻게 잘못 했는지를 물어 적게 하였다.

그래서 다음날 재판정(裁判廷)에서 메리텐사(Meritensa)는 농부가 소작인에게 행한 고소를 다시 듣게 되었다.

"소작인이 초석과 소금을 훔쳤다면 값을 지불해야 하고 그렇지 못 하면 체벌을 당해야 한다. 그렇지만 먼저 우리는 이 농부의 증언을 들어야 한다."

메리텐사(Meritensa)는 아무 대답이 없었다. 그는 다른 판결에 분노하고 있어 그 문제를 더 의논하는 것도 오히려 비웃고 있었다. 메리텐사(Meritensa)는 부당한 취급을 당한 농부에게 판결을 내려야 했다.

그러나 농부는 그 목격자를 찾을 수 없어 다시 판결을 기다려야 했다. 그러자 농부는 큰 소리로 메리텐사(Meritensa)를 칭송했다.

"당신은 권위 있는 사람 중에서도 권위는 있는 분으로서 가난한 사람들의 좋은 친구이십니다. 진실의 호수에 공정한 바람이 당신께 불기 바랍니다. 물결도 두려움도 없으십니다. 당신은 아버지 없는 자들에게 아버지이시고, 과부에게 남편, 가난한 소녀에게 오빠와 같습니다..."

메리텐사(Meritensa)는 궁중으로 가서 파라오에게 농부의 말을 전했다.

왕은 말했다.

"그는 웅변가다. 그의 말을 서기(書記)에게 적게 하라. 내가 말을 살펴보아야겠다. 그러는 동안 그 처자에게 식사를 제공하도록 하라."

농부에게는 매일 빵이 제공되었고, 메리텐사(Meritensa)는 처자에게도 먹을 것을 넉넉히 제공하였다.

서기는 그 농부의 말을 모두 적었다. 그러나 메리텐사(Meritensa)는 농부의 말에 귀를 기울이지 않았다.

농부는 아홉 번이나 호소를 하여, 결국은 두 하인이 증언을 하게 되었다. 농부는 하인들이 다가오자 또 폭행을 당할까 무서워했다.

"여러 번 증언을 했으므로 두려워할 것 없다. 파라오께서 너의 말을 확인하고 너에게 상을 내릴 것이다."

메리텐사(Meritensa)는 농부가 나귀와 초석과 소금 보따리를 도둑맞았다는 증거를 서기가 받아 쓴 문서를 들고 궁정으로 들어가 왕 앞에 놓았다.

파라오가 말했다.

"나는 그 문제에 관심이 없다. 그대가 고려하여 판결하라."

그러자 메리텐사(Meritensa)는 관리를 농장으로 파견하여 소작인(所作人) 함티(Hamti)의 집과 재산을 몰수하여 그 농부에게 주었다.

모든 것이 파라오 맘에 들었다. 파라오는 웅변의 농부를 궁중으로 초대했다. 왕은 그 농부의 말이 훌륭해서 그 농부와 가족에게 산해진미(山海珍味)를 대접했다.[83]

'앉아 있는 서기(書記)관' '구 왕조의 관리'

_____✈

(a) 이 장에서 매켄지(D. A. Mackenzie)는 제1차 세계 대전 직전의 세계 최대 도시였던 영국 '런던'과 이집트 제3왕조(2686~2613 b. c.) 수도 멤피스(Memphis)의 상황을 '건물' '벽화' '파피루스' 기록 등을 종합하여 구술(口述)한 것이다.

(b) 매켄지(D. A. Mackenzie)가 당시 시장(市場), 석공, 조선소, 관리들의 근무 상황을 빼지 않고 서술할 수 있었던 것은 그가 당시 '런던(London)'에서 보았던 상황과 4천 년 전 세계 최대 도시 멤피스(Memphis)에서 빠질 수 없는 불가피한 사항을 서술했다는 측면서 큰 의미가 있다. **일찍이 볼테르(Voltaire)는 "현재 불가능한 것은 태고 적에도 불가능했다."는 미신(迷信) 척결(剔抉)의 위대한 가르침을 펼쳤는데, 매켄지(D. A. Mackenzie)는 당시 '런던(London)'에서 일어난 일이 4천 전전 멤피스(Memphis)에서도 일어났다고 증언을 한 셈이다.**
이것이 소위 '동시주의(同時主義, Simultaneism)'의 구체적인 발동 현장이다.

(c) 벽화와 파피루스 해독(解讀)을 토대로 매켄지(D. A. Mackenzie)는 오늘날은 흔적도 없이 살아진 이집트 최고 상업도시 현장과 시시비비를 판결하는 구체적인 다툼의 과정을 상세히 제시한 셈이다.

83) D. A. Mackenzie, *Egyptian Myth and Legend*, Bell Publishing Company, 1978, pp. 116~130 'Ⅸ. A Day in Old Memphis'

X. 위대한 피라미드 왕들

✱ 조세르(Zoser)와 스네페루(Sneferu) -그들의 거대 무덤들 -침략자들과 스네페루(Sneferu)의 전투 -관리들의 석실 -위대한 고관(高官) -새로운 왕조 -독재자 쿠푸(Khufu) -그의 대 피라미드 -세계 최대의 석조 건축 -노동자들의 군대 -피라미드는 어떻게 세웠는가? -운반 기계 -종교 혁명 -태양 의례의 신들 -추방된 프타(Ptah) 신 -카프라(Khafra) 왕 -정의(正義)의 왕 멘카우라(Menkaura) -신성한 암소 -쿠푸(Khufu) 계(系)의 붕괴

이집트에 거대 피라미드가 세워질 때, 그곳은 이미 오랜 역사를 지닌 곳이었다. 아비도스(Abydos)에 왕들의 무덤은 이미 1천 년이 되었다. 민담은 주요 왕들에 이야기를 담고 있지만 연대가 혼란스럽고 대다수가 완전히 잊혀졌다.

제3왕조의 조세르(Zoser, Djoser, 19-28년 통치 2670 b. c. 경)와 [제4왕조]스네페루(Sneferu, 2613-2589 b. c.)는 사실상 정확한 연대를 획득한 최초의 이집트 군주였다. 그들은 강력한 성격이었다. 조세르(Zoser)는 시나이(Sinai)에서 조상 때부터 구리 광산을 해온 것을 알 수 있다. 그는 남쪽 국경에서 전쟁을 해서 '제1 폭포(First Cataract)' 이남까지 영토를 확장했고, 북부에도 군건한 통치력을 행사했다. 왕국에 평화가 넘쳤던 것은 명백하다. 그렇지 않으면 거대 노동자 집단이 계속 투입되어야 하는 거대 무덤 건설이 행해질 수 없기 때문이다.

[제4왕조 제1 파라오] 스네페루(Sneferu, 2613-2589 b. c.)는 그 이름이 암시하는 대로 결단이 신속하고 목적에 일관한 왕으로 이집트인들은 생각을 해 왔다. 거대한 국가적 사업이 성취될 때는 "스네페루(Sneferu) 시대 이후"라고 습관적으로 일컫게 되었다. 스네페루(Sneferu)는 델타 지역에 침략해 오는 아시아 유목민과 싸웠고, 국경 요새지에 벽돌집들을 연결 고리처럼 세워 1천 년 이상 그 이름이 전하게 했다. **시나이(Sinai) 구리 광산**에 문제가 생겼다. 다른 종족이 그 작업을 시작해 이집트인과 소유권 분쟁이 생긴 것이다. 스네페루(Sneferu)는 힘찬 장정(長征)을 행해서 그 지역에 견고한 지배력을 확보하였고, 그의 정신은 이후 '광산(鑛山)의 신'으로 숭배되었다. 스네페루(Sneferu)의 야심은 영토 문제에서만 아니라 거대한 배를 만들어 크레타(Crete) 시리아 연안과 무역을 행했다. 레바논의 삼목(杉木)들이 잘려 이집트 선원들에 의해 나일 강으로 흘러갔다. 남쪽 누비아(Nubia)에서 고정적으로 거래가 이루어졌다. 사원 건축과 무덤 건설을 위해 수천 명의 죄수들이 북쪽으로 잡혀갔다. 스네페루(Sneferu)에 헌납된 두 개의 피라미드가 있는데, 가장 큰 것이 메둠(Medum, Meydum)에 있다.['지도 1' 참조]

관리들의 권세와 부가 크게 늘어났다. 왕의 무덤을 둘러싸고 있는 그들의 석실(石室)은 더욱 크고 공들여 만든 것들이다. 파라오는 더 이상 정부의 세세한 사항에 간섭을 하지 않았다. '대관(Grand Vizier)'이 국가의 다양한 분야를 통치하였고, 그가 최고의 판결도 행했다. "재무 장관

(Chancellor of the Exchequer)"도 있었고, 수로 관리 요원들도 있었다. 주(州) 읍(邑) 동(洞)에도 장(長)이 있었다. 상존(常存)하는 누비아(Nubia)의 위협에 국경의 효과적인 통치를 위해 지역 관리가 임명이 되어 소요를 진압하게 했고, 그의 관할에 군사도 두었다. 그러한 고급 관리는 보통 왕자나 귀족이 맡았다. 그러나 요셉(Josep) 같은 평민 계급의 사람에게도 맡겨졌다. 석실 예배당에는 '성공적인 관리들'의 생전(生前) 기록들이 자랑스럽게 그려져 있다.

제4왕조에는 희랍인 '케오푸스(Cheops)'라고 했던 쿠푸(Khufu, 2589~2566 b. c.) 대왕이 있었는데, 그는 이집트 최대 피라미드를 세운 군주이다. 그와 스네페루(Sneferu) 관계는 알 수 없고, 그는 베니 하산(Beni Hassan) 출신이다. 아마 왕가 귀족의 아들일 것이다. 스네프루(Sneferu)는 아들이 없었거나 약골이었을 것이다. 반란의 기록은 없고 쿠푸(Khufu)가 왕이 될 즈음에 궁정에서 그는 이미 빼어나 있었다.

쿠푸(Khufu)의 동상은 남아 있지 않다. 쿠푸(Khufu)의 사후 수백 년 내에 무덤은 약탈당하여 미라가 훼손되었는데, 그 엄청난 독재자로 기억되었기 때문이다. 헤로도토스는 쿠푸(Khufu)가 "최고의 방탕 자"라는 사제(司祭)의 말을 기록해 놓고 있다. 쿠푸(Khufu)는 모든 사원에 길을 막고 이집트인들이 제사 지내는 것을 막았다. 쿠푸(Khufu)는 그들을 잡아다가 노예로 삼았다. 일부는 아라비아의 채석장에 돌을 나르게 했고, 나일 강에 수로를 파게 했다....수십만 인력이 동원되었다. 그러나 고대사 역사상의 잘못은 단순히 사제들이 가진 조세부담자들에 대한 사제들의 동정심에 비롯한 것이 아니다. 종교적 혁명이 임박한 것이다. **헬리오폴리스(Heliopolis, On)에 태양 숭배자들**은 수나 힘이 증가했고, 쿠푸(Khufu) 시대에는 그들의 정치적 힘도 감지되었다. 사실상 그들의 궁극적 우위는 피라미드 건설 독재 왕들에 대항한 민중 봉기에 기인한 것일 수 있다.

우리는 희랍인 로마인에게는 없는 거창한 군주에 관련된 이집트 전승(傳承)을 즐길 수 있다. 페트리(Flinders Petrie, 1853~1942)는 작고 아름다운 쿠푸(Khufu)의 상아(象牙) 조상(彫像)을 찾아냈다. 쿠푸(Khufu)의 얼굴은 웰링턴(Wellington, 1769~1852) 공작을 연상케 한다. 코는 크고 독수리 부리처럼 굽어져 있다. 눈은 다부지고 날카롭다. 광대뼈는 튀어나왔다.['파라오 일람' 참조] 사변가 행동인의 얼굴이다. 철권 통치자의 얼굴이다-

그의 찌푸리고
찡그린 입술 차가운 명령
그 조각가 잘도 읽어서
지금까지 남았네.

그 최대의 피라미드 건설 자 조상(彫像)에 새겨서. 거기에 자기 생각도 있어서 "내 이름이 쿠푸(Khufu)다."라고 말하고 있는 듯하다.-

......왕 중의 왕;
　　내 사업을 보라, 억세고 막을 수 없는 일.

　이집트 고고학자 페트리(Flinders Petrie, 1853~1942)는 쿠푸(Khufu)의 거대 피라미드가 각각 2,5톤 무게의 석회석 약 2백만3천 덩어리로 구성되어 있다고 했다. 그것은 13에이커(acres, 4046.8m²)를 점령하고 있다. 각 규격은 1변이 768피트(X30cm) 사각형이었으나, 18피트 정도가 수축되었고, 지금 높이는 대략 450피트 인데, 완성되었을 때보다 30피트가 낮아진 셈이다.

　이 피라미드가 인간 돌쌓기 중 최대의 것이다. 이 피라미드는 억센 통치자의 기념물일 뿐만 아니라 멤피스의 위대한 건축가 석공들의 작품이다. 대형 돌들이 잘라져 놀라운 기술과 정밀도로 다듬어져 이음새는 목탄(木炭, 숯)으로 처리 되었다. 석회석의 무게는 현미경 식 정밀로 "동일"하게 만들어졌으니, 페트리(Petrie)는 "오늘날 안경 제작 작업"과 같이 행해졌다고 했다.

　이 피라미드와 다른 피라미드에 관련된 진전된 이론을 적은 책들이 있다. 피라미드는 천문학적 의미는 없으니, 이집트인은 별 숭배자들이 아니었다.[이집트인은 오시리스 숭배 종족이다.] 피라미드는 단순히 돌무덤들이다. 원래 돌무덤이 조세르(Zoser)의 건축피라미드 건축까지 고양(高揚)을 거듭했던 것이다. 신학자들보다는 기하학자들이 마지막 모양을 결정했다. [원래 '사제'와 '기하학도'의 영역이 서로 분리된 영역이 아님을 '마하바라타(The Mahabharata)'에는 충분히 명시하고 있다.]

　쿠푸(Khufu) 피라미드 내부에는 몇 개의 방이 있다. 높이 19피트, 길이 34피트, 너비 17피트 최대 화강암 석관(石棺)에 쿠푸(Khufu)의 미라가 있다. 입구는 북쪽으로 나 있다.

　헤로도토스는 사제의 말을 인용해 10만의 노동자 고용이 되어 3개월이 지나면 해방이 되었다. 석회석은 나일 강 동쪽 카이로(Cairo) 아래에서 채석이 되어 뗏목에 실려 강을 건넜다. 저지대는 홍수가 덮었으므로, 고지대에 섬을 만들었다. 돌덩이를 나르는데 10년이 걸렸다. 피라미드 돌 기초를 마련하는데 역시 많은 시간이 걸렸고, 피라미드 자체가 20년 공사였다.

　역시 헤로도토스는 말하기를 기반 공사가 끝나면 "짧은 나무토막으로 제작된 기계"의 도움으로 돌들이 들어 올려 진다. 모델들이 목제 "요람들(cradles -위쪽은 둥글고 평평함. 그 위에 바위들이 얹어져 이동되었다.)"이 무덤에서 발견되었다. "요람들(cradles)"은 '웨지(wedges, 쐐기)'로 들러 올려졌다. 돌덩이가 일단 충분히 들어 올려 지면, 그것은 제 위치로 밀어 넣어지게 된다. 헤로도토스는 말하기를 수많은 "기계"가 단계마다 돌덩이들을 들어 올리고 다른 사람들은 그것을 큰 재간으로 제 위치에 갖다 놓았다고 했다. 이러한 과정은 피라미드 꼭대기에 이를 때까지 계속되었다. 그 다음에 화강암 석관(石棺)이 제작되고 그 석관에는 노동자들에게 지급된 음식 값 등이 상형문자로 기록되었는데, 헤로도토스는 "쿠푸(Khufu)는 모든 부(富)를 다 썼다."고 말했다.

　피라미드 공사를 빼고는 쿠푸(Khufu)의 치적에 관해 알려진 것은 거의 없다. 스네페루(Sneferu)의 군사적 조처는 국경을 평화롭게 하여, 둔탁한 누비아 사람이나 턱수염을 단 아시아인들도 침략하여 약탈을 할 수 없었다. 그 철권(鐵拳) 대왕의 통치 아래서는 행정이 견고하고 완전하게 체계화 되었었다.

그러나 대 격변은 개인의 의지로는 통제될 수 없었다. 평화의 지속은 문화를 발전시켰고, 인간들의 정신은 생과 사의 문제에 집중이 되었다. 식자층에 종교 혁명이 임박했다. 명백히 쿠푸(Khufu)는 초기 반란의 물결로 권좌에 올랐다. 이행(移行)의 시대였다. 최고 정치적 권력으로서 프타(Ptah)신 교의 몰락은 계속이 되었고, 헬리오폴리스(Heliopolis, On)의 라이벌 라(Ra)교도 드러나게 되었다. 이미 스네페루(Sneferu) 통치 시대에 태양 숭배자인 한 라호텝(Ra-hotep)이 남부에 영향력 있는 장관(Superintendent) 자리를 차지했다. 그것은 태양 사제가 왕실 가족으로 남아 있었다는 이야기이고, 정치적 종교적 상승세를 타서 그들의 사원 학교에서 가르친 사람들을 그들의 신념으로 포괄했던 것을 알 수 있다. 만약 그 지향에 실패할 경우 연결된 사제와 귀족들은 왕권을 위협했을 것이다. 강력한 통치자가 그것을 지연시킬 수는 있었을 것이나 그 새로운 운동을 좌절시킬 수는 없었다.

앞서 확인했듯이 '쿠푸(Khufu, Khnumu)'는 "나는 쿠푸(Khufu, Khnumu) 신이 지켜 주신다."는 뜻이다.[힌두의 '비슈누 화신들', '사제들'과 동일한 작명 방식임] 우주의 "창조자"는 프타(Ptah) 신과 아주 닮았다. 그러나 두 벌의 교리는 각각 나뉘어 발달을 했으니, 서로 다른 종족적 영향 속에 소속이 되었다. **쿠푸(Khufu, Khnumu)는 궁극적으로 태양신과 섞이면서 "살아 있는 태양 정령"이 되었다.**['비슈누 정령'과 동일한 방식이다.] '쿠푸(Khufu)'는 헬리오폴리스(Heliopolis, On)에서 오시리스 화신(化身)으로 간주되었고, 그는 농경의례와 관련되어 많은 사람들의 숭배가 계속되었다.['계관 시인'들의 칭송임] 태양 교리로 오시리스가 라(Ra) 가족이 된 것이고, 이집트를 다스린 "최초의 왕"의 왕좌를 계승한 것이 된다. 그러나 프타(Ptah)는 무시할 수 없는 신이나, 태양신 동반자들 속에 포괄될 수 없었고, 강력한 두 개의 교파 간에 대립이 극렬했던 시대였다.

쿠푸(Khufu)왕의 아들과 계승자들은 '라(Ra)' 교도 영향 하에 있을 수밖에 없었으니, 왕들의 이름 '카프라(Khaf-ra, Khafre, 2558-2532 b. c.)'의 뜻은 "'라(Ra)'가 바로 영광스런 나이다." "나의 밝음은 '라(Ra)'이다."이기 때문이다.['作名'이 그 사상 종교의 명시였음] '태양 교'가 왕가의 제일 신조였다. 태양교도들은 그들의 처음 응낙을 왕실로부터 얻었다. 그러나 이후 왕조에 이르기까지 헬리오폴리스(Heliopolis, On) 고위 사제들은 파라오에게서 최고의 권위를 획득하지는 못했고, 파라오는 "태양의 아들"이란 명칭을 요구하지 않았으나, 이후에 그 명칭은 상용이 되었다.['칭호-作名'란 언제나 사제들이 작성하는 것으로, '사제들'과 '권력자' 相生관계는 더욱 치열하게 살펴야 했다.] 태양 숭배는 이집트 공식 종교가 되었는데, 거기에 다른 교가 첨가되었다. 리비아 군주 통치 하에서 오시리스 종교가 부활했을 때 곡식 신의 화신이었던 옛 왕들은, 태양과 동일시했다.

카프라(Khafra, Khafre, 2558-2532 b. c.)왕은 더욱 공식적인 인정을 바라는 '라(Ra)' 숭배자들의 야심들을 만족시키지 못 했던 것으로 보인다.['파라오 일람' 참죄 단편적으로 남아 있는 전설에 "신들이 쿠푸(Khufu)에서 돌아섰다."라고 했다. 강력한 신도는 참을 수 없었고, "억압된 소망"은 반란을 일으키게 했다. 정치적 반란은 야기되었고, 쿠푸(Khufu) 왕조에 어둠이 찾아왔다.

쿠푸(Khufu)왕의 아우인 카프라(Khafra)[헤로도토스의 '케프렌(Chephren)']는 그 형의 피라미드 보다 30피트가 낮은 제2 거대 피라미들을 건설했다. 그가 지은 신전은 아직 남아 있다. 케프렌(Chephren, Khafra)은 자기의 피라미드를 화강암으로 세웠는데, 공법(工法)은 덜 정밀하나 작업은 쿠푸(Khufu) 때보다 더욱 서둘러 완성했고, 규모가 웅대하다. 엄청난 4각 기둥이 거대 돌덩이를 떠받들고 있고, 거대 개방된 공간이 마련되어 기획이 단순 장대했다.

마리엣(Auguste Mariette, 1821~1881)은 일곱 개의 카프라(Khafra) 동상을 찾아냈는데, 카이로 박물관에 소장된 거대한 섬록암(閃綠岩, diorite) 상(像)은 구원한 이집트 예술의 승리 중에 하나이다. 그는 가발을 쓰고 왕좌에 앉은 모습니다. 그의 머리 뒤에는 수호의 호루스 매의 형상이 있다. 그의 얼굴은 쿠푸(Khufu)의 얼굴보다 참착하고, 결의가 위엄과 인내와 결합해 있는 형상이다. 그는 구 왕조의 위대한 정신이 충만한 듯해 보인다.

섬록암(閃綠岩, diorite) 같은 견고한 소재를 썼음에도 강하고 힘찬 왕의 모습이 자세히 제시되어 있다. 왕좌 뒤쪽은 밋밋하게 되었으나, 양옆으로는 꽃으로 장식했고, 사자의 머리와 앞발로 전체 동상의 위엄을 유지하고 있다.

역시 치적(治績)은 없고, 사제들은 헤로도토스에게 카프라(Khafra)의 행적은 쿠푸(Khufu)와 비슷했다고 전하고 있다. "이집트인들은 온갖 압제와 재난을 견뎌야 했다. 그래서 이집트인들은 두 왕의 이름도 말하기를 싫어했다. 이집트인들은 가축을 돌보는 목동 필리티(Philitis) 이름으로 왕들의 피라미드들을 부를 정도였다."

거대한 스핑크스(Sphinx)는 오랜 동안 카프라(Khafra)와 연동되어 있었고, 그의 이름이 제18왕조 동안에 그 스핑크스에 새겨 넣어졌다. 그러나 스핑크스는 후대에 속한 것으로 생각된다. **스핑크스(Sphinx)는 바위로 만들어졌는데, 높이가 60피트(X30cm)이다. 사자 몸에 파라오 얼굴이다. 그러나 스핑크스(Sphinx)는 이슬람교도(Mohammedans)에 의해 많이 손상이 되어 확실히 알 수 없게 되었다. 스핑크스(Sphinx)의 온전한 의미에 대해서는 알려지지 않고 있다.** 건설 후 수백 년이 지나 이집트인들은 스핑크스(Sphinx)를 태양의 신으로 간주했으나, 단순히 왕의 권력이나 위대함의 상징일 수도 있다.

쿠푸(Khupu)의 아들 멘카우라(Menkaura)[헤로도토스는 '미케르니오스(Mycernius)'라 불렀음]의 기억력이 훌륭했다. 멘카우라(Menkaura, Menkaure, 2532~2503 b. c.)는 제3의 대(大) 피라미드를 세웠는데, 그것은 높이 218피트였다.['파라오 일람' 참죄 그러나 멘카우라(Menkaura)는 이집트인의 짐을 덜어주었고, 사원들을 다시 운영하게 하여 사람들이 신들에게 제물 바치기를 허락했다. 정의(正義)로운 군주로서 멘카우라(Menkaura)는 선대왕들보다 뛰어나 오랜 동안 존중을 받았다. 그는 공정한 판례를 남겼을 뿐만 아니라 항상 관리들을 향한 불평을 들었었고, 잘못을 개선하고 바로 잡았다. 그의 동상은 쿠푸(Khufu)나 카프라(Khafra) 상(像)보다는 못 하다. 얼굴 표정은 전통적인 모습이다.

헤로도토스는 멘카우라(Menkaura)가 딸의 사망에 큰 충격을 받았다는 이야기를 전하고 있다. 멘카우라(Menkaura)는 딸의 몸을 나무 암소 속에 넣고 그것을 다시 황금으로 감쌌다. 왕은 매장을 하지 않고 사이스(Sais) 궁에 안치했다. 그 암소 앞에 매일 향을 태우고, 밤에는 불을 밝혔다. 그 암소는 그의 무릎을 꿇고 앉아 있다. 왕이 보라색 천으로 그 몸을 덮었더니, 암소 황금 뿔 사이에 큰 별이 빛났다. 어느 해 그 죽은 공주의 말에 따라 그 암소 상을 밖으로 옮겨 태양을 볼 수 있게 했다. 그것이 오시리스 축제이고, 그 암소는 이시스(Isis)를 대표한다고 신앙이 되었다.

우리는 멘카우라(Menkaura)의 딸이 고관 프타세프스(Ptah-shepses)와 결혼했는데, 그는 세 개의 오벨리스크(obelisks) 사제가 된 것을 알고 있다. 그 직분은 큰 의미가 있는데, 오벨리스크(obelisks)란 라(Ra)에게 받혀진 것이니, 태양 숭배가 확실하게 정착이 된 것이다.

왕의 미라는 대 현무암 관 속에 넣었다. 그러나 다른 사람들에 의해 파괴가 되었다. 제4왕조 군주 라다데프(Radadef)에 대한 언급도 있으나, 확실한 것은 없다. 쿠푸(Khufu) 계는 150년 꽃을 피웠으나, 그 이후는 무너졌다. 태양 숭배의 새로운 왕들이 통일 이집트 왕좌에 앉았다. 민담들은 당시의 생활과 신앙을 흥미롭게 전하고 있다.[84]

'쿠푸(Khufu)왕의 대 피라미드'

---

84) D. A. Mackenzie, *Egyptian Myth and Legend*, Bell Publishing Company, 1978, pp. 131~141 'Ⅹ. The Great Pyramid Kings'

'쿠푸(Khufu)' '카프라(Khafra)왕' '프린더스 페트리(Flinders Petrie, 1853~1942)',

✈

(a) 이집트 문화는 '피라미드(Pyramid) 문화'이니, 이집트의 국력(國力)은 피라미드(Pyramid) 제작에 기우려졌고, 그 피라미드로 남은 문명이다.

(b) 이 장에서 매켄지(D. A. Mackenzie)는 제3왕조의 조세르(Zoser, Djoser, 19-28년 통치 2670 b. c. 경), [제4왕조 제1 파라오] 스네페루(Sneferu, 2613-2589 b. c.), 쿠푸(Khufu, 2589-2566 b. c.), 카프라(Khaf-ra, Khafre, 2558-2532 b. c.), 멘카우라(Menkaura, Menkaure, 2532-2503 b. c.) 등의 유명 피라미드(Pyramid) 건설 파라오들을 상세히 설명했다.

(c) 유독 독재자 이름을 대표하는 '대 피라미드(Pyramid)' 건설 자 쿠푸(Khufu)에 대해 매켄지(D. A. Mackenzie)가 긍정적인 시각을 보낸 것은 그의 이 저술'고대 이집트 역사'이 제국주의 대표 왕국 '대영제국' 시민이라는 전제도 없을 수 없지만, **'이집트에 대한 긍정적 시각'을 확보하지 못하면 처음부터 그 국가 종족에 대한 언급할 자격 상실이 된다는 엄연한 공리(공리)에 따른 것이다.**

(d) 헤로도토스(Herodotus)가 그의 '역사(*The Histories*, 446 b. c.)'를 서술한 이후에, '세계사'를 전제한 '한 국가(國家) 역사' '한 민족(民族)의 역사' '한 지역(地域)의 역사'는 우선 '관심의 대상'이 '그 지역 종족 중심주의'가 용인이 될 수 있었다. 이것은 일찍이 볼테르가 그의 '역사철학'에서 명시를 했던 생각이다.

(e) 매켄지(D. A. Mackenzie)가 믿었던 '역사 서술의 제일 신조'는 '군국주의(Militarism)'이다. 그것은 힌두가 '크샤트리아의 의무'로 명시했던 바를 이집트 희랍 로마를 거쳐 영국의 매켄지(D. A. Mackenzie)에게까지 이른 것이다.

XI. 5천년의 민담(民譚)

쿠푸(Khufu) 왕은 그 아들들을 통해, 방랑자들이나 마법사 행적에 관한 이야기를 들었다. 카프라(Khfra) 왕자는 '양초(蜜蠟) 악어' 이야기를 했다.

옛날 파라오가 프타(Ptah) 사원으로 행차를 했다. 왕의 측근들도 왕과 동행을 하였다. 왕이 우연히 그 서기(書記) 관 집을 방문했는데, 그 집 후원에는 조용한 여름 집이 있고, 널따란 인공 호수도 있었다. 그 파라오 수행원 중에는 잘생긴 젊은이가 있었는데, 그 서기(書記) 부인은 그잘생긴 수행원를 보고 사랑에 빠졌다. 그 다음 그녀는 그 남자수행원에게 선물을 주었고, 그들은 비밀한 만남을 가졌다. 그 여름 집에서 하루를 보내며 잔치를 열었고, 밤에 그 젊은이는 호수에서 목욕을 했다. 서기의 하인이 그 주인[(書記]에게 일어난 이야기를 고했다.

그 서기 관은 그 하인에게 '마법[魔法] 상자'를 가져오라 명하여, 그 서기 관은 그 상자를 받아들고 '밀랍 악어'를 만들어 그것에 '주문(spell)'을 외었다.[힌두 '생각만능주의' '언어만능주의' 방식임] 그 서기관은 그것을 하인에게 건네주며 말했다.

"그 젊은이가 다음 번 목욕할 적에 이 밀랍 악어를 호수에 던져라."

다음 날 그 파라오와 서기관과 그 상애(相愛)의 젊은이가 그 여름 집에 함께 있을 적에 밤이 되니 그 젊은이는 호수 속으로 들어갔다. 그 하인이 정원을 걷다가 몰래 밀랍 악어를 물로 던지니 그 밀랍 악어는 즉시 살아났다. 그것은 거대 악어가 되어 젊은이를 잡아 사라졌다.

7일이 지났다. 그 서기관은 파라오에게 왕이 자기 집으로 대동하고 온 젊은 이에 대한 문제에 대해 이야기를 보고했다. 파라오도 '그러 했구나.' 생각하여 둘은 호수가의 정원에 섰다. 그 서기관이 명령을 내리니, 악어가 그 명령대로 행했다. 그 악어는 그 젊은이를 입에 물고 나타났다. 서기관이 말했다.

"저의 명령으로 저 악어는 무엇이건 행할 수 있습니다."

파라오가 말했다.

"악어가 다시 호수로 되돌아가도록 해보라."

그렇게 행하기 전에 그 서기관은 그 악어를 다시 '밀랍 악어'로 만들었다. 파라오가 놀라 있을 적에, 그 서기관은 그 젊은이를 세워 두고 그 동안 일어난 일을 모두 왕께 아뢰었다.

파라오가 악어에게 말했다.

"죄인을 잡아가라."

밀랍 악어는 다시 악어가 되어 그 젊은이를 물고 호수 속으로 사라져 다시 나타나지 않았다. 그러자 파라오는 서기관 아내를 체포해 오라 명하였다. 그 집 북쪽 말뚝에 그녀를 묶고 산채로 불을 질러 잔해를 나일 강에 던졌다.

이와 같은 카프라(Khafra) 왕자 이야기를 들은 쿠푸(Khufu) 왕은 마음이 즐거워 그 파라오 무덤을 청소하고 그 현명한 신하에게 제사를 지내도록 했다.

카프라(Khafra) 왕자는 왕 앞에 서서 말했다.

"할아버지 스네페루(Sneferu) 시절에 일어난 놀라운 이야기도 해드리겠습니다."

어느 날 스네페루(Sneferu)는 마음이 우울하고 피곤했다. 그는 기분을 바꿔보려고 궁중을 돌아다녔으나, 마음속에 우울함을 떨칠 수가 없었다. 스네페루(Sneferu)는 서기관을 불러 말했다.

"나는 즐기고 싶다. 그런데 그럴 만한 장소가 없구나."

서기관이 말했다.

"호수로 가 뱃놀이를 가시죠. 궁중에 예쁜 부인들이 노를 젓도록 하시죠. 새들도 자맥질하는 곳에서 그녀들이 첨벙거리고 푸른 연안과 꽃과 나무들을 보면 즐거우실 겁니다. 저도 거기에 함께 가겠습니다."

왕이 응낙하여 아름다운 아가씨가 황금으로 장식한 노를 젓게 했다. 배로 여기저기 돌아다니며 아가씨들의 감미로운 목소리로 노래하니 왕은 즐거웠고, 우울함도 사라졌다.

그들이 돌아다니고 있을 적에, 갑자기 노가 조정(漕艇)하는 아가씨의 머리털을 스치며 그 머리털을 장식하고 있는 녹색 보석이 물속으로 떨어졌다. 그녀가 노를 치켜들며 노래 부르기를 멈추게 하니, 다른 아가씨들도 노래를 멈추고 조용해져 다 노 젓기를 멈추었다.

스네프루(Sneferu)가 말했다.

"멈추지 말고 그냥 진행하라."

아가씨들이 말했다.

"지휘자가 노를 들고 있습니다."

스네프루(Sneferu)가 그녀에게 말했다.

"왜 노를 들고 있는가?"

그녀가 왕께 말했다.

"어쩌면 좋습니까? 저의 녹색 보석이 호수 속으로 떨어졌습니다."

스네프루(Sneferu)가 말했다.

"내가 다른 것을 네게 주마. 그냥 가자."

아가씨는 씰룩거리며 말했다.

"다른 것을 갖기보다는 저는 저의 녹색 보석을 찾아야겠습니다."

스네프루(Sneferu)가 서기관에게 말했다.

"나는 이 선선한 놀이에 크게 즐거워졌다. 아가씨들이 노를 저어 호수를 돌아다니며 즐거웠다. 그런데 한 아가씨가 녹색 보석을 물에 빠뜨려 다른 보석을 주겠다고 해도 말을 듣지 않는구나." **그 서기관이 즉시 '주문(a spell)'을 외웠다. 그 마법적 언어로 그 호수물이 나뉘어 길이 열리었다. 그 서기관이 내려가 그 녹색 보석을 주워 그 아가씨에게 그것을 돌려주었다. 그러고 나서 '권능의 언어(words of power)'를 외웠더니 호수가 다시 예전처럼 되었다.**

그와 같은 카프라(Khafra)의 녹색 보석이야기에 쿠푸(Khufu)왕은 스네프루(Sneferu)와 그 마법의 서기관 무덤에 공물(供物)을 올리도록 명령을 내렸다.

그 다음에 호르다데프(Hordadef) 왕자가 쿠푸(Khufu)왕 앞에 섰다.

"대왕께서는 옛날 마법사 이야기를 들으셨습니다만, 저는 지금 우리 왕국에 살고 있는 마법사를 데려 오겠습니다."

쿠푸(Khufu)왕이 말했다. "아들아, 그러면 그 마법사가 과연 누구란 말이냐?"

호르다데프(Hordadef) 왕자가 대답했다.

"데디(Dedi)라는 사람입니다. 그는 아주 노인인데 나이가 110세입니다. 매일 소의 다리 하나, 빵 5백 개, 맥주 1백 잔을 마십니다. 산 자의 목을 잘랐다가 다시 붙이고, 사자(獅子)를 몰고 다니고, 대왕께서 아시고자 하시는 피라미드 방을 설계할 수 있는 토트(Thoth) 신 거주 비밀을 다 알고 있는 자입니다."

쿠푸(Khufu) 왕이 말했다. "호르다데프(Hordadef)야, 그 사람을 어서 찾아 데려오너라."

호르다데프(Hordadef) 왕자는 나일 강으로 가서 배를 타고 남쪽으로 향해서 데디(Dedi)가 살고 있는 데드스네프루(Dedsnefru) 도시에 도달했다. 왕자는 강가로 가서 자기 의자를 그 마법사를 향해 놔두고 앉자 있는데, 그 마법사는 그의 대문 앞에 누워 있었다. 데디(Dedi)가 잠에서 깨어나니, 왕자는 데디(Dedi)에게 인사를 올리고, 나이가 드셨으니, 그냥 누워계시라고 말했다. 왕자는 데디(Dedi)에게 말했다.

"부왕께서는 당신을 만나 보고, 당신 백성을 시켜 '무덤'도 제공을 하려 하십니다."

데디(Dedi)가 왕자와 왕께 감사의 인사를 올리고 호르다데프(Hordadef)에게 말했다.

"위대하신 당신들; **당신들의 '정신(spirit, Ka)'이 그 '악(惡)'을 이겨서, 당신들의 '영혼(soul, Khu)'이 낙원에 도달하도록 해야 합니다.**"

호르다데프(Hordadef)가 데디(Dedi)를 도와 팔을 잡고 배에 올랐다. 데디(Dedi)는 왕자와 함께

372

타고 그의 보조자와 마법서(魔法書)는 다른 배에 실었다.

왕자 호르다데프(Hordadef)는 부왕 쿠푸(Khufu) 앞에 서서 말했다.

"건강과 힘과 형벌은 모두 당신 것입니다. 제가 마법사 데디(Dedi)를 모셔왔습니다."

왕은 기뻐서 말했다. "그 분을 내 앞에 어서 대령하도록 하라."

데디(Dedi)가 앞으로 나와 왕께 인사를 드리니, 왕은 말했다.

"왜 그 동안 나를 찾아오지 않았는가?"

노인은 말했다. "이제야 대왕께서 부르셔서 제가 왔습니다."

쿠푸(Khufu)가 말했다. "산 자의 목을 잘라도 그대는 다시 복원할 수 있다고들 말한다."[85]

데디(Dedi)가 말했다. "진실로 그 말씀과 같습니다."

왕이 말했다. "그렇다면 죄수를 끌어내어 목을 베도록 해 보자."

데디(Dedi)가 말했다. "사람에게 행하고 싶지는 않습니다. 저는 가축도 그렇게 대하지 않습니다."

먼저 오리를 대령하여 그 목을 잘랐다. 데디(Dedi)는 '마법의 말(magic words)'을 행했다. 그러자 오리의 머리가 몸에 다시 붙었다. 그 오리는 일어나서 큰 소리로 꽥꽥거렸다.

쿠푸 왕이 다시 암소를 대령시켜 그 목을 베게 하니, 데디(Dedi)는 다시 살려내어, 그 암소는 그 대디(Dedi)를 따랐다.

왕이 마법사에게 말했다.

"신 토트(Thoth)의 비밀 처소를 그대는 알고 있다고 나는 들었다."

데디(Dedi)가 말했다. "신들은 제 소유가 아닙니다. 그러나 저는 어디에 계신지를 알고 있으니, **헬리오폴리스(Heliopolis) 신전에 계십니다**. 앞으로 다가올 계획들[일들]이 상자 안에 있으나, 그것을 대왕 앞에 가져와도 소용이 없습니다."

쿠푸 왕은 말했다. "나는 누가 그것[앞을 생길 일]을 내게 전해 줄지 알고 싶다."

데디(Dedi)가 예언하기를 '라(Ra) 사제의 아내 루드데디트(Rud-dedit)가 세 아들을 낳을 것'이라고 말했다. 그 사제 장자(長子)는 헬리오폴리스(Heliopolis)에 사제가 될 것이고, 그가 계획을 소유할 것이라고 했다. 그리고 그와 그 형제들이 어느 날 왕위에 올라 세상을 다스릴 것이라 했다.

그 마법사의 예언을 들은 쿠푸(Khufu)왕은 우울해졌다.

그러자 데디(Dedi)가 말했다.

"오 대왕이시여, 무엇을 걱정하십니까? 대왕 다음에는 왕자님이 이어 다스릴 것이고, 그 다음에는 그 아들의 아들이 다스릴 것입니다. 그런 다음에 그 '세 아들들'이 이을 것입니다."

쿠푸(Khufu) 왕은 말이 없었다. 그런 다음 왕은 다시 물었다.

---

85) 이 속임수를 이집트 마술사는 아직도 수행을 하고 있다.

"언제 그 아이들은 태어날 것인가?"

데디(Dedi)가 왕께 아뢰었다. **"제가 그 '라(Ra)' 신전을 방문할 그 때입니다."**[완전히 '時空 초월'의 힌두 바라문 식 대화 방법임]

데디(Dedi)는 쿠푸(Khufu) 왕의 존중을 받고 호르다데프(Hordadef) 왕자 집에 거주하게 했다. 왕자는 매일 데디(Dedi)에게 매일 황소 고기와 1천 개의 빵과 1백 잔의 맥주와 1백 개의 양파를 제공했다.

루드데디트(Rud-dedit) 부인의 아들들이 태어날 날이 왔다. 그러자 그녀의 남편 '라(Ra)'의 최고 사제는 여신 이시스(Isis)와 그녀의 아우 넵티(Nepthys), 생산 신 메스켄트(Meskhent), 개구리 여신 헤크트(Hekt), 인간에 생명을 주는 크누무(Khnumu) 신에게 기도를 행했다. 그래서 '차후 이집트를 차례로 다스릴 세 왕이 될 아기'를 돌봐 주시도록 간청을 했다.

신들이 그 기도를 들었다. 여신들이 '춤추는 아가씨들[巫女들]'로 온 나라 안을 순회했고, 크누무(Khnumu)는 짐꾼이 되어 그녀들을 뒤따랐다. 그녀들은 그 고위 사제 대문 앞에 이르러 그 앞에서 춤을 추었다. [최고사제는 그녀들을 맞아들였고, 그녀들은 그 사제 소망에 따라 루드데디트(Rud-dedit) 부인 방으로 들어갔다.

이시스(Isis)는 첫째 아이 우세르카프(Userkaf)에게 말했다. "어떤 악도 행하지 말라." 여신 메스켄트(Meskhent)는 그가 이집트 왕이 될 것이라고 예언했다. 창조신 크누무(Khnumu)는 그 아기에게 권능을 부여했다.

이시스(Isis)는 둘째 아이를 '사후라(Sahura)'라 하였다. 메스켄트(Meskhent)는 그가 역시 이집트 왕이 될 것이라고 예언했다. 크누무(Khnumu)는 그 아기에게도 권능을 부여했다.

셋째는 '카카(Kaka)'라 했다. 메스켄트(Meskhent)는 역시 그가 이집트 왕이 될 것이라고 예언했고, 크누무(Khnumu)는 그 아기에게도 권능을 부여했다.

춤추는 아가씨들이 출발하기 전에, 그 고위 사제는 꽤 많은 양의 보리를 크누무(Khnumu)의 어깨에 메고 가도록 주었다.

길을 가다가 이시스(Isis)가 말했다.

"우리가 저 아이들을 위해 기적을 보여주자. 그래서 아이 아버지가 누가 우리를 자기 집에 파견했는지를 알도록 하자."

사제가 제공한 그 보리 자루 속에 왕관을 숨겨 넣었다. 그런 다음 신들은 큰 폭풍을 일으켜 그 보리를 고위 사제 집 창고로 되돌려 놓고, '다시 돌아와 찾아 갈 것임'이라는 딱지를 붙여 두었다.

14일이 지난 다음 루드데디트(Rud-dedit) 부인이 맥주를 만들려고 하인을 창고로 보냈다.

하녀가 말했다. "춤추는 아가씨에게 제공했던 보리 말고는 남아 있는 보리가 없습니다."

루드데디트(Rud-dedit) 부인이 말했다.

374

"그러면 그 보리를 그냥 가져 오너라. 돌아오면 값을 쳐주어야겠다."

하녀가 그 창고로 들어가니, 가느다란 춤추는 아가씨들의 음악과 노래 소리가 들렸다. 하녀가 부인께 알리니, 루드데디트(Rud-dedit) 부인이 직접 창고로 왔으나, 처음엔 어디에서 음악이 들리는지를 알지 못했다. 결국 부인은 그 보리 자루에서 들린다는 것을 알았다. 부인은 그 보리 자루를 궤 속에 넣고 그것을 잠근 다음 남편에게 알리고 서로 즐거워했다.

그런데 루드데디트(Rud-dedit) 부인이 그 하녀에게 화를 내어 그녀에게 심한 벌을 주는 일이 발생했다. 하녀를 복수를 행하려고 말했다.

"세 아기가 왕이 될 것이라고……내가 그것을 쿠푸(Khufu) 왕에게 고(告)해 버려야겠다."

그래서 그 하녀는 그녀의 큰 외삼촌을 찾아갔다. 그래서 자기 주인의 아들에 관한 모든 것을 우선 그에게 털어 놓았다.

큰 외삼촌은 그 여 조카의 말에 화를 내며 말했다.

"왜 그 비밀을 내게 와 말을 하느냐? 나는 네 말대로 실행을 할 수는 없다."

그런 다음 그 큰 외삼촌이 오히려 그 하녀를 때리니, 그녀는 나일 강에 몸을 던지러 갔더니, 악어가 그녀를 삼켰다.

그 후 그 큰 외삼촌이 루드데디트(Rud-dedit) 부인 처소로 찾아 갔더니, 부인은 무릎 사이에 머리를 숙이고 슬픔에 잠겨 있었다. 그 하녀의 외삼촌은 물었다.

"무슨 일로 근심에 계십니까?"

루드데디트(Rud-dedit) 부인이 대답했다.

"제 하녀가 내 비밀을 폭로하러 도망을 갔습니다."

그 하녀의 외삼촌은 절하며 말했다.

"보십시오. 걔[하녀가 내게 와 모든 것을 말하기에 내가 걔[하녀를 때렸더니 걔[하녀는 나일 강으로 달려갔다가 악어에게 먹혔습니다."[86]

그래서 위험을 피했다. 쿠푸(Khufu) 왕은 데디(Dedi)가 예언을 했던 아이들을 찾아낼 수 없었다. 때가 되어 그들은 이집트 왕이 되었다.

(([다음의] 쿠푸(Khufu) 이전에 이집트를 다스렸던 왕에 관한 민담은, 사제(司祭)가 헤로도토스에게 전한 이야기이다.))

람프시니토스(Rhampsinitus)란 군주가 있었다. 그는 서쪽에 프타(Ptah) 사원을 세웠다. 람프시

---

86) '웨스트카 파피루스(Westcar Papyrus)' 이야기는 여기가 끝이다. 이것은 웨스트카 (Westcar) 양이 이집트에서 구입하여 지금 베를린 박물관에 보관이 되어 있다. 처음과 끝은 잘려나갔다. 그 아기들이 제5왕조 처음 3왕이 되었다는 것은 라(Ra)교의 정치적 상승을 말하고 있다.

니토스(Rhampsinitus)는 두 개의 동상을 세웠는데, 북쪽을 향한 동상은 여름에 예배를 드리고 남쪽으로 향한 동상은 겨울에 예배하게 했으나, 경배는 행해지지 않았다. 왕은 큰 부를 소유했고 왕궁 곁에 큰 창고를 세워 그의 부를 쌓아두었다. 그런데 건축가 중에 한 사람이 돌[石] 하나에 장치를 하여, 그 창고 속의 부(富)를 밖으로 반출(搬出)을 할 수 있게 장치를 해 놓았다.

왕이 그의 물건을 창고에 넣어두었는데, 그 건축가는 병이 들어 임종이 가까움을 알았다. 그 건축가에게는 두 아들이 있었는데, 건축가는 그 아들들에게 돌[石]의 비밀을 알려주고 그것을 찾아 꺼낼 수 있게 알려주었다.

그 건축가가 사망한 다음 그 아들들은 밤에 그 돌을 치우고 창고로 들어가 많은 보물을 옮겨 놓고, 그곳을 떠나기 전에 그 창고 담벼락을 다시 잘 닫아 놓았다.

왕은 자기의 부가 약탈된 것을 보고 크게 의심이 생겼는데, 문에 부착된 도장도 온전하고 의심할 사람도 없었기 때문이다. 도둑질이 거듭되어 재산이 크게 줄어들었다. 결국 왕은 창고에 올가미를 설치해 두고 입구를 지키게 해서 그 신비한 도둑질을 막아 보려 했다.

얼마 가지 않아 형제가 다시 창고로 왔다. 그들은 돌을 치우고 몰래 창고로 들어갔다. 습관대로 보물을 손대려 하다가 갑자기 그 올가미에 갇히게 되었다. 순간 그 탈출이 어렵다는 것을 안 형은 사형을 당할 것을 미리 알고 아우도 잡힐 것을 알았다. 그래서 그 형은 생각했다. "나 혼자만 죽을 것이다."

그렇게 결심한 형은 어둠 속에서 아우를 불러들여 말했다. "나는 탈출할 수 없게 되었고, 너도 머지않아 잡힐 것이다. 내가 잡혀 신원이 밝혀지면 너도 잡혀 죽을 것이다. 당장 내목을 잘라 내가 누구인지 모르게 하여 너의 목숨을 지키도록 하라."

슬픔을 머금고 아우는 형의 말대로 행하여 형의 머리를 들고 밖으로 나왔다. 아우는 도망치기 전에 돌[石]을 원래대로 복원하여 아무도 그를 본 사람이 없었다.

아침이 되어 왕은 보물 창고를 확인 결과, 머리 없는 시체가 걸려 있고 문은 열리지 않았으므로, 두 사람이 들어와 한 사람은 도망을 쳤다는 사실에 놀랐다. 왕은 시체를 궁궐 벽에 매달아 몰래 누가 그 시체를 보고 슬퍼하는지를 살피게 했다. 그러나 아무도 그 시체 가까이 온 사람은 없었다.

그런데 그 어미가 그것을 몰래 슬퍼하고 있었다. 그러다 그 어미는 더욱 분노가 치밀어 그 아우가 그 형의 시체를 치우지 않으면 왕에게 모든 것을 말하겠다고 그 아우를 위협했다. 아우는 어머니를 고정시키려 했으나, 그녀는 위협을 포기 하지 않았다. 그래서 아우는 시체를 치울 준비를 했다.

아우는 나귀 등에 많은 술 포대를 실었다. 아우는 밤에 나귀들을 몰고 궁궐로 갔다. 아우는 형의 시체를 지키는 경비대에게 다가가 가죽 술 부대에 뚜껑을 열었다. 술이 도로로 쏟아져 흐르니 아우는 머리를 치며 소리쳤다. 병사들은 나귀를 향해 달려와 나귀를 붙잡고 술 부대를 잡고 그

술을 달라고 말했다. 처음에 아우는 짐짓 화를 내며 욕하는 척했으나, 병사들이 그 아우를 달래자 아우는 기꺼이 모든 술 부대를 그들에게 다 맡기었다.

금방 그 아우는 경비들과 담소를 나누며 경비병들도 그에게 농담을 했다. 경비병들은 아우와 취하도록 마셨다. 경비병들이 쓰러져 잠들었을 때, 아우는 형의 시체를 끌어내려 나귀 등에 실었다. 아우는 출발하기 전에 병사들의 오른쪽 볼수염을 깎아놓았다. 어미는 어둠 속에 그 아들을 환영하였다.

왕은 경비병들이 도둑의 속임수에 당했던 것에 화가 나서, 그 도둑을 꼭 잡으려고 결심을 했다. 왕은 자기 딸을 변장하여 그 도둑을 기다리게 했다. 공주는 수소문을 행하다가 결국은 그 도둑을 찾아냈으니, 그 도둑 아우가 그녀를 욕심내었기 때문이었다. 아우가 공주에게 말을 거니, 공주는 그가 행했던 '재능 있는 일'과 '가장 사악한 일'을 모두 고백하면 그 신부(新婦)가 되겠다고 했다.

그 아우는 쉽게 말했다. "내가 행했던 가장 사악한 행동은 내 형이 왕실 보물 창고에서 올가미에 걸렸을 때 그의 목을 베었던 일이고, 가장 재능 있는 일은 왕의 경비병들을 속이고 형의 몸을 치웠던 일이다."

공주가 그를 체포하려고 했으나, 그는 공주를 밀치고 도망을 쳤다.

왕은 그 도둑의 교묘함과 담대함에 크게 놀랐다. 왕은 그가 만약 왕의 앞에 나타나면 용서하고 상을 주겠다고 선언했다. 그 아우는 그렇게 했고, 왕은 그의 말을 기쁘게 생각하여 그의 딸을 주었다. 세상에는 이집트인보다 더욱 재능 있는 사람도 없지만, 그 사람과 같은 사람은 나라 안에 없었다.

그 람프시니토스(Rhampsinitus) 왕이 저승을 여행을 했는데, 여신 이시스(Isis)[87]와 주사위 노름을 하여, 이기기도 하고 지기도 했다. 이시스는 왕에게 황금으로 수를 놓은 손수건을 주었는데, 왕이 돌아올 때 큰 잔치가 열렸는데, 그 잔치는 그 이후 매년 반복이 되었다. 그것이 계기가 되어 [여신을 볼 수 없도록]눈을 가리고 있는 사제를 이시스 사원으로 데려다 놓고 그를 혼자 남겨 두는 풍속이 생겼다. 두 마리 늑대가 그를 호위했다고 믿고 있다. 이집트인은 이시스와 오시리스[88]가 저승에서는 가장 위대한 신이라고 믿고 있다.[89]

————→

(a) 이 장에서 매켄지(D. A. Mackenzie)가 가장 비중 있게 진술하고 있는 '웨스트카 파피루스

87) 헤로도토스는 데메테르(Demeter, Ceres)라 했음.
88) 케레스(Ceres)와 바커스(Bacchus)임.
89) D. A. Mackenzie, *Egyptian Myth and Legend*, Bell Publishing Company, 1978, pp. 142~154 'XI. Folk Tales of Fifty Centuries'

(Westcar Papyrus)' 이야기, '쿠푸(Khufu) 왕 앞에 나타난 **예언가 데디(Dedi)'는 갈데없는 힌두 (Hindu) '바라문(婆羅門, 브라만) 선교사의 말'이다.**

(b) 그것을 가장 확실하게 입증하고 있는 말은, -쿠푸(Khufu) 왕이 예언가 데디(Dedi)에게 "그대는 신 토트(Thoth)의 비밀 처소를 알고 있다고 나는 들었다."라고 하니, 그 데디(Dedi)가 "신들은 제 소유가 아닙니다. 그러나 저는 신들이 어디에 계신지를 알고 있으니, 헬리오폴리스(Heliop-olis) 신전(神殿)에 계십니다."-라는 진술 속에 **'헬리오폴리스(Heliopolis, On) 신전(神殿)'**이라는 말이 그것이다.

(c) 그 '헬리오폴리스(Heliopolis, On)'에 대해 포콕(E. Pococke)의 '희랍 속의 인도(*India in Greece*, 1851)'에 중요 해설이 있다.[90]

(d) 매켄지(D. A. Mackenzie) 자신도 확신을 하고 있듯이 '이집트 고유 신앙' '오시리스 이시스 신'이고 나머지 모두는 소아시아 중동을 통해 수입한 힌두(Hindu) '마하바라타(*The Mahabhar-ata*)'의 연장으로 알면 틀림이 없다.

(e) 즉 쿠푸(Khufu) 왕 앞에 왕자들의 '언어 주술' '물 갈라놓기[모세 이야기]' '죽은 생명 살려놓기'는 그 '마하바라타(*The Mahabharata*)'에 '라마(Rama)의 다리 건설[모세 이야기]' '뱀 왕 탁샤카(Takshaka) 앞에 의왕(醫王) 카샤파(Kasyapa)가 행한 묘기(妙技)'의 변용 축소에 지나지 않는다. 그런 것은 힌두 '브라만(婆羅門)'의 '만트라Mantra, 언어 주술]'로 모두 가능했다는 것이다.

(f) '람프시니토스(Rhampsinitus)와 도둑 형제 이야기'는 **이집트 '용병(傭兵) 이야기'다.** 이집트와 소아시아 중동 유럽에 모든 국가의 병사는 대부분이 '용병(傭兵)'들이었는데, 그들을 돈을 받고 그들의 체력과 용기로 살아가는 사람들이다. [왕에 대한 '불변의 충성심' 따위는 문제되지 않는다.]

(g) 그런데 힌두(Hindu)의 '마하바라타(*The Mahabharata*)' '미인 빼앗기 전쟁'이 주류를 이루고 '보석'이나 '황금' 따위는 별 문제가 되지 않는데, '최고 무사(크샤트리아)들의 왕권 다툼'이 그 '이야기의 쟁점'이 되고 있기 때문이다.

---

90) E. Pococke, *India in Greece*, London, 1851 p. 185

XII. 태양신의 승리

✻ 경쟁적인 의례(儀禮) -거인 프타(Ptah) -그의 산(山) 자리 -오시리스의 낙원 -태양 숭배자들의 낙원 -저승 관념 -악마 뱀 -'성경'의 위대한 모태(母胎) -헬리오폴리스(Heliopolis)의 구신(九神) -돌과 태양의 숭배 -호루스(Horus) 의례 -신에 관한 다양한 개념들 -여타(餘他) 신들과의 연대(連帶) -'날개 달린 원반' 전설(傳說) -라(Ra)의 적들이 멸망되다 -'함성을 지르는 뱀'으로서의 세트(Set) -태양 숭배자인 왕들 -태양 숭배 고관(高官)들 -신들 포식자(飽食者) 우나스(Unas) -이집트인의 오리온

태양신의 융성(隆盛)은 신학적 정치적 의미를 가졌다. '**라(Ra)' 신은, 우주 신들의 '위대한 아버지(Great Father)'로 승격되었고 명백히 왕의 후손인 최고위 사제가 이집트 왕위에 앉았다.**[왕권과 사제권의 통일] '데디(Dedi) 예언과 왕이 될 것이라는 세 아들 탄생' 민담(民譚)은 쿠푸(Khufu) 후손의 갑작스런 중단으로 빚어진 혁명에 대한 신비의 제공으로 후대에 만들어진 것일 수밖에 없다.

흥미로운 두 거대 경쟁적 종교 집단의 변화가 이 시대에 일어나고 있다. **헬리오폴리스(Heliopolis) 신학은 태양 숭배에 기초를 두고 있는데, 멤피스(Memphis) 신학은 대지(大地) 숭배에 기초를 둔 것이다.** 멤피스(Memphis)의 창조 요정 프타(Ptah)는, 셉(Seb)과 유사한 대지의 거인[91] 타넨(Tanen, Tatunen)과 연합을 했다. 그 난쟁이 신(dwarfish deity)은 뒤에 거인이 되어 "세계의 신" '위대한 아버지'가 되었다.[비슈누 -'4 바마나(Vamana, 난쟁이) 화신'[92]임] 프타 타넨(Ptah Tanen)에 드리는 한 '찬송'에는 그의 머리는 하늘에 있고, 다리는 땅이나 지하 두아트(Duat)에 있다고 선언했다. 사제 시인이 말하기를 "바람은 당신의 코끝에서 나오고, 물은 당신의 입에서 흐르고, 곡식은 당신 등에서 자랍니다. 해와 달은 당신의 눈이십니다. 당신이 주무실 때는 밤이고 당신이 눈을 뜨시면 날이 밝습니다."라고 찬양했다.

프타 타넨(Ptah Tanen)은 "모든 부분을 완전히 드러내는 완전한 신"으로 찬송된다. 태초에 홀로 였다. 하늘이 생기고 세상이 생기고 물이 흐르기 전에 그의 몸과 사지(四肢)가 생겼다. 라(Ra)와는 달리 프타 타넨(Ptah Tanen)는 원초적인 깊은 곳에서 솟지 않았다. 멤피스(Memphis) 시인은 노래하기를 "두 땅[상하 이집트]을 당신이 만드실 때에 당신도 나타나셨다."라고 했다. 그러기에 험준한 산꼭대기를 그의 '자리', 그의 '의자'로 가졌다는, 고산(高山)의 거인 족 생각이 수입되었던 것을 암시하고 있다.

시인은 말하기를 "아버지나 어머니가 당신[프타 타넨(Ptah Tanen)]을 낳지 않았고, 다른 존재 도움 없이 스스로 나타나셨습니다."라고 했다. [힌두 식 '절대자'임]

---

91) 사자 아케르(Aker)는 또 다른 대지의 신이다.
92) P. Thomas, *Hindu Religion Customs and Manner*, Bombay, 1971, Plate 46~54

거듭된 프타(Ptah)와 오시리스(Osiris) 통합은, 사자(死者) 영혼들이 이집트에서 노동자들이 고용(雇用)되듯이 동일한 방법으로 고용된 '낙원'의 개념에 반영이 되었다. 도덕적 신념이 그 종교적 체제에 더해졌으니, 인간들은 죽으면 심판을 거치게 되고 그들 미래 행복은 생전에 바른 행동과 선행의 보상으로 제공이 된다는 것이다. 그 같은 이집트인들의 생각이 무덤 속에 기록이 되어 있다.

"나는 착한 마음으로 이 '무덤'을 건설했다. 나는 다른 사람의 물건을 훔치지 않았다…나는 빼앗지도 않았다…태어난 이래 죄를 진 적이 없다…나의 행동은 모든 사람들이 알고 있다. 나는 배고픈 사람과 헐벗을 사람을 도왔다…어떤 사람도 나의 압박을 신에게 호소한 자는 없었다."

사람들이 죽게 되면 그를 오시리스가 심판한다. "나는 오시리스처럼 살 것이다. 오시리스는 죽어도 없어지지 않았고, 내가 죽더라도 나를 없앨 수 없다."

'태양신'이 융성'한 다음에도 이러한 고백은 계속 이어졌다. 새로운 종교는 왕가와 귀족이 수용했고, **그 아시아적 요소[태양신, 불의 신]가 인기가 있었다**. 그 새로운 종교는 도덕적 신앙보다는 마법적 것이 섞이었다. 즉 인간의 미래 행복은 전적으로 '마법적 공식'과 '종교적 의례에의 헌신(獻身, devotion)'으로 결정된다는 것이다.['지존(至尊)의 노래(Bhagavat Gita)'의 主旨임]

'태양 숭배자들의 낙원'은 프타 오시리스(Ptah-Osiris) 교 신앙보다 더욱 추상적이었다. 그 '태양 숭배자들의 희망'은 '라(Ra)'의 태양 범선에 오르는 것'이었다. 사자(死者) 중에 선발된 자는 빛나는 정신들이고, 신과 함께 어둠의 위기를 극복하고 천국의 음식을 들며 '라(Ra)'와 하나 되어 결핍의 고통이 없다는 것이다.

헬리오폴리스(Heliopolis) 사제들은 인간 사후 영혼들은 서쪽으로 여행을 하여 '두아트(Duat) 암흑의 세계' 첫 번째 구간에 돌입한다고 가르쳤다. "감추어진 영역"인 아멘티(Amenti)에는 '라(Ra)'의 범선(帆船)이 도착하기를 기다리고 있다. 필수적인 마법적 "통과 언어[주문]"를 반복해야 진입이 허락 되고, 신의 빛을 따라 아침 동녘 지평에 도달할 때까지 여행을 계속해야 한다.['부활'이 강조된 것임] 그런 다음 하늘로 올라, 행복한 영역으로 들어간다. 그들은 옛 친구나 옛 장소를 방문할 수도 있다. 그러나 그들은 저녁때에는 태양의 범선으로 되돌아 와야 한다. 왜냐하면 악령들이 어둠으로 삼킬 수도 있기 때문이다. 그래서 그들은 밤마다 지하로 항해를 계속해야 한다. 그들은 영원히 빛 속에 거주한다.

조금 덜 운 좋은 사람들은 두아트(Duat)의 다양한 구간에 거주를 하고 있다. 일부는 첫 구간에 떨어져 있고, 다른 사람들은 마법적 공식이 통할 수 있는 영역의 존재들은 태양 범선에 들어오는 것이 허락된다. 어둠 속에 남아 있는 자들은 고통의 불 연못 속에서 뱀들이 토해낸 희미한 빛 속에서 24 시간 동안 태양의 범선이 지나기를 고대하고 있다. 그런 다음 그들은 특별한 '라(Ra)'신이 제공하는 축복을 즐긴다. 강둑에 모여 그들은 지나가는 신을 찬송하고 신이 떠나면 탄식이 일어난다. 그들은 [생전에 노동 없이 먹을 것만 탐냈던 자들이다.[오시리스' 식으로 復活이 강조된 '태양신'이다.]

'라(Ra)'의 적들은 태양 빛과 마법의 주문이 창과 칼이 되어 무찔러 패배한 자들이다. '라(Ra)' 신이 일단 지나가면 그 악귀들은 되살아난다. 인간 중에 '라(Ra)'의 적은 이승에 있을 적에 '라(Ra)'에 경배하지 않았던 자들이다. 그들은 영원한 불길의 호수 속에 배정을 당한다. 후기 이집트인의 신앙은 옛 신앙을 회복한 것이다. 콥트들(Copts)이 지옥에서 뱀, 악어, 사자, 곰들의 머리를 지닌 채로 지내고 있다. 사후(死後)에 그 "복수 자들"이 그 사자(死者)의 영혼을 비튼다고 믿었다. 칼로 찔러 난도질한 다음에 불의 강물에 던진다고 생각했다.

옛날부터 이집트에는 뱀들이 많았고, 사람들은 크게 무서워했다. '라(Ra)' 신까지도 그들을 무서워했다. **'라(Ra)'는 이시스(Isis)가 만든 뱀에게 물렸다.** '라(Ra)'가 세상을 떠나 천국에 오른 다음에 인간을 통치할 적에 그가 인간들에게 그의 적으로 뱀들을 말하고 그들을 극복하는 마법적 주문을 제공했다. 뱀 지배 구역은 이집트에서 아직 없어지지 않고 있다. 뱀은 옛날 유명했다. '성경'에도 그들의 힘에 대한 상징적 언급이 있다. '시편(詩篇)' 제작자(Psalmist)는, "그들의 독은 뱀의 독이니, 그들은 살무사라. 귀를 닫고 말을 듣지 않도다."(시편 1viii, 4-5) '예레미야(Jeremiah)' viii 17에는 "내가 뱀과 악어를 보내어 듣지 않은 자를 물게 할 것이다."라고 했고, '전도서(Ecclesiastes, x 11)'에는 "듣지 않으면 확실히 뱀이 물어뜯을 것이다."라고 했다. 이집트에 진실한 뱀들의 구간의 사람들은 뱀들의 놀라운 힘을 증언하고 있다.[93]

고대 이집트 특히 태양 숭배자들은 뱀들을 악령의 화신으로 믿었다.[94] '빛'의 적(敵)인 '어둠'은 아페프(Apep) 뱀, 거대한 벌레[뱀]으로 상징이 되었다. 그것은 밤마다 두아트(Duat) 영역에 일어나 그 '태양의 범선'을 파괴하려 들었다. 이처럼 아페프(Apep) 뱀은 중국(中國)의 용(龍)과 비슷하다.

'라(Ra)'가 위기에 처할 때, 사제들은 '라(Ra)'를 도우려고 강력한 주문을 외며 어둠의 악령을 쫓으려고 소리친다. 파피루스에 녹색 잉크로 적은 주문을 불살라야 효력을 낸다고 생각했다. 마법에 대한 효력은 '녹색 밀랍 뱀'의 제작과 파괴로 행해지기도 했다. 그 '밀랍 뱀'에 고양이 악어 오리 머리를 만들어 붙이기도 했다.[95] 돌칼로 그것들을 파괴하고 왼발로 차서 가루로 만들었다.[96]

거대 이집트 뱀에 대해 역시 '성경'을 참조할 수 있다. '이사야(Isaiah, 1 x vi, 24)'에는 "벌레[뱀]를 죽일 수 없고, 그들의 불을 끌 수 없어, 모든 사람들이 싫어 할 것이다."라고 했고 역시 "뱀이

---

93) 윌리엄 레인(Edward William Lane, 1801~1876) '현대 이집트인의 예절과 풍속(*Manners and Customs of the Modern Egyptians* -xi, xx 장)'

94) 같은 책, v 장

95) 오리 머리 뱀은 베어울프(Beowulf) 시에 수오리를 연상하게 한다. 고양이 개의 머리 거인은 켈트 민담에 있다.

96) 제임스 왕(King James)은 그의 '악마론(Demonology, II 책 v 장)'에서 "밀랍이나 진흙으로 만든 악마는 그들의 이름으로 사람들의 고질(痼疾)들을 녹여 사라지게 할 수 있다."

사람을 양모(羊毛)처럼 먹을 것이다.(ⅼⅰ, 8)"라고 했다. 코프 사람(Coptic) 문학에 아페프(Apep) 뱀은 어두운 세계를 감고 있어 그의 입으로부터 "모든 얼음(氷)97), 먼지, 추위, 질병"이 생긴다고 했다(*Pistis Sophia*).

태양이 '창조주의 화신'이라는 관념은 아시아에서 수입이 되었다. 그러나 불의 호수를 동반한 두아트(Duat) 개념은 이집트인이 원본이다. 바빌로니아 하데스(Hades)로 이스타르(Istar)가 하강 했을 때 영원한 어둠이 넘쳤고, 파멸의 영혼들이 더러운 음식과 탁한 물을 마셨다. 악취와 질병은 있었으나 불길에서 온 고통을 겪지는 않았다.98)

'라(Ra)' 신학은 이집트 계통으로 발달했다. 앞서 전제한 지방 신앙과 섞이었다. 태양 범선은 "**1백만 년 범선(帆船, Bark of Millions of Years)**"이라 하고 '밤'에는 지하의 나일 강을 건너고, '낮'에는 천상의 나일 강을 지나 '천상의 범람'에 맞추어 그 계절적 코스 변전을 행한다는 것이다. 라(Ra)는 오전에는 마디트(Maadit) 돛을 세우고, 오후에는 섹티(Sekti) 돛을 단다.99)

헬리오폴리스에서 태양 숭배자들의 교리가 발달했듯이 [수입 신이든 토착 신이든]다른 신들도 신들의 가족으로 포함이 되었다. **'3'과 그의 곱은 명백히 마법적 의미를 가지고 있었다.** '라(Ra)'와 '케페라(Khepera)'와 '툼(Tum)'이 태양 신 3개조이다. 태양신과 그 아들과 후손 3인조이다: 하늘인 누트(Nut), 바람인 수(Shu), 대지인 셉(Seb) "저주 자" 사자 머리 테프누트(Tefnut), 곡식 신 오시리 스(Osiris), 델타 대모 이시스(Isis), 그 여동생 넵티(Nepthys)와 셈족의 세트(Set)가 헬리오폴리스 9개조(Ennead of Heliopolis)를 이루었다. 9개 신 단(神團)의 명칭은 시대마다 달랐다. 어떤 경우 는 세트(Set)를 호루스(Horus)가 대신했고, 다른 경우는 오시리스(Osiris)가 빠지고 그 자리에 딱정 벌레 케페라(Kheper)가 자리했다. 호루스(Horus)의 포함은 호루스(Horus)교와 '라(Ra)'의 통일이 그것이다. 헬리오폴리스(Heliopolis)에서는 왕과 사제들이 오시리스 교를 포함하기 위한 잦은 시도 가 있었다. 그러나 결코 성공할 수가 없었다. 타협은 명백히 때로는 효력을 내었을 것이니, 두아트 (Duat) 신도 중 그 "분파"가 오시리스에게 양여(讓與)되어 그가 그의 추종자들을 판결하는 것이기 때문이다. 궁극적으로 [오시리스와 '라'의] 두 낙원의 개념은 연합하기보다는 혼란에 빠졌으니, 결국 은 수 백 년의 억압 후에 '초기 신앙[오시리스]'이 승리를 거두었다. 우리는 이미 '태양의 9신 숭배'에 서 그 프타(Ptah) 신이 엄격히 제외되었음을 확인했다.

고대 종교적 신앙은 역시 헬리오폴리스(Heliopolis)에서 인식을 계승한 것이다. **태양의 사제들**

---

97) 람세스(Rameses) Ⅱ 때, 히티테(Hittite)왕 카투실(Khattusil)이 이집트를 방문했다. 아부 심벨(Abu Simbel)의
   한 기록에는 그 왕이 귀국할 때 산악에 있는 눈과 얼음으로 지연되게 하지 말라는 희망이 표현된 명문(銘文)이
   있다. 이사야(Isaiah)는 뱀에 대한 상징적 언급을 했다. "주님이 그의 무서운 큰 칼로 바다 속의 괴물 뱀을
   쳐 죽일 것이다.(Isaiah, ⅹⅹⅶ, 1)"
98) 튜턴족의(Teutonic) 신화 니펠헬(Nifel-hel) 이야기와 같음.
99) 마호메트(Mohammedan) '정오(正午) 기도'는 '태양 숭배자들의 풍속'일 것이다.

은 라(Ra)를 '위대한 아버지'로 인정하는 한에서 다른 신들을 신으로 인정할 차비를 하고 있었다. 그들은 나무 우물 돌과 산악(山嶽) 숭배를 견디고 있었다. '라(Ra)'는 날마다 얼굴을 씻어 아랍인들은 아직도 "샘물(泉)인 태양"이라고 부르고 있다. 샘물 곁에 있던 단풍나무도 존경의 대상이었다. 성스러운 모래 언덕에 제사를 지내고, 모래 언덕에 미라를 묻은 풍속이 성행했다. 태양신 정령 중100)의 하나는 바위덩이에 거주한다고 신앙되었다. 그래서 이집트인들은 신성한 "태양의 도시 (city of the sun)" "석주(石柱, stone pillar)"라고 이름 지어 불렀다. 제5왕조에 '라(Ra)' 왕들은 '천장이 없는 신전'을 세웠으니, 그 사원은 크고 넓은 오벨리스크들을 쌓아 올린 것이다. 아부시르 (Abusir)에 있는 석상은 아래쪽은 138피트이고 위쪽은 111피트이다. 그 사원 밖에는 길이가 90피트 넘는 벽돌 태양 범선이 있다.

이러한 형태의 사원은 제6왕조 이후에는 사라졌는데, '라(Ra)' 사제들의 정치적 힘이 약화되었다. 그러나 돌 숭배의 전통은 남아 [英國의]템스 강둑(Thames Embankment)에 "클레오파트라 바늘" 같은 날카로운 오벨리스크들을 사원 앞에 세우는 것이 풍속을 이루었다. 헬리오폴리스(Matarieh) 에 아직 남아 있는 오벨리스크 하나는 사라진 사원 터를 알려주고 있다. 그것은 제12왕조 세누세르 트(Senusert) Ⅰ세[**Sesostris** I), 1971-1926 b. c.] 이름을 간직하고 있다.['파라오 일람' 참조]

북쪽을 압박하다가 전 영토를 지배하게 된 '호리테(Horite) 태양 숭배 종교'는, '라(Ra)' 교와는 그 계통을 달리한 것으로 보인다. 종족 신의 원래 형태와 그 신과 연합한 특별한 종교적 의례를 구분하는 것은 지금으로서는 불가능하다. 호루스(Horus)는 두어 가지 형태가 있다. 가장 친밀한 것이 매(鷹)이고, 태양의 정신을 상징했다. 그 매는 초기 왕들을 수호했으니, 그들은 "호루스의 사제이거나 후예였다." 왕의 징표로 계속 사용이 되었다. '라(Ra)' 의례처럼 호루스(Horus) 의례는 이집트인의 신앙으로 흡수되었고, 매(鷹) 신의 개념은 지역에 따라 다르다.

대표적인 두 가지 호루스들은 오시리스와 형제였던 호루스(Horus)와 오시리스와 이시스의 아들 로서의 호루스(Horus)이다.

멤피스에 가까운 레토폴리스(Letopolis) 호루스(Horus)는 매(鷹)의 머리 인간이고 천상의 여신 하토르(Hathor)의 아들이다. 상부 이집트에서 호루스(Horus)는 매로 단조롭게 표현되어 있다. **특히 에드푸(Edufu)에서 호루스(Horus)는 천신(天神)의 속성을 지녔고, 하부 이집트의 도시 세 데누(Shedenu)에서 호루스(Horus)는 해와 달 "두 개의 눈을 지닌 호루스"로 프타 타넨(Ptah Tanen)과 유사하다**. 그는 역시 "두 개의 지평선의 호루스(Horus)"이니, 그 성격상 '라(Ra)'의 중요 한 형태의 하나가 되었다. "황금의 호루스(Horus)"로서 새벽의 신이고, 그 특징은 오시리스 법정에 선 사자(死者)와 같다. 토성(土星, Saturn)은 "호루스(Horus)의 뿔"이고, 화성(火星, Mars)은 "붉은

---

100) 신들과 파라오는 두어 개의 '영혼(Kas)'을 소유하고 있고, 라(Ra)는 14개의 혼령과 7개의 정령(Bas, souls)을 휴대한다.

호루스(Horus)"이고 목성(Jupiter)은 "비밀을 밝히는 호루스(Horus)"이다. 레토폴리스(Letopolis) 의 신전은 "호루스(Horus)를 볼 수 없게" 세워졌다. 이 형식은 일식(日蝕)을 당한 태양을 나타낸 것으로 보이고, '영원한 밤'을 대표할 수도 있다. 혼돈의 암소로서 하토르(Hathor)는 대모 하늘로서 태양과 달과 별들이 그녀의 다양한 아들들일 수 있다.

호루스(Horus)가 이시스(Isis) 아들이 되면 단순한 엄마의 변경일 수 있다. **이시스(Isis)와 하토르(Hathor)는 많이 유사하여 서로 혼동될 수 있는 신상(神像)이다. 두 여신은 역시 대모 누트(Nut)와 유사하여, 누트는 하늘의 어머니, 이시스는 대지의 어머니, 하토르는 풍요를 대표하는 암소이다.** 누트는 역시 고양이를 나타낸다. 그녀는 인간적인 모습으로 매일 태양을 낳고, 매월 달을 태어나게 하고 역시 다른 전제로 해와 달은 그 여신의 눈이었다. 라(Ra)가 "위대한 아버지"가 되기 이전에 그는 누트(Nut)의 아들이다.

오시리스와 이시스, 호루스 신화의 종족적 양상은 앞서 살폈다. **신들의 통합이 종족의 통합이라는 많은 증거가 이집트 신화에는 있다.** 신들의 다양성은 구 종족적 의례 속에 남아 있는데, 새로운 개념 속에 잔존하게 된 것이다. 두 신들이 하나의 신으로 될 수 있는데, 두 신에다 통합된 신, 세 명의 신이 되기도 한다. 우리는 놀랄 필요가 없으니, 호루스(Horus)가 많아진 것일 뿐이다. 어느 경우는 이름만 남을 수 있으니 진행된 지역과 시대가 다양하기 때문이다. 이집트 종교는 다양한 신앙으로 형성되었다.['사제' 계급이 고정 되지 못 한 결과임]

호루스(Horus)는 하르마키스(Harmachis)로서 '라(Ra)'와 통합되었고, 헬리오폴리스 태양신은 '라(Ra)' 하르마키스(Harmachis)가 되었다. 매 신은 이처럼 날개를 단 원반 태양으로 나타났다. 변화가 고려된 전설은 이렇게 요약이 될 수 있다.

'라(Ra)'가 왕으로서 처음 이집트를 통치하고 있을 적에 '라(Ra)'가 나일 강에서 누비아(Nubia)로 올라간 것은 적들이 반란을 꾀하고 있었기 때문이다. 에드푸(Edfu)에서 호루스(Horus)는 아버지께 인사를 올렸다. '라(Ra)'는 호루스에게 누비아 반도(叛徒)를 죽여야 한다고 했다. 그러자 호루스(Horus)는 '거대한 날개 달린 원반 태양으로 날아올랐는데, 그 이후 호루스를 "하늘의 왕 대신(大神)"으로 불렀다. 호루스(Horus)는 '라(Ra)'의 적을 알아 날개 달린 원반으로 그들을 공격했다. 그들의 눈은 호루스(Horus)의 빛으로 모두 장님이 되었고, 귀는 먹었고 정신이 혼란하여 적들은 서로를 죽였다.[힌두 식 멸망 한 명도 남김없이 다 죽었다.

호루스(Horus)는 '라(Ra)'의 범선으로 돌아왔고, 그날부터 호루스(Horus)는 '날개 달린 태양 원반인 형상으로 에드푸(Edfu)의 신이 되었다. 영혼(Ka)이 호루스를 포옹하며 말했다. "그대가 피로 물을 붉게 물들였으니, 내 마음이 기쁘다."

'라(Ra)'가 그 전쟁터를 방문했을 적에 적들의 시체를 보고 말했다. "생은 즐거운 것이다."라고 했다. 그래서 그 장소는 '호르베후티(Horbehudti, 즐거운 생)'라 했다.

무찔러진 적들은 물에 잠겨 악어와 물소가 되었다.[輪回] 그런 다음 그들은 그들을 죽였던 그 호루스(Horus)를 공격했다. 그러나 호루스(Horus)의 하인들이 그들을 쇠창으로 죽였다. 토트(Thoth)는 '라(Ra)'의 적들이 죽은 것을 보고 즐거웠다.

이야기는 계속되어 호루스(Horus)의 토벌은 계속되었다. 적들은 이집트에 가득하였으니, 우리는 그들이 세트(Set)의 추종자들로 국경으로 쫓겨 갔던 것임을 알 수 있다. 세트(Set)는 뒤에 체포되어 '라(Ra)' 앞에 수갑을 차고 끌려와 참수를 당했다. 우리는 두 호루스(Horus)를 확인할 수 있으니, 나이 든 호루스(Horus)는 태양신의 명령으로 세트(Set)를 잡았던 호루스이고, 젊은 호루스는 세트의 목을 베어 땅 속으로 도망치게 한 호루스이다.

이 전설에는 오시리스에 대한 언급은 없고 젊은 호루스(Horus)가 라(Ra)의 아들임을 말하고 있다. 헬리오폴리스 신학자들은 '라(Ra)'가 오시리스를 대신하기를 원했다. 장소 명칭이 태양신에게 돌려졌고, 문맥적 구조가 그 목적으로 무시되었다.

호루스(Horus) 숭배는 이집트에서 인기를 끌지 못 했다. 그것은 각종 교로 흡수되었고, 그 기원이 흐려져 있다. **헬리오폴리스 태양 종교는 아시아계 정착민들이 가져온 것으로 제5왕조 [2498~2345 b. c.] 초기에 명시되었다**. 새로운 명칭을 파라오에게 제공했다. 파라오는 "태양의 아들" "호루스(Horus)의 사제" "세트(Set)의 사제" "남북의 왕" 등의 명칭들이 쓰였다.

태양신의 흥기는 심대한 정치적 문제를 포함하고 있었다. 라(Ra)의 고위 사제가 왕위에 있다고 해도 제4왕조의 왕처럼 독재를 행할 수는 없었다. 멤피스에서는 강력한 파당과의 타협이 중요했고, 프타(Ptah)의 고위 사제가 앞서 선택했던 자가 수상이 되었다. 혁명에 기여한 대로 포상이 행해져 주(州) 통치자도 행정적 힘이 역시 강화되었다. 이 분산화는 통치력을 약화를 초래했으나, 전체적으로 이집트는 융성했고, 평화가 지속되었다. 군주들은 작고 조잡한 피라미들을 세웠는데, 무한정의 노동력 공급을 명령할 수가 없었다.

제5왕조는 120년 정도 지속이 되었다. 제5왕조는 우세르카프(Userkaf, 2498-2491 b. c.)로 시작을 했는데, 그는 데디(Dedi) 민담에 언급된 첫 번째 아기로 둘째만 빼고, 다른 형제들이 그를 계승했다. 아홉 번째 마지막 왕은 우나스(Unas, 2375-2345 b. c.)였다. **제6왕조 첫째 임금 테타(Teta, 2345-2333 b. c.)는 이른바 그 "피라미드 문서"에서 자기를 별 오리온(Orion)과 동일시했다**. 그 개념은 주목할 만하니 우리는 마스페로(G. Maspero, 1883~1945)가 언급한바 초기 무덤에서 발견된 갉아먹은 뼈와 관련된 초기 왕조의 식인(食人) 의례 부활과 마주하기 때문이다. 페트리 (F. Petrie, 1853~1942) 교수가 암시했던 대로 원래의 세드(Sed) 축제에서 종족의 왕을 잡아먹어야 백성들이 힘과 도덕이 생긴다고 믿었던 것으로 보인다. 그것은 **'전파 마법(contagious magic)' 신앙에 기초한 것이다**. 황소와 멧돼지는 사람들에게 힘과 용기를 주고 사슴은 날랜 발, 뱀은 영리함을 제공한다는 생각이다. 투사의 피를 마시면 그 기술과 용맹을 나누어 가진다는 유(類)이다.[101]

우나스(Unas) 왕은 사후에 비슷하게 헬리오폴리스에서 "아버지들과 어머니들"로 알려진 "정령들"에게 먹히었다. 우나스(Unas) 왕은 사람들을 먹어서 절대 군주가 되었다.[102] 유럽의 식인(食人) 거인과 유사하여 매우 충격적이다.

아래 우나스(Unas) 찬송은 정말 놀랄만하다. 율격을 갖추어 원래의 정신을 제현하려 한 것이다.

이집트의 오리온[103]

이제 비가 내리니, 별들도 떨고 있다.
활잡이들도 서둘러 도망가고
사자 같은 늙은 궁사도 떨고 있다.
모든 숭배자들이 다 도망친다.
우나스(Unas)가 나타났다.
그를 키운 아비처럼
그 어미 같이 먹는구나.

우나스(Unas) 왕,
지혜의 왕, 비밀한 그 이름.
그 어미도 알 수 없네...그 높은 하늘의 반열(班列).
하늘 높이 자리 잡아, 우나스(Unas) 힘 툼(Tum)과 같고
신성하기 툼(Tum)보다 더욱 높네.

우울한 그림자가 우나스(Unas)를 뒤따르고
우나스(Unas)가 납신다. 이마에는 성사장(聖蛇章)
높이 달고, 대왕 뱀이 인도(引導)하고,
살아 있는 불길, 우나스(Unas) '혼(Ba)'을 보여주네.

우나스(Unas)의 권세 그를 감싸...
우나스(Unas)는 천국의 황소. 모두 다 제 맘이라.
신들에게 바친 생명으로 우나스(Unas) 배를 채워-
우나스(Unas)가 먹은 음식 그의 배에 가득하다.
불길 연못 권세 속에 그 말씀 나오도다.

---

101) 니벨룽겐 노래(Nibelungenlied)에서 부르군디 사람들(Burgundians)은 쓰러진 영웅의 피를 마시면 새로 힘이 생겼다. 매켄지의 '튜턴의 신화 전설(*Teutonic Myth and Legend*)'을 보라.
102) 월리스 버지(Wallis Budge, 1857~1934) 박사는 인간이 태양신의 제물로 바쳐졌다는 견해를 가졌다. 그것이 "요점"이다. 초기 태양 사원 라(Ra) 오벨리스크에 대해 (Budge) 박사는 "피를 수송했던 관(管)들이 대량 살상의 증거"라고 했다. (*Osiris and the Egyptian Resurrection* and *Gods of the Egyptian*)
103) 오시리스(Osiris)는 라(Ra)와 결합하며 말했다. "당신은 태양의 신입니다." 그리고 이시스(Isis)는 말했다. "**강력한 오리온이 당신 앞서서 매일 밤하늘에 있습니다.**" -'이시스의 짐(*The Burden of Isis*)'("동방의 지혜" 시리즈), 데니스(Dennis) 역 p. 24

달려드는 잡귀(雜鬼)들을 그 힘으로 막아내어,
우나스(Unas) 식사 행하신다.
우나스(Unas)가 삼키신다. 잡귀(雜鬼)들로 잔치하고
우나스(Unas)가 공물(供物) 계산하여
바친 자에 감사하네.

올가미군 아므케누(Amkenhuu), 헤르테르투(Herthertu)가
꼭꼭 묶고, 콘수(Khonsu)는 살인자라.
목을 쳐서 내장 꺼내-
우나스(Unas)가 내장을 보내
세세무(Shesemu)가 나누어서
먹을 만큼 요리하네.

우나스(Unas)가 잔치하네.
잡귀 들(정신 영혼)을 삼키구나.
아침에는 제일 큰 것, 저녁에는
중간 것, 밤에는 작은 것:
늙은 것은 고기 경단(가루 고기)

우나스(Unas)가 불을 올려
솥에 다리 넣는구나.
여자 다리 쓸 만하지.

우나스(Unas)의 그 권세가 권세 중에 권세로다!
신 같은 우나스(Unas) 힘이 신들 중의 신이시라!
게걸스레 먹는구나. 다 먹어 치우는구나.
그래서 더욱 견고하게 지켜내어
서쪽 하늘 미라보다 더욱 확실하게 되네.

이제 우나스(Unas) 늙었구나.
수천 명 잡아먹고, 수백 명 구워먹어,
낙원 세상 다스려서...신들 중에 높이 솟아
최고 천(天)에 올랐구나.
그 왕관이 지평(地平)이라.

간(肝)도 달[天秤]고 옹이도 달[天秤]아
잡귀(雜鬼) 먹은 우나스(Unas)가 사람들도 먹는구나.
백색 왕관 홍색 왕관 다 삼키고
기름진 내장도 삼키었네, 비밀한 그 이름
뱃속에 거두어서 잘도 살았네.

모든 잡귀(雜鬼) 다 삼키었으니,
끈질기고 오래 살겠지
우나스(Unas)가 원한 대로.

신들[雜神]의 영혼들이 우나스(Unas) 속에 다 들어 있어
그들의 정신 우나스(Unas)의 정신 속에 넣어
신들보다 더욱 풍성히 먹었네.
우나스(Unas) 불길 그들의 **뼈**를 삼키고, 그들의 영혼들
우나스(Unas)의 영혼이니, 그들[雜神]의 그림자는 그들의 형상이라.

우나스(Unas)가 오르신다.......우나스(Unas)가 오르신다.
우나스(Unas)가 사라진다. 사라진다.[104]...
자기가 팠던 대로....그 자리에
살아 있던 사람들이, 우나스(Unas) 속에 다 있구나.[105]

'윌리엄 레인(Edward William Lane, 1801~1876)', '가스통 마스페로(Gaston Maspero, 1883~1945)' '윌리스 버지(Wallis Budge, 1857~1934)'

———✈

(a) 이 장(章)에서 매켄지(D. A. Mackenzie)가 주목을 하고 있는 사항은 '태양신 라(Ra)와 빛', '아 페프(Apep) 뱀과 어둠', '날개를 단 원반 태양 매의 신 호루스(Horus)', '포식자(飽食者) 우나스 (Unas)'이다.

(b) 매켄지(D. A. Mackenzie)는 '태양신 라(Ra)'를 아시아인들에게서 수입한 것을 거듭 확인하면서 도, '아페프(Apep) 뱀'의 경우[성경 속의 뱀을 이집트에서 유래한 것으로 설명하고 있으나, 그 것은 '마하바라타(*The Mahabharata*)' '뱀 이야기'을 아직 확인하지 않은 결론이다.

(c) 그리고 '절대신'을 받드는 '호루스(Horus)'는 힌두 '가루다(Garuda, 靈鷲)'이고 제우스의 독수리 이다.

---

104) "만세 그대 보이지 않는 신이시여, 지하에 오시리스시여." -'이시스의 짐(*The Burden of Isis*)' p. 54
105) D. A. Mackenzie, *Egyptian Myth and Legend*, Bell Publishing Company, 1978, pp. 155~170 'XII. Triumph of the Sun God'

(d) 오직 '포식자(飽食者) 우나스(Unas)'는 그대로 '대지(大地) 신' 본래의 모습으로, 프타(Ptah) 신뿐만 아니라 곡신(穀神) 오시리스도 그 우나스(Unas)의 힘에 의존해서 윤회(輪回)하고 있는 이집트 고유 사망 신(死亡神)이다.

(e) 특히 '포식자(飽食者) 우나스(Unas, 2375-2345 b. c.)'를 대상으로 한 '이집트의 오리온' 시를 '식인 풍속'을 대표하는 시로 학자들은 보고 있다. 즉 '포식자(飽食者) 우나스(Unas, 2375-2345 b. c.)'는 제5왕조 마지막 파라오이고, "제6왕조 첫째 임금 테타(Teta, 2345-2333 b. c.)는 이른바 그 "피라미드 문서"에서 자기를 별 오리온(Orion)과 동일시했다."는 매켄지(D. A. Mackenzie)의 설명이 그것이다.

(f) 그런데 힌두는 '마하바라타(*The Mahabharata*)'에서 '포식자'를 '불의 신'으로 규정하고 있는 것을 크게 주목을 해야 한다. **불의 신 아그니(Agni)는 자신을 "나는 항상 많이 먹는 '탐식(貪食)의 바라문'이랍니다.(I am a voracious Brahmana)"**[106]라고 소개를 했다. 즉 '탐식(貪食)의 바라문[불의 신, 태양신]'의 문제, '불의 사제(司祭)' '우나스(Unas) 왕'의 문제가 '현실주의' '실존주의' 이집트인에게 '공포의 존재'로 읽힌 결과가 '이집트의 오리온' 시로 명시(明示)된 것이다. 즉 **원래 힌두(Hindu)의 '절대주의' '불의 숭배자'였던 '화신(火神, Agni)[태양신, 그 사제] 사제'의 속성이, 전반적인 '현실주의'인 이집트인에게는 '공포의 대상'으로 나타나 읊어진 결과가 바로 '이집트의 오리온' 시이다.**

이것은 힌두의 '절대주의'가 이집트의 '현실주의'에 얼마나 거북스러운 것인지를 보여주고 있는 '이집트 일반의 현실주의(오시리스 주의) 사고'와의 접점을 보여주고 있어 흥미로운 작품이다. ['죽음의 공포'를 넘어선 '현실주의' 고집의 어려움]

(g) 위에서 발휘된 '천문학적 지식' "....하부 이집트의 도시 **세데누(Shedenu)**에서 호루스(Horus)는....두 개의 지평선의 호루스(Horus)"이니, 그 성격상 라(Ra)의 중요한 형태의 하나가 되었다고 했던 점은 "황금의 호루스(Horus)"로서 새벽의 신[金星, Venus]이고, 그 특징은 오시리스 법정에 선 사자(死者)와 같다. **토성(土星, Saturn)**은 "호루스(Horus)의 뿔"이고, **화성(火星, Mars)**은 "붉은 호루스(Horus)"이고 **목성(Jupiter)**은 "비밀을 밝히는 호루스(Horus)이다."라는 다수의 행성(行星, planet) 소개는, '광명과 불의 주신(主神) 태양 중심 신앙'과 '오직 하늘나라의 소식에 온정신을 모은 힌두 바라문[사제]들의 이론' **지존(至尊)의 노래(Bhagavat Gita)' 등의 이론 수용임을 알아야 할 것이다.**

---

106) K. M. Ganguli (Translated into English Prose from the Original Sanskrit Text), *The Mahabharata of Krishna-Dwaipayana Vyasa*, Munshiram Manoharlal Publisher Pvt. Ltd. New Delhi, 2000, -**Adi Parva**- p. 434

XIII. 구(舊) 왕조의 쇠망

＊ 귀족들이 작은 파라오가 되다 -문화의 성장 -사원 건축 -프타호테프(Ptah-hotep)의 격언 -가내(家內) 미신 -아이들을 보호하는 부적(符籍) -악의 눈 공포 -세트(Set)와 붉은 머리털 아기들 -소름끼치는 귀 신들 -서로 돕는 영주들 -강력한 군주 -군사적 원정(遠征) -우니(Uni)의 승진(昇進) -뎅(Deng)의 도래 -여왕의 복수 -영주들의 혁명 -피라미드를 급습하다.

제5왕조(2498~2345 b. c.) 동안에 귀족들은 점점 그들 힘이 증대하여, 그들 영지(領地)에서 그들은 각자 '작은 파라오들'이 되었다. 이집트 궁중에서까지도 그들의 영향력이 감지되었으니, 귀족들이 각자 원정을 행해 성공을 해도 그 개인적으로 유명할 뿐, 이집트 국왕에의 신뢰로 연결되지 않았다. 귀족들은 파라오의 공식적 종교를 알고는 있었으나, 오히려 지역적 종교를 보호하고 그네들 무덤을 자신들의 삶과 연결하고 그들의 성공을 자랑하고 사후 오시리스 앞에 주장될 도덕적 원리를 강조하였다. 그 시대가 그렇게 표현이 되었다. 교육이 널리 퍼지고 부의 축적이 문화를 증진시켰다. 역사 정신이 싹트고 서기(書記)들이 과거의 일을 기록하고 왕들의 목록을 엮었다. 일상생활을 그린 무덤 속의 그림에는 민요도 적어 넣어서 음악이 성행했음을 알 수 있으니, 하프 연주자와 피리 부는 자와 가수들도 확인할 수가 있다.

파라오의 종교적 힘은 무덤의 건설보다는 신전의 건설에 바쳐졌다.['정・교(政・敎)'의 분리] 라(Ra)의 숭배는 공을 들인 의례(儀禮)로 행해졌고, 수많은 사제(司祭)들이 헬리오폴리스(Heliopolis)에 고용되었다. 최근에 우리는 헬리오폴리스 신전에 1만2천 이상의 사람이 있었다는 것을 확인했다. 파라오는 계속해서 멤피스 부근을 관장하고 큰 힘을 발휘한 법원을 운영하며 그들의 무덤은 쿠푸(Khufu)계 왕들보다 더욱 먼 남쪽인 **아부시르(Abusir)**에 세웠다.

제5왕조 동안에는 전쟁이 없었다. 그러나 개발 원정(遠征)은 있었으니, 제2 군주 사후라(Sahura, Sahure, 2490-2477 b. c.) 시대에 푼트(Punt)라는 아프리카 동부 소말리아(Somaliland) 해안을 방문하여 사원에서 향으로 쓰이는 검과 송진 목재와 귀금속을 대거 수입해 왔다.

시나이(Sinai) 채석장에서는 작업이 계속되었고, 제8군주 이소시(Isosi, Isesi, 2414-2375 b. c.)는 와디 하마마트(Wadi Hammamat)에서 검은 화강암 작업에 동참하기도 했다. 왕들에 대한 정보는 거의 없다. 왕들은 각자의 역량으로 통치를 했을 것이니, 그 시대는 정치적 진전의 시대였고, 문화 확장의 시대였기 때문이다.

'데드카 라 이소시 왕(King Dedka Ra Isosi, Isesi, 2414-2375 b. c.)' 시절에 유명한 잠언(箴言)집 **"프타호텝(Ptah-hotep)의 교훈"**이 편성되었다.['파라오 일람' 참조] 이것은 프리스 파피루스(Prisse Papyrus) 남아 있었는데, 프랑스 고고학자[프리스 아베네(Émile Prisse d'Avennes, 1807~1879)]가 1847년에 구입하였다. 저자는 이소시(Isosi) 파라오의 수상(首相)이었는데, 그는 멤피스 출생이고 프타(Ptha) 숭배자였으니, 그의 '프타호텝(Ptah-hotep)'이라는 이름은 "프타가 좋아하신다.(Ptha is well pleased.)"라는 뜻이기 때문이다. 그는 바빌론의 왕 하무라비(Hammurabi, b. c. 18세기)보다 1천 년 전에 생존했으니, 예루살렘의 '솔로몬 잠언 집'보다 더욱 오래된 시대였다.

'프타호텝(Ptah-hotep)'의 교훈'은 수백 년 동안 고대 이집트 학교에 제공되었다. 파피루스 '전사(傳寫)본'에는 다음과 같은 구절이 있다.

> 아버지에 복종한 아들을 착하다.
> 존경을 행한 사람은 존경을 받는 자가 될 것이다.
> 오늘 [상전의]부주의(不注意)가 내일 [하인의]불복(不服)이고
> 놀기를 좋아하면 배가 고플 것이다.
> 함부로 말함이 분란의 원인이고
> 싸움을 하고 나면, 슬픔을 맛보리라.
> 선행(善行)은 사후(死後)에도 빛나느니라.

이 잠언은 그 당시의 생활과 문화를 보여주어 흥미롭다. 늙은 프타호텝(Ptah-hotep)은 지혜가 넘쳤는데, 그의 좌우명은 "의무를 다하라. 그러면 행복할 것이다."였다. 프타호텝(Ptah-hotep)은 그의 아들에게 정의로운 행동 정의로운 삶에 대한 지식을 획득하고 실천하라고 가르쳤다. 그의 계율은 저승의 오시리스 제판 정에서 선 사람들에게서나 확인해 볼 수 있는 것들이다.

"교훈"은 이소시(Isosi) 왕에게 올린 것이다. 그 수상은 나이에 부담을 느껴 자신의 운명을 탄식했다.

> 대왕이시여, 저는 생의 종말이 가까웠습니다.
> 노쇠하게 되어
> 제2의 어린이가 되었습니다....
> 날마다 고통스럽고, 희망도 없습니다.
> 잘 듣지도 못 하고
> 정신은 늘어지고...늙은 혀는
> 생각이 없기에 할 말도 없습니다.
> 지난 것을 잊어먹고
> 뼈마디마다 통증이 옵니다.
> 단 것도 입에 쓰니, 입맛을 잃었습니다.
> 노병이 이와 같으니
> 허약하여 일 할 수 없고
> 멈추고 누워야 합니다.

프타호텝(Ptah-hotep)은 왕에게 그 직을 거두어달라고 호소했다. 그래서 그 아들이 수상 직을

계승했다. 프타호텝(Ptah-hotep)은 아들에게 늙은 성자의 말을 듣게 하고 싶었다.

노(老) 성자는 즉시 응낙을 하고 프타호텝(Ptah-hotep)의 아들이 이해를 해서, 왕자들에게도 모범이 되기를 희망했다.

"말을 할 때는 왕이 피곤하지 않도록 해야 합니다."

"교훈"은 아주 길어 —4천 단어 이상임-그것은 베낄 수밖에 없었다. 대표적인 몇 가지를 살펴보기로 하자.

배웠다고 뻐기지 말라. 무식한 사람에게 현명하듯 말하지 말라. 지혜에는 한계가 있고, 어떤 작업도 완벽할 수 없다. 돌 중에서 '에메랄드' 찾기보다 '공손한 말'이 더욱 희귀하다.

너보다 많이 알고 있는 사람과 말다툼을 하기 보다는, 존경심을 가지고 들어라. 그가 너와 다르다고 버릇대로 행하지 말라.

다투는 사람이 너만 몰라도 그를 바로잡아 네가 더욱 현명함을 보이면, 그도 너를 칭찬도 할 것이다.

저(底) 층의 사람이 몰라보고, 다투려 하면 침묵하라. 그들에게 화를 내어 말하지 말라. 화를 낸다고 믿어 부끄러움을 갖는 것이 아니다.

지도자가 되면 용기를 보이고 모범을 보여라....사람들에게 군림(君臨)하려 들지 말라....호소(呼訴)함을 가납(嘉納)하라. 두려움을 느끼게 만들지 말라....솔직하게 말하게 하고 연민(憐憫)의 정을 가져라. 그가 알고 있는 바를 말하기 싫어하는 사람은, 그 듣는 사람이 공정한 평가를 행한다고 생각하지 않기 때문이다. 잘 통제된 정신은 항상 생각할 준비가 되어 있다...너의 고용인들이 적절한 보수를 받는지 살펴라. 고용인들을 만족시키는 것은 쉬운 일이 아니다. 오늘은 "너그러우시다. 많이 받았다."하고 하지만, 내일은 "인색하시다. 너무 하신다."고 말한다. 비참한 도시에 평화는 없다.

항상 계산을 행하는 사람에겐 행복은 없다. 자기 즐기기가 우선이면, 집에 보탬이 없다.....가난하다가 부자가 되면 부에 신경을 쓰지 말라. 그대는 신이 제공하신 바의 한 관리자일 뿐이다. 최후를 기억하라. 다른 사람들도 너만큼 위대할 수 있다...인생을 즐기고 일에만 전념하지 말라. 낡은 인생에 부(富)는 쓸모가 없다.

아내를 사랑하라. 잘 먹이고 잘 입혀라. 행복하게 해주고, 너그럽게 대하고 원하는 물건을 갖도록 해 주어라...

시기하지 말고 자식이 없더라도 낙담하지 말라...복종하는 아들은 얼마나 아름다운가. 신은 복종을 사랑하신다. 불복종을 미워하신다. 말씀을 들을 때는 말과 행동을 조심해야 한다. 불복종의 아들은 어리석어 번성할 수가 없다. 그는 실수를 계속할 것이다....아비는 아들딸에게 지혜를 가르쳐 좋은 평판을 얻도록 해야 한다. 사람들이 성실하고 공정함을 알면 "그 아비가 잘 가르쳤다."고 말할 것이다...착한 아들은 신이 내린 보물이다.

프타호텝(Ptah-hotep)은 그 아들에게 '위대한 사람'과 식사를 할 때에 어떻게 해야 하는지도 말해주었다. 귀족은 자기가 제일 좋아 하는 사람에게 최고의 음식을 제공한다. 귀족은 손님에게 주목을 하지 않고, 손님이 말을 할 때까지 말을 걸지 않고, 대답은 신속하게 하기를 바란다...귀족끼리 대화를 할 때는 다툼이 날 사항들은 항상 조심을 해야 한다.

프타호텝(Ptah-hotep)은 "교훈"에서 "너의 말보다 생각을 더욱 너그럽게 가져라."라고 했다. 프타호텝(Ptah-hotep)은 아들도 자기만큼이나 번성하기를 바랐고, 그는 행동으로 왕을 만족하게 했다. "나는 110년을 살았다. 국왕은 더할 수 없는 존경을 표해서, 전 인생이 명예로웠다."

프타호텝(Ptah-hotep)은 그토록 윤리적이었으나, 이집트 가정에는 역시 미신도 있었다. 사람들은 세상에는 영혼들이 우글거려 인명을 해치려 하고, 낮이나 밤이나 그러한다고 생각을 했다. 인간의 손을 그린 부적이 효력이 있다고 생각하여 이집트 어머니들은 그것을 줄에 달아 아기 목에 걸어주었다...

독일 이집트 학자 에르만(Erman)은 아기를 보호하는데 사용된 공식을 포함한 미확인의 흥미로운 파피루스를 번역했다. 어떤 아이들은 다른 아이들보다 악령 공격을 쉽게 당할 수 있는데, 유럽에서는 예쁜 아이들은 악귀의 눈에서 특별히 보호를 해야 한다는 했다. 빨강 머리 아이들은 미워했는데, 사악한 신 세트(Set)가 그들을 데려가기 쉽다고 생각했다...

아기가 잠이 들면 이집트 어머니들은 사자의 영혼을 쫓는 노래를 불렀는데, 상추 마늘 삼(麻) 뼈 꿀로 보호 부적을 만들었다. 다음은 옛 "자장가"이다.

> 아 물러가라! 밤의 영혼아,
> 우리 아기 해치지 마라.
> 네 그렇게 가만히 와도,
> 내 부적(charm)이 너를 물리칠 것이다.
>
> 내 아기에게 입 맞출 생각 마라,
> 깨워 울리지 말라.
> 조금이라도 잘못 건들면,
> 우리 아기 죽는다.
>
> 죽은 영(靈)아, 오지 마라
> 내 부적 완성 됐다.
> 상추가 너를 찌르고
> 마늘 냄새에 너 죽는다.
>
> 삼(麻)이 주문(呪文) 되어,
> 마법을 펼치리라.
> 생명에게 좋은 꿀이
> 사자(死者)에겐 독약이다.

전설에 의하면 제6왕조[2345~2181 b. c.] 왕들은 메나(Mena, Narmer)의 후손은 아니었다. 제1왕 테타(Teta, Teti, 2345-2333 b. c.)는 부인들의 계략으로 왕위에 오른 것 같다. 테타(Teta)는 라(Ra) 숭배자로 아마 강력한 귀족이었을 것이고, 권력의 균형을 유지하는 유기적인 군사력의 지지를 확보했을 것이다. 왕조는 정치적 불안정 상태였다. 주(州)마다 고유 장(長)이 있어 왕가에 요구 사항에 대한 응낙을 원했을 것이고 말로 언급이 있었을 것이다. 제6왕조 셋째 왕 페피(Pepi, 2332-2283 b. c.) Ⅰ세는 북쪽 남쪽 국경에 야심찬 귀족들이 개입한 군사적 공략으로 안정을 찾은 강력한 군주였다. 누비아(Nubia)가 성공적으로 공략되고, 푼트(Punt) 땅도 예상대로 방문했다.

이집트인들은 세상의 끝은 '폭포' 너머에 있고, "마메스(Mames)"라는 반신반인(半神半人)들이 있다고 상상했다. 이제 지평선이 놀랄 만큼 더욱 넓어졌다. 천상(天上)의 나일 강은 이제까지 추측된 것보다 훨씬 남쪽에 자리 잡고 있었고, 신비의 영역은 너무나 무식하고 공격적인 누비아 사람들이 거주한 곳보다 더욱 멀리 있다는 것을 알게 되었다.

파라오 페피(Pepi, 2332-2283 b. c.)는 전 왕국에 안전하고 공정한 물 공급을 담당할 관리를 선발하였다. 그들은 자유롭게 상벌(賞罰)을 행했고 그네들의 자서전에 볼 수 있듯이 주(州) 지사들처럼 관리들의 무덤을 세울 수 있는 특권도 주어졌다.

아비도스(Abydos) 무덤 벽에는 평민 가정에 태어나 파라오의 신임을 받아 충신(忠臣) 반열에 이른 우니(Uni)의 성공을 그린 그림이 있다. 우니(Uni)는 페피(Pepi)의 "정신 수호자" "모든 비밀한 일들을 알고 있었다."고 한다. 비록 우니(Uni)는 "관개(灌漑) 관리자"일 뿐이지만, 어떤 다른 권위자보다 왕국에 큰 영향력을 행사하였다. 왕의 행차는 우니(Uni)가 계획을 했고, 궁중 의례에서 귀족들의 세세한 업무를 그가 다 관장을 했다. 우니(Uni)는 지속적으로 일어난 왕권에 대한 위협인 비빈(妃嬪)들의 음모(陰謀)를 밝혀내었다. "아메트시(Ametsi) 대비(大妃)에 관한 비밀을 궁정에 제보하는 사람이 있었는데, 왕이 내우니(Uni)를 선택해 이야기를 들어보라고 하셨다. 서기도 없고 다른 사람도 없이 나 혼자였다. 나의 정직함과 신중함 때문에 내가 선택된 것이다."

우니(Uni)는 "관개(灌漑) 관리자"일 뿐이다. 우니(Uni)가 그 반열에서 왕비의 비밀을 들었던 최초의 사람이었다. 우니(Uni)가 더 말해 주는 것은 없고, 그 왕비에게 무슨 운명이 내렸는지도 알 수 없다.

군사 장정(長征)이 행해질 때에, 우니(Uni)는 군 사령관이 되었다. 영(營)중에는 고관들을 빼놓고도 장군, 하부 이집트 출신 군인들, 왕의 친구들, 왕자들이 있었다. 그러나 그들은 다 그 '관개(灌漑, 물대기) 관리자'에게 복종했다. 군수(軍需)부 체계는 단순한 것이다. 모든 사람들이 자신의 식사를 챙긴다. 군사들이 지나는 도시 주민은 그들에게 맥주와 "작은 짐승들"을 제공했다.

몇 번의 우니(Uni) 원정(遠征)이 성공을 거두어, 원정이 있을 때마다 많은 적들을 죽이며 "무화과나무가 잘리고 집이 불탔다." 그래서 남부에 평화가 견고히 자리 잡아 그 다음 군주 메레느라

(Merenra, Nemtyemsaf I, 2283-2278 b. c.)가 처음 '제1폭포(the first cataract)'를 방문했고,['지도 1' 참조] 거기에서 우니(Uni)는 귀족의 작위를 받았다.

우니(Uni) 사후(死後)에 호전적인 종족의 장이 귀순을 했다. 그가 누비아(Nubia)를 습격하여 상아와 황금을 바쳤다. 한 번은 피그미(pygmy, 작고 허약한 종족)를 대동하기도 했다. '반신반인 (半神半人)'의 "마네족(Manes)"의 땅에 속한 피그미를 찾아냈던 것은 커다란 승리였으니, 그들은 '사자(死者)'를 저승으로 나르는 무뚝뚝한 사공'에도 매력적인 존재였기 때문이다. 그 메레느라 (Merenra) 왕이 죽어서 젊은 왕 페피(Pepi) Ⅱ세[2278-2184 b. c.]는 "피그미(Deng)"의 도래(到來) 에 크게 흥분이 되었다. 명령을 내려 그 '피그미'를 신중하게 관리하게 했다. 배 안에서 그 피그미 곁에 숙직하는 자를 매일 밤 10회 교대시켰다. 그 피그미는 멤피스에서 왕처럼 환영을 받았고, 익살과 민활한 전쟁 춤으로 파라오를 즐겁게 했다. 그 피그미를 보고 있던 모든 사람들은 자신이 저승에 갔을 때에 영혼들을 저편으로 건네주는 뱃사공의 그 '피그미(Deng)'가 될 것을 소망하고 있었다.

이들 군사적 원정(遠征)은 누비아 인들에게 이집트 힘을 존경하는 것을 가르쳤고, 이후 누비아인 들은 파라오에 소속이 되었다.

그러나 제6왕조는 멸망이 되었다. 음모를 꾸미는 귀족들은 서로를 의심하고 왕권에 야심찬 눈길 을 보냈다. 지방의 종교적 교도들 역시 힘을 결집했고, 헬리오폴리스 사제들이 행사했던 정치적 영향력으로 쇠락을 겪어야 했다. 대략 3세기 동안 라(Ra)는 최고를 유지했고, 이제 그 힘이 억압되 게 된 것이다. 심각한 격변이 일어났다. 페피(Pepi) Ⅱ세[2278-2184 b. c.]는 90세가 넘도록 통치를 했는데, 계승한 메레느라(Merenra) Ⅱ세는 왕위에 오른 다음 12개월을 물러나 있게 되었다. 헤로 도토스에 의하면 그의 왕비가 즉시 통치권을 행사했다는 것이다. 이집트 사제가 헤로도토스에게 메레느라(Merenra)가 살해되니, 그 왕비 니토크리스(Nitocris)는 왕의 죽음에 복수를 행했다고 전 했다. 니토크리스(Nitocris) 왕비는 거대한 지하 홀을 축제장으로 준비해서 많은 귀족들을 초대했 다. 왕 살해 음모자들이 잔치할 때에 비밀하게 설치된 관으로 나일 강이 넘쳐와 초대된 사람들이 다 그 물에 죽었다. 왕국에 큰 분노가 치솟아서, 왕비는 자신의 거실에 매연을 피워놓고 질식 자살을 했다.

제6왕조가 마감할 때에 이집트 왕국은 무정부 상태가 되었다. 귀족들은 순환으로 집권을 하는 정부를 세우려 했다. 그것은 계승에 문제가 있어 가능할 수 없었는데, 각 영주(領主)들은 특별히 자기 주(州) 중심이었기 때문이다. 제7왕조[2181~2160 b. c.]는 짧았다. 전설에 의하면 "70일 동안 70명의 왕이 섰다."고 한다. 이집트는 많고 작은 국가들로 분할되었고, 원래 토지 소유자들이 행정 을 했으니, 그네 무덤 기록에 "왕의 압박에도 그의 도시는 전쟁에 가담을 하지 않았다."는 기록이 있다.

이렇게 메나(Mena, Narmer) 시대부터 약 1700년 지속했던 구왕조가 끝났다. 그 기간 동안 위대한 문명이 일어났다. 기술과 건축이 크게 성장을 했다. 정말 구왕조의 기술적 성취는 이후에도 극복할 수가 없었다. 건축적 승리는 지속된 피라미드들로 명시되고 있다. 특히 쿠푸(Khufu)의 대 피라미드는 오늘날까지 대적할 상대가 없다.

시민들도 역시 큰 진전을 이루었다. 세련된 모습은 그 조상(彫像)술로 남아 있다. 많은 남녀 모습이 현대인과 크게 닮아 있다. 농업에 풍년이 들었고, 산업이 발달했고 상업이 사람들을 번성하게 했다. 교육은 범위 내에서 행해졌지만, 점점 확산이 되었다.

국왕의 힘은 약화되었지만, 전체적으로 시민들은 야만의 상태로 되돌아가지는 않았다. 주(州)들은 귀족이 다스렸으나, 지방으로 분산된 행정 시스템은 그 지방의 물질적 조건에 따라 실패를 겪게 되었다. 그래서 이집트는 전국의 복지 증진을 위해 강력한 중앙 정부를 원했다. 귀족들은 수로(水路)를 건설할 수 있었으나, 균등하고 정확한 물 공급을 보장 받을 수는 없었다. 국가의 관개(灌漑)법이 엄격하게 감시되지 않으면 소수의 이기심에 많은 사람들이 기근을 견뎌야 했다. **파라오의 권력이 손상되면 이집트의 자연적 원천은 고갈이 되고 많은 사람들이 주기적 기근에 위협을 당해야 했다.**[여타 고대 국가도 형편이 마찬 가지임]

왕실의 권위가 있을 적에 그 왕실에 대한 요구는 지방 영주들을 억압하는 일처럼 보였다. 파라오는 사람들이 균등하게 수확을 하고 같은 창고를 두고 자유롭게 일하고 많은 전사(戰士)을 원해서 그들에게 물을 공급하고 침략자로부터 보호를 행한다. 파라오도 사적 욕심이 있어서 큰 피라미드를 세우고 싶어 했다. 그러나 파라오는 더욱 큰 이집트인의 선을 위해 통치를 했으나, 궁정과 영주들의 분쟁은 중앙 정부와 지방 정부 간에 이권 분쟁이었다. 나라가 온통 극도의 행정적 분산화로 고통을 겪게 되었으니, 사제인 파라오가 너무 많이 태양 숭배 종교 증진에 관심을 기울인 까닭으로 보인다.

개별 종교의 주교가 파라오일 경우에는 귀족들의 승진은 사실상 불가능한 것이다. 외교적 왕들은 지방 신들을 모시고 사원 건축에 가담했다. 그들은 사람들에게 영향력을 행사하는 영주들과 사제 사이에 끼어들었다. 그러나 귀족들이 그들 주(州)의 교도(教徒)만을 후원할 경우는 그들은 공개적으로 왕실에 도전하게 된다.

왕실이 비틀거리면, 무정부의 전염병은 이집트를 무너뜨리고 맥 빠지게 만들었다. 주(州)는 주(州)와 전쟁을 했고 강자가 약자 위에 군림했다. 사원이 약탈당하고 강도들이 무덤을 습격했다. **혐오스런 국왕의 미라가 피라미드에서 훼손되었다. 조상(彫像)들이 부서지고 기록들이 파괴되었다. 선량한 통치자들이 남아 있는 곳에서만 옛 고적이 남아 있게 되었다.** 그러나 전체적으로 수세기 동안 계속된 무질서 상태는 이전 중앙 정부가 확립했던 대다수 국민 복지 증진을 거두어야 했다.

396

우연히 탄생한 강력한 파라오가 적대적 영주들 간에 진실을 강요해도 그 성공은 임시방편일 뿐이었다. 영주(領主) 체계가 깊이 뿌리를 내려 왕들이 할 수 있는 일은 너무 막강해진 위협적인 그들과 거래를 하는 것이 되었다. 파라오는 군사를 동원하거나 가질 수 없었으니, 모든 영주들은 자기 고을에 군사를 소유하고 자신에게 충성심을 확보하고 있었기 때문이다. 파라오는 용병(傭兵)도 없었으니, 왕실의 재정이 엄격히 제한을 당하고 있었기 때문이다.[107]

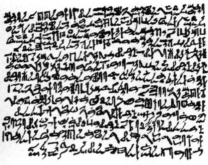

'프리스 아베네(mile Prisse d'Avennes, 1807~1879)' '프리스 파피루스(Prisse Papyrus)'

———✈

(a) 매켄지(D. A. Mackenzie)가 소개하고 있는 이집트 제5왕조(2498~2345 b. c.)와 제6왕조 [2345~2181 b. c.]는 중국(中國) 소호(少昊, 2587~2491 b. c.)씨 이후 5제(五帝) 시대를 지나 우(禹, 2150~2106 b. c.) 임금이 아직 태어나기 이전이다. 그런데 **현인(賢人) 프타호텝(Ptah-hotep)과 충신(忠臣) 우니(Uni) 이야기가 전한 것은 '인류 문명의 시작 장소'로서 이집트의 '세계사적 불변의 위치'를 거듭 확인해 주고 있는 사항이다.**

(b) **'세계 문명사'에 중국(中國)이 차지하고 그 고정적 지위는, 힌두(Hindu)의 '절대주의(Absolutism)'에 대해, '현세주의(Secularism)' '실존주의(Existentialism)'를 오제(五帝) 시절부터 줄기차게 일관되게 전개해 왔다는 사실이다.**

(c) 매켄지(D. A. Mackenzie)가 역시 설명하고 있듯이 '이집트 문명'은 제1왕조 '메나(Mena, Narmer)' 시절부터 바빌로니아[힌두]의 '태양신[절대주의]'의 소개를 받아 그 영향 속에 있었으나, 제5왕조에 현인(賢人) 프타호텝(Ptah-hotep)의 엄연한 '잠언(箴言)집'의 확인은 중국의 **'현세주의'** 그 이전에 이집트의 **'현세주의(Secularism)'**가 있었다는 놀라운 소식이다.

(d) **볼테르(Voltaire)는 "공자(孔子)는 현대인이다."[108]라고 확인했지만, 누가 이집트의 현인(賢人) 프타호텝(Ptah-hotep)의 '가르침'이 그 '공자(孔子)의 가르침'과 다르다고 할 것인가. 그 프타호텝(Ptah-hotep)의 유명한 잠언(箴言)집 "프타호텝(Ptah-hotep)의 교훈"을 역시 그 볼테르(Voltaire)의 조국(祖國) 프랑스 고고학자 프리스 아베네(Émile Prisse d'Avennes, 1807~**

107) D. A. Mackenzie, *Egyptian Myth and Legend*, Bell Publishing Company, 1978, pp. 171~184 'ⅩⅢ. Fall of the Old Kingdom'
108) Voltaire, *The Best Known Works of Voltaire*, The Book League, 1940, pp. 453~454 'ⅩLⅠ. Of Confucious'

<u>1879)</u>가 처음 번역 유럽에 소개했다는 점도 기억할 만한 사실이다.

(e) 그리고 이집트 '충신(忠臣) 우니(Uni) 이야기'는 중국(中國)의 명작(名作) '수호전(水滸傳)' 주인공 '송강(宋江)의 역사적 모델'이라는 송조(宋朝)의 '충신(忠臣) **송용신(宋用臣)** 행적'[109]과 비교될 수 있다.

---

109) (元) 脫脫 等撰, 宋史, 中華書局, 1985, pp. 13641~13642 '宋用臣'

XIV. 부신(父神)과 모신(母神)

✱ 모호한 시대 -인기 높은 오시리스 숭배 -신비스런 종교 -불의 호수 -프타(Ptah)를 닮은 헤르세프 (Her-shef)신 -크누무(Khnumu)와의 연계 -풍신(風神)과 지신(地神) -거인들과 요정들 -멘데 족 (Mendes)의 신 -곡신(穀神) 람(Ram) -오시리스와 연계된 신들 -고양이 여신들 -날아다니는 뱀들 -멘 데스(Mendes)의 어머니 -이집트인의 메카(Mecca) 아비도스(Abydos) -외국 침략자들 -완충 국가 -혼 란 속의 남과 북

우리는 약 3백년 애매한 혼란기에 들어가게 된다. 이집트의 지방 국가들은 서로 산발적인 전쟁을 벌이며 최고의 권력을 향해 투쟁을 계속했다. 정치적 단위로는 그 숫자가 감소된 몇 개의 연합된 종족들이 강력한 영주(領主)들에 의해 지배되었다.['領主 割據 시대'] 상부 이집트 중심들은 테베 (Thebes) 시우트(Siut) 헤라클레오폴리스(Heracleopolis)였다. 멤피스(Memphis)가 잠시 중부 이 집트 동맹 그룹의 수도였고, 북부 사이스(Sais)는 후대에 증거만 남긴 지배 가족이 있었다.['지도 1' 참조] 동부 델타는 침략자에게 무방비로 외국인 정착 자들이 있었을 것이다. 결국 이집트는 두 개의 거대 나라로 나뉘게 되었다. **'남부 동맹들'은 테베 인의 지배하에 있었고, '북부 동맹'은 헤라클레오폴리스 인들의 지배하에 있었다.** 그래서 역사는 반복이 되어 이집트 왕국은 상부 이집 트에서 북쪽을 압박한 정복자에 의해 통일이 되었다.

제7~8왕조[2181~2160 b. c.] 왕들은 '제6왕조 후손'이라고 주장되었다. 그리하여 그들이 멤피스 에서 다스렸으나, 혼란된 왕국의 통치가 너무 허약해서 아무런 기념물도 세울 수가 없었다. 어떤 왕도 기록을 남기지 못 했다. 허약한 멤피스 군주 통치가 4반세기가 지난 다음 강력한 '헤라클레오 폴리스 마그나(Hercleopolis Magna)' 주지사가 권력을 잡아 제9왕조를 세웠다.['지도 1' 참조] 제10 왕조 왕들도 그의 후손들로 생각되고 있다.

마네토(Manetho, b. c. 250년 이집트 사제, '이집트 사'를 썼음)는 새 왕을 아크토스(Akhthoes) 라 부르고 있고, 상형문자로는 케티(Kheti)로 적고 있다. 역시 아브메리라(Abmerira)로도 알려졌 다. 그는 쿠푸(Khufu)처럼 후세의 전설에 대(大) 독재자로 알려졌고, 마지막에는 미쳐서 악어가 잡아먹었다. 아크토스(Akhthoes)는 왕국의 농업적 번성에서 뒤져 있던 적대적 영주들에게 구금을 당해 있었던 것으로 보인다. 전국을 기근(饑饉)이 덮고 있을 때였다.

각 주(州)는 자신들의 신학적 체계화를 추진했고, '헤라클레오폴리스 마그나(Heracleopolis Magna)'도 통일 교리에 특별한 관심을 갖게 되었다. 헬리오폴리스 사제들의 정치적 영향력은 지나 갔지만, 그들 문화적 인상은 남아 있었다. 오시리스 숭배는 농업과 연관되어 계속 인기가 있었다. **초기 왕조부터 호루스(Horus) 신전은 헤라클레오폴리스 (Heracleopolis)에 존재했었다.** 그러나 중간의 신학적 변전기에 그 호루스(Horus)의 정체성은 없어졌다.

이집트인들은 '헤라클레오폴리스 마그나(Heracleopolis Magna)'를 '케넨수(Khenen-su)'라고 불렀는데, 특별한 신화적 관심 거리를 지니고 있었다. 태양숭배자들의 대 창조 신화로 알려지게 되었다. 태초에 라(Ra)는 태양 난(卵) 형태, 또는 연꽃 형태로 원궁(原穹, primeval deep)에서 나왔다는 것이다.

> 그 분은 문을 열었던 분이고 문을 닫은 분이시다.
> 그 분이 말하셨다. "나는 하나다."
> 라(Ra)는 절로 존재하셨다.
> 신들이 그분의 여러 명칭을 만들었다.
> 그 분은 어제(Yesterday, Osiris)이고 내일(Morrow, Ra)이다.

케넨수(Khenen-su) 지역은 "신들의 전쟁" 터 같았다. '라(Ra)'의 명령으로 자연의 힘들 간에 서로 다투어 창조의 새벽을 열어가는 곳임을 암시하는 신화와 같다. 어떤 주(州)에는 "나트론(천연 탄산수) 호수" "진리의 호수"가 있어 거기에서 '라(Ra)'가 목욕을 하고 선과 악의 투쟁을 뜻하는 위대한 상승 투쟁을 행하는데, 세트(Set)는 호루스(Horus)을 보고 도망을 치고 후루스(Horus)가 그 세트(Set)를 무찔렀다는 것이다. 궁극의 승리자는 '라(Ra)'인데, 그는 헬리오폴리스의 페르세아(Persea) 나무에 나타나는 '위대한 고양이(the Great Cat)'로서 아페프(Apep) 뱀과 싸워 그것을 물리친다. '사자(死者)의 서(*The Book of the Dead*)'에 의하면 "어느 날 신성한 신[오시리스]의 적들은 무찔러졌다."는 것이다.

케넨수(Khenen-su) 인근은 맹렬한 지역이었다. 입구에는 인간의 몸에 개[그레이하운드]의 머리를 단 괴물이 웅크리고 있었다. 그 괴물은 문 뒤에 숨어 있다가 "악한(惡漢)"에게 예고 없이 달려들어 심장을 찢고 잡아먹었다. 그래서 충성스런 태양 숭배자들은 기도를 올린다.

> 오, 라(Ra-tum)신이시여. 보이지 않는 문 뒤 악마로부터 저를 구해 주십시오....밤낮으로 모든 쓰레기 같은 존재들을 먹는 그로부터 나를 구해주소서.

케넨수(Khenen-su)에는 "위대한 베누(Great Bennu)" 피닉스(Phoenix)[110]가 있었다. 피닉스는 독수리를 닮았고, 붉은 황금색 깃털을 지니고 있었다. 어떤 사람은 이 새를 금성(金星, Venus)과 동일시했는데, 그 새벽 별은 "태양신의 안내자"라고 했다.

'헤라클레오폴리스 마그나(Heracleopolis Magna)'의 종교는 뚜렷한 태양 숭배자 신학이다. 멤피스(Memphiste) 신앙에 영향을 받은 것 같다. 주신(主神)은 헤르세프(Her-shef)로 호루스(Horus)보다는 프타 타넨(Ptah Tanen)과 크게 닮았다. 헤르세프(Her-shef)는 자생(自生)의 '위대한 아버지'

---

110) 후일에는 '불사조'는 아라비아에 있게 되었다.

로서 머리는 하늘에 있고, 발은 땅을 디디고 있다. 그의 오른쪽 눈은 태양이고, 왼쪽 눈은 달이고, 그의 영혼은 빛으로 세상을 덮고 있다. 그의 코에서는 북쪽 바람이 일고 만물에 목숨을 제공했다.[111] 그러기에 헤르세프(Her-shef)는 우주 생명의 원천이다. "바람의 신"으로서 헤르세프(Her-shef)는 남부의 크누무(Khnumu) 크네프(Knef, 희랍의 Kneph)와 비슷하다. 이집트어 '크네프(Knef)'는 "바람" "호흡" "정신" "생명의 바람"이다. 히브리어 '네페스(nephesh)' '루아크(ruach)'와 아라비아어 '루(ruh)' '네프(nefs)'도 비슷하다.

그러기에 프타 타넨(Ptah Tanen)과 크누무(Khnumu)와 헤르세프(Her-shef)는 대지의 거인 셉(Seb)의 속성일 뿐만 아니라 타조의 깃털로 상징되는 바람의 신, 하늘을 떠받들고 있는 힘의 신 수(Shu) 속성을 아울러 지니고 있다. 셉(Seb)과 수(Shu)는 자생(自生)의 신들로 알려져 있다.

프타(Ptah)가 왕이라는 난쟁이 크누무(Khnumu)는 종족적 기원은 이집트로 수입이 된 사례에 해당한다.[토착 신앙이 아니다.] 유럽 설화에서 난쟁이와 거인은 긴밀하게 연합해 있고, 더러는 구분을 할 수 없게 되어 있다. 난쟁이 프타(Ptah)와 거인 타넨(Tanen)의 연합은 그처럼 친밀하여 그 개념에서 "카프(Kaf)" 산맥에 거주하는 오늘날 아라비아 민간 신앙의 거인과 정령에 대한 지적인 생활을 추적할 수 있다.

우리가 "튜턴" 설화라고 한 것은 아시아적 요소를 지니고 있는데, 거인이란 "위대한 아버지"이다. 그리고 우리가 "켈트 식(Celtic)"이라 하는 지중해식 거녀 신(giantess, 巨女 神) 대모(Great Mother)가 있다. 델타 지중해 사람들은 이시스(Isis) 네이트(Neith) 부토(Buto) 바스트(Bast) 같은 여신을 가지고 있다. 멘데스(Mendes)에게는 프타(Ptah) 헤르세프(Her-shef) 크누무(Khnumu)와 연결된 "위대한 아버지" 신이 있다. 그를 바네브테투(Ba-neb-tettu) 양(羊) 신 "테투(Tettu) 왕"라 불렀는데, 그가 헬리오폴리스 포용 신학으로 "라(Ra)의 생명"이 된 것이다. '사자의 서'에서 라(Ra)를 "만물에 목숨을 부여한 생명의 주(主)"라 하였다.

멘데스(Mendes) 신은 모든 인간의 "생명의 바람"이고, "신들의 왕"이고 "하늘의 왕" "신들의 왕"이라 부르게 되었다. 대지는 그의 힘으로 비옥하게 되고, 그는 사랑의 원천이고, 기름진 나일 강 홍수를 만드신다. 프타 타넨(Ptah Tanen)처럼 그의 입에서는 물이 솟아 나오고 프타(Ptah) 크누무(Khnumuj) 수(Shu)처럼 하늘의 기둥(dad)이다. 오시리스도 **'하늘의 지주(the sky prop)'** 와 연계되어 있다. 유럽의 전설 속에 있는 다양한 여러 단계 이야기들은 이 투박한 개념에 모든 신들이 그 기원을 같이 했다고 할 수 있다.[112]

---

111) '정신(Spirit)'은 '나는 숨 쉰다.(I breath)'에서 유래한 것이다. 아리안의 '안(an)'은 역시 '바람(wind)' '영혼(spirit)'의 의미이고, '동물(animal)' '생기(animate)' 등등으로 남았다.

112) 스코틀랜드 고대 설화에는 바람 할망구가 산맥을 만들었는데, 그녀는 거인 족의 어머니이다. 아일랜드의 아누(Anu) 또는 다누(Danu) 역시 바람 여신의 속성이고, 아일랜드 모리구(Morrigu) 할망구의 여동생이 '폭풍'과 '전쟁' 할망구이다. 티롤(Tyrol)의 조크림(Jochgrimm) 산에는 세 할망구가 바람을 보내고 있다. 노스 앙게르

바네브테투(Ba-neb-tettu)처럼 "위대한 아버지" 멘데스(Mendes)처럼 헤라클레폴리스는 양(羊) 신이고, 남성 상징 신이고, '제일 폭포(Cataract)' 지역의 크누무(Khnumu)도 그러했다. 일부 프타(Ptah) 신상에는 양(羊)의 뿔이 그려져 있다. 양(羊)은 원시 민(Min) 신으로 이집트 전역에서 숭배되었고, 라(Ra)를 포함한 모든 '위대한 아버지' 신으로 통합되었다. 민(Min) 신은 수확 철에 숭배되었으니, **오시리스 왕과 같은 곡식의 신이다**.

헤라클레오폴리스 헤르세프(Her-shef) 모습 중에 하나는 멤피테(Memphite) 사자의 신 소카(Sokar)처럼 복합적이다. 헤르세프(Her-shef)는 양 황소 두 개의 매 등 총 네 개의 머리를 달고 있다. 황소 멘투(Mentu) 남성 민(Min) 전쟁 힘과 용맹의 표상이 그것이다.

헤르세프(Her-shef) 프타(Ptah) 크누무(Khnumu) 바네브테투(Ba-neb-tettu) 등 모든 위대한 아버지들은 오시리스와 연결이 되어 있다. 프타(Ptah)는 사자(死者)의 왕으로서 오시리스와 같고, 크누무(Khnumu)는 헬리오폴리스에서 오시리스이고, 멘데스(Mendes)의 바네브테투(Ba-neb-tettu)는 오시리스이 다른 이름이고, **헤르세프(Her-shef)는 "모래 위에 그분" "모래위에 신" 오시리스이다**.

헤르세프(Her-shef)는 보통 양(羊)의 관에 두 개의 원반(해와 달)을 얹거나 두 마리 뱀들이 원반을 이고 있는 백색 왕관을 쓴 모습으로 제시되어 있다. 플루타르크(Plutarch, 46?~120?)는 헤르세프(Her-shef)를 "힘과 용기"의 상징으로 생각했고, 폭풍 같은 시대를 겪었던 헤라클레폴리스 왕들의 군사적 명성과 일치한다.

헤르세프(Her-shef)와 연합한 여신은 아테트(Atet)였는데, 그 여신은 역시 메르세크네트(Mersekhnet)라 했는데, 하토르(Hathor) 이시스(Isis) 네이트(Neith) 등과 유사한 '대모(大母)' 신이다. 아테트(Atet)는 '아페프(Apep) 뱀'을 죽였는데, 다른 고양이 신들은 부바스티(Bubastis)의 바스트(Bast), 프타(Ptah)의 부인 세케트(Sekhet), 테프누트(Tefnut)가 있다.[113]

헤라클레오폴리스(Heracleopolis)에는 네헤브카우(Neheb-Kau) 성지가 있었는데, 델타의 부토(Buto) 처녀 신처럼 여성 상징 뱀 신이었다. 네헤브카우(Neheb-Kau)는 날아다니는 뱀[114]인데, 헤로도토스가 이집트인에게서 들었으나, 확인하지 못했던 파충류이다. 네헤브카우(Neheb-Kau)는 사람의 머리 팔 다리를 가진 뱀으로 나타난다. 네헤브카우(Neheb-Kau)는 파종 전에 쟁기질 축제에 숭배된다. 단풍나무 여신처럼 네헤브카우(Neheb-Kau)는 사자들의 영혼에 천상의 음식을 제공해서 특별한 관심을 모았다.

보다(Norse Angerboda)는 동풍 할망구이고, 그녀는 아스가르드(Asgard) 신들의 적이다. 바람의 신들 중에는 제우스(Zeus)와 오딘(Odin)도 포함되어 있다. 튜턴의 할망구들은 명백히 원시 튜턴에 그 기원을 두고 있다.

113) 사랑의 여신 노스 프레이자(Norse Freyja)도 고양이 여신이다. 아스타르테(Astarte) 왕 시절 이집트 고양이 여신들에 포함이 된다.

114) 이사야(Isaiah)는 이집트를 "사자들과 독사 불 같이 나는 뱀이 태어나는 걱정과 고통의 땅"으로 말했다.(이사야, xxx, 6; xiv, 29)

또 다른 헤라클레오폴리스(Heracleopolis)의 신으로는 **포도의 신 헤네브(Heneb)가 있는데, 이 집트인의 바커스(Bacchus)이니, 아마 오시리스의 한 모습입니다.**

북부 신 바네브테투(Ba-neb-tettu) 상대 여성 신은 "멘데스(Mendes)의 어머니" 헤르파카우트 (Her-pa-Kaut)였다. 그녀는 머리에 물고기를 이고 있는 모습으로 제시되어 있다. 그녀는 때로는 이시스로 대체되어 그녀의 아들이 호루스(Horus)이기도 했다.

오시리스 숭배는 아비도스(Abydos)에서 성행했는데, 그 아비도스(Abydos)가 신성한 무덤의 이집트 식 메카가 되었다. 제1왕조의 제르(Zer) 왕 무덤은 신성화된 오시리스보다 더욱 명성을 얻었고 경건한 순례가 이어져 공물(供物)이 쌓였다. 사제들이 수행한 정성 드린 종교적 행렬은 오시리스 이시스 이야기를 설명했다. 두려운 붉은 악귀 세트(Set)는 저주가 되었고, 선량한 오시리스는 존중이 되었고 영광스럽게 되었다. 호루스(Horus) 신의 어머니 이시스(Isis)는 인기가 있었다. "내 머리털을 내 앞 이마까지 내려, 이시스가 그녀의 긴 머리를 길렀듯이 나도 그녀가 되었다."

독실한 숭배자들이 아비도스에 무덤을 찾았고, 그 의례는 모든 계급의 무덤들로 북새통을 이루었다. 그러나 주(州) 통치자들은 자기네 지역 묘지에 매장을 했으나, 그들의 미라는 먼저 "사자(死者)의 심판"이 행해진 아비도스(Abdos)로 옮기는 일이 자주 벌어졌다. 파라오는 라(Ra) 범선 신앙에 집착했으니, 거기로 예전처럼 들어가려면 **강력한 마법적 공식(the poerful magic formulae)**을 써야 했다.['지배층'의 힌두이즘에의 집착] 그러나 원시 신앙의 승리는 대중 속에 완벽하게 이룩되었다. 라(Ra) 신앙 자들을 제외한 채로 이집트의 일상인은 사자(死者)의 신 오시리스 신앙 속에 있었다.

일부 이집트 학자들은 헤라클레오폴리탄(Heracleopolitans)을 외래 인으로 생각하고 있다. 그들의 신학은 프타(Ptah)를 숭배한 산악 족과 유사하다는 것이다. 그러나 그 점에 대해서는 구체적인 증거는 없다. 새로운 군주는 그네들의 군사력으로 유지를 했고, 제10왕조[2130~2040 b. c.]가 마감될 때까지 그 모호한 기간 동안에 명백한 정보는 없다. 그 후 시우트(Siut)에 강력한 주(州) 가문이 출현했으니, 왕가에 충성을 바치며 공격전인 테베사람들(Theban)을 막아내었다. 그네들의 무덤 벽에서 우리는 파라오가 잠시 동안은 왕국의 평화와 질서를 유지할 수 있었던 기록을 확인할 수 있다. 그 기록 중의 하나에서 왕의 관리가 그 임무를 효과적으로 수행하여 전쟁이 종식되었다고 하였다. 엄마 품에 안긴 아기가 더 이상 살해되지 않고 아내 곁에 있는 남자를 죽이지도 않았다. 반란자들은 진압이 되었고, 사람들은 문밖에서도 편히 잠들었는데, 왕의 병사들이 모든 행악(行惡)자 들에게 공포의 존재가 되었기 때문이다. 나아가 수로(水路)가 건설되고 최고의 수확이 달성된 것은 질서가 회복되었다는 것을 말하고 있다. 대기하는 하는 군사가 있었고, 그들은 소요(騷擾) 지역으로 급파될 수 있었다. 시우트(Siut) 귀족은 파라오의 장군이었던 것으로 보인다. 그들은 파라오 왕가와 절친한 관계를 즐겼던 것으로 보인다. 케티(Kheti)라는 사람은 파라오의 가족과 함께 교육을 받았고,

수영도 배웠고, 그의 미성년 기에 과부였던 그 어머니가 그 주(州)를 다스렸다. 케티(Kheti)는 공주와 결혼했다. 케티(Kheti)의 아들 테파바(Tefaba)는 군사를 이끌고 남녘으로 가 나일 강 전쟁에 승리를 거두었다. 테파바(Tefaba)의 아들도 역시 힘찬 장군으로서 남쪽 반도(叛徒)를 진압했고, 몇 마일이나 펼쳐진 그 함대를 자랑했다. 남쪽은 잠정적으로 평화롭게 되었으나, 반군이 북에서도 일어났고, 메리카라(Meri-ka-ra) 파라오가 헤라클레폴리스에서 갑자기 추방되었다. 메리카라(Meri-ka-ra) 파라오는 케티(Kheti, Khety I (Acthoes I), 2160 b. c.-연대미상)와 함께 피란을 갔는데, 케티(Kheti)가 북쪽을 압박해 결정적 승리를 거두었다. 메리카라(Meri-ka-ra) 파라오는 왕위를 회복했다. 그러나 그의 통치는 짧았고, 그는 제10왕조 마지막 임금이었다.['파라오 일람' 참죄]

덴타 지역은 공격적인 반란의 상태에 돌입했고, 테베 가(家)의 세력은 상부 이집트에 더욱 커졌다. 결국 시우트(Siut) 가(家)는 남부 군사력 앞에 몰락했고, 새로운 신과 새로운 왕가가 나타났다.115)

'구(舊) 왕조 시절의 여왕 네페르트(Nefert)' '대모(大母)'신의 세 가지 유형 -이시스(Isis) 바스트(Bast) 세케트(Sekhet)

115) D. A. Mackenzie, *Egyptian Myth and Legend*, Bell Publishing Company, 1978, pp. 185~194 'XⅣ. Father Gods and Mother Goddesses'

'소녀 아내와 바타(Bata) 황소' '농작물 도둑들과 농부'

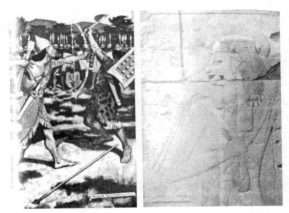

'세누헤트(Senuhet)가 토누(Tonu) 병사를 죽이고 있다.' '아메스(Ahmes) 여왕[토트메스 Ⅰ세 부인] 유명한 여왕 하세프수트 (Hatshepsut)의 어머니이다.'

'운명의 뱀 유인(誘引)하기' '야생 조류 사냥 그림'

'포획한 야생 오리 정리하기' '3천 년 전 고대 이집트의 오락(娛樂)'

(a) '고대 이집트 역사[*Egyptian Myth and Legend*]'를 서술함에 있어 매켄지(D. A. Mackenzie)가 '신화' '전설' '종교'에 논의를 집중한 것은 불가피하고도 어쩔 수 없는 일이었는데, 고대 사회에는 어디에나 '신정(神政, Theocracy)' 시대부터 시작이 되었으나 항상 '현세주의'에 기초를 둔 '절대 신의 신앙'이 그 양극을 이루고 있다.

(b) 매켄지(D. A. Mackenzie)는 토착 종교로 '오시리스 이시스 신화'를 꼽고 '외래 종교'는 '라(Ra)-태양신'교를 꼽고 있다.

(c) 이를 더욱 단순화하면, '외래 사상 종교'란 사실상 힌두(Hindu)의 '마하바라타(*The Mahabharata*)'일 뿐이다. 왜냐하면 **힌두의 '마하바라타(*The Mahabharata*)'에서처럼 '절대주의' 신앙 주입에 온갖 정성을 모은 저서를 인류는 소유하지 않았다.**

(d) 위에서 매켄지(D. A. Mackenzie)가 어쩔 수 없이 자주 사용하고 있는 **'강력한 마법적 공식(the poerful magic formulae)'**이란 힌두 바라문사제의 가강 강력한 '권능의 상징'으로 '생각 만능주의' '언어 절대주의'에 뿌리를 둔 '힌두이즘(Hinduism)'을 빼고는 어디에도 그 연원이 없다. 소위 '마하바라타 전쟁'은 '마법의 전쟁' '신통력의 전쟁'이었음이 그것이다.

(e) 즉 **'라(Ra) 신앙'은 '왕족(크샤트리아)을 위해 개발 된 [절대주의]신앙'**이고 **'오시리스 신앙'은 '평민 서민 속에 뿌리를 내리고 있는 [현세주의]신앙'**이란 전반적인 매켄지(D. A. Mackenzie)의 해설은, '힌두 [바라문]선교사'의 영향 속에 '양대 산맥'을 이집트 종교 사상의 축이고, 역시 세계 종교 사상의 양대 산맥인 것이다.

(f) 더욱 구체적으로 밝히면 헤로도토스(Herodotus)가 그의 '역사(*The Histories*, 446 b. c.)'에서 '역사의 주인공=헤라클레스(Heracles, Krishna) 후손(後孫)'이라고 명시했는데, 포콕(E. Pococke)은 그의 '희랍 속의 인도(*India in Greece*, 1851)'에서 "'헤라클레스(Heracles)'='인더스 강의 크리슈나'"[116]라고 밝히고 있다. 이에 다시 매켄지(D. A. Mackenzie)는 이 장에서 '호루스(Horus)'와 '피닉스(Phoenix)' 신화를 첨부하여 결국 '마하바라타(*The Mahabharata*)'의 '가루다(Garuda)'까지 연결되게 했다.

---

116) E. Pococke, *India in Greece*, 1851, p. 136

XV. 아몬(Amon)의 흥기(興起)

* 테바의 왕들 -중앙 정부의 필요성 -사원 건축 -최초의 아몬(Amon) 왕 -다양한 아몬(Amon)의 모습들 -신탁(神託) -전쟁 신 멘투(Mentu) -신들의 여왕 무트(Mut) -이집트의 큐피드(Cupid) -신들린 공주 -신이 악한 영을 추방하다 -왕자의 꿈 -샘물의 신 -아메네메트(Amenemhet)의 성공 -억압된 영주들 -통일된 왕국 -궁중 음모(陰謀) -세누세르트(Senusert)의 선택 -역사상 최초의 인격(人格)

테베(Thebes) 골짜기에 영주(領主) **안테프(Antef, Intef,** Mentuhotep I Tepy-a, 연대미상~2134 b. c.)가 그 다음 이집트의 파라오였다. 안테프(Antef, Intef)와 더불어 150여년 **제11왕조 [2134~1991 b. c.]**가 열리게 된다. 안테프(Antef)의 힘은 주로 남부에 한정이 되었으나, 신성한 **아비도스(Abydos)**를 확보하게 됨으로써 이집트 전역에 영향력을 행사 했다. "신성한 무덤"의 관리 자들은 그 변전과 불안의 시대에 큰 대중들과 연합을 해 있었다.['파라오 일람' 참조]

새로운 왕계는 몇 명의 아테프(Antefs, Intef) 왕들과 멘투호텝(Mentuhoteps) 왕들을 포함하고 있지만 그네들의 주요 행적은 거의 없다. **아테프(Antef, Intef)** Ⅰ세는 국경 관리자 출신으로 왕권 추구 자였을 것이다. **아테프(Antef, Intef)** Ⅰ세는 50년간 다스렸다. 집안의 권세를 굳혔던 것으로 보인다. 다섯 번째 **멘투호텝(Mentuhotep)** Ⅱ세[2060~2010 b. c.]는 여러 봉건 영주들에게 자기의 의지를 전달할 수 있었고, 군사력으로 그들의 충성심을 확보했으나, **중요한 것은 국가의 융성이 농사의 물 공급을 원활하게 할 강력한 중앙 정부의 확립에 나라의 융성이 달려 있었기 때문에 그 군사력의 확보가 중요했다.** 기근(饑饉)은 칼로도 어찌할 방법이 없었다. 거기에다가 신성한 아비도스(Abydos)로 향하는 길은 개방이 되어 있었다. **그러기에 오시리스 교의 정치적 영향력은 오랜 동안 존속되었다.**[힌두의 '절대주의'와의 가장 큰 차이점]

멘투호텝(Mentuhotep) Ⅱ세[2060~2010 b. c.] 치하(治下)에서 나라가 안정이 되어 누비아 무사 들을 진압하기 위해 군사적 원정이 행해졌다. 상업도 부활했고, 기술과 산업도 다시 융성했다. 신전도 이후 3대에 걸쳐 건설이 되었다. 최후 멘투호텝(Mentuhotep, Mentuhotep IV, 1997~1991 b. c.)은 1만 명의 채석장 탐험대를 동원할 수 있었다.

왕권은 이집트 전역에 확립이 되었다. 파라오의 수상(首相)은 아메네메트(Amenemhet)였는데, 그는 이웃 영주를 공격한 영주들을 가차 없이 강한 공격을 감행했다. 일부는 퇴위를 당하여 그들의 자리는 파라오 충성 지지자들로 채워졌다. 주(州)의 소왕(小王)들과 왕가의 오랜 다툼 끝에 **제12왕 조[1991~1802 b. c.]**에 **아메네메트(Amenemhet)** Ⅰ세[1991~1962 b. c.]가 나타났는데 그의 통치 하에서 이집트는 다시 강력한 통일 왕국이 되었다. 그는 아마 '같은 이름의 수상(首相)'의 손자인 것으로 보인다.['파라오 일람' 참조]

테베(Thebes)의 주신(主神)이 새롭게 부각되었다. 그의 이름은 아몬(Amon) 또는 아멘(Amen)

<u>이다</u>. 그에 관련된 최초의 기록은 제5왕조 유명한 우나스(Unas)왕 피라미드에 나오고 있다. 거기에서 아몬(Amon)과 그 아내는 시작의 "유궁(幽宮, the deep)"인 누(Nu)와 연합된 신들 중에 포함되어 있었다. 그러나 우리는 우나스(Unas, 2375~2345 b. c.)왕 시절 사제 이론에 중요성을 부여할 수 없으니, 그들은 열심히 전국의 모든 종교적 신화를 통합하기에만 바빴기 때문이다. 아몬(Amon)은 명백히 지방 신이고, 많은 발달 단계를 거쳐 원래의 막연하고 거친 종족적 개념을 소지하기가 어렵게 되어 있다. 아몬(Amon)이란 이름은 "감춰진 존재" -아몬(Amon)은 거인이 알 속에 그 영혼 이름을 감췄듯이 "영혼"과 "이름"을 감추고 있었다.117) 멤피스의 소카(Sokar)신 역시 "숨은" 신이고, 저승과 연합되어 있다. 아몬(Amon)은 하데스(Hades)와 유사하니, 그는 월궁 신으로 오시리스와 연관되고 있다.(제ⅩⅩⅡ장) 라(Ra)는 잠시 사실상 <u>아몬(Amon) 신으로 오시리스를 대신해 '사자(死者)의 판관(判官)'을 삼았다</u>. ['사제들'이 그렇게 '논리'를 편 것임]

아몬(Amon)은 여러 가지 형태로 표현되었다. (1) 원숭이118) (2) 태초 아케르(Aker) 사자처럼, 머리를 들고 쉬는 사자(獅子) (3) 뱀 머리 부인 아멘트(Ament)를 동반한 개구리 머리의 남자 (4) 뱀 머리 부인을 동반한 고양이 머리119) 남자 (5) 한 손에 홀(笏)을 쥐고 다른 속에 생명의 상징(ankh)을 잡고 있는 남자 (6) 양(羊) 머리 남성 등등이 그것이다.

<u>제12왕조</u>[1991~1802 b. c.] 때 아페트(Apet)라는 도시 북쪽에 아몬(Amon)에게 바쳐진 조그만 사원이 세워졌다. 아페트(Apet)란 하토르(Hathor)와 연계된 모신(母神)의 이름이다. "테베(Thebes)"란 "Ape(원숭이)"란 명칭에 여성 접두사 "T"가 붙은 여성의 이름에서 유래했다고 하는데, '타프(Tap)' '타페(Tape)'를 그 이름의 도시 테바이(Thebai)를 가지고 있는 희랍인이 그렇게 불렀다고 한다.120) 그 도시의 신성한 이름은 '누(Nu)' 또는 '누 아몬(Nu-Amon)'이었다. 니네베(Nineveh, 아시리아 수도)를 부정한 유대(Hebrew) 예언가는, '누(Nu)'나 '누 아몬(Nu-Amon)'을 말하는 사람에게 "No'보다야 더 인기가 있겠습니까?' 말 했을 것이나, 사실상 "에티오피아와 이집트는 강국이었고, 무궁했다."

<u>양(羊)의 신 아몬(Amon)은 이집트에서 가장 유명한 예언가[신탁재]였다</u>. 황소 아피스(Apis), 악어 세베크(Sebek), 부토(Buto)의 뱀 여신 우아지트(Uazit) 괴상한 신 베스(Bes)는 이후에 일어났다. 계시는 꿈속에서 행해지는데. 투트모세(Thutmose) Ⅳ세[1400-1390 b. c.]는 스핑크스 그늘에 잠이 들었는데, 스핑크스는 파라오에게 그 주변의 모래를 깨끗이 했으면 좋겠다는 말을 들었다. 종교적 엑스타시 속에서 숭배자들 역시 예언 능력을 발휘했다.

---

117) 오시리스 송가 -"아몬(Amon)의 대 성지(聖地)에 그의 정수를 감추었다." -'이시스의 짐(*The Burden of Isis*)' p. 54.
118) 오시리스 송가 -"너는 테후티(Tehuti) 원숭이처럼 자라구나." 토트(Thoth) 원숭이가 새벽 신으로 나타났다.
119) 셉(Seb)이 뱀 머리로 그려진다. 고양이 여신은 바스트(Bast)이니, 그녀는 '대모(大母)'와 연결되어 있다.
120) (Budge) '이집트인들의 신들(*Gods of the Egyptians*)'

'아몬(Amon)의 신탁'은 널리 알려졌다. 아몬(Amon)은 '전투 자장군, 무사들'에게도 예언을 행했고, 승리와 패배를 말해주었다. 범법자들의 색출도 '아몬(Amon)' 신이 알려주었고, 영주들의 업무[추진 방향]도 상담을 했다. 궁극적으로 '아몬(Amon)의 사제들'이 신의 뜻을 알리는 미래 예언의 점쟁이로 명성을 얻어 큰 영향력을 행사했다. 엄청난 사기들이 끼어들게 되었으니, 그 신은 손을 내밀만한 적당한 지도자들을 골라 신탁을 행했다는 증거가 있기 때문이다. [당초에 이집트에서 유행했던 것을 뒤에 '희랍의 예언가' 원용했고 헤로도토스는 밝혔고, '묵시록' 서술자는 '희랍 예언가' 식 권능으로 서술되었다고 볼테르는 지적을 했다.]

아몬(Amon)은 그의 다양한 동물 형상들이 말해 주듯이 통합의 신이었다. 양(羊)의 머리는 민(Min) 신에게서 유래 했고, 개구리 머리는 헤크트(Hekt)에서 유래했다. 아몬(Amon) 교는 역시 '황소'로 상징되는 전쟁 신 멘투(Mentu)로도 원용되었으나, 멘투(Mentu) 신들은 호루스(Horus)와 연계가 되어 분할을 계속하고 있었다. 아몬(Amon)은 매의 머리에 황소 뿔을 단 복장을 착용했는데, 두 개의 기둥 사이에 태양을 얹었거나 매 머리 피닉스로 제시되었다. 황소 머리 남자 형상으로는 활과 화살과 칼을 대동하고 장갑을 끼고 있다.[헤로도토스(Herodotus)의 '역사(*The Histories*, 446 b. c.)'에 나타난 '아몬(Amon)'은 '황소' 형상임]

호루스 형상으로 멘투(Mentu)는 두아트(Duat)를 통과 밤 여행을 하는 태양 범선 뱃머리에 서서 그의 창으로 악귀를 죽이는 모습이다. 헬리오폴리스 사제들은 멘투(Mentu)를 "라(Ra)의 영혼" "하늘의 황소"로 차용(借用) 했다. 카르나크(Karnak) 가까이에 멘투(Mentu) 사원이 세워졌고, 이후에는 아몬(Amon)을 멘투라(Mentu-ra)로 다시 무색하게 하였다.

제11왕조[2134~1991 b. c.]에서 아몬(Amon)은 태양신과 연계되었고, 아몬라(Amon-ra)로서 결국 국가 최고신이 되었고, 그의 교도가 이집트에서 가장 강력하게 되었다. 그 형상은 다음 장에서 다루게 될 것이다.

아몬(Amon)의 아내는 무트(Mut)였다. 그녀의 이름은 "어머니"라는 의미인데, 그녀는 아페트(Apet)와 유사하다. **그녀는 "신들의 여왕"이고 "천국의 부인"이다. 누트(Nut) 이시스(Isis) 네이트(Neith) 같이 만물을 생산한 "위대한 어머니"이다.**['성모'로서의 성격] 무트(Mut)는 독수리와 암사자로 나타냈다. 독수리는 네케베트(Nekhebet) "어머니"이고, 암사자는 고양이처럼 모성이다. 무트(Mut)는 이중(二重) 관을 썼는데, 그녀가 만물의 창조자라는 이집트의 "위대한 어머니"라는 것을 가리킨 것이다. 그녀의 이름은 사실상 이시스(Isis) 툼(Tum) 하토르(Hathor) 부토(Buto) 뱀과 연결되어 있다. '사자(死者)의 서(*Book of the Dead*)'에 무트(Mut)는 매와 사람의 얼굴을 한 두 난쟁이를 대동한다. 그것은 아케나톤(Akenaton, Amenhotep IV, 1352-1336 b. c.)의 아버지 아메노텝(Amenhotep) III세인데 카르나크(Karnak, Thebes)에 양 머리 불사조 신을 모신 거대한 도로를 갖고 있는 장대한 사원을 세웠다. 그 부근에 여왕 티(Tiy)의 호수는 그 무트(Mut) "위대한 어머니" 숭배에 관련이 되어 있다.

달의 신 콘수(Khonsu)는 태베(Thebes)에서 아몬(Amon)과 무트(Mut)의 아들이라고 생각했다. 헤르모폴리스(Hermopolis)와 에드푸(Edfu)에서 아몬(Amon)은 토트(Thoth)와 연결이 되어 있다. 우나스(Unas) 찬송에는 오리온(Orion)이 신들의 영혼과 인간들을 몰아 죽이려고 아몬(Amon)을 파견했다고 하고 있다. 신화는 달 앞에 왜 별들이 사라지는지를 설명하고 있다. 토트(Thoth)란 "여행자" 의미이다.

달의 신으로서 콘수(Khonsu)는 봄철 곡식의 숙성과 수확에 관계한다. 콘수(Khonsu)는 역시 이집트인의 큐피드(Cupid)이니, 사내와 아가씨들의 마음을 건드려 사랑을 하게 만든다. 콘수(Khonsu) 신탁은 자식을 원하는 사람들이 행한다. 농부들은 그들 가축의 번성을 콘수(Khonsu)에게 기원한다.

콘수(Khonsu)는 역시 새로 태어난 자에게 "생명의 호흡"을 주어, 바람의 신 헤르세프(Her-shef) 크누무(Khnumu)와 비슷하다. 콘수(Khonsu)는 역시 차단을 행하는 벽으로서 각종 질병을 일으키고, 사람들을 홀리고, 지랄병 미친병을 주는 악령들을 통제한다. 환자들은 "신탁의 제공자" 콘수(Khonsu)로 치료를 받아, 그의 명성은 이집트 국경을 초월했다.

라메시드(Ramessid, 제19왕조) 기간에 흥미로운 한 파피루스에는 놀라운 콘수(Khonsu) 권능 이야기가 있다. "호루스(Horus)이며, 툼(Tum)과 동일한 자, 태양의 아들, 억센 언월도(偃月刀), 아홉 오랑캐의 활을 부순 자" 파라오가 시리아 복속 왕들에게서 매년 공물을 걷게 해주었다. 바크텐(Bakhten) 왕[121]은 "자기 큰 딸을 선두"로 많은 공물을 바쳤다. 그 공주는 매우 아름다워 파라오는 그녀와 사랑에 빠져 그녀는 "왕비"가 되었다.

그 이후에 그 바크텐(Bakhten) 왕은 우아스(Uas, Thebes)에 사절을 데리고 나타났다. 그는 자기 딸에게 선물을 주고 "태양의 아들" 앞에 엎드려 아뢰었다.

"저는 왕비의 동생 벤트라슈(Bent-rash)가 사지(四肢)에 경련을 일으키는 몹쓸 병고에 있어서 대왕께 호소하러 왔습니다. 학식이 있는 의사를 대왕이 보내주시면 그녀의 병고에 도움이 될까 생각합니다."

파라오가 말했다. "큰 의사를 대령시켜라."

파라오의 명령대로 행해져 어의(御醫)가 대령되니, 왕은 말했다. "너는 바크텐(Bakhten)으로 가서 왕의 딸을 살펴보도록 하라."

그 마법사[御醫]가 공주 벤트라슈(Bent-rash)를 보니 그녀는 엄청난 악귀(demon)에 붙들려 있었다. 마법사[御醫]는 악귀를 물리칠 수가 없었다.

그래서 바크텐(Bakhten) 왕은 다시 우아스(Uas, Thebes)로 가서 파라오에게 호소했다. "대왕이

---

121) 람세스(Ramesis) Ⅱ세와 동맹이 된 히티트(Hittites) 왕으로 확인이 되었다.

시여, 신을 보내 저희 딸 병을 치료해 주소서."

파라오가 가엽게 생각하여 콘수(Khonsu) 신전으로 가서 신에게 말했다. "바크텐(Bakhten) 왕의 작은 딸을 생각하여 내가 다시 왔습니다. 당신의 화상(畫像)을 보내 그녀를 치료해 주십시오." **"신탁의 제공자" "악신의 구축(驅逐)자" 콘수(Khonsu)는 머리를 끄덕여 파라오의 기도 응하여 그의 신성(divine nature)을 그의 화상(畫像)에 실었다.**

콘수(Khonsu)의 화상(畫像)을 방주 장대에 걸고 두 명의 사제가 기도를 올리며 12명의 사제가 그것을 운반했다. 화상(畫像)이 사원을 출발하자 파라오는 향을 사르고 방주 앞에 다섯 척의 배를 준비시켜 사제들과 병사들과 전차 한 대 두 마리 말을 싣고 가게 했다.

바크텐(Bakhten) 왕은 많은 병사들을 이끌고 자기 도시에서 나와 그 콘수(Khonsu)를 맞이했다.

바크텐(Bakhten) 왕이 말했다. "정말 이렇게 오셨군요. 파라오의 선의(善意) 당신이 여기에 오셨습니다."

콘수(Khonsu)[畫像]가 벤트라슈(Bent-rash) 공주에게 나아가니, 그녀의 병은 즉시 나았다. 악귀는 공주에게서 쫓겨나 콘수(Khonsu) 앞에 말했다. "오 억센 신이시여. 바크텐(Bakhten) 땅은 당신 소유이시고, 백성은 당신의 종입니다. 저도 마찬가지로 당신의 종입니다. 당신이 바라시는 데로 제가 왔던 곳으로 돌아가겠습니다. 그렇지만 바크텐(Bakhten) 왕에게 내가 참여할 큰 잔치를 열라고 하십시오."

그래서 콘수(Khonsu)는 사제들에게 말했다. "바크텐(Bakhten) 왕은 내가 그 공주에게서 떼어낸 그 악령에게 대제(大祭)를 올리게 하라."

악귀에게 대제를 올릴 적에 왕과 군사와 백성들에게 큰 두려움이 엄습했다. 크게 즐긴 다음 그 악령은 출발하여 그가 왔던 곳으로 되돌아갔는데, 그것은 "신탁의 제공자" 콘수(Khonsu)의 뜻에 따른 것이다.

그래서 바크텐(Bakhten) 왕은 즐거운 마음에 그 콘수(Khonsu)를 자기 나라에 묶어두려 했다. 그래서 왕은 그 화상(畫像)을 3년 이상 보관을 했다.

어느 날 왕은 침상에서 잠들었는데, 꿈에 어떤 모습이 나타났다. 왕은 황금 매[鷹] 같이 높이 날아 그 신은 이집트로 갔다. 바크텐(Bakhten) 왕은 깨어나 무서움에 떨며 말했다. "신이 우리에게 화가 난 것이 분명하다. 신을 방주에 올려 우아스(Uas, Thebes)로 운반하라."

바크텐(Bakhten) 왕은 풍성한 선물과 함께 그 신의 화상(畫像)을 그 신전으로 돌아가게 했다.

콘수(Khonsu)의 인기 있는 명칭 중의 하나는 "평강의 미남(美男) 신(The Beautiful One at Rest)"이다. 콘수(Khonsu)는 켈트 사랑의 신 앙구스(Angus)처럼 "항상 젊은" 미남으로 그려진다. 특히 아름다운 상체의 모습이 카르나크(Karnak)의 폐허가 된 신전에서 발견이 되었다.

매의 머리를 지닌 자연신 콘수(Khonsu)는 초승달과 태양 원반 형상의 왕관을 쓰니, 그는 봄철의 태양신이다. 토트(Thoth)처럼 콘수(Khonsu)는 "기획가"인 건축가이고, "측량사"이니, 콘수(Khonsu)는 달들의 길이를 재고 있기 때문이다. 어머니 신과 아들 신의 개념은 여성 기원의 인생관 세계관에 원시적 신앙과 연합해 있다. "대모(大母)"가 바로 "위대한 아버지"를 탄생시키듯이 혼자서 임신하고, 신의 "그 어머니의 남편"이라는 이집트인의 괴상한 생각이 창조 관련 혼란된 생각에서부터 생겼다.

아몬(Amon) 숭배를 추진한 최초의 위대한 왕 [제12왕조]아메네메트(Amenemhet, Amenemhat I, 1991~1962 b. c.) I세는 다른 영향력 있는 신들의 존중에도 역시 열심이었다. 델타의 타니스(Tanis)에서부터 남쪽 누비아(Nubia)의 중심까지 아메네메트(Amenemhet) I세는 그의 종교 사랑의 자취를 남겼으니, 그것은 물론 정책적 동기에서였다. 그는 성(聖) 아비도스(Abidos)에 오시리스를 위해 붉은 화강암 제단을 세웠고, 멤피스에는 프타(Ptah) 사원을 세웠다. 부바스티(Bubastis)의 바스트(Bast) 여신에는 기념물로 숭배를 표했고, 테베(Thebes)의 아몬(Amon)도 존중했다. [제12왕조] **아메네메트(Amenemhet) I세의 정신은 전국적으로 분배 되었으니, 그는 "라(Ra)의 아들"이었기에 '태양신의 인격화(the human incarnation of the solar deity)'의 "신"으로 숭배되었기 때문이다.**

아메네메트 I세(Amenemhet, 1991~1962 b. c.)는 활발한 군사적 왕이었다. 그는 시리아와 누비아를 무찔렀을 뿐만 아니라 그 생각에 순종하지 않은 반란의 영주(領主)들에게 벌을 내렸다. 새로운 변화가 중앙 정부뿐만 아니라 지방 행정에까지 소개되었다. 지방 영주들의 세력은 제한을 받았다. 공직에서 강제로 도시의 왕이나 촌장이 물러날 경우에는 국가에 귀속이 되었다. 이 정책은 아메네메트(Amenemhet) I세의 계승자들도 이어 받아 그 봉건 체제는 위협적이어서 파라오의 왕권을 몇 백 년 동안 안정시키었으나, 결국은 없어졌다. 지방 귀족들의 사제 연합은 국가의 공인을 받았고, 프타(Ptah)를 제외한 모든 주요 신들은 아몬라(Amon-ra)의 "가족"으로 포괄 되었다.

아메네메트(Amenemhet) I세는 국가에 유능한 인재들을 자기 곁으로 모았다. 그것은 다시 한 번 주목을 받았고, 이집트는 풍년이 들어 먹을 것이 풍부하게 되었다.

왕이 늙어서 왕은 그의 아들 세누세르트(Senusert, **Sesostris I, 1971~1926 b. c.**)를 후계자로 뽑았다. 그런데 그 선택은 왕가의 영향력 있는 귀족들을 속상하게 만들었다. "**아메네메트(Amenemhet) 교훈**"에서 우리는 왕의 비빈(妃嬪) 중에 한 사람이 왕권에 대한 음모에 가담했음을 알 수 있다. 음모(陰謀) 집단이 비밀리에 설치한 통로를 통해 궁궐로 들어가 저녁 식사를 마치고 쉬고 있었다. 늙은 왕은 그가 무장을 하지 않았지만 "위엄(showed fight)"을 보였고, 그들과 협상 끝에 확실하게 성공을 거두어 그 '**세누세르트(Senusert, Senusret, Sesostris I, 1971~1926 b. c.)의 계승**'이 확정되었다.

'음모(陰謀) 집단'이 어떻게 처벌을 받는지는 알 길이 없다. 다수가 용서되었을 것이다. 최소한

412

아메네메트(Amenemhet) Ⅰ세가 살아 있는 한 음모자들은 온전했으나, 세누세르트(Senusert, **Sesostris** Ⅰ 1971~1926 b. c.)의 복수는 무서웠으니, 그는 아버지를 계승할 만큼 힘차고 호전적인 왕자였다.

파피루스에 적힌 "세누헤트(Senuhet)의 망명"은 단순한 민담이 아니고, 진정한 역사의 일부이다. 세누헤트(Senuhet)는 아메네메트(Amenemhet) Ⅰ세의 아들일 가능성은 충분히 있다. 어떻든 세누헤트(Senuhet, Senusert)는 음모로 왕궁에서 쫓겨났다. 멤피스의 늙은 왕[아메네메트(Amenemhet) Ⅰ세]이 죽으니, 사자(使者)가 리비아와 전쟁 수행 중인 세누헤트(Senuhet)에게 급파되었다. 다른 왕자들은 아직 소식을 못 듣고 있는 상황에서 세누헤트(Senuhet)는 그 아버지 왕의 죽음과 새 왕[세누세르트(Senusert)]의 소식을 보고 받고 시리아로 도망을 쳤다. 세누헤트(Senuhet)는 거기에서 이집트 망명자들을 발견했다.

많은 세월이 흘러 세누세르트(Senusert) 왕에게 세누헤트(Senuhet) 행방은 묘연해졌고, 왕은 그의 순수함을 알게 되었다. 세누헤트(Senuhet)는 다시 이집트로 초대되었고, 왕족들의 환영을 받았다.

민담은 우리에 무덤의 기록이나 왕가 문서보다는 그 시대의 생활을 친근하게 전해주고 있다. 세누헤트(Senuhet)는 초기 역사 속의 인물 중의 한 사람이다. 우리는 "**아메네메트(Amenemhet) 교훈**"에서 '궁중 반란' 이야기에 관계된 냉소적인 일부 '망명 그림자'를 획득할 수 있다. 그러나 단순하고 직설적인 망명 왕자의 민담에서 우리는 우리가 공감할 수 있는 인간과 만나게 된다. 민담의 후반부는 행복한 결말이다. 우리의 예 친구[세누헤트(Senuhet)]는 다년간(多年間)의 사막(沙漠) 생활을 끝에 편안한 침대를 되찾아 즐기게 되었다. 더러운 누더기 옷을 벗고 향기로운 비단 옷을 입게 되었다. 그에게 새 저택이 주어졌고, 그 자녀들도 만났다....4천 년 전에 여러 해를 방랑하다가 *그가 바랐던 대로 태어난 곳에 묻힌 사람* 이야기를 살펴보자![122]

———✈

   (a) 앞서 확인했듯이, 매켄지(D. A. Mackenzie)의 '역사 설명 방법'은 ① '군사력' ② '경제' ③ '종교 사상' 세 가지인데, 우선 '군사력(통치력)'이 약화할 적에 '물대기[농업 경제] 사업'이 부실하게 되어, 마지막에는 그 '파라오의 종교 사상'에 염증(厭症)을 발동하여 '저항 운동'을 펼쳤던 것이 상고(上古) 시대 이집트부터 오늘날 날까지 반복이 되는 현실이다.

   (b) 매켄지(D. A. Mackenzie)는 군(軍)의 '최고 통수권자'로서의 파라오 힘을 예외 없이 철저하게 적용해 그 '이집트 역사'를 서술해 내려갔지만, '**종교 사상 상의 강약(强弱)**'은 고려하지 않은 셈이다.

---

122) D. A. Mackenzie, *Egyptian Myth and Legend*, Bell Publishing Company, 1978, pp. 195~206 'ⅩⅤ. The Rise of Amon'

(c) 그러나 '고대 이집트 사회'에서 벌써 명백하게 된 **그 '대강령(大綱領)'이 '절대주의'에 맞선 '육체 우선의 현세주의'가 명백히 있었다는 점이 그것이다.**

(d) 매켄지(D. A. Mackenzie)도 그것을 알아 '소(小) 아시아'의 '절대주의(Ra교)'가 이집트 고유의 '오시리스 이시스' '현세주의[실존주의]'와 어떻게 대립하고 통합되었는지 그 구체적으로 양상을 살피는데, '이집트 역사' 서술의 태반(太半) 지면을 할애했다.

(e) 즉 매켄지(D. A. Mackenzie)가 소개하고 있는 **'예언의 아몬(Amon)신'과 더불어 '질병 치료 신 콘수(Khonsu)'는 각별히 주목을 해야 한다.** 즉 '절대주의'의 원본(原本) '마하바라타(*The Mahabharata*)'와 '지존(至尊)의 노래(Bhagavat Gita)'에는 '목숨을 던진 절대신(God)의 봉사'가 워낙 강조가 되어 자잘한 인간 세계의 '승패'나 '건강 질병'은 처음부터 거론이 될 수 없다.[거론 자체가 무의미하다.]

(f) 그런데 이집트에 '예언의 아몬(Amon)신'과 '질병 치료 신 콘수(Khonsu, 달의 신)'이 거론 된 것은 이집트 고유의 '현세주의' '오시리스 이시스 존중'의 변용이라는 점을 매켄지(D. A. Mackenzie)도 긍정하여 그렇게 이끌고 있다.

(g) '고대 이집트'에서 '질병 치료' 문제가 구체적으로 거론 된 것은, 이미 '건강을 챙기는 여유 있는 삶의 조건'이 마련되었다는 이야기이다.

XVI. 망명한 왕자 이야기

※ 리비아 원정 −아메네메트(Amenemhet)왕의 사망 −왕자의 탈출− 베두인(Bedouins, 사막 유목민) 속에서 −심문하는 대장 −존경 받은 왕자 −경쟁적인 영웅 −일대일(一對一) 전투 −승리의 세누헤트(Senuhet) −이집트인의 나라 사랑 −파라오에의 호소 −왕궁으로 돌아온 왕자 −궁정에서 환영 −황금의 우정 −노인이 행복하게 되다.

"단풍나무의 아들" 세누헤트(Senuhet)는 원래 이집트 왕자였다. 리비아와 전쟁이 터져 세누헤트(Senuhet)는 위대한 아메네메트(Amenemhet, Amenmhat, 1991~1962 b. c.)의 선택된 황태자 **세누세르트(Senusert, Senusret Ⅰ, Sesostris Ⅰ 1971~1926 b. c.)**가 인솔한 관군(官軍)에 종군했다. **아메네메트(Amenemhet)는 나이가 들어 사이트(Shait)의 2월 7일에 붕어(崩御)했다. 호루스(Horus)의 매처럼 태양을 향해 날아갔다.** 궁정은 큰 슬픔에 빠졌고 궁문은 닫혀 봉인(封印)이 되었고, 귀족들은 대궐 밖에서 엎드려 있고, 고요가 도시를 덮었다.

군사 원정은 성공적이었다. 많은 포로를 잡고 소떼도 노획을 했다. 적들은 전장에서 도망을 쳤다.

궁중에 있는 귀족들은 회의를 열고 황태자 세누세르트(Senusert)에게 믿을 만한 사자를 보내 비밀리에 부왕(父王)의 붕어(崩御)를 전하게 했다. 모든 왕자들이 전투에 참여하였으나, 사자(使者)가 도착했을 때에 다른 왕자들에게 아무에게도 알리지 않았다. 그래서 황제의 붕어(崩御)를 세누세르트(Senusert)를 빼고는 아무도 몰랐다.

그런데 우연히 세누헤트(Senuhet)는 곁에 숨어 있다가 새 왕의 비밀한 대화를 듣게 되었다. 사자(使者)의 말을 들은 세누헤트(Senuhet)는 갑자기 공포감에 질려 사지가 떨렸다. 황태자와 사자(使者)가 걸어 함께 가까이 오자 덤불 아래 누웠다.[123]

그들이 멀어지자 세누헤트(Senuhet)는 바로 이집트를 떠났다. 세누헤트(Senuhet)는 내란이 생긴 것처럼 황급히 남쪽으로 도망을 쳤다. 밤이 되자 세누헤트(Senuhet)는 들에 누워 잠을 갔다. 아침이 되어 세누헤트(Senuhet)가 큰 길로 나서서 그를 보고 놀란 사람을 무시하고 그냥 달렸다. 그 날이 지나고 밤이 되어 세누헤트(Senuhet)는 채석장의 뗏목을 타고 강을 건넜다. 그 다음 세누헤트(Senuhet)는 홍산(Red Mountains)의 여신 히리트(Hirit) 영역으로 들어갔다가 방향을 북으로 돌렸다. 세누헤트(Senuhet)는 베도우인(Bedouin) 궁수들의 침략을 막기 위해 설치한 요새에 도착했다. 왕자는 보초병들이 보지 못 하도록 몸을 숨겼다.

어두워지자 세누헤트(Senuhet)는 계속 달렸다. 밤새도록 달려 새벽에 쿠모르(Qumor) 계곡에

---

123) 세누헤트(Senuhet)가 공포에 휩싸인 이유는 제시가 없다.

도착했다……그의 힘은 완전히 소진(消盡)되었다. 왕자의 목은 타고 혀도 마르고 목구멍은 부었다. 큰 고통 속에 탄식했다. "이제는 죽겠구나." 절망 속에 있을 때 갑자기 사람의 목소리와 소들의 음매 소리를 듣고 반가웠다.

세누헤트(Senuhet)는 베도우인(Bedouin)들 속으로 들어갔다. 그 중 한 사람이 세누헤트(Senuhet)에게 친절하게 말하며 마실 물과 데운 우유를 제공했다. 그 남자는 대장이었는데, 그는 세누헤트(Senuhet)가 이집트 고관임을 그냥 알아보았다. 그 대장은 매우 친절하여 그 망명자[세누헤트(Senuhet)]가 베도우인(Bedouin) 여행을 계속할 수 있도록 다음 캠프까지 안내를 했다. 캠프에서 캠프로 이동한 세누헤트(Senuhet)는, 에도미테족(Edomites)의 땅에 이르러 거기에서 안정을 찾았다.

1년이 지난 즈음에 상부 토누(Upper Tonu) 대장 아무아니시(Amuanishi)가 세누헤트(Senuhet)에게 사자를 보내 말했다. "오셔서 나와 함께 계시며 이집트 말을 가르쳐 주시죠."

에돔(Edom)에는 다른 이집트인들이 있었고, 그들은 왕자[세누헤트(Senuhet)]를 아주 반겼으므로 그 대장이 세누헤트(Senuhet)를 만나고 싶었던 것이다.

대장 아무아니시(Amuanishi)가 세누헤트(Senuhet)에게 말했다. "이제 왜 이곳으로 도망을 해 오셨는지 솔직히 말씀을 해 보시죠. 왕궁에 누가 죽었습니까? 내가 모르는 다른 일이 생겼습니까?"

세누헤트(Senuhet)는 그냥 모호한 대답을 했다. "나는 리비아에서 이곳으로 왔고, 다른 일은 없었습니다. 나는 이집트에 반역을 말하거나 행하지 않고, 그런 말을 듣지도 못 했습니다. 아무도 나를 알지 못합니다. 내가 여기에 온 것을 설명한 적도 없습니다. 아메네메트(Amenemhet) 왕의 뜻에 따르는 일이라면 나는 왕을 성실하게 모실 것입니다."

베도우인(Begouin) 대장은 위대한 이집트 대왕[아메네메트(Amenemhet)]를 찬양하며, 자신의 이름은 암사자 여신 세케트(Sekhet)와 동일한 위엄을 지닌다고 말했다.

세누헤트(Senuhet)는 다시 말했다. "지금은 아메네메트(Amenemhet) 왕자[Senusert]가 임금 자리에 앉았습니다. 그 왕자는 유능하고 탁월한 검투사로서 아직까지 겨룰 자가 없었던 용감한 무사였습니다. 그는 가는 곳마다 적들을 휩쓸었습니다. 반군(叛軍)들에게 몸을 던졌고, 반대자들을 무찔러 두려움을 모르는 용감한 영웅입니다. 그는 빠르기가 사자 같아 도망을 칠 수도 없습니다. 그 왕자 세누세르트(Senusert)는 적군 속의 적장을 즐겨 상대하여 아무도 막을 수가 없습니다. 세누세르트(Senusert)는 공손하기가 이를 데 없어 온 나라가 그를 좋아하고 그에게 즐겁게 복종합니다. 그가 남쪽 국경을 확장했으나, 베도우인(Begouin) 땅을 침략할 생각은 없습니다. 그러나 그런 일이 생겨서 그[Senusert]가 여기엘 오면 내가 여기에 살고 있다고 그에게 말을 할 겁니다."

대장이 그 말을 듣고 말했다. "나의 소망은, 이집트인들이 번성하고 평화롭게 사는 것입니다. 여기에 계시는 동안 저의 호의를 받아주시기 바랍니다."

416

그래서 세누헤트(Senuhet)는 상부 토누(Upper Tonu) 대장의 큰 딸을 아내로 맞았다. 그리고 세누헤트(Senuhet)는 아이아(Aia)라 부르는 최고 지역에 그가 살 곳을 선택하라는 허락도 받았다. 아이아(Aia)는 포도와 무화과가 풍성했고, 우유와 꿀이 넘쳤고, 올리브는 셀 수도 없었고, 옥수수 밀이 풍성했고, 가축들이 넘쳐났다.

대장의 큰 신임을 받은 세누헤트(Senuhet)는 한 종족의 왕이 되었다. 매일 그는 그가 사냥해 잡은 고기와 빵과 와인으로 화려한 식사를 즐겼다.

여러 해가 지났다. 태어난 아이들이 강하게 자라 각각 종족을 다스리게 되었다. 나그네들이 지날 때에는 세누헤트(Senuhet)가 크게 호의를 보이므로 소문이 나 그를 일부러 찾았다. 지친 자에게 세누헤트(Senuhet)는 활기를 넣어주었다. 강도질을 당했을 경우는 범법자들을 색출했고, 빼앗긴 물건을 찾아 되돌려 주었다.

세누헤트(Senuhet)는 침략자에게 대항해 싸우는 베도우인(Begouin)들의 사령관이 되었으니, 상부 토누(Upper Tonu) 대장이 세누헤트(Senuhet)를 군사들의 장군으로 삼았기 때문이다. 크고 많은 싸움에서 그는 성공했다. 포로와 가축들을 이끌고 개선했다. 세누헤트(Senuhet)는 칼과 활로 용감하게 싸웠다. 세누헤트(Senuhet)는 전술도 발휘했다. 토누(Tonu) 대장은 그를 좋아하여 그를 더욱 높은 반열에 승진을 시켰다.

토누(Tonu) 족에 앞서 명성을 얻고 있던 한 영웅이, 그 이집트인[세누헤트(Senuhet)]을 시기했다. 그 영웅을 나라 안에서 당할 자가 없었다. 그는 자기에게 맞서는 모든 사람들을 꺾었다. 그가 결국 말했다. "내가 세누헤트(Senuhet)와 대결할 수밖에 없다. 그는 아직 내 맛을 못 봤다."

그 무사는 자신이 그 이집트인[세누헤트(Senuhet)]을 죽이고 그 땅과 가축을 제 것으로 삼고 싶었다.

그 도전이 받아들여졌을 때에, 토누(Tonu) 대장도 그것을 걱정하며 세누헤트(Senuhet)에게 말했다.

"나는 저 친구를 모른다. 그는 나의 계열이 아니고 나는 그의 종족과 연합하지도 않는다. 나는 그를 잘못 대접한 적도 없다. 그가 만약 내 재산을 탐내는 도둑이라면 그가 어떻게 처신을 해야 할지에 더욱 신중함이 옳았을 것이다. 그는 내가 그를 '전장(戰場)의 황소'로 알고 있다고 생각을 할까? 그가 나와 싸우기를 원하면 그에게 기회는 있다. 그것이 그의 뜻이라면 그렇게 될 것이다. 신이 나를 잊겠는가? 무엇이 일어나건 그것은 신의 뜻이다."

그 말을 듣고 세누헤트(Senuhet)는 막사로 돌아와 쉬었다. 그리고 활과 화살을 준비하고 무기를 정비했다.

새벽이 되자 사람들이 대결 장소로 모여들었다. 엄청난 사람들이 모였는데 토누(Tonu) 대장은 세누헤트(Senuhet)가 이기기를 간절히 바랐다. 그러나 사람들은 세누헤트(Senuhet)를 무서워했다. 여인들은 도전하는 영웅을 보고 "아!" 소리쳤다. 남자들도 서로 이야기했다. "누가 이 무사를 당할 것인가? 방패와 장창(長槍)과 도끼 투창도 들고 있지 않는가?"

세누헤트(Senuhet)가 다가오니, 상대자가 먼저 창을 던졌다. 그러나 이집트인[세누헤트(Senuhet)]은 자신의 방패로 그 창들이 땅바닥으로 떨어지게 했다. 그러자 그 전사는 그의 도끼를 휘둘렀다. 이에 세누헤트(Senuhet)는 그의 활을 늘여 날카로운 화살을 날렸다. 그의 목표는 확실했으니, 화살은 적의 목을 뚫어 큰 소리를 지르고 앞으로 거꾸러졌다. 세누헤트(Senuhet)는 창을 잡아 그 무사의 몸을 찌르고 큰 소리로 승리의 함성을 질렀다.

그러자 모든 사람들이 얼싸안고 좋아했고, 세누헤트(Senuhet)는 **테베(Thebes)의 전쟁 신 멘투(Mentu)께 감사를 드렸다.** 세누헤트(Senuhet)는 살해된 그 영웅의 추종자들도 완전히 제압을 했다. 토누(Tonu) 대장은 기쁜 마음으로 세누헤트(Senuhet)를 포옹했다.

세누헤트(Senuhet)는 그 거만한 전사가 소유했던 재산과 가축을 빼앗고 그가 살던 집을 부셔 버렸다. 세누헤트(Senuhet)는 더욱 부자가 되었다. 그러나 늙음은 그에게도 왔다. 그는 이집트로 돌아가 거기에서 묻히고 싶었다. 그 문제에 매달리다가 세누헤트(Senuhet)는 '세누세르트(Senusert)왕에게 호소하리라.' 결심을 했다. 그래서 탄원서를 작성하여 사자를 왕궁으로 파견하였다. 국왕께 호소했다. "호루스(Horus)의 종이시여, 태양의 아들이시여." 세누헤트(Senuhet)는 호소했다.

"신을 두고 맹세합니다. 신은 저를 실망시키지 않습니다...제가 비록 이집트를 도망해 나왔으나 저는 이집트 왕실을 욕되게 하지는 않았습니다. 저는 도망치며 굶주렸으나, 지금은 남들도 먹여 살립니다. 도망을 나올 때는 헐벗었으나, 지금은 비단 옷을 입고 있습니다. 저는 방랑객이었으나, 지금은 많은 종자(從者)들이 있고, 제가 나올 때는 아무 것도 없었으나 지금은 땅과 집을 지니고 있습니다....폐하께서 돌아보시어 제가 난 곳에 무덤을 만들도록 허락해 주시옵소서. 망명객인 제가 고향에 돌아가게 허락을 해 주옵소서....제 소원이 이루어지도록 신께도 공물을 바쳤습니다. 외국에 망명해 있는 저는 수심에 차 있습니다.

폐하께서 저의 귀국을 허락해서 제가 폐하의 속민(屬民)이 되게 하소서. 여왕 폐하께도 인사를 올립니다. 왕비님도 다시 뵙고 조카 왕자들도 만나면 생기가 날 것 같습니다. 서럽게도 제가 늙어 저의 힘도 쇠약해지고 눈도 침침해지고 걸음걸이도 비틀거리고 가슴도 떨립니다. 그렇습니다. 저는 죽을 날이 가까웠음을 압니다. 묻힐 때가 되었습니다...제가 죽기 전에 여왕님을 뵙고 말씀을 듣고 조카 왕자들과 말해보면 죽을 때까지 행복할 겁니다."

세누세르트(Senusert) 왕은 세누헤트(Senuhet)의 탄원서를 읽고 그의 소원을 들어주었다. 세누세르트(Senusert) 왕은 그의 황태자에게 자신의 편지를 주어 전하게 했다 :

"[다음은 왕의 말씀이다....]무슨 일이 있었는가? 나를 향해 어떤 일이 일어났기에 외국으로 그대가 망명을 하게 되었는가? 무엇이 잘 못 되었는가? 나는 그대가 나를 비방하지 않았다는 것을 알고 있다....그 문제는 더 이상 생각하지 말기로 하자. 그대는 그대의 마음을 바꾸지 않았다....왕비도 잘 있고, 원하는 모든 것을 받고 있다. 왕비는 왕자들 속에 있다....

그대의 소유는 모두 그대로 두고 여기로 올 때는 궁중에서 거하도록 하라. 그대는 나의 가장 절친한 친구이다. 그대는 날마다 늙어가고 있다는 것을 잊지 말라. 힘은 약해지고 생각은 무덤에 있다. 안장(安葬)이 될 터이고, 방부(防腐)처리가 될 것이고 곡자(哭者)가 울 것이고, 미라 상자에 넣어 삼나무 덮개로 덮을 것이고 황소들이 끌고 갈 것이다. 장례식 노래도 불릴 것이고 춤을 추게도 될 것이다. 곡자(哭者)가 그대 무덤 앞에서 무릎을 꿇고 울며 공물을 바칠 것이다. 모든 것을 약속한다. 그대의 무덤 앞에 제사가 행해질 것이다. 피라미드가 세워져 그대는 왕자들 가운데 누울 것이다....그대는 외국에서 죽어서는 아니 된다. 그대는 그대를 베도우인들(Bedouins)이 양가죽에 싸서 묻게 해서는 아니 된다. 그대가 피라미드 속에 누울 때, 나라 사람들의 애도가 땅을 흔들 것이다."

세누헤트(Senuhet)는 왕의 그 너그러운 편지를 받고 너무나 기뻐서 울었다. 모래밭에 몸을 던져 누웠다가 다시 일어나 소리쳤다. "고국을 떠나 호전적은 나라로 도망쳐 나온 나에게 이 무슨 행운인가? 큰 은혜가 나에게 내린 것이다. 나는 죽음 공포에서 벗어났다."

세누헤트(Senuhet)는 왕께 답장을 썼다.

"위대한 신이시여. 제가 무엇이기에 저를 그토록 아껴주십니까? ....대왕께서 일어난 사건에 대해 알고 있는 두 왕자를 부르시면 될 것입니다...이집트를 떠난 것은 제 소망이 아닙니다. 저는 꿈속에서 떠난 것입니다....누구를 따라온 것도 아니고 '반란'은 듣지도 못 했고, 어떤 판관의 소환을 제가 받았던 것도 아닙니다...저는 도망가라는 신의 명령을 받았듯이 그냥 도망을 했었습니다....폐하께서 명령을 내렸듯이 저는 모든 부(富)를 여기에 두고 가겠습니다. 여기에 있는 애들이 계승을 할 것입니다....만수무강하시옵소서."

왕께 이 편지를 쓴 다음 세누헤트(Senuhet)는 큰 잔치를 열었다. 재산을 아들들에게 나눠주었다. 장자(長子)가 종족의 인솔자가 되었고, 그가 그 복지에서 땅과 농장과 소 과일 나무를 받았다. 그리고 난 다음 세누헤트(Senuhet)는 이집트로 향했다. 세누헤트(Senuhet)는 국경 요새지 대장과 마주치니, 대장은 세누헤트(Senuhet)의 접근 소식을 궁중에 보고했다. 선물을 실은 배가 도착하여 세누헤트(Senuhet)는 맞으러 온 모든 사람들과 즐겁게 인사를 나누었다.

밤이 지나고 날이 밝고 다시 밤이 되어서야 세누헤트(Senuhet)는 궁궐에 도착했다. 안내를 위해 네 사람이 나왔고, 왕자들은 궁정 뜰에서 대기를 했고, 귀족들이 세누헤트(Senuhet)를 왕 앞으로 인도했다.

왕은 금과 은으로 장식된 거대한 대청에 높은 왕좌에 앉아 있었다. 세누헤트(Senuhet)는 그 앞에 엎드렸다. 왕은 처음 세누헤트(Senuhet)를 알아보지 못 했으나, 부드럽게 말을 했다. 불쌍한 세누헤트(Senuhet)는 대답을 못 하고, [왕의 위엄에] 얼굴이 창백하게 되었다. 눈은 침침해지고 사지에는 힘이 빠져 죽어가는 사람처럼 보였다.

왕이 말했다. "그를 부축하여 우리와 차례로 대화를 하게 하라."

궁중 사람들이 세누헤트(Senuhet)를 일으켜 세우니 왕이 말했다.

"그대는 다시 이집트로 돌아왔다. 나는 그대가 외국에서 숨어서 사막에 망명 생활을 하며 인생을 소진(消盡)한다고 알고 있었다. 세누헤트(Senuhet)여, 너는 늙었다...왜 말을 못 하는가? 베도우인 (Bedouin)처럼 속이는구나. 이름부터 말해 보라. 무엇을 두려워하는가?"

세누헤트(Senuhet)가 말했다. "폐하. 저는 불안합니다. 드릴 말씀이 없습니다. 저는 신(神)에게도 벌 받을 일을 하지 않았습니다....저는 허약하고 심약(心弱)합니다... 다시 한 번 대왕 앞에 섰습니다. 제 목숨은 대왕께 달렸습니다."

세누헤트(Senuhet)가 그렇게 말하자 왕자들이 대청으로 들어왔다. 왕이 왕비에게 말했다.

"이 사람이 바로 세누헤트(Senuhet)요. 그를 보시오. 베도우인(Bedouin)의 복장으로 사막 거주자가 되었소."

왕비는 놀라 소리치고 아이들은 웃으며 말했다. "폐하, 정말 그가 아닙니까?"

왕이 말했다. "그렇소. 세누헤트(Senuhet)가 분명하오."

그러자 보석으로 장식한 어린 왕자들은 왕 앞에서 고운 딸랑이를 치며 노래했다. 그들은 왕을 찬양하며 신을 향해 왕의 건강 장수와 번영을 빌었다. 그들은 세누헤트(Senuhet)에게 왕의 은총이 내리기를 호소했다.

-힘찬 말씀과 신속한 의지!
당신의 한숨이 당신 종에게는 축복이고
코끝에는 생기를 느끼네.
시골에서 온 사람은 놀라기 마련이니,
당신의 존재가 세상에 두려움이라.
도망을 치는 것이 이상한 일이 아니네.
당신이 다가가면 모든 사람들의 뺨들이 푸르게 변하고,
모든 자의 눈들이 경악에 휩쓸리네.-

왕이 말했다. "세누헤트(Senuhet)는 나를 무서워 말라. 나의 금 같은 친구이고, 지역에 영주이다. 데려다가 그에 맞은 복장을 제공하도록 하라."

그래서 세누헤트(Senuhet)는 내전(內殿)으로 안내 되어 왕자들은 그의 손을 잡았다. 세누헤트 (Senuhet)는 왕자들에게 제공되는 전각에서 진수성찬을 들었다. 시원한 방에 앉아 신선한 과일을 먹으며 향기가 풍기는 왕실의 옷을 입었다. 궁중에서 대화하고자 하는 자가 그를 기다렸고, 하인들이 그의 시중을 들었다.

세누헤트(Senuhet)는 다시 젊어졌다. 턱수염을 면도를 하고, 대머리에 가발을 했다. 투박한 외투를 벗으니 사막의 냄새가 사라졌고, 비단 옷을 입고 향기로운 기름을 발랐다. 세누헤트(Senuhet)는 다시 침대에 누워 몸에 밴 사막의 생활을 마감했다.

궁인(宮人)이 거주했던 집을 수리하고 꾸며 세누헤트(Senuhet)에게 제공이 되었다. 세누헤트(Senuhet)는 행복했고, 어린 왕자들이 찾아오면 반가웠다.

세누세르트(Senusert) 왕은 세누헤트(Senuhet)를 위해 피라미드를 세우도록 했다. 왕명으로 그의 동상을 만들고 황금으로 왕의 말씀을 새기게 했다.

이야기를 성실하게 전한 그 서기(書記)는 부연하고 있다. "왕이 죽을 때까지 존경을 다한 세누헤트(Senuhet)는 보통 사람은 아니다."

'아메네메트의 교훈(The Instruction of Amenemhet)'

아들아, 너는 광명 속의 신(神)처럼 거(居)하라.
통치를 행하려면 내 말을 들을 찌어다.
이집트에 세계의 통치자가 계시니,
위대함으로 빼어나 초월(超越) 중에 있어,
백성들이 의지를 하도록 엄격함을 지켜라.
사람들을 요동(搖動)시키는 자를 놔두지 말고,
그대의 대열에 진실한 친구도 없게 하고
호의(好意)도 없게 하라.
그들은 쓸모가 없다.

잠들기 전에
삶을 생각하고 지킬 준비를 하라.
시련 시기에는 친구도 없다...
가난한 자는 도와주고 고아(孤兒)는 기르고
낮은 자나 높은 자를 동등하게 생각하라.
그러나 내 빵을 먹은 자가 반란을 일으키고
내 손으로 추천된 자가 배반을 행하고
내가 외투를 제공한 자가
나를 그림자로 무시하고
나의 향유를 바른 자가
내 아내를 빼앗으려 한다.

땅을 주어 나의 조상(彫像)을 세운 사람들은 칭찬을 해 주고
내가 성취한 행적은 말하지 말고

싸워 이길 적엔 사람들이 보지 않도록 하라....

세차게 공격을 하는 자들은 확실하게 묶어야 하고
사람들을 '자유'롭게 해 본 왕은
사람들에겐 그 '자유'가 소용없음을 안다.
그들은 결국 그들의 행운을 모르게 된다.

어두워져야 나는 식사를 했고
쉬기를 바라고 취침에 들었다.
내가 피곤했기에 침상에 누웠다.
긴장을 풀고 잠이 들었다...
반란자들이 못된 생각에서
숨을 몰아쉬며 무기를 들고 왔지만....나는 이미 깨어나 듣고 있었지.
사막 뱀이 기다리고 있듯이
나는 미동도 않고 주시하고 있었다.

나 홀로 싸우려고 일어나자....한 무사(武士)가 쓰러졌다.
나를 호위한 대장이라.
아, 그 때는 그가 들었던 무기밖에 없었다.
모든 반도(叛徒)를 물리쳐야 하는데도.
호위대장은 겁쟁이가 되었고...
어둠 속에서 내 명예를 회복할 방도가 없었다.

더럽다 그놈들!....차라리 내가 모욕을 당하리라.
내 걱정은 하질 마라....내가 선언하노니,
'이제 너희가 다스리고, 내가 왕위에서 물러나마.
그러니 너의 뜻을 말해보라....'
아 그놈들은 나에게 두려움도 없이
점잔빼며 잘도 말했다....
과연 그들이 내 부하인가 망각할 정도였다!

내 아들 세누세르트(Senusert)가 말한다.
 -여인들이 대왕의 뜻에 맞서 음모를 꾸몄는가?
너희는 포위되었다.
반도(叛徒)는 포기를 맹세했다.
반도(叛徒)는 내 하인들을 속이고 비밀 통로를 뚫었던 것이다.

그러나 나는 태어날 적부터 불행이란 없었다.

그리고 나는 나 같이 용맹스런 자를 만난 적도 없었다...
나는 온 세상을 가지런히 만들었다.
엘레판티네(Elephantine)에서 나일 강까지
나는 승리로 휩쓸었다. 내 발로 다 밟아
내 왕국의 전초 기지가...
그 억센 기지들을 다 내가 세웠다.

나는 곡식의 신을 사랑했고...내게 농사를 짓게 해 달라고
모든 나일 강의 황금 골짜기에서
나에게 호소했다. 내 시절에는 굶주린 자가 없었다.
목말라 하는 자도 없었고, 모든 사람이 만족했다-
사람들은 나를 칭송했다. "영명한 지도자이시다."

나는 사자 악어와도 싸웠다.
나는 흑인 누비아 사람들(Nubians)을 물리쳤고,
아시아 개들을 도망치게 했다.

내 집을 내가 건설했다.
하늘색 천장은 황금으로 장식했고
벽은 두껍게 하고 그 문을 구리로 달고
빗장은 청동이라....영원히 갈 것이다.
영원히 다른 사람은 엄두를 못 낼 것이다!
백사(百事)에서 누가 나를 따를 것인가.

구경을 하러 사람들이 몰려 왔고,
칭송들을 했으나 나는 침묵했다.
들어간 비용은 아무도 모른다.
내 아들 세누세르트(Senusert)여....건강하고 억세어라!
내가 네게 기대노니, 오 내 맘이 즐겁구나.
나는 만사를 다 아노니...
네가 나에게서 태어났을 적에 영혼들은 그 기쁨을 노래했다.

나는 만사(萬事)를 성취했으니, 너를 위해 그러했고,
내가 시작한 일은 너를 위해 다 끝내었다.
이제 종말이 가까웠으니...
은빛 왕관을
그대에게 주노라. 신의 영명한 아들이여.
'라(Ra)'의 범선(帆船) 안에서 나는 너를 칭찬할 것이다.

너의 왕국이 완성되었다.

이 왕국은 내 것이었듯이 이제 네 것이다. 얼마나 막강한 것이냐!

이제 너의 동상과 너의 무덤을 세워라...

나는 너의 적들을 칠 것이니....저들은 어리석어

너의 곁에 올 수도 없다. 건강하고 용감 하라![124]

'아메네마트 I세(Sehetepibre Amenemhat I, 1991-1962 b. c.)' '세누스레트 I세(Kheperkare Senusret I (Sesostris I), 1971-1926 b. c.)'

(a) 매켄지(D. A. Mackenzie)는 이 장에서 **'아메네메트의 교훈(The Instruction of Amenemhet)'** 과 그 황태자 세누세르트(Senusert['세소스트리(**Sesostris** I 1971~1926 b. c.)')와 세누헤트 (Senuhet)를 아울러 소개하여 '고대 이집트의 최고 성세(盛世)'를 한눈에 볼 수 있게 하였다.

(b) 한 없이 잡신들로 얼룩진 '고대 이집트 사'의 전개에, 파라오 **'아메네메트'**와 황태자 **'세누세르트'** 의 용맹과 힘, 그리고 거기에다 세누헤트(Senuhet)의 이집트 왕실에 대한 평생의 충성심을 아 울러 보여준 것은, 바로 살아 있는 이집트 문학의 힘으로, '당시 지상 최고 왕국이 바로 이집트 임'을 깨끗이 다 입증을 한 셈이다.

(c) 온갖 비방과 저주를 넘어 '진정한 이집트 왕실의 넉넉함'을 '세누헤트(Senuhet) 이야기'는 제대 로 다 보여준 셈이다. '이집트 최고 파라오 이야기'라 할 것이다.

(d) 헤로도토스(Herodotus)는 그의 '역사(*The Histories*, 446 b. c.)'에서 "세소스트리스(Sesostris I, Senusret I 1971-1926 b. c.)가 아라비아 만(灣)에서 인도양 연안을 항해하며 연안 주민을 복속시켰고, 유럽으로 들어가 스키타이들(Scythians)과 트라키아들(Thracians)을 격파시킬 때 까지 계속되어 흑해(黑海) 연안의 도시 콜키스(Colchis)까지 정복을 단행하여 그곳에 이집트인 의 후손이 남아 있다."[125]고 했다.

(e) 중국인(中國人)은 '십년 동안 갖은 고생을 겪으며 한(漢)나라를 향한 충성심을 바꾸지 않은 소무 (蘇武)[十年指節漢蘇武]'를 수 천 년을 자랑해 왔지만, 그 동안 이집트인은 까닭모르는 욕(辱)을 누천년 먹고 지내면서도 그 **'이집트 황실 드높인 세누헤트(Senuhet)의 충절(忠節)'**을 매켄지 (D. A. Mackenzie)가 아니면 우리는 영원히 모르고 지낼 뻔했다.

---

124) D. A. Mackenzie, *Egyptian Myth and Legend*, Bell Publishing Company, 1978, pp. 207~220 'XVII. Egypt's Golden Age'

125) Herodotus (translated by Aubrey de Selincourt), *The Histories*, Penguin Books, 1954, pp. 166~170

424

XVII. 이집트의 황금시대

※ 사람들의 지도자 -우울한 예언가 -농사의 풍년 -최고 회계담당자와 감사관 -거대 관개(灌漑) 계획 -모에리스(Moeris) 호수가 형성되다 -군사적 정벌(征伐) -살해된 왕 -소요(騷擾) 종족 이동 -히타이트족(Hittites)에 대한 최초 언급 -이집트에서의 아브라함(Abraham) -시리아(Syria) 침략 -미로(迷路) -크레타 왕궁의 미로 -크노소족(Knossos)의 몰락 -이집트의 청동기 시대 -구리와 철 -주석 무역 -영국의 광산 -이집트와 유럽에서 나선형 장식

2세기에 걸친 제12왕조는 산업과 지적(知的)인 활동기로 "이집트의 황금시대"라는 말이 옳다. 우리가 이미 살폈듯이 제12왕조는 아메네메트 Ⅰ세(Amenemhet, Amenemhat, 1991~1962 b. c.)에 의해 시작되었는데, **그 이름의 의미는 "아몬(Amon)이 인도하신다."이다. 진정한 의미에서 그 왕은 사람들의 인도자였다.** 그는 위대한 군사적 행정적 재능을 보이며 사람들의 구세주가 된 것이다. 그는 커다란 위기에 닥쳐왔을 적에 권좌에 앉은 것이다. 왕국은 오랜 내전(內戰)으로 약해졌고, 힘이 분산된 결과 북쪽과 남쪽 이집트 국경을 침략자들이 위협을 가했다. 그 시대가 그 사람과 함께 왔다.

아메네메트(Amenemhet)는 현재의 '수단 사람들(Sudanese)' 같은 공격적이고 호전적인 누비아인들(Nubians)을 복속시켰다. 아메네메트(Amenemhet)는 델타 동쪽에 약탈 가능성을 유발할 수 있는 아시아 유목민도 몰아내었고, 리비아의 커가는 힘을 잠재워 놓았다. 아메네메트(Amenem-het)의 행정적 개혁은 대다수의 시민들에게 도움을 주었으니, 강력한 중앙 정부의 수립은 도둑들과 주기적으로 찾아오는 기근(飢饉)에서 벗어나게 해 주었기 때문이다. 농업이 장려되고 무역의 부활은 부의 고른 분배를 확실하게 했다. 영주들의 영향이 감소함에 따라 평민 계급의 사람들도 고위직을 획득할 수 있었다.

이 시대에 충격적인 문건은 아푸라(Apura)라는 예언가가 왕 앞에 나타나 국가적 재앙이 닥칠 것이라고 예언을 했다는 점이다. 아푸라(Apura)는 반란 속에 고통스러운 이집트를 예언하고, 형제들이 서로 다투어 사람들이 도탄(塗炭)에 빠질 것이라고 했다.

-까닭 없이 나일 강에 홍수가 나서, 땅이 황폐하게 될 것입니다. 쟁기질을 하려는 사람들은 말할 것입니다. "무엇을 해야 좋을까요? 우리는 무엇이 올 것인지 알고 있습니다." 이집트에서는 아기가 태어나지 않을 겁니다. 가난한 사람은 보물에 집착할 것이고, 이제까지 '샌들을 구입할 수 없던 사람(貧賤者)'이 많은 곡식을 획득할 것입니다. 질병이 모든 계급의 사람들을 죽일 것이고, 전쟁이 터져 많은 사람들이 피를 볼 것입니다. 부자는 슬퍼할 것이고, 가난한 자는 웃을 겁니다. 모든 도시 사람들이 자기 통치자의 지배에 벗어나려 할 것입니다...노예가 주인의 물건을 빼앗고, 아내들은 보석으로 치장을 할 것입니다. 왕가의 여인들은 궁실에서 쫓겨날 것이고, 먼지 구덩이에 앉아 "아 저것이 우리가 먹었던 빵이지."라고 외칠 것입니다.-

이처럼 아푸라(Apura)는 이집트가 악에 고통을 받을 것이라고 선언했다. 그러나 더욱 무서운 정복이 금방 뒤따를 것이고, 갑자기 외국인들이 이집트로 들어 와서 야만의 율법을 세워서 이집트의 모든 계급의 사람들이 큰 고통을 겪어야 할 것이라고도 했다.

그렇게 암울하고 무서운 그림을 그린 예언가 아푸라(Apura)는 위대한 '구세주(a great deliverer)'가 나올 것이라고 예언을 했다. 그 '구세주'는 "억압의 불길을 꺼서" **백성의 목자(牧者. The Shepherd of his People)**라 할 것이라고 했다. 그는 그의 떠도는 무리를 모을 것이고, 범법자를 치고 이집트인의 마음속에 열정을 불러일으켜서 그들의 지도자가 될 것이다. 기록자는 쓰고 있다. "정말 그가 구세주가 되게 하소서," "어디를 가야 그분을 볼 수 있을 것인가? 이미 오셔서 사람들 속에 계시는가?"

그 시대에는 잠정적으로 역사적 사건이 선지자(先知者)적 방법으로 서술될 수 있고, 기록자들이 통치하는 파라오를 칭송하고 그의 개혁을 정당화 할 수 있다. "아메네메트(Amenemhet)의 교훈"에서 노왕(老王, Amenemhet Ⅰ)은 그가 풀어준 자들이 스스로에 도전하는 것에 놀랐던 바를 회고했다. 아메네메트(Amenemhet) Ⅰ세의 진술에는 "소 때문에 싸우는 자는 어제 일도 기억을 하지 못 한다." 아메네메트(Amenemhet) Ⅰ세는 사람들을 자유롭게 해 주었지만, 그 혜택을 받았던 사람들이 그들이 과거 압제를 벗은 것에 감사를 모른다고도 말했다. 그것은 그들이 다시 노예가 되고자 해서 그러했겠는가?

그 이집트 과거의 상황이 그 가정(假定)이 왕에 대한 충성심으로 발흥한 한 영주(領主)의 무덤 기록에서 나타나 있다. 그는 온전하게 개발된 관할 구역의 평화에 긍지를 가지고 있다. 그 영주는 주민의 생활을 보호하여, 모든 사람을 부양해 기아자(饑餓者)가 없었다. 과부도 남편이 살아 있는 것처럼 우대를 했고, 가난한 자도 권세 있는 자와 동등하게 대접을 했다. 키트체네르(Kitchener)왕은 당시의 이집트 노동자들의 재정적 어려움을 언급했다. 명백히 그 문제는 오랜 것이다. **가젤레(Gazelle) 주(州) 아메니(Ameni) 영주는 나일 강의 수위(水位)가 높아졌을 때에 풍년이 들었고, "밀린 세금 때문에 농부들을 탄압하지 않았다."고 말하고 있다.**

나라의 재무 장관의 임무는 여러 영주들이 잉여 농산물을 낸 것을 적절하게 조절할 줄을 아는 것이다. 흉년에 대비하여 "감채(減債) 기금"이 마련되었고, 흉년이 든 지방에는 구호품이 지급이 되었다. 관개(灌漑) 문제가 지속적 관심사였는데, **그것은 나일 강의 수위(水位)는 그 제2폭포(수력 조절장치)의 돌들로 조절을 행하는 것이 관례였다.** 수확량의 통계가 가능해서 초기부터 매년의 자진 납부액이 고정이 될 수 있었다. 왕의 감사관이 고정적으로 "비축 곡식"의 지방을 살폈고, "부드럽게" 세금을 걷어 이송을 담당했고, 그것을 무덤에 기록하게 했다. 특별한 지역의 개발과 재난을 당할 때에 필요한 곳을 구원해야 할 곳을 알아 파라오에게 말하는 것은 멤피스에 있는 재무 장관에 관련된 사항이었다.

426

[제12왕조] 여섯 번째 파라오 아메네메트 Ⅲ세 (Amenemhet Ⅲ, 1868~1816 b. c.) 때에 큰 저수지와 관개 계획이 성공적으로 달성이 되었다. 파이윰(Fayum) 습지(濕地)의 활용 가치를 왕들이 알게 되었다. 제1왕조 덴(Den) 왕은 그곳을 개간하기 시작했고, 계승한 왕들이 그 문제에 매달렸다. 아메네메트(Amenemhet)는 대대적 공사를 행했다. 유명한 '모에리스 호수(Lake Moeris)'는 거의 30마일에 이르는 거대한 제방으로 축조되었다. 이 호수는 넓게 나일 강에 연결이 되어 그 최대 둘레는 150마일에 넓이는 750 평방 마일이다. 오늘날의 아수완 댐(Assouan dam)처럼 동일한 목적으로 보호되었다. 물론 파이윰(Fayum) 지역과 그 아래(북부) 지역[의 灌漑]을 위한 것이었다. 스트라보(Stravo)는 말했다. "그 크기와 깊이에서 '모에리스 호수(Lake Moeris)'는 나일 강의 수위가 올라 갈 적에 충분한 양의 물이 흘러들어오게 되어 있어 그 지방의 농사를 가능하게 했다. **나일 강물이 들어오면 수로(水路)를 통해 물을 공급하여 호수와 수로가 관개용(灌漑用)이었다…. 수로의 입구 양쪽에 돌이 있고, 관개(灌漑) 담당자는 그 돌을 이용하여 물을 저장하고 배분을 행했다.**"

'모에리스 호수(Lake Moeris)'는 브라운 시장(R. H. Brown)에 의하면 27000 에이커(acre, 약 4m²X27000)에 공사가 완성된 것이라고 한다. 4월과 7월 사이[農閑期]에 나일 강의 수위가 낮을 때의 두 배의 수량을 충분히 담수할 수 있다고 했다. 재무 장관의 기획으로 농경지의 확장이 이루어졌다. 그 계획에 성공하여 파라오가 기분이 좋을 때는 그 호수의 어로권(漁撈權)에서 생긴 수익을 여왕에게 주어 비싼 장식과 보석들을 갖게 했을 것이다.

세누헤트(Senuhet)의 친구 세누세르트 Ⅰ세(Senusert Ⅰ, **Sesostris** I, 1971~1926 b. c.)는 억세고 유능한 왕이었다. 약 40년 통치 기간에 그는 주로 부왕이 시작했던 사업을 계속 추진했던 것이 그의 주요 일이었다. 그 결과는 아주 만족스러웠다. 평화가 굳건히 정착되었고, 북서쪽 리비아인들은 구역 내에 묶여 있었다. 세누세르트(Senusert) Ⅰ세는 남쪽 누비아(Nubia)를 원정할 필요가 있다는 것을 알았다. 큰 싸움은 없었던 것으로 보이니, 아끼는 장군 아메니(Ameni)가 죽었으나 별 의미가 없다고 기록에 있고, 그 원정에 가장 중요한 의미는 코끼리의 포획이었다. 다른 원정(遠征)도 뒤를 따랐는데, 왕이 죽은 전년(前年)에도 행해졌다. 누비아인은 계속 두통거리였다.

세누세르트(Senusert) Ⅰ세는 기회가 있을 때마다 영주들의 힘을 제압했고, 다양한 종교적 교도들을 달래는 정책도 지속을 했다. 세누세르트(Senusert) Ⅰ세는 헬리오폴리스(Heliopolis)에 거대 사원을 세우고 그 자리에 그의 이름을 새긴 오벨리스크를 세웠다. 세누세르트(Senusert) Ⅰ세는 역시 코프토스(Coptos) 아비도스(Abydos) 히에라코느폴리스(Hierakonpolis, Herakleopolis) 카르나크(Karnak)에 사원을 수리하고 전국에 기념비를 세웠다.

세누세르트(Senusert, **Sesostris**) Ⅰ세는 자신이 죽기 2년 전에 그의 아들을 섭정(攝政)으로 지명하여 그가 아메네메트(Amenemhet) Ⅱ세[1929-1895 b. c.]가 되었다. 30년 통치를 한 다음에 아메네메트(Amenemhet) Ⅱ세는 사망했는데, 사가(史家) 마네토(Manetho)에 따르면 궁중 반란 중에 사망을 했다고 한다. **세누세르트(Senusert) Ⅱ[1897-1878 b. c.]가 계승을 했는데, 그는 주로 일라훈(Illahun, El Lahun, Lahun)에 거주한 것으로 보이는데, 그 도시는 특별하게 흥미로운 곳이다.** 왜냐 하면 플린더스 페트리(Flinders Petrie, 1853~1942)는 왕릉에서 그 도시의 기획을 찾아냈기 때문이다. 거대 주민의 순응이 우리의 관심을 끄는 바가 아니다. 노동자들은 비좁은 방에 거주했다. 많은 거실이 벽돌로 연이어 있어, 안식이나 사생활이 있을 수 없는 곳이다.

새로운 유형의 얼굴들이 왕가에 나타기 시작했다. 그것은 당시에 더 작은 조상(彫像)으로 제시되어 있다. 이 문제는 다음 장(章)에서 다루질 것이다. **유목민(Nomadic)도 이집트에 정착했다. 크누무호텝(Khnumuhotep, '크누무 신이 만족하신다.')이라는 영주(領主)의 유명한 베니하산(Beni-hassan) 무덤에, 파라오에게 향을 바치는 유대인(Semites)의 무리를 그린 벽화가 남아 있어 흥미롭다. 유대인들은 그들의 부인과 가족들을 대동했는데, 유대인들은 복지(福地)에 영주(英主) 선량한 속민이 되기를 바라는 것처럼 그려져 있다.**

그 즈음에 시리아(Syria)는 불안이 계속되고 있는 상황이었다. 위대한 종족의 이동이 아시아와 유럽의 주요 지역에서 진행이 되고 있었다. 중앙아시아에서 공격적인 히타이트 족(Hittites)의 압박으로 아리비아(Arabia)에서 남쪽으로 서쪽으로 주기적 이동이 일어났다. 히타이트 족(Hittites)에 대한 최초의 언급은 아메네메트(Mmenemhet) Ⅰ세 치하에 있다. 그들은 소아시아(Asia Minor) 보가즈코이(Boghaz-Koi)에 자리 잡고 있었다. 히타이트 족(Hittites)은 메소포타미아를 침략하고 점차 하강을 하여 북부 시리아를 압박했다. 소수 종족들이 거대 종족으로 바뀌고 결국 이주(移住)의 추진이 잦았고, 일반화되었다. 흩어진 종족들은 많은 궁핍을 견뎌야 했고, 어떤 지역에서는 농사를 지을 수 없게 되었다.

이 무렵에 아브라함(Abraham)이 이집트에 체류했다. "땅에 기근이 탄식할 정도였기" 때문이다(Canaan). 아브라함(Abraham)은 되돌아 와서 히타이트의 에프론(Ephron)에게서 마크펠라(Machpelah) 동굴을 구입했고, 아브라함(Abraham)은 거기에 묻혔다. 그 지주(地主)는 명백히 소아시아(Asia Minor) 출신의 개척 정착 자였다. 지주는 아브라함(patriarch)과 가까워 그에게 말했다. "우리에게는 막강한 왕이 계십니다." 그 히타이트 족(Hittites)이 남쪽으로 예루살렘(Jerusalem)에까지의 전 가나안(Canaan)을 휩쓸고 있었던 것으로 보인다.

세누세르트 Ⅲ세(Senursert Ⅲ, 1878~1860 b. c.)는 북쪽 국경이 불안하여, 시리아(Syria) 원정(遠征)이 필요함을 알았다. 그의 기념비가 게제르(Gezer)에서 발견되었다. 아시아인을 격퇴시켰다는 기록은 아비도스(Abydos)에 있고, 이집트의 고관 세베쿠(Sebek-khu)는 전쟁터에서 용감성을 발휘하여 파라오에게 상을 받았다는 이야기는 우리에게 흥미로운 역사의 한 분편(分片)이다. 세누세르트(Senursert) Ⅲ세 때에 남쪽 누비아(Nubia)도 골칫거리였다. 이집트의 힘찬 원정이 행해져 제3폭포까지 국경이 확장 되었다. 이후에 두 개의 진지를 세워 요새화했다. 그리고 **모든 흑인들은 가축이나 상품을 어떤 지점 이상 가지고 육로로건 수로로건 통과할 수 없도록 칙령(勅令)이 내려져 있었다**. 상인들은 식민지 주민들을 뒤따랐는데, 병사들은 국경에서 물품을 강제로 빼앗으려 했다. 첫 번째 원정 이후 8년 후에 제2원정이 행해졌고, 3년 후에 원정이 또 행해졌다. 깨끗한 이집트 도자기들이 모든 사람들의 마음을 사로잡았다.

그 다음 왕 아메네메트(Amenemhet) Ⅲ세[1880~1815 b. c.]의 관심사는, 거대한 '모에리스 호수(Lake Moeris)'가 완공된 파이윰(Fayum)에 모아져 있었다. 통치가 반세기나 계속되었던 그 시대는 평화롭고 융성한 시대였다. 아메네메트(Amenemhet) Ⅲ세는 이집트에서 위대한 황제 중의 한 사람이었다. 그의 칙령(勅令)으로 나라는 급속도로 발전했고, 상업이 늘어나고 산업이 보호되었다. 구리와 터키옥(turquoise)을 얻기 위해 주기적으로 시나이(Sinai)에 원정대를 보내는 대신에 아메네메트(Amenemhet) Ⅲ세는 식민지인을 정착시켰다. 저장고를 설치하고 하토르(Hathor) 여신의 사원도 세웠다. 여름철에 주민은 열기로 크게 시달렸다. 그 적도(赤道) 지역에 정착촌이 세워지기 전에 그 광산을 방문한 개척 원정대의 노고가 어떠했는지를 한 귀족이 비석에 기록해 놓았다. "산들은 뜨겁고 바위는 사람들의 몸을 지진다." 그 귀족은 배고픔과 노역을 견뎠다고 말하며 다른 사람들도 파라오의 명령에 기꺼이 순종을 해야 한다는 소망이 적혀 있다.

아메네메트(Amenemhet) Ⅲ세 시대는 건축의 시대였다. 아메네메트(Amenemhet) Ⅲ세는 신들을 찬양했고, 사제들이 사원을 확장하는 것을 즐겁게 생각했다. 아메네메트(Amenemhet) Ⅲ세는 아비도스(Abydos)의 오시리스를 각별하게 생각했고, 카르나크(Karnak)에 가족 신 아몬(Amon)과 헤라클레폴리스(Heracleopolis)의 헤르세프(Her-shef)에게도 그러했다. 공예의 신 프타(Ptah)는 거부되었던 것으로 보이니, 아메네메트(Amenemhet) Ⅲ세가 그 신을 그와 닮은 신 헤르세프(Her-shef)로 통합했음을 보인 것이다.

아메네메트(Amenemhet) Ⅲ세는 '모에리스 호수(Lake Moeris)' 인근에 거대한 미로(迷路, labyrinth) 건설을 허락다. 그 신전은 모든 이집트 신을 모신 엄청난 크기의 신전이었던 것으로 보인다. 헤로도토스(Herodotus)는 말하기를 "모든 희랍의 건축은 그것에 못 미치니, 기술과 비용에서 그렇다." 헤로도토스(Herodotus) 그 신전이 피라미드를 능가한다고 생각했다. 거기에는 12개의 청(廳)이 마련되어 있었는데, 각각 맞은편을 꿰뚫어 입구를 마련하여 여섯 개는 북쪽으로 여섯 개는 남쪽으로 향하게 했고, 전체를 성벽으로 감쌌다. 3천 개의 구간에 그 절반은 지하에 두었다. 헤로도토스(Herodotus)는 말하기를 "다양한 청(廳)으로 통해 있는 수많은 구불구불한 통로는 나의 탄성(歎聲)이 터지게 했고, 작은 구간에서 널따란 대청까지 거의 끝이 없었다. 벽과 천장은 대리석이었고, 대리석을 조각하고 색칠을 해서 청(廳)들을 둘러싸고 있었다." 그 미로 끝에 파라오의 피라미드를 세웠는데, 여닫이창에 동물의 형상들을 그려 넣었다. 스트라보(Strabo)는 말하기를

"어떤 사람도 안내자가 없이는 들어갈 수도 없고 나올 수도 없다." 제12왕조 벽돌 피라미드 역시 그 도둑들을 막기 위해 역시 통로를 구불구불하게 만들었다. 그러나 그것들은 쿠푸(Khufu) 유형의 피라미드에 비해 "날림공사"였다. 그 다양한 계단들이 무너진 채로 전해지고 있다.

미로(迷路)의 생각은 '크레타(Crete)'에서 수입한 것일 수 있다. 그 섬 왕실은 복잡한 미로로(迷路) 되어 있는데, 원시 크노소스(Knossos)와 파에스토(Phaestos)는 최초 중기(中期) 미노안(Minoan) 기에 미로(迷路) 왕실을 만들었는데, 그 시기는 이집트 제11왕조에 해당한다. 그들의 명성이 나일 강 연안에 확실히 알려졌으니, 그 크레타 섬의 건축 방식이 데렐 바하리(Derel Bahari)에 있는 멘투호텝(Mentuhotep)의 복잡한 사원 구성에서 추적되고 있기 때문이다. "광두(廣頭, broad-headed)" 산악(山岳)족이 제2 중기(中期) 미노안(Minoan) 말엽에 크레타로 쳐들어 왔는데, 그것은 이집트 제12왕조 시기였다. 광두(廣頭, broad-headed) 산악(山岳)족의 침략은 크노소스 왕실 파괴에 절정을 보였다. 그 이후에 동일한 침략이 행해져 많은 크레타 사람들이 소아시아로 망명했고, 아메네메트(Amenemhet) Ⅲ세 때 많은 크레타 난민들이 나일 강 계곡으로의 이주를 상상할 수 있다. 크레타의 건축가 공예인(工藝人)이 환영을 받았을 것이다.

이 시기에 이집트와 크레타(Crete)와의 관계(關係)는 긴밀했다. 폐허가 된 섬 왕실에서 발견된 제12왕조의 유물 유적은 얼마나 두 왕조의 해상 무역이 자유롭고 빈번하게 행해졌는지를 말하고 있다. 그것은 물을 것도 없이 이집트인들의 주석(朱錫, tin)의 필요에서 촉발된 것이다. 구리는 제12왕조에 들어 이전보다 일반적으로 쓰였다. 구 왕조에서는 구리가 도구 제작에 사용이 되었고, 철(鐵)의 사용은 드물었다. 철(鐵)은 "하늘의 금속"으로 불렸는데, 우나스(Unas) 왕 피라미드 문서에 있는 어구이다. 철(鐵)이 원래 운석(隕石)에서 얻어졌다면 이집트에서 그 철(鐵)을 마법적 성질 가진 것으로 전제했는지 이해할 수 있다. 초기 이집트인은 철을 다량으로 땅속에서 파내어 나무가 부족하여 대량의 철(鐵)을 재련해 내기는 어려웠을 것이다.

구리는 '후기 전(前) 왕조 기(late pre-Dynastic period)'에서도 사용되었으니, 남부 왕조의 원정은 시나이 반도 광산 방문으로 시작이 되었다. 델타 사람들은 키프로스(Cyprus) 섬에서도 구리를 구입했으니, 키프로스(Cyprus)의 원시 무기와 도자기는 이집트 유형이다. 제3왕조 말기에 청동기 제작이 소개 되었다. "메둠(Medum)의 채찍" 구리[銅]는 스네페루(Sneferu) 왕 피라미드 석실 구멍 막이 봉에서 확인할 수 있다. 제6왕조의 구리 괭이는 대영박물관에 보관중인 키프로스와 남부 러시아 괭이와 비슷하다. 그러나 제8왕조까지 주석 무역의 규모는 알 수가 없고, 그 이전에 나일 강 협곡으로 수입된 키프리오테(Cypriote) 무기는 아시아 침략자들과 국경 분쟁에서가 아니면 시리아와의 무역을 통해 얻었을 것이다.

뮐러(W. M. Muller)가 "'에게 해(海) 사람들(Aegean)'이 이집트로 주석을 가지고 왔다."는 말은 아주 흥미 있는 이야기이다. 아메네메트(Amenemhet) Ⅰ세가 나오기 전의 혼란기에 무역이 행해졌으나, 그것이 손상되고 끊겼다는 이야기이다.

제12왕조 때 이집트인은 구리를 어디에서 공급을 받았는가? 아시아의 불안은, 바빌로니아(Babylonia) 공급원(供給源)인 페르시아 코라산(Khorassan) 주석 광산으로 통하는 대상(隊商)들의 길을 교란시켰다. 페니키아 선원(船員)은 아직 지중해에 나타나지 않을 때이다. 그러기에 주석은 주로 크레타 섬에 의존할 수밖에 없었다. 크레타 섬의 이집트 무역은 '곡물'과 바꿀 '주석'보다 가치 있는 것은 없었다.

크레타는 오랜 동안 청동과 친숙했다. 석기 시대를 벗어난 초기 원시 미노안(Minoan) 기간은 이집트 제3왕조의 초기이거나 그보다 조금 앞선 연대이다. 이집트인이 주석을 중부 유럽이나 영국에서 획득했겠는가? 탁월한 고고학자 던컨 매켄지(Duncan Mackenzie, 1861~1934)는 말했다. "크레타에서 청동기 시대의 시작으로 론(Rhone) 강 계곡은 지중해와 북부 대륙에 중요한 교류 역할을 했다. 그 무렵에 영국의 주석 광산과도 무역 길이 있었을 것이다." 그렇다면 콘월(Cornwall, 영국 남서부 주)과 시실리의 섬의 주석 광산은 요셉(Joseph)이 이집트에 나타기 훨씬 전인 제12왕조 파라오들의 사원 건축 용 주석 수입으로 흥성했을 것이다.['지중해 문화권'의 강조이다.]

고대 영국과 나일 강 연계의 또 하나의 고리는 '나선형(螺旋形) 장식'이다. 나선형은 제12왕조의 이집트 나선형 풍뎅이로 일반화 되어 있다. 그것은 크레타로 갔다가 다뉴브(Danube) 무역으로 덴마크로 가고 스칸디나비아에 전해졌다. 아일랜드에서 나선형은 미스주(County Meath) 뉴그레인지(New Grange) 돌 위에 새겨져 있다.

눈부신 제12왕조는 아메네메트(Mmenemhet) Ⅲ세 사망 이후에 끝나게 되었다. 아메네메트(Mmenemhet) Ⅲ세의 노년은 왕조 슬픔이 보였으니, 왕의 사랑하는 아들 에위브라(Ewib-ra)가 그에 앞서 죽었기 때문이다. 그 황태자의 목상(木像)이 카이로 박물관에 있는데 잘생기고 위엄이 있는 젊은이였다. 그 다음 왕 아메네메트(Mmenemhet) Ⅳ세는 9년간 다스렸다. 그는 아들이 없었고, 그 다음은 아메네메트(Mmenemhet) Ⅲ세의 딸 세베크네프루라(Sebeknefru-ra) 여왕이 계승하여 4년간 통치했다. 그녀와 함께 장대한 영광의 "황금시대"는 지나갔다.[126]

---

126) D. A. Mackenzie, *Egyptian Myth and Legend*, Bell Publishing Company, 1978, pp. 221~233 "XⅧ. Myths and Lays of the Middle Kingdom

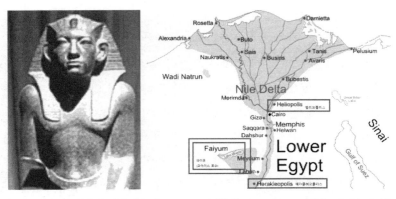

'파이움(Fayum) 습지(濕地)의 활용한 아메네메트(Amenemhet) Ⅲ세[1880~1815 b. c.]' '모에리스 호수(Lake Moeris)'

(a) 이집트 제12왕조에서 달성한 '**파이움(Fayum) 습지(濕地)의 활용**'과 '**베니하산(Beni-hassan) 무덤 속[]벽화**' 문제는 그대로 '고대 이집트 사'에서 가장 주목을 해야 할 부분이다.

(b) 즉 '**파이움(Fayum) 습지(濕地)의 활용**' 문제는 고대 이집트를 '세계 고대 국가'들 중에 가장 완벽한 '경제부국'으로 직행하게 했던 '행운의 국가기획'의 표본으로 이집트인은 '고대 최고의 국가 융성'을 누리게 되었기 때문이다.

(c) 그리고 '**베니하산(Beni-hassan) 무덤 속[]벽화**'는 이후 세계사의 전개 속에 소위 '절대주의' 위세가 지속될 수 없음[비판적 수용을 가능하게 함]에 대한 소중한 단서(端緖)로 소위 '동시주의[현실주의와 절대주의]'를 역사적으로 입증하는 불멸(不滅)의 기초가 된 것이기 때문이다.

(d) 소위 '도덕' '진실' '하나 됨' '영원한 삶'을 싫어할 사람이 없겠지만, 우선 '먹고 사는 문제'는 문제는 현대에도 쉽게 해결할 수 없지만 옛날에도 그 해결이 결코 쉬운 문제가 아니었기 때문이다.

(e) 그러한 측면에서 이집트인의 '**파이움(Fayum) 습지(濕地)의 활용**'은 지구촌에 '가난 극복 기원(起源)의 쾌거(快擧)' 인류가 공동으로 축하를 해야 할 중대 사항이다.

XVIII. 중기 왕조의 신화와 가요

✻ 외국인 신부(新婦)들 -부계적 계승과 모계적 계승 -새로운 종교적 신념 -악어 신 세벡(Sebek) -세트 (Set)와 수테크(Sutekh)와의 동일시 -태양의 악어 신 -사자(死者)의 적과 친구 -세베크(Sebek) 왕들 -길들여진 악어 -대지의 여신 우세르트(Usert) -이시스(Isis)와 네이트(Neith)의 유사성 -수테크 (Sutekh)와 발(Baal) -다수르(Dashur) 장신구의 의미 -대(大) 스핑크스 -문학적 활동 -이집트의 민요 -인간과 영혼의 대화 -"할 것인가 말 것인가" -태양 의례 원리 -"하프의 시"

이집트 제12왕조[1991~1802 b. c.] 동안에, 바빌로니아는 망했고, 크레타는 침공을 당했다. 이집트만 문명세계를 뒤덮은 그 공격의 물결에 성공적으로 견디어 내었다. 그러나 이집트가 외국의 영향을 받지 않는 것은 아니다. **이집트는 시리아의 중심 세력을 확실하게 계산해 놓고 급습 수비대가 국경을 지키고 있었다.** 그것은 다 동의할 수 있는 사항이지만, 증거는 남아 있지는 않다. 회유의 목적으로 정략적 결혼이 행해졌다. 외국의 여인들이 궁중의 비빈(妃嬪)으로 들어왔고, 배타적인 이집트의 전통은 도전을 받게 되었다.

세누세르트(Senusert) Ⅱ세[1897~1878 b. c.]는 히타이트(Hittite)로 보이는 "미인 네페르트 (Nefert)" 아내를 사랑했다. 그녀의 아들이 세누세르트(Senusert) Ⅲ세[1878~1860 b. c.]이고 그녀의 손자가 아메네메트(Amenemhet) Ⅲ세[1880~1815 b. c.]로 "새로운 유형"[127]이라고 말해지고 있다. 그들의 얼굴은 비 이집트인이고 비 셈족으로 구분이 되고 있다. 그들은 길고 각이 진 얼굴로 세누세르트(Senusert) Ⅲ는 가는 눈에 높은 광대뼈를 지닌 완전한 몽골 사람(Mongoloid)이다. 외국인 혈통이라는 것은 틀림없다.

세누세르트(Senusert) Ⅲ세는 황태자로 왕위에 올랐다. 제12왕조 기간에는 그것이 특별한 관심 사항이 될 만한데 왜냐하면 당시에는 일반적으로 여성계로 국왕 계승이 이루어졌기 때문이다. 세누세르트(Senusert) Ⅱ세는 명백히 외국 왕비의 아들을 황태자의 반열에 올린 것이다. 아메네메트(Amenemhet) Ⅲ도 비슷한 자의적 선택이었다. 왕비와 황태후가 그들의 존재감을 드러내어 '오래 가는 개혁'을 일으켜서, 그것이 심각한 반발을 일으켰다는 것은 의심할 것도 없다. 그것이 정통보수주의 당을 혼란에 빠뜨리게 한 요소였다. 제12왕조 후기에 왕가의 높은 도덕성은 동양(東洋) 왕조에서는 보통일 터이지만 바람직하지 않는 후계자 제거 음모를 암시하고 있다.

왕들의 새로운 얼굴을 따라 새로운 종교적 신앙들도 유행했다. 악어 신(神)[龍] 세베크(Sebek)의 유행은 파이윰(Fayum)에 거주했던 파라오들의 취향에 원인을 둔 것으로 보인다. 크로코딜로폴리스(Crocodilopolis, 악어 市)는 그때까지 막연했던 세베크(Sebek) 교의 중심지였다.['지도 Ⅷ: 찾아

---

127) Newberry and Garstang, and Petrie

보기' 참조 그러나 **악어 신(reptile deity)이 이집트인에게 친숙하지 않는 세트(Set), 그 원시형이 히타이트족(Hittites)의 수테크(Sutekh)였던 세트(Set) 숭배와 연합했던 점은 주목을 해야 한다. 명백히 옛 종족의 종교가 새롭게 변모된 형태로 되살이 난 것이다.**

'우나스(Unas) 서(書)'에 세베크(Sebek)는 리비아의 "대지 신모(神母)"인 네이트(Neith)의 아들로 되어 있다. 네이트(Neith)는 창조 여신이다. 그 여신은 "알 수 없는 존재" "은밀한 존재"로서 그 베일을 누구도 벗길 수 없다. 다른 동정녀 여신처럼 그녀는 아비 없이 아들을 갖고 그가 "그 어머니의 남편"으로 원시 종족적 융합이의 결과로 그 아들이 세베크(Sebek)와 동일시되고 있다.

뱀 숭배에서처럼 악어 모습인 세베크(Sebek)는 공포감으로 숭배를 받는다. 디오도루스(Diodorus Sicukulus, 90~30 b. c.)에 의하면 '악어'는 이집트의 수호자로 나일 강을 건너 온 도둑들을 잡아 도둑들을 잡아먹기 때문이다. 그러나 악어는 이집트인도 잡아먹기 때문에 다른 견해도 있다. 오늘날도 인도에는 '뱀 숭배 족'이 있고, 그들은 가장 흉측한 뱀까지 보호를 한다. 이집트에서 악어는 역시 특별한 지역에서 그렇게 숭배를 행하지만, 다른 곳에서는 사냥감이다.[128] 우리는 종교 문학에서 악어는 선한 신 오시리스의 친구로 말해지기도 하고 역시 적으로 말해지기도 한다. [힌두의 '비슈누(Vishnu) 신'과 비교 검토 필요하다.] 어떤 전설에서 악어는 오시리스(육신)를 이시스(Isis)에게 가져다주는 존재라도 하고[129] 다른 전설에서는 오시리스의 살해자와 동일시하기도 한다. "날개 단 원반(Winged Disk)" 이야기에서 세트의 추종자들은 악어들과 물소들이었고, 그들은 "라(Ra)의 적들"이기에 호루스(Horus)에 의해 죽임을 당한다. 그러나 세베크(Sebek)는 제6왕조에서 태양신과 동일하게 되었고, '사자(死者)의 서(Book of Dead)'에는 하토르(Hathor)와 호루스(Horus), '대모(大母) 신'과 '그 아들'로 통합되어 해가 돋는 동방 산에 거주한 것으로 되어 있다.

세베크 툼 라(Sebek-Tum-Ra)는 결국 '태양의 악어'가 되었는데, 멘투(Mentu)가 "태양의 황소" 같이 태양의 힘과 열기를 상징하고 있다. 그 형태에서 태양신은 "다양한 모습과 다양한 색채"의 누(Nu)에게서 나온 "빛나는 푸른 원반"이며 "창조자"이다.

옴보스(Ombos)에서 세베크(Sebek)는 지상의 거인 셉(Seb)으로 누트(Nut)의 아들이며 남편이다. 세베크(Sebek)는 "신들의 아버지", "아홉 개 야만족의 왕"이다.

세트(Set) 모습으로의 세베크(Sebek)는 사자(死者)의 적(敵)이고 그를 삼키는 자이다. 그러나 그의 숭배자들은 세베크(Sebek)가 죽은 영혼들을 "지름길"로 '[死者]가 도달하고자 하는[이집트의 낙원]'으로 이끈다고 믿었다. 피라미드 문건에는 세베크(Sebek)가 꼬마요정 크누무(Khnumu) 속성을 지녔다고 해서 그의 난쟁이 모습을 무덤 속에 두었는데, 그 세베크(Sebek)가 사자(死者)의

---

128) 헤로도토스는 말하고 있다. "테베(Thebes)와 뫼리스(Moeris) 호수 근처에 사람들은 악어를 종교적으로 숭배를 하고 있다. 엘레판티네(Elephantine) 사람들은 악어가 먹거리 중의 하나이다."

129) 이점은 주목을 해야 하니, 히타이트(Hittite) 신들은 동물의 배후에 나타고 있기 때문이다.

눈을 띄우고 혀를 말하게 하고 고개를 움직일 수 있게 한다는 것이다.

테베에 세베크(Sebek)가 수용된 것은 제12왕조 왕들의 영향으로 그렇게 된 것이고, 제13왕조 세베크(Sebek) 이름을 가진 왕들 때문이었다. 신을 악어 머리를 한 인간으로 그려졌는데, 때로는 태양 원반을 올린 아몬(Amon) 복장을 했거나, 단순히 악어 머리를 쓰기도 했다. 세베크(Sebek)는 희랍의 수코스(Sukhos)와 유사하다. 로마시대 이집트를 방문했던 스트라보(Strabo, 63 b. c.~24 a. d.)는 파이움(Fayum) 크로코딜로폴리스(Crocodilopolis) 인공 호수 속에 신성한 악어를 보았다고 한다. 그 악어는 잘 길들여 있었고[130], 수정을 단 황금 귀고리에 팔찌를 하고 있었다. 사제들이 턱을 벌려 케이크와 살코기 꿀 와인을 먹였다. 악어가 물속으로 뛰어 들어 다른 쪽으로 갈 때는 사제들이 음식을 들고 그 악어를 따라갔다. 헤로도토스는 앞발이 쇠사슬로 묶인 성스러운 악어를 보았다고 말한다. 그 악어는 선택한 음식을 먹일 뿐만 아니라 "희생의 육 고기"도 먹었다. 그 악어가 죽으면 방부 처리되었고 신성한 관에 담아 미로의 저층 방에 두었다. 그 지하실 방은 크게 신성하게 생각하여 헤로도토스도 입장이 허락되지 않았다.

세누세르트(Senusert) 왕들과 연동된 우세르트(Usert)는 대지의 여신이다. **우세르트(Usert)는 이시스(Isis)와 동일시되고 네이트(Neith)와 혹사(酷似)한 인간으로 나타난 파라오를 그 아들로 동반한 대모(大母)신이다.** 우세르트(Usert) 숭배는 세베크(Sebek) 숭배와 긴밀하게 관계되어 있으니, 세베크(Sebek)는 대지 여신의 아들이다. 세베크(Sebek)는 "대지의 어머니"가 공급하는 '모에리스 호수(Lake Moeris)'에 태어난 악어처럼 원초적 심연 누(Nu)에게서 태어났고, 이전은 사막뿐인 대지에 푸른 숲을 이루게 되었다[31]. 세베크(Sebek)는 이처럼 새로운 형태의 라(Ra), "빛나는 녹색 태양 원반"이다. 세베크(Sebek)의 세트(Set)와의 연합은 아시아 영향일 것이고, 왕가에 외국 핏줄은 세트(Set)를 수테크(Sutekh)로 숭배하는 지역의 영향일 것이다. 이집트인의 세트(Set)는, 전(前) 왕조부터 동부 델타에 아시아 정착민인 원시 수테크(Sutekh) 종족의 원시 개념에서 발달한 것이다. 히타이트 수테크(Hittite Sutekh)는 태양신이고 기후(氣候)신이다. 많은 수테크들(Sutekhs)는 발(Baals)처럼 수가 많다. 발(Baal)은 "주님" "주신(主神)"이고, 이집트에서는 세트(Set), 멘투(Mentu) 전쟁의 황소신과 동일한 의미이다. 타니(Tanis)에서는 수테크(Sutekh)가 "하늘의 주인"이었고, "발(Baal)" 또는 "주님"과 유사한 경향을 보이고 있다. 만약 그러한 것이 파이움(Fayum)의 악어 신이 태양신이 된 것에 영향을 받은 것이라면 파라오 왕비 중에 히타이트 부인이 그녀들 종교적 신념을 왕자들에게 가르친 결과일 수밖에 없다.

다슈르(Dashur)에서는 정교한 보석이 발견되었는데, 그 다슈르(Dashur)에서 아메네메트

---

130) 악어 신은 위협적인 존재가 아니었다. 그 신은 그동안 달래 왔었고, 사람의 친구가 되어 있었다.

131) 나일 강이 불어나 흐를 적에 붉은 흙탕물이 흐른 다음에 잠시 녹색의 오수(汚水)로 변한다. 악어는 역시 그 녹색 물과 연관을 지니고 있다.

(Amenemhet) Ⅱ세와 그의 손자 세누세르트(Senusert) Ⅲ세가 통치를 행했고, 그들의 피라미드를 세웠다. 세누세르트(Senusert) Ⅱ세 외국 왕비의 두 딸의 왕관도 보존되어 있다. 왕관 중의 하나는 황금 줄로 작은 황금 꽃들을 연결한 것으로 '출애굽기(x x x ix, 3)'에 "황금으로 엷은 판을 만들어 그것을 잘라 금줄을 만들었다."는 장인(匠人)들을 연상하게 한다. 그 왕관 디자인은 보석을 박은 커다란 "몰타 십자형(Maltese crosses)"으로 강화가 되었다.[132] 제12왕조 보석 공예품인 다른 왕관도 유사한 "혁신"이 행해졌고, 이후 긴 세기들 그 특성은 에트루리아 인(Etruscan)의 것으로 알려지게 되었다. 그러나 이 시기에 에트루리아 인(Etruscan)은 아직 유럽에 오지 않았다. 히타이트들 (Hittites)이 유명했기에 작업 방식도 유사한 것이다.

거대한 스핑크스(Sphinx)도 위력의 상징 사자 상으로 히타이트들(Hittites)의 영향일 것이다. 어떤 이집트 학자들[133]은 스핑크스가 아메네메트(Amenemhet) Ⅲ세[1880~1815 b. c.] 때에 조각이 되었고, 그 얼굴은 그와 닮았다고 확신을 하고 있다. 나일 강의 신상(神像)은 인간의 몸에 동물들 머리를 하고 있다. 그러므로 스핑크스(sphinx)는 이집트 신일 수 없다. 딱정벌레 인장(印章)도 제12왕조에 동안에 소개되었다. **이집트 왕조의 문명은 바빌로니아 기둥 문장(紋章)(the Babylo-nian seal cylinder)의 사용과 더불어 시작되었다.**

"황금시대"는 물질적 진전뿐만 아니라 문학적 활동에서도 구분이 되고 있다. 이집트의 "황금시대"는 이집트의 "엘리자베스 시대(Elizabethan Age)"라고 할 만하다. 높은 수준의 수많은 작품이 나왔다. 위대한 왕조는 "노래하는 새들의 둥지"였고, 이야기꾼들의 집이었다. 무덤의 벽과 미라 상자 속에서 발견된 파피루스 두루마리에는 사자(死者)가 저승에 가서 즐길 만한 짤막한 사랑 노래, 철학 시, 놀라운 이야기 들이 적혀 있다.

이들 작품들 중에 어떤 것은 우리가 쉽게 이해할 수 없는 극도로 어려운 것도 있다. 우리는 이해할 수 없는 신앙과 풍속과 마주하게 되며, 단가(短歌)를 이루고 있는 거의 무의미한 언어의 정확한 발음을 알 수 없고, 그것들이 보석 같은 위트에서 나온 것일지라도 어구의 진기한 전환과 농담 진기한 버릇 등은 온전하게 다 번역해 낼 수도 없다. 이집트 시인들은 언어의 유희를 즐겼다. 제5왕조 무덤 명문(銘文)에서 그러한 경향은 명백하게 나타나 있다. 목자(牧者)가 가축을 몰아 습지를 건너 파종(播種)하려고 양들에게 즐거운 단가(短歌)를 부른다. '목자(牧者)'는 자신을 괴상한 상황에 있는 것으로 생각하고 사자(死者) 중에 있는 목자(牧者), 물고기와 대화를 하는 이상한 존재로 그를 생각하고 있다.

대략 번역을 해보면 다음과 같다.

---

132) '몰타 십자형(Maltese cross)'은 엘람(Elamite) 기원으로 믿고 있다. 그것은 바빌로니아 카시테(Kassite) 시기의 인장(印章)에서 처음 볼 수 있다. 그것은 신석기 시대 수사(Susa)의 도기에서도 볼 수 있다.

133) (Newberry)과 (Garstang)

"목자(牧者)는 물고기와 함께 물속에 있네.
목자(牧者)는 둘러싸고 있는 물고기와 대화하네.
목자(牧者)는 창(槍)에 경배하네.
서방(西方)에서 온 목자(牧者)라."['목신(牧神)'을 노래한 것임]

"서방(西方)"은 죽음의 나라다.
제12왕조의 어떤 "단가(短歌)"는 그 호소가 직접적이어서 분명한 보편적인 의미이다.

목각사(木刻師)
"목각사(木刻師) 온 종일
괭이질 하는 사람보다 더욱 힘들다.
목제를 들었다 놓았다 하며
끌(chisel, 鑿)질을 계속하네.
잠시도 쉬질 않으니
빛이 있어야 볼 수 있기 때문이네.
그의 작업은 밤이 되어
팔이 늘어질 때까지라네."

대장장이(Smith)
"대장장이(Smith)는 대사(大使)가 아니다.
그의 모습은 학대(虐待)자이다.
금세공은 아직 보지 못 했지만
새로운 것을 보낼 수 있네.
오, 일하는 대장장이 보아 왔지만,
열정의 불 앞에 있네.
어란(魚卵)을 냄새 맡는
악어처럼 기네."

　이집트 농부들은 이야기꾼들이다. 이야깃거리가 없으면 인생이 무의미했다. 혼자서 작업을 하는 것을 싫어했다. 심심하게 혼자 살 바엔 죽는 것이 낫다고 생각할 정도였다. 온종일 진흙 속에 일하는 벽돌공이 물고기를 향해 했던 말을 이해할 수 있다. "이승에서 벽돌공은 저승에 가서도 벽돌공이다." 달리 말하면 고독한 작업은 죽음과 같다는 것이다.
　'동정적 동료애'에서 분리된 그 공포감은 "인간과 영혼의 대화"라는 놀라운 글 속에 나타나 있다. 파피루스에 서장(序章)은 망실(亡失)이 되어, 그 고독한 이집트인이 자살을 했는지 무덤 속에 묻힐 때를 생각하며 우울 속에 있었는지는 알 수 없다. 여하튼 그는 큰 죄책감에 시달린 것으로 보인다. 형제들이 자기를 버리고, 친구도 등을 돌려 하소할 곳이 없었다. 그러기에 인생을 더 살 가치가 없었으나, 무덤 속에 가기가 두려운 것이다. 남아 있는 일부는 영혼이 내린 결론으로 시작되고 있다. 명백히 영혼도 그 사람과 친구 되기를 거절하여 그 영혼과의 대담도 중단해야 할 운명에 놓였다.

그 사람은 말했다. "내가 슬플 적에 당신(영흔)은 나의 친구였습니다. 왜 지친 나를 꾸짖습니까? 나를 죽어라고 강요하지는 마십시오. 죽으면 좋을 것이 없습니다. '사후(死後)'가 즐겁다는 말은 하지 마세요. 인생을 다시 살 수 없다는 것은 슬픈 일이니, 저승의 신들은 우리가 이승에서 행한 행동에 대해 아주 엄격할 것입니다."

그 사람은 자신을 "친절하고 인정 많은 사람"으로 알고 있으나, 영혼은 그를 참고 볼 수 없는 놈으로 생각하고 있다. 영혼은 "너는 거지 바보다. 저 부자(富者)들처럼 죽을 것을 무서워하고 있다."

그 이집트인은 운명의 탄식을 계속하고 있으니, 사후(死後)에 대한 신앙은 없었다. 그러기에 영혼이 그에게 경고를 주고 그가 의기소침의 미래를 곱씹으면 무덤 속에 홀로 남아 영원히 어둠 속에 있을 것이라고 경고한다. 신앙이 부족한 사람은 낙원에 들어 갈 수 없다는 것을 전제로 하고 있다.

영혼은 말한다. "사자(死者)에 대한 생각은 슬픈 것이다. 그래서 사람들은 울음을 터뜨린다. 죽음은 가정을 떠나 흙속에 던져지는 것이다."

무(無)신앙으로 행동한 사람은 사후(死後)에 밝은 태양을 결코 볼 수 없다. 화강암으로 동상을 세우고 친구들이 위대한 장인들을 시켜 피라미드를 세울지라도 그들의 운명은 "강변에 배고파 죽은 비참한 사람이나 한발[가뭄]이나 홍수로 망한 농부, 가진 것이 없어 물고기 빼고는 말할 사람이 없는 거지"의 그것과 동일하다.

영혼은 그 사람에게 인생을 즐기고 낙심을 버리라고 충고한다. 죽음을 생각하고 생을 수고롭게 사는 사람은 바보이니, 슬퍼하는 사람은 재난으로 생명을 단축될 것이라고 한다. 그 같은 예를 다음과 같이 예시를 하고 있다.

"수확을 농부의 곡식 단은 배에 싣고 그가 나일 강을 건널 때 그의 마음은 기쁨으로 넘친다. 갑작스런 풍우가 밀려오면, 농부는 배 안에서 곡식을 지킬 수밖에 없다. 그러나 처자는 우울한 운명을 견뎌야 한다. 처자가 농부를 맞으러 왔으나, 폭풍우에 길을 잃고 악어들이 그들을 삼켰다. 그 농부가 그럴 만한 정당한 이유를 가졌다면 말할 것이다."

"내 사랑하는 아내가 돌아올 수 없는 곳으로 가고 어린 것들이 악어에게 먹혔을 지라도 나는 슬퍼하지 않는다."

그 사람은 분명히 영혼의 논리에 크게 감명을 받은 것은 명백하다. 그는 마음을 고쳐먹고 무덤을 인생을 더 이상 즐길 수 없는 사람들이 돌아가 쉴 장소로 찬양을 했다. 그가 왜 그토록 완전한 배척감에 있었는지 우리는 말할 수 없다. 그 이유는 망실된 그 파피루스에 제시되어 있을 것이다.

438

그 앞에는 즐길 수 있는 여건이 완전히 사라진 상태이다. 그의 이름을 사람들이 싫어했고, 그는 잘못을 범하고 그가 슬픔에 넘쳐 있듯이 세상은 악으로 넘쳐 있다고 생각한다.

　작품은 이 부분에 이르러 율문으로 변한다.

　　나의 이름이 싫다!..지금은 더욱 싫다.
　　더위 속에 까마귀 냄새다.
　　아주 썩은 복숭아 썩은 두엄 냄새보다 싫다.
　　오리들이 놀고 어부들도 피하는 습지
　　악어의 독한 악취.
　　중상모략을 하는 아내와 자식 앞에
　　돈지갑을 챙기는 남편보다 싫다.
　　공연히 찾아 온 해적보다 싫다.

　　누구와 말을 해야 하나?... 형제가 등을 돌렸다.
　　나를 생각하는 옛날 친구도 없다.
　　마음들이 차갑고 독해졌다.
　　못된 자들이 강하고 약자는 쓰러졌다.
　　얻어맞고 빼앗겼다... 나는 누구에게 호소하랴?

　　성실한 자가 슬픔을 얻었고,
　　형제가 적(敵)이 되고 선행이
　　소용없게 되었으니, 망은(忘恩)의 마음들
　　세월이 흘러도 바뀌질 않네.
　　내가 누구와 말할 것인가? 나는 슬프다.
　　한 사람도 믿을 놈이 없다.
　　세상은 끝도 없는 악이다.

　　죽음은 내게 한발(旱魃)처럼 다가 와
　　만연했던 열병을 사라지게 한 시원한 바람이다.
　　죽음은 내게 향수처럼 감미롭다.
　　태풍 속에서 ...
　　부드러운 항해에 배 밑 바닥에 쉬듯이
　　내 앞에 죽음은 연꽃 향기라. 안락의자처럼
　　복지(福地)가 펼쳐지네.
　　죽음은 병사와 포로를 반기는 고향이네.
　　우리가 돌아가면...아! 내 앞에 있는 죽음
　　폭풍우가 지난 다음의 푸른 하늘이라.
　　미지의 땅으로 물을 나르는 수로(水路)를

구하는 자가 결국 찾고 말 것이네.

저승에 간 자가 신(神)으로 일어나
악자(惡者)들을 추방하네. 보라, 그 명백한 자리를
태양의 범선 안에 그 자리에 앉을 것이니
신(神)들의 신전 속에 제물들을 얻을 것이다.
저승으로 갈 줄을 아는 자
라(Ra)를 불러 찾을 적에, 그 누가 그를 방해하랴.

영혼은 만족했다. 태양신 신앙을 지녔기 때문이다. 그래서 태양신은 그를 싫어하지 않았다. "너의 몸은 땅 속에 묻힐 것이다. 나는 네가 편히 쉬게 할 친구이니, 서로 가까이 지내기로 하자."
이 문학은 태양신 교도로의 개종(改宗)을 의도하는 것일 수도 있다. 주인공은 저승의 왕 오시리스 앞에 심판을 무서워하는 사람이고, 이승에서 범한 죄를 계산하고 있는 오시리스를 무서워하고 있는 사람이다. **그 영혼은 라(Ra)에 대한 자신의 신앙으로 사원에 공물(供物)을 바치고 "유식한 사람" 즉 태양의 범선으로 들어 갈 수 있는 '마법적 주문(magic formulae)'을 획득한 사람이다.** 그 영혼은 인간의 '양심(Conscience)'으로 보인다. 이집트인들의 생각들에서 낙원에 들어간 영혼을 파악하기는 어려운 문제이다.['태양신'과 '오시리스' 낙원으로 양분 되어 있음]
이집트의 인기 있는 민요 중에 "하프의 시(The Lay of Harper)"라는 것이 있다. 부자들이 베푼 연회에서 불린 것이다. 헤로도토스는 말했다. "친구가 일어나기 전에 인간 신체를 표준으로 삼은 작은 관이 운반 되고 그 관은 각 손님들에게 돌아가며 선보인다. 그 관을 메고 가는 사람은 '이를 보시오....당신도 죽으면 이와 같을 것입니다. 그러기에 즐겁게 마십시다.'" 그 "시"는 아주 오랜 형식이다. 실제로 미라가 연회에 이끌려 나왔을 것이다.

하프의 시(The Lay of Harper)
선(善)한 왕의 시절
행복은 넘치고....그는 잘 살고
다른 사람들은 이전처럼 그대로네.
늙은 왕들은 그들의 피라미드에 잠자고
귀족과 학자도 그러하네.
그러나 피라미드를 세웠던 사람들은 쉴 곳[무덤]이 없네.
비록 그들의 업적은 위대했지만....보라, 나는 들었노라
이모테프(Imhotep)와 호르다다프(Hordadaf)의 말씀을
그 금언은 사람들이 반복하고 있으나....그들의 무덤들은 어디에 있는가?
무너진 지 오래 되어....그들의 궁실까지 잊혀지고
지금은 없는 존재나 다름없다.

우리에게 '잘 있다.'고 전할 혼도 없다.
떠나기 전 우리를 안심시킬
어디로 간다는 말도 없다...그러나 우리의 마음은
그것을 망각하고 즐겁게 산다...
생명이 있을 때 즐겨라.
그리고 머리에 향수를 뿌려라. 값비싼
백색 리넨(linen)을 입고, 신들처럼
향을 바르고 힘겹게 살 필요는 없다.
네 마음이 지향하는 데로
즉시 행하라....그 슬픈 날이 올 때까지

정신이 쉴 적에 터져 나온 탄식
무덤에서 통곡은 들리지 않으니
침묵의 죽음에는 아무 의미가 없다...
그러기에 축제를 즐기고 주저하지 말라
아무도 그의 부(富)를 무덤 속으로 가지고 못 하고
거기서 다시 돌아오지도 못 한다.[134]

'이집트 신전의 안마당(Courtyard of an Egyptian temple)' '태양신과 다른 속성이 첨가된 지방신들(Local gods with added solar and other attributes)'

134) D. A. Mackenzie, *Egyptian Myth and Legend*, Bell Publishing Company, 1978, pp. 234~247 'XIX. The Island of Enchantment'

'시켈로스(Diodorus Sicukulus, 90∼30 b.c.)', '스트라보(Strabo, 63 b. c.∼24 a. d.)'

✈

(a) 매켄지(D. A. Mackenzie)는 이 장(章)에서 제12왕조에서 유행한 가요들을 소개하고 그들이 '오시리스 이시스'와 어떻게 연결이 되는지를 거듭 확인했다.

(b) 그리고 매켄지(D. A. Mackenzie)는 **'파라오'의 외모(外貌)가 크게 변한 것에 주목하여 그것을 '외국 비빈(妃嬪)'을 맞은 결과'로 보았는데, 이것은 '미라'를 만들고 역대 파라오의 조상(彫像) 만들기에 힘을 기울었던 '이집트 특유의 역사 전개'를 제대로 활용한 탁월한 결론**이라 할 것이다.

(c) 역시 매켄지(D. A. Mackenzie)는 **'목자(牧者)' '목각사(木刻師)' '대장장이(Smith)'** '인생 비관(悲觀)자 이야기' **'하프의 시'** 등 이집트 파피루스 문학을 소개했는데, 이것 역시 그 이집트의 인생관 세계관을 제대로 말해 주고 있다.

즉 특히 '인생 비관(悲觀)자 이야기' 이야기는 '라(Ra) 신앙 권유 자' '절대신 선교사'의 언어가 확실하여 한 눈에 '인생 부정의 힌두(Hindu) 정신'으로 창조된 이야기임을 알 수 있다.

이에 대해 **'목각사(木刻師)' '대장장이(Smith)' '하프의 노래'**는 이집트 토착 정신 '오시리스 이시스' 신앙에 종속된 것이다. 즉 '이승의 일'에 적응해 살고 '저승이 있으면 이승과 같을 것이다.'라는 믿음이 그것이다.

단지 **'하프의 노래'**는 '무신론(無神論)'을 전제한 것인데, 이것이 벌써 제12왕조[1991~1802 b. c.] 때 있었다는 사실이 놀랍다. 중국에는 이백(李白)의 '장진주(將進酒, 술을 권하는 노래)'가 한국에도 정철(鄭澈)의 동명(同名)의 작품이 있다.

XIX. 마법(魔法)의 섬

※ 선원(船員)의 이야기 -파선(破船) -유일한 생존자 -고독한 섬 -천둥 같은 목소리 -거대 뱀 신 -위협
-보호를 당한 선원(船員) -당나귀 제사 -구조된 배 -작별 -지혜의 인간

옛날 배 한 척이 시나이(Sinai) 광산으로 항해하다가 폭풍우를 만났다. 모든 항해자는 한 사람만 빼고 다 물에 빠져 죽었고, 한 사람만 '매혹적인 섬(Isle of Enchantment)'으로 헤엄쳐 갔는데, **그곳은 "영혼들(manes)"이 거주하는 곳으로 인간과 같은 머리 팔을 가지고, 서로 말도 할 수 있는 '뱀 신(serpent gods)의 섬'이었다.**

그 사람이 이집트로 돌아와 영주(領主)에게 그 놀라운 사실을 이야기를 했다. "제 혼자이지만 이렇게 돌아온 것에 만족을 하셔야 합니다. 대왕의 배 탄 사람들은 알 수 없고 제 혼자만 안전하게 돌아왔습니다. 저는 구조가 되었고, 다른 방도는 없었습니다. 대왕께서 목욕재계(沐浴齋戒) 하신 다음 내게 닥친 일들을 파라오게 말씀해 주시기 바랍니다."

영주(領主)가 말했다. "그대가 그렇게 고집을 부리니 우선 말을 해보라. 내가 끝까지 들어보마. 그대의 말은 진실이 아닐 수도 있다. 목소리를 낮추고 흥분하지 말고 말을 해보라."

그 선원(船員)은 말했다. "제가 겪었던 것을 처음부터 말씀 드리겠습니다. 제는 이집트의 최고 선원 150명이 탄 영주(領主)의 큰 배를 타고 광산으로 향했습니다. 그들은 모두 용감한 사람들이었습니다. 어떤 선원(船員)은 바람이 순조롭지 않을 수도 있겠다고 했고, 다른 선원은 바람이 불지 않을 수도 있다고 했습니다. 그런데 날씨가 급변하여 거대한 폭풍이 일어나 높은 파도 속에 배가 휩쓸려 물속에 빠졌습니다. 그때 저는 힘찬 물결 속에 내가 있음을 알고 물에 뜬 돛대에 매달렸습니다. 다른 선원은 다 물에 잠겼습니다. 이윽고 저는 해안가로 밀려갔는데 외딴 섬이었습니다. 저는 거기에서 3일 3야(夜)를 그냥 누워있었습니다. 그런 다음 기력을 회복했습니다. 저는 허기(虛飢)와 기갈(飢渴)을 느끼고 먹을 것을 찾아나서 과일과 물고기 새들을 잡아먹었습니다. 저는 제가 살게 된 것을 신에게 감사하고 제(祭)를 올렸습니다."

"제가 감사를 표하자마자 천둥 같은 소리가 들렸는데, 땅이 흔들고 폭풍으로 나무들이 휩쓸리듯 했습니다. 저는 무서워 얼굴을 가리고 땅에 엎드리고, 인간의 머리와 팔을 가진 거대한 뱀 신을 보았습니다. 뱀 신은 긴 수염을 달고 그의 몸은 금빛과 청색이었습니다."

"저는 뱀 신 앞에 엎드렸습니다. 뱀 신은 말했습니다. '조그마한 친구야, 어떻게 여기를 오게 되었는지를 말하라. 빨리 말하지 않으면 네 생명은 끝이다. 내가 모르는 것을[135] 말하지 못하면 불구덩이에 던져 버릴 것이다.'"

---

135) 북유럽(Norse)의 거인 신 바프트루드너(Vafthrudner)는 그가 모르는 것을 말하지 못하면 그 사람을 죽였다.

"제가 그에게 대답도 하기 전에 그 뱀 신은 상처도 나지 않게 내지(內地)로 데려와 저는 그곳에서 말하기를 나는 이집트 사람인데 풍파로 큰 배가 부셔져 돛대에 매달려 있었는데, 파도에 휩쓸려 해안가에 이르렀습니다."

"뱀 신은 듣고 말했습니다. '조그만 친구야 무서워 말라. 얼굴을 펴라. 신이 너를 내게 보내신 것이다. 네 번 달[月]이 차고 기울 때까지 여기에 머물 수 있다. 그 다음에 배가 올 터이니, 그것을 타고 이집트로 돌아갈 수 있다.....대화란 즐거운 것이다. 나는 우리 종족과 여기에 살고 자녀도 있고, 사고로 불에 탄 아가씨도 있다. 나는 너를 우리 집으로 데려 갈 것인데, 너는 잠시 후 네 집으로 가게 될 것이다.'"

"뱀 신이 그렇게 말하는 것을 듣고 저는 엎드린 채 말했습니다. '저는 제가 겪은 것을 이집트 왕께 말씀 드릴 겁니다. 저는 당신의 이름을 찬양하고 기름과 향수를 당신께 올리겠습니다. 저는 당나귀136)와 새[鳥]들로 제사를 올리고 당신은 인간에 이익을 주셨기에 이집트 왕도 풍성한 공물을 주실 겁니다.'"

"뱀 신이 말했습니다. '나는 너의 향수가 필요 없다. 나는 펀트(Punt)의 왕으로서 그런 것은 얼마든지 있고, 이집트에는 없는 기름도 있다. 네가 이 섬을 떠나면 이 섬은 사람들에게 다시는 눈에 보이지 않고 바다 속으로 사라질 것이다.'"

"넉 달이 지났을 때 그 뱀 신이 예언했던 대로 배가 나타났습니다. 저는 무릎을 꿇고 그 마법(魔法)의 섬(the island of enchantment) 거주자에 작별을 고하니, 뱀 왕은 향수와 상아와 보물과 진기한 나무와 '개코원숭이(baboon)'를 선물로 주었습니다. 저는 기쁜 마음으로 구해준 그 신에게 감사했습니다. 그런 다음 해안가로 가서 배에 올랐습니다."

"이것이 제게 벌어진 일입니다. 대왕님. 뱀 신의 선물을 올리기 전에 당신께 간청합니다....제 눈으로 본 놀라운 것을 말씀 드려야겠습니다....제가 젊었을 적에는 지혜를 추구하여 높은 평가를 받았습니다. 이제 저는 정말 현자(賢者)가 되었습니다."

"그 왕'은 그 놀라운 이야기를 확신하고 아몬(Amon) 사원의 서기에게 그것을 기록하게 했다.137)

_____✈

(a) 이 'XIX. 마법(魔法)의 섬'은 다른 장(章)에 비해 길이가 짧다. 출판자가 임의로 삭제했는지는 알 수 없다.

(b) 그러나 '말하는 뱀' '신과 인간이 있는 곳에 공존하는 뱀' 이야기는 단연 힌두(Hindu)의 '마하바

---

136) 이점은 특이 하다. 세트(Set)가 야생 당나귀와 동일시되지만, 이 이야기 이외에 이집트에서 당나귀로 제사지냈다는 예는 없다. 인도 이란인들(Aryans)은 말로 제사를 지냈다.

137) D. A. Mackenzie, *Egyptian Myth and Legend*, Bell Publishing Company, 1978, pp. 248~251 'XIX. The Island of Enchantment'

라타(*The Mahabharata*)'가 그 원조(元祖)이다.

(c) 출판자를 포함한 기존한 '서구 사학의 특징'은 '백인 우월주의(White Supremacy)'를 벗지 못했다는 큰 약점이 있는데, 그 '백인 우월주의'에 앞서 힌두(Hindu)의 '마하바라타(*The Maha-bharata*)'에는 '흑인 우월주의(Black Supremacy)'가 명시되어 대조를 이루고 있다.

(d) '성경'을 포함한 '고대 종교 사상 논의'는 각별한 의미를 지니고 있는데, 힌두(Hindu)의 '마하바라타(*The Mahabharata*)' 최고신 '비슈누(Vishnu)'는 뱀의 가호를 그 '대표적인 상징 상'에 포함시켜 놓았다. 우선 제시된 대로 먼저 고려해 보아야 더욱 포괄적인 결론에 도달할 수 있을 것이다.

XX. 힉소스(Hyksos)와 그들의 이방(異邦) 신

✱ 세베크 라(Sebek-Ra) 왕들 -위대한 파라오 -무정부(無政府) 그림자 -'목동 왕들'의 도래 -파괴의 살육 -군사적 점령 -불안의 원인 -건조한 순환 -유목민의 침략 -신화 속의 역사 -종족의 아버지 신 어머니 신 -수테크(Sutekh) 토르(Thor) 헤르쿨레스(Hercules) -산신(山神)들 동굴 귀신들 -힉소스(Hyksos) 문명 -유럽과 아시아와의 무역 -말(馬) -팔레스타인에서 히타이트(Hittite)의 영향력 -바빌론을 급습하다 -카시트족(Kassites)과 아리안족(Aryans) -시리아에서 아리안(Aryan) 신들 -미타니(Mitanni) 왕국

'황금시대'가 마감된 뒤에 이집트 역사에서 물질문명은 약간 시들게 되었다. 제13왕조[1802~1649 b. c. 경]는 평화롭게 열렸고, '세베크 라(Sebek Ra)'라는 파라오들의 명칭은 태양신 신도(信徒)와 악어 신 신도의 균형을 가리키고 있다.['악어=용=뱀 신'] 그러나 파라오들의 영향력이 엄격히 제한되어 파라오 중에서는 '크로코딜로폴리스(Crocodilopolis, 악어 도시)'나 그 주변에 통치도 행했으나, 테베(Thebes)가 궁극의 수도였기에 성장하는 델타의 이방(異邦) 요소는 파라오 왕실을 불안하게 하고 있다고 생각했다. **제12왕조의 위대한 파라오들은 이집트 북쪽에다 세력을 구축했고, 거기에서 대(對) 리비아와 대(對) 시리아 국경을 감시해야만 한다는 것을 알고 있었다.**

왕위 계승이, 왕비 계 후손으로 조정이 된 것이다. 정통주의자들은 명백히 외국적 영향이 이집트 왕실을 지배하지 못 하도록 결의를 다졌을 것이다. 그래서 그들은 이집트 국민의 거대 지원을 받아야 했다. 헤로도토스는 말하고 있다. "정통주의자들은 조상들의 풍속을 만족스럽게 생각하고 외국 풍속을 싫어했다." **세베코테프(Sebekhotep) 왕들의 어떤 아비는, 공주와 결혼을 한 사제(司祭)였다.** 그 세베코테프(Sebekhotep, 1802~1800 b. c.) 왕은 하토르(Hathor)라는 그 아들이 계승을 했으나, 금방 퇴위를 당했다. 그 다음 파라오는 몰락해 있던 왕실의 아저씨였다. 그 왕의 이름은 네페르카라 세베코테프 Ⅳ세(Neferkhara-Sebekhotep, Khaneferre Sobekhotep IV 1805-1849 b. c.)이었는데, 그 쇠미한 시대에 가장 위대한 왕으로 입증이 되어 있다. 네페르카라 세베코테프 Ⅳ세(Neferkhara-Sebekhotep)는 지중해 연안에서부터 나일 강이 발원한다는 제2폭포까지 전 왕국을 장악하였다. 제3폭포 근처에 있는 아르고(Argo) 섬에다가 네페르카라 세베코테프 Ⅳ세(Neferkhara-Sebekhotep)는 거대한 사원 앞에 20피트가 넘은 두 개의 화강암 동상을 세웠다. 누비아의(Nubian) 침략에 대비한 괄목할 만한 요새지였다. 그러나 얼마가지 못 했다. 이후 너무나 취약한 두 파라오가 통치를 했고, 네시(Neshi)라는 흑인이 왕위에 올랐는데, 그는 라(Ra)와 세트(Set)의 숭배자였다. 네시(Neshi)의 거대한 흑색 화강암 상은 누비아의(Nubian) 침략자들이 세운 것으로 그 [흑인의]우월성을 입증하고 있다. 우리가 찾아낸 또 다른 강탈자는 "사령관" 메르멘파티우(Mermenfatiu)이다.

무정부의 그림자가 다시 이집트에 드리운 것이다. 또 다시 영주(領主)들이 자기네 주장을 펴서

이집트 왕국은 소국(小國)들로 조각이 났다. 마네토(Manetho, 이집트 사제)는 긴 군주들의 이름 목록을 제시했는데, 거기에는 원래 영주(領主)로서 노임을 받고 이웃과 전쟁을 하고 파라오가 된 자들도 포함되어 있다. **테베(Thebes)가 가장 큰 통치 중심지이고 그 테베의 파라오들이 번영을 누렸다.** 그러나 여타의 도시의 파라오들은 물 배급에 통제력이 취약했다. 농부들은 도둑들의 침략에 노출 된 지역에서 농사짓기를 싫어했다. 제12왕조 선지자(prophet)의 말이다. "무엇이 선(善)인가? 닥쳐 올 일을 아는 것이 선이다."

이집트는 철저히 무너져 외적에도 대항을 할 수가 없었다. 공격에 조심을 해야 했다. 누비아인들(Nubyans)이 이미 일부 성공을 했으나 결국에 테베 사람들에 의해 축출이 되었다. 리비아 사람들은 북부에서 씩씩했고, 아시아 족속이 델타 국경을 넘어와 국경의 대부분을 소유하고 있었다. 그런데 그 정체(正體)가 용병(傭兵)들일 것이라는 '힉소스(Hyksos)'가 침략을 했다. 그 동안 거의 없었던 이집트의 쇠미(衰微)한 시기에 그 힉소스(Hyksos)의 어중이떠중이들이 이집트를 휩쓸게 되었다.

유대인 역사가 요세푸스(Josephus, 47~100)는 힉소스(Hyksos)가 "이스라엘 후손"이라고 믿었고, 마네토(Manetho, 이집트 사제)가 했던 말을 인용했다. "힉소스(Hyksos)는 우리나라[이집트]를 침략한 야비한 족속으로 전쟁도 없이 쉽게 차지했다. 그들은 도시에 불을 지르고 신들의 사원을 파괴하고 갖은 만행으로 사람들을 괴롭혔다. 힉소스(Hyksos)의 지배 기간 동안 그들은 용병(傭兵)으로 전쟁을 행했고, 모든 종족을 말살하려 했다....그 외래 인을 힉소스(Hyksos)라고 했으니 '목동 왕들(Shepherd Kings)'이라는 뜻이다."

마네토(Manetho)가 언급한 '파괴의 카니발(carnival)'은 제18 왕조 하트세프수트(Hatshepsut) 여왕의 명문(銘文)으로 확인을 할 수 있다.

> 나는 넘어뜨린 것을 복원했고
> 나는 미완성의 것을 세웠다.
> 북쪽 아바리스(Avaris)의 아시아 사람들
> 그들 속에 야만인들이 건물을 부수어
> 라(Ra)도 모르면서 통치를 행했네.

그러나 만약 힉소스(Hyksos)가 건물들을 파괴했다면 인기가 없었던 파라오들의 모든 기록의 지우기도 그들이 행했을 수 있다. 쿠푸(Khufu)의 견고한 피라미드는 힉소스(Hyksos)가 망가뜨렸을 것이니, 쿠푸가 비록 최고 위대한 파라오 중의 하나였음에도 힉소스(Hyksos)는 쿠푸의 미라를 파괴하고 기록을 없앴던 것이다. 쿠푸(Khufu, 대 피라미드 건설 파라오)는 힉소스(Hyksos) 신들의 적이었고, 쿠푸 파라오는, 야심적이고 소유욕을 발동한 사제들에게 그의 강권을 휘둘렀다. 투트모스(Thutmose) Ⅲ세[1458-1425 b. c.]와 아케나톤(Akenaton)[아메노테프 Ⅳ세(Amenhotep Ⅳ, 1352-1336 b. c.]도 그 힉소스(Hyksos) 시절에 그 복수심으로 기록들이 지워졌는데, 람세스(Rameses) Ⅱ세[1279-1213 b. c.]와 다른 파라오들은 그들 조상의 기념물을 온당하게 조처를 했다. 그러기에 힉소스(Hyksos) 통치자들의 기록은 거의 남아 있지 않고 민담(民譚)으로 그들이 "불순하다."라고만 전하고 있다. 힉소스(Hyksos) 통치자들은 "라(Ra)를 몰랐다."는 것이 남아 있다. 힉소스(Hyksos)가 이집트에서 쫓겨난 약 1천년 뒤에 이집트 역사를 쓴 마네토(Manetho)는 그들을 잘 알 수가 없었다. 마네토는 약간의 왕들만 확인할 수 있었으니, 그들이 제15왕조의 파라오들이다. 마네토는 제16왕조에 대해서는 거의 몰랐고, 제17왕조를 서술할 때에 더욱 확실한 근거를 확보했으니, 상부 이집트가 그들의 자유를 회복했고, 점점 북쪽의 망실한 영토를 회복했기 때문이다.

힉소스(Hyksos)는 제14왕조[1805 혹은 1710~1650 b. c. 경] 말기에 이집트를 휩쓸었다. 그리고 그들은 "그 종족 중의 한 사람"을 파라오로 선출했다. 마네토(Manetho)에 의하면 그 이름은 살라티스(Salatis)였고, 그와 함께 제15왕조가 시작이 되었다. 살라티스(Salatis)는 멤피스(Memphis)를 수도로 하였고, 거기에서 "살라티스(Salatis)는 상부와 하부 이집트가 공물을 바치게 했다." 하지만 살라티스(Salatis)는 "그네들에게 필요하다고 생각한" 곳의 병참기지는 그대로 두었다. 그렇다면 힉소스(Hyksos)가 아시아 힘의 중심을 두고 단지 군사적으로 점령을 하고서 이집트인에게 공물을 강요했을 것인가? 이 점에 관해서 우리는 마네토(Manetho)에게서 확실한 답을 얻을 수 없는데, 마네토(Manetho)는 **그 힉소스(Hyksos)가 강력한 요새 도시 아바리스(Avaris)를 건설하고 24만 명을 주둔시켜 "이집트를 침공할지 모르는" 아시리아 사람들(Assyrians)의 공격에 국경을 지키게 했다고 했는데, 그 아바리스(Avaris)는 이후 이집트인들에 의해 파괴가 되었다. 살라티스(Salatis, Salitis, 최초 힉소스 왕, 제15왕조 창시자)는 모든 외국인을 압도하는 군사적 식견을 가졌다.**

힉소스(Hyksos)가 무서워하고 준비를 했던 것은 명백히 아시리아 사람들(Assyrians)은 아니었고, 그들은 그들 자신의 문제에 매달려 있었다. 힉소스(Hyksos)는 그들의 신 아수르(Ashur) 이름 때문에 발생할 나일 강 연안에 생길 공포에 대비한 군사적 힘도 아직 확보를 못 한 상황이었다.

우리가 앞으로 살피겠지만, 공격적인 종족이 나타난 바빌로니아를 참조할 필요가 있다.

힉소스(Hyksos)에 관한 믿을 만한 기록이 없으므로, 우리는 그 모호한 시대, 구미가 당기는 시대의 이집트 국경과 아시아에 우위를 점하고 있었던 사상의 획득 문제와 마주치지 않을 수 없게 된다.

대 격변이 문명화한 세계를 지나가고 있었다. 구 왕조가 깨지고 신왕조들이 형성 과정에 있었다. **직접적인 원인은 유목민들이 "신선한 숲과 목초지"를 찾아 넘쳐들어 온 것이 그 직접적 원인이니, 아라비아(Arabia) 투르키스탄(Turkestan) 이란(Iranian) 고원의 '건조기'에는 목초가 더욱**

부족해지기 때문이다. 한 번 힘으로 추진된 이민은 추방으로 이어졌다. 그 운동은 어떤 지역에서는 지속적 투쟁이었고, 최고 호전적인 종족이 점차 그 기세를 늘리는 정복자가 되었다. 또 하나 종족 이동 이유는 인구의 증가였다. 조상의 땅에 인구가 넘칠 때 잉여의 인간들은 이민(移民)의 "물결"을 이루었다. 그러나 이러한 종류의 이동은 저항을 최소화 했고, 꼭 생활 습관의 변경을 요하지 않았으니, 유목민은 고지대(高地帶)에서 고지대로 옮겨 다녔으니 농부들이 강물 골짜기에서 골짜기로 어민들이 해안가에서 해안가로 옮겨 사는 것과 동일한 것이었다. 그러나 고 문명의 지역에서의 평화로운 정착은 소문을 들은 그들 친척들의 풍요의 땅에 대한 꿈을 꾸게 만들었고 이민에 대한 추진력을 증가시켰다. **바빌로니아와 이집트로 들어와 있던 유목민들(Nomads)은 건조기(乾燥期)에 생긴 갑작스럽고 강렬한 이동 자들에게 그 나라의 "전초기지"가 되었다. 힉소스(Hyksos)의 이집트 정복은 이 "건조기(乾燥期)"와 연동된 것이다.**[매켄지 소론(所論)의 최고 승부처임]

앞서[138] 우리는 원시 지중해 "장두족(長頭族, long heads)"이 북아프리카[이집트, 리비아]에서의 점증(漸增)을 언급했는데, 그들은 팔레스타인 소아시아 유럽의 해안가로 퍼져나갔다. 동시에 아시아의 "광두족(廣頭族, broad heads)"도 산악 지역을 따라 "물결"이 이어졌다. **그들은 인종학적으로 알프스(Alpine) 족으로 그들은 히말라야(Himalayas)에서 영국 섬(British Isles)까지 이어진 종족이다. 지중해족의 종족적 풍속은 모계적 특성이 주로 나타남에 대해, 알프스(Alpine) 족은 전적으로 부계문화이다.**

이들 종족의 혼합은 위대한 소아시아 문화를 이루었고, **그것이 히타이트(Hittite) 왕국의 기원이라고들 수용이 되어 있다.** 그러나 그 히타이트(Hittite) 연합에 포용이 되었다. 건조기에 투르키스탄(Turkestan)에서 남쪽으로 이동한 몽골인(Mongols)은 히타이트(Hittite) 지역을 통솔하는 강력한 요소가 되었음에 대해, 아라비아에서 온 유대인은 시리아에서도 모습을 일찌감치 드러내었고, 일부 지역에서는 새로 흥기한 종족과 연합을 행했다. 매부리코에 턱수염이 난 알프스 히타이트(Alpine Hittites)는 오늘날 아르메니아(Armenian)와 몽골 히타이트들로 대표된다고 알려져 있다. 일부 인종학자들은 유대인의 코는 원시 히타이트와 시리아인의 합성이라고 말하고 있다. 아시리아에도 알프스 족이 있으니, 아시리아에 유대인은 아라비아 거주했던 조상의 얼굴과는 구분된 특성을 지니고 있다.

히타이트 신학은 특별한 관심을 끌고 있는데, 이집트에서는 힉소스(Hyksos) 지배 기간 이전부터 그 자취를 추적할 수 있다. 소아시아 일부에는 대모(大母) 신과 아비 없는 그 아들을 숭배했다. 그 여신은 대지의 여신이고, 아스타르테(Astarte) 아프로디테(Aphrodite) 크레타의 뱀 신과 비슷하다.

---

138) 제3장

시실리 사람 중에는 남신이 우위를 보였는데, 남부 카파도키아(Cappadocia) 거대 바위에서 우리는 **알프스족의 '위대한 아버지'와 지중해 족의 '위대한 어머니' 결혼을 그린 조각을 볼 수 있다.**

히타이트의 '위대한 아버지'는 파파(Pappas) 또는 아티스(Attis -father)인데, 이집트인들에게는 수테크(Sutekh)로 잘 알려져 있다. 유대인과는 무관하게 '위대한 아버지'는 "주님" 발(Baal)이라고 생각했다. 그는 달의 신 신(Sin)으로 그가 시나이(Sinai)란 이름을 부여했는데, 아라비아의 태양신은 여성이었다.

수테크(Sutekh)는 스미르나(Smyrna) 근처 절벽에 고수머리에 턱수염을 단 높은 매부리코를 지닌 신으로 그려져 있다. 그는 대표적인 고산족으로 소매 없는 헐렁한 옷에 허리띠를 매고 스코틀랜드 산악 민담에 어울리는 고산지대의 눈에 대비한 장화를 신고 있다.

수테크(Sutekh)는 폭풍과 천둥을 일으키는 하늘의 기상(氣象) 신이다. 수테크(Sutekh)는 전쟁의 신이고, 한 손에는 풍요를 상징하는 염소 뿔을 들어 남성임을 명시했다. 타르크(Tark, Tarku)처럼 그는 한 손에 망치를 들고 다른 손에는 세 갈래로 너울거리는 불을 잡아 튜턴 족의 토르(Teuntonic Thor)와 비슷하다. 수테크(Sutekh)는 철퇴 삼지창 전부(戰斧)를 잡고 있기도 하다. 라만(Ramman)[139]처럼 두 개의 뿔과 도끼와 세 개의 벼락을 소지했고, 수테크(Sutekh)는 히타이트 정복 이후에 바빌로니아로 입양(入養)이 되었다.

대모(大母)와 '위대한 아버지'가 결혼했을 때 그녀의 아들은 역시 타르쿠(Tarku)의 아들로 여겨졌다. 이 젊은 신을 희랍인은 헤라클레스(Hercules)나 제우스(Zeus)같이 생각했을 것이다. 그러나 우리는 제 각각 발달한 신들에 대한 일관된 공통 관념을 기대할 필요는 없을 것이다. '위대한 아버지'와 '대모(大母)의 아들'을 때로는 구분할 수가 없다. 지역과 시대에 따라 다 다르다.[우선 기독교 내부에서도 그러함] **히타이트 종교의 마지막 양상은 알프스 종족의 정복신이 우위를 차지하고 히타이트 영향력이 미친 지방의 다른 신들의 기능을 흡수해버린다.**

히타이트 신들은 산악 족 동굴 족의 거인 신 노파(老婆) 신들을 말하는데, 티롤(Tyrol) 산맥이나 스코틀랜드 고지대나 스칸디나비아의 신들과 연합된 것이다. 그 신들은 역시 동물과 유사성을 갖고 사자(獅子)의 등에 올라 있는 형상이다. 쌍두와 3족(足)의 독수리도 역시 종교적 상징이다.[한국의 '三足烏 -踆鳥'도 Garuda의 변형들임]

그 신들과 함께, 무서운 악마들도 있다. '히타이트의 태풍 신'은 신들과 전쟁을 행했던 이집트의 세트(Set) 아페프(Apep) 뱀과 비슷하다. '히타이트의 태풍 신'은 상체는 인간이고 하체는 뱀이다. [龍임] '히타이트의 태풍 신'은 동굴에 살며 저승으로 가는 길목을 지키는 신들과 연관되어 있다. 태풍은 그의 턱에서 생기며 번개 불은 그의 눈에서 솟는다. **헤라클레스(Hercules)가 히드라(Hydra)를 죽였듯이 타르쿠(Tarku)가 그를 잡았는데, 유럽인의 다양한 용 살해 이야기는 중세**

---

139) "내가 리몬(Rimmon)의 집에 엎드렸을 적에 주님은 당신의 종을 용서하셨다." -열왕 2, ⅴ, 18.

영웅담을 이루고 있다.

이집트에도 용(dragon) 이야기가 수입이 되었다. 어떤 호루스(Horus) 이야기에는 세트(Set)가 "으르렁거리는 뱀(roaring serpent)"이 되었는데, 라(Ra)의 명령으로 그 뱀의 모습으로 땅굴로 숨었는데 라(Ra)는 세트(Set)가 그곳을 이탈하지 못 하게 했다. 세트(Set)는 아페프(Apep) 뱀과 동일시되었다. 세트(Set)의 후계자 수테크(Sutekh)는 델타 지역에서 "용의 살해자"로서 '진정한 태양신' 라(Ra)와 호루스(Horus)를 대신한 것으로 생각했다. 원시 세트(Set)는 원래 악마는 아니었다. 세트(Set)는 전 왕조(pre-Dynastic) 시절에 이집트로 들어간 외국인들의 신으로 그 후의 힉소스(Hyksos)의 수테크(Sutekh)와 비슷한 존재로 보인다.

이집트 힉소스(Hyksos) 시대에 앞서, 시리아와 미타니(Mitnanni)에서는 히타이트의 '위대한 아버지 신'이 최고신이 되어 있었다. **가장 합당한 증거는 그 '위대한 아버지' 신이 소아시아 지배 민족의 신이었다는 사실이다.** 그 '아버지 신'은 지역에 따라 시리아에서는 '하다드(Hadad, Dad)', 미타니(Mitanni)에서는 '테숩(Teshub)', 북부에서는 '타르쿠(Tarku)'라 하였다. 그러나 그들이 수테크(Sutekh)와 동일한 신임을 조금도 의심할 필요가 없다. 왜냐하면 **람세스(Rameses) Ⅱ세가 그 히타이트(Hittites)와 협정에 들어갔을 적에 수테크(Sutekh)와 아몬(Amon) 라(Ra)가 두 큰 왕국에 대표적인 주신으로 언급이 되었기 때문이다.**

히타이트(Hittite) 전쟁 신이 힉소스(Hyksos)의 주신(主神)이라는 사실은 의미심장한 사항이다. 헬리오폴리스의 라툼(Ra-Tum)과 에드푸(Edfu)의 호루스(Horus)처럼 수테크(Sutekh)의 이집트에의 출현은 제한적인 외국의 영향이다. 수테크(Sutekh)는 지배력을 행사하는 종족의 신이다. 외국신은 그 지배력을 대신함으로 강요로 수용된다. 힉소스 왕들은 이집트인들에게 그들의 종교적 기반을 가리킨 수테크(Sutekh)를 인정하기를 강요했다.

이 모호한 시대에 대한 마네토(Manetho)의 언급에서 우리는 그 이집트 침략자들[힉소스]는 정말 잘 조직이 되어 있음을 알 수 있다. 그들의 급습(急襲)은 아라비아에서 온 유대인들의 정착에서 볼 수 있는 종족간의 불화를 수반하지 않았다. 힉소스들은 일찍이 팔레스타인에 들어 침략자들처럼 전쟁 기법을 깨뜨리지 않았다. 이집트에 도착하기 전에 힉소스는 틀림없이 잘 조직된 국가의 지배하에 있었다. 어떻든 힉소스(Hyksos)는 사람들이 강력한 중앙 정부 수립을 필요로 할 때에 그 문명의 단계를 획득했었다.

힉소스(Hyksos)는 '군사적 행정 경험'을 신뢰했고, 전략적 요충지를 알아 가장 위대한 파라오들 같은 상비군(常備軍, a standing army)을 유지하였다. 공물(貢物)의 수납도 역시 주목할 만하다. 후기 이집트 왕들이 그러했듯이 시리아의 소국들의 왕에게서 수익(收益)을 냈다. 힉소스(Hyksos)가 무슨 힘으로 공물(貢物)을 받았을 것인가? 모든 대답은 그 히타이트들에게 있다. 만약 힉소스(Hyksos) 족이 모두가 소아시아에서 오지 않았다면 그 점령군[힉소스(Hyksos)]은 히타이트 지배하에 있었을 것이다.

침략군은 아라비아 계 유대인, 약탈의 베두인(Bedouins) 아모리인(Amorites) 페니키아인 (Phoenicians)을 포괄하는 군사일 수 있다. 페니키아인(Phoenicians)은 페르시아 만 북쪽에서 팔레스타인 해안으로 왔고, 리비아인과 크레타 또는 에게 해 반도의 용병(傭兵)들이 보강되었을 것이다. 그러나 사막 거주의 배고픈 무리나 아라비아에 있던 단일 종족의 폭도가 오랜 동안 군건히 이집트를 지배했다는 것은 믿기 어렵다. 그러나 힉소스(Hyksos) 군사에 영합한 영주들은 하트세프수트(Hatshepsut) 여왕의 명문(銘文)에 있는 대로 "그들 중에도 이방인들"이었을 것이다. 제12왕조기에 그 침략자들은 틀림없이 앞서 이집트에 들어와 정착해 있던 이집트인의 골칫거리 외국인들을 환영했을 것이다. 그러나 그 힉소스(Hyksos)의 군사적 점령이 이방적인 것으로 간주되었기에 그것은 모든 면에서 보강이 되어야 했다. [제18왕조] 하트세프수트(Hatshepsut, 1479-1416 b. c.) 여왕은 힉소스(Hyksos)를 종교적인 이유로 싫어했다. 힉소스(Hyksos)는 사원을 파괴했고, "라(Ra)를 모르고" 통치를 했다. 이방의 왕들이 가장 인기 있었던 파라오들의 예(例)를 따랐다면 그들은 다양한 종교의 사제들의 충성을 추구했을 것이다. 그러나 **힉소스(Hyksos)의 소망은 히타이트 수테크(Sutekh) 숭배를 확립하는 것이었으니, 그것이 공물(貢物)을 받아먹은 외국 군사력이라는 것을 암시하고 있다**. 힉소스(Hyksos) 왕 중에 한 두 명은 이집트 신에 호감을 보였다.

우리는 이방인 왕들의 통치에 대한 이집트인들의 혐오감은 무시를 해야만 한다. 힉소스(Hyksos)가 대부분의 이집트를 점령하고 있을 적에 이집트뿐만 아니라 아시아 주요 지역도 평화로웠다. 거대한 무역길이 다시 열리고 상업도 융성했다. 그래서 농업도 보호가 되었고, 잉여 농산물을 공물(貢物)로 바치고 외국과 교역의 수단이 되었다. 마네토가 언급한 이아니아 왕(King Ianias)은 진취적인 왕이었다. 이아니아 왕(King Ianias)은 이안(Ian, Khian)과 동일시되고 있는데, 그 이름은 크레테(Crete)의 크노소(Knossos)와 페르시아 바그다드(Bagdad)에서 확인된 힉소스(Hyksos) 유적 속의 명칭이다. 그의 비 이집트 명칭인 "안크 아데부(ank adebu)"는 "국가들의 포용 자(Embracer of Countries)"라는 뜻으로 그가 왕국을 정복한 사람보다 더욱 큰 힘의 대표자라는 의미를 갖고 있다. 미국의 이집트 학자는 '힉소스(Hyksos)'를 "지방 영주들(rulers of countries)"로 번역했는데, 그것은 마네토가 말한 "목자 왕들(Shepherd Kings)" "사막 거주자의 왕들(Princes of Desert Dwellers)"과 같은 것이다. 물론 "힉소스(Hyksos)"는 긍지 높은 이집트인들의 냉소적인 "오염된 종족" "불순한 종족"이라는 의미일 수도 있다. 그 즈음에 중국인들은 유럽인들을 "만이(蠻夷)"라고 생각했다.

우리는 힉소스(Hyksos) 시대를 "암흑의 시대"라고 생각하는데, 이집트인들이 고통 속에 기록을 파괴한 기록 부재의 시기이기 때문이다. 우리 역시 이집트인들의 외국인 비판에 영향 받기가 쉽다. 그러나 2백년 이상 지속된 그 행진을 알 방법이 없다. 기술은 시들지 않았고, 건축가들의 방법도

망각하지 않았다. 지방의 영주들은 완전히 흩어졌다. **힉소스(Hyksos)는 역시 이집트에 말의 사육 (飼育)을 소개했지만, 언제 그것을 행했는지는 알 수 없다.** 마네토도 언급하지 않고 있다. 그러나 그 외국 군대에 마부가 있었다면 그 마부들은 아라비아와 베도우인(Bedouins)일 수 없고 그들이 전차를 만들거나 수리하지는 않았을 것이다. 원시 시대에는 부유한 나라들만이 말들을 가질 수 있었다. 부국(富國)인이 서 아시아에 나타난 것이니, 크 말들은 드물고 얻기가 힘들었던 것이다.

그렇다면 위대한 왕국 이집트를 무너뜨리고 세웠던 그 말은 어디에서 왔는가? 말은 최초로 아라비아 인들이 길을 들였고, 그 원산지는 아시리아 인의 "동방의 나귀(the ass of the East)"란 명칭이 말하고 있다. **어떻게 말이 서 아시아에 도착을 했고, 이어 나일 강 연안에 나타났는가는 힉소스 (Hyksos) 문제를 풀려는 우리에게 각별한 문제이다.**

그러나 우리는 우선 침략이 용이했던 이집트 주변국의 상황을 살펴야 한다. 이집트 "황금시대" 동안 파라오들은 동북방 국경을 지키는데 관심을 집중했다. 어떤 이집트 기록에도 이집트와 시리아의 관계에 관심을 준 기록은 없다. 그렇지만 게제르(Gezer) 등지에서 발굴된 제12왕조의 장신구와 부적(符籍) 상형문자들은 무역이 활발하고 지속적으로 진행되었음을 보여 주고 있다. 팔레스타인 연구가 저명한 매컬리스터(D. Macalister, 1854~1934)는 "대략 기원전 2000~1800" 경 팔레스타인에서도 "문명에 엄청난 진전이 있었다. 그 고장에서 최근 발굴된 것들은 외국의 영향을 받은 것들이다. 유대인과 아랍인의 유적은 아직 없던 때였다."고 했다.

그래서 **제12왕조 동안 팔레스타인은 고도의 문명을 획득한 사람들이 지배를 했었다.** 그러나 그들은 아시리아 인이나 바빌로니아 인일 수 없다. 그 당시 북쪽에 히타이트(Hittites)는 거대한 확장력을 지니고 있었다. 소아시아에서 중심 통치를 행한 초기 정복 민에 관해서는 알려진 바가 없다. 그 정복민은 무역으로 팔레스타인 남부를 관통했다는 사회적 정복은 확실하니, 그들이 이집트 아메네메트(Amenemhet) Ⅰ세에게까지 알려졌으나, 그는 델타 영역을 벗어난 적이 없었다. 북쪽의 전쟁 신은 시리아와 미타니(Mitanni)에 원시시대에 확립되어 있었고, 성경에도 히타이트들은 엄청난 땅의 소유자로 언급하고 있다. 그 히타이트들(Hittites)이 게제르(Gezer)에서 이집트와 무역을 했을 것이니, 그들을 통해 제12왕조 파라오들을 이해할 수 있게 된다. 영향력을 발휘한 외국 공주가 거친 사막 거주자의 딸이었을 가능성은 없다. 그 다수르(Dashur) 보석은 그 부인들이 호화로운 생활을 했다는 것을 말하고 있다.

우리는 왜 이방 부인의 아들인 세누세르트(Senusert, Sesostris, 1878-1839 b. c.) Ⅲ세가 시리아에 쳐들어가 게제르(Gezer, 현재 이스라엘 경내)에서 싸웠는지 확인할 수가 없다. 그 히타이트들(Hittites)이 끊임없이 자라고 공격적으로 세누세르트(Senusert) Ⅲ세는 그들과 연합하여 그들의 공동적-아마 아라비아에서 온 유대인들을 추방하려고 그러했을 것이다.

힉소스(Hyksos)의 이집트 침공에 약간 앞서 히타이트들(Hittites)은 바빌론을 침공하여 함무라비(Hammurabi) 왕조를 멸망시켰다. 그러나 그 히타이트들(Hittites)은 정복의 결과를 누리지는 못 했다. 엘람(Elam) 산맥에 카시트들(Kassites)이 바빌로니아 북부를 점령하고 확실히 그 히타이트들(Hittites)을 축출했기 때문이다. **카시트들(Kassites)의 기원은 명확하지 않다. 그러나 말을 타고 전차를 탄 아리안(Aryans -인도 이란인)의 무리와 연합을 했다. 이것이 최초의 역사상 인도 유럽인의 출현이다(This is the first appearance in the history of the Indo European people)**.

종족들의 서쪽으로의 압박이 이어졌다. 카시트들(Kassites)과 아리안들(Aryans -인도 이란인)이 잠시 히타이트들(Hittites) 대항전에 용병되었을 수 있다. 그리고 **힉소스(Hyksos)의 이집트 침공은 이란 고원(高原)의 이주민과 바빌로니아 정복의 간접적 결과일 수 있다.** 어떻든 아리안들(Aryans -인도 이란인)은 진격을 계속했고, **이집트에서 힉소스(Hyksos) 시대가 끝나기 전에 아리안들(Aryans)은 소아시아를 관통하여 시리아 해안에 도착했다는 것은 명백하다.** 아리안들(Aryans)이 이집트로 들어갔는지 들어가지 않았는지는 알 길이 없다. 그때에 이집트로 들어간 모든 힉소스(Hyksos)는 외국인이었는데, 모든 이집트 북쪽 이방인은 오늘날 켈트인(Celt 아일랜드 스코틀랜드 고지대인)과 희랍인이었다. 그러나 약간의 변화가 있었으니, 제2 힉소스(Hyksos) 왕조가 나타났다. 미타니(Mitanni)에 아리안(Aryan)의 이름인 투스라타(Tushratta)라는 독재자가 나타나 이집트 아메노테프(Amenhotep) Ⅲ세와 그의 아들 아케나톤(Akhenaton)에게 공물을 바쳤다. 투스라타(Tushratta)는 파라오 땅에서 교육을 받은 것으로 보인다. **투스라타(Tushratta)의 조상은 히타이트들(Hittites) 왕들이 다스린 메소포타미아(Mesopotamia)에서 추방당한 족속이었다.** 그 미타니(Mitanni) 왕들은 잠시 아시리아 지배도 했다. **히타이트 수테크 테숩(Hittite Sutekh-Teshub)에 더해 미타니(Mitanni) 만신 전(萬神殿)에는 인드라(Indra) 미트라(Mithra) 바루나(Varuna) 등 유명한 이란의 신들이 포함되어 있었다. 이집트 12왕조 시작 무렵에 인도를 휩쓸었던 초기 아리안의 "물결"이 펀자브(Punjab)에 그 신들을 소개했다.**

힉소스(Hyksos)들이 약해져 이집트인들이 그들을 추방할 적에는 이집트인도 말과 전차를 지녔다는 점은 주목을 해야 한다. 이후에 이집트인들은 시리아를 압박했으나, 투트모세(Thutmose) Ⅲ세 [1479-1425 b. c.]가 미타니(Mitanni) 세력을 꺾을 때가지 침략의 위험은 사라지지 않았고, 그 미타니(Mitanni) 세력은 뒤에 이집트를 지배한 "힉소스(Hyksos)"와 연관이 없었던 것이 확실하다.

힉소스(Hyksos)의 지배 기간 동안에 이스라엘 후손들은 이집트에 거주를 했던 것으로 보인다.[140]

---

140) D. A. Mackenzie, *Egyptian Myth and Legend*, Bell Publishing Company, 1978, pp. 252~267

'이집트 제12왕조 크누모테텝 II세 베니하산 무덤에 그려진 말[당나귀]들을 앞세우고 이집트로 아시아 종족(A group of people labelled Asiatics (the glyphs immediately above the head of the first animal) entering Egypt c.1900 BC. From the tomb of 12th-dynasty official Khnumhotep II, at Beni Hasan.)'

'마네토(Manetho, 이집트 사제)' '요세푸스(Josephus, 47~100)' '매컬리스터(D. Macalister, 1854~1934)'

————✈

(a) '**고대 이집트**(3150~30 b. c.) **역사**' 3120년간에, 소위 '힉소스(Hyksos) 지배' 200년보다 더욱 큰 쟁점이 없을 정도이다. 그것은 이후 로마 왕조를 지배했던 가톨릭의 연원인 '구약의 시대를 명시하는 중요한 시대로 보고 있기 때문이다.

(b) 매켄지(D. A. Mackenzie)는 이집트와 시리아 바빌로니아 소아시아 상황을 두루 살피며 그 힉소스(Hyksos)가 세운 강력한 도시 '아바리스(Avaris)'와 이집트에 그 '힉소스(Hyksos) 지배 시대'를 열었던 '살라티스(Salatis, Salitis, 최초 힉소스 왕, 제15왕조 창시자)'와 힉소스(Hyksos)의 주신(主神) '**아수르(Ashur)**[수테크(Sutekh)]'를 살피며, 그 힉소스(Hyksos)가 이스라엘 후손이라고 믿었던 "유대인 역사가 요세푸스(Josephus, 47~100)의 증언"으로 소위 '출애굽'의 역사적 구체적 사실의 점검으로 돌입했다.

(c) 이후 '세계사[로마 왕국의 전개]'를 고려하면 이것은 실로 막중한 문제로 매켄지(D. A. Mackenzie)와 더불어 마땅히 상세히 다시 짚어져야 할 사항이다.

(d) 매켄지(D. A. Mackenzie)는 역시 '힉소스(Hyksos)는 역시 이집트에 말의 사육(飼育)을 소개했다.' 공개했다. '말'은 교통수단과 '전쟁 방법[기마병, 전차 부대]'의 혁신으로 절대적 의미를 지니고 있었는데, 그 힉소스(Hyksos)는 '아리안'이라는 것까지 매켄지(D. A. Mackenzie)는 인정했으나, 인더스 강 북부 '힌두 기마(騎馬)족'라는 것은 단지 암시만 하고 있다.

XXI. 요셉(Joseph)과 '출애굽'

* 힉소스(Hyksos) 기(期)에 대한 성경 관련 이야기 -고관(高官) 요셉(Joseph) -요셉(Joseph)의 현명(賢明)함 -왕국에 대한 통찰력 -고센(Goshen)에서의 이스라엘들 -야곱(Jacob) 왕 -'출애굽(Exodus)'의 시기 -히브리인에 관련된 이집트인들 -충격적인 민담(民譚) -테바 반란의 원인 -종족의 영웅 -유명한 왕비 어머니 -전쟁 왕 -"옛날 전쟁" -외국인을 추방하다 -시리아의 불안 -새로운 전쟁 방법

'성경'의 요셉(Joseph, 야곱의 아들) 이야기에는, 나일 강 연안에서 대 고관(高官)에 오른 그 '젊은 히브리 노예(the young Hebrew slave)'는 요셉(Joseph)의 주인 포티파르(Potiphar)의 '종족성'에 대해 각별한 의미를 지니고 있다. 비록 그 포티파르(Potiphar)의 직책은 "파라오 경비 대장"이었으나, 포티파르(Potiphar)는 '이방인[비 이집트인]'은 아니었다. 우리는 포티파르(Potiphar)가 "이집트인"임에 주목을 해야 한다. 우리는 역시 **힉소스(Hyksos)의 통치가 이미 델타 영역을 넘었다는 것을 확인했다.** 건조기(乾燥期)의 대기근(飢饉)이 넘칠 때에 요셉은 사람들이 구입하려는 그 곡물(穀物)을 얻기 위해 "이집트와 가나안에서 우선 힘껏 돈을 모았다." 그런 다음 요셉(Joseph)은 봉건 제도에 부당하게도 보일 수도 있는 그 '돈'을 가지고 '왕관'을 얻으려고 나일 강 연안의 델타 지역으로 들어갔다. 그러나 봉건제도에서 하나의 예외가 있었으니, 그것은 '신전들에 소속된 땅'이 그러했다. 명백히 파라오는 '사제(司祭)들'과 화해를 하려했는데, 그 사제들의 정치적 영향력이 막강하여 파라오는 사제들에게 자유로운 곡물 공급을 허락하고 있었던 점이다.['파라오'와 '사제들'의 특별한 관계] 정말 파라오는 **온(On) 사제 포티페라(Potiphera)의 딸**을 요셉의 아내로 앞서 선택을 하게 했다.['지도 1' 참조] 그것은 요셉이 헬리오폴리스(Heliopolis)의 영향력 있는 태양교도를 특별히 좋아했다는 증거이다. '외국의 왕들은 라(Ra)를 모르고 통치한다.'는 하트셰프수트(Hatshepsut) 여왕의 주장은 명백히 엄격하지도 공평하지도 못한 말이었다.

그 기록이 부족한 시대에, 힉소스(Hyksos) 파라오가 화해 정책을 폈다는 것은 '성경' 진술에서 도출된 암시로 명백하게 된다. 일부 왕들은 비록 그들이 "세트(Set)[Sutekh]"를 숭배하면서도 그냥 '라(Ra)'의 이름으로 통치를 행했다는 것을 알 수 있고, 그들 중의 하나가 제6왕조 아푸이트(Apuit) 여왕 무덤에 실제 보관이 되어 있었다. 이집트인들은 확실히 '과장(誇張)들을 맹신'하고 있었다.['원시 종교 공통 사항임'] 힉소스(Hyksos) 영향이 문화에 배격되지 않았다는 것은 아페피(Apepa Ra-aa-user, Apepi, 40년 이상 통치) 파라오가 ['대영 박물관(British Museum)' 소장의] 산술적 협정과 관련이 되어 있다는 사실이다.

학습이 장려되면, 예술과 산업이 거부될 수 없다. 이집트 우상파괴자들은 당시에 모든 기념물을 파괴해서 우리가 그것['이집트 우상들']을 사막 거주 '야만인의 퇴폐주의'라고 전제할 증거는 없다. **제18왕조[1550~1292 b. c.]** 개시에 보였던 기술은 급성장으로 보기에는 너무나 큰 것인데, 그것은

명백히 2백년간의 **힉소스(Hyksos)**의 기술 추구에 대한 평가가 누락된 것이다.['힉소스(Hyksos)들'의 이집트 문화에의 기여를 강조하는 매켄지(D. A. Mackenzie)] 조각은 기계적으로 되었지만, 다른 방향으로 발달을 했다. 예를 들어 단조로운 나일 강 연안의 것보다 자연히 더욱 다양하고 **빼어난 미(美)**로 표현된 지역의 영향으로 보이는 색채가 중시되고, 제12왕조에서는 볼 수 없는 고급 법랑(琺瑯)과 광택제의 사용 등이 그것이다.

그런데 그것들은 이집트인이 그 힉소스(Hyksos) 통치자들에게서 배웠을 것이다. 위대한 정치가 요셉(Joseph)은 건전한 정치적 경제 이론으로 이집트인에게 큰 감명을 안겨주었다. 그 젊은 현명한 고관은 분할로서는 번성할 수 없는 이집트의 현실적인 필요를 알고 있었다. 요셉(Joseph)이 왕실 노장(老長)들의 인도를 따랐음은 물론이다. 그러나 요셉(Joseph)에게 단일한 지성과 억센 힘이 없었다면 그처럼 다양한 부담스런 임무를 수행할 수가 없었을 것이다. 요셉(Joseph)은 풍년 기에 농업을 육성하여, "**헤아릴 수도 없는 바닷가 모래처럼 많은 곡식을 수확하게 했다.**"

그 후 7년의 기근(飢饉)이 왔다. "그래서 전 이집트 땅에 기근이 오니, 백성들은 파라오에게 먹을 것을 달라고 소리쳤다.....그래서 요셉(Joseph)은 모든 창고를 개방하여 곡식을 이집트인에게 매각했다." 엄청난 부(富)가 그 '재무 장관(Imperial Exchequer)'에게 쏟아져 들어왔다. "만국(萬國)이 곡식을 구하러 이집트 요셉(Joseph)에게로 왔다." 중요 지역에도 건조기(乾燥期)가 왔고, 그것은 유목민이 이동을 하게 했는데, 그것은 아시아의 정치적 상황의 급변에 영향을 주었다.

이 시기에 말[馬]이 이집트인에게 알려진 것은 흥미로운 점이다. 요셉(Joseph)이 고관으로 승진할 때에 파라오는 "자기가 소유한 제2 전차(戰車)에 요셉(Joseph)이 타게 했다." 그런 다음 이집트인들은 계속 곡식을 구하려 하지만 "돈이 없습니다."라고 소리치자 요셉(Joseph)은 "말[馬]을 가지고 **빵을 바꿔가시오.**"라고 했다.

대규모 재산의 매각이 행해졌다. 이집트인들은 말했다. "우리와 우리 땅을 가지시고 우리를 먹여만 주십시오. 우리와 우리 땅은 파라오 것입니다.....요셉(Joseph)은 백성들을, 이집트의 이쪽 끝에서 이집트 저쪽 끝으로 이주(移住)를 시켰다."

재건(再建)이 빠르게 진행이 되었다. 요셉(Joseph)은 파종기(播種期, 씨앗을 뿌리는 시기)에 곡식을 나누어주며 모든 생산의 5분의 1을 세금으로 내라고 했다. 강력한 중앙 정부가 건전한 경제적 토대 위에 이렇게 세워졌다. 그리고 이것은 우리가 알 수 없는 변화가 생길 때까지 지속이 되었다. 아마 힉소스(Hyksos) 권력의 쇠망 원인은 남쪽에서의 반란만은 아닐 것이다.

한편 이스라엘 후손은 "이집트 고센(Goshen) 지방에 거주했고, 그들 거기에서 크게 번성을 했다." 요세푸스(Josephus, 47~100)는 말하기를 '이스라엘 후손은 힉소스(Hyksos)와 같지만 성경의 기록과는 일치하지 않는다.'고 했다. 그러나 힉소스(Hyksos) 지배시기에 그 요셉(Joseph) 말고도 고관이 된 다른 유대인이 있었다. 사실상 파라오 중 한 사람은 "야곱-엘(Jacob-El)"을 암시하는

'야코베르(Jacobher)'이었다. 힉소스(Hyksos)의 파라오 선출에 일관성이 없는 것은 아니었으니, 힉소스(Hyksos)는 **협정을 지키고 최고 권력의 종주권(宗主權, suzerainty)을 인정하는 한도**에서 파라오가 백성들을 복속시키고 자신들의 업무를 통제하게 하게 했다.

이집트에서 '이스라엘 사람들이 정착했던 연대'를 고정하기는 불가능하다. 그들은 정복자로 이집트에 온 것이 아니라 힉소스(Hyksos) 이후에 왕관을 썼다. 그리고 역시 이집트에 영구 거주 의도가 없었으니, 방부 처리된 야곱(Jacob)과 요셉(Joseph)의 신체가 "가나안 땅" 가족 무덤에 이송되어 있고, '가나안 땅'은 아브라함(Abraham)이 "히타이트 에프론(Ephron the Hittite)"에게서 구입했던 땅이다.

요셉(Joseph)과 대 기근(飢饉)에 대한 기록은 남아 있지 않다. 그러나 그들이 굶주려 복종한 고관에 대한 기록은 보존하고 싶지 않았을 것이다. 제3왕조의 '7년 기근' 명문(銘文)은 로마 시대에 조작된 가짜라는 것이 밝혀졌다. 그것은 요셉(Joseph)의 이야기를 토대로 한 것일 것이다. 조세르 왕(King Zoser)이 나일 강의 범람에 대해 누비아(Nubia) 왕에게 사자를 보냈다는 거짓 기록도 있다. 통계학은 파라오의 당연한 욕구였다. 그래서 파라오는 "꿈을 꾸었다." 그래서 크누무(Khnumu) 신은 파라오에게 신들을 위해 사원들이 없어졌기에 이집트는 고통을 겪고 있다고 말했다. 파라오가 꿈에서 깨어나 크누무(Khnumu) 사제들에게 땅을 주고 그들이 '제일 폭포' 인근에서 잡은 물고기 일부를 받을 수 있게 했다.

언제 이스라엘의 '출애굽(Exodus)'이 행해졌는지는 이견이 분분하다. 일부 권위자들은 이집트에서 힉소스(Hyksos)의 추방과 일치한다고 생각하고 있다. 그러나 그 같은 견해는 성경의 '속박의 시대'라는 언급에 어긋난다. 압제를 행한 파라오는 "새로운 왕"이었고, 그 파라오는 "요셉(Joseph)을 몰랐다." 그 새로운 파라오는 이스라엘을 노예로 삼아 탄압했고, 이스라엘을 외국 왕들이 좋아했다. 전설(傳說)에 의하면 그 새로운 왕은 람세스(Ramses) Ⅱ세로 그의 통치 동안에 모세(Moses)는 "전 이집트인의 지혜"를 획득했고, "말과 행동에서 권위자"가 되었다. 그 다음 왕은 메네프타(Mene-ptah)였으나 '출애굽(Exodus)'의 파라오로 인정할 수는 없다. 메네프타(Mene-ptah)는 10년을 조금 넘게 통치를 했고, 메네프타(Mene-ptah)의 명문(銘文) 중에는 **가나안에 거주한 이스라엘에 대한 기록이 있는데, 가나안에서 이스라엘은 시리아 원정 중이었던 이집트 군사들의 공격을 받았다는 기록이 있다.** 그것은 가능한 이야기이니 카브리(Khabri)가 '텔 엘 아마르나 서(Tell el Amarna letters)'에서 언급을 했던 유대인은 메네프타(Meneptah) 때보다 2백 년 전이었다. 유대인은 이집트 가나안 연합군에 대항한 용병(傭兵)이었고, 게제르(Gezer) 왕은 긴급했으나 별 효력이 없었던 아케나톤(Akenaton) 파라오[아메노테프 Ⅳ세(Amenhotep IV, 1352~1336 b. c.)]에게 호소를 했던 것이다. **'출애굽(Exodus)'은 확실히 제18왕조 초기 토트메스(Thothmes) Ⅰ세[1592~1492 b. c.] 때 행해졌으니 아메스(Ahmes)가 아바리스(Avaris)에서 아시아 종족을**

<u>축출한 이후이다.</u>['지도 2' 참조]

  힉소스(Hyksos) 통치 후반기에, 사학자 마네토(Manetho)가 알려주고 있는 제17왕조[1650~1550 b. c.]의 테베의 왕들(Theban princes)은 앞서 상부 이집트 좋은 자리에서 공물(供物)을 바치고 있었던 영주(領主)들이었다. 누비아(Nubia)로부터 보장을 받고 영주(領主)들의 도움을 얻어 그 **테베의 왕들(Theban princes)은 갑자기 그들의 압제자들[힉소스(Hyksos)]에게 반란을 일으켜 '[이집트] 독립 전쟁(War of Independence)'을 시작하여 25년을 계속했다.**

  '대영박물관(British Museum)'에는 흥미로운 파피루스가 보관 되어 있으니, <u>힉소스(Hyksos)가 이집트인들에게 수테크(Sutekh) 신 숭배를 강요해서 그들의 봉기(蜂起)에 직접적 원인을 제시하고 있는 민담(民譚)</u>이 있다.

  "이집트는 불순물에 감염이 되어 이집트에는 주님도 왕들도 없다."

  이 진술은 힉소스(Hyksos) 통치가 상뷔남뷔 이집트에서는 제한적이었거나 아시아의 높은 권력[군사력]에 종속되어 있다는 것을 의미한다. 민담은 계속되고 있다.

  "지금 세케네느라(Sekenenra[**타오(Seqenenre Tao, 1558-1554 b. c.)**])왕은 남쪽의 왕이다.['파라오 일람' 참조...[병참(兵站)의] 도시에는 불순한 아시아 족들이 있었고, **아페파(Apepa)가 아바리스(Avaris)의 왕이었다.** 그들은 그 땅에서 제 맘대로 행하여 이집트에 좋은 것을 모두 즐겼다. 수테크(Sutekh) 신은 아페파(Apepa)의 주님이니, 그는 수테크(Sutekh) 신만을 섬기고, 그를 위해 튼튼한 사원을 세웠다....그는 매일 수테크(Sutekh) 신에게 제사를 지내고 공물을 바친다..."

  그 민담은 계속되어 그 아페파(Apepa)가, "남부의 도시" 테베(Thebes)의 왕 세케네느라(Sekenenra)에게, 여러 유식한 서기관과 긴 회합 끝에 작성한 문서를 소지한 사자를 보낸 것으로 이어졌다.

  세케네느라(Sekenenra)는 숨김없는 경고(警告)를 소지한 사자(使者)를 맞은 것 같다. 세케네느라(Sekenenra)는 물었다. "무슨 명령을 가져왔는가? 무엇 때문에 이렇게 찾아 왔는가?"

  희미하고 훼손된 그 파피루스에서 도출할 수 있는 내용은 다음과 같다.

> **아페파 왕 라(King Ra Apepa)는 그대에게 말한다. : 물소들(hippopotami)을 테베 시의 연못으로 놔 보내라. 짐(朕)은 그 물소들(hippopotami)의 소리 때문에 낮이나 밤이나 잠을 잘 수가 없노라.**

  세케네느라(Sekenenra)가 놀란 것은 이상한 일이 아니다. 테베의 성수(聖獸, sacred animals)가 델타 국경에 있는 파라오의 낮잠을 깨울 수는 없기 때문이다. 아페파(Apepa)는 명백히 테베 사람들과의 분쟁을 걱정하고 있으니, 그의 가식적 불만은 결국 민간인들의 숭배 탄압을 표명한 것이기 때문이다. 아페파(Apepa)는 이집트에서 '반란 정신'을 일으킬 직접적 수단을 쓸 수 없다는 것을 잘 알고 있었다. 테바 왕의 힘이 점증하자 아페파(Apepa)는 위협을 느끼고 그것이 강해지기 전에 분쇄해버리고 싶어진 것이다.

세케네느라(Sekenenra)는 잠시 어떻게 대답을 해야 할지 몰랐다. 결국 세케네느라(Sekenenra)는 아페파(Apepa) 사신에게 "저는 황제의 소망을 따르겠습니다."라고 짧게 대답을 했다.

세케네느라(Sekenenra)는 시간이 필요했으니, 심각한 위기가 오고 있다는 것은 의심할 수 없었기 때문이다. 그 사자(使者)가 태베를 떠나기 전에 세케네느라(Sekenenra)는 그 지역에 거대 영주(領主)들을 소집했다. 그는 "발생한 일"을 말했다. 영주들은 다 "놀랐다." 영주들은 세케네느라(Sekenenra)에게서 "서글프나 침묵해야 하고 호소할 데가 없다."는 말을 들었다.

파피루스 이야기는 "아페파 왕 라(King Ra Apepa)는 보냈다-"로 끝이 나 있다.

그러나 우리는 아페파(Apepa) 파라오 제2 전갈(傳喝)이 반란의 폭풍을 일으켰고, 어떤 요구를 했건 묵시의 반대를 만들게 했다는 것을 알 수 있다. 그래서 아페파 왕 라(King Ra Apepa)는 남녘[테베]으로 강한 군대를 파견해야 했다.

우리가 세케네느라(Sekenenra)를 테바 왕의 이름으로 생각할 경우, 그의 미라는 '델 엘 바하리(Del el Bahari)'에서 발견이 되었는데, 지금은 '카이로 박물관'에 보관되어 있다. 그 고대 민담이 간직한 영광스러우나 비극적인 죽음을 당한 이집트 종족의 영웅은 스코틀랜드 윌리엄 월리스(William Wallace, 1270-1305 -스코틀랜드 독립 영웅) 경처럼 자유와 독립을 원하는 이집트인들에게 열광의 대상이다.

세케네느라(Sekenenra)는 전쟁터에서 죽었다. 그는 이집트 군가들의 선봉에서 서서 무적의 용기로 억센 힘을 발휘했다. 가장 용맹스런 부하들과 함께 힉소스(Hyksos) 군사를 관통했다. 그러나 "부하들이 하나씩 쓰러져"...결국 세케네느라(Sekenenra)가 혼자 남게 된다. 세케네느라(Sekenenra)는 포위되었다...세케네느라(Sekenenra) 앞에 있는 무사들은 다 죽었으니, 아무도 그의 공격을 감당할 수 없었다. 그러나 한 아시아 무사가 그 왼쪽으로 기어들어가 그의 전부(戰斧)를 휘둘러 측면을 공격했다. 세케네느라(Sekenenra)는 비틀거렸다. 또 다른 아시아 사람이 오른쪽으로 뛰어들어 그 앞이마를 공격했다. 세케네느라(Sekenenra)가 쓰러지기 직전에 앞서 공격을 가한 자가 다시 공격을 행해서 영웅의 왼쪽 머리를 도끼로 쳤다. 힉소스(Hyksos)는 승리에 소리쳤으나 이집트인들은 실망하지 않았다. 이집트인은 세케네느라(Sekenenra) 죽음에 복수를 하기 위해 노도(怒濤)처럼 달려갔다...그 영웅의 죽음은 헛된 것이 아니었다.

세케네느라(Sekenenra) 미라는 그가 당했던 무서운 상처의 흔적을 증거로 지니고 있다. 고통 속에 세케네느라(Sekenenra)는 그의 혀를 이빨로 물고 있다. 그러나 세케네느라(Sekenenra)는 승세를 획득한 다음에 쓰러진 것이 명백하니, 테베 군사들은 그 시체를 찾아가지고 테바로 돌아왔고, 이미 부패가 시작된 다음에야 방부 처리되었기 때문이다.

세케네느라(Sekenenra)는 멋진 군인이었다. 그는 키가 크고 가는 허리에 활동적이고 검은 지중해 유형의 잘생긴 인물이었다. 그는 아마 힉소스(Hyksos) 침략군이 이집트를 무너뜨린 다음에 이집트 남부로 도망쳐 온 고대 왕족의 후예일 것이다.

그[세케네느라(Sekenenra)]의 왕비 아호텝(Ah-hotep)은 정통(正統)의 공주로서 1백세에 이르도록 살았다. 그녀의 세 아들들이 연달아 왕이 되었고, 힉소스(Hyksos)에 대항하는 전쟁을 계속했다. 그 중에 가장 어린 아들이 아메스(Ahmes) I 세[Amosis I , 1550~1525 b. c.]이고 그가 제18왕조의 최초 파라오이다. 아호텝(Ah-hotep) 왕비는 남편의 자랑스러운 경력을 따랐으니, 아메스(Ahmes) I 세[Ahmosis I, 1570~1544 b. c.]는 아시아 족을 국경 너머로 몰아냈다. 아호텝(Ah-hotep) 왕비는 통치에 간여하며 오래 살았다. 그녀는 토트메스(Thotmes) I 세[1520~1492 b. c.]가 이집트를 다스릴 때까지도 죽지 않았으니, 토트메스(Thotmes) I 세의 이름은 서 아시아에 무서운 존재였다.

영웅적인 세케네느라(Sekenenra)처럼 아메스(Ahmes) I 세도 엘카브(El Kab) 가(家)의 지지를 받았는데, 엘카브(El Kab) 가(家)는 구(舊) 영주(領主) 중에 하나였다. 세케네느라(Sekenenra) 계승은 그 아래서 충성했던 엘 캅(El Kab) 영주(領主) 무덤에 기록되어 있다. 그 엘 캅 아메스(El Kab Ahames)는 아주 젊었는데-아내를 맞을 수 없을 정도로 어렸는데-그는 파라오 전차(戰車) 뒤에서 보병(步兵)으로 싸웠다. 이후에 엘 캅 아메스(띠 Kab Ahames)는 장군 급으로 승진을 했고, 한 운하의 수전(水戰)에서 승리를 했다. 그렇게 젊은이가 돋보여 영국의 "빅토리아 십자 훈장(Victoria Cross)" 같은 황금 훈장을 받았다. 그렇게 엘 캅 아메스(띠 Kab Ahames)는 이후 유사한 4 가지 경우에 용감한 공적을 이루어서, 그는 땅과 그가 생포했던 남녀를 노예로 하사(下賜)받았다.

군사와 함대를 이끌었던 아메스(Ahmes) I 세의 북진(北進)은 괴로운 전쟁이었다. 그러나 **아메스(Ahmes) I 세는 결국 힉소스(Hyksos)를 크게 무찔러 그들의 요새 아바리스(Avaris)에서 축출을 했다. 그리고 이후 도망친 적을 지속적으로 잡아 국경 너머로까지 추적을 했다.**['지도 1' '지도 2' 참조]

우리는 에바나(Ebana)의 아들 아메스(Ahmes)의 진술을 따른 것이다. 요세푸스(Josephus)가 인용한 바, 그 '축출'에 관한 마네토(Manetho)의 생각에 의하면 아메스(Ahmes) I 세는 그 기질 상 아바리스(Avaris)에로의 '아시아 족 입국 금지' 이상의 조처는 행할 수 없었다. **그 다음 파라오 토트메스(Thothmes, Thummosis)는 공격으로 그 아바리스(Avaris) 주민들을 이주시키려 했으나 실패했다. 바로 그 때 토트메스(Thothmes)는 '축출'의 불가능성에 절망하여, 만약 힉소스(Hyksos)가 평화롭게 아바리스(Avaris)를 떠나면 그들이 항복한 조건[평화로운 移住]을 제공하겠다고 하였다. 그 조건은 수용이 되어 남녀와 아동 24만이 그 아바리스(Avaris)를 비워 주고 국경을 넘어 시리아로 떠났다. 마네토(Manetho)는 말하기를 힉소스(Hyksos)는 이후 유대(Judea)로 가 예루살렘(Jerusalem)을 건설했는데, "힉소스(Hyksos)는 아시리아를 무서워했기"**

때문이라고 했다.['지도 1' '지도 2' '지도 3' '지도 4' 참죄 그러나 우리가 살폈듯이 아시리아 인들은 그 때에 동방에서 지배세력을 획득하지 못 했을 때이다. 마네토(Manetho, or Josephus)는 잘 못 알고 있었다. **이방(異邦)신 인드라(Indra) 미트라(Mithra) 바루나(Varuna)를 숭배하는 공포의 아리안(Aryans)이 미타니(Mitanni)에 출현해 있었다.**

델타 지역 아시아 군사를 소탕한 다음 아메스(Ahmes) Ⅰ세는, 그의 관심을 누비아(Nubia)로 돌렸다. 아메스(Ahmes) Ⅰ세는 큰 반발 없이 제2 폭포까지 남부 국경을 확장하는데 성공을 했는 데, 제12왕조 파라오들이 통치했던 지역을 되찾은 것이었다. **아메스(Ahmes) Ⅰ세는 왕국의 중심 부에 힉소스(Hyksos) 동조자들이 획책한 두 번의 반란을 진압했다.** 그런 다음 아메스(Ahmes) Ⅰ세는 조상들의 기념물과 신들의 사원을 복원하는데 헌신을 했다. 아메스(Ahmes) Ⅰ세는 20년을 넘게 강력한 통치를 행하다가 해방된 국민의 슬픔 속에 죽었다. 어머니 아호테프(Ahhotep)의 슬픔 은 각별했을 것이니, 그녀는 이집트 역사상 최고 위대한 여성 중의 한사람이었다. **이집트인의 군사적 승리는 대체로 그 아리안들(Aryans)이 서방에 소개한 그 말[馬]의 사용에 큰 힘을 얻은 것이다.**

새로운 전쟁 방법을 이집트인들이 채용한 것이다. 제18왕조 무사들이 기념비나 무덤에 그려질 적에 화가들은 엄격한 통제 속에 최고로 훈련되고 잘 단련된 남성들을 모델로 삼고 있다. 보병(步 兵)들은 질서 정연하고, 전장에서도 힘차고 질서 있게 임무를 다했다. 전차무사들은 오늘날 기갑 (機甲)부대처럼 돌격을 감행했다. 이 이집트의 새로운 군사 시스템은 힉소스(Hyksos)를 본보기로 개발한 것인가? 아니면 이집트에서 쫓겨났던 힉소스(Hyksos) 아리안 군사 교관이 나일 강 연안으로 가져온 말 무역에서 획득한 것인가?[141]

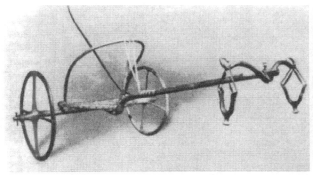

'이집트 전차(戰車)' '전차(戰車)를 몰고 있는 이집트 왕(Seti Ⅰ)'

---

141) D. A. Mackenzie, *Egyptian Myth and Legend*, Bell Publishing Company, 1978, pp. 268~279 'ⅩⅩⅡ. Amon, the God of Empire'

'이집트 보병(步兵)'

＋

(a) 매켄지(D. A. Mackenzie)의 '고대 이집트 역사[*Egyptian Myth and Legend*]'에서 이 장(章)을 통해 자신의 최고의 역량을 과시하고 있다. 매켄지(D. A. Mackenzie)는 '힉소스(Hyksos)'의 '문명의 우월성'을 충분히 인정하면서 '이집트인의 독립 정신'을 그대로 짚어 '고대 이집트 독립 전쟁'을 제대로 입증했기 때문이다.

(b) 그리고 '독립 영웅' 세케네느라(Sekenenra)와 왕비 아호텝(Ah-hotep)과 후손 '**아메스(Ahmes) Ⅰ세[Amosis Ⅰ, 1550~1525 b. c.]**'와 '토트메스(Thotmes) Ⅰ세[1520~1492 b. c.]'의 해설은 사학자 매켄지(D. A. Mackenzie)의 역량을 그대로 보여 주고 있다.

XXII. 왕국의 신 아몬(Amon)

＊ 달[月]신 숭배 -어둠의 대모(大母) -달의 신 아몬(Amon) -라(Ra) 신과의 연결 -테바(Theban)신의 형식으로 프타(Ptah) -'펜쿠(Fenkhu)' 장인(匠人)과 '페니쉬(Fenish)' 장인(匠人) -오시리스와 아몬(Amon) -종교적 파라오의 숭배 -아몬(Amon)의 아내와 첩 -토트메스(Thothmes) Ⅰ세의 정복 -왕위에 대한 경쟁적 청구자들 -하트세프수트(Hatshepsut) 여왕 -그녀의 유명한 출정(出征) -토트메스(Thothmes) Ⅲ세의 흥기(興起) -위대한 전략가 -정복 -이집트 왕국 -아몬(Amon)의 시적 찬송 -황제의 건축과 송덕비

'달의 신' 아(Ah)는 이집트 '독립 전쟁' 중에 두드러지게 된 신이다. 이 고대 신[(Ah)]은 테베(Thebes)의 종교적 의례와 긴밀하게 연결이 되어 있는 사항이었다. 그런데 힉소스 왕 '라(Ra) 아페파(Apepa)'가 군사적 공략으로 단일화를 하려 했던 테베의 종교적 의례는 달의 신 아(Ah)와 긴밀히 연관되어 있었으니, 어머니 왕비 이름은 '아호텝(Ah-hotep)'은 "아(Ah)신이 만족하신다."는 뜻이고, 그녀의 승리의 아들 '아메스(Ah-mes)'는 "아(Ah) 신이 낳으셨다."는 의미이기 때문이다.

'아(Ah)'는 대모(大母)신 아페트(Apet)의 아들이고, 대모(大母)신 아페트(Apet)는 신들의 어머니 "위대한 존재" 물소 신 타우르트(Taurt)와 같았다. 테베(Thebes)와 옴보스(Ombos)에서는 오시리스(Osiris)를 '물소신의 아들'이라고 생각했다. 오시리스는 '달의 신' '남성 신'이다. '아페트(Apet) 물소 신'은 대모(大母)신의 동물 형상화이다. 수신(水神)이기에 아페드(Apet)는 '원초적 심유(深幽)'에서 누트(Nut)와 연결이 된다.[**'여성 신(母神)' 중심의 토착 이집트인의 신앙과 '남성 신(父神)' 중심의 힉소스를 구분하고 있는 매켄지**]

태초에는 어둠과 물뿐이었다. 밤의 신은 어머니 신이고, 그녀가 처음 낳은 아들이 아기 달이다. 생명은 죽음에서 나오듯이 어둠에서 빛이 생긴 것이다. '하늘과 물의 여신' '달의 신' 숭배자들은 그러한 논리에 있었던 것 같다.

한편 남성 대지신 숭배자들은 태초(太初)부터 **위대한 아버지 프타(Ptah)의 창조**를 믿고 있었다. 물질이 사용되기 이전에 하늘이 돌로 제작을 했다고 믿었다. 하늘의 하토르(Hathor) 여신은 "청록석(靑綠石, turquoise)의 여인"이고, 제5왕조 오벨리스크에 태양의 신 라(Ra)가 나타나 있다.

원시 나일 강의 신중에 인간 신 오시리스(Osiris)는 달의 신, 남성 신의 속성으로 흡수되었다. 다른 한편 이시스(Isis)는 하늘과 물의 여신 누트(Nut), 양육의 대지의 여신 네이트(Neith)와 통일되었다.['남성-父 신' '여성-母 신' 구분이 매켄지의 長技임]

이집트인의 경우 '태양의 숭배'보다 '달의 숭배'가 크듯['목동 족'과 '農耕 족' 구분 사항임], 테베의 종교는 민중의 기호(嗜好)를 따를 수 밖에 없었고, 힉소스(Hyksos) 라(Ra) 수테크(Sutekh) 숭배자들의 속박을 벗기 위해 대중(大衆)의 도움을 모아야 했었다. 그래서 물소들을 죽이려는 아페파

(Apepa) 명령의 정치적 의미는 명백한 것이다.

남부[상부 이집트] 정복자들의 영향력이 헤르모폴리스(Hermopolis Parva)['지도 8' 참조]에까지 확장될 때에, 아(Ah)의 교도는 원래 달의 신인 토트(Thoth) 교도와 통합을 한 것이다.

이미 제시 했던바 아몬(Amon)은 원래 무트아페트(Mut-Apet)의 아들이었다. 아몬(Amon)은 달의 신 아(Ah) 속성까지 대신하게 되었다. 옛 송가(頌歌)에 콘수토트(Khonsu-Thoth)처럼 아몬(Amon)을 공간 속의 "운항 자" 달의 신이라고 말하고 있다. 정말 매[鷹]의 머리 모습에서도 아몬(Amon)은 초기 달과의 연합을 간직하고 있으니, 아몬(Amon)은 달의 후예로서 태양 원반의 왕관을 쓰고 있다.[142]

아몬(Amon)은 대모(大母) 신의 아들들처럼 "남성 신" "전투 신"의 동물 형상으로 나타났다. 아몬(Amon)은 '위대한 아버지'와 '위대한 어머니'가 결합을 할 때에 "그 어머니의 남편"이 되었다. [희랍의 '대지신(母神)'에 대한 '아우라노스' '크로노스' '제우스' 경우도 동일함] 이 과정은 아버지 프타(Ptah), 어머니 무트(Mut), 아들 토트(Thoth) 3신으로 설명이 된다. 프타(Ptah)의 아내 세케트(Sekhet)는 암사자 머리를 가지고 있어 무트(Mut) 테프누트(Tefnut) 바스트(Bast) 신과 구분이 되질 않는다.[이것이 '오이디푸스 왕' '오이디푸스 환상(幻想)' 원형으로, 프로이트(S, Freud)는 그 '무의식(정신 異常) 분석' 기본 공식으로 삼았다.]

"어머니의 남편" 아몬(Amon), '위대한 아버지'인 아몬(Amon)은 "신들의 왕(King of the gods)"[143] 이 되었고, 원래의 달[月]신의 속성을 상실하였다. 헬리오폴리스(Heliopolis)의 태양신과 아몬(Amon)의 결합은 정치적 목적으로 달성된 것이고, 완전히 변화가 된 것이다. 왜냐하면 **아몬 (Amon)이 아몬 라(Amon Ra)가 된 것은 이집트의 모든 다른 신들을 연결한 대표적인 위대한 신이 되었기 때문이다.**

아몬 라(Amon Ra)는 체구가 크고 수염을 단 모습에 어깨에 소매 없는 튜닉을 걸치고 뒤에는 동물 꼬리를 달고 있는 모습이다. 그의 왕관은 달과 해를 상징하는 두 개의 자두(紫桃)가 있는데, 홍색과 녹색으로 둑 사이를 흐르는 나일 강과 신록을 나타냈을 지도 모른다. 아몬 라(Amon Ra)는 가끔 그 뿔이 귀까지 내려온 민(Min)의 숫양 관을 쓰기도 하고 때로는 크누무(Khnumu)의 양쪽으로 뻗은 뿔 관을 착용하기도 했다.[144] 아몬 라(Amon Ra)는 팔찌도 착용을 했다.

전쟁 신으로 아몬 라(Amon Ra)는 제18왕조 동안에 크게 부상(浮上)이 되었다. 이집트 전 영토를 소유하게 된 승리의 왕들은 전쟁으로 크게 손상을 입었으나, 아몬 라(Amon Ra)의 사원에 풍성한 선물을 올려 아몬 라(Amon Ra)의 사제들이 크게 세력을 갖게 했다. 이집트에서는 아몬 라(Amon

---

142) 아몬 라(Amon Ra) 찬송에 "인간의 창조자, 우족(羽族)의 제조자, 곡식의 신"이라고 했다. 비데만(A. Wie-demann, 1856~1936) '고대 이집트인의 종교(*Religion of the Ancient Egyptians*)' p. 116.
143) "신들이 개들처럼 그의 발아래 모였다." -'아몬 송가(*Hym to Amon-ra*)'
144) "두 개의 뿔을 가진 아몬(Amon)"

Ra) 교도보다 더욱 영향력을 가진 종교는 볼 수 없게 되었다.

그러나 아몬 라(Amon Ra)의 태양신의 속성은 제18왕조 제19왕조 제 20왕조에서 드러나지 않았다. 달의 교도 영향력이 오랜 동안 지속이 되었다. 파라오들의 명칭으로 나타났는데, 아메스(Ah-mes) Ⅰ세 -"아(Ah)의 아들", 아메노텝(Amen-hotep) -"아몬(Amon)이 만족하신다.", 토트메스(Thoth-mes) -"토트(Thoth)의 아들"이란 명칭들이 그것이다.

헬리오폴리스(Heliopolis)에서의 라(Ra) 교의 영향력은, 테베(Thebes)에서 옛날 이집트 달 신들이 떠오른 아몬(Amon)교의 영향력으로 잠잠해졌다. 프타(Ptah)와 유사한 여타 신들도 제5왕조의 공식적 신들의 집단에서처럼 제외되지 않았다. 멤피스(Memphis)에서는 아몬 라(Amon Ra)가 프타(Ptah)와 동등하게 숭배가 되었다. 테베의 위대한 신에게 바쳐진 찬송은 다음과 같았다.

멤피스(Memphis)가 프타(Ptah)의 모습으로 당신[Amon-Ra]을 받들었습니다.-
모든 신들의 창조자인 당신[Amon-Ra],
태초에도 있었던 당신[Amon-Ra]을.

[이 찬송 속에서는]'멤피스 사람들'을 이집트에서 힉소스(Hyksos)를 몰아낸 '테베 사람들'과 동일시하고 있다. 아메스(Ahmes) Ⅰ세는 제1신인 아몬(Amon)과 프타(Ptah)를 기리는 사원 건축을 시작했다. 카이로 근처의 석회석 채석장에는 '멤피스와 테베의 대 사원 건축을 위한 채석(採石)'이라고 기록한 납작한 두 개의 판이 있다. 헬리오폴리스에 대한 언급은 없다. 고용된 노동자들이 '시리아 종족인 펜쿠(Fenku)'라는 사실의 확인은 특별한 의미가 있다. 그 채석장의 인부들이 '이방인들'이라는 점은 확실하다.[이집트로 '품팔이' 하러 온 사람들] 토트메스(Thothmes) Ⅱ세[Thutmose Ⅱ, 1492-1479 b. c.]의 아소우안(Assouan) 명문(銘文)에는 이집트 왕국의 국경은 북쪽으로 시리아 호수까지 확장이 되었다고 했고, 파라오의 군사는 "펜쿠(Fenku)의 땅에서도 물러나지 않았다."는 진술이 남아 있다. 아메스(Ahmes)는 사원을 복원하려고 펜쿠(Fenku)에서 온 숙련된 석수장이들을 고용할 필요가 있었고, 그들은 토트메스 Ⅲ 때까지 강력한 힘을 지니고 있었다. 그러나 그들의 정체를 확실하게 밝힐 수는 없다. 당시에까지 팔레스타인 거주자는 역시 "펜니쉬(Fenish)"라고 알려져 있기 때문이다. 팔레스타인(Philistines)과 페니키아인(Phoenicians)과 혈거인(穴居人)이었는데, '성경'에 레파임(Rephaim)과 아나킴(Anakim)이 언급한 바와 같이 그 혈거인(穴居人)들이 원래의 "펜니쉬(Fenish)"였고, 이집트의 "펜쿠(Fenkhu)"일 수도 있다. 아메스(Ahmes) Ⅰ세[Ahmosis Ⅰ, 1570-1544 b. c.]는 남부 팔레스타인 숙련된 석수장이들을 동원하여 선조들의 사원 건축과 피라미드 건축을 따랐을 것이다.

오시리스 숭배는 테베에서 아몬 숭배와 연합되었다. 그러나 우리가 살폈듯이 오시리스와 아몬은 크게 비슷하니, 그들이 모두 달(月)의 신이기 때문이다. 오시리스는 "위대한 아몬(Amon)의 성지

(聖地)에 그 정수(精髓)를 두고 계신다."145) 아몬 양(羊)은 곡식 신의 동물 화신이다. 그 아몬 (Amon)의 사제들이 성지 오시리스의 아비도스(Abydos)에서 무덤을 탐색해 왔다는 것을 안다는 것은 의미 있는 사항이다. 아비도스(Abydos)에는 저승에 관련된 색다른 신앙이 있었다. 사람들이 죽으면 라(Ra)의 범선(帆船)으로 들어가고 역시 오시리스 낙원에 도달한다는 것이 그것이다. 궁극 적으로 주술(呪術)의 효과를 믿은 태양족(Heliopolitan) 신앙이 프타 오시리스(Ptah-Osirian) 신앙 인 도덕적 성격을 침해한 것이다.

비록 아메스(Ahmes) Ⅰ세는 이집트인을 해방 시킨 파라오였으나, 그의 아들 아메노텝(Amen-hotep) Ⅰ세는 아버지 유훈을 크게 받들지는 않았다. 아메노텝(Amenhotep) Ⅰ세와 그의 왕비 아메스 네페르타리(Aahmes-Nefertari)는 사후에 신으로 모셔졌다. 제19왕조 제판 관들이 그렇게 하였다.

왕비 네페르타리(Nefertari)는 "아몬 신의 부인"으로 평생을 지냈다. 그녀는 신전에 거처하여 그녀의 아들딸들은 신의 자녀로 통했다. 그 고위 사제의 부인은 "아몬 신의 부인"이었다. 테베에 다 강력한 힘과 부를 소유한 아몬 교를 세운 자가 아메노텝(Amenhotep) Ⅰ세였다. 아메노텝 (Amenhotep) Ⅰ세는 역시 카르나크(Karnak)에도 거대 건축을 세웠는데, 그 후계 왕들이 거기에 건축을 첨가하였다.['지도 1' 참조] 아메노텝(Amenhotep) Ⅰ세는 대략 10년을 통치했는데, 새로운 국가 종교를 확립하여 이집트 왕국을 재건하는데 몰두했다. 노련한 장군 엘 카브(El Kab) 귀족과 연합하여 아메노텝(Amenhotep) Ⅰ세는 북쪽 리비아인과 남쪽 누비아인과 전쟁을 했다. 아메노텝 (Amenhotep) Ⅰ세는 시리아에도 깊숙이 쳐들어간 듯하나, 기록은 없다. 그러나 그의 계승자들은 아메노텝(Amenhotep) Ⅰ세가 아시아를 공격하기 전에 유프라테스(Euphrates) 강가까지 차지할 것을 주장하였다.

그 다음 왕이 토트메스(Thothmes) Ⅰ세이다. 토트메스(Thothmes) Ⅰ세는 누비아(Nubia)를 공략해야 할 이유를 알고 있었다. 토트메스(Thothmes) Ⅰ세를 대동했던 에바나(Evana)의 아메스 (Ahmes)는 그의 무덤에 제2폭포와 제3폭포 사이의 전투를 기록으로 남겨두었다. 아메스(Ahmes) 는 그에게 반항한 누비아 지도자를 잡아 왕의 뱃머리에 거꾸로 매달았다. 토트메스(Thothmes) Ⅰ세는 누비아를 격파하여 제3폭포를 넘었고, 세베코테프(Sebekhotep)가 그의 위대한 동상을 세 웠던 아르코(Arko) 섬에까지 이르렀다. 제3폭포에 있는 톰보스(Tombos) 섬에 병참 기지를 세웠 다. 그래서 누비아(Nubia)는 다시 이집트 영토가 된 것이다.['지도 1' 참조]

토트메스(Thothmes) Ⅰ세의 다음 목표가 시리아에 주어졌으니, 그것의 이집트 영토는 소 아시 아와 메소포타미아에 있는 세력 종족의 도전을 계속 받아 왔었다. 이집트 '왕궁 기(記, King and

---

145) 즉 아몬 속에 있는 오시리스, 알과 어린양 속에 있는 거인, "상호 겹치기(相互 감쌈, doubly hidden)"이다. 아몬라(Amon-Ra)의 찬송에 "신들의 주님이 당신 속에 있습니다."

Hall)'에는 "유프라테스 강과 티그리스 강 사이에 이란 미타니 왕국이 시리아를 도우러 왔을 것이다."라고 했다. 토트메스(Thothmes) Ⅰ세의 원정 기록은 남아 있지 않다. 그러나 우리는 에바나(Evana)의 아메스(Ahmes)와 엘 카브(El Kab) 무덤 명문(銘文)을 통해 "강들의 땅" 나하리니아(Naharinia)에서 위대한 승리를 했다는 기록을 갖고 있으니, 그것은 이집트의 군사적 우위를 말하고 있는 바다. 토트메스(Thothmes) Ⅰ세는 이집트의 북쪽 국경이 "태양의 회로(回路, 다시 되돌아오는 길)"까지 확장이 되었다고 자랑을 할 수 있었다. 당시 이집트인은 북쪽으로는 유프라테스 강의 기원이 세상의 끝이고 남쪽으로는 나일 강의 발원지가 그것으로 그 두 강물은 대양에서 흘러나와 "그 거대한 원"이 세상을 감싸고 있고, 그 바다 속에 거대 뱀이 살고 있다고 생각했다.

토트메스(Thothmes) Ⅰ세는 카르나크(Karnak, Thebrs) 사원을 증축했고['지도 8' 참조], 세드(Sed) 축제에 맞춰 30년 통치의 거대 송덕비 두 개를 세우고 그 때에 후계자를 선정했던 것으로 보인다. **그 송덕비 하나에는 토트메스(Thothmes) Ⅰ세가 델타 지역에서 반도(叛徒)를 굴복시켜 불법을 종시시키고 불충(不忠)을 잠재워 이집트에 평화를 정착했다는 기록이 있다.** 토트메스(Thothmes) Ⅰ세는 그의 딸 하트세프수트(Hatshepsut)에게 왕위를 달라고 아몬(Amon) 신에게 기도를 했다.['母權 중심 사회'의 특성 발휘]

토트메스(Thothmes) Ⅰ세 통치 마감은 모호(模糊)하게 되었다. 가계도 불분명하다. 토트메스(Thothmes) Ⅲ세는 토트메스(Thothmes) Ⅰ세 사망 해에 앞서 통치를 행한 것으로 되어 있다. 그러나 그 중간에 토트메스(Thothmes) Ⅱ세와 하트세프수트(Hatshepsut)도 왕위에 오른 것으로 되어 있다.

토트메스(Thothmes) Ⅰ세는 두 아들과 두 딸을 두었으나 하트세프수트(Hatshepsut) 공주를 제외하고 다 어려서 죽었다. 토트메스(Thothmes) Ⅰ세의 다른 왕비가 토트메스(Thothmes) Ⅱ세를 낳고 다른 빈궁(嬪宮)이 토트메스(Thothmes) Ⅲ세를 낳았다.

토트메스(Thothmes) Ⅲ세[Thutmose Ⅲ, 1458-1425 b. c.]는 아몬(Amon) 사원에 사제였다. 토트메스(Thothmes) Ⅲ세는 하트세프수트(Hatshepsut, 1479-1458 b. c.), 또는 그 여왕의 딸과 결혼을 해서 파라오가 되었다. 브리스테(J. H. Breasted, 1865~1936)에 의하면 토트메스(Thothmes) Ⅲ세가 토트메스(Thothmes) Ⅰ세를 앞지를 거라는 '아몬의 신탁'이 있었다는 것이다. 그래서 토트메스(Thothmes) Ⅲ세는 통치를 시작했으나, 노왕은 물러나 있었다고 했다. 찬탈 왕자[토트메스(Thothmes) Ⅲ세] 이후 하트세프수트(Hatshepsut)의 섭정(攝政)을 용납하지 않을 수 없었다. 그러나 얼마 가지 않아 토트메스(Thothmes) Ⅲ세는 밀려나고 하트세프수트(Hatshepsut) 여왕이 "여성 호루스(Horus)"로서 국정을 전담하게 되었다. 그러고 나서 토트메스(Thothmes) Ⅱ세[Thutmose Ⅱ, 1492-1479 b. c.]가 그 아버지의 응낙을 받고 왕위에 올랐고, 토트메스(Thothmes) Ⅰ세는 사망했다. 그런데 토트메스(Thothmes) Ⅱ세는 약 2년간 통치를 행하다가 사망했다. 그러나 토트메스(Thothmes) Ⅲ세는 그 최고의 자리를 회복할 수가 없었다. 그래서 또 다시 명백히 사제 집단을 제압한 하트세프수트(Hatshepsut)가 국정을 이끌었고, 토트메스(Thothmes) Ⅲ세는 다시 "배후 조정(調整)"을 받게 되었다[146]. 축제 때 토트메스(Thothmes) Ⅲ는 한 사제(司祭)로 행세를 했다.

여왕 하트세프수트(Hatshepsut)는 거대한 능력을 발휘한 여인으로 토트메스(Thothmes) Ⅲ세[Thutmose III, 1458-1425 b. c.]를 교체할 정도의 강한 성격을 지닌 사람이었다. 약 14년을 그녀가 단독으로 통치를 행했는데, 그 여왕은 힉소스(Hyksos) 지배기에 퇴락한 신전을 복원하는데 주력을 했다. 여왕 하트세프수트(Hatshepsut)는 데르엘바하리(Der-el-Bahari, Luxor, Thebes)['지도 8' 참조]에 거대 영안실(永安室) 사원을 완성을 했는데, 그것은 토트메스(Thothmes) Ⅱ세가 착공한 것이다. 그 영안실 사원은 멘투호테프(Mentuhotep)의 소(小) 사원을 본보기로 삼은 것이고, 지금은 폐허가 되었으나 규모는 장대했다. 테베의 서쪽 절벽에 자리 잡아 정밀한 비율과 섬세한 작업으로 세 개의 계단에 주랑(柱廊)을 세운 건축이다. 내실(內室)은 바위를 잘라 만들었고, 그 사원의 벽에는 음각(陰刻)으로 여왕의 신비한 탄생을 그렸고, "태양의 아들"로서 인정되는 고난 극복의 내용을 담고 있다. 여왕 하트세프수트(Hatshepsut) 형상은 그녀의 "두 남성들"을 대동(帶同)하고 있는 모습이다. 국가 행사에는 여왕 하트세프수트(Hatshepsut)는 가짜 수염을 달기도 했다.

그 여왕의 가장 유명한 치적은, 사원(寺院)을 위해 미르 나무와 방향제와 희귀 목재 동물들을 얻기 위해 푼트(Punt) 땅으로 여덟 함대를 파견했던 일이었다. 아몬(Amon) 신이 거(居)하실 정원(庭園)을 갖게 하는 것이 그 여왕의 간절한 소망이었다.

여왕의 50주년 기념을 축하하기 위해 토트메스(Thothmes) Ⅲ세[Thutmose III, 458-1425 b. c.]가 사제(司祭)로 있었던 카르나크(Karnak) 사원 앞에 거의 1백 피트 높이 거대 송덕비 두 개를 세웠다. 그 중 하나가 지금도 서 있어 방문객의 감탄을 자아내고 있다. 사원처럼 그 송덕비는 여왕의 총애를 받았던 건축가 세느무트(Senmut)가 고안(考案)한 것인데, 세느무트(Senmut)는 예술가이며 정치가로 여왕의 지원을 받고 있는 자였다.

그러나 여왕 하트세프수트(Hatshepsut)는 너무나 깊이 종교적 목적에 국고를 기우리고, 왕국의 일은 등한시 하였다. 반란의 불길이 시리아에 번졌는데, 거기에서는 족장들이 어떤 여성에 대한 충성을 비웃었는데, 칼날 앞에서도 그 여성은 그녀의 의지를 굽히지 않았다. 역시 명백히 이전 파라오들의 군사적 공격을 당했던 그 미타니(Mitanni) 힘이 이제 반격적으로 바뀐 것이다.['지도 3' 참조] 그런데 여왕 하트세프수트(Hatshepsut)는 사망했다. 그녀는 '왕실 반란'의 희생일 수도 있으나 기록은 없다. 그녀의 미라도 찾을 수 없다. 그녀가 건설했던 무덤의 깊은 터널은 입구가 손상이 되어 있다. 그녀의 미라는 거기에 없을 수 있다. 그녀의 사망 이후에는 그녀가 좋아했던

---

146) J. H. 브리스테(Breasted), 이집트 역사(*A History of Egypt*), London, 1906.

건축가 세느무트(Senmut)나 그녀의 후계자로 세웠던 그녀 딸의 이야기도 없다. 그녀의 기념물에서 그녀의 이름들은 무참하게 지워졌다. 군사적 반란이 그 초점으로 그 혼란 기에, 사제들은 궁중의 반란을 지지했다.

왕권을 회복한 토트메스(Thothmes) Ⅲ세[1458~1425 b. c.]는, 즉각 군사를 일으켜 북쪽 시리아 반란군을 진압했다. 토트메스(Thothmes) Ⅲ세는 "그의 미라로 볼 때 거칠고 왜소했다."고 해도 거부를 당한 모습이라는 것은 오류일 것이다. 토트메스(Thothmes) Ⅲ세는 늙도록 살았다. 방부 처리가 제대로 되질 않아 턱이 늘어지고 코가 날아갔다. 토트메스(Thothmes) Ⅲ세의 동상은 용감 하고 자제력이 있는 모습이다. 웰링턴(Wellington, 1769~1852 영국 장군 정치가)과 비슷한 코에 위엄 있는 모습이다. 토트메스(Thothmes) Ⅲ세는 거대한 문제를 해결한 능력을 지녔을 뿐만 아니 라 역시 예술적 능력을 겸비하여 브리스테(Breasted)는 토트메스(Thothmes) Ⅲ세가 여가에 "정교 한 항아리 제작했다."고 말하고 있다.

토트메스(Thothmes, Thutmose, 1458~1425 b. c.) Ⅲ세 시대가 왔다. 잘 훈련된 군사와 능력 있는 자들을 장군으로 삼아 토트메스(Thothmes) Ⅲ세는 시리아를 휩쓸고 반군의 심장부를 강타했 다. 그 토트메스(Thothmes)는 그의 사후에도 유명했는데, "파라오(Pharaoh)"란 유대인들에게 기 원한 명칭으로 이집트 왕들은 사용한 적이 없는 명칭이다.

토트메스(Thothmes, Thutmose, 1458~1425 b. c.) Ⅲ세에 의해 행해진 시리아 원정에서 가장 큰 승리는, 유대인의 이사카(Issachar) 영역 메기도(Tel Megiddo, Armageddon)에서 포획 을 행한 것이다. 예즈렐(Jezreel) 평원에 자리 잡은 그 견고한 요새지는 군사적 요충지로 북쪽 팔레스타인의 "열쇠"였다. 카르멜(Carmel) 고지를 넘기 위해서는 그곳으로 가야하고 "키나(Kina) 개울"로 둘러 싸여 있고, 그 개울은 키손(Kishon) 강으로 흘러들고 있다. 이집트 군대는 메기도 (Megiddo)로 통하는 두 개의 길에 이르렀다.

이집트 장군들은 북쪽 곡선 노선으로 진격하려 했다. 그러나 토트메스(Thothmes) Ⅲ세는 예측 을 할 수 없는 위대한 전략가였다. 토트메스(Thothmes) Ⅲ는 그의 기병(騎兵)들이 일열 종대(縱隊) 로 행군을 해야 했던 험준한 통로를 택했다. 토트메스(Thothmes) Ⅲ는 군사들에게 용기를 불어넣 기 위해 자신이 앞장을 섰다. 그의 용감한 전략은 완전한 승리를 안겼다. 적들이 인식하기 전에 토트메스(Thothmes) Ⅲ 군사들은 그 평야로 쏟아져 들어갔다.

토트메스(Thothmes) Ⅲ는 남쪽과 북쪽의 요새를 지키며 넬슨(Nelson)처럼 이집트 군사를 기다 리던 그 아시아 연합군들의 예상을 뒤집었다.

전투는 그 다음날 키손(Kishon) 강 강둑에서 벌어졌다. 토트메스(Thothmes) Ⅲ는 승기(勝機)를 타서 적들을 물리쳐서 적들은 어지럽게 메기도(Megiddo)로 도망을 쳤다. 만약 이집트 군사들은 승리의 노획물 획득에 열을 내지 않았더라면 이집트 군사들은 메기도(Megiddo)를 함락시켰을 것이라고 토트메스(Thothmes) Ⅲ세는 뒤에 회고를 했다. 메기도(Megiddo) 포위가 오랜 동안 지속이 되어 적들은 결국 굶주림 끝에 항복을 했다. 그 왕들은 파라오 앞에 충성을 맹세했다. 적들은 여왕 하트세프수트(Hatshepsut) 통치가 종료될 때까지 공물(貢物)을 바쳤다. 토트메스(Thothmes) Ⅲ는 다양한 반란 군주의 장남들을 인질로 잡아 테베로 데리고 왔다. 노획물은 전차 900대 갑옷 200벌과 많은 금과 은이었다. 귀국하기에 앞서 토트메스(Thothmes) Ⅲ는 레바논에 3개 도시를 점령하고 북부 팔레스타인 통치권을 확보하였다.

토트메스(Thothmes) Ⅲ세의 원정(遠征)은 계속되었다. 그 원정에는 바다 건너 페니키아(Phoenician) 해안에 착륙해 반란 왕들도 진압도 있었다. 히타이트들(Hittites)이 북쪽에서 말썽을 부리니, 토트메스(Thothmes) Ⅲ세는 그들의 남부 수도 카르케미슈(Carchemish)로 쳐들어가 함락을 시켰다. 오론테(Orontes)의 카데슈(Kadesh)에서 토트메스(Thothmes) Ⅲ세는 히타이트들(Hittites)과 미타니(Mitanni) 원군을 격파했다. 토트메스(Thothmes) Ⅲ세는 이미 리비아를 복속시키고 누비아 원정을 성공했던 상황이었다. 그래서 토트메스(Thothmes) Ⅲ세는 위대한 이집트 왕국을 세우고 세계 제일의 왕이 된 것이다.['지중해 문화권' 내에서의 논의임] 다양한 복속 국가들로부터 보내온 공물(貢物) 국가 재정이 넘쳤고, 히타이트들(Hittites)과 키프로스(Cyprus) 크레타(Crete) 왕들까지 평화 헌금을 보내왔다. 아시리아(Assyria)와 바빌로니아(Babylonia)는 토트메스(Thothmes) Ⅲ세와 우호를 다졌고, 토트메스(Thothmes) Ⅲ세도 정복자로서 외교가로서 다르게 행동한 것으로 보인다.

아몬(Amon)의 사제들은 토트메스(Thothmes) Ⅲ세를 신으로 대접해 찬송을 지었다.['인간의 최고 존중'이 '신(神)'이라는 전제를 그대로 수용한 것임]

> 나[Amon]는 왔노라. 나는 시리아인의 땅을 그대[토트메스(Thothmes) Ⅲ]에게 주었노라.
> 시리아 인들을 그대의 발아래 두었도다.
> 나는 시리아 인들이 그대의 힘을 떠오르는 별처럼 알게 했노라.
>
> 나[Amon]는 왔노라. 나는 서녘 사람들을 쳐 부셔 그대에게 주었노라.
> 크레타 두려움에 당했고, 키프로스가 무서워 도망을 했다.
> 거대한 젊은 황소 같이 나[Amon]는 너희[토트메스(Thothmes) Ⅲ]에게 힘을 보였다.
>
> 나[Amon]는 왔노라. 나는 습지대 족속들을 잡아 그대에게 주었노라.
> 그대들의 공포가 미타니(Mitanni) 땅에도 가해졌노라.
> 악어의 날카로움 같은 그대에게 미타니도 영광을 올렸노라.
> 오 바다의 군주시여, 그 누가 감히 당신[토트메스(Thothmes) Ⅲ]께 접근을 하겠습니까.

토트메스(Thothmes) Ⅲ세의 주요 건축은 테베에서 아몬(Amon)신에 헌납되었다. 그러나 그는 헬리오폴리스(Heliopolis)에 라(Ra)와 멤피스에 프타(Ptah)와 덴데라(Dendera)에 하토르(Hathor)의 경배(敬拜)도 빠뜨리지 않았다. 테베에 세워진 토트메스(Thothmes) Ⅲ세의 기념비 중 하나가 지금 콘스탄티노플(Constantinople)에 세워져 있다. 다른 기념비는 로마(Rome)에 있고, 헬리오폴리스에 세워졌던 한 쌍의 기념비는 [지금 -1913년] 하나는 뉴욕에 다른 하나는 런던 템스 강 북쪽 강둑(Thames Embankment)에 있다. 토트메스(Thothmes) Ⅲ세의 통치는 토트메스(Thothmes, Thutmose I, 1520-1492 b. c.) Ⅰ세 사망 이전부터 계산을 하면 54년간에 이른다. 토트메스(Thothmes) Ⅲ세는 기원전 1447년 3월 17일에 사망했고, "왕들의 무덤 골짜기"에 홀로 묻혔다.[147]

'제18왕조 시절의 신상(神像)' -무트(Mut -母神), 하피(Hapi -나일 강 신), 아몬 라(Amon Ra -신들의 왕) '폐허가 된 테베 데르엘 바하리(Der-el-bahari) 신전'

'브리스테(J. H. Breasted, 1865~1936)'

147) D. A. Mackenzie, *Egyptian Myth and Legend*, Bell Publishing Company, 1978, pp. 280~293 'ⅩⅩⅢ. Tale of the Doomed Prince'

(a) 매켄지(D. A. Mackenzie)가 이 '고대 이집트 역사[*Egyptian Myth and Legend*]'에서 보여주고 있는 이집트 파라오의 본래 모습은 '이집트 제18왕조(1550~1292 b. c.)' 파라오 **토트메스(Thothmes) Ⅰ세(1520-1492 b. c.)**와 **토트메스(Thothmes) Ⅲ세(1458-1425 b. c.)**에 집중이 되었음은 주목을 요한다.

(b) 즉 '**토트메스(Thothmes) Ⅰ세**'는 이집트 '**아바리스(Avaris)**'에서 200년 동안 점거해 있던 '이방인(異邦人) 힉소스(Hyksos) 축출[출애굽]'을 단행하게 한 파라오이고, '**토트메스(Thothmes) Ⅲ세**'는 그 이방인(異邦人) 힉소스(Hyksos)등의 본거지 '시리아 원정(遠征)에서 유대인의 이사카(Issachar) 영역 메기도(Megiddo, Tel Megiddo, Armageddon)'를 함락시켰고, '페니키아(Phoenician) 해안의 반란 진압했고', '히타이트들(Hittites)이 북쪽에서 말썽을 부리니, 그들의 남부 수도 카르케미슈(Carchemish)로 쳐들어가 함락시켰고, 오론테(Orontes)의 카데슈(Kadesh)에서는 히타이트들(Hittites)과 미타니(Mitanni) 원군을 격파했고, 리비아를 복속시키고, 누비아 원정을 성공해서 그는 세계 제일의 왕이 되었다.'는 것이다.

(c) 매켄지(D. A. Mackenzie)는 '**토트메스(Thothmes) Ⅲ세**'의 전략(戰略)을 영국 명장 '넬슨(Nelson)'에 비유했다.

XXIII. 불운의 왕자 이야기

✻ 파라오 후예 −운명의 명령 −불시(不時)에 죽을 것이 아들 −왕자의 고독한 어린 시절 −개 −왕자가 여행을 떠나다 −탑 위의 여인 −변장한 왕자가 그녀를 획득하다 −화가 난 아버지 −왕자가 궁궐로 돌아오다 −어둠의 위험 −거인과 악어 −뱀이 살해 되다 −운명의 수수께끼 −유럽 설화와 유사성 −풀리지 않은 문제

이제 불운의 왕자 이야기이다. 옛날 이집트에 왕이 있었는데 그는 아들이 없어서 우울했다. 그 왕이 신들을 찾아가니 신들[사제들]은 그에게 후계자가 태어날 것이라고 말했다. 때가 되어 아들이 태어났다. 일곱 하토르들(Hathors, 운명신[사제들])이 왕자는 악어나 뱀 또는 개에 물려 급사(急死)할 것이라고 말했다.

양모(養母)가 하토르들(Hathors, 운명신들)의 말을 왕께 전하니, 왕의 마음은 무거워졌다. 왕은 외딴 궁궐을 짓게 하여 왕자를 잘 지키도록 하고, 하인과 제반 물건을 제공하여 밖으로 내보내지 말고 조심스럽게 키우도록 명했다.

왕자는 튼튼하고 크게 자라게 되었다. 어느 날 왕자는 궁궐의 지붕 위로 올라갔다. 아래를 내려다보니 '개 한 마리'가 사람을 따라 가는 것을 보고 크게 놀랐다.

그래서 왕자는 하인에게 말했다. "길을 가는 사람을 따라 가는 것은 무엇인가?"

하인이 말했다. "저것은 '개'입니다."

왕자는 말했다. "저런 개를 나도 갖고 싶다. 개를 데려 오너라."

왕자가 그렇게 말하자 하인은 그 왕자의 말을 부왕(父王)께 전했다. 부왕은 말했다. "수퇘지 사냥을 시켜 조르지 않도록 하라."

그래서 부왕에게 원했던 개가 왕자에게 주어졌다.

왕자는 젊은이로 자라 그의 사지(四肢)는 강건하여 정말 왕자다웠다. 왕자는 계속 외딴 왕궁에 지내다가 부왕께 편지를 올렸다. "아룁니다. 제가 왜 여기에 갇혀 살아야 합니까? 제가 악어나 뱀 또는 개에게 죽을 운명이라면 그것은 신들의 뜻일 겁니다. 그러하오니 제가 사는 동안에는 제 생각대로 살게 해 주십시오."

부왕은 생각에 잠겼다가 그 왕자의 소원을 들어주었다. 왕자에게는 모든 무기가 제공이 되었고, 그 개도 그 왕자를 따라가도록 허락되었다.

왕의 신하가 그 젊은 왕자를 [이집트] 동부(東部) 국경[148]으로 안내하며 말했다. "이제 왕자님이 원하시는 곳으로 가소서."

---

148) 그 왕자가 이집트를 떠났지만 '공격'으로부터는 안전했던 것이 확실하다.

왕자는 개를 불러 북쪽을 향했다. 왕자는 사냥을 하며 살았다. 왕자는 나하리나(Naharina, Mitanni)에 도착하여 그 왕궁으로 향했다.

그런데 그곳 왕도 아들이 없었고, 아름다운 딸이 하나 있었다. 왕은 딸을 위해 땅에서 700피트 탑을 지어, 70명의 여인들이 함께 거주하게 했다. 공주의 명성은 외국에까지 퍼져 그 왕은 모든 나라의 왕자들에게 알렸다.

"내 딸의 창문까지 기어 올라온 젊은이에게 내 딸을 주겠노라."

그 다음날 젊은이들은 그 절벽을 가늠해 보았고, 어느 날 오후에 그들이 등반(登攀)에 가담을 하고 있을 때에 그 젊은 왕자가 그곳에 도착을 해 그들을 바라보고 있었다. 왕자는 진정으로 그들의 환영을 받았다. 젊은이들은 그 왕자를 가기 네 집으로 데려가 목욕을 시키고 향을 주었고, 음식과 말먹이도 주었다. 그들은 크게 호의를 보이며 샌들도 제공했다.

그런 다음 그들은 말했다. "젊은이는 어디서 오셨습니까?"

왕자가 말했다. "나는 파라오 마부의 아들입니다. 어머니는 돌아가셨고, 아버지는 새 아내를 들였는데, 그녀는 나를 미워했습니다. 그래서 나는 집을 나왔습니다."

젊은이들은 왕자를 형제에게처럼 키스를 하며 칭찬하고 함께 머물렀다.

왕자가 그들에게 물었다. "나는 무엇을 할까요?"

젊은이들은 말했다. "날마다 우리는 왕의 딸 '창문'에 도달할 절벽을 살피고 있습니다. 그녀는 미녀인데 그녀에게 먼저 기어 올라간 사람과 결혼을 할 것입니다."

그 다음 날에도 젊은이들은 그들의 작업을 다시 시작했고, 그 왕자는 떨어져 그들을 보고 있었다. 그 다음 날에도 그 젊은이들의 창문 도달하려는 노력은 헛수고가 되었다.

결국 왕자가 그들에게 말했다. "당신들이 허락을 한다면 나도 역시 당신들과 함께 올라가 보고 싶습니다."

젊은이들이 모두 허락을 했다. 그런데 우연히 그 나하리나(Naharina) 왕의 예쁜 딸이 높은 탑 창문으로 그 아래 있는 젊은이들을 내려다보았다. 그 왕자가 그녀를 보고 다른 왕자들과 함께 기어오르기 시작했다. 그래서 그 왕자는 왕의 딸이 있는 창에까지 도달을 했다. 공주는 왕자를 팔로 감싸 키스를 했다.

그러자 보고 있던 사람이 공주 아버지 왕을 즐겁게 하려고 그에게 달려가 말했다.

"결국 젊은이 중 한 사람이 공주의 창에 도달했습니다."

왕이 물었다. "그가 누구의 아들이냐?"

전달자는 말했다. "그 젊은이는 파라오 마부의 아들인데, 그 계모 때문에 이집트에서 도망을 해 온 자랍니다."

그러나 왕은 화를 내며 말했다. "내 딸을 이집트 망명객에게 줄 것 같으냐? 그 녀석을 다시 제 나라로 되돌려 보내버려라."

그 탑으로 사자들 보내 그 젊은이에게 말했다. "물러가라! 그대가 왔던 곳으로 되돌아가라."

그러나 공주는 그 왕자에게 매달렸다. 공주는 신(神)을 불러 맹세를 했다. "라 하르마키스(Ra Harmachis) 이름으로 그 젊은이가 내 남편이 아니라면 나는 다시 먹지도 마시지도 않을 것이다."

그렇게 말을 하고 기절하여 당장 죽을 것 같았다.

사자가 왕께 달려가 공주가 맹세한 것과 기절해 있는 정황을 보고했다.

그러자 왕은 남자들을 파견하여 그 외국 놈이 탑에 계속 머무를 경우 죽여라고 명했다.

파견대가 공주에게 가까이 가니 그녀는 외쳤다. "신의 뜻으로 내가 선택한 자를 너희가 죽이면 나도 죽을 것이다. 그를 내게서 빼앗아 가면 나는 한순간도 더 살지 않을 것이다."

공주의 말은 그대로 왕에게 전해지니 왕은 말했다. "그 외국 젊은이를 내 앞으로 끌고 오라."

그래서 그 왕자는 그 왕 앞에 끌려갔다. 왕자는 놀랐으나, 왕은 오히려 그를 포옹하며 키스하고 말했다. "너는 틀림없이 귀족이다. 네가 누구인지 바르게 말하라. 나는 너를 내 아들처럼 사랑하고 있다."

왕자는 대답했다. "저의 아버지는 파라오(Pharaoh) 군사의 전차(戰車) 무사입니다. 어머니가 죽자 아버지는 재혼을 했는데 계모가 저를 싫어했습니다. 그래서 집을 나왔습니다."

왕은 그의 딸을 그 왕자에게 주고 좋은 저택과 하인과 땅과 많은 소도 주었다.

세월이 흘러 왕자는 그 아내에게 말했다.

"나는 악어나 뱀이나 개에게나 죽을 운명이랍니다."

여인은 말했다. "즉시 저 개부터 죽여 버립시다."

왕자가 말했다. "나는 나의 개를 죽게 할 수 없소. 저 개는 나를 해친 적이 없소."

부인은 남편이 너무 걱정이 되었다. 왕자는 개와 자기가 함께 나가지 않으면 그 개를 밖으로 내보내지 않았다.

왕자는 부인과 함께 이집트로 여행을 했고, 그가 앞서 지내던 궁궐도 방문했다. 수행원으로 거인(a giant)이 왕자와 함께 그곳으로 갔다. 그 거인은 어두워지면 왕자를 밖으로 못 나가게 했으니, 악어가 밤이면 강물에서 나오기 때문이다. 그러나 그 거인이 항상 앞장을 서므로 악어는 숨기에 바빴다.

그 거인은 밤마다 그 일을 행하고 새벽이 되면 왕자는 돌아다니고 그 거인은 그제야 잠을 잤다. 그렇게 두 달이 지나갔다.

그러던 어느 날, 왕자는 그 집안에 놀고 있었다. 큰 잔치가 벌어졌다. 밤이 되자 왕자는 누워 쉬고 있다가 잠이 들었다. 그의 아내는 목욕을 하고 뒷마무리에 바빴다. 그런데 갑자기 구멍에서 나온 뱀이 왕자를 물려고 했다. 그녀는 뱀 곁에 앉아 하인을 불러 우유와 밀주(蜜酒)를 가져오게 했더니, 뱀은 그것을 마시고 취했다. 그래서 뱀은 속수무책이 되었다. 아내는 단도를 잡아 그 뱀을 죽여 욕조(浴槽)로 던졌다.

그녀는 일을 끝내고 왕자를 깨웠다. 왕자가 크게 놀라니 부인은 말했다. "신이 당신 운명을 피할 수 있는 기회를 내게 주셨습니다. 신은 제게 다른 일도 시킬 겁니다."

왕자는 매일 신에게 제사를 올리며 신에게 경배를 올렸다.

그 후 여러 날이 지났다. 왕자는 집에서 약간 떨어진 곳으로 산책을 나섰다. 개가 그를 따라 나섰다. 우연히 그 개가 놀란 짐승을 잡으니, 왕자는 그 개를 따라 달렸다. 왕자는 강둑에 이르러 개를 따라가다가 강물에 빠지게 되었다. 그런데 그 개가 악어 곁에 있었다. 그 개는 왕자를 그 거인이 있는 곳으로 피하게 했다. 악어가 말했다. "내가 너의 운명이니, 내가 너를 따른다....(나는 그 거인으로 만족할 수는 없다.) 내[악어]가 노리고 있다는 것을 기억하라...너도 거인처럼 나를 속일 수 있다. 그러나 (너는 또 다시 내게 분명히 올 것임을) 알 찌어다."[운명론]

그 후 두 달이 지나 왕자는 나갔다.....((註 -대영박물관 파피루스(papyrus)는 여기에 두어 개의 겹친 문장이 보이다가 이후는 망실(亡失)이 되었다. 그래서 이야기 결론은 상상에 맡겨졌다.))

켈트의(Celtic) 이야기 중에 "거지"로 가장된 왕자 행운을 찾아 나서 외국에서 영웅적인 행동을 전개해 신부를 맞았다는 유형이 옛이야기가 서로가 혹사(酷似)하는 것을 알게 된다. 그녀가 높은 탑 속에 있었다는 점까지 유사하다. 그 아일랜드 신화에서 여인은 '밤의 왕' 발로(Balor)의 딸인데, 발로(Balor)는 딸의 아들이 왕을 죽일 것이라는 예언에 그녀를 가두어 둔다. 그러나 외눈박이(Cyclopean) 대장 쟁이 매킨리(Mackinley)가 그녀를 차지해 그녀의 아들이고 새벽의 신인 루그(Lugh)가 "원석(圓石)"으로 발로(Balor)를 죽이는데 그 "원석(圓石)"은 바로 태양이었다. 희랍 헤르메스(Hermes)의 어머니는 헤르메스(Hermes)가 그의 손자 아르구스(Argus)를 "원석(圓石)"으로 죽이게 하고 비밀 지하에 몸을 숨겼는데 그녀의 애인이 그녀를 구해낸다.

그 이집트 왕자는 외국에 살 때는 안전했다. 그것이 부왕이 그 왕자를 국경으로 보낸 이유일 수 있다. 그래서 그는 두려울 것이 없었다. 거인이 낮잠을 잘 때에 악어는 마법에 걸려 있었다. 어떤 유럽 이야기에는 비슷하게 주문이 작용을 하면 잠들게 된다. 시구르트(Sigurd, 지그프리트)는 용의 심장을 구워먹을 때에 레긴(Regin)은 쓰러져 잠들었고, 핀마코울(Finn-mac-Coul, 스코틀랜드 핀)이 연어를 구울 적에 아비를 죽인 블랙 아르키(Black Arky)도 역시 잠들었다.('튜턴의 신화 전설 -*Teutonic Myth and Legend* 참조)

'서덜랜드 주(Sutherland shire) 이야기'에 약을 얻으려고 뱀들이 끓여지고 있을 적에 마법사는 잠에 빠진다.

수호적인 이집트 거인["역사(力士)"] 이야기는 스코틀랜드(지중해) 민담과 유사한 점이 있다. 우리 북구(北歐)에 '변장한 왕자 이야기'는 한결같이 "머리를 빗질하는" 미인의 무릎에 잠이 든 이야기이다. 그녀는 그녀에게 다가 오는 "짐승(또는 용)"을 보고 왕자를 깨운다. 그러나 이 이집트 이야기에서 여인은 남성에게 다가오는 뱀을 그녀가 잡는다.

독자들은 물을 것이다. "왕자는 악어에게 죽을 것인가 개에게 죽을 것인가?...아니면 도망을 갈 것인가? 그의 아내는 공격할 기회를 탈 것인가?"

켈트 이야기에는 "첫 번의 공격"이 결정적인 것으로 일관되어 있다. 여인이 영웅의 생명을 구하고 마법의 지팡이로 잠든 거인도 죽인다.

악어는 잡히나 사고로 개가 주인을 죽일 것인가? 개가 충성스러워도 [운명에 속하는]'개'일 뿐이다. 북구(北歐) 이야기서 개는 밤에 악마를 물리친 다음 주인이 그 개를 죽이기도 한다.

그 이집트 개는 악어를 죽였는가? 아니면 왕자 부인이 악어는 남편을 죽일 수 없다고 생각하고 그 개를 죽였는가? 주문이 소용이 없어져 악어가 왕자를 죽이게 되었는가?

발견된 다른 이야기가 문제를 풀지도 모른다.[149]

──────✈

(a) 매켄지(D. A. Mackenzie)가 번역 소개하고 있는 이집트 '파피루스(papyrus)' 기록은 그 태반(太半)이 힌두(Hindu)의 '마하바라타(*The Mahabharata*)' 식 서술이라는 점은 역시 크게 주목을 해야 한다.
우선 '언어(言語)를 구사하는 파충류[뱀]'는 명백히 그 '마하바라타(*The Mahabharata*)'의 기본 전제['만물의 의인화']이고, '운명론' '예언' '관상(觀相學)'이 다 그 '마하바라타(*The Mahabharata*)'에 공개가 되어 있다.

(b) 매켄지(D. A. Mackenzie)가 처음부터 이 '고대 이집트 역사[*Egyptian Myth and Legend*]'에 명시해 왔듯이 '헤아릴 수도 없는 바닷가 모래처럼 많은 곡식을 수확하게 했다는' 천혜의 부국(富國) 이집트 초기 왕조부터, '인종(人種) 전시(展示)장'으로 '재주 기량 자랑 고장' '품팔이[傭兵 포함]도 적절한 고장'으로 일단 그곳으로 한 번 들어오면 다시 나갈 생각을 하지 않고 영주(永住)할 방법들을 궁리하는 곳이었으니, 그 상고(上古) 시대 '최고 낙원'에 왜 **'힌두(Hindu) 선교사**'가 빠졌을 것인가?

(c) 그 '시리아 아시아 인 속'에 **'힌두(Hindu) 선교사'**는 일찌감치 **절대신 중심의 사상' '영혼불명의 사상' '천국 중심의 사상'으로 전(全) 지구촌을 앞서 휩쓸었으니**, 이집트는 물론이고 '희랍' '로마' 동쪽으로는 '중국' '한국' 일본도 그 영향권 내에 있는 사실로 쉽게 입증이 된다.

(d) 그것은 '주장'이 아니라 '사실(事實, 史實)'이니, ['마하바라타(*The Mahabharata*)' 독서를 통해]각자 확인만 남은 문제이다.

─────────────────────

149) D. A. Mackenzie, *Egyptian Myth and Legend*, Bell Publishing Company, 1978, pp. 294~301 'ⅩⅩⅢ. Tale of the Doomed Prince'

XXIV. 사회적 종교적 생활의 변화

❋ 부(富)와 사치 -도시 생활의 즐거움 -사회적 기능 -고대의 '절제 교육' -판사들 -용병(傭兵)들 -외국 왕비 (王妃)들과 그녀들의 영향력 -숭배된 주요 신(神)들 -수테크(Sutekh)와 발(Baal) -풍신(風神) -페니키아 의 토르(Thor) -선정(煽情)적인 여신들 -'성경'의 아슈토레트(Ashtoreth) -사울(Saul)과 솔로몬(Solo- mon)과의 관련성 -이방(異邦) 신 베스(Bes) -'마법'과 윤리학 -심판의 새로운 이념들 -부적(符籍)들의 효용과 의미 -야곱의 경우 -새로운 장례 풍속

힉소스(Hyksos) 축출된 지 1백년이 못 가서 일대 격변이 이집트 사회를 휩쓸었다. 이집트 왕국 은 철저하게 최고 왕실의 통치로 행해졌다. 요셉(Joseph) 행정 하에서 귀족 재산은 관리들이 그 관리를 행했는데, 모든 농부들은 다 왕의 노예가 되어 농산물의 비율에 따라 지대(地代)와 세금을 바쳐야 했다. 법은 엄격하게 집행이 되었고, 국가의 자연적 자산이 최고도로 개발이 되었다.

시리아(Syria)에 이집트 파라오 군사가 정착했을 때에, 무역의 길은 다시 열렸고, 상인들도 늘어 나고 번성했다.['지도 5' 참조] 사원 건축이 여러 가지 산업을 번성하게 했고, 시민 서비스와 군수 업자가 생기게 되었다. 아시아의 부(富)가 이집트로 상업적 통로로 쏟아져 들어왔을 뿐만 아니라, 공물(貢物)의 형식으로 반입이 되었다. 무덤 속 광경은 더 이상 단조로운 시민이나 맨발의 귀족이 나 시골 사람 속의 파라오를 보여주지는 않고 있다. **제18왕조의 이집트는 동방(東方)의 장려(壯麗) 함을 구비했다.** 시민들은 화사하게 차려 입고, 보석들을 달고 호화로운 저택에서 음악과 노래와 술 마시며 환담을 했다.

구(舊) 왕조와 중(中) 왕조의 이집트 귀족들은 낙원(Paradise, 천국)에 들어가려고 일상생활 광경 을 그려 넣었고, 그들은 일상생활에 필수적인 농부 건축가 하인 신분에 만족했다. 그네들은 그들의 사회적 직능에 행복해 사회적 지위나 잔치, 값비싼 옷, 가무단, 호화로운 별장, 호화로운 기물(器 物), 말, 마차, 마부가 없어도 상관이 없었다.

제18왕조의 도시 생활은 흥겨움으로 넘쳤다. 부자들은 널찍한 저택에 친구들을 불러 놓고 즐겼으니, 그들은 마부와 하인과 각양각색의 옷을 입은 사람들이었다. 손님들이 모이면 하프장이, 라이어, 기타, 피리장이를 불러놓고 환담을 했다. 주인과 부인들은 의자에 앉아 하인들이 날라 온 술과 과일을 먹고 있는데, 꽃다발도 제공이 되어 있다. 술잔들은 유리나 은금으로 되어 훌륭하게 만들어진 것이고, 보석으로 장식이 된 것이다. 요셉(Joseph)의 술잔은 은(銀) 술잔이었다.('창세기', x I iv, 2)

식사는 다양한 코스로 되어 있다. 제18왕조 손님들은 황소 고기, 야생 염소, 영양(羚羊), 물고기 를 먹었다. 그러나 뱀장어 먹지 않았고, 야생 오리 기러기 등 조류는 먹었고, 돼지고기 양고기는 엄격하게 제외되었다.[150] 다양한 야채와 과일과 페이스트리가 포함이 되었다. 사실 모든 계층이

잔치를 좋아했다. **이스라엘이 아라비아 사막에서 굶주릴 때에 그들이 이집트에서 먹던 식사에 대해 한숨을 지었던 것은 놀랄 일이 아니다.** "누가 우리에게 먹을 고기를 줄 것인가? 우리는 우리가 이집트에서 자유롭게 먹었던 생선을 알고 있다. 오이와 멜론과 부추와 양파도 기억하고 있다."('민수기', xi, 4, 5.) 이스라엘들은 이집트 빵도 역시 그리워했다.('출애굽기', xvi, 3.)

이집트 사회에서 손님들은 작은 식탁에서나 서열대로 앉아 둥근 접시 수건을 든 하인들의 대접을 받았다. 모든 손님들은 손으로 집어 음식을 들었고, 고기 자르기에 칼과, 국물 먹기에 수저도 사용했다. 그들은 식사 전에 손을 씻었다.

잔치 마당에 미라를 챙겨다 놓고 악사(樂師)들이 "하프의 시"(제XVIII장)를 연주하는 동안 술을 마신다. 요술사와 재주꾼들이 묘기를 보이고, 옷 벗은 아가씨들이 춤을 추며 노래하고 마신 잔을 다시 채우며 마시고 마시었다. 술 취한 사람들을 보는 것이 고대 이집트 사회에 특별한 일이 아니었다. 베니 하산(Beni Hassan)['지도 1' -'23. 베니하산(Beni Hasan)' 참조]에 있는 중(中) 왕조의 무덤에서조차도 당시의 풍속으로 사제들의 훈계대로 절제된 삶이 필수적인 것으로 된 증거들이 있음에도 하인들은 술 취한 주인들을 집으로 나르는 그림이 있다. 어떤 여인도 그 존중하는 자 앞에 죄 없는 여인이 없었다. 테베의 파라오 무덤에는 술 취한 부인들이 하인들의 부축을 받고 있거나, 어깨에 천을 걸친 채로 비틀거리며 그릇들을 들고 있는 그림이 있다.[151]

고대 이집트에서는 절제가 강조되고 그것이 풍속을 이루어 친구들에게 다음과 같이 말했다. "과음(過飮)하지 말라....술 취해서 했던 말은 돌이킬 수가 없다. 여행할 때에 술 마시면 사지가 부서지고, 술 마신 친구 곁에 두면 무시해서 말한다. '그 친구 내버려라.' 취했을 적에 말을 걸면, 지각없는 흙먼지 속 어린애로 취급하라."

어떤 선생이 학생들에게 말했다. "나는 네가 공부는 않고 놀고 있다고 했다. 너는 술 냄새 풍기는 밤거리를 방황한다는 말도 들린다. 술 냄새를 사람들이 피한다. 술은 영혼을 파괴하고 부러진 노(oar)요, 신이 없는 사원이고, 빵이 없는 집과 같다. 술이란 혐오 물(嫌惡 物)이다."

왕조 시대의 그 '쾌락주의자들'에 날카롭게 대립을 이룬 것이 엄격하고 바른 법의 집행자들이다. 판사들은 부자와 가난한 자의 차별이 없었고, 호의나 뇌물을 받은 무가치한 간사(幹事, 보조원)들은 본보기로 더욱 가중한 벌을 내렸다. 날마다 재판이 열렸고, 증거를 서기들이 기록을 했고, 사건을 토론하고 항상 40법통(法筒, law rolls)에 의거하여 판결이 내려졌다. 왕파라오은 외국 정벌에 승리를 뽐낼 뿐만 아니라 "법의 확립 자"로서 존중되기를 원했고, 원하는 목표를 얻지 못한 자가

---

150) 양과 돼지는 "금기"였다. 그것들은 제물로만 쓰이는 "성수(聖獸)"였다. 목자(牧者)들은 돼지 떼를 피했던 것으로 보인다. 요셉(Joseph)은 형제들에게 말했다. "모든 목자(牧者)가 다 이집트인들을 싫어한다."('창세기', xⅠiv, 34) (제Ⅴ장 참조)

151) 히브리 여인들도 술을 마셨다. "이제 하나(Hannah)가 속으로 말했다. 입술을 움직였으나 들리지는 않았다." 엘리(Eli)가 말했다. "술잔을 치워라"('사무엘 Ⅰ', ⅰ, 13-14)

최고 판결 재파라오에게 호소를 경우 왕은 "말하지 않고 법만 환기를 시키었다." 이집트가 비록 고위 이상주의자들에 의해 통치되었지만, 그 영향력은 실제 국민의 생존에까지 미치고 있었다.[불법 무법천지는 아님] 부의 축적과 사치품 기호의 성향은 고되고 정밀한 직업은 피하게 되었다. 그것은 궁극적으로 이집트에서 '거대 군단(軍團)' 모집을 불가능하게 만들었다. 쾌락을 좋아하는 신사들은 전투의 위기 속에 흥분을 추구했고, 단조로운 주둔지 생활과 길고 힘든 외국 원정(遠征)은 도시들 속의 쾌락에서 찾았다. "행운의 무사들"은 명부(名簿)가 만들어졌고, 튼튼한 기동타격대가 유지되었다. 궁사(弓師)로는 누비아 출신 "아홉 오랑캐 궁수(弓手)"가 유명했고, 유럽 출신으로는 치열한 "사르다나(Shardana)"가 있었는데, 미케네(Mycenaean) 사람들이 자기네 이름을 사르디니아(Sardinia)라 했다. 결국은 리비아 사람과 아시아 족들도 고용(雇傭)이 되었는데, 람세스(Rameses, 1279-1213 b. c.) Ⅱ세의 시리아 원정군의 부대는 외국 신 수테크(Sutekh) 이름을 붙였다. 이집트 군에서 외국인 부대는 최고급으로 알려졌다. 그러나 그 충성의 정도는 왕실의 국고에 달려 있었고, 궁극적으로 이집트 왕실 지지를 귀찮게 생각하는 존재들이었다.

외국 상인들도 이집트에 매력을 느꼈지만, 이집트 왕들과 귀족들은 그 사회에 새로운 잘 생긴 이국(異國) 부인을 선호했으니, 그것은 당시의 그림과 동상으로 확인할 수가 있다. 구(舊) 왕조와 중(中) 왕조에 치열하고 힘찬 얼굴 대신에, 귀족들의 얼굴이 섬세하고 나른 눈과 육감적인 입술을 지닌 자들을 발견할 수 있다. 그러나 가끔은 비(非) 이집트인 얼굴이 더욱 세련이 되고 두드러지게 되었다.

이집트 사회에서 이방(異邦)적 속성은 당시의 종교적 신앙에서도 나타나 있다. 이방(異邦) 신들이 수입이 되었고, 관능적인 사랑의 신과 전쟁 신 인기가 상승했다. 전쟁 신으로는 발(Baal) 수테크(Sutekh) 레세프(Reshep)가 있었고, 여신으로는 아스타르테(Astarte) 아나트(Anath) 카데슈(Kadesh)가 있었다.

발(Baal)은 "신" "주님" "소유자"를 의미하고 원시 무명의 신들 중의 하나로 대장이나 왕에게 붙여진 명칭이다[152]. 그의 부인이 "발라트(Baalath)" "마님"이다. 튀루스(Tyre, 페니키아 항구)의 발(Baal)은 멜카르트(Melkarth)이고 하란(Harran)의 발(Baal)은 신(Sin)이고 달의 신이다. 타르수스의 발(Baal)은 기후 신, 바람 신이고, 천국의 발(Baal)은 태양신이다.[153] 이집트에는 호루스들(Horus)이 있듯이 아시아에는 많은 발(Baal)들이 있었다.

수테크(Sutekh)와 발(Baal)은 포괄적인 용어이다.

프타(Ptah)와 크누무(Khnumu)처럼 수테크(Sutekh)와 발(Baal)은 생명과 세계를 품은 종족의 '위대한 아버지'이다.

---

152) 무명의 신이 가장 오래된 신이다.
153) 비브로스의 필로(Philo of Byblus)

"창조 신"에게서 선악이 나왔듯이 위대한 아버지신은 성장과 양육의 신이고, 역시 파괴 복수의 신으로 숭배되었다. 그의 진노는 폭풍우 천둥 신으로 나타났다. 성경에 이스라엘 신은 "그 발(Baal) 신"과는 대조를 이루는데 엘리야(Elijah)가 나타나 발의 거짓 선지자를 죽이고 동굴로 피신을 한다.('열왕기 Ⅰ', xviii)

> 보라 주님이 나타나셨다. 주님 앞에 거대한 바람이 산들을 찢고 바위들을 갈랐다. 그러나 주님은 바람 속에 계시지 않았다. 바람 다음에 지진이 일었으나, 주님은 지진 속에도 계시지 않았다. 지진 다음에 불길이 솟았으나, 주님은 불길 속에도 계시지 않았다. 불길 다음에 작인 목소리가 들렸다.(열왕기 Ⅰ, xix, 11-12)

발(Baal)은 바람 지진 불길의 "주님"이었다. 비데만(A. Wiedemann, 1856~1936)[154]은 말했다. "이집트에서 발(Baal)은 천신(天神)으로 생각이 되었다. 원초적 자연과 일치하는 위대한 신이고 파괴의 신으로 생각했다." 버지(E. A. W. Budge, 1857~1934)[155]는 말했다. "발(Baal)은 인격화된 태양의 열기이고 사막의 바람 신이다."

발(Baal)은 이집트 타니스(Tanis, Zoan)에서 숭배되었고, 멤피스에 그 사원이 있다. 람세스 (Rameses) Ⅱ세는 자기가 발(Baal)과 같은 전쟁 군주라고 생각했고, 무척 존중을 했다.

"하늘의 신" 수테크(Sutekh)는 "케타(Kheta, Hittites)의 수테크(Sutekh)"였고, 힉소스(Hyksos)의 신, 북쪽 시리아 히타이트(Hittites) 연맹의 신이고, 이집트 원시 왕조 오시리스 백성을 공격했던 원시 침략자들의 신이었다. 우리가 이미 살폈듯이(제ⅩⅧ장) 수테크(Sutekh)는 제12왕조에서 드러난 신이고, 악어 숭배와 연관이 된 신이다. 람세스(Rameses) Ⅱ세의 아버지 세티(Seti) Ⅰ세는 수테크(Sutekh) 이름을 모방한 것이고, 람세스(Rameses) Ⅲ세는 테베에 수테크(Sutekh) 신전을 건립했다.

수테크(Sutekh) 신은, 사자의 등에 올라서 그 머리에는 뿔을 달고 날개를 펴고 있는 풍뎅이 모습으로 제시 되어 있다. 수테크(Sutekh)가 '히타이트(Hittites) 힘'을 나타내고 있기 때문에 이집트인들은 존중을 했고, 수테크(Sutekh)는 승리와 국경(國境)의 제공 자였다.[156] 세트(Set)로서 수테크(Sutekh)는 그가 '힘이 없는 적'이었을 때에는 이집트에서 무시가 되었다.

이집트에서 환영은 받은 또 다른 아시아 신은 레세프(Reshep, Reshpu)인데 페니키아의 레세프 (Resef)이다. 레세프(Reshep, Reshpu)는 또 다른 발(Baal)로서 "천주(天主)" "영원한 주님" "신들의 왕"이었다. 그 명칭은 "번개" "우뢰를 쏘는 자"이다. 천둥의 신으로 레세프(Reshep)는 전쟁의 신이

---

154) '고대 이집트인의 종교(*Religion of the Ancient Egyptians*, 1856)'
155) '(*Gods of Egyptians*)'
156) 이 신앙은 사사기, xi, 24에서 강조가 되고 있다. : "너희는 너희 신 케모슈(Chemosh)가 너희에게 준 것을 소유하고 있지 않느냐?" 케모슈(Chemosh)는 모아브 족(Moabites) 신이었다.

다. 이집트인들은 그를 유대인 식으로 창과 생명의 상징(*ankh*)을 지닌 수염 난 남성으로 그렸다. 양의 머리에 헬멧을 썼으니, 아스타르테(Astarte) 여신과 연합한 동물들이다. 이집트에서는 3인조가 되었으니 민(Min) 레세프(Reshep) 카데슈(Kadesh)가 되었다.

아스타르테(Astarte) 여신은 수입 신들 중에 가장 인기 있는 신이었다. 아스타르테(Astarte) 신은 후기 왕조 동안 널리 퍼졌다. 멤피스에서는 달의 신 아(Ah)로 경배되었고, 헤로도토스가 멤피스를 방문 했을 적에 "외국 아프로디테(Aphrodite, Venus)"에 바쳐진 작은 사원을 확인했다. 그 여신은 타니스(Tanis, Zoan) 동부 여신이었다. 아스타르테(Astarte)는 성경에 "지도니아족(Zidonians)의" 아슈타로트(Ashtaroth, Ashtoreth)로 일컬어진 질병(疾病)의 여신이었다. (솔로몬이 -아슈타로트(Ashtaroth, Ashtoreth)를 뒤 따라갔다.-(열왕기, xi, 5) 이스라엘들은 -그들이 주(Lord)를 외면하고 발(Baal)과 아슈타로트(Ashtaroth)를 받드는 것-을 싫어했다.(사사기, ii, 13) 사무엘(Samuel)이 명했다. -이방 신들과 아슈타로트(Ashtaroth)를 버려라.- 이 여신은 페니키아인과 팔레스타인들이 숭배를 했다. 뒤에 사울(Saul)이 살해되니 사람들은 그의 갑옷을 여신의 사원에 걸었다.(사무엘 I, xxxi, 10) 사원이 키프로스(Cyprus)와 키르타고(Carthage)에 세워졌다. 아프로디테(Aphrodite)는 아도니(Adonis)의 짝이고 시리아 아파카(Apacha)에서는 새벽과 저녁 별 금성(金星)으로 생각을 했다. 그녀는 레바논 산에서 아도니스 강물로 떨어진 유성이기도 했다. 사랑과 모신(母神)으로서 그녀는 이시스(Isis) 하토르(Hathoer) 이스타르(Ishtar) '이다(Ida) 어머니' 밀리타(Mylitta) 발라트(Baalath)와 연결이 되어 있다. 고산(高山)족들에게 이 여신은 스코틀랜드의 할머니 신 '겨울 신(Cailleach Bheur)'과 같은 사슴 떼를 소유하고 있다.) 아스타르테(Astarte)는 제19왕조부터 숭배된 달의 신 전쟁의 신이었다. 그녀는 나일 강 연안에 말들과 함께 소개되었다. 이집트의 테프누트(Tefnut)와 다른 이방 여신들처럼 암사자 머리로 그려졌다. "말들의 부인"으로서 적들을 무찌르고 있는 4두 마차에 올라 있다.

아시아에 이 대모(大母) 유형은 많이 있다. 이집트에서 존중된 안타트(Anthat, Anta)였는데, 그녀는 고대 아라비아 달의 신 신(Sin), 카파도키아(Cappadocia) 소아시아에서 이시르(Ashir, Ashur)와 연합된 여신이다. 토트메스(Thothmes) III세가 테베에 그녀의 성지를 세웠고, 람세스 II세와 히타이트들의 협약으로 안타트(Anthat, Anta)와 아스타르테(Astarte)는 이시스(Isis)와 네프티(Nepthys)처럼 쌍을 이루었다. 안타트(Anthat)는 수테크(Sutekh)의 처(妻)이다. 그녀는 창과 전부(戰斧)를 잡고 있는 모습으로 그려지기도 하고, 제19왕조 세티(Seti) I세(1290-1279 b. c.)가 좋아한 아시트(Asith) 형상으로 방패와 장갑을 끼고 왕좌에 앉아 있거나 말을 탄 형상으로 나타나고 있다. 람세스 III세는 반트 안트(Banth-anth) "안타트(Anthat)의 딸"라는 이름을 자기 딸에게 붙였다.

"신" 카데슈(Kadesh, Quedesh)는 또 다른 아스타르테(Astarte)였다.

괴상한 베스(Bes) 신도 제18왕조 동안 떠 올랐다.

제18왕조에서 호화롭고 관능적인 사랑의 여신 숭배자들은 '도덕적인 프타 오시리스 신도의 취향에는 관심이 없어졌다. 명백히 하늘의 태양신 숭배자들이 사라졌다. 그 '라(Ra)' 신자들이 마법의 "통과 언어"로 태양의 범선(帆船)에 들어간다는 말을 믿을 수가 없었다.

'태양과 '달'의 교(敎)를 연결한 아몬 라(Amon-Ra) 사제들은 저승에 있는 이집트, 행복한 오시리스 영지로 들어가는 문제를 주문(呪文)과 공식으로 풀었다. 사제를 믿거나 도덕적 삶을 살거나 오시리스 앞에서 "신앙 고백"을 반복한 사람에게 주문과 공식은 필요가 없는데, 그 공식은 '사자(死者)의 서(*Book of the Dead*)'의 형식으로 파피루스 두루마리에 적어 미라의 곁에 넣었는데, 그것을 구입할 경우 '사자(死者)의 이름' 적을 곳은 공백으로 남겨 두었다. 그러나 또 다른 어려움을 극복해야 했다. 구 왕조 개념으로 오시리스 앞에 심장이 달릴(天秤) 경우에 지은 죄를 고백해야 하는 문제이다. **사제는 부활의 상징인 '왕쇠똥구리(scarabaeus)'에다가 "나의 정신은 증언에서 나를 배신하지 않는다."라고 적은 주문을 사용해 마음을 잠잠하게 만든다.** 그 주문이 마법적 위력을 갖는다고 믿어 '왕쇠똥구리'와 다른 부적(符籍, amulet)들이 그 왕조 기간에 크게 유행을 했다. 부적(符籍) "테트(tet)"는 이시스(Isis) 피의 상징으로 사자(死者)를 악마로부터 보호해 준다고 믿었다.

수많은 부적(符籍) 중에는 "호루스(Horus)의 눈"[157]도 있었다. 그것은 악마의 영향에서 밤낮으로 지켜주는 부적이다. 호루스의 오른쪽 눈은 태양이고 왼쪽 눈은 달이기에 낮과 밤으로 보호를 한다는 것이다.

부적(符籍)은 원시시대부터 있었다. 그러나 장례와 더불어 공을 들인 부적(符籍)들은 제18왕조에서 시작되었다. 부적은 돌 숭배 유적이다. 늙은이나 젊은이나 "악의 눈"에서 자신들을 보호할 "행운의 돌"을 지니고 있어 병을 막고 행운을 지켰다. 모든 개인적 장식은 부적들의 기원이다. 그것은 성격에 나타나 있다. 야곱(Jacob)이 에서(Esau)를 만난 다음 그의 딸과 따르는 여인들과 결혼하려는 히위족(Hivites)을 죽이고 그 가족들에게 "너희 중에 있는 이방(異邦) 신들을 버려라." 고 했다. 그런 다음 "그들의 손에 있는 모든 이방 신들과 모든 귀고리들을 야곱에 주니, 세켐(Shechem)을 시켜 상수리나무 아래 묻었다."(창세기, xxxv, 3, 4) 귀고리는 명백히 비 기독교도들의 숭배와 관련된 것으로 이스라엘에 무가치한 우상들이다.

그 왕조 동안 이집트 종교적 신앙을 내버린 변화는 새로운 장례문화를 동반했다. 피라미드와 석실 분묘를 건설하는 대신에 파라오와 영주(領主)들은 산을 파내고 무덤 영안실을 만들었다. 테베의 맞은편 절벽은 귀족의 무덤으로 벌집을 이루었다. 그 뒤에 "왕의 무덤 골짜기"가 있다. 일부 왕의 무덤들은 긴 통로를 따라 많은 방들을 정교하게 만들었으나, 그들이 모델로 삼았을 남부

---

157) 이것은 동부 이집트에서 지금까지 팔고 있다.

팔레스타인의 신비한 인조 동굴을 넘은 것은 없었다.

이 시대에 세력가나 부자는 정교한 무덤과 비싸게 장식한 미라들로 나타나 있다. 중 하위 계급의 사람들까지도 장례에는 거대 비용을 들였다.[158]

'버지(E. A. W. Budge, 1857~1934)'

———✈

(a) 매켄지(D. A. Mackenzie)는 이 장(章)에서 구약의 '창세기' '민수기'를 일부 인용하며 '이집트의 풍요'와 [이스라엘의] '사막에서 고통'을 잠깐 대비 하였다.

(b) 그리고 매켄지(D. A. Mackenzie)는 이집트에서는 '농부'가 최고의 직업이었고, 나머지 직업은 것의 '외국인 노동자들'이었음을 말했는데, 채석장에 엄청난 인부들이 필요했음을 말했고, 특히 '군인(軍人)'은 이집트에 충성심이 없는 '용병(傭兵, mercenary)'이었고, '행운의 무사들'은 명부(名簿)가 만들어졌고, 튼튼한 기동타격대가 유지되었다고 말했다. 궁사(弓師)로는 누비아 출신 "아홉 오랑캐 궁수(弓手)"가 유명했고, 유럽 출신으로는 치열한 "사르다나(Shardana)"가 있었는데, 미케네(Mycenaean) 사람들이 자기네 이름을 사르디니아(Sardinia)라 했다는 것이다. 결국은 리비아 사람과 아시아 족들도 고용(雇傭)이 되었는데, 람세스(Rameses, 1279-1213 b. c.) Ⅱ세의 시리아 원정군의 부대는 외국 신 수테크(Sutekh) 이름을 붙였고 이집트 군에서 외국인 부대는 최고급으로 알려졌으나 그 충성의 정도는 왕실의 국고에 달려 있었고, 궁극적으로 이집트 왕실 지지를 귀찮게 생각하는 존재들이었다.'라고 말했다.

(c) 그런데 이 '**용병(傭兵, mercenary)**'은 유럽에서는 [매켄지(D. A. Mackenzie) 생존 시대인]제1차 세계 대전 때까지 세계 도처에서 확인할 수 있지만, 그것이 부자 나라 '고대 이집트'부터 있었다는 점은 극히 흥미로운 부분이다.

왜냐하면 '용병(傭兵, mercenary)'의 반대편에서 선 '의무(duty) 군(軍)' 역시 힌두(Hindu)의 '마하바라타(*The Mahabharata*)'에서 '크샤트리아의 의무(the duties of Kshatriya)'는 처음부터 끝까지 그 주장의 연속이었음을 볼 수 있는데, 이것은 이후 희랍 플라톤(Plato)의 '국가'나 헤겔

---

158) D. A. Mackenzie, *Egyptian Myth and Legend*, Bell Publishing Company, 1978, pp. 302~315 'XXIV. Changes in Social and Religious Life'

(Hegel)의 '법철학'에까지 반복이 되었으니, 그것은 '천신(天神)'을 강조하는 '절대주의' '전쟁 불가피론 ㅡnecessary of war'의 연장이기 때문이다.

(d) 매켄지(D. A. Mackenzie)는 이어 이방인[힉소스, 히타이트, 아시아]의 천신(天神) '**수테크(Sutekh)**'도 자세히 설명하며 '군사력의 필요'에 따라 그 신들을 이집트인도 존중을 했고 '아스타르테(Astarte)' 등 다른 군신(軍神) 받들어졌으나, 효과승리가 없으면 버려진다고 지적을 했다.

(e) 고대 이집트에서도 '부적(符籍, amulet)'의 유행을 지적을 했는데, 그것은 생전의 건강과 사후의 낙원 진입의 약속 증빙으로 그 '발행의 주체'는 '사제들'일 수밖에 없었으니, 서구의 '종교 개혁' 이전의 폐습들이 벌써 '고대 이집트'에 엄연히 존재했음을 확인할 수 있다.

XXV. 장엄한 '아메노테프'와 '티' 여왕

＊ 토트메스(Thothmes) Ⅲ세 대한 편견 -아메노텝(Amenhotep) Ⅱ세의 종교 -그의 무덤에서 행한 인신
공희(人身供犧) -토트메스(Thothmes) Ⅳ세와 스핑크스 -반(半) 외국인 아메노텝(Amenhotep) Ⅲ세
-왕비 티(Tiy)의 아버지와 어머니 -경기를 좋아하는 왕 -왕의 오락(오락) -왕비 티(Tiy)의 예술에 대한
영향력 -웅장한 궁궐 -왕비가 즐기는 호수 -예외가 아닌 왕족 -'음성(音聲)의 메논(Menon)' -병 든 왕
-왕비 티(Tiy)의 영향력 -아몬(Amon) 사제와의 관계 -소년(少年) 아케나톤(Akhenaton)

설명을 할 수 없는 이유로 토트메스(Thothmes) Ⅲ세[1458-1425 b. c.]는, 그 자신이 한 때는
사제(司祭)였고, 승리의 원정에서 돌아와 카르나크(Karnak)의 아몬(Amon) 사원에도 너그럽게 희
사(喜捨)를 했으나, 그는 사제들의 존중을 받지 못했다. 피라미드의 건설 자 쿠푸(Khufu, 2589-
2566 b. c.) 경우에서처럼 독재나 불경(不敬)의 민담도 없다. 그 이유는 토트메스(Thothmes) Ⅲ세
가 침묵의 음모(陰謀)에 시달렸기 때문이다. 토트메스(Thothmes) Ⅲ세에 대한 편견은 로마 시대까
지 계속 되었으니, 늙은 사제가 게르마니쿠스(Germanicus, 15 b. c. ~19 a. d.)가 토트메스
(Thothmes) Ⅲ세와 람세스 Ⅱ세 등의 이집트의 위대한 왕들의 연대기를 엮을 때까지도 행해졌다.
**이 역사적 사건의 의도적 혼동은, 희랍의 작가들이 신비적 파라오 세소스트리(Sesostris) 이야기
에 토트메스(Thothmes) Ⅲ세와 람세스 Ⅱ세뿐만 아니라 시리아를 최초로 침공한 세누세르트
(Senusert) Ⅲ세의 성공담까지 과장해서 기록해 놓았던 결과이다.** 헤로도토스는 리비아에 히타
이트 위대한 아버지 신의 조각은 세소스트리(Sesostris) 기념비 중의 하나라고 생각했다.[Sesostris=
세누스레트 I세(Kheperkare Senusret I 1971-1926 b. c.)]

토트메스(Thothmes) Ⅲ세와 여왕 하트세프수트(Hatshepsut, 1479-1458 b. c.)는 적대적인 테
베 사제 조직의 지지를 받은 것으로 보인다. 퇴위를 당한 세느무트(Senmut)와 아마 사형을 당했을
그의 친구들은 끝내 용서를 받지 못 했다. 기념물에서 여왕 하트세프수트(Hatshepsut)의 이름이
지워진 것은 이후 이교도로 간주된 자들의 '반란'과 관련이 있을 것이다. 토트메스(Thothmes)
Ⅲ세의 신앙을 알 수 있는 바가 거의 없으나, 그의 아들 아메노테프(Amenhotep) Ⅱ세는 반항이었
거나 기벽(奇僻)이 있었다. 아메노테프(Amenhotep) Ⅱ세는 아몬(Amon) 크누무(Khnumu) 프타
(Ptah) 오시리스(Osiris)를 젖혀놓고 '악어 신' 세베크(Sebek)와 관능적인 여신 아스타르테(Astarte,
Ashtoreth) '고양이 신' 바스트(Bast)와 세케트(Sekhet) '뱀 여신' 우아지트(Uazit)와 하토르(Ha-
thors)를 숭배했다. 아메노테프(Amenhotep, 1425-1400 b. c.) Ⅱ세의 무덤에는 제5왕조에서 행해
진 태양 숭배와 관련된 인신공희를 부활시킨 증거가 남아 있다. 배(舟)에 묶인 해골과 방 속에
있는 여성과 아동의 미라는 아메노테프(Amenhotep) Ⅱ세가 그의 가솔(家率)을 데리고 '오시리스
낙원'으로 가고자 한 소망을 암시하고 있다. 아메노테프(Amenhotep) Ⅱ세는 20년간 통치를 행했

으나 그에 관해 알 수 있는 바는 없다. 아마 기념물이 파괴되었거나 그 후계자 전용을 했을 수도 있다. 아메노테프(Amenhotep) Ⅱ세는 왕위에 오른 다음 즉시 시리아 원정에 올라 반란을 일으킨 일곱 명의 왕을 잡아 뱃머리에 거꾸로 매달고 와서 여섯 명은 테베 성곽에 전시했고, 한 명은 누비아의 나파타(Napata)로 보냈다. 아메노테프(Amenhotep) Ⅱ세는 멀리 이집트 남쪽 카르토움 (Khartoum)까지 원정을 했다.

반(反) 토트메스(Thothmes) 파당들의 왕권 회복의 또 다른 반란은, 아메노테프(Amenhotep) Ⅱ세가 선택한 후계자가 아닌 어린 토트메스(Thothmes) Ⅳ세 때 터졌다. 새로운 파라오 6명의 형제 왕자 이름은 무덤에서 지워져 있고, 그들은 역사에서 사라져 있다. 민담에 의하면 **토트메스 (Thothmes) Ⅳ세[Thutmose IV, 1400-1390 b. c.]는 태양신을 선택했던 자이고[명백한 사제의 간섭에 의한 지향임] 기자(Gizeh, Giza)의 대 스핑크스(Sphinx)와 동일한 라 하르마키(Ra Harmachis)와 최초로 동일시된 인물이다.** 토트메스(Thothmes) Ⅳ세는 사냥을 나갔다가 정오가 되어 스핑크스 그늘에 쉬고 있었다. 꿈에 태양신이 그 앞에 나타나 그의 몸에서 모래 먼지를 씻어 내고 싶다고 말했다. 그래서 그 스핑크스 앞발 사이에 사원을 세워 모래 먼지를 막게 했다.

토트메스(Thothmes) Ⅳ세를 사제들이 좋아했다. 토트메스(Thothmes) Ⅳ세의 명백한 이방(異 邦) 얼굴은 그 어머니가 아시아 계 미인이라는 것을 가리키고 있다. 그는 잘 생겼으나, 여자 같은 성격이었다. 그는 8~10년을 다스리다가 30세 무렵에 죽었다. 토트메스(Thothmes) Ⅳ세 왕비는, 미타니(Mitanni)의 아리안(Aryan) 왕 아르타타마(Artatama) Ⅰ세의 딸이었다. 그녀는 아메노테프 (Amenhotep) Ⅲ세의 어머니이고, 아케나톤(Akhenaton)의 할머니였다.

아메노테프(Amenhotep) Ⅲ세는 확실히 비(非) 이집트인의 얼굴이다. 그러나 그는 자기 아버지 와도 달랐다. 볼이 길고 코는 위로 솟았고, 뾰족한 턱 가는 목으로 그가 사랑했던 왕비 티(Tiy)나 아들 아케나톤(Akenaton)과 다른 모습이었다.

이집트 최고 여성 중의 하나인 티(Tiy) 여왕에 인종적 기원에 대해 많은 논쟁이 있었다. 일부 권위자들은 유대인 히타이트 아리안의 아시아 족으로 보고 있음에 대해, 다른 사람들은 이집트나 리비아 인으로 믿고 있다. 티(Tiy) 여왕은 금발에 장밋빛 볼에 청색 눈을 지닌 미인으로 제시되었거 나, 검고 윤기가 흐르는 미색으로도 그려져 논란들을 잠재우기는 어렵다. 그러나 티(Tiy) 여왕은 개인적 매력과 지적 힘을 지니고 있던 것은 의심할 나위가 없다. 그녀의 말은 민첩하고 의지력을 지니고 있어서, 그녀의 입은 뿌루퉁했고 위 입술은 짧고 턱은 날카롭게 튀어나왔다. 티(Tiy) 여왕이 이집트에서 탄생 했는지에 별 상관없이 그녀는 이방인의 핏줄이다. 티(Tiy) 여왕의 아버지 유아 (Yuaa)는 이집트에서 교육을 받고 이집트에 정착한 아시아 귀족 중의 한 사람이었다. 유아(Yuaa) 는 수익이 높은 아몬(Amon) 성수(聖獸) 고급 관리였다. 유아(Yuaa)의 미라는 유대인 모습이기보 다는 이마가 우뚝한 미남이다. 유아(Yuaa)는 그의 딸처럼 위 입술이 짧고 그의 딸과 같은 턱을 지니고 있다. 티(Tiy) 여왕의 어머니는 이집트 부인이었다. **아메노테프(Amenhotep) Ⅲ세와 티(Tiy)의 결혼**은 정치적 의미는 없었다. 16세가 넘지 않은 소년 소녀로서 서로 사랑에 빠진 경우가 명백하다. 결혼은 행복했을 것이고, 그들의 헌신은 평생토록 이어졌다. 티(Tiy)는 단순한 빈궁(嬪宮)으로 사랑을 받은 것이 아니니, 티(Tiy)는 왕가 출신이 아니면서도 왕궁에 여왕이 되었고, 그녀의 이름은 국가 공식 문서에 남편과 동등하게 되어 있다.

아메노테프(Amenhotep) Ⅲ세[1390~1352 b. c.]의 33년간 통치(1411~1375 b. c.)는 평화롭고 찬란했는데, 그는 정치가로서 빛나는 존재이기보다는 "위대한 왕(The Magnificent)"라는 호칭을 얻었다. 아시아적 독립성은 우환이 없었다. 토트메스(Thothmes) Ⅲ세가 군사력으로 진압해 놓은 이집트에서 그 손자들은 철저하게 이집트화한 테베에서 교육이 되었다. 아메노테프(Amenhotep) Ⅲ세는 전투력에서도 탁월했으니, 그는 단독으로 누비아(Nubia) 원정을 행해서 선조들의 무사 기질을 보였다. 그는 노천(露天) 생활을 즐겼고, 예민한 스포츠맨이었다. **초기 10년 동안 아메노테프(Amenhotep) Ⅲ세는 102마리 사자 사냥을 했고, 엄청난 수의 야생 동물을 잡았다.**

다른 한 편 티(Tiy) 여왕은 지적 소양과 예술적 재능을 지녔다. 강력한 아버지 영향이다. 우리가 유아(Yuaa)의 심원하고 교양 있는 얼굴을 감안할 때, 그가 "왕좌 뒤에 세력"이라는 결론을 내지 않을 수 없다. 왕의 사랑을 받고 있는 사람들은 귀족들뿐만 아니라 아몬(Amon) 숭배와 연관된 미신 사변가와 세속적 사제 건축가 예술가 악사들도 있었다. 당시의 예술에 티(Tiy) 여왕의 영향력은 은사(恩賜)로 드러나 있다. 티(Tiy) 여왕은 "예술가가 대상에서" 그 형태와 색채의 미를 이끌어 내는, 자연을 탐구하도록 기존한 예술가들의 타성을 뒤흔들었다. 의심할 것도 없이 그 운동은 크레타(Crete)에 고도의 놀라운 예술에 자극을 받은 것이다. 당시에 이집트는 문명 세계에서 가장 강력한 나라였고, 외국 문명이 물결쳐서, 고대 인습의 족쇄를 찬 거인이 지적 자유를 달성하고자 했다.

이 새로운 운동은 그 젊은 왕의 사치스런 동방 문화의 애호를 동반하고 있었다. 매력적인 부인을 즐겁게 해주려고 아메노테프(Amenhotep) Ⅲ세[1390~1352 b. c.]는 테베의 나일 강 서쪽 둑에 왕궁을 세웠다. 그 왕궁은 벽돌과 기이한 목재로 지었다. 치장 벽토(壁土)로 벽을 바르고 널찍한 거실 천장은 그림들로 장식을 했는데, 그 그림에는 자연의 탐구, 이집트인의 생활 풍경, 낙원의 모습을 담았는데, 정교한 도안에 생생한 색채로 그렸다. 티(Tiy) 여왕의 왕좌가 있는 궁정은 길이가 130피트이고 너비가 40피트이다. 화려한 기둥으로 푸른 천장을 받들고 있고 천장에는 비둘기들과 황금까마귀가 나는 그림을 그렸다.

그늘진 발코니는 장식한 외벽에 돌출되어 있다. 사막을 넘어온 시원하고 건조한 북풍이 불어 올 때 티(Tiy) 여왕과 그녀의 예술가 친구들은 그 발코니를 거닐며 이전에 없었었던 예술적 영감을 생각해 냈을 것이다.

그 왕궁 부근에는 호화로운 빌라와 아름다운 정원이 있는데, 티(Tiy) 여왕이 영주들과 부인들을 초청해 놓고 잔치하며 놀던 여름 궁전들이다.

이집트의 왕과 왕비는 구 왕조와 중 왕조 왕들처럼 백성들을 외면한 채로 지낼 수는 없었다.[매켄지는 이집트 문명의 애호자를 넘어 선전가로 변했음] 이집트 왕과 왕비는 사회생활의 선도(先導)자였다. 궁중에 신비와 우상 숭배는 없어졌다. 최고의 가정생활을 국민들도 이상으로 알게 되었다. 국민의 기능이란 왕이 금과 은으로 꾸민 마차를 몰고 찬란한 옷을 입고 영주들과 부인들과 시신(侍臣)들과 호위병을 이끌게 하는 것이다. 왕은 어제나 여왕을 대동하였다.

아메노테프(Amenhotep) Ⅲ세는 거대 사원 건설로 그의 선왕들과 경쟁을 벌렸다. 그가 아꼈던 건축가는 하피(Hapi)의 아들 아메노테프(Amenhotep)인데 오랜 동안 존경을 받았다. 일반 국민들은 그를 위대한 마법사라고 생각했다. 그것은 그 건축가 테베 서쪽 평야에 두 개의 엄청난 크기의 왕의 동상을 설계하여 왕의 허영심을 만족시켰기 때문일 것이다. 그 동상은 이후 "목소리를 내는 멤논(Memnon)"으로 알려졌는데, 기발한 고안으로 해가 돋을 무렵에 소리가 들리게 만들었기 때문이다. 이 아메노테프(Amenhotep) Ⅲ세의 동상들은 높이가 70피트[30cmX70=21m]로서, 현재 손상이 되었음에도 전경을 압도하고 있고, 그 이후 왕조 때 손상된 왕의 영안(永安) 사원 입구를 지키고 있다. 아메노테프 Ⅲ세는 멤피스의 그의 사원에서 존숭되었고, 여왕 티는 누비아(Nubia)에서 존중이 되었다.

이 기간 동안에 이집트에는 엄청난 부가 축적이 되어 있었다. 미타니(Mitanni)의 왕 투슈라타(Tushratta)는 아메노테프(Amenhotep) Ⅲ세에게 편지를 썼는데, "내 아우의 나라 황금은 흙처럼 많으니" 자기는 그 황금이 필요하다는 내용이었다. 아메노테프(Amenhotep) Ⅲ세는 그 아시아계 투슈라타(Tushratta)의 누이 길루키파(Gilu-khipa)[159]는 아메노테프(Amenhotep) Ⅲ세의 궁빈(宮嬪)에 합류하면서 300명의 시녀를 대동하고 왔으나, 티(Tiy) 여왕의 자리를 앗지는 않았다. 이집트와 다른 나라와의 관계가 '텔엘아마르나(Tell-el-Amarna) 문서'[수년 전에 발견된 바빌로니아 진흙판 문자로 밝혀지게 되었다. 바빌로니아어는 당시에 외교적인 언어였다. 우리는 왕이 다른 왕에게 보내는 우정 어린 말 속에서 날카로운 정치적 흥정과 동양적 이중성[戰術性]을 느낄 수 있다.

아메노테프(Amenhotep) Ⅲ세 통치 20년 되는 해에 티(Tiy) 여왕은 역대 이집트 왕 중에서 가장 훌륭한 파라오 아케나톤(Akhenaton)이 태어났다. 아케나톤(Akhenaton)는 외아들이었고, 몇 명의 공주가 앞서 태어났었다. 그 어린 후계자는 아버지가 사망하니 아메노테프(Amenhotep) Ⅳ세로 왕위에 올랐다. 그는 당시 14세 정도였지만 이미 투슈라타(Tushratta) 딸 네르페르티티(Nerfertiti)와 결혼을 한 상태였다.

---

159) 그녀의 아버지는 수타르나(Sutarna) 왕이었고, 그녀의 언니는 토트메스 Ⅳ세의 부인이었다. 수타르나(Sutarna)의 아버지는 아르타타마(Artatama) Ⅰ세로 토트메스 Ⅲ세와 동시대였다.

아메노테프(Amenhotep) Ⅲ세의 최후 6년간은 암울했다. 아메노테프(Amenhotep) Ⅲ세는 어떤 병[마]이나 정신 이상으로 누워 미타니의 투슈라타(Tushratta)는 여신 이슈타르(Ishtar)[160] 상을 들고 두 번이나 치료사를 파견했다. 여왕 티(Tiy)가 그 사이에 왕국을 통치한 것으로 보인다. 티(Tiy) 여왕은 종교 혁명을 시작했는데, 그것은 그녀의 아들 명칭과 연관된바 아몬(Amon) 사제들의 반격을 막고 그들의 정치적 힘을 돌리게 만들었다. 왜냐하면 그 아몬(Amon) 사제들의 최고 목표는 국정을 좌우하는 일이었기 때문이다. 아몬(Amon)의 사원과 미래 파라오가 거주하는 왕궁 사이에 긴장은, 그 소년 파라오의 정신을 훗날 가르침과 박해로 표현되었던 바 테바의 대대적인 종교적 반대와 직결이 되게 되었다.[161]

'아메노테프 Ⅲ세(Amenhotep Ⅲ)' '티 여왕(Queen Tiye)' '아메노테프 Ⅲ세의 거대 동상(The northern Colossus of Memnon)' '아메노테프 Ⅲ세의 룩소르 사원(Luxor Temple of Amenhotep Ⅲ)'

___✈

(a) 이 장에서는 **'고대 이집트 최고의 부자(富者) 파라오' 아메노테프(Amenhotep) Ⅲ세**와 미인 여왕 티(Tiy)와 외아들 아케나톤(Akhenaton) 이야기이다.

(b) 아메노테프(Amenhotep) Ⅲ세는 '전투력에서도 탁월했으니, 그는 단독으로 누비아(Nubia) 원정을 행해서 선조들의 무사 기질을 보였다. 그는 노천(露天) 생활을 즐겼고, 예민한 스포츠맨이었다. 초기 10년 동안 아메노테프(Amenhotep) Ⅲ세는 102마리 사자 사냥을 했고, 엄청난 수의 야생 동물을 잡았다.'고 서술자 매켄지(D. A. Mackenzie)는 밝히고 있다. 뒤에 유명한 '사자 사냥'이 먼저 이집트에서 행해졌음을 알 수 있다.

(c) 당시 이집트의 부(富)는 미타니(Mitanni)의 왕 투슈라타(Tushratta)가 아메노테프(Amenhotep) Ⅲ세에게 보낸 편지에 "내 아우의 나래[이집트] 황금은 흙처럼 많았다."는 진술이다. 이집트 파라오는 '황금' 같은 것이 크게 거론된 바도 없다. 그런데 어디서 생긴 '황금'인가. 물론 '곡물 교역'의 결과이고 '시리아 공략' 등의 전리(戰利)품이었다.

---

160) 아시리아 니네베(Nineveh)의 여신. 투슈라타(Tushratta)는 아시리아에 세력을 떨치고 있는 군주였다. 투슈라타(Tushratta)의 증조부 미타니 왕 사우샤타르(Saushatar)는 아슈르(Ashur)의 강탈자였다.
161) D. A. Mackenzie, *Egyptian Myth and Legend*, Bell Publishing Company, 1978, pp. 316~324 'ⅩⅩⅤ. Amenhotep the Magnificent and Queen Tiy'

XXVI. '시인(詩人) 왕'의 종교 혁명

✻ 이집트의 셸리(Shelley) -예언가 왕 -왕국의 궁핍 -종족 이동의 혼란 -크레타 왕조의 몰락 -히타이트족 (Hittites)이 남쪽을 압박하다 -카브리(Khabri)가 팔레스타인으로 진출하다 -아몬(Amon)에 대항한 아케나톤(Akhenaton)의 전쟁 -새로운 수도(首都) -시인(詩人)의 꿈 -폐허가 변한 왕조 -'근본 원인' 아톤(Aton) -장대한 신학 -새로운 신의 기원 -태양 속에 수(Shu) -알 속의 영혼 -생명의 바람 -질투의 신 -미래 생명 -낙원 또는 영혼의 윤회(輪回, Transmigration) -아케나톤(Akhenaton)의 사망 -찬란한 왕조의 마감

   헤로도토스는, 사자(死者)의 영혼들은 "육지와 수중과 공중의 모든 속성"을 통과하여 3천년이 지난 다음에 "다시 인간의 육체로 들어간다."는 말을 이집트 성자에게 들었다고 전했다.['마하바라타 식 연대기'임] 만약 그 신앙이 켈트(Celtic) 시절에 희랍에 널리 퍼졌다면 셸리(Shelley, 1792~1822)는 아케나톤(Akhenaton)의 재탄생이라고 해야 할 것이다. 셸리(Shelley)는 그 이집트 왕 사후 3150년 뒤에 태어난 시인이고, 양자는 많은 공통점이 있었으니, 그들은 다 전쟁을 통해 세상을 바꾸어야 한다는 이상주의자였고, "아름다우나 효력을 발휘 못 한 천사들"이었다. 윌리엄 왓슨(William Watson, 1858~1935)의 다음 시구는 양자에게 모두 적용될 수 있다.

>   세상의 고정된 방법에 참을 수 없었고,
>   신의 지체(遲滯)함에도 참고 있을 수가 없었지만,
>   그러나 미래엔 모두가
>   신이 되어야 했기에...

   셸리(Shelley)가 "아도나이스(Adonais)"로 자신을 말했던 것은 놀랄 만큼 그 아케나톤(Akhenaton)[Akhenaten, Amenhotep IV, 1352~1336 b. c.]과 유사한 점이다.

>   무명의 다른 존재들 속에
>   사람들 속에 그림자 하나 친구도 없다.
>   폭풍우의 마지막 구름처럼
>   그 조종(弔鐘)을 울리며,
>   그는 자연의 벌거벗은 미를 응시하고선
>   아크테온(Actaeon)처럼 도망을 쳤네.
>   저 거친 세상을 넘어...
>
>   아름답고 덧없는 영혼-
>   황량한 사랑

힘에 짓눌려 꼼짝할 수도 없네.
짓눌려 있어
소나기로 꺼져가는 등불,
'격파를 당하지는 않을 것인가?...'

셸리(Shelley)처럼 **아케나톤(Akhenaton)[아메노테프 IV세(Amenhotep IV, 1352-1336 b. c.)]도 그가 아직 소년이었지만, "가책이나 저지 없이 제 맘대로 행하는" 아몬 사제의 "이기적 강자"와의 전쟁을 결심한 것으로 보인다.** 아케나톤(Akhenaton)은 셸리(Shelley)처럼 "그의 영혼을 무장시킨 비밀한 지식을 쌓았다." 아케나톤(Akhenaton)은 아톤(Aton) 교(敎)에서 신앙을 개발했고, '불청(不聽, 沈默)의 세계[신앙의 세계]'에 확신을 지니게 되었다.-

**많은 사람들이 지나간 중에 한 사람이 남아 있다.
태양은 영원하나, 대지의 그림자들은 없어진다.**

이집트 왕들의 경우에서 보면 아케나톤(Akhenaton)[아메노테프 IV세(Amenhotep IV, 1352-1336 b. c.)]의 통치는 여왕 하트세프수트(Hatshepsut, 1479-1458 b. c.) 그것처럼 불행한 것이었다. 모든 인간을 "현명하고 정의롭고 자유롭고 온후하게" 만들고자 했던 '몽상(夢想)의 왕(the dreamer king)'이 그 왕위에 올랐는데, 그 때는 정말 또 다른 통치자 토트메스(Thothmes) III세 [Thutmose III, 458-1425 b. c.]가 반란군과 격전을 펼치며 시리아 왕들을 잡았던 군주가 필요했던 때였다. 이집트는 다시 제12왕조 시절에서처럼 그 문명화된 세계가 "신선한 숲과 초원"을 바라는 산악 유목민들이 쏟아져 들어와 혼란스럽게 되었다. 아메노테프(Amenhotep) III세[1390-1352 b. c.] 때에 크레타는 침공을 당했고, "크노소르 약탈(sack of Knossos)"은 이미 옛 이야기가 되었고, 크레타 왕국의 위대한 문명은 격랑의 시대를 맞아 수천 명의 "케프티우(Kheftiu)"가 '에게 해(海)' 소아시아 페니키아 이집트로 밀려와 영주(永住)를 추구했다. 아케나톤(Akhenaton)의 아비가 죽기 전에, 테베 사람들은 남부를 압박하는 히타이트의 불길한 요원(要員)을 접수했고, 카브리(Khabri, 유대인)의 팔레스타인에로의 진입[동부 아라비아로부터 제3차 유대인의 이동 물결]이 있었다. 반(半)이란 반(半)이집트인의 투슈라타(Tushratta)가 크게 늘어났다. 미타니(Mitanni) 문명은 크레타에서처럼 사라질 운명이었다.['지도 3' 참조]

아케나톤(Akhenaton)은 아메노테프(Amenhotep) IV세이다. 그는 명백히 테베의 개종을 목표로 아몬(Amon) 신전과 가까운 거리에 그 아톤(Aton, Aten) 신전을 세우기 시작했다. 개원을 행하기도 전에 사제와 파라오의 파열은 정치적 주요 문제가 되었다. 아몬(Amon)의 고위 사제들은 궁정에서 높은 영향력을 유지하려 했다. 하나는 아메노테프(Amenhotep) III세 치하에서의 재무상이었고, 다른 하나는 수상(首相)이었다. 아케나톤(Akhenaton)은 사제들을 정치에서 완전히 몰아내려 했다. 사제들의 시도하는 바가 젊은 왕의 분노를 일으켜 아몬(Amon) 교도를 박해하는 전쟁을 명령했다. 모든 기념물에서 아몬(Amon)의 이름을 지우고 아버지 이름까지 남겨두지 않았다. 그 때에 자신의 이름이 아케나톤(Akhen-aton)["아톤의 정신(the spirit of Aton)"162)]이니, **이방(異邦) 신의 인간 화신(化身)**'이었다. 그래서 아케나톤(Akhenaton)은 그 '테베'를 떠나기로 작정을 하고 남쪽으로 300마일 떨어진 곳에 "정원의 도시(garden city)"에 아버지 궁전을 능가하는 화려한 궁전을 세웠고, 거대한 사원을 "하나이며 유일한 신"에게 바쳤다. 아톤(Aton)의 사원은 누비아(Nubia)에도 세워졌는데, 제3 폭포 부근이고, 시리아에도 세웠다.['지도 1', -25. '아마르나(Amarna, Akheta-ton, 18왕조 파라오 이름을 적용한 도시)' 참조]

아케나톤(Akhenaton)이 새로운 서울에 들어가 그곳을 "아톤의 지평(Horizon of Aton)"이라고 했는데, 아케나톤(Akhenaton)는 그곳을 떠난 적이 없었다. 거기에서 그는 아톤(Aton) 봉사에 평생을 바치며 인간이 받아들이면 세상을 낙원으로 만들 것이라는 신앙을 지니고 살았다.

그런데 더더욱 걱정스러운 소식이 시리아에서 들려왔다. 일개 부속 왕이 말하기를 "대왕께서는 부사령관 살해 문제를 그냥 넘기지 마십시오." "원군(援軍)이 오지 않으면 비쿠라(Bikhura)는 쿠미디(Kumidi)를 유지할 수 없습니다."..."정말 군사가 필요합니다." "왕이 군사를 파견하지 않으시면 이집트까지 카브리(Khabri) 수중에 들어갈 것입니다." 이러한 전갈에는 추가로 다음과 같이 적혀 있다. "우리 왕 앞에 큰 소리로 '천하에 황제이시여, 황제의 왕국이 망해가고 있습니다.'라고 전하시오."163)

텔엘아마르나(Tell-el-Amarna)에 있는 조각과 그림으로 꾸민 국가 사원에서 '몽상(夢想)'의 국왕'은 중세 중의 신앙심으로 모든 것을 버리고 아톤(Aton)을 찬송하며 파국으로 치닫고 있었다.

'몽상(夢想)'의 국왕(the dreamer king)'은 신에게 기도했다. **"당신은 당신의 생각과 당신의 권능으로 저를 만드셨습니다...세상은 당신 수중에 있습니다."**

아케나톤(Akhenaton)은 아톤(Aton) 신이 제공한 생명을 빼앗거나 피를 흘리게 하는 것은 죄라고 생각을 했다. 아톤(Aton) 신에게는 제사도 없었다. 과일만이 제단에 올려졌다. 아케나톤(Akhenaton)은 이미 칼을 쟁기 보습으로 만들었다. 시리아에 있는 동맹과 병참기지에서 사령관들이 원군(援軍)을 청해도 아케나톤(Akhenaton)는 아톤(Aton)에게 올리는 종교 시나 기도밖에는 줄 것이 없었다.

아케나톤(Akhenaton)에게 어려운 일들이 전해졌다. 어떤 작가는 왕을 "심미주의자"라 했고, 다른 작가는 "반(半) 미치광이 왕"라 했으나, 우리는 그가 황제 파라오로서 위대한 사명을 가진

---

162) 혹은 "아톤(Aton)이 만족하신다."(Sethe)
163) 프린더스 페트리(Flinders Petrie), '이집트의 역사(*A History of Egypt*)', Ⅱ권 "텔엘아마르나 書(Tell-el-Amarna Letters)"

예언가라는 것을 알아야 한다.

> 연대(年代)나 왕국이나 종교도 의미가 없다.
> 그들이 이룩한 참화 속에 묻힌 것이니
> 그가 빌려주었으나, 사람들은 빌려가지 않아
> 이승에서 먹고 사는 자들에게서 온 영광
> 그래서 그는 왕들의 생각을 모아놓았네.
> 그래서 지나 간 것은, 지나가지 않을 수가 없었네.

아케나톤(Akhenaton)은 "이름 없는 유산"을 남겨주었다.

> 땅위에 이름들은 어둡다.
> 그러나 초월의 빛은 죽지 않는다.
> 현재의 불로 영원하다...

아케나톤(Akhenaton)은 '태양'으로 명시되는 "유일 신" 아톤(Aton)을 믿었다. 그 신은 전 인류의 아버지이고 인간들의 필요를 제공하고 수명을 고정시키신다. 아톤(Aton)은 미(美) 속에 현신하시어, 신도들은 아름다운 생활을 해야 하고 순화된 정신은 악을 피하고 "최고"를 추구한다. 사해동포주의를 증진하고 세계 평화로 아름다운 세상을 꿈꾼다.

아톤(Aton) 동상은 만들어지지 않았다. 아케나톤(Akhenaton)은 우상숭배를 금지시켰다. 비록 아톤(Aton)이 태양의 신이었으나, 그는 물질적 태양이 아니었다.['힌두이즘'의 발돋] 아톤(Aton)은 태양으로 명시된 최초의 인자(因子)로서 "그로부터 만물이 생성되었고, 생성이 되고 있고, 빛으로 만물을 먹여 살리는 존재이다." 프린더스 페트리(Flinders Petrie) 교수는 말한다. "우리가 아는 한 그와 같은 위대한 신학이 이전에 세계에는 나타난 적이 없고, 그것은 이후 유일신교의 선구자(先驅者)였으니, 추상적 비인격적임은 과학적 유신론이다."[164] 페트리 교수는 역시 말했다.

"이 새로운 종교가 우리 현대 과학적 개념을 만족시키기 위해 발명된 것이라면 태양계 에너지 관점에서 정밀하여 결점이 없다. 우리도 말할 수 없는 것은 아케나톤(Akhenaton)은 어떻게 알았는가. 아케나톤(Akhenaton)은 명백히 오늘날 논리로는 도달할 수 없는 경지에 확실히 나아가 있었다. 미신과 허위의 구 아톤(Aton) 숭배, 우주의 아톤(Aton)에서는 이 새로운 종교를 도출해 낼 수가 없다."[165]

아케나톤(Akhenaton)의 종교를 아는 주요 원천은 그가 지은 찬송인데, **텔엘아마르나(Tell-**

---

164) '이집트의 종교(*The Religion of Egypt*)' London, 1908
165) 프린더스 페트리(Flinders Petrie), '이집트의 역사(*A History of Egypt*)', Ⅱ권, London

el-Amarna)는 왕의 무덤에서 발견된 완본(完本)이다. 최초로 보우리안(U. Bouriant, 1849~1903)에 의해 간행이 되었고, 브리스테드(J. H. Breasted)가 편집을 했는데, 모든 번역본의 표준이 되었다.[166]

아톤(Aton) 종교의 발달은 아메노테프(Amenhotep) III세 때 티(Tiy) 여왕의 아비 유아(Yuaa)에 의해 시작이 되었는데, 그때 아톤(Aton) 종교는 궁중에 소개가 되었고, 그것은 젊은 천재 아케나톤(Akhenaton)의 철학적 가르침으로 절정에 이르렀다. 이것이 이집트 자연 숭배자들의 신화적 신념의 소박한 시작이고 남성 기원 우주 생성의 시초이다.[힌두(Hindu)의 '마하바라타(*The Mahabharata*)' 독서가 없는 상태에서의 진술들임] '사자(死者)의 서(書)(*Book of the Dead*)' 티베트 교정본에는 '라(Ra)'가 다음과 같이 말하고 있다.

오 그대 알 속에 있어, 아톤(Aton)의 빛이라...
오 아름다운 존재, 그대 새롭게 되어,
아톤(Aton)의 모습으로 다시 젊어지도다....
아톤(Aton) 만세, 빛의 왕이시여, 그대는 만물을 비추십니다.[167]

헬리오폴리스(Heliopolis)에는 창조신 '라(Ra)'는 "그 아톤(Aton) 신 안에 있는 슈(Shu)"라고 가르쳤던 아톤(Aton) 교도가 있었다. 아톤(Aton)은 태양 원반이고, 슈(Shu)는 대기 "생명의 바람"의 신인데, 위대한 아버지가 우주의 영혼이다. "발(Baal) 신"처럼 슈(Shu) 태양과 연합한다. 그 '텔엘아마르나(Tell-el-Amarna)' 시 속에서 아톤(Aton)은 만물의 창조자이고, "어머니 몸속에 사는 아들"을 창조하고 있다고 말했다. 다음은 그 "알"에 대한 진술이다.

새끼가 알 안에 있을 때, 껍질 안에서 울고 있을 적에
당신은 숨(air)을 제공해 생명을 주셨습니다.[버지(Budge) 譯]
알 속에 있는 작은 새 껍질 속에서 소리치니
당신은 알 속에 호흡을 주셔서
당신이 창조하신 것에 생명을 주셨다.[그리피트(Griffith) 譯]
새끼가 알 속에서 울고 있을 적에
당신은 그를 숨 쉬게 해 살리셨습니다.[브리스테드(Breasted) 譯]

---

166) 가장 중대한 점들이 다음 출간에 나타나 있다: 브리스테드(J. H. Breasted)의 '이집트의 역사(*A History of Egypt*)', 프린더스 페트리(Flinders Petrie), '이집트의 역사(*A History of Egypt*)', 윌리스 버지(E. A. W. Budge)의 '이집트의 신(*Gods of Egyptians*)' 비데만(A. Wiedemann)의 '고대 이집트인의 종교(*Religion of the Ancient Egyptians*)'. 나빌레(E. H. Naville, 1844~1926)의 '고대 이집트인의 신앙(*The Old Egyptian Faith*)'에는 아케나톤(Akhenaton)의 종교 혁명은 정치적 종교 혁명의 시초였다고 주장하고 있다.

167) 윌리스 버지(E. A. W. Budge)의 '이집트의 신(*Gods of Egyptians*)'과 '사자(死者)의 서(書)(*Book of the Dead*)'

아케나톤(Akhenaton)과 그 왕비가 숭배하는 아톤(Aton)을 그리고 있을 적에 태양 볕은 그네들의 온 몸을 비추어주었다. 생명의 바람은 온난한 바람이니, 생명을 덥게 하고 숨 쉬게 한다.[168] 왜 그 "앙크(ankh)"가 입술에 닿았는지 명시되어 있다. 아기가 태어날 때, 아톤(Aton)은

그의 입을 열어 말하게 했다.

아톤(Aton)은 이처럼 태어난 아기나 사자의 미라들이 "말을 하게 했다."[169]고 비데만(A. Wiedemann)은 말하고 있다. 프타(Ptah) 신은 "열다(pth)"에 근거를 둔 신이므로 "입을 염[말을 함]" 의례에 연관된 것이다. 이집트 문제를 잘 설명하고 있는 포르피리우스(Porphyrius, 234~305)[170]는 프타(Ptah) 신은 크네프(Kneph, 공기 숨 영혼) 입에서 나온 알에서 태어났다고 말하고 있다. 크네프(Kneph, 공기 숨 영혼)는 성격상 크누무(Khnumu)로 환경(環境)의 신이다.

일부 학자들은 아톤(Aton)을 구(舊) 시리아의 신 아돈(Adon)과 동일시하고 있다.

이집트와 아시아의 "위대한 아버지" 차이점은 아톤(Aton)은 만신(萬神)의 우두머리가 아니라 유일신이라는 점이다. 페트리(W. M. Flinder Petrie) 교수는 "아톤(Aton)은 이집트에 '질투의 신'이고 다른 신을 배제한 보편성을 요구한다."[171]고 말했다.

아케나톤(Akhenaton)의 물질적 우주관은 그 시대 이집트에 일반적으로 획득된 바와 다르지 않았다. 천상의 나일 강과 지하의 나일 강이 있었다. 비가 오지 않는 상부[上部] 나일 강 상류[上流] 이집트(Upper Egypt)에서는 다음과 같이 믿고 있었다.

> **천상의 나일 강은 이방인을 위한 강이고...**
> **아톤(Aton) 당신께서 사람들에게 비를 내리기 위해 천상의 나일 강을 두셨습니다.**[그리피트 (Griffiths)]

지하의 나일 강은 "이집트 땅을 위해" 있었다.

> **땅 아래 나일 강을 당신이 두실 적에**
> **사람들을 살리려고 그렇게 하셨습니다.**
> **나일 강은 모든 들녘을 적십니다.** [그리피트(Griffiths)]

아톤(Aton)이 나타난 이유도 역시 확실했다.

---

168) 달빛은 아피스(Apis) 황소에 기원을 두고 있다. 제Ⅴ장 참조
169) 소카(Sokar) 오시리스는 "지하의 4대신에게 입을 열게 하였다." ('이시스의 짐 -*The Burden of Isis*', p. 54)
170) 에우세비우스(Eusebius), 복음 준비서(Praeparatie Evangelice) Ⅲ ; 비데만(A. Wiedemann)의 '고대 이집트인의 종교(*Religion of the Ancient Egyptians*)'
171) '고대 이집트의 종교(*The Religion of Ancient Egypt*)' p. 54

살아 있는 아톤(Aton)이 당신 모습으로 나타나,
제단을 비추며 되돌아가...
만인의 눈이 그들 앞에 당신을 봅니다.[그리피트(Griffiths)]

우리는 아케나톤(Akhenaton)의 찬송 속에 명백한 악의 개념을 찾을 수 없다. 악마 뱀이나 헬리오폴리탄 신화 속에 볼 수 있는 태양신에 거스른 전쟁에 대한 언급이 없다. 그러나 빛은 생명과 선과 미와 연합했고, 어둠은 죽음 악으로 생각한 듯하다.

아케나톤(Akhenaton)이 아톤에게 바친 찬송은 그 자신의 제작으로 알려져 있다. 브리스테드(Breasted) 교수는 다음과 같이 번역했다.

당신이 동방에서 솟을 적에
당신은 당신의 아름다움으로 온 세상을 채웁니다.

서녘으로 질 적에는
세상은 죽음처럼 어둡습니다.

동녘에 빛날 때는 세상이 밝고
낮에는 아톤(Aton)으로 빛나십니다.
광명을 뿌릴 적엔 어둠이 사라집니다.

얼마나 하시는 일이 많습니까.
그것을 우리는 모르고 삽니다.
오 당신 태양의 신이시여. 당신의 위력은 누구에게도 없습니다.
당신은 바라는 대로 땅을 창조하시었고,
당신 홀로 그렇게 하셨습니다.

세상이 당신 수중에 있고,
당신이 창조했던 대로입니다.
당신이 솟아날 적에 살고
당신이 지면 그들은 죽습니다.
당신이 견디실 적에
당신으로 사람이 살고
사람들의 눈들은 당신의 아름다움을 봅니다.
당신이 질 때까지.

당신은 형상의 미를 만드시고....
당신은 제 정신 안에 계십니다.

아메노테프(Amenhotep) III세 때 시작된 '예술의 혁명'은 아케나톤(Akhenaton) 통치 기간 중에 대표적 특징이 되었다. 조각가들과 화가들이 왕을 그릴 때 왕은 자연스런 자세를 취했고 다리를 교차시키고 있는 막료에게 기대고 있거나 여왕과 아이들을 대동하고 있는 것을 그렸다. '텔엘아마르나(Tell-el-Amarna)'에 일부 장식은 오늘날 최고의 작품과도 비교가 될 수 있다.

아케나톤(Akhenaton) 시대의 기록들은 아주 빈약하다. 구(舊) 신앙의 사제들이 권력을 잡았을 때에 애써 지웠기 때문이다. 티(Tiy) 여왕은 새로운 운동에 드러나지 않았으니, 그 운동은 그녀의 예상을 넘은 것이었고, 티(Tiy) 여왕이 더러 아톤(Aton) 시(市)를 방문했지만, 그녀는 그녀의 사회적 성취를 나타내는 테베를 좋아하여 죽을 때까지 거기에 머물러 있었다. 아케나톤(Akhenaton)의 부인은 여왕 가속(家屬)으로 티(Tiy) 여왕이 그러했던 것처럼 왕의 부부가 시민 앞에 나타날 때만 아이들을 대동하고 나오기를 좋아했다.

아몬(Amon) 파당의 몰락은 완벽했다. 수년간에 테베에 있는 여덟 개의 아몬(Amon) 신전이 텅 비거나 침묵 속에 들어갔다. 아몬(Amon) 신전에 대한 기부금은 아톤(Aton)을 위해 몰수되었고, 파윰(Fayum) 멤프스(Memphis) 헬리오폴리스(Heliopolis) 헤르몬티스(Hermonthis) 헤르모폴리스(Hermopolis)에 아톤(Aton)의 새로운 신전 건립에 쓰였다.

전(全) 이집트에 국왕의 칙령으로 아톤(Aton)의 숭배가 강요되어 많은 사람들이 독재적 아몬 파당의 몰락에 관심이 없어졌으나 <u>**그들의 생활과 밀접하게 연관된 오랜 민속을 부당하게 간섭하는 것에 적개심을 느끼고 있었다.**</u> 그러나 아케나톤(Akhenaton)의 힘은 최고를 유지하고 있었다. 군사도 충성을 바치고 있었고, 비록 군(軍)이 사소한 힘에 위축이 되기는 했으나, 아케나톤(Akhenaton)이 호레메브(Horemheb)에 사령관이 되었을 때 분쟁 지역이 효과적으로 제압이 되었다.

아케나톤(Akhenaton)은 젊었을 적에 사망했고, 계승할 아들은 없었다. 공주와 결혼을 했던 세멘카라(Semenkh-ka-ra)가 그 다음 파라오가 되었고, 그러나 그도 다른 사위 투테느크아톤(Tutenk-aton)에게 밀려났는데, 투테느크**아톤**(Tutenk-aton)은 테베로 돌아가 자신이 그 사제들과 연합했고 자신을 투테느크**아몬**(Tutenk-amon)-"아몬(Amon)의 얼굴"로 개명을 했다. 투테느크**아몬**(Tutenk-amon)은 "신성한 아버지"라는 사람의 '눈(Ai, Eye)'을 따랐다. 그러자 사제들에게 자극된 군사 반란이 일어나 왕가 공주와 결혼을 해서 자신의 지위를 확보한 호레메브(Horemheb)에게 왕권이 돌아갔다. 호레메브(Horemheb)는 아케나톤(Akhenaton) 종교 교도를 무자비하게 박해하고 아톤(Aton)의 이름을 지워, 고대 종교 숭배자들의 인기를 얻었다. 호레메브(Horemheb)는 이집트 전역과 팔레스타인 일부 지역의 지배권을 획득한 것 같고 왕국의 질서를 복원했다. 그래서 제18왕조는 힉소스(Hyksos) 축출 이후 2세기 반 동안 유지하다가 마감이 되었다.[172]

---

172) D. A. Mackenzie, *Egyptian Myth and Legend*, Bell Publishing Company, 1978, pp. 325~337 'X X VI. The Religious Revolt of Poet King'

'아메노테프 III세(Nebmaatre Amenhotep III, 1390-1352 b. c.)' '아메노테프 IV세(Amenhotep IV, Akhenaton)'

'윌리엄 왓슨(William Watson, 1858~1935)' '보우리안(U. Bouriant, 1849~1903)' '포르피리우스(Porphyrius, 234~305)'

------✈

(a) '역사'를 서술할 적에 '누구를 높이고 누구를 낮출 것인가?'는 실로 그 '역사개[서술자, 계관시인]'의 마지막 기준이고, 역사가는 그것으로 그 '생명'을 산다.

　역사가 매켄지(D. A. Mackenzie)가 내세운 이집트 제18왕조에 '**몽상(夢想)의 왕(the dreamer king)' '아케나톤, 아메노테프 IV세(Amenhotep IV, Akhenaton)'**은 '세계의 모든 역사가'의 이목(耳目) 집중을 받을만하다.

(b) 한마디로 아케나톤, 아메노테프 IV세(Amenhotep IV, Akhenaton)'는 '이상적인 신(유일신)'이고 '거침이 없는 신앙의 실천자'라는 '순수한 이름'에 합당한 자이지만, 역시 '이집트 제18왕조 쇠망'에 결정적 인자를 제공한 '몽상의 황제'라는 규정을 벗을 수 없게 되었다. 다시 말해 '**아케나톤, 아메노테프 IV세(Amenhotep IV, Akhenaton)'의 통치 방식은 힌두(Hindu)의 '마하바라타(_The Mahabharata_)'가 제시한 '사제 왕' 표준을 그대로 실천한 것이니, 이후 '로마 교황'의 정확한 원본(原本)**이다.

(c) 중국(中國)의 이상적인 군주(君主)로는 공자(孔子) 이전에는 '요순(堯舜)'이 거론되었고, 공자(孔子) 이후로는 한(漢)나라 '효문황제(孝文皇帝)'가 거론이 되고 있으나, 그들의 주요행적은 '독한 형벌 없애기'에 주력(注力)했다.

XXVII. '람세스 왕국'과 호머(Homer) 시대

※ 종파적 경쟁 -정치적 고지(高地) 점령을 위한 투쟁 -새로운 신학(神學) -용(龍)의 살해자 -수테크 (Sutekh) 호루스(Horus) 시그루드(Sigrud) 지그프리트(Siegfried) 핀마크 코울(Finnmac-Coul) 디크트 리크(Dictrich) 헤르쿨레스(Hercules)의 상호 연계(連繫) -람세스(Rameses) Ⅰ세와 히타이트(Hittites) -미타니(Mitanni) 왕조의 붕괴 -세티(Seti)의 정복 -람세스(Rameses) Ⅱ세의 전쟁 -히타이트(Hittites) 와의 협약 -파라오(Pharaoh)의 허영 -유럽 해적들의 이집트 습격 -최후의 강자 파라오 -대(大) 트로이 전쟁

이집트 제19왕조는 람세스(Rameses) Ⅰ세[1292-1290 b. c.)]와 더불어 열렸다. 그 기원을 알려 주는 기록은 없고, 정치적 운동이 그를 왕좌에 앉도록 만들었다. 람세스(Rameses) Ⅰ세는 나이가 들었고, [제18왕조 마지막 파라오] 호레메브(Horembeb, 1320-1292 b. c.)와는 무관한 것으로 보인 다. 약 2년을 통치하며 그의 아들 세티(Seti)를 섭정(攝政)으로 지명했다.

비록 역사는 이 기간 동안 음모들에 대해서는 침묵하고 있으나, 그 침묵이 웅변이다. 왕의 이름 이 그것이니, 라(Ra)의 의례에 관련된 명칭이고, 그의 다른 이름 중에도 아몬(Amon)과는 관련이 없다는 것에 주목을 해야 한다.

이집트의 역사는 종교의 역사이다. 역사의 운명은 종교적 종파들에게 통제를 받았고, 교도 속의 종파들에게 조정이 되었다. 비록 라(Ra)가 아몬(Amon)과 연결은 되어 있으나, 상호 대립은 헬리오폴리스(Heliopolis)와 테베(Thebes) 사이뿐만 아니라 국가 신에 헌납된 사원들 간에도 있었 다. 옛날 달의 신 아몬(Amon) 교리는 많은 점에서 태양신의 헬리오폴리스(Helliopolis) 사제들과 는 달랐다. 제18왕조 동안에는 양대 계파로 나뉘어 있었다. 한쪽은 여왕 하트세프수트(Hatshep-sut)의 주장을 지지했음에 대해, 토트메스(Thothmes) Ⅲ세를 옹호했다. 여왕은 아몬라(Amon-ra) 교의 라(Ra) 교도의 환영을 받았음에 대해, 여왕의 적대자들은 아몬(Amon) 교파였다. 토트메스 (Thothmes) Ⅲ세 파당은 토트메스(Thothmes) Ⅳ세 때까지 정치적 우위를 유지했다. 토트메스 (Thothmes) Ⅳ세는 라 하르마키스(Ra Harmachis)를 숭배했고 왕위에 있었으나 왕관을 쓴 왕은 아니었다. 그 상황은, 아케나톤(Akhenaton)의 종교적 혁명을 행함에 두 적대적 사제 파당들이 연합을 해서 아케나톤에게 대항을 해도 아케나톤은 그들을 궤멸시킬 수 있었기에 두 파당의 불화에 서 생긴 현상으로 보인다.

람세스(Rameses) Ⅰ세의 즉위와 더불어 '라(Ra) 교파의 정치적 우위'를 맞이하게 되었다. 사제들 이 왕위 계승에 영향을 준 것이 확실하니, 카르나크(Karnak, Thebes)에 람세스(Rameses) Ⅱ세가 완성한 열주(列柱)형 거대한 홀의 건립을 시작했던 것이 그것이다.['지도 8' 참조] 구 아몬(Amon) 일당은 무너졌다. 아몬라(Amon-ra)의 태양 속성이 더욱 드러나게 되었고 달의 숭배는 주로 콘수

(Khonsu) "이방(異邦)의 아프로디테(Aphrodite)"와 통합하게 되었다. 이 정치적 종교적 혁명은, 토트메스 Ⅲ세(年表上의 Thutmose IV, 1400-1390 b. c.)에 저항하는 전통적 편견의 결과이다.

"새로운 신학"으로 암시하는바 새로운 정치 집단은 헬리오폴리스(Heliopolis)뿐만 아니라 델타에 있는 반(半) 이방인인 타니스(Tanis)의 지지도 있었다. 무언(無言)의 영향력이 작용한 것이다. **다시 제12왕조 후반기 힉소스(Hyksos) 때처럼 '세트(Set, Sutekh) 신'이 이집트에 드러나게 되었다.** 람세스(Rameses) Ⅰ세의 아들 '세티(Seti)'는 세트(Set)의 숭배자였는데, 구 이집트인들이 악마로 생각한 세트(Set)가 아니라 '아페프(Apep) 뱀을 잡을 호루스(Horus)와 동일한 세트(Set)'였다. [혼란스런 이집트 신들은 결국 '뱀을 잡은 **힌두 영웅신(크리슈나 -Krishna)**' 유형으로 통일이 됨]

세티(Seti) Ⅰ세[173])의 아들, 람세스 Ⅱ세(Ramesses II the Great, 1279-1213 b. c.)는 대표적인 히타이트 신처럼 원뿔 모자를 쓰고, 거기에 긴 끈을 느리었고, 역시 태양 원반을 이고 있는 호루스(Horus)처럼 날개를 달기도 했다. 유리를 박은 작은 명판(名板)에 "놀라운 신"이 "거대한 창으로 뱀을 찌르는" 그림을 담았다. **그 '뱀'은 명백히 소아시아 코리키안(Corycian) 동굴의 폭풍 괴물이며 희랍의 태풍 신으로 제우스(Zeus)나 헤라클레스(Hercules)가 죽인 그 '괴물'이다.** [온전한 '힌두이즘'으로 통일이 됨] 희랍 작가들은 이집트인들이 말하는 "분노한 세트(Set)"를 티폰(Typhon)으로 말을 했다. 타니스(Tanis)의 수테크(Sutekh) 신은 히타이트(Hittite)의 용 살해와 호루스(Horus)와 라(Ra)의 그것들을 연결하고 있다.

호루스(Horus)와 소아시아 용 살해 이야기 연합은 호루스(Horus)의 기원을 아동 신 하르포크라테스(Harpocrates, Her-pe-khred)에서 추적할 수 있다.

유럽에서 '용 살해 이야기(the dragon-slaying stories)'[174]에서 영웅이 중요한 이유에서 그의 입에 손가락을 둔다. 지그프리트(Siegfried)가 용을 살해한 다음에 용의 심장을 구워먹고 나서는 즉시 새들의 언어를 이해했다. 노르웨이(Norse)의 용 살해자 시구르드(Sigurd)는 파프네르(Fafner)[175])를 죽인 다음 엄지손가락을 입에 넣은 것으로 그려져 있다. 고지대 핀란드 인(Highland Finn) 흑색 아르키(Black Arky) 살해자는 그가 연어를 굽다가 탄 손가락을 입에 넣고 그가 '지식의 이빨'을 가졌다는 것을 알았다.[176]) 제19왕조 이집트 민담에 "세트나(Setna)와 마법"이 있는데, 페트리

---

173) 그리피트(Griffiths) 성경 고고학 변론(*Proceedings of the Society of Biblical Archaeology*) V. XVI, pp. 88~9

174) 다양한 신화 상의 괴물들이 "용" 때문에 급감했다는 것을 알아야 한다. 그 "불 같이 나는 뱀"은 "불 수오리(fire drake)" 같다. 둘 다 불을 뿜는 "동국의 용" 강이나 호수 바다와 연합한 켈트 "짐승"과는 다르다. 후자는 중국 일본에서도 나타나고, 스코틀랜드 아일랜드에도 있다. "베어울프(Beowulf)"에서 그렌델(Grendel)과 그의 어머니는 물 속 "짐승"에 속한다. 영웅의 죽음에 원인을 제공하므로 용은 "불 수오리(fire drake)"이다. 이집트에는 홍수와 불의 괴물이 있다. 토르(Thor)가 "어둠의 신들"과의 전쟁에서 미드가르드(Midgard) 뱀을 죽였다.

175) '독일의 신화 전설(*Teutonic Myth and Legend*)'

176) '핀란드인과 그 군단(*Finn and His Warrior Band*)' 연어가 "용"과 연합해 있다. 악마의 "정수(精髓)"는 물고기

(Petrie)[177] 교수가 재구성을 했다. "아후라(Ahura)가 책을 주었다. 내가 주문(呪文, spells)을 읽으니 나는 하늘과 땅, 산과 바다에게 마술에 걸렸고, 하늘의 새들과 물속의 물고기들과 산에 짐승들이 다 말을 한다는 것을 알았다." 이 "놀라운 이야기"로 아후라(Ahura)의 원형은 하르포크라테스(Harpocrates)로서의 호루스(Horus)일 수 있다. 시구르드(Sigurd)와 지그프리트(Siegfried)처럼 아후라(Ahura)는 그가 새들의 말을 알아듣기 전에 "용"을 죽인다. 용은 "불사의 뱀"이다. "아후라(Ahura)는 불사의 뱀에게로 가 그 뱀과 싸워서 그 뱀을 죽였다. 뱀은 살아나 다른 모습이 되었다. 아후라(Ahura)는 다시 싸워 뱀을 거듭 죽였다. 그러나 또 다른 모습이었다. 아후라(Ahura)는 뱀을 두 토막을 내어 다시 서로 붙지 못 하게 모래를 뿌렸다." 베로나(Dietrich von Bern)도 힐데브란드(Hidebrand)를 잡고 있는 거녀(巨女) 힐데(Hilde)를 살해하며 동일한 어려움을 겪었고[178], 헤라클레스(Hercules)는 이오라우스(Iolaus)가 벤 히드라(Hydra)의 머리들이 잘릴 때까지 싸웠다.[179] 헤라클레스(Hercules)는 아후라(Ahura)처럼 "불사(不死)의 잘린 뱀 몸뚱이 사이에 모래를 뿌렸다." 이 모든 이야기들은 터키 킬리키아(Cilician) "신들의 전쟁" 이야기에서 분파된 것으로 보인다. 스코틀랜드 고지대 크로마티(Cromarty) 무명의 산 동굴에 기탁해서 서부 킬리카(Cilica) 셰이탄더(Sheitandere)에 '티폰(Typhon)의 동굴 이야기'가 있다. 그 이야기가 희랍에서 수입되었는지 알프스사람들에게 들었는지는 스코틀랜드 사람들에게는 문제되지 않는다.

제18왕조 말기에 히타이트들(Hittites)이 남쪽으로 팔레스타인으로 밀고 내려와 이집트 국경을 위협하기까지 했다. 정말 거대 히타이트들(Hittites) 식민 인들은 수테크(Sutekh)와 아스타르테(Astarte)가 주신(主神)인 타니스(Tanis)에 정착했던 것으로 보인다. 람세스(Rameses) I 세는 히타이트들(Hittites)의 왕 사파룰(Sapalul, Shubululiuma)과 평화협정을 맺었다.[180] 람세스(Rameses) I 세는 싸우지는 않고, 두 왕은 우호적 관계에 있었다. 세티(Seti)의 어머니가 히타이트나 미타니(Mitanni) 공주였을 것이고, 제18왕조 동안 이집트의 공주들이 외국 왕의 신부로 제공이 되었다. 제19왕조의 왕들이 이집트에 있는 이방인 속성에 지지를 받았던 것은 그 타니스(Tanis)와의 밀접한 관계가 암시하고 있으니, 타니스(Tanis)는 정치적으로도 중요하고 파라오의 주요 장(長)들의 거주지가 되었다. 테베는 종교 중심지가 되어가고 있었다.

세티(Seti) I 세[1290-1279 b. c.]는 키가 크고 늘씬한 체구에 날카롭고 늠름하고 지적인 얼굴이었다. 그의 과도한 경건성은 정치적 동기를 가지고 있다. 이집트 모든 성지(聖地)에 그의 이름이

속에 있었다. 오시리스의 "정수(精髓)"가 아몬(Amon) 속에 있는 것과 같다. 이 개념은 '영혼의 윤회(transmigration of Souls)' 신앙과 연합해 있다.

177) '이집트인의 이야기(*Egyptian Tales*)', London, 1985.
178) '독일의 신화 전설(*Teutonic Myth and Legend*)' 스웨덴과 게일(Gaelic) 이야기에도 비슷한 사건이 있다.
179) '신화 전설의 고전(*Classic Myth and Legend*)' 때 묻지 않은 이집트 전설은 수테크(Sutekh)처럼 수입된 것임을 말하고 있으나, 그 의미는 새로운 지형적 정립[지역주의] 속에 사라지게 되었다.
180) 평화협정은 람세스(Rameses) II 세와 히타이트 왕 사이에까지 이어졌다고 언급되어 있다.

504

나타나 있고, 아케나톤(Akhenaton) 치세에 손상된 기념물도 복원을 했다. 세티(Seti) Ⅰ세는 아비도스(Abydos)에 오시리스 대 성전(聖殿)을 세웠는데, 그가 숭배하는 세트(Set) 신도 모셨다. 그리고 세티(Seti) Ⅰ세는 멤피스와 헬리오폴리스에도 사원을 세웠고, 테베에 열주(列柱)식 대 홀도 작업을 계속하게 했다. 세티(Seti) Ⅰ세는 자신을 "이집트에 태양, 이방(異邦)에 달"로 자칭하며 '태양교가 달성한 최고 파라오임'을 말했다.

세티(Seti) Ⅰ세는 멋진 군인이었다. 그는 북쪽으로 리비아 남쪽으로 누비아를 정벌했다. 그러나 시리아에서 기록할 만한 군사적 성공은 없었다.

새로운 히타이트 왕은 파라오를 몰랐거나 대적하기에는 너무 강한 존재로 생각했다. 어떻든 평화가 깨졌다. 히타이트 권력자는 북쪽 시리아와 팔레스타인에서 혼란을 조성했고, 적대적인 유대인들은 분쟁의 종식에 개입을 했다. 새로운 히타이트 왕은 메소포타미아에 거대 세력을 지니고 있으며 소아시아 북서쪽에 아리안 침략자들을 지니고 있는 아람 족(Aramaeans)과 연합했다.

그 히타이트 왕국은 멸망되었다. 그 최고 시절에 그 왕들은 아시리아 지배자였다. 투슈라타(Tushratta)의 증조부는 아슈르(Ashur)를 약탈했었고, 투슈라타(Tushratta)는 이집트에 충성을 맹세했으나, 이슈타르(Ishtar)의 니네베(Nineveh) 상을 아메노테프(Amenhotep) Ⅲ세에게 보내 그 유명한 도시에서 자신의 우위를 과시했다. 미타니(Mitannni) 세력이 흩어지자'지도 3'l 아시리아와 히타이트 아람 족(Aramaeans)은 투슈라타(Tushratta)와 아리안족에게로 땅이 나뉘었다.

히타이트 왕 사파룰(Sapalul, Shubiluliuma)은 세티(Seti)가 이집트 국경을 위협하는 도둑떼를 흩어버렸을 적에 왕이었다. 세티(Seti)는 전쟁으로 성가신 팔레스타인을 토트메스 Ⅲ세의 위력으로 압박을 가했다. 오론테(Orontes) 계곡에서 세티(Seti)는 히타이트 군사를 만나 대패를 시켰고, 카데슈(Kadesh) 앞에 시위하고 이집트로 개선을 했다. 세티(Seti)는 기원전 1292년에 사망했고, 20년 이상 통치를 했다.

세티(Seti)의 아들이 **람세스(Rameses)** Ⅱ세[1279~1213 b. c.]이니, 그의 67년 통치에서 처음 15년은 주로 히타이트와 그들의 동맹들 쳐부수는 줄기찬 군사적 작전에 몰입했다. 시리아에 새로운 국면이 전개되었다. 소아시아의 잉여 민족이 식민지로 삼고 있었다. 히타이트 군사들은 히타이트 정착 자들에게 복종을 해서 북쪽 시리아 경계선에서 이집트인의 군사적 점령은 소용이 없게 되었다. 그러나 람세스(Rameses) Ⅱ세는 이집트 영향력이 없어진 지역을 회복하기에 힘이 넉넉하다고 생각했다. 람세스(Rameses) Ⅱ세의 야심은 금방 히타이트 왕 무탈루(Mutallu)와 그 동맹군들에게 실현이 되어 다 그 야심적인 왕을 섬기게 되었다.

람세스(Rameses) Ⅱ세는 시리아 해안을 4년간 관리하다가 5년 초에 그는 팔레스타인을 관통해 오론테(Orontes) 계곡으로 진격했다. 히타이트와 그 동맹군은 카데슈(Kadesh)에 집결해 있었는데, 사로잡은 두 토착인의 말만 믿고 람세스(Rameses) Ⅱ세는 적들이 투니프(Tunip) 너머로 퇴각했다고 생각을 했다. 그것은 그럴법해 보였으니, 이집트 정찰병들은 적들을 볼 수가 없었기 때문이다. 그러나 너무나 자신만만한 파라오는 덫에 빠지게 되었다.

이집트 군사는 4개 군단이었으니, 아몬(Amon) 라(Ra) 프타(Ptah) 수테크(Sutekh)라 각각 이름을 붙였다. 람세스(Rameses) Ⅱ세는 서둘러 카데슈(Kadesh)에 군사를 투입하려고 아몬(Amon) 군단으로 압박을 하고 라(Ra) 군단이 그 뒤를 따르게 했다. 다른 두 개 군단은 배후에서 최소한 하루 안에 그 도시에 도착하도록 했다.

히타이트 왕 무탈루(Mutallu)는 카데슈(Kadesh) 북쪽 그 아몬(Amon) 군단의 서쪽에 자리 잡아 람세스(Rameses) Ⅱ세가 도시로 접근하는 것을 그대로 두었다. 그러는 동안 무탈루(Mutallu)는 도시 동쪽으로 2500의 전차 무사를 보내 라(Ra) 군단을 공격하여 그것을 격파하니, 그 병사의 대부분을 아몬(Amon) 군단 쪽으로 도망을 치게 만들었다. 얼마가지 않아 람세스(Rameses) Ⅱ세는 자신이 비로소 포위된 것을 알았으니, 아몬(Amon) 군단 대부분도 쪼개져서 북쪽 라(Ra) 군단을 향해 도망을 쳤기 때문이다.

아주 위태로운 상황이었다. 람세스(Rameses) Ⅱ세는 위대한 장군은 아니었으나, 용감했고 행운도 있는 왕이었다. 히타이트들은 서쪽에서 압박 공격을 하는 대신에 이집트 군영(軍營)을 약탈하기 시작했다. 히타이트들의 동쪽 날개는 약했고, 그 보병들을 강물이 나누어 놓고 있었다. 람세스(Rameses) Ⅱ세는 강력한 전차병을 이끌어 그 히타이트들의 일부를 강물 속으로 몰아넣었다. 그러는 동안 증강병력이 도착해 이집트 군영에 아시아 군을 몰아내고 그들을 잡았다. 그러자 람세스(Rameses) Ⅱ세는 흩어진 군사를 모으고 히타이트 서쪽 날개와 결사적으로 싸워 프타(Ptah) 군단은 이집트의 적들을 카데슈(Kadesh) 시 속으로 몰아넣었다.

람세스(Rameses) Ⅱ세는 승리했으나, 손실이 컸다. 이집트로 돌아 왔으나 카데슈(Kadesh) 포로는 없었다. 람세스(Rameses) Ⅱ세는 자신의 용맹을 사원의 벽과 기념물에 기록하게 했다. 한 시인은 람세스(Rameses) Ⅱ세를 칭송했다. 파라오가 "홀로" 포위된 것을 알고 라(Ra)를 찾으니, 태양신이 그에게 나타나 말했다. "그대는 혼자가 아니다. 나는 그대 아비고 그대 곁에 있다. 나의 손은 수십만 개다. 그대의 용감함을 내가 승리의 제공자이다."[완전히 '마하바라타' 서술 방식이다.] 다른 명문(銘文)에는 람세스(Rameses) Ⅱ세를 전쟁의 신 발(Baal)에 비유했다.

람세스(Rameses) Ⅱ세는 히타이트 이집트 진입을 더디게 했으나 막지는 못 했다. 람세스(Rameses) Ⅱ세의 그 다음 원정(遠征)들은 덜 성급해졌으나, 토트메스(Thothmes) Ⅲ세와 아메노테프(Amenhotep) Ⅱ세가 확보해 놓은 이집트 경계선을 고정하지 못 했다. 결국 람세스(Rameses) Ⅱ세는 팔레스타인 통치자와 공존하는 것으로 만족을 해야 했다. 히타이트 왕 무탈루(Mutallu)는 그의 동맹들에게 반란을 부추겼는데, 특히 '아람 족(Aramaeans)'에게 그러했다. 무탈루(Mutallu)의 아우 카투실(Khattusil) Ⅱ세[181]가 그를 계승했는데 람세스(Rameses) Ⅱ세와 군사 동맹을 맺고 강력하게 대두한 아시리아에 대항한 것으로 보인다. 군사 협정은 기원전 1271년에 체결되었는데, 불행하게도 협약은 무너졌지만, 천년 이집트 신들과 히타이트 신들이 보는 앞에서 두 군주가 맺은 협정이었다.[매켄지의 종교 역사관의 반영]

몇 년 뒤에 카투실(Khattusil)이 람세스(Rameses) Ⅱ세와 그 딸 결혼을 축하하기 위해 이집트를 방문했다. 카투실(Khattusil)은 강한 군사를 대동하고 많은 선물도 가지고 갔다. 많은 이집트 사람들은 카투실(Khattusil)을 파라오의 신하로 생각했다. 아픈 딸을 치료하기 위해 이집트로부터 콘수(Khonsu) 신상을 받은 왕일 거라고들 생각했다.(제ⅩⅤ장 참조)

람세스(Rameses) Ⅱ세는 야심과 허영의 인물이었다. 그는 이제까지 이집트에서 왕을 했던 최고의 파라오로 알려지기를 원했다. 그래서 람세스(Rameses) Ⅱ세는 자랑스러운 그의 행적과 기념물로 이집트를 덮었다. 선왕들의 작품을 도용(盜用)했고 건물을 짓기 위해 사원들을 헐었다. 철저하게 이집트 것으로 된 누비아(Nubia)에 아몬과 라 푸타 사원을 세웠다. 그들 중에 가장 큰 것이 아부심벨(Abu Simbel)이니, 아몬(Amon)과 자신에게 바쳐진 것이다. 그 곁에는 작은 사원을 세워, 하토르(Hathor)와 "사랑하는" 왕비 네페르타리(Nefertari)에게 준 것이라고 새겨놓았다. 그 아몬(Amon) 사원 앞에는 네 개의 거상(巨像)이 세워졌다. 람세스(Rameses) Ⅱ세의 상(像) 중에 하나가 온전히 남아 있다. 그는 앉아 그 무릎에 손을 얹고 모래벌판을 응시하고 있다. 아내의 상은 부서져 잔해만 있으나 놀랍게 보존이 되어 있다.

테베에 '람세움(Ramesseum)'이라는 거대하고 아름다운 승리의 아몬라(Amon-ra) 사원을 세웠고, 카르나크(Karnak)에는 세계에서 제일 큰 열주(列柱)식 홀을 완성했다. 그 '람세움(Ramesseum)' 벽에는 옅은 음각(陰刻)으로 유명한 '카데슈(Kadesh) 전투'를 조각해 놓았다. 람세스(Rameses) Ⅱ세는 거대한 모습으로 전차에 올라 활을 당기고 있는 모습이고, 릴리푸티아의(Lilliputian) 히타이트 무리들을 오렌테(Orentes) 강 속으로 흩어버리는 형상이다.

비록 람세스(Rameses) Ⅱ세가 와디 할파(Wady Halfa)에서 델타까지 나일 강을 정복했다고 해도 우리는 그보다 더욱 위대한 파라오가 있다는 것을 알고 있다. 람세스 Ⅱ세의 미라는 카이로 박물관에 있다. 그는 거만한 귀족 얼굴로 높은 매부리코가 일부 히타이트 후예임을 암시하고 있다. 람세스 Ⅱ세는 1백세 가까이 살았는데, 관능적인 아시아 여신 숭배자인 그는 수많은 첩들에게서 1백 명의 아들과 확인도 할 수 없는 많은 딸을 두었던 사람이다.

람세스(Rameses) Ⅱ세의 계승자는 세티 메네프타(Seti Mene-ptah)였다. 명백히 프타(Ptah)와 세트(Set)는 부각이 되어 있었으니, 왜냐 하면 람세스(Rameses) Ⅱ세는 그보다 먼저 사망한 사랑하는 아들을 멤피스의 고위 자제로 삼아 놓았다. 그 새로운 왕은 기원 전 1243년에 왕위에 올랐고, 그에 앞서 그 아버지가 행한 것처럼 기존한 사원을 허물며 그 명성을 세우기 시작했다. 그가 다스린

---

181) 이집트인에게는 케테사르(Khetesar)로 알려져 있음.

10년 동안 이집트는 새로운 위협에 처했다. 유럽은 불안한 상태에 있었고, "섬들"로부터 델타 지역으로 몰려 들어온 엄청난 사람들은 이집트 땅에 영주(永住)를 하려고 리비아 사람들과 연합을 했다. 그 무렵 소아시아 북서 부에 프리지안(Phrygian) 점령이 진행이 되었다. 히타이트 왕국은 불행한 운명을 맞게 되었다. 히타이트는 갈라져 작은 나라들이 되었다.

이집트 침략자들은 구 크레타 항해자들의 연합인데, 그들은 해적으로 변해 섬나라들을 지배하는 가족들이 된 것 같다. 그들 속에는 샤르다나(Shardana)[182]와 파라오의 용병(傭兵, mercenaries)이었던 다나우나(Danauna- 호머의 '다나오이(Danaoi)'가 아닐까?), 아카이바샤(Akhaivasha), 투르샤(Tursha)가 포함되어 있었다. 아카이바샤(Akhaivasha)는 아케안들(Achaeans)로, 거구에 갈색 머리 회색 눈 무사들로 인종학적으로 일부 알피네(Alpine)와 일부 북쪽 후예인 고대 "켈토이(Keltoi)"로 알려져 있다. 샤칼샤(Shakalsha)가 시실리(Sicily)를 이름 지었고, 그들과 투르샤(Tursha)는 리비아인과 친족일 수도 있다.

메네프타(Meneptah, Merenptah, 1213-1203 b. c.) 파라오는 크게 겁을 먹었으니, 침략자들이 헬리오폴리스(Heliopolis)까지 침투했기 때문이다. 그러나 프타(Ptah) 신이 꿈에 나타나 승리를 약속해 주었다. 샤르다나(Shardana)와 다나우나(Danauna) 용병(傭兵)들의 지원을 받아 메네프타(Meneptah) 파라오는 침략 동맹군을 격파했으니, 9000명을 죽이고 많은 사람들을 포로로 잡았다.

테베의 중심주(柱)에는 메네프타(Meneptah, Merenptah, 1213-1203 b. c.) 파라오 용병이 팔레스타인에 원정했다는 기록이 있는데, **그 팔레스타인에는 이스라엘 후손도 포함되어 있었다**.

비록 위대한 람세스(Rameses) Ⅱ세의 아들은, 람세스 Ⅱ세가 "온 나라를 통합하고 평화롭게 했다."고 자랑을 했으나, 기원전 1215년 그가 죽자 이집트는 무정부 상태가 되었다. 10년 사이에 세 사람의 왕권 청구자들이 나타났다. 그리하여 시리아 강탈자가 파라오가 되었다. 다시 한 번 이집트 영주(領主)들이 자신들을 주장하게 되었고, 이집트는 또다시 기아(飢餓)와 혼란에 빠졌다.

제20왕조(1190~1077 b. c.)의 두 번째 왕 **람세스(Rameses) Ⅲ세[1186-1155 b. c.]**는 이집트 최후 위대한 왕이었다. 그의 통치 8년 만에 '제2차 해적들'이 일어났다. 기원전 1200년 1190년 사이였다. 이 경우에 침략 연합군은 소아시아와 북시리아에서 온 종족으로 강화되었는데, 그들 속에는 티카라이(Tikkarrai), 무스키(Muski, 희랍의 Moschoi?), 펠레슈템(Peleshtem)으로 솔로몬(Solomon, 970-931 b. c.)을 호위했다는 풀리슈타(Pulishta, Pilesti)가 포함되어 있었다. 풀리슈타(Pulishta)는 팔레스타인에 명칭을 제공한 크레타에서 온 팔레스타인 사람들로 카르멜(Carmel)에서 아슈도드(Ashdod)에 이르는 해안지대를 점유했고, 제즈렐(Jezreel) 평원 아래 베트샨(Beth-shan) 아래 내지(內地)에까지 세력이 미쳤다.

---

182) 옛날 크레타 사람인 "케프티우(Keftiu)"를 아메노테프(Amenhotep) Ⅲ세 통치 이후 이집트인은 언급하지 않고 있다. 새로 들어온 사람들은 크노소스(Knossos) 대궁전을 파괴자임이 명백하다.

그 대(大) 해적들의 공습은 경험이 풍부한 최고의 사령관 아래 잘 조직된 도둑들이었음이 확실하다. 육지의 병력은 함대 병력과 연합하기 위해 팔레스타인 해안으로 내려왔고, 침략군들의 아내와 어린이 소지품들은 '그 바퀴가 달린 카트'에 싣고들 왔다.[183] 람세스(Rameses) III세는 침략에 대비를 하고 있었다. 육군은 델타 국경을 지키고 그의 함대는 해적들이 오기를 기다리고 있었다. '역사상 최초의 해전'이 이집트 해안에서 펼쳐졌으니, 파라오는 그 **'해적 퇴치 장관(壯觀)'을 테베의 서쪽 평원 메디네트 하부(Medinet Habu) 아몬 사원 북쪽 벽에 낮은 음각(陰刻)으로 조각해 놓았다.** 궁사(弓師)들을 가득 실은 이집트 배들은 적들의 배들을 향해 일제 사격을 가하는 장면이다. 압도적인 승리를 파라오가 달성한 것이다. 해적들은 완전히 소탕이 된 것이다.

그러고 나서 람세스(Rameses) III세는 그의 군사를 북으로 진격시켜 팔레스타인으로 들어가 팔레스타인 육군을 만나 남부 페니키아에서 패배시켰다.

'대(大) 트로이 전쟁(The great Trojan war)'은 이 '이집트 공습 직후'에 시작되었다. 희랍인들에 의하면 '트로이 전쟁'은 기원전 1194년~1184년 사이에 터졌다. 호머(Homer)가 말한 '트로이(Troy)'는 프리지아 사람들(Phrygians)이 세웠다. 프리암(Priam)이 왕이었고, 두 아들이 있었으니 헥토르(Hector)와 왕이 된 파리스(Paris)가 그들이었다. 메넬라오스(Menelaus)는 무남독녀 공주 헬렌(Helen)과 결혼하여 스파르타에 왕이 되었다. 메넬라오스(Menelaus)가 집을 떠나 이집트 침략 해군(해적)을 지휘했다면 그것을 기회로 파리스(Paris)가 여왕(헬렌)을 모셔간 것은 명백히 스파르타 왕권 청구자가 된 셈이다. 메넬라오스(Menelaus)가 귀국하여 동맹군을 규합하여 60척의 배를 이끌고 트로이를 포위했다. 이 전쟁은 호머의 대 서사시 '일리아드(Iliad)'가 된 것인데, '일리아드(Iliad)'는 청동기 시대와 철기 시대의 중간인 "칼코시데르(Chalkosideric)" 기(期) 문명[184]을 다룬 작품이다.

그런 동안 이집트는 외적(外敵)들에게서 휴식을 취하게 되었다. 람세스(Rameses) III세는 30년 이상 통치를 했다. 그는 리비아와 누비아와 해적 육지의 적들의 걱정이 없어졌고, 팔레스타인 일부도 다스렸다. 그러나 이집트의 위대한 시대에 종말이 왔다. 이집트는 내적 불화로 약화되었으니, 그것은 리비아 유럽인 등 외국 용병으로만 잠재워질 수는 없었다. 이집트 국민정신이 이미 반을 차지하고 있게 된 외국 지배 계급에 흔들리고 있었다. 람세스(Rameses) III세가 그의 무덤 속으로 들어가니 파라오들의 권세는 급격히 약화되게 되었다. '이집트 운명'은 내부로부터 오기보다는 무(無)에서 생성이 되었다.[185]

---

183) 팔레스타인(Philistines)의 사제들이 그 팔레스타인들에게 명했다. "이제 새로운 카트가 만들어졌으니, 그 카트에 두 마리 암소를 실어라." -('사무엘' I, vi, 7).

184) 아일랜드(Ireland)의 쿠쿨린 전설(Cuchullin saga)은 동일한 그 고대에 속한 작품이다. 청동과 철기가 쓰였다. 쿠쿨린(Cuchullin)은 켈트의 아킬레스(Acholles)이고 두 영웅은 모두 구(舊) 종족 신에 고착이 되어 있다. 아킬레스의 발뒤꿈치는 원시 오시안(Ossian)의 작품에 디아르미드(Diarmid)와 특징을 공유했다.

'아케나톤과 왕비' '그들의 자녀'

'주요 파라오들의 미라 -토트메스 II, 람세스 II, 람세스 III, 세티 I'

'히타이트 요새를 공략하는 람세스 II세(Ramesses II storming the Hittite fortress of Dapur)' '누비아인들을 물리치고 있는 람세스 II세(Ramesses II in his war chariot, charging the Nubians)'

---

185) D. A. Mackenzie, *Egyptian Myth and Legend*, Bell Publishing Company, 1978, pp. 338~351 'XXVII. The Empire of Rameses and the Homeric Age'

510

'람세스를 축복하는 세트와 호루스(Set and Horus adore Ramesses.)' '람세스 III세의 석관(Red granite sarcophagus of Ramesses III)'

—————✈

(a) 매켄지(D. A. Mackenzie)는 이 장에서 이집트 문명의 최후 수호자 '람세스 II세(Ramesses II)' 와 '람세스 III세(Ramesses III)'를 소개했다. 모두 강력한 외세 침략을 막아낸 파라오 본래 모습 으로 구체적 역사적 실례로 설명했다.

(b) 이에 앞서 매켄지(D. A. Mackenzie)는 흩어져 있던 '이집트 역사적 자료들'을 모으기에 심혈을 기우렸을 뿐만 아니라 그 각 왕조의 파라오들의 정치적 종교 사상적 성향을 정밀하게 다 살펴 온전히 제시를 하여 그의 분석력과 종합력을 과시 했는데 그러한 매켄지(D. A. Mackenzie)의 작업은 '람세스 II세(Ramesses II)'와 '람세스 III세(Ramesses III)' 경우에도 그대로 발동이 되었다.

(c) 특히 '람세스 II세(Ramesses II)'의 경우 무관한 듯한 '용 살해 이야기(the dragon-slaying sto- ries)'를 들고 나와 '그 '뱀'은 명백히 소아시아 코리키안(Corycian) 동굴의 폭풍 괴물이며 희랍의 태풍 신으로 제우스(Zeus)나 헤라클레스(Hercules)가 죽인 그 '괴물'이다.'는 논리를 폈다.

(d) 그런데 이것이 역시 그동안 매켄지(D. A. Mackenzie)가 공들여 온 '이집트 역사는 종교의 역사 다.'란 그의 확신을 뒷받임한 결론의 증거를 대는 것으로 주목을 해야 한다.

(e) 그 동안 이집트 파라오들은 그 '낙원 이집트'의 부귀를 누리며 최고의 '자기도취'의 세상을 즐기고 있었다. 그러나 상대적으로 '바깥세상의 관심'이 적은 상황에 처해 편히 지내고 었었던 셈이다.

(f) 즉 '이시스 오시리스' 신앙에 '태양신 라(Ra)'를 엮어 '낙원 사상'을 펼치는 것으로 만족을 계속하 다가 뒤에 '전쟁의 중요성'을 깨달아 '전쟁 승리의 신'에 관심을 둔 정도까지 나아갔다.

(g) 그런데 **'람세스 II세(Ramesses II)'가 수용한 '용 살해 이야기(the dragon-slaying stories)'는 비로소 '세계의 고급 종교[만능의 유일 신]' 뉴스에 접한 것을 스스로 명시하고 나선 것이 그 구체적인 예였다.**

(h) 역시 그 '람세스 III세(Ramesses III)'가 '해적 퇴치'의 공을 자랑하고 있을 적에 매켄지(D. A. Mackenzie)는 유명한 '대(大) 트로이 전쟁(The great Trojan war)'을 거론하여 '고대 이집트 사' 를 '대(大)세계사' 속에 진입을 시켰다. **어느 지역 어느 종족 사나 '대(大)세계 사' 속에 다시 자리 메김이 되어 한다.**는 위대한 안목을 매켄지(D. A. Mackenzie)는 충분히 체득(體得)하고 있었다.

XXVIII. 이집트와 유대인 왕국

✻ 이집트 멸망에 대한 이사야(Isaiah)의 예언 -사제(司祭)였던 왕들 -리비아 인들의 흥기(興起) -팔레스타인 사람들과 히브리 사람들 -철(鐵)의 사용이 제한된 구역 -사울(Saul)과 다윗(David) -셰송크(Pharaoh Sheshonk, Shisak) 파라오와 동맹을 맺었던 솔로몬(Solomon) -제로보암(Jeroboam)의 반란 -'천국의 여인'이라는 이스라엘 전함(戰艦) -에티오피아 출신 파라오들 -거대 왕국 아시리아(Assyria) -"사라진 열 개의 종족" -타하르카(Taharka) 파라오와 헤제키아(Hezekiah) 파라오 -아시리아(Assyria) 군사들이 죽다 -위대한 정치가인 이사야(Isaiah) -아시리아(Assyria)의 이집트 정복 -테베(Thebes)의 몰락

"이집트의 짐[죄 값]이다. 보라 주님이 구름을 타고 이집트로 갈 것이다. 이집트의 우상들이 주님 앞에서 치워질 것이고, 이집트의 심장은 주님 안에 녹아내릴 것이다. 그리고 나는 이집트인들이 이집트인과 서로 싸우게 할 것이고, 각각 그 형제와 싸우고, 이웃과 다투게 할 것이다. 도시는 도시와 싸울 것이고, 왕국이 왕국과 싸우게 될 것이다.[당초 '크리슈나와 아르주나' 戰爭 方法임] 그래서 그 중에 이집트 정신은 없어질 것이다....개울은 마를 것이고, 갈대나 깃발도 시들 것이다. 개울의 '종이 갈대나'[186], 개울들의 먹을 것, 개울들이 보여준 모든 것이 시들어 사라질 것이다. 어부들은 탄식을 할 것이고, 낚시꾼도 그러할 것이고 어망을 펼쳐도 맥이 빠질 것이다. 더구나 저들이 좋은 아마(亞麻)를 엮고 그물을 얽을 것이나 그 결과는 없을 것이고, 수문(水門) 만들기 물고기 연못들도 그리 되리라."('이사야(*Isaiah*)' xix).

람세스(Rameses) Ⅲ세[1186-1155 b. c.] 사망부터 위대한 유대인 예언가 정치가인 이사야 (Isaiah) 시대에까지, 우리는 '5백 년 간의 이집트 격동과 변화'를 살필 것이다. 제19왕조 최후 아홉 명의 허약한 파라오가 그 '람세스'란 위대한 이름으로 통치를 했다. 그들에 대해서는 알려진 바가 없다. 그들은 '아몬라(Amon-ra) 강력한 사제들'의 손아귀에 꼭두각시들로, 사제들이 이집트의 장군이었고, 재무 장관, 수상, 판사였다. 아몬라(Amon-ra)의 신탁(神託)이 '이집트인들의 행동 강령'이었다. 결국 테베의 신 '아몬 라(Amon-ra)'가 '사자(死者)를 판결하는 오시리스'와 적대관계가 되었고, 최고의 사제(司祭) **헤리호르(Herihor, 1080-1074 b. c.)**가 람세스(Rameses) ⅩⅡ세를 몰아내고 왕관을 썼다.['파라오 일람' 참죄 그 사제 왕은[테베(Thebes)'에서] 델타 타니스(Tanis, Zoan) 까지 통치를 했다.['지도 1' -9. '타니스(Tanis)' 참죄

이집트는 성직자 규율의 혼란에 던져져 가치가 급격히 무너졌다. 대로상에 도둑들이 횡행했고, 특히 무덤들이 약탈의 표적이 되었고, 부패한 관리들이 유물들을 못 쓰게 만들었다. 세티(Seti) Ⅰ세와 람세스(Rameses) Ⅱ세를 포함한 위대한 파라오들의 미라들이 무덤에서 도난이 되었다. 아무런 건축도 이루어지지 않았고, 라메세움(Ramesseum)을 포함한 많은 거대한 신전들이 황폐하

---

186) Papyri

게 되었다.

희미하고 부끄러운 세기가 지난 다음에 '리비아 사람들'과 그들의 서쪽 이웃과 정복 족 메슈웨슈 (Meshwesh) 혼혈족이 델타 지역으로 쏟아져 들어왔고, 그들은 멀리 남쪽 헤라클레오폴리스 (Heracleopolis)에까지 뚫고 들어갔음을 확인할 수 있다. 팔레스타인들은 남쪽으로 이동을 했고, 잠시 유대인을 지배하기도 했다. 팔레스타인 사람들이 철(鐵)을 소개했으나, 그 사용을 그들의 이웃에 한정했던 사실이 '성경'에 나타나 있다.

> 이스라엘에는 대장장이가 없었다. 팔레스타인 사람들이 말했다. 유대인들이 칼과 창을 만들게 해서는 아니 된다. 그러나 모든 이스라엘들은 그의 보습이나 괭이를 날카롭게 하려면 팔레스타인 사람들을 찾아야 했다. 그래서 전쟁을 할 때에 사울(Saul)과 조나탄(Jonathan)과 함께한 백성들의 손에는 칼과 창이 없었으나, 사울(Saul)과 조나탄(Jonathan) 그 아들의 손에만 칼과 창이 있었다.('사무엘 I', xiii, 19~22)

이처럼 유대인들은 그들 역사의 시작의 단계에서 상업적 "곤경"에 있었다. 유대인 교사(教師)들은 세계의 가장 오래된 문명을 대표하는 유럽인들이었다.[187] 다양한 종족들의 억압을 견뎌야 했고, 그 사울(Saul, 1078-1010 b. c.) 통치 아래서 유대인들은 팔레스타인 사람들에게 공동으로 대응을 했었다. 아마 외국인 핏줄인 잘 생긴 **미남 소년 다비드(David, 1010-970 b. c.)**[188]**는 유다(Judah)와 이스라엘(Israel)을 규합했고**, 크레타 정착민[팔레스타인] 지배를 끝장나게 하였다.['지도 4' 참죄 팔레스타인 사람들은 그 거주가 해안가로 제한되었고, 철(鐵)의 독점도 종식이 되었다. 사제들의 선택 자인 **솔로몬(Solomon)**은 용병(傭兵)을 포함한 강력한 군사력의 지지를 받았는데, 이집트 제18왕조 파라오들을 모방하여 위대한 군주가 되었다. **남부 시리아에서 '솔로몬(Solomon, 970-931 b. c.)의 우위'는 이집트와의 연합으로 지속이 되었다.**

> 그래서 솔로몬(Solomon)은 이집트 왕 파라오[셰송크(Sheshonk, Shisak, 943~922 b. c.)]와 친하게 되었고, 파라오의 딸을 다비드 도시로 데려 왔는데, 솔로몬(Solomon)은 궁실 건립을 끝내고 주님의 성전과 예루살렘 성곽을 다 쌓을 때까지 이집트 파라오와 연대(連帶)를 하였다.('열왕 I', iii, 1)〉

솔로몬(Solomon, 970-931 b. c.)이 알았던 그 파라오는 '셰송크(Sheshonk, Shishak, Shoshenq I, 943~922 b. c.)'로 힘차고 성공적인 왕으로서 이집트에 평화를 정착했던 왕이었다. 그는 유대인의 "완충(緩衝) 국"과 이집트 사이에 국경을 두고 강력한 힘으로 국경을 지키고 있었다. 그 때

---

187) "국가 기록 유물"(크레타) -예레미야, xⅠvii, 4.
188) "잘 생긴 미남 젊은이" ('사무엘 I', xvii, 42)

셰송크는 (독립된 도시 국가) "게제르(Geger)"를 차지했고, "거기를 불 지르고 그 도시에 거주하는 가나안 사람들(Canaanites)을 죽였고, 솔로몬의 아내인 그 딸에게 주었다."('열왕기 Ⅰ' ix, 16)〉

셰송크(Sheshonk, Shoshenq I)는 최초 리비아 출신 파라오로서 그의 제22왕조는 약 2백년간 지속이 되었다. 셰송크(Sheshonk)는 처음 메슈웨슈 리비아(Meshwesh-Libyan) 용병(傭兵)의 후예로 헤라클레오폴리스 헤르셰프(Her-shef)의 고위 사제와 지방 군사의 사령관이었다. 이 이방인과 그 후손 치하에 주(州)가 번성해서 그 셰송크(Sheshonk)는 델타 지역을 통치할 수 있었고, 다른 리비아 군주들과도 동맹을 맺었다. 마지막에 셰송크(Sheshonk)는 타니스(Tanis)의 사제 왕의 딸과 결혼해서, '이집트 파라오'로 선포가 되었다. 셰송크(Sheshonk)는 **부바스티스(Bubastis)**를 수도로 삼고 '고양이 머리' 바스트(Bast) 여신을 왕국 공식 신으로 삼았다.['지도 1' -11. '부바스티스(Bubastis)' 참죄 아몬(Amon)은 그때까지 인정이 되었으나, "따뜻한 바스트(Bast) 신"의 부각으로 델타 지역의 다른 신들과 나뉘어야 했다. 셰송크(Sheshonk)는 테베(Thebe)를 유명무실하게 만들었고 그의 아들을 아몬 라(Amon-ra)의 고위 사제로 임명하였고, 그가 누비아로부터의 공물(供物)을 걷을 수 있도록 하였다.

그 셰송크(Sheshonk)가 가장 필요한 것은 '돈'이었는데, 그는 무엇보다 '강한 기동 타격 용병(傭兵)들'을 유지해야 했기 때문이다. 셰송크(Sheshonk)는 솔로몬 왕국에 축적된 부를 틀림없이 선망(羨望)했는데, 기회가 생기자 즉각 [솔로몬 왕국의]내정을 간섭하러들었다. 셰송크(Sheshonk)는, 솔로몬이 부과한 무거운 세금에서 벗어나고자 한 이스라엘 지도자 예로보암(Jeroboam)에게 호의(好意)를 보였다. "그래서 솔로몬은 예로보암(Jeroboam)을 죽이려 했다."('열왕기 Ⅰ', xi, 40). 예로보암(Jeroboam, 931-910 b. c.)이 왕위에 오를 때, 예로보암(Jeroboam)은 압박 받았던 열 종족을 기대어 기뻐했으나, 새 왕[솔로몬의 아들]은 "내 작은 손가락이 우리 아버지[솔로몬 왕] 허리보다 더욱 두꺼울 것이다."라고 말했다. 반란이 이어져 예로보암(Jeroboam)은 북쪽에서 왕이 되었으니, 명백히 이집트 왕 셰송크(shishak, Sheshonk)의 지원을 받았을 것이다. 그러자 예로보암(Jeroboam)의 수하(手下)들은 '황금 송아지'를 섬겼는데, 그것은 아마 [이집트의] 하토르(Hathor) 같은 "천상의 부인" 상징이었을 것이다. 그 숭배가 예루살렘에까지 행해지니, 그 때 예레미야(Jeremiah)는 말했다. "아이들은 나무를 모으고, 아버지들은 불을 붙이고, 여인들은 밀가루를 반죽하여 하늘의 여왕께 바칠 떡을 만들고, 다른 신들에게 올릴 술도 부었다."('예레미야', vii, 18) 다비드(David)에 의해 증진된 '이스라엘 신 숭배에 기초한 종교적 체계'는 이처럼 무너졌다. "레호보람(Rehoboram)과 예로보암(Jeroboam)간의 전쟁은 그들의 시대에 항상 있었다."('열왕기 Ⅰ' xiv, 30)

"아이들은 나무를 모으고, 아버지들은 불을 붙이고, 여인들은 밀가루를 반죽하여 하늘의 여왕께 바칠 떡을 만들고, 다른 신들에게 올릴 술도 부었다."('예레미야', vii, 18) 다비드(David)에 의해 증진된 '이스라엘 신 숭배에 기초한 종교적 체계'는 이처럼 무너졌다. "레호보람(Reho-boram)과 예로보암(Jeroboam)간의 전쟁은 그들의 시대에 항상 있었다."('열왕기 Ⅰ' xiv, 30)

세송크(Sheshonk)는 침략의 기회를 재빠르게 포착했다. 세송크(Sheshonk) 연대기에 의하면 세송크(Sheshonk)는 팔레스타인으로 쳐들어가 손상을 가했다. 세송크(Sheshonk) 용병(傭兵)들은 오론테스(Orontes) 강까지 진격을 했다. 세송크(Sheshonk)는 예루살렘을 약탈하고 "주님 성전의 보물을 가져가고 솔로몬이 제작했던 황금 방패들 다 가져갔다."('열왕기 Ⅰ' xiv, 25~6)

그 세송크(shishak, Sheshonk) 사망 1백년 뒤에 그 왕개제22왕죄는 기울게 되었다. 다양한 리비아 계의 왕들이 나타났으나, 이집트인들은 그에게 '명목만의 충성'이었다. 이집트 남쪽에 그들과 적대적인 왕국이 나타났다. 테베(Thebes)의 사제 왕들이 쫓겨나서 그들이 '누비아 식민지(Nubian colony)'에서 '신정(神政)'을 행했는데, 그것이 '에티오피아(Ethiopia)'로 알려졌고, 거기서는 아몬(Amon)의 신탁으로 국가가 통치되었다.

그 '에티오피아(Ethiopia)'가 '상부(上部, 나일 강 상류)[남부] 이집트'를 통치할 만큼 강해졌을 적에, 그 테베를 점령하였다. 그 '에티오피아(Ethiopia) 통치자' 중에 가장 강했다고 할 수 있는 **피안키(Piankhy, Piye, 744-714 b. c.)**는 '북쪽 이집트[하부 나일 강 하류]의 왕들'까지 그 힘의 우위를 알게 되었다.

피안키(Piankhy, Piye, 744-714 b. c.)의 가장 심각한 적대자는 사이스(Sais)에 왕 테프네크트(Tefnekht)였는데, 그 테프네크트(Tefnekht)가 그 동맹군을 이끌고 남쪽으로 테베까지 올라왔다. 테프네크트(Tefnekht)는 도리어 피안키(Piankhy)에게 반격을 당했고 피안키(Piankhy)는 그에게 항복을 요구했다. 그러나 그 피안키(Piankhy)는 하부(下部) 이집트를 오래도록 점령할 수는 없었다.

제25왕조[705~656 b. c.] 최초 에티오피아 출신 파라오 **샤바카(Shabaka, 705~690 b. c.)**가 전 이집트를 통치했고, 그 군사력으로 북쪽 소왕(小王)들의 충성까지 확보를 했다. 샤바카(Shabaka)는 '성경'에 "그래서 그가 이집트 왕이 되었다."고 진술이 되어 있다.('열왕기 2' xvii, 4)

그런데 **시리아와 팔레스타인은 바빌로니아 메소포타미아 소아시아와 더불어 '거대 왕국 아시리아(Assyria)'의 속국(屬國)이 되었다**. 이에 에티오피아 출신 파라오 **샤바카(Shabaka)**는 남부 시리아까지 경계 확장을 꿈꾸기도 하고 아시리아(Assyria) 침공에 이집트 완충국으로 만들려고 생각했다. **샤바카(Shabaka)**는 그 소국의 왕들과 동맹을 맺었다. 그 소국의 왕들 중에는 **'이스라엘'의 호세아(Hoshea)왕**도 포함이 되었었는데, 그 호세아(Hoshea)왕은 이집트의 지원을 믿고, "해마다 아시리아 왕에게 바치는 공물(供物)을 가지고 가지 않았다."('열왕기 2' xvii, 4)

아시리아 사르곤(Sargon) Ⅱ세[722-705 b. c.]는 전란이 생길 것을 예상하여 황급히 진압했다. 사르곤(Sargon) Ⅱ세는 소국(小國)의 왕 하마트(Hamath)의 일루비디(Ilu-bi-di)를 생포했고, 이

집트 군사를 격퇴시키고, 가자(Gaza)왕 하노(Hanno)를 잡고 그 '호세아(Hoshea)왕'을 포로로 잡았다. 그래서 사르곤(Sargon) Ⅱ세는 27290명의 이스라엘 사람과 "열개의 사라진 종족들"을 메소포타미아와 메디안(Median) 고지대에 분산 배치했다.[189] 거대한 골칫거리 사람들이 바빌로니아에서 뽑혀 **사마리아(Samaria)**로 들여보내졌고, 거기에 정착해 있는 종족들과 서로 섞이었다. 이렇게 '북부 히브리 왕국'[이스라엘 왕국]은 망했다. 유대(Judah) 왕국은 이후 1세기 반 동안 존속을 했다.['지도 4' 참조]

[제25왕조] 제3[최휘]의 에티오피아 출신 파라오 **타하르카(Taharka**, Taharqa, 690-664 b. c.)는 어머니가 흑인이었고, '성경'에는 '티라카(Tirhakah)'로 언급이 되어 있다.('이사야', ⅹⅹⅹⅶi, 9) 샤바카(Shabaka)처럼 **타하르카(Taharka)**도 아시아 정치에 적극적으로 나서 티레(Tyre) 왕 룰리(Luli), '유다(Judah) 왕 헤제키아(Hezekiah, 716-686 b. c.)'와 동맹을 맺었다. **타하르카(Taharka**, Taharqa)는 자신을 "최근의" 사르곤(Sargon)이라 일컫고 살해당한 그의 아들 세나케리브(Sennacherib)와 함께 통치 초년에 발생한 몇 번의 반란을 진압했다. 이오니아 사람들(Ionians, 희랍인들)이 킬리키아(Cilicia)로 쳐들어 왔으나, 진압이 되었다. 뒤에 많은 죄수들이 니네베(Nineveh)[아시리아 수도]로 보내졌다. 문제가 바빌로니아에서 지속적으로 발생하여, 거기에서 '아시리아의 우위'는 칼데아 사람(Chaldeans)과 엘람 족(Elamites) 아람 족(Aramaeans)의 연합으로 위협을 받고 있었다. 바빌로니아 영유권을 주장하는 자들이 나타났고, 통치자 세나케리브(Sennacherib) 형제가 살해되었고, 도시가 포위당하여 포로가 되었다. 그 "영유권 주장자"는 **메로다크발라단(Merodach-Baladan)**[190]인데, 이집트 시리아 연맹에 관련된 인물로서 세나케리브(Sennacherib)는 *그가 칼데아(Chaldea)를 정복하자마자 거대한 반란을 획책하여 서쪽으로 밀어 넣을 필요가 있다는 것을 알았다.* **메로다크발라단(Merodach-Baladan)**은 티레(Tyre)를 빼고 전 페니키아를 정복했으나 룰리(Luli) 왕은 키프로스(Cyprus)로 망명을 했다. **메로다크발라단(Merodach-Baladan)**은 서둘러 남쪽으로 향하여 동맹군을 깨뜨렸는데, 그 동맹군은 파라오 **타하르카(Taharka)** 군사가 포함되어 있었고, 유다(Judah)의 여러 도시를 점령하고 예루살렘을 포위했다. **유다(Judah) 왕 헤제키아(Hezekiah**, 716-687 b. c.)는 항전을 펼쳤으나, 아시리아를 고려하여 **메로다크발라단(Merodach-Baladan)**과 휴전하고 뒤에 니네베(Nineveh)로 큰 선물을 보냈다. 그 이후 '성경'에 의하면 특공대를 발동했던 것 같으나 그것도 소용이 없었으니, 세나케리브(Sennacherib) 군사가 전염병으

---

189) 이들 종족들은 "황금 송아지" 숭배자들이다. 그들이 정착민들에게 흡수당하지 않았다는 증거는 없다. 재미있는 이야기를 유명한 한 고고학자가 말하고 있다. 어떤 여인이 그에게 다가와 영국인은 그 "열개의 상실 종족"의 후손이고, "나는 앵글로 이스라엘이 아니고" "나는 앵글로 팔레스타인이 아닌가 싶습니다."라고 했다.

190) 그가 "헤제키아(Hezekiah)에게 편지를 보내고 선물을 보냈다."('이사야', ⅹⅹⅹix, 1) 아하스(Ahaz) 해시계 그림자가 "뒤쪽으로 10단계"를 갔다. 천문학적 계산에 따라 기원전 689년 1월 11일 오전 11시 30분 쯤 예루살렘에 태양의 상부(上部)에 부분 일식이 있었음을 알 수 있다.('역대 2', ⅹⅹⅹii.)

로 망했기 때문이다. 그 때 예루살렘에 있던 이사야(Isaiah)는 말했다. "주님은 이렇게 말씀하셨다...보라 내가 그에게 강한 바람을 보낼 것이다. 그가 소문을 들을 것이고 그 나라로 돌아갈 것이고, 내가 그를 그의 나라에서 칼로 쓰러뜨릴 것이다."('열왕기 2', xix, 7)

그래서 그 밤이 지나갔고, 주님의 천사가 아시리아 캠프로 가 십팔만 오천을 죽이니...아시리아 왕 세나케리브(Sennacherib)는 떠났다.('열왕기 2', xix, 35, 36)

아시리아 사람은 양떼 앞에 늑대라,
그 무리는 홍색 금색 번뜩이며,
그들의 창을 바다에 별처럼 반짝이었네.
갈리리(Galilee) 깊은 바다 물결이 밤에 물결치고 있을 적에.

여름철에 푸르른 숲 속에 잎들처럼.
해질 무렵 그들의 깃발을 들고
가을바람에 날리는 숲 속에 나뭇잎처럼
그 무리 그 다음 날 시들고 무찔러졌네.

죽음의 천사가 날개를 펼쳐,
적들의 얼굴에 강풍을 날렸네.
잠들었던 눈들이 얼어붙고,
심장들이 멈추어 영원히 조용하네!

그래서 무기와 콧구멍이 널브러져,
긍지라곤 볼 수 없이 뒹굴고 있네.
흰 거품을 쏟으며
바위 돌 같이 때리는 차가운 파도라.

찌그러지고 창백한 기병(騎兵)이 누워 있으니,
이마에는 이슬이요 갑옷에는 흙먼지라.
장막은 고요하고 깃발들만 펄럭이고
창(槍)들은 버려졌고 트럼펫은 고요하네.

아슈르(Ashur) 과부들은 큰 소리로 통곡하고,
발(Baal) 사원에 우상(偶像)들은 부셔졌다.
칼을 쓰지 않는 위력이
주님의 안전에서 눈 녹듯이 행해졌네. -바이런(Byron, 1788~1824))

정치가이며 학자였던 이사야(Isaiah)는 바빌로니아 참주(僭主)가 신뢰하는 이집트와 유다

(Judah)와 다른 권력자와 연계된 파당을 갖고 있지는 않았다. 사실상 이사야(Isaiah)는 처음부터 그것을 거부했다. 이사야(Isaiah)는 이집트인을 크게 무시했다. "보라, 그대는 이집트의 부러진 갈대를 믿고 있다. 거기에 사람이 기대면 잡힐 것이고, 찔릴 것이다."('이사야' xxxvi, 6) "조안 (Zoan, Tanis)의 왕들은 바보가 되었다. 노프(Noph, Memphis[191])의 왕들이 속는구나."('이사야' xix, 13) 이사야(Isaiah)는 티레(Tyre) 멸망과 이집트의 굴종을 예언했고, 유다(Judah) 왕국의 친 (親) 이집트 사람들에게 말했다. "반란의 아이들이 슬프도다…이집트로 들어가다니…파라오에게 힘을 보낼 것이고 이집트의 그림자를 믿은 것이다."('이사야', xxx, 1, 2) 이사야(Isaiah)는 **유다 (Judah) 왕 헤제키야(Hezekiah)**에게 경고했다. "도와도 소용이 없고 결과도 없다…그들의 힘은 멈추었다…그들 앞 식탁에 기록하라. 그리고 책에 그것을 기록해 놓아라."('이사야' xxx, 7, 8) 이사야(Isaiah)는 당시의 상황을 혜안으로 요약을 했다.

아시리아 왕 세나케리브(Sennacherib, 705-681 b. c.)의 원정은 유대인 왕국을 마비시켰다. 수천 명의 유대인이 추방되었고, 패배한 헤제키야(Hezekiah, 716-687 b. c.)가 "유다(Judah) 궁궐에서 도망해 조무래기들"만 남기고 떠나니 평화가 왔다.('열왕기 2', xix, 30)

바빌론을 뒤흔든 반란의 결과로 세나케리브(Sennacherib)가 살해되니, 그의 아들 아사르하돈(Assar-haddon)[192]은 책략을 쓰는 그 에티오피아 사람 파라오 **타하르카(Taharka**, Taharqa, 690-664 b. c.)와 협상을 해야 했다.

기원 전 674 년경에 그 젊은 <u>아시리아 왕(아사르하돈)</u>이 힘찬 시리아 원정을 행하였고, 이집트로 쳐들어가 그 왕의 근심 뿌리를 공격하여 20 개로 분할하였는데 그 이집트 통치자들의 우두머리는 사이스(Sais) 거주의 반(半) 리비아인 **네코(Necho I, 672-664 b. c.)**였다. 에티오피아 출신 파라오 **타하르카(Taharka, Taharqa, 690-664)**는 그 왕국을 되찾으려고 애를 써서 아시리아 왕 아사르하돈(Assarhaddon, 681-669)은 강력한 군사를 이끌고 나와 그와 협상을 하려했으나 원정 중에 <u>아사르하돈</u>은 사망했다.

몇 년 뒤에 새로운 아시리아 왕 아슈르반니팔(Ashurbanipal, 668-627 b. c.)은 멤피스에서 타하르카(Taharka)를 패배시켰다. 에티오피아 출신 파라오(타하르카)와 도모했던 사이스(Sais)의 네코(Necho)는 용서를 받고 이집트에 왕의 대행자로 지명이 되었고, **이집트는 아시리아 영토가 되었다.**

타하르카(Taharka)는 더 이상의 가해는 당하지는 않았는데, 그가 사망하니 그의 계승자 에티오피아 출신 **타누트아몬(Tanut-amon,** Tantamani, 664-653 b. c.) 파라오는 상부 이집트와 하부 이집트를 아시리아 인들에게서 되찾으려 노력했다. 네코(Necho)가 '아시리아 군사'를 이끌고 이집

---

191) 혹은 에티오피아의 나파타(Napata)
192) 혹은 '에사라돈(Esarhaddon)'

트 남쪽으로 진군했으나, 그는 멤피스에서 패배해 살해를 당했다. 그러나 타누트아몬(Tanut-amon)의 승리는 짧았다. **아슈르반니팔(Ashurbanipal)은 다시 이집트로 들어왔고, 이집트에서 마지막 에티오피아 파라오 세력의 불꽃을 꺼버렸다.** 테베는 약탈당하고 위대한 신들의 상은 니네베(Nineveh)로 옮겨지고 사원은 그들의 보물을 약탈당했다.['제25왕조' 멸망 반(半) 백년 후 유대인 예언가 나훔(Nahum)은 니네베(Nineveh)의 몰락을 예언했다. "피의 도시...거짓과 도둑질...채찍소리 말과 마차 소리로 가득하다."...나훔(Nahum)은 아시리아 인이 망하게 한 이집트 테베의 재난을 그래픽 방식으로 아시리아 수도 니네베(Nineveh)에 적용해 언급했다.['아시리아 지배 시기' 지도 참죄

> "강들 가운데 자리 잡은 (테베보다) 좋은 게 없구나. 테베는 강물이 그 곁으로 흐르고 있었지... 에티오피아 이집트는 그 도시의 힘이고 무한했다...그러나 그녀[테베]는 끌려갔고, 갇히게 되었다...어린 자식들은 길거리에서 죽었다. 사람들은 명예로운 남자들을 놓고 제비를 뽑고 모든 위대한 사람들은 쇠사슬에 묶여 있다."('나훔', iii, 8-10)

영광은 테베(Thebes)를 떠났고, 돌아올 수도 없었다. 아몬(Amon)은 내려졌고, 사제들은 무너지고, 정치적 기획자들은 아시리아 인들을 피해 에티오피아로 망명했다. 그 왕들도 에티오피아 그네들 법에 복종하여 "도공(陶工)의 손에 진흙" 같이 되었다. 그래서 누비아 문명도 점점 사라졌다. 헤로도토스에 의하면 그 아버지 네코(Necho)가 죽은 다음 시리아로 달려간 그의 아들 프삼테크(Psamtek)는 이집트에서 '아시리아 총독'이 되었고, 이집트는 안정이 되었으나 치욕 속에 아시리아의 강력한 군주 아슈르바니팔(Ashurbanipal)에게 해마다 공물을 바쳐야 했다.[193]

'육해 침략자 팔레스타인의 죄수들 -람세스 III세 사원' '아몬(Amon)신이 이스라엘과 유다의 점령 도시 목록을 셰송크(Sheshonk)에게 건네주고 있다. -카르나크 대 사원(From the great Temple at Karnak)'

---

193) D. A. Mackenzie, *Egyptian Myth and Legend*, Bell Publishing Company, 1978, pp. 352~362 'X X VIII. Egypt and the Hebrew Monarchy'

_____✈

(a) 매켄지(D. A. Mackenzie)가 서술한 '고대 이집트 역사[*Egyptian Myth and Legend*]'에서 이 장(章)보다 구체적인 정보가 소요된 장이 없을 것이다.

(b) 매켄지(D. A. Mackenzie)는 이집트의 람세스(Rameses) Ⅲ세[1186-1155 b. c.] 사망 이후 결국 '에티오피아 출신 파라오' 시대가 열리자 그 주요 서술 초점을 '성경'의 '사울(Saul)' '다윗(David)' 이야기, '세송크(Pharaoh Sheshonk, Shisak) 파라오와 솔로몬(Solomon) 관계' '이스라엘 과 유다'와 '이집트'가 아시리아(Assyria)에게 어떻게 망했는지 그 구체적인 '역학(力學) 관계'를 납득할 수 있게 서술을 하는데 초점을 모았다.

(c) 앞서 명시했듯이 매켄지(D. A. Mackenzie) '구약'의 기록을 끝까지 존중한 성실한 이집트 시리 아 중동의 고대사학자였다.

XXIX. 복원과 종말

✳ 이집트 국민의 신 -과거를 그리워하는 이집트인 -사이테(Saite) 왕들의 흥기 -위대한 아버지로서의
오시리스(Osiris) -기독교화한 호루스(Horus) 전설 -스키타이족(Scythians)과 키메리아족(Cimmerians)
-아시리아 왕조의 종말 -초기 탐험가들 -제데키아(Zedekiah)와 파라오 호프라(Hophra) -에루살렘
(Jerusalem)이 약탈되다 -바빌론의 유수(幽囚) -아마시족(Amasis)과 희랍인(Greeks) -키루스(Cyrus)
왕의 등장 -바빌론의 몰락 -페르시아인의 이집트 정복 -최근의 생활 -온정의 서간(書簡)들 -영혼이
상실된 외침

고대 이집트 문명은 오시리스(Osiris)에서 시작되었고 오시리스(Osiris)에서 끝났다. 비록 신
격화된 왕이 오랜 세월 동안 고상하고 위대한 배후 신으로 생각해 왔지만 오시리스(Osiris)는 공통
민중의 신으로 남아 있었다. "우중(愚衆, The dull crowd)"이라고 플루타르크(Plutarch, 46?~120?)
는 말했지만, 민중은 그네들의 신과 연합했다. "계절과 환경의 변화에 따라 또는 곡식의 시절에
따라 씨 뿌리고 경작하며, 땅에 씨를 뿌리고 나서는 오시리스(Osiris)를 묻었다고 말하고, 그리고
곡식의 싹이 돋을 때는 [오시리스(Osiris)가] 살아났다고 생각한다...

사람들은 그 이야기를 좋아하고 그것을 믿고 풍속이 되었다." 농부는 오시리스 신앙으로 살고
죽었다. "오시리스(Osiris)가 살아 있듯이 그도 역시 살 것이다. 오시리스(Osiris)가 죽지 않듯이
그도 죽지 않는다. 오시리스(Osiris)가 망할 수 없듯이 역시 그도 망하지 않는다."[194] 이집트는
오시리스(Osiris)로 번영을 이루었다. 오시리스(Osiris)는 이집트에 곡식을 주어 이집트의 부와 힘
도 제공했다. 최고의 파라오들은 존경을 받는 오시리스(Osiris)로 새로운 수로(水路)를 팠고 아메네
메트(Amenemhet) I 세처럼 뻐기었다.

> 나는 곡식의 신을 사랑했다...나는 농사를 지었다.
> 모든 나일 강 연안의 황금 연안들이
> 나에게 간청한다....

바타(Bata) 신 같은 이집트 농부들은 파라오에 의해 최고의 군대를 이루었다. 이집트 농부들은
'자연'에서 황금 제도(制度)를 획득했으니 그것은 시리아 전장에서 얻은 것이나 분봉(分封) 왕들의
공물(供物)보다 더욱 소중한 것이었다. 그들의 방법과 풍습과 신앙 속에 고정된 이 보수(保守)
노동자들이 고대 이집트 역사에 주된 배경을 이루었다. 그들은 세기(世紀)의 따라 변함에 무관하
게, 정치적 폭풍이 가라앉으면 그들은 그들 자신의 생활로 돌아가 그들은 "이집트 세계를 연결시키

---

194) 에르만(Erman), '수첩(Handbuch)'

는 못들"이었다.[고대이집트 사회에서 '농업 경제'의 절대성]

우리가 살펴왔듯이 파라오와 귀족들은 즐겨 이방(異邦) 신을 따르고 이방(異邦) 부인을 맞고 새로운 삶의 방식과 풍속을 채용하여 국민 생활에 영감을 주고 진정한 애국심에 정수(精髓)를 망각했다. **이집트가 망해 아시리아 발아래 있을 적에도 비록 무식하지만 '복원의 기력'을 도출해 낸 자들은 농부들이었으니, 그 때에도 농부들은 '오시리스'를 생각했다.** 헤로도토스는 말하기를 "농사를 지을 만한 곳에 거주하는 이집트인들은, 여타 지역에 사람들보다 영리하고 기억력이 훌륭했다."고 했다.

아시리아의 이집트 정복은, 이집트를 그 뿌리까지 흔들었다. 테베가 약탈당하고 아몬라(Amon-ra)가 끌어내려졌을 적에 오시리스(Osiris) 숭배자들은 구 왕조의 신앙과 풍속을 되살려내었다. 왜냐 하면 농부들은 라(Ra)나 아몬(Amon)이나 수테크(Sutekh)나 아스타르테(Astarte)에게 온 마음으로 따라 갈 수는 없었기 때문이다.['民衆' 편에 선 매켄지] 아슈르바니팔(Ashur-banipal, 668-627 b. c.)이 이집트 아시아 귀족 세력을 흩고 에티오피아 사람을 몰아내었을 적에도 오시리스 숭배자들은 압제자들에게 억눌린 이집트인들을 구해냈고, 에티오피아 왕들이 시작했던 복원 운동을 강화했다.

아슈르바니팔(Ashur-banipal, 668-627 b. c.)은 '파라오 땅'에서 지탱할 수가 없었다. 바로 왕국의 심장부에서 지속적인 반란이 끊이질 않았다. 바빌론의 종속(從屬) 왕인 그의 아우는 엘라미트들(Elamites) 아라매안들(Aramaeans) 칼데안(Chadeans) 아라비안(Arabians)와 연합 전선을 펼쳐놓고 있었지만, 결국은 바빌론이 포위되어 붙잡히고 엘람(Elam)이 망할 때까지 격렬한 전투가 계속되었다. 아시리아에도 승리해 결국 평화가 오긴 했으나, 무서운 투쟁의 수행으로 인해 왕국은 다시 갈라지기 시작했다.

아시리아(Assyria)의 불행은 **제26왕조**[664~525 b. c.] 파라오 프삼테크(Psamtek, 664-610 b. c.)에게 기회를 제공했다. 약 2년 뒤에 그의 경쟁자인 타누트아몬(Tanut-amon)은 테베에서 축출이 되었고, 그 프삼테크(Psamtek)는 리디아(Lydia)의 기게스(Gyges) 왕과 알게 되어 이오니안(Io-nian)과 카리안(Carian) 용병(傭兵)을 얻게 되었다. 그 다음 **프삼테크(Psamtek, 664-610 b. c.)는 아슈르바니팔(Ashur-banipal)에게 공물(貢物) 바치기를 끊고, 통일 이집트 파라오임을 선언했다.** 프삼테크(Psamtek)는 에티오피아 타하르카(Taharka)의 딸과 결혼하여 그의 후손이 왕이 되게 했다. 아시리아의 관리들과 군인들은 델타 국경 너머로 추방했다.

헤로도토스는 프삼테크(Psamtek) 흥기(興起)에 관한 민담(民譚)을 전하고 있다. 헤로도토스는 이집트인들이 그네들의 왕으로 12명을 선택했다고 말했는데, 그네들은 "결혼과 공동 이익 추구와 관련이 있고" 주로 프타(Ptah)의 놋쇠 그릇에 헌주(獻酒)를 올린 사람 중에 파라오가 될 것이라는 신탁을 듣기 때문이라는 것이다. 어느 날 11명의 왕들은 그 미로(迷路)에 '황금 술잔'에 술을 올렸으나, 사제는 프삼테크(Psamtek)에게는 줄 술잔이 없었다. 그래서 프삼테크(Psamtek)은 '놋쇠 헬멧'을 그 술잔으로 삼아 신께 술을 올렸다. 미래에 파라오[프삼테크(Psamtek)]는 갑자기 델타의 제한된 지역으로 유배(流配)를 당했다. 프삼테크(Psamtek)는 우연히 부토(Buto)의 뱀 여신 신탁 지를 방문했는데 거기에서 '바다가 놋쇠 남자들을 보내면 흥성(興盛)한다.'는 신탁을 들었다. 그런 다음 프삼테크(Psamtek)는 놋쇠로 무장한 이오니안(Ionian)와 카리안(Carian)이 이집트 해안으로 와 약탈을 하고 있다는 소식을 들었다. 프삼테크(Psamtek)은 즉시 그들과 동맹을 맺고 큰 상(賞)을 약속해 주고 적들을 무찔러 이집트 유일의 군주가 되었다.

그런 다음 사이스(Sais)가 수도로 되었고['지도 Ⅰ' 참조], 여신 네이트(Neith)를 주신(主神)으로 받들었다. 그러나 대부분의 사람들은 그 네이트(Neith)를 이시스(Isis)로 생각을 했다. 그러나 큰 도시 멤피스는 오래된 새로운 이집트 사회적 종교적 생활의 실제적 중심지였다. 테베는 정치적 의미도 낮아졌다. 황폐화한 사원들을 복원하려는 어떤 시도도 없었고, 거기서 아시리아 수도[니네베]로 반출된 많은 신들은 페르시아 시대까지 남아 있었다. 아몬(Amon)은 큰 재산을 잃고 그 교도는 그 신의 "아내"인 프삼테크(Psamtek) 여왕의 언니 사제(司祭)가 주재하였다. 이 부인은 다시 프삼테크(Psamtek)의 딸과 연합했고, 그래서 아몬 기부금의 나머지는 왕가의 소유가 되었다. '헬리오폴리스(Heliopolis)의 라(Ra)'는 지방 신의 지위로 쪼그라들었다. 그러나 전체적으로 보수적인 이집트인들은 '태양 숭배'를 바꿀 수는 없었다.

오시리스(Osiris)는 위대한 아버지 신 '프타(Ptah)'와 통합되어 국가 신으로 회복되었다. 오시리스의 오른쪽 눈은 태양이고 왼쪽 눈은 달이었다. 태양이 "오시리스의 눈"이라고 할지라도 그 고대 신 오시리스는 태양의 라(Ra)이기보다는 대지의 신이었다. 오시리스-라(Osiris-ra)로서 오시리스(Osiris)는 태양신의 속성을 흡수했으나, 라(Ra)로서 대부분의 다른 모든 신들을 유사하게 흡수했으니, 그 과정은 그렇게 큰 수정(修訂)은 아니었다.[195] 라(Ra)를 이집트 '만신(萬神)의 아버지'로 인정함이 포기되었다. "보라, 당신[오시리스]께서 라(Ra)의 자리에 올라 계시다." **오시리스는 반드시 식물의 신이고, 물질세계의 신이다.** 오시리스는 라(Ra)의 영혼이고, 셉(Seb)의 영혼이고, 대지의 신이다. 오시리스는 나무에 숨어 있었고, 동물 속에 있었고 알 속에 있다. 바람은 오시리스 숨이고 정신이고 그의 눈은 빛이다. 오시리스는 라(Ra)처럼 태양 알에서 태어난 존재가 아니다. 대지의 거인 셉(Seb)은 '새의 형상'으로 이전엔 알이었고, 오시리스에게 흡수되었다. "알"로서 라(Ra)는 대지 숭배자의 상상이다. 오시리스는 셉(Seb)이고 "알"이고 -"새롭게 되는 알"이다. 라(Ra)의 아버지는 누(Nu, 물)이고, 오시리스의 아버지는 타넨(Tanen, 대지)이다.[196]

---

195) 다양한 신들이 오시리스의 현신이 되었다. 오시리스 찬송에 수시로 오시리스는 일컬어지고 있다. "당신은 라(Ra)의 전신(前身) 툼(Tum)이고...라(Ra)의 영혼이고...툼(Tum)을 보았던 학생의 눈이고...공포의 주님이시고 저절로 존재하시게 된 분입니다." ('이시스의 짐-*The Burden of Isis*', Dennis)

196) '이시스의 짐-*The Burden of Isis*', '알' pp. 39, 45, 55 ; '태양' pp. 23, 24, 41, 49, 53 ; '대지(Tanen)' p.

오시리스가 비록 '프타-타넨(Ptah-Tanen)'과 연결이 되어 위대한 아버지가 되었으나, 오시리스는 고대 달[月]의 속성을 버리지 않았다.['원시 달력'은 처음 그 '陰曆'이 표준이었음] 오시리스는 아피스 황소로 숭배를 받았다. 그의 영혼은 황소이고 그 황소는 달빛으로 왔다. 여기에 우리는 다양한 신화적 융합을 보게 된다. 오시리스는 역시 늙은 달의 신이고 대모(大母)의 아들인데, 오시리스는 "어머니의 남편"이다. 왜냐하면 오시리스는 신성한 황소의 근원인 달이기 때문이다. 오시리스는 역시 그의 영혼이 감추어진 세상의 거인이다. 이집트의 부활 신론은 오시리스에 고착된 혼합된 구 조상신화에 매달려 있다.

그래서 오시리스는 모든 신들을 흡수하고 모든 신들 속에 살아나고 있다. 초기 기독교 시절 세라피스(Serapis, 오시리스 아피스)의 지상 거주 처(處)인 세라페움(Serapeum)은 사회적 출몰 처이다. 하드리안(Hadrian)은 영사 세르비안(Servian)에게 편지로 말하기를 알렉산드리아 사람들은 "유일 신 '세라피스(Serapis)'를 가지고 있어 기독교도 유대인 비(非)유대인이 모두 숭배하고 있다."라고 했다. **반쯤 기독교화 된 이집트인은, 오시리스 아들 호루스와 그리스도를 동일시하고 구세주(Saviour)는 이집트에서 악마(Set)를 쫓아낸 젊은 복수 자로 이야기했다**. 초기 아일랜드 개종(改宗)자들은 말했다. "그리스도는 나의 드루이드(Druid)이시다." 그것은 이집트인이 "그리스도는 나의 호루스(Horus)이시다"라고 한 것과 비슷하다.

호루스와 그 어머니 이시스(Isis)는 오시리스와 함께 부각이 되었다. 수테크(Sutekh)로서 세트(Set)는 이집트에서 없어졌다가 다시 악마로 인식이 되었다. 이시스(Isis) 교는 유럽으로 퍼졌다.[197]

구 왕조의 신앙이 되살아났을 뿐만 아니라 문학에서도 사이테(Saite, Sais) 시절의 명문(銘文)을 모방했다. 관리들에게는 조세르(Zoser)와 쿠푸(Khufu)에 봉사한 조상들의 관작 명칭이 붙여졌다. 예술은 먼 과거 그림을 부활시켰고, 무덤 속도 구 왕조 시대 그렸던 방식으로 시골스럽게 만들었다. 이집트인은 과거를 그리워하며 그것을 찾았다. 옛 것은 모두 성스러운 것이 되었다. 고고학적 지식이 지혜의 정수로 인정이 되게 되었다. **상형 문자(Hieroglyphic writing)가 '민중 문자(Demotic writing)'으로 바뀌고 희랍인은 유식한 사제들만이 고대 명문(銘文)을 해석할 수 있었고, 그림 문자는 신성한 예술이라는 결론을 내렸다. 그래서 "상형 문(hieroglyphics)"이란 '신성하다(hiero)'에 '새기다(glypho)'에서 온 말이다.**

적대자들의 열정의 과잉은 제3왕조 조세르(Zoser)왕 때 유식한 건축가 이모테프(Imhotep)의 신격화로 설명이 되고 있다.(제Ⅲ장 참조) 건축가 이모테프(Imhotep) 추억은 오랜 동안 서기(書記)들의 존중을 받았고, 이제 그의 위치는 당시에 군주 토트(Thoth)의 그것보다 낮지 않았다. 프타

---

49 ; 셉(Seb) pp. 32, 47.
197) 이시스(Isis) 상이 요크셔(Yorkshire)의 로마 병영 지역에서 발견이 되었다.

(Ptah)의 아들로서 이모테프(Imhotep)은 꼭 맞은 모자를 쓴 젊은이로 그려져 있는데, 무릎에 두루마리를 펼치고 앉아 있는 모습이다. 이모테프(Imhotep)는 주술(呪術)로 질병을 치료한다고 알려져 있고, 지식의 후원자 사자(死者)의 안내자 오시리스 낙원에 이를 때까지 보살펴 주는 자로 알려졌다. 희랍 시대에 이모테프(Imhotep)은 이무테스(Imuthes)로 아스클레피오스(Asklepios)와 동일시 되었다.

동물숭배도 지나칠 정도였다. 특별한 종류를 신성하다고 생각한 것이 아니라 전 종(種)이 숭배되었다. 고양이 양 암소 새 물고기 파충류가 숭배되고 미라로 만들어졌다. 늙은 동물 신은 새로운 형태로 바꾸었다. 예를 들어 크누무(Khnumu)는 양에게 매[鷹] 머리를 그렸고, 바스트(Bast)는 개에 매 머리를 그렸고, 아누비스(Anubis)는 재칼의 머리를 단 제비로 그렸다.

프삼테크(Psamtek)가 54년간 통치를 행하여 이집트는 번성했다. 멤피스에서 프삼테크(Psamtek)는 프타(Ptah) 사원을 확장했고, 신성한 황소를 숭배하는 세라페움(Serapeum)을 세웠다. 그는 팔레스타인 해안 지대 사람들과 오랜 동안 전쟁을 했고, 아슈도드(Ashdod)를 생포했고, 옛날 히타이트들처럼 소아시아를 지배하고 시리아를 압박했던 스키타이들(Scythians)과 키메리안(Cimmerians) 무리를 공격해야 했고, 공포의 리디아(Lydia) 기게스(Gyges) 왕을 그의 통치 기간에 공격하여 살해하였다.

이집트에서 희랍인의 정착은 환영 받았고, 희랍의 민담은 델타 지역에 알려졌다. 헤로도토스는 사제들에게 들었던 '트로이(Troy) 이야기'를 전하고 있다. 메넬라오스(Menelaus)가 헬렌(Helen)을 찾으려고 군사 작전을 펼칠 때에 트로이 왕자 파리스(Paris)는 이집트로 도망을 갔는데 그는 파라오의 호의를 거부했다는 것이다. '오디세이(*Odyssey*)'에서 메넬라오스(Menelaus)는 텔레마코스(Telemachus)에게 말한다.

> 오랜 동안 이집트 해안은 조용하다.
> 하늘이 우리 함대에 좋은 바람을 거절하여
> 우리가 좋아할 맹세는 없었고, 살상도 없었다.
> 신들이 모두 강풍 사랑을 자제하셨기 때문이다. -오디세이, iv, 473.

프삼테크(Psamtek, 664-610 b. c.)의 아들 네코(Necho, Necho II, 610-595 b. c.)가 파라오로 즉위했을 때는 아시리아 왕국이 쪼개지기 시작할 때였다. 이스라엘의 선지자 나훔(Nahum)은 니네베(Nineveh, 아시리아 수도)에게 경고했다.

> 보라. 왕 중의 왕의 말씀이시다...나는 너희의 헐벗은 모습 부끄러운 왕국을 보여주겠다...너희 땅에 성문들은 너희의 적들에게 활짝 열리었고, 불이 너희 대문 빗장들을 삼킬 것이다...너희

목자는 잠들고 오 아시리아의 왕 : 너희 귀족은 흙 속에서 살 것이다. 너의 백성은 산 속에 흩어지고, 거둘 자도 없구나, 너희 멍든 곳을 누가 치료할 것이며 너희 상처가 슬프구나. 너희가 들을 모든 잡음(雜音)은 너희를 향해 손뼉 치는 소리라.('나훔' iii)

아슈르반니팔(Ashur-banipal)이 엘람(Elam)을 약탈한 다음 아리안(Aryan)의 메데족(Medes)이 점령을 했다. 기원전 607년쯤에 메디안 왕 키악사레(Cyaxares)는 바빌로니아 반란군과 연합하여 니네베(Nineveh, 아시리아 수도)를 포위하여 무자비하게 약탈을 했다. **최후의 아시리아 왕 신샤리슈쿤(Sin-sharishkun, 622-612 b. c.)**은 아슈르반니팔(Ashur-banipal)의 둘째 아들로서 적들의 손에 죽지 않으려고 자신의 궁궐에 불을 지르고 그 불 속에서 죽었다는 전설의 사르다나팔루스(Sardanapallus)와 일치하고 있다. 전설은 다 그네 아버지의 일[약탈]에 연계되어 있다.

네코(Necho, Necho II, 610-595 b. c.) 파라오는 아시리아가 몰락한 다음 팔레스타인을 획득하여 그 이익을 보았다. **유다(Judah) 왕 요시아**(Josiah, 640-609 b. c.)는 메기도(Megiddo, Armageddon)에서 네코(Necho)에게 저항하다가 패배하여 살해를 당했다.['지도 4' 참죄 "그래서 그의 신하들은 요시아(Josiah)의 주검을 마차에 실어 메기도(Megiddo)를 떠나 예루살렘으로 데려왔다."('열왕기 2', xxiii, 30) 요시아(Josiah)의 후계자로 예호아하즈(Jehoahaz)가 뽑혔다. 그러나 네코(Necho)는 그를 폐위시켜 가두고 유대의 공물을 "은 1백 타렌트, 금 1타렌트"로 고정을 하고 "요시아(Josiah)의 아들 엘리아킴(Eliakim)을 왕으로 삼고 그의 이름을 바꾸어 예호야킴(Jehoiakim)이라 했다."('열왕기 2', xxiii, 34) 네코(Necho)는 카데슈(Kadesh)를 생포하기는 힘이 충분했으나, 그의 승리는 오래가지 못 했다. 4년이 못 가서 바빌론 왕 네부카드레자르(Nebuchadrezzar)가 시리아를 요구하고 카르케미슈(Carchemish)에서 네코(Necho) 군을 격파하여, 이집트인들은 서둘러 귀국을 해야 했다.

예레미야는 외쳤다.

"이것이 주인들 주님의 날이다. 복수의 날이다...말을 타고 전차에 올라 억센 자들이 왔노라. 방패를 잡은 에티오피아 사람과 리비아 사람, 활을 잡은 리디안들 ...도망가지 못 하게 하라...저 자들 저희 수치를 당했다."('예레미야', x l vi)

"그리하여 이집트 왕은 그 나라에서 나오지 못 했다. 왜냐 하면 그 바빌론의 왕이 이집트의 강에서부터 유프라테스 강까지 이집트 왕의 소유를 다 차지했기 때문이다."('열왕기 2' xxiv, 7)

네코(Necho, Necho II, 610-595 b. c.)는 바빌론 왕 **네부카드레자르(Nebuchadrezzar**, 605-562 b. c.)의 실력을 인정하게 되었고, 팔레스타인을 더 이상 간섭하지 하지 않았다. 몇 년 뒤에 예호야킴(Jehoiakim, 609~598 b. c.)이 바빌론 왕에게 반란을 일으켜 예레미야의 경고에도 불구하고 네코(Necho)가 자기를 지원해 줄 것을 기대했다. 예루살렘은 포위되고 항복이 강요되었다. 그 사이에 예호야킴(Jehoiakim)은 죽었고, 그 아들 예호야킨(Jehoachin)과 많은 "유다의 힘 있는 자"가 바빌론으로 잡혀갔다.('열왕기 2', xxiv) 요시아(Josiah)의 아들 마타니아(Mattaniah)가 예루살렘의 통치자로 선발이 되어 그 이름을 제데키아(Zedekiah)로 바꾸었다.

헤로도토스에 의하면 네코(Necho)는 지중해와 홍해 사이에 수로(水路)를 건설했다. 그러나 '경고의 신탁'을 받고 그것을 포기했다. 그런 다음 네코(Necho)는 거대한 함대를 건조했다. 앞서 네코(Necho)의 아비는 나일 강의 원천을 확인한 것으로 명성을 얻었는데, 네코(Necho)는 페니키아 사람들을 보내 아프리카 일주를 시키고 싶었던 것 같다. 홍해에서 출발한 배들이 3년 뒤에 모로코 해협으로 돌아온다는 것이니, 그 생각은 세상은 "거대한 원"-대양으로 둘러싸여 있다는 믿음에서 온 것이다.

네코(Necho) 이후 두 번째 파라오 **아프리스(Apries**, Wahibre, 589-570 b. c.)는 '성경'에 호프라(Hophra) 파라오다. 아프리스(Apries)는 시리아 정복을 꿈꾸고 불행한 유다(Judah)를 포함한 동맹을 다시 맺어 "유다 왕 제데키아(Zedekiah)는 또 바빌론 왕을 배반했다."('예레미야' l iii, 3) 바빌론 왕 **네부카드레자르(Nebuchadrezzar)**는 무섭게 그에게 복수했다. 예루살렘은 2년간 포위 끝에 폐허가 되었다.(기원전 586년) 제데키아(Zedekiah)는 망명을 했으나, 붙잡혔고, "바빌론 왕은 제데키아(Zedekiah)가 보는 앞에서 그 아들들을 죽였다...그런 다음 바빌론 왕은 그 아비 제데키아(Zedekiah)의 눈을 보았다. 그리고 그 제데키아(Zedekiah)를 쇠사슬로 묶어 바빌론으로 데려가 그가 죽을 때까지 감옥에 두었다."('예레미야' l ii, 10, 11) 유대인의 대부분이 잡혀갔고, 몇 명이 **예레미야와 이집트로 망명했다.** 그래서 유다 왕국은 멸망했다.

아! 바벨(Babel) 강물이 울고 있는 자들을 생각하며 울어라.
그 성지(聖地)와 꿈의 땅이 폐허가 되었다.
방랑과 곤고(困苦)의 종족,
어떻게 도망가 쉽게 될 것인가. -바이런

예레미야는 유대인에 말했다.

"주께서 말씀하셨다. 보라 내가 유다 왕 제데키아(Zedekiah)를 바빌론 왕에게 보내 목숨을 구걸하게 하였듯이 이집트 왕을 적들[바빌론]의 손아귀로 보내 그들에게 목숨을 구걸할 것이다."('예레미야', x l iv, 30)

이집트 파라오 **아프리스(Apries**, Wahibre, 589-570 b. c.)는 기원전 568년경에 죽었다. 헤로도토스에 의하면 이집트인이 아프리스(Apries)에게 반란을 일으켰다고 했는데, 명백히 아프리스(Apries)가 희랍에 기우러진 까닭이니, 아프리스(Apries)의 이오니아 카리안 용병은 아마시스

(Amasis, Ahmes Ⅱ, 570–526 b. c.)가 이끄는 이집트 군사들에게 패배를 당했다. 아마시스 (Amasis, Ahmes Ⅱ)의 어머니는 프삼테크(Psamtek) Ⅱ세의 딸이었다. 바빌론의 손상된 명문(銘文)은 네부카드레자르(Nebuchadrezzar)가 무렵 이집트를 침공한 것을 말하고 있다. 그러나 이집트 기록에는 없다. 아프리스(Apries)는 새 파라오에 의해 옥에 갇혔다. 이집트인들은 그를 죽여라고 요구를 하니, 아마시스(Amasis)는 아프리스(Apries)를 교수(絞首)형에 처했다.

아마시스(Amasis, Ahmes Ⅱ, Ahmose II, 570–526 b. c.)는 40년 이상 통치를 했다. 아마시스(Amasis)는 희랍에도 잘 알려져 있었다. 헤로도토는 아마시스(Amasis)가 이런 방식으로 자기 시간을 보낸다고 말하고 있다. 아마시스(Amasis)는 새벽부터 그와 말하고 싶어 하는 사람을 만났다. 나머지 시간도 도덕이 그리 높지 않은 친구들과 즐기며 보냈다. 어떤 귀족은 아마시스(Amasis)가 "너무 경박하다."고 항의 했고, 아마시스(Amasis)가 그 이름에 위엄을 붙이고 그 주제를 숭배해야 한다고 말했다. 아마시스(Amasis)는 대답했다. "절을 하는 사람들은 그들이 요구하는 사항에 묶여 있는 사람들이고, 요청이 소용이 없어질 때는 편안해진다. 그리고 요청이 깨지거나 없어지면 시간을 들이지 않는다. 그것은 모든 사람들이 같다. 지속적으로 진지하게 추구하면 정신적 신체적 힘을 상실하게 될 것이다."

아마시스(Amasis)는 "많이 희랍인에게 기울고, 기회 있을 때마다 희랍인과 즐겼다."고 헤로도토스는 말하고 있다. 아마시스(Amasis)는 희랍인들을 나우크라티스(Naucratis)[198]에 정착하기를 권했는데, 거기에다 헬레니움(Hellenium) 사원을 건설했고, 희랍 신들이 숭배되었다. 아마시스 (Amasis)는 사이스(Sais)에 네이트(Neith)에 바치는 거대 주랑(柱廊) 현관을 세웠고, 멤피스 프타 (Ptah) 사원 앞에 거대한 두 개의 조상(彫像)을 세웠는데, 가로 펼친 길이가 75피트이고, 높이가 20피트였다. 그리고 역시 멤피스에다가 거대한 이시스(Isis) 신전을 새로 세웠다. 키레네(Cyrene) 희랍 리비아인 거주 도시에 우호증진을 위해 아마시스(Amasis)는 "미네르바(Minerva-아테나) 황금 동상"을 선물했다. 아마시스(Amasis)는 키레니안(Cyrenians) 공주와 결혼했다. 헤로도토스가 말하기를 결혼식에서 아마시스(Amasis)는 "자신이 다른 상황에 천치 같아짐에 괴로웠다."고 전하다. 아마 아마시스(Amasis)는 과음했던 것 같고, 그것[과음]은 그의 버릇이었던 것 같다. 그의 치료는 비너스(Venus-아프로디테)가 행했고, 아마시스(Amasis)는 동상을 세워 보답했다.

아마시스(Amasis) 인기는 이집트를 넘지 않았다. **아마시스(Amasis)는 희랍인을 좋아했을 뿐만 아니라 법령을 마련해 그의 1년 수익을 모든 시민이 알게 하였다**. 아마시스(Amasis)가 반역적인 말을 나누는 토착민들을 위압하기 위해 멤피스에 희랍 군인을 파견했다는 것은 놀랄 일이 아니었다.

아마시스(Amasis)의 외국인 정책은 '불안정성'이 특징이다. 아마시스(Amasis)는 [희랍과] 상호 방위 목적을 위해 우호적 관계를 유지하다가도 페르시아의 서진(西進)에는 도움을 주지 않았다.

---

198) "무역이 활발했음"

아마시스(Amasis) 통치 중반 경에 동방에 구시대 문명을 부수고 새로운 시대를 열 세력이 나타 났다. "왕 중의 왕 아케메니아의(Achaemenian) **키루스(Cyrus, 550-530 b. c.)**"가 그였다. 그는 마데족(Mades)의 아스티아게스(Astyages) 왕을 무너뜨리고(기원전 550년) '**대 아리안 메도 페르 시아(the great Aryan Medo-Persian empire) 왕국**'을 건설하고 서쪽으로 소아시아를 압박했다. ['지도 6' 참조] 아마시스(Amasis)는 페르시아가 리디아(Lydian) 세력을 무너뜨렸을 적에, 망명을 해 온 키프로스(Cyprus) 바빌론(Babylon) 스파르타(Sparta) 리디아(Lydia)의 왕들과 동맹을 맺었 다. 이집트는 정말 "황혼"기였다. 키루스(Cyrus)는 관심을 바빌로니아로 돌려 포위를 한 다음 점령 을 했다. 가왕(假王) 벨사자르(Belshazzar)가 바빌론을 다스렸다. 기원전 539년에 완전히 병합되었 다. 그의 인생 마지막 밤에 그는 안전하고 생각하여 "벨사자르(Belshazzar) 왕은 1천명의 귀족과 큰 잔치를 열고 술을 마셨다."('다니엘', ⅴ, 1)

같은 시간과 장소에,
한 손에 손가락들
벽을 향해 떠받쳤고,
그리고 모래 위에 적듯이 썼네.
한 사람의 손가락들-
고독한 손
글자들을 따라 달려서
지팡이처럼 뒤따랐네.
....
"벨사자르(Belshazzar)의 무덤이 만들어지니,
그의 왕국은 지나갔네.
균형을 유지한 그는
무가치한 흙이라.
수의(壽衣)는 나라님 옷이고
관 덮개는 돌이다.
문지기는 메데(Mede)사람!
왕좌에는 페르시아 사람이라!" -바이런

그렇게 바빌론은 망했다. 왕을 요구했던 **키루스(Cyrus, 600?~529 b. c.)**는 유대인들이 고향에 돌아가기를 허락해서, 치욕의 제데키아(Zedekiah, 유다의 마지막 왕) 이후 거의 반세기만(기원전 538년)에 유다(Judah)의 산들을 보았다.

기원전 530년 통제될 수 없는 기질과 간질병적인 **캄비세스(Cambyses, 530-522)**가 키루스 (Cyrus)를 계승했다. 능력 부족의 도모자 아마시스(Amasis) 사망(기원전 525) 9개월 뒤에 캄비세 스(Cambyses)는 강력한 군사로 서진(西進)하여 이집트를 정복했다. 프삼테크(Psamtek) Ⅲ세[526-

525 b. c.]는 델타 동쪽 펠루시움(Pelusium)에서 패배한 다음 멤피스로 후퇴를 했다. 바로 뒤에 페르시아 사신(使臣)이 나일 강으로 배를 타고 조건을 전했다. 그러나 이집트 사람들을 사신(使臣)과 호송원을 죽이고 그 배를 파괴하였다. 캄비세스(Cambyses)는 즉시 보복에 들어갔다. 캄비세스(Cambyses)는 앞서 항복한 자를 멤피스로 들여보냈다. 헤로도토스에 의하면 캄비세스(Cambyses)는 역겨운 야만성을 감행하였다. 파라오의 딸과 귀족의 딸들을 노예들처럼 물을 나르게 하고, 사람들 앞에서 옷을 벗겨 욕을 보이고, 파라오 아들과 2천 이집트 젊은이 목에 줄을 메어 행진을 시키다가 캄비세스(Cambyses)의 앞서 사진(使臣)처럼 쳐 죽이고, 파라오까지 죽었다. 무용(無用)한 누비아(Nubia) 원정(遠征) 회군(回軍) 중에 캄비세스(Cambyses)는 아마시스(Amasis)가 "어떤 다른 왕보다는 황소 아피스(Apis)를 사랑했기"에 새로 찾아낸 '아피스(Apis) 황소'를 죽여야 한다고 말했다. 캄비세스(Cambyses)는 사이스(Sais)에서 이집트 전통으로 제작된 아마시스(Amsis) 미라를 가루로 만들어 불살랐다.

페르시아 정복으로 고대 이집트 역사는 끝이 나게 되었다. 기원전 332년 알렉산더가 오기 전에 제28왕조부터 제30왕조까지 허약한 불꽃처럼 계승이 되었다. 그런 다음 프톨레마이오스 시대(Ptolemaic age)가 그 뒤를 이어 기원전 30년까지 지속이 되었고, 유명한 클레오파트라(Cleopatra) 사망과 더불어 이집트는 "로마의 곡식 저장 창고"가 되었다.

프톨레마이오스들(Ptolemies)의 통치 동안에는 또 다른 복원이 있었다. 그들은 제18왕조 후반 문명과 아메노테프(Amenhotep)를 표준으로 삼았는데, 아메노테프(Amenhotep)은 하피(Hapi)의 아들이고, 건축가이고 주술사였는데, 티(Tiy) 여왕의 남편의 존중을 받아 신의 반열(班列)에 올리어져 있었다. 거대한 이방 종교들이 이집트 종교에 포함되어 있었고, 사자(死者)는 훌륭하게 초상을 그린 미라 상자 속에 넣어졌다.

기원후 2세기부터 4세기까지 이집트에서의 생명의 생생한 그림자는 주로 옥시린쿠스(Oxyrhynchus)에서 발굴된 파피루스가 제공을 하고 있다. 부유하고 인기 높은 **알렉산드리아(Alexandria)**는 찬란하고 호화로운 사회 계층을 가지고 있었다.['지도 1' 참죄 저녁 식사에 초대되면 오늘날과 같은 형태가 조성이 되어 있었다. 다음은 기원후 2세기 이야기이다.

캐레몬(Chaeremon)이 내일 15일 아홉시에 세라페움(Serapeum) 사는 세라피(Serapis) 영주의 저녁 식사에 당신의 친구를 초대합니다.

아피스(Apis)의 숭배가 유행이었다. 어떤 부인은 친구에게 4세기가 시작되는 것에 편지를 썼다.

안녕, 내 사랑하는 세레니아(Serenia), 페토시리스(Petosiris)로부터. 제20회 신의 탄신일이 되었다. 네가 배[舟]로 올지 나귀로 올지 알려주면 맞추어 보내 주마. 잊지 말아라. 너의 건강을 빈다.

기원후 3세기에 응석받이로 자란 아들도 있었었다. 한 아들이 너그러운 아비에게 쓴 편지도
있다.

테온(Theon)이 아버지 테온(Theon)께, 안녕하십니까? 그 도시로 저를 데리고 가지 않으신 것
은 잘하신 겁니다. [그러나] 아버지께서 저를 알렉산드리아로 데려가지 않으셨으면 저는 편지도
안 쓰고 말도 않고 다시는 인사도 안했을 겁니다. 그리고 아버지께서만 알렉산드리아로 가시면
저는 아버지 손을 잡거나 인사도 않을 겁니다. 이것이 아버지가 나를 데리고 가지 않을 때 생길
일입니다. 어머니는 아르켈라우스(Archelaus)에게 말했어요. "내게 귀찮게 굴면 떼놓고 가겠다."
제게 선물을 주시는 것은 아버지께 좋은 일입니다....라이어(악기)를 보내주세요 부탁입니다. 보
내주시지 않으면, 먹지도 않고 마시지도 않을 겁니다. 어서 보내주세요!

알렉산드리아(Alexandria)는 장난과 선동(煽動)의 도시였다. 한 좋은 환경에 젊은 시민이 그
아우에게 쓴 편지이다.

나는 내가 우리집에서 구했던 것을 세쿤투스(Secundus) 집에서도 구했던 것을 어부에게 들었
다. 이 문제에 대해 네가 답장을 내게 주어야 하겠다. 그래야 내가 그 장관(Prefect)에게 부탁을
할 수 있을 것 같다....그 대머리 친구 말이다. 어떻게 다시 머리 꼭대기에 머리털이 생겼는지,
확실하게 그럴 수 있는지를 내게 알려 주기 바란다.

예비 사위의 무법적 행동이 탄로 나서 약혼이 무효가 된 이야기, 죄수가 혐의를 벗은 이야기,
값나가는 옷을 친구에게 저당 잡히고 돈을 꾸려고 하는 낭비(浪費)자 이야기, 작은 치즈를 주문했
는데 상인이 거대 치즈를 보내어 불평했던 시골 사람이야기 등이 있다. 젊은이가 집으로 규칙적으
로 편지를 보낼 것을 기대했던 어떤 아버지의 편지이다.

아들아, 나는 네가 어떻게 지내는지 너의 편지를 받지 못 해 근심하고 있다. 더구나 나는 네게
서 소식이 없어 아주 우울하니 빨리 편지를 보내라.

이처럼 재미있는 세대의 사회적 생활은 명백하다. 그래서 **우리는 인간의 본성은 몇 세기를
거쳐도 바뀌지 않고 있다**.[199]

프톨레마이오스 시대(Ptolemaic age)의 어떤 파피루스에는 무덤 속에 들어간 딸을 탄식한 것이
있다. 14세에 프타(Ptah) 고위 사제와 결혼했고, 세 딸을 두고 아들을 빌어 아들을 낳았다. 4년
후에 그 딸은 죽었다. 남편은 그녀가 무덤 속에서 우는 소리를 들었는데, 남편이 먹고 마시고
즐겁게 살라고 애원을 한 것이다. 왜냐하면 저승은 잠들고 어둡고 고통스런 곳이었기 때문이다....

---

199) '옥시린쿠스 파피리(*Oxyrhynchus Papyri*)' 2부와 3부에서의 번역임

"사자(死者)는 움직일 힘이 없다....아버지 어머니 자녀 남편도 아내도 모른다....아 슬프다! 시내 물을 마시고, 강가에 시원을 북풍을 쐬었으면 내 마음 즐겁고 이 슬픔 가실 것을."

이것이 피라미드 속의 회랑(回廊) 시대부터 환멸의 무덤 어둠 속에서 우리를 향해 울고 있는 고대 이집트 영혼의 모습이다.[200] [당시 '40세의 매켄지'는 '현세주의(secularism)' '이집트 풍'에 많이 동조를 하고 있다.]

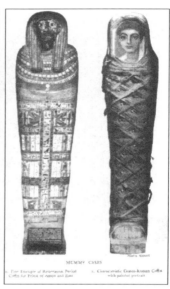

'복원 시대 신들 -이모테프(Imhotep, Imuthes, 최초 피라미드 건설자 프타의 아들로 숭배됨) -프타 소카 오시리스(Ptah-Sokar-Osiris)' '미라 케이스 -1. 복원 시대 아몬 사제 케이스, 2. 그래코 코만(Graeco-Koman) 케이스'

'이란 파사르가대에 있는 키루스 무덤(Tomb of Cyrus in Pasargadae, Iran)' '헤멤 왕관을 쓴 키루스(Cyrus the Great with a Hemhem crown)' '팀브라 전투에서 리디아 크로이소스를 쳐부순 키루스(Victory of Cyrus over Lydia's Croesus at the Battle of Thymbra, 546 BC.)'

---

200) D. A. Mackenzie, *Egyptian Myth and Legend*, Bell Publishing Company, 1978, pp. 363~379 'X X IX. The Restoration and the End'

'헤로도토스(Herodotus, 484~425 b. c.)', '플루타르크(Plutarch, 46?~120?)'

✈

(a) 매켄지(D. A. Mackenzie)의 '**고대 이집트 역사(_Egyptian Myth and Legend_)**'기본 전제가 '고
대 이집트 역사'임을 그대로 입증하고 있는 것이 바로 이 '**XXIX 장**'이다.
즉 이집트 역대 '파라오들'이 한 결 같이 온 국력을 모았던 '신 받들기' '사원 짓기' '피라미드
건설'은 결국 모두 소용이 없이 '멸망'이 되었으니, 매켄지(D. A. Mackenzie)는 '국가 사회 건설'
에 '군사력의 확보가 최고'라는 그의 통치 철학을 보인 곳이다.

(b) 그렇다면 그 많은 '이집트의 신화 전설'은 도대체 어디에 그 의미가 있는가? 영국을 포함한 유럽
인들은 '희랍' '로마 문화'에 의존해 왔고, 그것은 역시 그 중심에 '기독교 문화'가 있다. **이집트의**
'**오시리스 이시스' 신앙은 그 '기독교 문화의 뿌리'라는 것이 역시 야심찬 매켄지(D. A.**
Mackenzie)의 '고대 이집트 역사(_Egyptian Myth and Legend_)'의 확신이고 결론이다.

(c) 그 객관적인 증거가 사실상 이 'XXIX 장'에서 밝힌바 '이집트 파라오 멸망'을 말한 것이 아니라
'이스라엘의 멸망' 감정을 실어 더욱 자세히 말을 했던 점이 그것이다.

(d) 독실한 '기독교 정신 실천 종족' 이스라엘도 망했다. 그렇다면 '세계사는 과연 어떻게 운영이
되어야 하는가?'

(e) 우리가 매켄지(D. A. Mackenzie)를 읽고, '제1차 제2차 세계대전'을 보고 '전쟁과 무기의 공포'
를 다 확인하고 난 다음에는, '과학주의' '동시주의' '다다 혁명 운동' 밖에 다른 것이 문제가 될
수가 없다.

* 추수자(秋水子) 후기

　예나 지금이나 '**정보(情報)의 공유(共有)**'는 사실상 '**최고(最高)의 사랑**'을 그 바탕에 두고 있는 것이다.

　그러나 '그 정보(情報)의 진실성 판별'도 쉽지 않은 문제이니, '진정한 정보(情報)'도 전달자가 의심스러운 경우 그 '정보(情報)의 전달'을 다 수용하지 못한 것이 그 일반적인 성향이다.

　인류 역사에 가장 크게 그 '정보(情報)의 진실성'이 문제 되고 있는 고전(古典)이, 헤로도토스(Herodotus, 484~425 b. c.)의 '역사(*The Histories*, 446 b. c.)'이다. 한 마디로 거기에는 '절대주의'[신비주의]와 '현세주의'[합리주의]를 한데 뒤섞어 놓았기 때문이다.

　매켄지(D. A. Mackenzie)의 '고대 이집트 역사[*Egyptian Myth and Legend*]'는 그 헤로도토스(Herodotus)의 '역사(*The Histories*)'를 크게 참조했으나, 오직 '현세주의'[합리주의]를 토대로 '고대 이집트 문화사'를 [1913년까지의 확보된 情報로]완벽하게 서술했다.

　그 동안 '**이집트 종족과 문화를 무시한 이집트 종족 문화 논의**'는 많았으나, 그 '**왜곡된 시각** 때문에 '**주목을 받을 만한 논의**'는 사실상 적었다. 그들은 한 결 같이 시작부터 '**치우친 시각**'에서 출발하여 '**거짓 논의**' '**비방과 경멸을 위한 편견을 강요하는 논의**'가 되었기 때문이다.

　그런데 매켄지(D. A. Mackenzie)의 '고대 이집트 역사[*Egyptian Myth and Legend*]'는, '**이집트 인을 이집트의 주체 종족으로 긍정하는**' 그동안의 '위험과 편견을 초월한 최량(最良)의 이집트 문화 서술의 역사'라는 점에서 마땅히 주목을 받아야 한다.

2021년 3월 1일

추수자(秋水子)

| 지은이 소개 |

정상균(Jeong Sang-gyun)

약력: 문학박사 (1984. 2. 서울대)
　　　조선대학교, 서울시립대학교 교수 역임

논저: 다다 혁명 운동과 일리아드 오디세이
　　　다다 혁명 운동과 헤로도토스의 역사
　　　다다 혁명 운동과 마하바라타
　　　다다 혁명 운동과 희랍 속의 인도
　　　다다 혁명 운동과 헤겔 미학
　　　다다 혁명 운동과 볼테르의 역사철학
　　　다다 혁명 운동과 니체의 디오니소스주의
　　　다다 혁명 운동과 예술의 원시주의
　　　다다 혁명 운동과 문학의 동시주의 ('2013년 대한민국학술원 우수학술도서' 선정)
　　　다다 혁명 운동과 이상의 오감도
　　　한국문예비평사상사
　　　한국문예비평사상사 2

역서: 澤宙先生風雅錄
　　　Aesthetics of Nonobjective Art

다다 혁명 운동과 고대 이집트 역사
Movement Dada & 'Egyptian Myth and Legend'

초판 인쇄 2022년 4월 4일
초판 발행 2022년 4월 13일

지 은 이 | 정상균
펴 낸 이 | 하운근
펴 낸 곳 | 學古房

주   소 | 경기도 고양시 덕양구 통일로 140 삼송테크노밸리 A동 B224
전   화 | (02)353-9908   편집부(02)356-9903
팩   스 | (02)6959-8234
홈페이지 | http://hakgobang.co.kr
전자우편 | hakgobang@naver.com, hakgobang@chol.com
등록번호 | 제311-1994-000001호

ISBN 979-11-6586-444-6   93100

값 : 52,000원

※ 파본은 교환해 드립니다.